L'aménagement conventionnel de la société commerciale en droit français et en droit OHADA

Le droit aujourd'hui

La collection « Le droit aujourd'hui » regroupe des études juridiques concernant des problèmes d'actualité nationale et internationale, dans divers domaines (éthique, politique, questions de société…).

Déjà parus

A. A. Cançado Trindade, *Vers un nouveau* jus gentium *humanisé. Recueil des opinions individuelles du juge A. A. cançado trindade*, 2018.
Fabienne Labelle et Damien Thierry (dir.), *Droit des sites et sols pollués. Bilans et perspectives*, 2018.
Moustapha Kamara (avec la collaboration d'Isabel Falconer et Samba Thiam), *Le contentieux du transfert des joueurs devant la FIFA et le Tribunal arbitral du sport. Guide juridique pratique*, 2017.
Marie Pelé et Cédric Sueur (Coord.), *Questions d'actualité en éthique animale*, 2017.
Guy Dibangue, *La recherche de l'équilibre contractuel dans le cautionnement*, 2017.
David Defrance, *Le retour à meilleure fortune, Étude en droit des difficultés économiques*, 2017.
Mariem Aydi Ghozzi, *Les principes généraux dans la jurisprudence de l'organe de règlement des différends de l'OMC, 2017.*
Boris Barraud, *Le droit postmoderne. Une introduction*, 2017.
Boris Barraud, *La jurisprudence et la doctrine*, 2017.
Geneviève Iacono, *Voyages au cœur des propriétés publiques*, 2016.
Nitish Monebhurrun, *La fonction du développement dans le droit international des investissements,* 2016.
Djiby Sow, *La légalité de l'intervention militaire française au Mali. Contribution à l'étude du cadre juridique de la lutte armée contre le terrorisme international*, 2016.
Emmanuel Tessier, *Le stade en droit public. Recherche sur le régime juridique des enceintes sportives*, 2015.
Sophie Huvé, *La Russie et l'ONU. L'Organisation des Nations unies, cadre et instrument de la politique extérieure russe (1999-2015)*, 2015.
Claudine Pérez-Diaz, Marie-Sylvie Huré, *Violence conjugale, missions et finalités concrètes de l'intervention pénale*, 2015.

Wendkouni Judicaël DJIGUEMDÉ

L'aménagement conventionnel de la société commerciale en droit français et en droit OHADA

Préface de Bernard Saintourens

L'Harmattan

5-7, rue de l'Ecole-Polytechnique, 75005 Paris

http://www.editions-harmattan.fr

ISBN : 978-2-343-14563-1
EAN : 9782343145631

Abréviations et sigles

A

Adde : Ajouter

AMF : Autorités des Marchés Financiers

ANSA : Association Nationale des Sociétés par Actions

Art. préc. : Article précité

AUA : Acte uniforme relatif au droit de l'arbitrage

AUDSC : Acte uniforme relatif au droit des sociétés commerciales et du groupement d'intérêt économique

AUPC : Acte uniforme portant organisation des procédures collectives d'apurement du passif

AUS Acte uniforme portant organisation des sûretés

AUPSRVE : Acte uniforme portant organisation des procédures simplifiées de recouvrement et des voies d'exécution

B

BRDA : Bulletin rapide de droit des affaires

Bull. civ. : Bulletin civil

Bull. Joly sociétés : Bulletin Joly sociétés

C

CA	: Cour d'appel
Cah. Dr. Entr.	: Cahiers de droit de l'entreprise
Cass. Ass. Plén.	: Cour de cassation, assemblée plénière
Cass. ch. mixte	: Cour de cassation, chambre mixte
Cass. com.	: Cour de cassation, chambre commerciale
Cass. civ.	: Cour de cassation, chambre civile
Cass. crim.	: Cour de cassation, chambre criminelle
Cass. soc.	: Cour de cassation, chambre sociale
CCJA	: Cour Commune de Justice et d'Arbitrage
CE	: Conseil d'État
Cf.	: confère
Chron.	: chronique
CNUDCI	: Commission des Nations Unies pour le Droit du Commerce International
Coll.	: Collection
Comm.	: Commentaire
Concl.	: Conclusion
Cons. Const.	: Conseil constitutionnel
Contra	: En sens contraire

D

Dalloz : Recueil Dalloz

Dalloz Aff. : Recueil Dalloz édition Affaires

dir. (sous la) : Sous la direction de

Dr. sociétés : Revue Droit des sociétés

Dr. & patrimoine : Revue Droit et patrimoine

E

éd. : édition

EFE : Edition Formation Entreprise

EPIC : Établissements publics à caractère industriel et commercial

et. al. : et autres

F

Fasc. : Fascicule

G

Gaz. Pal. : Gazette du Palais

I

Ibid. : référence précitée

in : dans

Infra : ci-dessous

IR : Informations Rapides (Dalloz)

J

J.-Cl. : Juris-Classeur

JCP E : La Semaine Juridique, édition Entreprise

JCP G : La Semaine Juridique, édition Générale

JCP N : La Semaine Juridique, édition Notariale

JO : Journal officiel

jur. : jurisprudence

L

L.G.D.J. : Libraire Générale de Droit et de Jurisprudence

LPA : Les petites affiches

M

MARD : Modes alternatifs de résolution des différends

N

n° : numéro

NRE : Nouvelles régulations économiques (loi)

O

obs. : observations

OHADA : Organisation pour l'Harmonisation en Afrique du Droit des Affaires

op. cit. : ouvrage précité

ord. : ordonnance

P

Penant : Recueil Penant (ancienne Revue de droit des pays d'Afrique)

préc. : précité

préf. : préface

PUAM : Presses Universitaires d'Aix-Marseille

PUF : Presses Universitaires de France

R

RBD : Revue Burkinabè de Droit

RCCM : Registre du commerce et du crédit mobilier

RDAI : Revue de droit des affaires internationales

RDC : Revue des contrats

réf. : référé

Rép. : Répertoire

Rev. arb. : Revue de droit de l'arbitrage

Rev. proc. coll. : Revue des procédures collectives

Rev. sociétés : Revue des sociétés

RIDA : Revue internationale de droit des affaires

RIDC : Revue internationale de droit comparé

RIDE : Revue internationale de droit économique

RJ Com. : Revue de jurisprudence commerciale

RJDA : Revue de jurisprudence de droit des affaires

RLDA : Revue Lamy droit des affaires

RLDC : Revue Lamy droit civil

RRJ : Revue de la recherche juridique. Droit prospectif

RTD civ. : Revue trimestrielle de droit civil

RTD com. : Revue trimestrielle de droit commercial

RTDF : Revue trimestrielle de droit financier

S

SA : Société anonyme

SARL : Société à responsabilité limitée

SAS : Société par actions simplifiée

SCA : Société en commandite par actions

SNC : Société en nom collectif

spéc. : spécialement

suiv. : suivant

supra : ci-dessus

T

TGI : Tribunal de grande instance

Trib. com. : Tribunal de commerce

Trib. rég. : Tribunal régional

TRHC : Tribunal régional hors classe

U

UNIDROIT : Institut international pour l'unification du droit privé

V

V. : Voir

V° : *Verbo*

vol. : volume

PREFACE

Le droit issu du Traité relatif à l'Organisation pour l'Harmonisation en Afrique du Droit des Affaires, que l'on dénomme par commodité « le droit OHADA », pourrait bien être un faux-ami. Parce qu'il est certainement inspiré par la législation française et que l'on y retrouve des points de repère familiers dans les diverses branches du droit des affaires qui ont donné lieu à des Actes Uniformes, le risque est grand que des utilisateurs, professionnels du droit ou du monde des affaires, ne s'en tiennent qu'à une connaissance superficielle.

En réalité, l'œuvre, originale dans l'ordre international, ne se livre pas aussi facilement que l'on pourrait le croire. Pour mesurer et apprécier les opportunités offertes par un tel cadre juridique établi pour favoriser l'activité économique des pays signataires du traité, il faut entrer dans le détail. Ce qui, à première vue, pouvait ne pas attirer l'attention, s'avère fort intéressant et, bien souvent, de nature à faire réexaminer sous un jour nouveau des règles que l'on connaissait dans le contexte législatif français.

La vraie dimension, théorique et pratique, de cette construction normative ne peut apparaître qu'au résultat d'investigations scientifiques précises, argumentées qui, sans masquer les éventuelles difficultés de mise en œuvre, pourront mettre au jour l'apport singulier de ce droit harmonisé. Depuis de nombreuses années d'importants travaux ont été publiés, et notamment des thèses de doctorat, qui ont contribué à offrir au droit OHADA sa pleine mesure.

La publication de la thèse de M. Wendkouni Judicaël DJIGUEMDE s'inscrit parfaitement dans cette perspective et vient occuper, fort opportunément, un espace qui était attendu, tant par la doctrine spécialisée que par les milieux professionnels qui investissent dans l'espace OHADA. Préparée au sein de l'Université de Bordeaux, sous la codirection du soussigné et du Professeur Filiga Michel SAWADOGO, de l'Université OUAGA II, la thèse, intitulée « L'aménagement conventionnel de la société commerciale en droit français et Ohada », montre, de manière très pertinente, que si le droit français a tout tenté (ou presque) pour fournir aux entreprises un cadre sociétaire équilibré entre une nécessaire liberté d'organisation et un inévitable contrôle étatique, le droit OHADA, pour être largement inspiré du droit français, a su prendre de chemins originaux. C'est tout l'intérêt du travail de recherche que nous livre M. DJIGUEMDE, mené sans rien lâcher des exigences de la démarche scientifique. Qu'il s'agisse, par exemple, des adaptations conventionnelles aux modes légaux de transfert des titres sociaux ou à l'exercice du pouvoir de direction ou de contrôle au sein de la société, l'auteur montre, très précisément, que l'équilibre est toujours délicat à tenir entre règles impératives et supplétives, et que les aménagements conventionnels, si attirants, peuvent s'avérer fragilisés tant par le risque d'invalidation que par celui tenant à l'inefficacité, au moins partielle, des expérimentations de la pratique.

C'est à une lecture stimulante à laquelle nous sommes invités par M. DJIGUEMDE. Il est prudent de le suivre au plus près de ses démonstrations, afin de ne rien perdre de son apport doctrinal et de ses pertinentes observations d'ordre pratique.

Bernard SAINTOURENS

Professeur à l'Université de Bordeaux

SOMMAIRE

INTRODUCTION GENERALE

« La liberté est le droit de faire tout ce que les lois permettent ; et si un citoyen pouvait faire tout ce qu'elles interdisent, il n'y aurait plus de liberté, parce que les autres auraient tout de même ce pouvoir ».

(MONTESQUIEU, De l'Esprit des lois, 1748)

1. Liberté contractuelle et ordre public sociétaire. La recherche de la sécurité juridique conduit le plus souvent le législateur à adopter des règles précises et détaillées laissant peu de place à la liberté individuelle. Si la protection des tiers demeure nécessaire, la multiplication des règles impératives en droit des sociétés pourrait nuire à l'essor de l'activité économique. Et, « *parce qu'il participe à la définition des règles du jeu de l'activité économique, le droit des sociétés ne doit pas être un carcan enserrant les entreprises*[1] ». Ces deux impératifs que sont le respect de la liberté contractuelle[2] et la protection de l'intérêt public intéressent non seulement le législateur mais également l'ensemble des acteurs du monde des affaires aussi bien en France que dans l'espace OHADA[3].

---

[1] B. SAINTOURENS, « La flexibilité du droit des sociétés », *RTD Com.* 1987, p. 457-494, spéc. p. 494, n° 100.

[2] V. sur cette notion, J.-M. MOUSSERON, « Un principe de départ : la liberté contractuelle », *JCP E* 1995, suppl. n° 2, p. 5 et suiv.

[3] L'Organisation pour l'Harmonisation en Afrique du Droit des Affaires (OHADA) instituée par le Traité du 17 octobre 1993 relatif à l'harmonisation du droit des affaires en Afrique et révisé au Québec le 17 octobre 2008 compte à ce jour dix-sept États membres dont le Bénin, le Burkina Faso, le Cameroun, la Centrafrique, la Côte d'Ivoire, le Congo, les Comores, le Gabon, la Guinée, la Guinée-Bissau, la Guinée équatoriale, le Mali, le Niger, le Sénégal, la République démocratique du Congo, le Tchad et le Togo. Ce traité prévoit l'adoption d'Actes uniformes qui sont directement applicables dans les États membres de l'organisation.

2. Évolution de la liberté contractuelle en droit des sociétés OHADA. « *Outil juridique imaginé et réalisé par l'Afrique pour servir l'intégration économique et la croissance*[4] », l'OHADA est l'un des rares exemples d'intégration juridique réussi. La législation sociétaire OHADA est issue essentiellement de l'Acte uniforme relatif au droit des sociétés commerciales et du groupement d'intérêt économique (AUDSC)[5]. Cet Acte uniforme a été adopté dans le cadre général de l'harmonisation du droit des affaires en Afrique par l'élaboration et l'adoption de règles communes simples, modernes et adaptées à la situation économique des différents États Parties à l'OHADA[6]. L'intervention d'une nouvelle règlementation dans ces États était nécessaire vu « *la vétusté et [...] l'inadaptation du droit des sociétés dans la plupart des pays africains*[7] ». En effet, à l'époque de l'adoption de cet Acte uniforme, la législation sociétaire de la majorité de ces États était constituée du droit des sociétés français tel qu'il a été rendu applicable dans les colonies suivant le principe dit de la spécialité législative[8]. Après les indépendances, très peu d'États africains ont modernisé leur législation sociétaire, ce qui était loin de favoriser, d'une part, la croissance économique interne et d'autre part, les investissements étrangers qui nécessitent un espace juridique et judiciaire sécurisé[9].

3. Le caractère impératif de l'AUDSC avant la réforme. Historiquement lié au droit français, plusieurs études ont permis de montrer que le régime juridique des sociétés commerciales tel qu'issu de l'AUDSC dans sa version originelle était à plusieurs égards fortement inspiré du droit

---

[4] K. MBAYE, « L'histoire et les objectifs de l'OHADA », *LPA*, 13 octobre 2004, n° 205, p. 4.

[5] Cet Acte uniforme a été adopté le 17 avril 1997 à Cotonou (Bénin) et est entré en vigueur le 1er janvier 1998. Il s'applique à toutes les sociétés commerciales par la forme ou par l'objet même celles dans lesquelles serait associée une personne morale de droit public ainsi qu'aux groupements d'intérêt économique, le point de rattachement étant la situation du siège social sur le territoire de l'un des États parties à l'OHADA.

[6] L'article 1er du Traité du 17 octobre 1993 relatif à l'harmonisation du droit des affaires en Afrique instituant l'OHADA prévoit que « *Le présent traité a pour objet l'harmonisation du droit des affaires dans les États Parties par l'élaboration et l'adoption de règles communes simples, modernes et adaptées à la situation de leurs économies, par la mise en œuvre de procédures judiciaires appropriées, et par l'encouragement au recours à l'arbitrage pour le règlement des différends contractuels* ».

[7] J. PAILLUSSEAU, « L'Acte uniforme sur le droit des sociétés », *LPA,* 13 octobre 2004, n° 205, p. 19.

[8] Selon ce principe, les lois françaises n'étaient applicables dans les colonies que si elles avaient fait l'objet d'une extension particulière. V. A. FENEON, *Droit des sociétés en Afrique (OHADA)*, L.G.D.J., 2015, p. 2, n° 2 et suiv. ; M. KONE, *Le nouveau droit commercial des pays de la zone OHADA – Comparaison avec le droit français*, préf. B. SAINTOURENS, L.G.D.J., 2002, p. 10, n° 12.

[9] V. L. YONDO BLACK et A. T. TRAORE, « Les enjeux de la réforme de l'AUSCGIE », in *Droit des sociétés commerciales OHADA rénové : un atout pour les investissements en Afrique*, Dr. & patrimoine 2014, n° 239, p. 48-54, spéc. p. 49.

français[10]. Les réformes opérées en droit français ont ainsi été intégrées dans ce nouveau droit des sociétés commerciales avec toutefois quelques adaptations rendues nécessaires par le contexte socio-économique africain. Si aujourd'hui, le droit commun des sociétés commerciales OHADA est assez bien connu, peu de recherches existent quant au phénomène de contractualisation de plus en plus présent dans cet espace juridique unifié[11].

L'AUDSC a pour objectif de créer un cadre juridique moderne et adapté aux besoins des entreprises, aussi bien nationaux qu'internationaux, en assurant la sécurité des associés, des tiers et particulièrement des investisseurs. Cet objectif a conduit le législateur OHADA à opter pour une règlementation détaillée et complète du régime juridique des sociétés commerciales. Fort de ses neuf cent vingt (920) articles, ce droit des sociétés OHADA a été très vite l'objet de critiques du fait de sa rigidité et de l'impérativité de ses règles[12]. Cette rigidité était notamment le fait du choix originel et original du législateur de déclarer d'ordre public[13] toutes les dispositions de l'Acte uniforme, limitant considérablement toute intervention de la liberté contractuelle dans le domaine sociétaire[14]. L'interprétation faite par la jurisprudence de la Cour Commune de Justice et d'Arbitrage[15] (CCJA)

---

[10] V. M. KONE, Le nouveau droit commercial des pays de la zone OHADA – Comparaison avec le droit français, op. cit., p. 13, n° 14 ; A. MOULOUL, Le régime juridique des sociétés commerciales dans l'espace OHADA : L'exemple du Niger, préf. Ph. Delebecque, L.G.D.J., 2005. Adde, P. NKOU MVONDO, « La crise de la justice de l'État en Afrique Noire Francophone – Étude des causes du "divorce" entre la justice et les justiciables », Penant, 1997, n° 824, p. 208-228.

[11] V. O. BETOE BI EVIE, Pour une promotion de la liberté contractuelle en droit OHADA des sociétés, Thèse Aix-Marseille, 2014.

[12] V. J. ISSA-SAYEGH, « Le caractère d'ordre public des dispositions de l'acte uniforme relatif au droit des sociétés commerciales et du groupement d'intérêt économique (AUSCGIE) », *Penant,* 2010, n° 869, p. 393 ; P. NGUIHE KANTE, « Le caractère d'ordre public du droit uniforme des sociétés commerciales en Afrique », *RTD Com.* 2010, p. 1.

[13] Sur la notion d'ordre public, V. *infra,* n° 279 et suiv.

[14] Ibid.

[15] La CCJA est l'une des institutions issue du Traité OHADA avec pour objectif l'harmonisation de l'interprétation des Actes uniformes. Elle constitue une juridiction de cassation compétente dans les toutes les affaires concernant l'application ou l'interprétation du Traité ou des Actes uniformes. Elle est ainsi compétente pour connaître du contentieux relatif au droit des sûretés, au droit commercial général, au droit des sociétés commerciales et des groupements d'intérêt économique, au droit des procédures collectives, au droit des procédures de recouvrement et des voies d'exécution, au droit de l'arbitrage, au droit comptable et au droit des contrats de transport des marchandises par route. Selon l'article 13 du Traité, « *Le contentieux relatif à l'application des Actes uniformes est réglé en première instance et en appel par les juridictions des États Parties* ». Toutefois, la CCJA devrait faire face à la résistance des juridictions suprêmes nationales qui se voient démunies d'une grande partie de leur domaine de compétence. Quant au cas spécifique des aménagements conventionnels en droit des sociétés, ceux-ci risquent de poser un problème étant donné qu'étant des contrats, leur contentieux devrait en principe relever de la compétence des juridictions suprêmes nationales. Cependant, intervenant en matière de droit des sociétés, la

de ces dispositions va confirmer cette tendance à interdire toute modification des règles sociétaires, sauf dans les cas expressément prévus par l'Acte uniforme[16]. Si ce choix se justifiait à l'époque par la volonté d'ancrer ce nouveau droit dans le paysage sociétaire, il est apparu que le caractère d'ordre public de l'AUDSC constituait une réelle entrave à une attractivité économique aussi bien régionale qu'internationale[17].

4. La réforme : vers une vision plus contractuelle du droit des sociétés. Après une dizaine d'années d'application, le législateur OHADA a entrepris une promotion de la liberté contractuelle en droit des sociétés commerciales OHADA[18]. La réforme de l'AUDSC adoptée le 30 janvier 2014[19] devrait élargir le domaine de la liberté contractuelle laissé aux associés. Cette réforme a été l'occasion d'améliorer, de simplifier et de moderniser la législation sociétaire OHADA. Pour ne citer que ces exemples, ce nouveau droit des sociétés enregistre l'institution d'une nouvelle forme de société commerciale bien connue en droit français. Le législateur OHADA a en effet intégré la société par actions simplifiée (SAS) dans le corpus juridique sociétaire, marquant ainsi la volonté d'ouverture vers plus de souplesse et de flexibilité dans l'organisation et le fonctionnement des sociétés[20]. Dans le même sens, prenant le pas sur la législation française, les pactes d'actionnaires extrastatutaires sont désormais expressément reconnus en droit OHADA[21]. Ces deux exemples témoignent de la volonté du législateur de promouvoir la liberté contractuelle en droit des sociétés, cela dans l'objectif de faciliter la croissance des entreprises nationales mais également de susciter l'implantation de filiales étrangères dans l'espace OHADA. La multiplication des modèles sociétaires apparaît

---

CCJA serait compétente lorsque la question de droit posée intéresse l'application d'un Acte uniforme, notamment l'AUDSC. V. pour la répartition de la compétence entre la CCJA et les juridictions nationales, B. DIALLO, « La répartition des compétences dans un litige où s'entrechoquent et se mêlent les matières juridiques harmonisées et les matières juridiques non harmonisées », *Ohadata* D-12-05 ; F. K. DECKON, « Réflexions sur les conflits de compétence entre la CCJA et les autres juridictions communautaires de l'espace OHADA », *Ohadata* D-11-69 ; C. I. FEVILIYE-DAWEY, « Le dessaisissement d'une Cour suprême au profit de la Cour commune de justice et d'arbitrage, Observations sur l'Arrêt de la Cour Commune de Justice et d'Arbitrage (CCJA) n° 004/2007 du 1er février 2007, Affaire Mambo Serge c/société SAGA-CI », *Ohadata* D-10-10.

[16] V. notamment, avis n° 02/2000/EP de la CCJA du 26 avril 2000, *Penant* 2001, n° 837.

[17] V. le constat fait par L. YONDO BLACK et A. T. TRAORE, « Les enjeux de la réforme de l'AUSCGIE », *art. préc.*, spéc. p. 48.

[18] O. BETOE BI EVIE, Pour une promotion de la liberté contractuelle en droit OHADA des sociétés, op. cit.

[19] Le nouvel acte uniforme relatif au droit des sociétés commerciales et du groupement d'intérêt économique a été publié le 4 février 2014 au Journal officiel spécial OHADA et entré en vigueur le 5 mai 2014.

[20] Article 853-1 et suiv. de l'AUDSC révisé.

[21] Article 2-1 de l'AUDSC révisé.

en elle-même comme un signe de flexibilité de la législation. Dans un même type sociétaire, le législateur a parfois prévu plusieurs modèles d'organisation à l'instar de la société anonyme (SA) et de la SAS, où le choix est laissé aux associés quant au mode de gouvernance de ces sociétés[22]. Cette évolution n'est pas sans rappeler celle du droit français dont est en grande partie inspirée la législation OHADA.

5. L'évolution du droit français des sociétés. Le mouvement de contractualisation du droit des sociétés français[23], loin d'être « *le fruit d'une banale importation de techniques anglo-américaines même si l'on ne peut nier l'influence de ce système en ce domaine*[24] », constitue la réaction des praticiens de ce droit face à la rigidité de la législation sociétaire telle qu'issue de la loi du 24 juillet 1966[25]. En effet, l'utilisation des techniques contractuelles a été la réponse aux besoins d'adaptation du droit des sociétés manifestés par les associés[26]. S'est ainsi développé un nombre important d'accords extrastatutaires destinés à l'aménagement du contrôle du capital social et à la maitrise du pouvoir dans la société. Ces accords ne faisant l'objet d'aucune règlementation spécifique, il est revenu à la jurisprudence

[22] Il faut noter que contrairement à la SAS où le choix est complètement libre à l'exception de la désignation obligatoire d'un président, représentant de la société à l'égard des tiers, dans la SA, le choix est limité à la société anonyme avec conseil d'administration ou avec administrateur général. Dans le cas d'une direction par un conseil d'administration, les associés choisissent entre d'une part, un président-directeur général (PDG) et d'autre part, un président et un directeur général. V. les articles 414 et 415 de l'AUDSC révisé pour la SA et 853-8 pour la SAS.

[23] La contractualisation du droit des sociétés a été défini comme « le phénomène qui se manifeste par l'utilisation croissante des diverses techniques contractuelles afin de répondre aux besoins manifestés par les associés d'adapter le droit des sociétés ». V. G. GOFFAUX-CALLEBAUT, Du contrat en droit des sociétés – Essai sur le contrat en tant qu'instrument d'adaptation du droit des sociétés, préf. J.-P. Gastaud, éd. L'Harmattan, 2008, p. 8, n° 2.

[24] J.-M. MOULIN, « Pactes d'actionnaires », in *J-Cl. Commercial*, Fasc. 1486, p. 2, n° 2.

[25] A.-J. KERKOVIAN, « Quelques critiques pragmatiques de la loi française sur les sociétés commerciales », *Gaz. Pal.* 1968, 2, p. 97 ; P. Le CANNU, « L'évolution de la loi du 24 juillet 1966 en elle-même », in « Le trentième anniversaire de la loi du 24 juillet 1966 sur les sociétés commerciales », Colloque Paris I, *Rev. sociétés* 1996, p. 485, n° 1.

[26] D. SCHMIDT, Rapport de synthèse, in « La stabilité du Pouvoir et du Capital dans les sociétés par actions », Colloque de Deauville, *RJ. com.*, 1990, p. 180 ; M.-Ch. MONSALLIER, *L'aménagement contractuel du fonctionnement de la société anonyme*, préf. A. Viandier, L.G.D.J. 1998 ; S. SCHILLER, *Les limites de la liberté contractuelle en droit des sociétés – Les connexions radicales*, préf. F. Terré, L.G.D.J., 2002 ; Y. GUYON, *Traité des contrats – Les sociétés, Aménagements statutaires et conventions entre associés*, L.G.D.J., 2002 ; F.-D. POITRINAL, *La révolution contractuelle du droit des sociétés – Dynamisme et paradoxes*, Revue Banque Edition, 2003 ; J.-Ph. DOM, *Les montages en droit des sociétés*, préf. P. Le Cannu, Joly éd., 1998.

de reconnaître et de valider ces conventions sur le fondement de la liberté contractuelle et d'en préciser le régime juridique[27].

Le législateur a rejoint ce mouvement de contractualisation du droit des sociétés, notamment par la consécration de la SAS qui se veut une structure où règne la liberté contractuelle[28]. Toutefois, en dépit des efforts de simplification et de modernisation du droit des sociétés, l'ordre public sociétaire conserve une place importante dans la législation sociétaire.

Cette étude portera précisément sur l'aménagement conventionnel de la société commerciale, le droit des sociétés civiles n'étant pas harmonisé dans l'espace OHADA. Aussi, les aménagements conventionnels étant des conventions répondant aux règles du droit civil, et s'appliquant à la matière sociétaire, une confrontation des règles du droit des contrats, et plus généralement du droit des obligations avec celles du droit des sociétés s'avère nécessaire[29]. Or, en droit OHADA il n'existe pour l'instant aucune législation uniforme en matière contractuelle[30]. De ce fait, il conviendra de se référer aux droits nationaux des États Parties au traité OHADA.

6. Notion d'aménagement conventionnel. Le mouvement de contractualisation observé en droit français et OHADA se manifeste par la faculté d'aménagement conventionnel du régime légal des sociétés reconnue aux associés. L'aménagement est l'action d'aménager, c'est-à-dire de transformer ou de modifier quelque chose pour la rendre plus pratique, plus adaptée à ses besoins. En ce sens, l'aménagement de la société commerciale vise l'action de modifier ou d'amender les règles gouvernant l'organisation de celle-ci dans le but de l'adapter aux besoins des associés. Le terme conventionnel renvoie à ce qui résulte d'une convention, c'est-à-dire à un

[27] V. notamment Cass. com. 13 février 1996, *Rev. sociétés*, 1996, p. 781, note J.-J. Daigre ; Cass. com. 7 janvier 2004, *Bull. Joly sociétés*, 2004, p. 544, note P. Le Cannu.

[28] La SAS a été introduite en droit français par la loi n° 94-1 du 3 janvier 1994. Elle a été adoptée initialement pour servir de filiale commune pour les grandes entreprises étant débarrassée de la rigidité entourant le fonctionnement des autres sociétés de capitaux notamment de la SA. Elle fût finalement ouverte à toute personne physique ou morale par la loi du 12 juillet 1999.

[29] V. G. GOFFAUX-CALLEBAUT, Du contrat en droit des sociétés – Essai sur le contrat en tant qu'instrument d'adaptation du droit des sociétés, op. cit., p. 18, n° 11.

[30] L'avant-projet d'acte uniforme a été élaboré par le Professeur Marcel FONTAINE sous l'égide de l'institut UNIDROIT à la demande du Secrétariat permanent de l'OHADA. Celui-ci a été transmis aux Commissions nationales de l'OHADA pour examen au cours de l'année 2005, mais le processus semble bloqué puisque jusqu'au dernier conseil des ministres en date du 10, 11 et 12 juin 2015 à YAMOUSSOKRO (Côte d'Ivoire), aucun projet n'a été adopté dans le sens de l'adoption d'un tel acte uniforme. V. aussi P. MEYER, « L'avant-projet d'acte uniforme OHADA sur le droit des contrats : innovations et débats », *RDAI* 2008, p. 291-317, spéc. p. 292. Cet avant-projet est disponible sur le site internet de l'institut UNIDROIT à l'adresse http://www.unidroit.org/french/legalcooperation/OHADA%20act-f.pdf

accord de volontés. L'aménagement conventionnel désigne ainsi la faculté pour les associés de suppléer l'organisation légale de la société commerciale par des règles qu'ils ont eux-mêmes adoptées. Cette formulation permet de mettre en avant l'action des associés qui sont invités à compléter ou à s'affranchir du régime légal en fonction de l'évolution de la conjoncture économique. Au regard de la diversité des intérêts qui peuvent animer les associés, certains étant intéressés par une rentabilité à court terme de leurs investissements, d'autres au contraire préférant la stabilisation de l'actionnariat dans la société, l'aménagement conventionnel apparait être une technique efficace au service des acteurs sociaux. Il appartient au législateur de fixer un cadre général dans lequel devraient s'exercer les activités des entreprises. Le développement nécessaire de l'ingénierie juridique et financière permettra d'adapter ce cadre légal à la diversité d'une part, des activités économiques et d'autre part, des intérêts sans cesse évolutifs des associés. L'enjeu pour le législateur consiste ainsi à prévoir un cadre légal adapté permettant de sécuriser au mieux les investissements, sans toutefois avoir l'ambition de régler dans la législation sociétaire toutes les questions qui pourraient se poser du fait des aménagements conventionnels. Les tribunaux seront mis à contribution *a posteriori* pour contrôler la régularité de ces aménagements et fixer ainsi les limites de la liberté contractuelle des associés[31].

Se pose ainsi la question de l'étendue de la liberté contractuelle en matière d'aménagement de la société commerciale en droit français et OHADA. Quelle est la place accordée à la liberté contractuelle dans la législation sociétaire française et OHADA ?

Les contours de cette liberté seront tracés au regard, d'une part de l'impérativité des règles légales, mais aussi, d'autre part, en fonction de la réception des montages sociétaires[32] par les juridictions commerciales. Sur ce dernier point, il est à noter le contraste entre la rareté des décisions judiciaires en la matière en droit OHADA et l'abondance de celles-ci en droit français. La proximité de ces deux législations permet d'élaborer des esquisses de solutions en droit OHADA, se fondant sur les décisions déjà rendues en droit français.

---

[31] S. SCHILLER, Les limites de la liberté contractuelle en droit des sociétés – Les connexions radicales, op. cit. Il convient de noter que l'ordre public a été défini comme « l'antithèse de la liberté contractuelle » (G. FARJAT, L'ordre public économique, préf. B. Goldman, L.D.G.J., 1963, p. 31, n° 21 et suiv. L'ordre public constituerait ainsi la limite majeure à cette liberté. Cependant, la présence d'un ordre public, notamment en matière économique, n'implique pas de facto la suppression de la liberté contractuelle. Cet ordre public est censé fixer le cadre dans lequel devrait s'épanouir la liberté contractuelle.

[32] J.-Ph. DOM, Les montages en droit des sociétés, op. cit., p. 19, n° 20 : cet auteur définit le montage comme « la combinaison finalisée d'actes juridiques ordonnés et interdépendants ».

Au regard de l'essor du contrat en tant qu'instrument d'adaptation du droit des sociétés aussi bien français et OHADA, il est apparu nécessaire de mener une étude pour, d'une part, rendre compte de ce phénomène de contractualisation notamment en droit OHADA et, d'autre part, d'essayer d'élaborer un régime juridique adapté à ces aménagements conventionnels au regard de la pratique du droit français des sociétés.

7. Possibilité d'aménagement conventionnel de la société commerciale. Confrontés à un ordre public ambiant aussi bien en droit français et OHADA, les associés seront d'abord intéressés par la possibilité qui leur est offerte d'aménager l'organisation ou le fonctionnement de leur société. Malgré une présentation du droit des sociétés français et OHADA comme un droit empreint d'ordre public[33], il convient néanmoins d'observer que ces deux législations ne sont pas dépourvues de flexibilité ou de souplesse. En effet, les associés disposent d'importants espaces afin d'aménager en fonction de leurs besoins l'organisation et le fonctionnement de la société commerciale. Pour ce faire, deux options leurs sont ainsi ouvertes : l'aménagement conventionnel par la voie statutaire ou la conclusion de pactes extrastatutaires.

Le choix entre ces deux options sera fonction de certains enjeux tels que la question des conditions de validité de ces conventions, leur opposabilité, leur transmission, et surtout leur efficacité notamment en cas d'inexécution[34]. À ces enjeux devront s'ajouter les avantages et inconvénients de chaque mode d'aménagement conventionnel. Alors que les pactes d'actionnaires extrastatutaires seront préférés pour leur confidentialité et la simplicité de leur modification, les aménagements statutaires présenteront l'avantage de la sécurité juridique notamment par leur opposabilité *erga omnes* et leur transmission en principe de plein droit à tous les nouveaux associés. En fonction du contenu des aménagements et des intérêts en présence, les associés devront choisir la technique qui présente le plus d'avantages en termes de garantie de validité et d'efficacité en matière d'exécution.

8. Objet de l'aménagement conventionnel de la société commerciale. Le contrôle de l'actionnariat et l'organisation du pouvoir au sein de la société constituent les deux domaines privilégiés des conventions sociétaires.

---

[33] GOUNOT affirmait déjà en 1912 que « l'ère de l'autonomie de la volonté et de la suprématie du contrat est déjà close ». V. E. GOUNOT, Le principe de l'autonomie de la volonté en Droit privé : contribution à l'étude critique de l'individualisme juridique, Thèse Dijon, 1912.

[34] V. Pacte d'associé ou clause statutaire : quels choix pour l'entreprise sociétaire ? Actes du colloque national DJCE tenu les 8 et 9 février 2013 à la Faculté de de Droit de Bordeaux, LexisNexis, 2013.

En effet, les clauses d'inaliénabilité, d'exclusion, d'agrément ou encore les conventions de vote ou de management occupent une grande partie de l'activité des juridictions commerciales. Aussi, des conventions sociétaires pourront s'avérer utiles pour organiser la résolution des différends qu'elles peuvent susciter, ou des litiges pouvant survenir en cours de fonctionnement de la société. Si une énumération des différentes conventions en la matière s'avère impossible et inutile du fait de l'extrême diversité de ces aménagements et de leur renouvellement incessant, il conviendra de déterminer les domaines dans lesquels la liberté contractuelle pourra se manifester utilement.

9. Régime juridique des aménagements conventionnels. Au-delà de la possibilité d'aménager le fonctionnement de la société commerciale, la sécurité juridique, garante d'une libre expression de la volonté des associés, implique une certaine prévisibilité quant au régime juridique des conventions sociétaires. En effet, la souplesse réclamée par les praticiens du droit des affaires ne peut être effective que si les conventions sociétaires ne sont pas systématiquement remises en cause en raison d'une contravention à un ordre public sociétaire dont on peine à fixer les limites. La détermination de critères objectifs de validité s'avère ainsi nécessaire afin d'instaurer une certaine prévisibilité quant à la validité des montages en droit des sociétés. Aux conditions de validité de droit commun des contrats seront adjointes des conditions propres au droit des sociétés. Des précisions seront nécessaires quant aux « concepts mous » ou « notions à contenu variable » tel que l'intérêt social, utilisés par la jurisprudence afin d'apprécier la validité de ces conventions[35]. De même, la sanction des conditions de validité recevra une attention particulière. Il conviendra ainsi d'apporter des précisions quant aux conditions de prononcé de la nullité de ces conventions, le droit des sociétés français et OHADA ayant construit leurs propres systèmes de nullité.

Dans le même sens, l'attractivité de la législation sociétaire ne peut être effective que si des garanties sont offertes aux associés quant à l'efficacité de leurs aménagements notamment en termes de sanction en cas d'inexécution par l'une des parties de ses obligations. Sur ce point, l'exécution forcée en nature ou par équivalent continue de retenir l'attention de la doctrine[36]. Ces préoccupations rappellent la nécessaire conciliation de la liberté contractuelle avec l'ordre public sociétaire. Ce dernier, loin de constituer un obstacle dirimant à la manifestation de la liberté contractuelle

---

[35] V. B. SAINTOURENS, « La flexibilité du droit des sociétés », *art. préc.*, p. 490 ; S. PRAT, *Les pactes d'actionnaires relatifs aux valeurs mobilières*, préf. A. Viandier, Litec 1992, p. 2, n° 3.

[36] V. A. MIGNON-COLOMBET, *L'exécution forcée en droit des sociétés*, préf. Y. Guyon, éd. Economica 2004.

devrait fixer clairement le cadre dans lequel celle-ci pourra s'exercer librement avec des garanties d'efficacité. Pour ce faire, le caractère impératif devrait être réservé aux règles fondamentales du droit des sociétés, les associés ayant la liberté de suppléer par des conventions statutaires ou extrastatutaires aux autres règles que l'on peut qualifier d'accessoires.

Le mouvement de contractualisation du droit des sociétés gagne aussi les modes de résolution des différends. Cela se traduit d'une part par la volonté de plus en plus croissante de maîtriser l'issue des procès par le biais de l'aménagement conventionnel des règles de procédure civile. D'autre part, ce phénomène se manifeste par le développement de modes alternatifs de résolution des différends[37] (MARD). Ces derniers prennent de plus en plus d'ampleur notamment en droit OHADA avec la promotion de centres d'arbitrage et de médiation dans plusieurs États Parties.

10. Plan. Il s'avère ainsi que l'aménagement conventionnel de la société commerciale gagne tous les domaines du droit des sociétés depuis la rédaction des statuts à la résolution des différends sociétaires. Si la rigidité du droit des sociétés commerciales n'est alors qu'apparente aussi bien en droit français qu'OHADA (**Partie I**), le régime juridique des aménagements conventionnels dans ces deux systèmes juridiques demeure incertain (**Partie II**).

---

[37] L. CADIET, Th. CLAY et E. JEULAND, Médiation et Arbitrage – Alternative dispute resolution : alternative à la justice ou justice alternative ? Perspectives comparatives, Litec, 2005 ; Ch. JARROSSON, « Les modes alternatifs de règlement des conflits. Présentation générale », RIDC avril-juin 1997, vol. 49, n°2, p. 325-345 ; P. IDOUX, « La place actuelle de la médiation dans le règlement non juridictionnel des différends », in La médiation – Aspects transversaux, sous la dir. A.-M. TOURNEPICHE et J.-P. MARGUENAUD, Litec 2010, coll. « colloque et débats », p. 19-38.

Partie I. La rigidité apparente du droit français et OHADA en matière d'aménagement conventionnel de la société commerciale

11. La recherche d'espaces de liberté dans les législations sociétaires françaises et OHADA. En France, la rigidité des règles sociétaires issues de la loi du 24 juillet 1966 constitue le principal écueil mis en avant par la doctrine et les professionnels du droit des affaires, révélant l'existence d'un ordre public sociétaire incompatible avec l'évolution économique. La même critique sera adressée plus tard au droit OHADA tel qu'il résultait du premier Acte uniforme relatif au droit des sociétés commerciales et du groupement d'intérêt économique. L'omniprésence de l'ordre public en droit des sociétés a été considérée comme un frein au développement économique et financier dans l'espace OHADA. La lecture des dispositions de l'AUDSC avant la réforme, avec l'interprétation de l'ancien article 2 retenue par la CCJA permettait en effet de conclure à une rigidité d'un droit qui s'est fixé comme objectif de favoriser l'investissement dans la zone OHADA. Cette considération a d'ailleurs poussé certains auteurs à appeler à une « *promotion de la liberté contractuelle en droit OHADA des sociétés*[38] ».

Cependant, comme cela a été démontré par certains auteurs en droit français[39], la rigidité de la législation sociétaire apparaît souvent comme « *un tigre de papier qui n'effraye que les naïfs*[40] ». En effet, au-delà d'un ordre public apparent, la législation sociétaire offre des possibilités d'aménagement aussi bien de la structure de la société que de son fonctionnement. Le foisonnement des règles impératives n'implique pas pour autant l'inexistence d'espaces de liberté pour les associés. Cette liberté contractuelle peut être observée d'une part dans la possibilité qui est donnée aux associés d'aménager les règles relatives à l'actionnariat. Ces aménagements viseront essentiellement à faciliter ou à contrôler, voire interdire les cessions d'actions. D'autre part, la liberté qui est offerte aux associés se manifeste dans la possibilité qui leur est donnée d'aménager les règles relatives à l'organisation du pouvoir dans la société. Ainsi, il

[38] O. BETOE BI EVIE, Pour une promotion de la liberté contractuelle en droit OHADA, thèse Aix-Marseille 2014.
[39] B. SAINTOURENS, « La flexibilité du droit des sociétés », art. préc., p. 457 ; Y. GUYON, Traité des contrats – Les sociétés, Aménagements statutaires et conventions entre associés, op cit.
[40] Y. GUYON, Traité des contrats – Les sociétés, Aménagements statutaires et conventions entre associés, op. cit., p. 26, n° 10.

conviendra dans l'optique d'une étude comparée du droit français et OHADA, d'aborder successivement :

Titre I. L'aménagement conventionnel du contrôle de l'actionnariat en droit français et OHADA

Titre II. L'aménagement conventionnel de l'organisation du pouvoir dans la société commerciale

Titre I. L'aménagement conventionnel du contrôle de l'actionnariat en droit français et OHADA

12. L'évolution du droit OHADA des sociétés s'inspire fortement du droit français, mais présente parfois certaines spécificités qu'il conviendra de relever. Même si le droit OHADA est encore relativement récent[41], le législateur a pris le pari d'adapter la législation sociétaire au monde des affaires qui évolue très rapidement, afin d'attirer sans doute des investisseurs étrangers, mais également de favoriser les investissements locaux. C'est ainsi que le régime des valeurs mobilières a été réaménagé lors de la dernière réforme. Il est désormais possible lors de la création de la société ou au cours de son fonctionnement de créer dans les statuts « *des actions de préférence, avec ou sans droit de vote, assorties de droits particuliers de toute nature, à titre temporaire ou permanent*[42] ». Aussi, l'accès au capital social et la transmission des titres sociaux constituent les domaines visés expressément par le législateur, qui peuvent faire l'objet de conventions extrastatutaires[43]. Ces deux exemples permettent de conforter l'idée de la possibilité d'aménager l'actionnariat de la société aussi bien par des clauses statutaires qu'extrastatutaires. Ces aménagements auront pour objet soit d'une part, de supprimer la liberté pour certains d'entre eux d'aliéner leurs titres sociaux (Chapitre I), soit d'autre part, d'en limiter la cession (Chapitre II).

---

[41] V. B. MARTOR et J. F. FEHRI, « Panorama de la réforme du droit des sociétés OHADA », *JCP E*, 27 février 2014, n° 9-10, p. 1099.
[42] Article 778-2 de l'AUDSC révisé.
[43] Article 2-1 de l'AUDSC révisé.

Chapitre I. La suppression de la liberté conventionnelle en matière de cession de titres sociaux

13. La réforme récente de l'AUDSC a été l'occasion pour le législateur OHADA d'insuffler une dose de liberté contractuelle dans le fonctionnement des sociétés. En effet, outre la reconnaissance expresse de la société par actions simplifiée[44], le législateur a reconnu la validité des pactes d'actionnaires[45]. Dans cette même optique, cette réforme a été l'occasion de donner un cadre juridique à certaines conventions qui en droit français doivent leur reconnaissance à la jurisprudence[46]. Même si la législation OHADA se rapproche à bien des égards du droit français, il convient de remarquer d'ores et déjà que celle-ci s'en éloigne notamment en matière de cessions de titres sociaux. En droit français, face à une législation très rigide et au regard de la volonté des associés d'exercer un contrôle accru de leurs investissements dans le capital social, ceux-ci n'ont pas hésité à utiliser les espaces de liberté laissés par le législateur. Ainsi, alors que la doctrine majoritaire considérait que la structure des sociétés de capitaux telle qu'édifiée par le législateur ne permettait pas aux associés d'entraver la libre circulation des titres sociaux, certains aménagements conventionnels à l'instar des clauses d'inaliénabilité ont vu le jour[47]. Aussi, il était largement admis que les associés ne pouvaient, en dehors des cas expressément prévus par le législateur, obliger un associé à quitter la société en cédant ses titres. Cependant, la volonté des associés de contrôler la composition du capital social a favorisé le développement des clauses d'exclusion. Clauses d'inaliénabilité et d'exclusion constituent les deux conventions phares visant

---

[44] La SAS est désormais consacrée en droit OHADA dans le Livre 4-2 aux articles 853-1 et suivant de l'AUDSC révisé.

[45] Le nouvel article 2-1 de l'AUDSC révisé prévoit que « Sous réserve du respect des dispositions du présent Acte uniforme auxquelles il ne peut être dérogé et des clauses statutaires, les associés peuvent conclure des conventions extrastatutaires en vue notamment d'organiser, selon les modalités qu'ils ont librement arrêtées :
- Les relations entre associés ;
- La composition des organes sociaux ;
- La conduite des affaires de la société ;
- L'accès au capital social ;
- *La transmission des titres sociaux* ». Il convient de noter que cette liste n'est pas exhaustive du fait du terme "notamment" utilisé par le législateur.

[46] C'est le cas notamment de la reconnaissance explicite de la clause d'inaliénabilité aussi bien statutaire qu'extrastatutaire par le nouvel article 765, alinéa 2 de l'AUDSC révisé.

[47] V. *infra*, n° 19.

la suppression de la liberté conventionnelle d'un associé en matière de cession de droits sociaux. Toutes ces conventions issues de la pratique ont nécessité l'intervention de la jurisprudence afin de valider et de donner un cadre juridique à celles-ci. En droit OHADA, ce rôle de la jurisprudence est minoré de telle sorte que la législation, certes encore récente, a dû prendre en compte les besoins de souplesse dans l'organisation de la société. Ainsi contrairement au droit français, le législateur OHADA a choisi de fixer un cadre légal à ces conventions. Cette méthode pourrait être perçue comme remettant en cause la liberté conventionnelle des associés, mais il convient de noter que le législateur OHADA, lorsqu'il légifère sur les aménagements conventionnels de la société commerciale, reconnaît la validité de ces derniers, tout en laissant aux associés la liberté d'en définir les contours. Le législateur OHADA semble ici avoir réussi le pari de concilier la prévisibilité nécessaire à la sécurisation des conventions, et la liberté conventionnelle permettant aux sociétés, « *acteurs du marché, de suivre et de participer au développement économique des affaires dans un contexte international concurrentiel*[48]». C'est ce double mouvement que nous tenterons de démontrer dans ce chapitre, en étudiant dans un premier temps les clauses d'inaliénabilité en tant qu'elles visent à supprimer la liberté d'un associé de céder ses titres sociaux (**Section I**). Ensuite, nous pourrons envisager l'étude des clauses d'exclusion, celles-ci supprimant le droit pour un associé de conserver ses titres sociaux (**Section II**).

Section I. Des conventions portant suppression de la liberté de cession de titres sociaux : le cas des clauses d'inaliénabilité

14. Intérêt des clauses d'inaliénabilité. « *Telle la crécelle qui annonçait au Moyen âge le passage des lépreux, le seul mot d'inaliénabilité crée dans le milieux des affaires une sorte de panique*[49] ». Il n'est plus à démontrer l'utilité des aménagements conventionnels pour la conservation et l'exercice du contrôle au sein des sociétés[50]. La stabilité du capital social ainsi que la fonction de défense contre des offres publiques d'achat (OPA) « inamicales », montrent tout l'intérêt à porter à ces aménagements. Les clauses d'inaliénabilité « *permettent de renforcer la stabilité de blocs de*

---

[48] C. LEROY, Le pacte d'actionnaire dans l'environnement sociétaire, Thèse, Paris, 2010, p. 5, n° 1.

[49] Y. GUYON, « L'inaliénabilité en droit commercial », in *Études à la mémoire d'Alain SAYAG*, Litec 1997, p. 268, n° 2, citant J. BOULANGER, *Traité pratique de droit civil de Planiol et Ripert*, Paris 1959, 2 éd., t. IX, n° 1216.

[50] S. PRAT, Les pactes d'actionnaires relatifs au transfert de valeurs mobilières, op. cit., p. 18 et suiv.

contrôle[51] ». Elles peuvent permettre de constituer un noyau dur d'associés[52] en limitant le domaine de l'inaliénabilité à certains actionnaires seulement dont la présence sera considérée nécessaire à la poursuite de l'activité. Dans cette optique, elle peut constituer une protection efficace contre une éventuelle OPA[53]. Aussi, les clauses d'inaliénabilité permettent de maintenir un équilibre dans la répartition du capital social, chaque actionnaire ou groupe d'actionnaires conservant une certaine proportion fixe du capital social. Certaines clauses d'inaliénabilité permettent aussi de refuser l'entrée de personnes précises dans le capital de la société. C'est le cas lorsque l'inaliénabilité ne vaut que pour un cessionnaire ou une catégorie de cessionnaires éventuels tels que des concurrents. Elles sont utilisées parfois par les pouvoirs publics en cas de privatisation[54] afin de créer un certain « noyau dur » dans la société et s'assurer que les repreneurs restent dans la société pendant un certain temps pour pérenniser l'activité économique[55]. Ces clauses sont ici légitimées par l'intérêt général[56]. Enfin, elles peuvent également être utilisées pour garantir des intérêts légitimes d'un cocontractant. C'est le cas de la protection des intérêts d'un établissement de crédit qui pose comme condition à la bonne fin d'un concours financier, l'interdiction à la société mère de céder pour la durée du prêt, les actions composant le capital de sa filiale[57].

15. Il conviendra dans un premier temps de constater une relative souplesse du droit OHADA par rapport au droit français en termes de reconnaissance des clauses d'inaliénabilité (**§I**). Ensuite, nous constaterons que les conditions de validité et d'efficacité de ces clauses sont clairement posées en droit OHADA par rapport au droit français (**§II**).

---

[51] M. HENRY et G. BOUILLET-CORDONNIER, *Pactes d'actionnaires et privilèges statutaires*, éd. Formation Entreprise, 2003, p.137, n° 264.

[52] H. MOUBSIT, « Les clauses d'inaliénabilité en droit des sociétés », *RLDA*, octobre 2013, n° 86, p. 91-94.

[53] S. PRAT, Les pactes relatifs au transfert de valeurs mobilières, op. cit., p. 116, n° 199.

[54] D. VELARDOCCHIO-FLORES, Les accords extra-statutaires entre associés, préf. J. Mestre, PUAM, 1993, p. 161, n° 168 ; S. PRAT, Les pactes d'actionnaires relatifs au transfert de valeurs mobilières, op. cit., p. 157, n°s 198 et 263.

[55] M. CAVERIVIERE et M. DEBENE, « Sociétés privatisées et stratégies actionnariales », *Rev. sociétés*, 1989, p. 589, Y. DJEHAVE, « Des noyaux durs aux groupes d'actionnaires stables », *Rev. Banque*, 1993, n° 543, p. 26.

[56] R. CANNARD, « Les pactes visant à prendre et/ou conserver le pouvoir dans les sociétés anonymes non cotées », *Cah. Dr. Entr.* 1/1992, p. 4.

[57] CA Paris, 4 mai 1982, *Gaz. Pal.* 1983, p. 152, note A.P.S. V. aussi dans ce sens R. CANNARD, « Les pactes visant à prendre et/ou conserver le pouvoir dans les sociétés anonymes non cotées », *art. préc.*, p. 4 ; S. PRAT, *Les pactes d'actionnaires relatifs au transfert de valeurs mobilières, op. cit.*, p. 117, n° 200.

§I. La souplesse du droit OHADA en matière de reconnaissance des clauses d'inaliénabilité

16. Définition. L'inaliénabilité peut s'entendre comme la qualité juridique d'un bien ou d'un droit qui ne peut valablement être l'objet d'une aliénation, soit par l'effet d'une interdiction légale, soit en vertu de la volonté humaine[58]. La clause d'inaliénabilité dans un sens large est donc celle qui permet de s'assurer que le bien qu'elle frappe, ne pourra pas valablement quitter le patrimoine dans lequel il se trouve placé. En droit des sociétés, les clauses d'inaliénabilité « *visent à interdire aux actionnaires qui y souscrivent de céder tout ou partie de leurs actions*[59] ». Dans le même sens, il a été observé que « *les clauses d'inaliénabilité des titres sociaux ont pour objet d'interdire à leur propriétaire, associé ou actionnaire, de les transférer volontairement à un tiers, à titre onéreux ou à titre gratuit. Ces clauses engendrent l'indisponibilité d'un bien corporel "par essence" librement cessible et négociable*[60] ». Le principal effet de ce type de clause est de rendre indisponible le bien déclaré inaliénable. Alors qu'en droit OHADA, le législateur a récemment franchi le pas en reconnaissant expressément ce type de clause, le droit français des sociétés reste jusqu'à présent réservé à leur reconnaissance dans le domaine du droit des sociétés (**A**). Ce qui n'empêche pas de déterminer dans les cas où ces clauses sont prévues, leur champ d'application (**B**).

A. Une difficile reconnaissance de la clause d'inaliénabilité en droit français

17. Reconnaissance expresse des clauses d'inaliénabilité en droit OHADA. Le droit OHADA ne visait pas spécialement les clauses d'inaliénabilité. L'article 764 de l'AUDSC posait la règle selon laquelle « *les actions sont en principe librement transmissibles* ». Cet article prévoyait ainsi le principe général de libre transmissibilité des actions de société. L'article 765 de l'AUDSC organisait des possibilités d'aménagement de ce principe mais, seules les limitations statutaires de la libre transmissibilité des actions étaient prévues. Le nouvel article 765, alinéa 2 de l'AUDSC révisé prévoit désormais que « *Nonobstant le principe de libre transmissibilité énoncé à l'article 764 du présent Acte uniforme, les statuts ou les conventions mentionnées à l'article 2-1 peuvent stipuler certaines limitations à la transmission des actions dans les conditions*

[58] G. CORNU, *Vocabulaire juridique,* 10e éd., PUF, 2014, V° « Inaliénabilité ».
[59] M. HENRY et G. BOUILLET-CORDONNIER, *Pactes d'actionnaires et privilèges statutaires, op. cit.*, p. 136, n° 264.
[60] H. MOUBSIT, « Les clauses d'inaliénabilité en droit des sociétés », *art. préc.,* p. 91-94.

prévues aux articles 765-1 à 771-3 ». Ainsi, le législateur OHADA offre la possibilité aux associés d'user de la liberté conventionnelle à travers des clauses statutaires ou extrastatutaires, afin de contrôler la transmissibilité des actions de la société. Cette nouvelle disposition ne peut être que salutaire car elle vient donner un cadre juridique aux clauses statutaires et extrastatutaires d'inaliénabilité. Le droit OHADA des sociétés commerciales prendrait sur ce point le pas sur la législation française en la matière, au regard des nombreuses controverses doctrinales quant à la validité des clauses d'inaliénabilité[61]. Pourtant, ces clauses ne sont pas totalement étrangères à la législation française.

18. Reconnaissance légale de certaines clauses d'inaliénabilité en droit français. Dans les sociétés de personnes, le législateur organise lui-même l'inaliénabilité des titres. En effet, dans les sociétés en nom collectif ou dans les sociétés civiles, il est prévu d'une part que les parts sociales ne peuvent être représentées par des titres négociables, et d'autre part, que toute cession de parts même entre associés ou au profit d'un conjoint nécessite le consentement unanime des associés[62]. En cas de refus de la part des coassociés, il y a bel et bien une indisponibilité des titres qui manifeste une inaliénabilité de ceux-ci. Cette situation s'explique assez aisément par l'*intuitu personae* qui règne dans ces types de sociétés. L'entrée dans cette société nécessite une certaine acceptation de la part des autres associés, de telle sorte que la sortie devrait aussi répondre aux mêmes exigences.

Dans les sociétés de capitaux, le législateur ne prévoit expressément la possibilité de stipuler des clauses statutaires d'inaliénabilité que dans la SAS[63] ou dans la SE[64]. Il convient de noter également que le législateur prévoit lui-même l'inaliénabilité de certains titres sociaux à l'instar de l'article L. 3324-10 du code du travail français qui organise l'inaliénabilité pour une durée de cinq ans des actions attribuées aux salariés au titre de la participation aux résultats de l'entreprise[65].

---

[61] V. *infra*, n° 23 et suiv.

[62] Article L. 221-13 du code de commerce.

[63] L'article L. 227-13 du code de commerce issu de la loi n° 94-1 du 3 janvier 1994 prévoit que « *Les statuts de la société peuvent prévoir l'inaliénabilité des actions pour une durée n'excédant pas dix ans* ». Il faut préciser que la même disposition est prévue pour la nouvelle SAS de droit OHADA à l'article 853-17 de l'AUDSC.

[64] V. article L. 229-11 du code de commerce issue de la loi n° 2005-842 du 26 juillet 2005 introduisant la SE en droit français.

[65] Voir également en ce sens l'article L. 225-197-1-I, alinéa 7 et 8 du code de commerce relatif à l'attribution d'actions gratuites : le législateur tout en laissant la faculté à l'assemblée générale extraordinaire de fixer la durée minimale de conservation des actions distribuées, prévoit que « *la durée cumulée des périodes d'acquisition et de conservation ne peut être*

19. Reconnaissance contestée des clauses d'inaliénabilité dans les sociétés de capitaux en droit français. L'article 537 du code civil prévoit que « *les particuliers ont la libre disposition des biens qui leur appartiennent* ». Le droit de libre disposition a ainsi été considéré comme « *la prérogative essentielle du droit de propriété sans lequel ce dernier n'existe pas*[66] ». En droit des sociétés, ce principe se traduit par celui de la libre négociabilité des actions qui, selon un arrêt de la Cour de cassation du 22 octobre 1969 « *est de l'essence des sociétés anonymes*[67] ». Ainsi, il peut être admis que les clauses d'inaliénabilité heurtent le principe de libre circulation des biens[68], et de ce fait elles ne peuvent être admises en droit des sociétés. Certains auteurs ont même considéré à cet effet que ce « *principe de libre négociabilité des actions est un principe fondamental, qui ne peut souffrir d'exceptions que légales* [69]». Un auteur a dans ce sens affirmé que « *l'inaliénabilité est l'atteinte la plus radicale à la négociabilité, qui constitue elle-même l'une des caractéristiques essentielles de l'action*[70] ». La principale difficulté ici tient au fait que la clause d'inaliénabilité statutaire frappant toutes les actions de la société, ne peut se concevoir compte tenu du caractère ouvert des sociétés par actions. Cependant, il faut remarquer que « *cette distinction fondamentale du droit des sociétés, entre sociétés de personnes et sociétés de capitaux, présente [...] un caractère trop manichéen pour qu'il ne lui soit pas porté atteinte* [71]».

Plusieurs auteurs ont contesté la possibilité d'insérer dans les statuts d'une société autre que la SAS et la SE, des clauses d'inaliénabilité[72] ; le législateur ayant expressément prévu la possibilité d'inclure ces clauses dans les seuls statuts de la SAS et de la SE, il aurait ainsi *a contrario* exclu cette possibilité pour les autres types de sociétés par actions qui sont moins

---

inférieure à deux ans », instituant ainsi une inaliénabilité légale desdites actions pendant ce délai.

[66] Th. FAVARIO, « La clause statutaire d'inaliénabilité », *Bull. Joly sociétés*, janvier 2010, n° 1, p. 100.

[67] Cass. com. 22 octobre 1969, n° 67-10.189, Bull. civ. IV, n° 307; *JCP G* 1970, II, n° 197, obs. J. Paillusseau.

[68] Y. GUYON, « L'inaliénabilité en droit commercial », *art. préc.*, p. 268, n° 2.

[69] H. MOUBSIT, « Les clauses d'inaliénabilité en droit des sociétés », *art. préc.*, p. 91-94

[70] Y. GUYON, Traité des contrats – Les sociétés, Aménagements statutaires et conventions entre associés, op. cit., p. 186, n° 110.

[71] B. RAYNAUD, *La stipulation d'indisponibilité*, préf. Y. Chaput, Presses Universitaire de Clermont-Ferrand, L.G.D.J., 2003, p. 142, n° 168.

[72] H. MOUBSIT, « Les clauses d'inaliénabilité en droit des sociétés », *art. préc.*, p. 91 ; S. SCHILLER, « La cour de cassation a-t-elle révolutionné les conventions d'inaliénabilité en droit des sociétés ? », note sous Cass. 1ère civ., 31 octobre 2007, *Rev. sociétés* 2008, p. 322 ; *Rép. Civil Dalloz, V° Inaliénabilité*, par R.-N. SCHÜTZ, n° 67, p. 12 ; J. MESTRE, D. VELARDOCCHIO, A.-S. MESTRE-CHAMI, *Lamy Sociétés Commerciales* 2015, p. 2228, n° 4826.

contractuelles[73]. Cependant, comme l'a souligné un auteur, cet argument *a contrario* est fragile[74]. En effet, la jurisprudence[75] a validé les clauses d'exclusion statutaires stipulées dans des sociétés anonymes, bien que le législateur n'ait reconnu leur validité que dans la SAS. Le même raisonnement aurait sans doute conduit la haute juridiction à considérer que le législateur a voulu exclure la possibilité d'inclure ces clauses dans les sociétés autres que les SAS[76]. Un auteur a ainsi dans ce sens affirmer qu' « *il serait erroné de déduire de la reconnaissance de la clause d'inaliénabilité dans les sociétés par actions simplifiées la démonstration de leur illicéité dans les autres formes de sociétés*[77] ».

Aussi, avoir la libre disposition de ses biens comme l'affirme l'article 537 du code civil, ne signifie-t-il pas que l'on puisse restreindre soi-même la possibilité d'user de cette faculté ? En effet, rien n'interdit à un actionnaire de restreindre pendant un certain temps la possibilité de céder ses propres actions. Deux arguments peuvent être avancés en défaveur de l'admission de la clause d'inaliénabilité.

D'abord, le principe de libre négociabilité implique une libre circulation des capitaux, ce qui explique qu'il ne soit possible d'émettre des actions que dans les sociétés de capitaux. Mais, il convient de remarquer que l'intérêt social peut parfois postuler une certaine stabilité de l'actionnariat, ce qui justifierait la présence d'une clause d'inaliénabilité. C'est d'ailleurs pour cette raison que l'une des conditions de validité de cette clause devrait être la justification d'un intérêt sérieux et légitime, ce qui en droit des sociétés peut se traduire par l'intérêt social[78].

Ensuite, selon certains auteurs, l'interdiction des clauses d'inaliénabilité peut être justifiée par le fait qu'elle rend l'actionnaire qui y est soumis, prisonnier de ses titres[79]. Pour cette raison, à la différence des « *clauses d'agrément ou de préemption qui ne laissent pas l'actionnaire*

---

[73] J. MESTRE, D. VELARDOCCHIO, A.-S. MESTRE-CHAMI, *Lamy Sociétés Commerciales 2015, op. cit.* ; S. SCHILLER, « La cour de cassation a-t-elle révolutionné les conventions d'inaliénabilité en droit des sociétés ? » *art. préc.*, *Rev. sociétés* 2008, p. 322.

[74] Y. GUYON, Traité des contrats – Les sociétés, Aménagements statutaires et conventions entre associé, op. cit., n° 110, p. 187

[75] Cass. com. 13 décembre 1994, *Bull. Joly* 1995, p. 152, note P. Le Cannu ; *Rev. sociétés* 1995, p. 298, note D. Randoux *; JCP E* 1995, II, p. 705, note Y. Paclot.

[76] Dans le même sens, Cl. FERRY, « Validité des clauses d'inaliénabilité portant sur des actions », *JCP E*, avril 2010, p. 1327, n° 5.

[77] M. JEANTIN, « Les associés de la SAS », *Rev. sociétés* 1994, p. 223, n° 32.

[78] CA Poitiers, 2e ch., 12 novembre 2002, Becquet c/Brizard, *RJDA* 2003, n° 966.

[79] B. RAYNAUD, *La stipulation d'indisponibilité*, *op. cit.*, p. 144, n° 173 ; Y. GUYON, « L'inaliénabilité en droit commercial », *art. préc.*, p. 274, n° 11.

prisonnier de son titre[80] », l'insertion des clauses d'incessibilité des actions au sein des statuts de SA devrait être déclarée illicite. Or, il faut bien remarquer que la clause d'inaliénabilité à moins d'être perpétuelle, ne peut aboutir à enfermer l'actionnaire dans la société. Il est évident qu'il ne peut être admis l'idée d'une clause d'inaliénabilité illimitée ou perpétuelle[81]. Cela contreviendrait non seulement au principe de libre négociabilité des actions mais également au droit pour l'actionnaire de quitter la société quand il le souhaite. La clause d'inaliénabilité peut ainsi viser tout type de cession ou de transmission sauf le remboursement de la mise de l'actionnaire lorsqu'il quitte la société. C'est en ce sens qu'a tranché la Cour d'appel de Grenoble[82] en considérant que le remboursement ne constitue pas le prix d'une cession, mais la contrepartie d'une démission volontaire. C'est pour cette raison que la seconde condition de validité de la clause devrait être la limitation temporaire de la stipulation[83]. Dans ce sens, elle doit prévoir des formes et conditions de la levée de l'inaliénabilité, par exemple en cas de mésentente entre associés, d'inaptitude physique ou juridique. Il serait donc convenable de prévoir dans la clause, les conditions de quorum et de majorité pour le vote de la levée de l'inaliénabilité en cas de survenance de certains évènements comme une modification dans le contrôle d'une société associée[84]. Aussi, certains auteurs ont proposé dans ce sens l'insertion d'une « clause de respiration » autorisant une cession partielle des titres déclarés inaliénables au bout d'un temps intermédiaire[85].

Plusieurs auteurs ont ainsi manifesté leur souhait d'une admission des clauses statutaires d'inaliénabilité dans toutes les sociétés[86]. La Cour d'appel

---

[80] B. RAYNAUD, La stipulation d'indisponibilité, op. cit., p. 144, n° 173.

[81] En ce sens, ESCARRA, « Les restrictions conventionnelles de la transmissibilité des actions », *Annales de droit commercial* 1911, p. 333 et 425 ; J. MOLIERAC, « Des clauses d'égalisation, d'agrément, de préemption de conservation de l'actif social, de continuation de la société avec les héritiers du défunt et du juste prix », *Rev. sociétés*, 1949, p. 241 ; S. PRAT, *Les pactes d'actionnaires relatifs au transfert de valeurs mobilières*, *op. cit*, p. 160, n° 270 : L'auteur justifie cette position entre autre par le fait qu'une telle société deviendrait une société de personne et serait de ce fait irrégulière en raison de l'irrégularité de sa dénomination sociale.

[82] CA Grenoble, 6 janvier 2011, Le Bobinnec c/ SCA Scapar, *RJDA* avril 2011, n° 316.

[83] V. *infra*, n° 26 et suiv.

[84] A. CHARVERIAT, A. COURET, B. ZABALA, *Memento Lefebvre Sociétés commerciales* 2014, 45e éd., n° 60690.

[85] V. Th. FAVARIO, « La clause statutaire d'inaliénabilité », *Bull. Joly sociétés*, janvier 2010, n° 1, p. 100.

[86] A. CHARVERIAT, A. COURET, B. ZABALA, *Memento Lefebvre Sociétés commerciales*, *op. cit.*, p. 1152, n° 68660 ; Th. FAVARIO, « La clause statutaire d'inaliénabilité », *Bull. Joly sociétés*, janvier 2010, n° 1, p. 100 ; Y. GUYON, *Traité des contrats – Les sociétés, Aménagements statutaires et conventions entre associés*, *op. cit.*, p. 187, n° 110 ; G. PARLEANI, « Les pactes d'actionnaires », *Rev. sociétés* 1991, p. 1 ; R. MORTIER, « l'indisponibilité généralisée au service des sociétés », *Actes pratiques et ingénierie sociétaire*, mars-avril 2008, p. 1.

de Grenoble a admis implicitement, que les associés d'une société en commandite par actions à capital variable puissent stipuler une clause d'inaliénabilité par laquelle ils interdisent tout type de cession d'actions, pendant une durée de sept ans à compter de l'immatriculation de la société ou de la souscription en cas d'augmentation de capital[87]. Même si la Cour de cassation n'a pas encore eu l'occasion de donner son avis sur la question[88], il faut remarquer que la tendance actuelle est plutôt à l'acceptation de ce type de clause[89].

20. Le principe des clauses d'inaliénabilité étant reconnu, examinons à présent leur champ d'application.

B. Un domaine restrictif de la clause d'inaliénabilité en droit français et OHADA

21. Un champ d'application à fixer avec précision par la clause. Le législateur OHADA bien qu'ayant reconnu la validité des conventions limitant la libre transmissibilité des actions à l'instar de la clause d'inaliénabilité, n'en délimite pas un champ d'application précis. Il conviendra donc de se pencher sur la jurisprudence et la doctrine française qui, au fil des différends intervenus à propos de ces clauses, ont eu à en préciser le domaine.

La clause d'inaliénabilité peut concerner tout type de cession, qu'elle soit à titre onéreux ou à titre gratuit[90], qu'il s'agisse de cession entre actionnaires ou entre actionnaires et tiers, ou encore qu'il s'agisse d'échange d'actions. Les associés devront prendre des précautions dans la rédaction de

---

[87] CA Grenoble, 6 janvier 2011, Le Bobinnec c/ SCA Scapar, *RJDA* avril 2011, n° 316.

[88] Il faut remarquer un arrêt de la Cour de cassation dans laquelle les statuts d'une SA contenaient une clause interdisant toute cession d'actions pendant trois ans. Il y était aussi prévu que chaque année, le conseil d'administration pouvait effectuer un appel de fonds correspondant à un abonnement en guise de rémunération des services rendus aux actionnaires. Un des actionnaires s'étant retiré de la société pendant la période des trois ans, le conseil d'administration lui réclama l'abonnement dû jusqu'à la fin de la durée de l'inaliénabilité. La Cour de cassation, puisqu'elle n'y était pas invitée, n'eut pas à se prononcer sur la validité de cette clause d'inaliénabilité statutaire mais, elle a considéré que la réclamation de l'abonnement dû par l'actionnaire était du pouvoir du conseil habilité par les statuts à cet effet. Certains auteurs ont vu par là une reconnaissance des clauses d'inaliénabilité de la part de la Cour de cassation. V. Cass. com. 26 avril 1984, *Rev. sociétés* 1985, p. 411, obs. J. Mestre.

[89] Cl. FERRY, « Validité des clauses d'inaliénabilité portant sur des actions », *JCP E*, 1er avril 2010, p. 1327 ; A. CHARVERIAT, A. COURET, B. ZABALA, *Memento Francis Lefebvre Sociétés commerciales*, *op. cit.*, p. 1152, n° 68660.

[90] J. MESTRE, D. VELARDOCCHIO, A.-S. MESTRE-CHAMI, *Lamy Sociétés Commerciales 2015*, p. 616, n° 1215.

leur clause afin d'éviter toute contestation quant à la nature de la cession envisagée. Aussi, cette clause peut s'appliquer seulement à certains actionnaires déterminés ou seulement à certains cessionnaires potentiels déterminés[91]. De ce fait, il importe que la clause puisse déterminer avec précision son périmètre, de même que les actions visées[92]. Enfin, parce que les clauses d'inaliénabilité en tant qu'exception au principe de libre négociabilité des actions sont d'interprétation stricte, la clause d'inaliénabilité qui viserait les cas de cession quels qu'ils soient, ne peut en aucun cas faire échec au retrait d'un associé contre remboursement de ses actions, et cela même pendant la durée de la clause d'inaliénabilité. En effet, il a été jugé à ce propos qu'une clause des statuts d'une société en commandite par actions prévoyant que « *les actions sont inaliénables, c'est-à-dire ni négociables, ni cessibles, ni transmissibles par quelque procédé que ce soit ou pour quelque cause que ce soit, pendant une durée de sept années à compter de l'immatriculation de la société ou à compter de leur souscription en cas d'augmentation de capital sauf si elles sont transmises au profit de l'associé bénéficiaire du droit de préemption*[93] », une telle clause ne saurait empêcher le remboursement des actions d'une dizaine d'actionnaires à la suite de leur retrait de la société. Ainsi, la clause d'inaliénabilité, à moins d'assimiler expressément le retrait d'un associé à une cession, ne peut faire obstacle au remboursement des parts ou actions lorsqu'un associé, quand bien même celui-ci serait lié par la clause, viendrait à exercer son droit de retrait. Cette solution se justifie parfaitement par le fait que l'associé ne doit à aucun moment se trouver prisonnier de ses titres dans la société, d'autant plus qu'en l'espèce il s'agissait d'une société en commandite par actions à capital variable. Le droit de retrait des associés des sociétés à capital variable est un droit d'ordre public et toute clause statutaire qui le supprimerait devrait être considérée comme nulle[94]. Ainsi, ce type de clause ne peut figer le capital social de telle sorte à empêcher un associé de pouvoir se retirer de la société. C'est ce droit de retrait de la société qui est protégé par la condition de limite temporaire visée par l'article 900-1 du code civil, ou par l'article L. 225-17 du code de commerce qui prévoit la possibilité d'insérer une clause d'inaliénabilité dans les statuts d'une société par actions simplifiée.

---

[91] Par exemple, un concurrent direct de la société. V. J. MESTRE, D. VELARDOCCHIO, A.-S. MESTRE-CHAMI, *Lamy Sociétés Commerciales* 2015, p. 1951, n° 4279.

[92] Th. FAVARIO, « La clause statutaire d'inaliénabilité », *Bull. Joly sociétés*, janvier 2010, n° 1, p. 100.

[93] CA Grenoble, 6 janvier 2011, *préc.*

[94] J. MESTRE, D. VELARDOCCHIO, A.-S. MESTRE-CHAMI, *Lamy Sociétés Commerciales* 2015, p. 2405, n° 5282, citant Cass. 1ère civ., 3 juillet 1973, n° 72-10.001, Bull. Civ. I n° 228.

22. En somme, si la clause d'inaliénabilité constitue un domaine où peut se manifester la liberté conventionnelle des associés, ces derniers devront user de cette liberté avec tact, en prenant le soin de bien circonscrire le champ d'application de la clause. Cette dernière doit en outre obéir à certaines conditions de validité.

§II. La clarté des conditions de validité et d'efficacité de la clause d'inaliénabilité en droit OHADA par rapport au droit français

23. Le régime juridique des clauses d'inaliénabilité étant défini en droit OHADA par le législateur, il s'ensuit que non seulement, leurs conditions de validité y sont clairement posées mais également, leur efficacité y est pleinement consacrée. Cette situation tranche du droit français où ce régime se dessine au gré des différends judiciaires. L'étude des conditions de validité (**A**) précèdera celle des conditions d'efficacité des clauses d'inaliénabilité (**B**).

A. Des conditions de validité imprécises en droit français au regard du droit OHADA

24. Les conditions de validité des clauses d'inaliénabilité telles que posées par le législateur OHADA diffèrent de celles retenues en droit français. Le législateur OHADA en choisissant de légiférer sur ces clauses d'inaliénabilité, entend prévenir toute discussion quant à la validité de celles-ci comme c'est le cas en droit français. S'inspirant ainsi de l'expérience française en la matière, le droit OHADA offre plus de sécurité juridique aux associés qui décideraient de fermer le capital de leur société ou simplement de limiter la transmissibilité d'une certaine catégorie d'actions. Nous présenterons d'abord les conditions de validité qui se dégagent de la jurisprudence et de la doctrine française (**1**) avant d'exposer les solutions retenues par le législateur OHADA (**2**).

1. La validité des clauses d'inaliénabilité en droit français

25. En droit français, contrairement à la législation OHADA, s'agissant des conditions de validité des clauses d'inaliénabilité, il convient de distinguer selon qu'il s'agisse de clauses statutaires (**a**) ou extrastatutaires (**b**).

a. Validité des clauses statutaires d'inaliénabilité

26. Durée, ordre public et intérêt social. La validité des clauses statutaires d'inaliénabilité ont fait l'objet de vives discussions en doctrine[95]. Le législateur français a posé des conditions dans lesquelles les clauses d'inaliénabilité d'une manière générale peuvent être admises. L'article 900-1 du code civil relatif aux libéralités pose comme conditions, d'une part la limitation dans le temps de l'inaliénabilité, et d'autre part la justification d'un intérêt légitime et sérieux. Plus précisément en droit des sociétés, l'article L. 227-13 du code de commerce prévoyant la possibilité d'insertion de la clause d'inaliénabilité dans les statuts de la SAS pose comme seule condition, une limite temporaire. En effet, une telle clause, selon cet article, ne peut excéder la durée de dix ans. Une question se pose dès lors : doit-on considérer que la seule condition exigée en droit des sociétés en général soit celle de la limitation de la durée de la clause ? Ou au contraire, cette condition, prévue expressément pour la SAS, doit-elle être considérée comme une exception aux conditions générales qui sont posées par l'article 900-1 du code civil ? Dans ce dernier cas, lorsque la clause sera prévue dans une société autre qu'une SAS, elle devrait satisfaire aux deux conditions posées par le code civil.

La seconde option nous semble la plus justifiée[96]. Dans la SAS et la SE, les textes ne faisant référence qu'à la seule condition de limite temporaire, seule cette dernière devrait être exigée dans l'appréciation de la validité des clauses statutaires d'inaliénabilité dans ce type de société. *A minima*, cette clause devra bien évidemment respecter l'intérêt social et l'ordre public. Par contre, dans les autres types de société, les deux conditions posées par l'article 900-1 du code civil, notamment celle de la limite temporaire et celle de la justification d'un intérêt sérieux et légitime devraient être exigées. L'explication de ce choix tient d'abord simplement d'une application pure et simple de l'adage *spécialia generalibus derogant*[97]. Si le législateur français avait voulu soumettre toutes les clauses statutaires d'inaliénabilité à la seule condition de la limite temporaire, il ne l'aurait pas

---

[95] H. MOUBSIT, « Les clauses d'inaliénabilité en droit des sociétés », *RLDA*, octobre 2013, n° 86, p. 91-94 ; S. SCHILLER, « La cour de cassation a-t-elle révolutionné les conventions d'inaliénabilité en droit des sociétés ? » note sous Cass. 1ère civ., 31 octobre 2007, *Rev. sociétés,* 2008, p. 322 ; Th. FAVARIO, « La clause statutaire d'inaliénabilité », *Bull. Joly sociétés*, p. 100 ; Cl. FERRY, « Validité des clauses d'inaliénabilité portant sur des actions », *JCP E,* avril 2010, n° 13, p. 1327.

[96] V. en ce sens, W. DROSS, Clausier – Dictionnaire des clauses ordinaires et extraordinaires des contrats de droit privé interne, Litec 2e éd., 2011, p. 308 ; Y. GUYON, Traité des contrats – Les sociétés, Aménagements statutaires et conventions entre associé, op. cit., p. 187, n° 110.

[97] V. H. ROLAND et L. BOYER, *Adages du droit français*, op. cit., p. 843, n° 418.

prévue uniquement pour la SAS, ou l'aurait prévue spécialement pour toutes les sociétés.

Ensuite, ces deux conditions au final trouveront à s'appliquer quel qu'en soit leur fondement textuel. En effet, en exigeant seulement dans la SAS la limitation temporaire de la clause, il va de soi que lors de l'examen de la validité de celle-ci, cette dernière respecte l'intérêt social. En effet, l'intérêt social est un critère général de validité pour toutes les conventions ayant pour objet ou dont l'objet toucherait de près ou de loin la société en tant qu'entité économique composée de plusieurs catégories d'intérêts[98]. Cet intérêt social, comme il sera développé plus loin dans ce travail, pourra selon les cas être celui de l'entreprise, des actionnaires, des salariés, ou même d'un partenaire de la société[99]. Ainsi, l'examen de la validité de la clause d'inaliénabilité incluse dans les statuts d'une SAS, à l'aune de l'intérêt social, revient à rajouter à la condition de limitation temporaire prévue par le code de commerce, celle de l'intérêt légitime prévue par le code civil. Certains auteurs ont d'ailleurs considéré que, « *le législateur, lorsqu'il autorise expressément l'inaliénabilité pour les actions de SAS ou de SE, fait présumer de façon irréfragable l'utilité de la stipulation* [100]». La condition d'intérêt légitime serait ainsi présumée par le législateur dans ces types de société[101]. On pourrait objecter le fait que le texte étant précis, clair et posant une exception, celle-ci devrait être d'interprétation stricte. Cependant, l'intérêt social à l'instar de l'ordre public, s'impose au juge même lorsque le législateur ne l'aurait pas expressément prévu. Ainsi, les deux conditions trouveraient à s'appliquer quel qu'en soit le type de société, le seul élément qui change étant le fondement de l'application de ces conditions. Les auteurs qui admettent la possibilité de stipuler des clauses statutaires d'inaliénabilité retiennent comme condition de validité leur temporalité et la non-contrariété à l'intérêt social[102]. Il appartient à la partie qui se prévaut de la clause d'inaliénabilité d'apporter la preuve de l'intérêt sérieux et légitime[103].

---

[98] V. *infra*, n° 303 et suiv.
[99] G. PARLEANI, « Les pactes d'actionnaires », *Rev. sociétés* 1991, p. 1, n° 9.
[100] J. MESTRE, J.-C. RODA, Les principales clauses des contrats d'affaires, op. cit., p. 490, n° 850.
[101] V. Dans ce sens, J. MESTRE, D. VELARDOCCHIO, A.-S. MESTRE-CHAMI, *Lamy Sociétés Commerciales* 2015, p. 1951, n° 4279.
[102] W. DROSS, Clausier – Dictionnaire des clauses ordinaires et extraordinaires des contrats de droit privé interne, op. cit., p. 308; Th. FAVARIO, « La clause statutaire d'inaliénabilité », op. cit., p. 100 ; Y. GUYON, Traité des contrats – Les sociétés, Aménagements statutaires et conventions entre associé, op. cit., p. 187, n° 110.
[103] Cass. 1re civ., 17 mars 1964, Bull. civ, I, n° 163. Cet arrêt considère que « la clause d'inaliénabilité déroge au principe de la libre disposition des biens ; que dès lors c'est à bon droit que l'arrêt attaqué énonce qu'il appartient à celui qui se prévaut d'une telle clause de justifier de l'intérêt sérieux et légitime qu'il allègue ».

27. En droit belge. Le code des sociétés belge est sur ce point très éclairant[104]. En effet, l'article 510 de ce code prévoit que « *Les clauses d'inaliénabilité doivent être limitées dans le temps et être justifiées par l'intérêt social à tout moment* ». Ces deux conditions s'appliquent ainsi quel qu'en soit le type de société.

28. Validité au regard du droit boursier. Les clauses d'inaliénabilité statutaires doivent être exclues dans les sociétés dont les titres sont admis à négociation sur un marché règlementé[105]. Même dans la société européenne où elle est prévue expressément par le législateur, l'article L. 229-1 du code de commerce réserve le cas où cette société offrirait ses titres au public. Cette situation peut se justifier par la fluidité nécessaire au marché. Il apparaît en effet contradictoire de faire admettre des titres sur un marché, et d'interdire leur négociation même de façon temporaire.

b. Validité des clauses extrastatutaires d'inaliénabilité

29. Limitation de durée limitée et intérêt sérieux et légitime. S'agissant de la validité des clauses extrastatutaires d'inaliénabilité, contrairement à ce qui a été observé pour les clauses statutaires d'inaliénabilité, il existe aujourd'hui une quasi-unanimité[106] au sein de la doctrine en faveur de leur admission[107]. Cela pourrait s'expliquer par le fait que ces clauses extrastatutaires ne touchent qu'une partie des actions de la société. Certains auteurs[108], pour admettre la validité des clauses extrastatutaires d'inaliénabilité, avancent ainsi le fait que celles-ci ne rendent pas l'actionnaire prisonnier de ses titres comme l'impliqueraient les clauses statutaires. Il faudrait remarquer à cet égard que, certes la clause statutaire touchant toutes les actions de la société, elle porte une plus grande atteinte

---

[104] V. De BEAUFORT, *Les OPA en Europe*, préf. P. Arlman, éd. Economica 2001, p. 143.

[105] W. DROSS, Clausier – Dictionnaire des clauses ordinaires et extraordinaires des contrats de droit privé interne, op. cit., p. 308.

[106] J. ESCARRA, « Restrictions conventionnelles de la transmission des actions », *Annales de droit commercial* 1911, n° 14, p. 343 ; Y. GUYON, « L'inaliénabilité en droit commercial », in *Droit et vie des affaires, Études à la mémoire d'Alain Sayag*, Litec, 1997, p. 267-281, spéc. p. 274 ; S. PRAT, *Les pactes d'actionnaires relatifs au transfert de valeurs mobilières, op. cit.*, p. 166, n° 280 et suiv. ; B. RAYNAUD, *La stipulation d'indisponibilité, op. cit.*, p. 148, n° 176 ; S. SCHILLER, « La cour de cassation a-t-elle révolutionné les conventions d'inaliénabilité en droit des sociétés ? » note sous Cass. 1ère civ. 31 octobre 2007, *préc.*, p. 321.

[107] Une minorité conteste la validité des clauses extrastatutaires d'inaliénabilité portant sur des actions car ces dernières sont des biens particulièrement destinés à circuler. *Rép. Droit civil Dalloz*, V° « Inaliénabilité », par R.-N. SCHÜTZ, p. 12, n° 67.

[108] V. notamment Y. GUYON, « L'inaliénabilité en droit commercial », *art. cit.*, p. 274, n° 11.

au principe de libre négociabilité, mais cette atteinte est exceptionnelle et doit être justifiée par un intérêt légitime. Cet intérêt légitime ici devrait être l'intérêt social. La clause d'inaliénabilité permet de faire ressortir l'utilité de la « notion plastique » qu'est l'intérêt social. En effet, celle-ci permet de mettre en balance différents intérêts, de choisir l'intérêt supérieur sans pour autant porter une trop grande atteinte aux autres intérêts. Cet équilibre est le fait du juge qui, lorsqu'il est amené à apprécier la validité d'une clause d'inaliénabilité, devrait choisir entre l'intérêt pour l'actionnaire soumis à ladite clause de céder librement ses actions, et l'intérêt de l'entité économique parce que la clause a été imposée par un prêteur de fonds, un investisseur, ou tout simplement parce que la stabilité de l'actionnariat est nécessaire à son développement économique. Les conditions exigées pour la validité des clauses extrastatutaires ne vont donc pas différer de celles exigées pour les clauses statutaires. La jurisprudence et la majorité de la doctrine[109] admettent en ce sens que les deux conditions posées par l'article 900-1 du code civil à savoir la limite temporaire et la justification d'un intérêt légitime et sérieux devraient s'appliquer.

30. Précision jurisprudentielle. Cette validité a été consacrée dans un arrêt de la CA de Paris[110] qui a retenu que « *la nullité [de la clause extrastatutaire d'inaliénabilité] ne peut être encourue parce que l'interdiction d'aliéner n'est imposée que pour un temps limité (celui de la durée du prêt) et repose sur un motif sérieux* ». Une autre décision de la CA de Poitiers[111] plus récente a également admis la validité d'une clause extrastatutaire d'inaliénabilité d'une durée de trois ans conclue entre les associés d'une société anonyme. Ainsi, les clauses d'inaliénabilité extrastatutaires sont soumises pour leur validité, aux conditions de droit commun, c'est-à-dire qu'elles devront être temporaires et justifiées par un intérêt sérieux et légitime[112].

S'agissant de la condition de durée, il appartient aux juges du fond d'apprécier souverainement si la durée stipulée est ou non excessive[113]. Les parties devront prendre soin de bien préciser la date à partir de laquelle l'inaliénabilité prend effet afin d'éviter toute contestation inutile.

Quant à la condition d'intérêt légitime et sérieux, l'application de cette condition civiliste doit recevoir en droit des sociétés une appréciation

---

[109] Y. GUYON, *Droit des affaires*, Tome 1, *Droit commercial général et Sociétés*, 12e éd., Economica 2003, p. 794, n° 739.
[110] Paris, 3° Ch. A, 4 mai 1982, *Gaz. Pal.* 1983, 1, p. 154.
[111] CA Poitiers, 2e ch., 12 novembre 2002, Becquet c/Brizard, *RJDA* 2003, n° 966.
[112] Y. GUYON, « L'inaliénabilité en droit commercial », *art. préc.*,. p. 274, n° 11.
[113] En ce sens, S. PRAT, Les pactes d'actionnaires relatifs au transfert de valeurs mobilières, op. cit., p. 166, n° 280.

particulière. En effet, l'intérêt sérieux et légitime peut être aussi bien celui d'un prêteur comme ce fut le cas dans l'arrêt de la CA de Paris[114], mais ce peut être également celui des associés ou même d'un groupe d'associés. La particularité tient au fait que quel qu'en soit l'intérêt légitime et sérieux avancé, l'intérêt de l'entité économique ne doit en aucun cas être contrarié. Par exemple, la clause d'inaliénabilité qui empêcherait l'entrée dans le capital d'un investisseur doté de moyens financiers susceptibles de sauver une entreprise défaillante, devrait être déclarée nulle, car contraire à l'intérêt social. Il ne s'agit pas d'une nouvelle condition qui se surajoute aux deux autres, mais d'une appréciation particulière de l'intérêt légitime et sérieux, celui-ci ne devant en aucun cas contrarier l'intérêt de l'entité économique[115]. Ainsi, la clause d'inaliénabilité extrastatutaire doit être justifiée par un intérêt légitime et sérieux, mais aussi ne doit pas heurter l'intérêt social[116]. Ces conditions de validité diffèrent-elles de celles applicables en droit OHADA ?

2. La validité des clauses d'inaliénabilité en droit OHADA

31. Précision légale des conditions de validité des clauses d'inaliénabilité. En droit OHADA, la situation semble beaucoup plus simple qu'en droit français. Comme cela a déjà été remarqué, le législateur OHADA a pris le parti de légiférer sur la question des clauses d'inaliénabilité aussi bien statutaires qu'extrastatutaires. Le droit OHADA des sociétés commerciales gagne ainsi en stabilité et sécurité juridique, vis-à-vis des investisseurs qui souhaiteront maitriser la répartition du capital des entreprises dans lesquelles ils interviennent. Cette situation, au regard du besoin de financement actuel des sociétés de la plupart des États membres de la zone OHADA, apparaît plus confortable comparée au droit français. Quant à la question de la validité de ces clauses d'inaliénabilité, le régime est le même, qu'il s'agisse de clauses statutaires ou extrastatutaires, qu'elles soient stipulées dans une SAS, une SA ou une SCA. En effet, le nouvel article 765-1 de l'AUDSC révisé prévoit deux conditions.

D'une part, la clause d'inaliénabilité devra avoir nécessairement une durée inférieure ou égale à dix ans[117] pour être valable. Il appartient donc aux associés de fixer le point de départ de ce délai ; à défaut, la

[114] CA Paris, 4 mai 1982, préc.
[115] V. en ce sens, B. RAYNAUD, *La stipulation d'indisponibilité*, *op. cit.*, p. 148, n° 176.
[116] S. PRAT, Les pactes d'actionnaires relatifs au transfert de valeurs mobilières, op. cit., p. 166, n° 282.
[117] Sur ce point, le législateur OHADA s'est inspiré de l'article L. 227-13 du code de commerce prévoyant une durée limite de dix (10) ans pour les clauses d'inaliénabilité stipulées dans les statuts d'une SAS.

jurisprudence pourra prendre comme référence soit la date d'approbation des statuts, soit celle de la signature du pacte d'actionnaires contenant la clause en question.

D'autre part, la clause d'inaliénabilité devra être justifiée par un motif sérieux et légitime. Cette condition sera sans doute celle qui posera le plus de difficultés en jurisprudence. La question qui se posera sera celle de savoir si l'on peut assimiler l'intérêt sérieux et légitime à l'intérêt social. Il semble que l'intérêt social ne puisse regrouper toute la réalité que peut revêtir cette notion d'intérêt sérieux et légitime qui se veut large. Il faudrait également observer que quelle que soit la cause de la clause d'inaliénabilité, celle-ci devra au minimum, ne pas être contraire à l'intérêt de l'entité économique. Dans un souci de clarté, il sera conseillé aux associés de préciser dans un préambule ou dans l'acte lui-même, les différents intérêts qui ont prévalus à l'adoption d'une telle clause[118].

32. À l'instar des conditions de validité, le droit OHADA offre une efficacité plus accrue de ces clauses en prévoyant des sanctions en cas de violation de celle-ci.

B. Une efficacité accrue de la clause d'inaliénabilité en droit OHADA par rapport au droit français

33. L'efficacité de la clause d'inaliénabilité dépendra de la sanction applicable en cas de violation. Le droit OHADA en la matière offre plus de garantie d'efficacité que le droit français. Il convient pour plus de clarté, de distinguer selon que la clause soit d'origine statutaire ou extrastatutaire.

1. Sanction de la violation d'une clause statutaire d'inaliénabilité

34. En droit OHADA. Quant au sort des cessions intervenues en contravention des clauses d'inaliénabilité, selon le nouvel article 765-2 de l'AUDSC révisé, lorsque la « *clause d'inaliénabilité est stipulée dans les statuts, toute cession d'action réalisée en violation de cette clause est nulle*[119] ». Le législateur OHADA choisit ainsi de donner une efficacité maximale à la clause d'inaliénabilité statutaire. La nullité se justifie ici par le fait que, les statuts devant faire l'objet de publicité, les contrevenants sont présumés avoir connaissance de l'existence de la clause, d'où leur mauvaise

[118] V. quant à l'intérêt d'un préambule dans un pacte extrastatutaire, *infra*, n° 468.
[119] Article 765-2, alinéa 1 de l'AUDSC révisé.

foi. C'est la même raison qui nous conduit à privilégier cette solution en droit français, lorsque la clause serait prévue dans les statuts.

35. En droit français. Lorsqu'une cession intervient en contravention d'une clause statutaire d'inaliénabilité, deux solutions se présentent. Dans un premier temps, la clause d'inaliénabilité figurant dans les statuts devant faire l'objet d'une publicité à travers le dépôt des statuts au registre du commerce et des sociétés, l'inopposabilité peut être retenue comme sanction de la violation de celle-ci. Cette sanction aurait pour conséquence de rendre la cession "caduque", celle-ci étant inopposable à la société et aux associés, le cessionnaire ne pourrait se prévaloir de sa qualité d'associé ni prétendre à quelque prérogative que ce soit. Dans un second temps, à l'instar de ce qui est prévue par le législateur en ce qui concerne les SAS et SE, la nullité[120] constituerait la sanction la plus efficace. Un auteur a ainsi proposé d'aligner la solution applicable en matière de clause d'inaliénabilité grevant un bien immobilier, à celui des actions visées par une clause statutaire. La nullité sera « *possible si la clause d'inaliénabilité a été publiée ou, tout au moins, que soit démontrée la fraude du tiers acquéreur*[121] ». Or, étant donné que la clause statutaire d'inaliénabilité fait l'objet d'une publication, alors le tiers acquéreur serait *de facto* de mauvaise foi et donc la cession déclarée frauduleuse. Cette nullité serait relative, l'action ne pouvant en principe être engagée que par la personne dans l'intérêt de laquelle la clause avait été stipulée[122].

Le législateur n'ayant pas encore expressément prévu la nullité d'une telle cession, la sanction devrait en principe être l'inopposabilité[123]. Cependant, la jurisprudence pourrait aller plus loin dans la protection de l'intérêt privilégié dans la clause d'inaliénabilité, en admettant la nullité de la cession sur le fondement de la nécessaire collusion frauduleuse, les statuts faisant l'objet de publication[124]. La précision du législateur OHADA est sur ce point source de sécurité juridique pour les associés au regard de l'incertitude qui règne en droit français en la matière.

---

[120] J.-M. MOULIN, Le droit de l'ingénierie financière – Le droit du financement du haut de bilan des sociétés, Gualino – Lextenso éditions, 4e éd. 2013, p. 457, n° 916.
[121] W. DROSS, Clausier – Dictionnaire des clauses ordinaires et extraordinaires des contrats de droit privé interne, op. cit, p. 314.
[122] J. MESTRE, J.-C. RODA, Les principales clauses des contrats d'affaires, op. cit., p. 491, n° 854.
[123] A. COURET, « De l'inaliénabilité des actions de SA », note sous Cass. 1re civ. 31 octobre 2007, n° 05-14.238, *Bull. Joly sociétés*, 2008, p. 125.
[124] En faveur de la nullité, V. H. MOUBSIT, « Les clauses d'inaliénabilité en droit des sociétés », *RLDA*, 2013, n° 86, p. 91-94. Pour cet auteur, la sanction de la nullité « *s'applique lorsque la clause est statutaire, parce que les tiers, y compris le cessionnaire, avaient le moyen d'en prendre connaissance* ».

2. Sanction de la violation d'une clause d'inaliénabilité extrastatutaire

36. En droit français, en cas de violation d'une clause extrastatutaire, la sanction devrait être l'allocation de dommages-intérêts[125]. En effet, ces clauses ne bénéficient pas de la même publicité que les clauses statutaires, de telle sorte que « *la sanction de nullité serait une atteinte excessive aux droits des tiers de bonne foi et à la sécurité juridique*[126] ». Aussi, la clause d'inaliénabilité met en œuvre une obligation de ne pas faire. Or, les clauses extrastatutaires étant régies par le droit commun des contrats, en principe l'article 1142 du code civil devrait s'appliquer. En vertu de cet article, « *Toute obligation de faire ou de ne pas faire se résout en dommages et intérêts en cas d'inexécution de la part du débiteur* ». Ainsi, la sanction logique de la violation de la clause extrastatutaire d'inaliénabilité devrait être la condamnation à des dommages-intérêts même si cette sanction est de loin insatisfaisante[127]. La clause extrastatutaire d'inaliénabilité entraîne une indisponibilité imparfaite, car au final elle n'empêche pas la cession des titres ou la prise de contrôle que la clause était censée éviter[128]. Cette efficacité relative devrait faire pencher la balance au profit des clauses statutaires qui entraînent une réelle indisponibilité des titres concernés.

37. Efficacité des clauses d'inaliénabilité extrastatutaires en droit OHADA. Le droit OHADA pour sa part s'avère plus favorable aux clauses d'inaliénabilité même lorsqu'elles sont stipulées dans des pactes d'actionnaires. En effet, lorsque la clause d'inaliénabilité est contenue dans un pacte d'actionnaires, « *toute cession d'actions réalisée en violation de cette clause est nulle dès lors qu'il est démontré que l'un des cessionnaires en avait connaissance ou ne pouvait en ignorer l'existence* [129]». Dans le cas de ces clauses d'inaliénabilité extrastatutaires, celles-ci étant par principe confidentielles, il faudrait apporter la preuve de la connaissance par le cessionnaire de l'existence de ladite clause. Ainsi, celui qui invoque la violation de la clause d'inaliénabilité devrait apporter la preuve de la mauvaise foi du cessionnaire. Cette solution est plus contraignante par rapport à la présomption de mauvaise foi instituée par le législateur s'agissant des clauses statutaires d'inaliénabilité[130]. Cependant, cette condition au prononcé de la nullité de la clause extrastatutaire apparaît justifiée, car le tiers, sauf preuve contraire, n'est pas censé connaître

---

[125] A. COURET, « De l'inaliénabilité des actions de SA », *art. préc.*, p. 125.
[126] H. MOUBSIT, « Les clauses d'inaliénabilité en droit des sociétés », *op. cit.*, p. 94.
[127] V. *infra*, n° 414 et suiv.
[128] Ibid.
[129] Article 765-2, alinéa 2 de l'AUDSC révisé.
[130] V. *supra*, n° 34.

l'existence de la clause. Il s'agit ici de protéger les droits des tiers. Les associés pourraient prévoir des sanctions à l'égard du cédant, sans que toutefois cette sanction ne puisse éviter que l'intérêt sauvegardé par la clause, qui était d'empêcher toute cession, ne soit trahi.

38. Un droit OHADA plus efficace en général. Le droit OHADA des sociétés commerciales, tel qu'il ressort du nouvel Acte uniforme révisé relatif au droit des sociétés commerciales et du groupement d'intérêt économique, consacre expressément la possibilité pour les associés d'assurer une certaine stabilité du capital social et de constituer des « *noyaux durs* » d'actionnaires. Le législateur OHADA a pris le pari d'accorder plus de liberté contractuelle aux associés pour l'aménagement de la société commerciale. Le droit OHADA par rapport au droit français apparaît ainsi plus abouti en termes de prévisibilité et de sécurité juridique. Le régime juridique des clauses d'inaliénabilité en droit français nécessite une intervention législative, ce qui entraînerait sans doute un regain d'usage de cette clause dont les intérêts sont évidents. Qu'en est-il des clauses d'exclusion ?

Section II. Des conventions portant suppression de la liberté de conserver ses titres sociaux : le cas des clauses d'exclusion

39. « *Le droit grec permettait aux Athéniens d'exclure un citoyen trop avide de popularité ; le droit canonique prévoit l'excommunication ; le droit des sociétés connaît l'exclusion* [131]». L'exclusion en droit des sociétés a été définie comme étant la faculté offerte à la société de priver unilatéralement un associé de la titularité de ses droits sociaux[132]. Alors que les clauses d'inaliénabilité visent à maintenir l'associé dans la société, les clauses d'exclusions auront pour objectif principal d'évincer un associé dans certaines situations bien précises. Ces deux types de clauses constituent nécessairement une atteinte à la liberté contractuelle de l'associé. Or, il est largement admis que l'associé a le droit de ne pas être exclu de la société[133]. Ce droit étant une conséquence directe du droit de propriété de l'associé sur ses titres sociaux, une exclusion s'apparenterait à « *une expropriation pour cause d'utilité privée, contraire aux fondements mêmes du droit de*

---

[131] P. MOUSSERON, *Les conventions sociétaires*, 2e éd., L.G.D.J., 2014, p. 283, n° 404.
[132] Ibid.
[133] J.-P. STORCK, « La continuation d'une société par l'élimination d'un associé », *Rev. sociétés* 1982, p. 242.

propriété[134]». Pourtant, ces considérations n'ont pas empêché la jurisprudence de reconnaître la validité des clauses d'exclusion (**§I**), non sans en préciser les conditions de validité (**§II**).

§I. Reconnaissance des clauses d'exclusion

40. Reconnaissance légale. La loi elle-même prévoit, dans certaines situations, la possibilité d'exclure un associé de la société. Pour ne citer que ces exemples, l'article L. 231-6 du code de commerce prévoit à propos des sociétés à capital variable, qu' « *il peut être stipulé que l'assemblée générale a le droit de décider, à la majorité fixée pour la modification des statuts, que l'un ou plusieurs des associés cessent de faire partie de la société* ». De même s'agissant des sociétés par actions simplifiée, le législateur OHADA a prévu dans l'AUDSC révisé à l'article 853-20 que « *les statuts peuvent prévoir que la société associée dont le contrôle est modifié doit, dès cette modification, en informer la société. Celle-ci peut décider, dans les conditions fixées par les statuts, de suspendre l'exercice des droits non pécuniaires de cet associé et de l'exclure*[135]». Hormis ces cas d'exclusion dite légale[136], se pose avec acuité la question de la possibilité de prévoir dans une convention, l'exclusion d'un associé dans des conditions bien précises. Il convient de distinguer selon l'origine statutaire (**A**) ou extrastatutaire de la convention d'exclusion (**B**).

A. Admission des clauses statutaires d'exclusion

41. Reconnaissance des clauses d'exclusion statutaires. S'agissant des clauses statutaires d'exclusion, après moult tergiversations, la jurisprudence a admis implicitement cette possibilité. Elle a en effet considéré que les statuts de la société ne prévoyant pas la possibilité d'exclure un actionnaire, c'est à bon droit que les juges du fond ont estimé que la société n'était pas fondée à ordonner la cession forcée de leurs titres par deux actionnaires ayant fait l'objet d'une prise de contrôle interne[137]. Ainsi, *a contrario* si les

---

[134] Y. GUYON, Traité des contrats – Les sociétés : Aménagements statutaires et conventions entre associés, op. cit., p. 87, n° 49.

[135] V. en droit français relativement aux SAS l'article L. 227-16 du code de commerce.

[136] Il s'agit de cas d'exclusions dits légaux, parce qu'à chaque fois, le législateur renvoie aux statuts afin de prévoir la possibilité d'exclusion. Le législateur ne fait que prévoir la situation où cette faculté pourra être mise en œuvre.

[137] Cass. com. 13 décembre 2004, n° 93-11.569 et 93-12.349, Bull. civ. IV, n° 384, *JCP E* 1995, II, n° 705, note Paclot, *Bull. Joly sociétés* 1995, p. 152, note Le Cannu. La Cour a considéré que : « *Ayant relevé que les statuts de la société du Journal ne prévoyaient pas la possibilité d'exclure un actionnaire, la Cour d'appel a estimé à bon droit que la société du*

statuts avaient prévu cette possibilité, il est légitime de penser que la Cour de cassation aurait validé l'exclusion desdits actionnaires[138]. La jurisprudence a par la suite admis de manière expresse la licéité de la clause d'exclusion stipulée dans les statuts d'une SNC. Elle a considéré « *qu'il est possible et licite de prévoir dans les statuts, qui constituent le contrat accepté par les parties et fixant leurs droits et obligations, que le redressement judiciaire d'un associé lui fera perdre cette qualité, dès lors que lui est due la valeur des droits dont il est ainsi privé pour un motif qui est en l'occurrence conforme à l'intérêt de la société et à l'ordre public*[139]». Il est donc désormais admis que les statuts puissent prévoir une clause autorisant l'exclusion d'un associé si certains événements précis viennent à se réaliser[140]. Cependant, l'attendu principal de cet arrêt ne vise que la possibilité de prévoir dans les statuts l'exclusion de l'associé. *Quid* alors de l'exclusion extrastatutaire ?

B. Les hésitations quant à l'admission des clauses extrastatutaires d'exclusion

42. Reconnaissance limitée des clauses d'exclusion extrastatutaires. La question de la possibilité d'insertion d'une clause d'exclusion dans un acte extrastatutaire n'est pas clairement abordée dans la doctrine. Les auteurs qui abordent la question, au regard de la jurisprudence, concluent à l'exclusion de cette possibilité en ce qui concerne les actes extrastatutaires[141]. En effet, la clause d'exclusion semble relever du « domaine réservé » des statuts[142]. L'associé est lié à la société par un contrat de société de telle sorte qu'il ne peut être admis qu'il soit mis fin à ce contrat par un acte dont la nature serait inférieure à celui-ci[143]. Aussi, quand bien même il serait admis la validité d'une telle clause extrastatutaire d'exclusion,

---

Journal n'était pas fondée à ordonner la cession de ses actions détenues par les sociétés ETARCI et SCPPMI ».

[138] V. Rapport de la Cour de cassation 1994, p. 342.

[139] Cass. com. 8 mars 2005, n° 02-17.692, *Dalloz* 2005, p. 839, obs. A. Lienhard, *JCP E* 2005, p. 1171, obs. J.-J. Caussain, Fl. Deboissy et G. Wicker.

[140] M. COZIAN, A. VIANDIER et Fl. DEBOISSY, *Droit des sociétés*, LexisNexis, 28e éd., 2015, p. 216, n° 376.

[141] V. Par exemple M.-Ch. MONSALLIER, L'aménagement contractuel du fonctionnement de la société anonyme, op. cit., p. 293, n° 707.

[142] G. DURAND-LEPINE, « L'exclusion des actionnaires dans les sociétés non cotées », *LPA*, 1995, n° 88, p. 7 ; M.-Ch. MONSALLIER, *L'aménagement contractuel du fonctionnement de la société anonyme, op. cit.*, p. 292, n° 705 ; J.-P. STORCK, « La validité des conventions extra-statutaires », *Dalloz* 1989, p. 267, n° 14.

[143] M.-Ch. MONSALLIER, L'aménagement contractuel du fonctionnement de la société anonyme, op. cit., p. 292, n° 705.

il est permis de douter de son efficacité[144]. En effet, lorsqu'en vertu d'une convention extrastatutaire un associé se retrouve exclu de la société, cette exclusion ne peut être opposée à la société en tant que tiers à cette convention. Ainsi, en cas de refus de quitter la société, il ne serait en principe pas possible d'obliger cet associé à céder ses parts sociales. Aussi, la clause d'exclusion extrastatutaire mettant en œuvre une obligation de faire, les autres parties à cette convention ne pourront obtenir que des dommages-intérêts du fait du refus par l'associé récalcitrant d'appliquer ladite convention. La jurisprudence pour sa part, n'est pas très éclairante sur l'admission ou non des clauses extrastatutaires d'exclusion[145]. Elle approuve les conventions statutaires d'exclusion sans toutefois affirmer clairement que l'exclusion conventionnelle est du domaine exclusif des statuts.

Il faut cependant réserver le cas des clauses extrastatutaires qui mettraient en œuvre une promesse de cession de titres. Ces clauses mettant en œuvre des promesses de cession ou de rachat de titres doivent être validées dès lors qu'elles contiennent les éléments nécessaires à la future cession notamment, un objet certain et un prix déterminé ou à tout le moins déterminable, que ce prix de cession ne soit pas léonin, et enfin que cette clause ne soit pas contraire à l'ordre public sociétaire[146]. Il convient donc de s'intéresser aux clauses d'exclusion statutaires dont les conditions de validité doivent être clairement définies.

§II. Conditions de validité des clauses d'exclusion

43. Portant atteinte à une liberté fondamentale de l'associé, celui de rester dans la société, les clauses d'exclusion doivent leur validité au respect de nombreuses conditions tenant non seulement au contenu même de la clause (**A**), mais également aux modalités de mise en œuvre de celle-ci (**B**).

A. Les conditions de validité tenant au contenu de la clause d'exclusion

44. Consentement nécessaire de l'associé à la clause d'exclusion. La première question qui se pose lors de l'adoption d'une clause d'exclusion est

[144] G. DURAND-LEPINE, « L'exclusion des actionnaires dans les sociétés non cotées », *LPA,* 1995, n° 88, p. 7.

[145] Cass. com. 8 février 1982, *Bull. Joly* 1982, p. 970 ; CA Paris, 21 décembre 1983, *Dr. sociétés,* 1984, n° 74, note M. Germain ; *Bull. Joly* 1984, §113, p. 303.

[146] M.-Ch. MONSALLIER, L'aménagement contractuel du fonctionnement de la société anonyme, op. cit., p. 293, n° 709 et suiv.

celle du consentement à ladite clause. Se fondant sur l'article 545 du code civil qui dispose que « *Nul ne peut être contraint de céder sa propriété, si ce n'est pour cause d'utilité publique, et moyennant une juste et préalable indemnité* », certains auteurs en ont tiré la conclusion selon laquelle la clause d'exclusion devait être acceptée par tous les associés[147]. En ce sens, lorsque la clause est insérée dans les statuts dès la formation de la société, elle requiert l'unanimité des associés. De même, en cours de vie sociale, une clause d'exclusion ne peut être insérée dans les statuts que si cette insertion est adoptée à l'unanimité des associés[148]. En effet, « *il faut que chaque associé ait accepté l'idée de se trouver un jour exposé à une cession forcée de ses droits sociaux. La loi de la majorité est impuissante à lui imposer une telle atteinte à son droit de demeurer associé* [149]». Un auteur justifie l'unanimité par le fait que « *l'exclusion proprement dite, c'est-à-dire le fait de pouvoir être exclu en cas de violation d'une obligation érigée en cause d'exclusion statutaire, et de perdre, par ce biais, son titre d'associé* [150]» constitue en soi une augmentation des engagements de l'associé. À ce titre et en vertu de l'article 1836, alinéa 2 du code civil, une clause d'exclusion ne peut être insérée en cours de vie sociale sans le consentement unanime de tous les associés[151]. Aussi, le "parallélisme des formes" voudrait que, puisque nul ne peut devenir associé contre son gré, nul ne doit cesser de l'être sans l'avoir au préalable accepté[152]. Enfin, ce « consentement à l'exclusion » justifierait ainsi l'admission même de ces clauses dans les statuts. L'unanimité modifierait l'une des conditions essentielles de la prohibition formulée à l'article 545 du Code civil en faisant disparaître la contrainte de devoir céder ses titres contre son gré.

45. Nécessité d'un écrit. La seconde question qui se pose est celle de la nécessité d'une clause. La validité de la clause d'exclusion nécessite-t-elle qu'elle soit prévue par écrit ? Peut-elle résulter d'un usage ? Un auteur pense qu'un écrit n'est pas nécessaire pour que la clause d'exclusion soit valide,

---

[147] M. GERMAIN et V. MAGNIER, *Traité de droit des affaires,* Tome 2 *Les sociétés commerciales*, 20e éd., L.G.D.J., 2011, p. 426, n° 1601 ; J. GRANOTIER, « L'exclusion d'un associé : vers de nouveaux équilibres ? » *JCP G*, 2012, p. 1067 ; H. Le NABASQUE, « Agrément de cessions d'actions et exclusions d'actionnaires », *RJDA,* 3/1995, p. 200.

[148] V. CA Paris, 27 mars 2001, *Bull. Joly sociétés* 2002, p. 89, note H. Le Nabasque, *Dr. sociétés* 01/2002, p. 32, comm. 14, note F.-X. LUCAS.

[149] F.-X. LUCAS, « Exercice du droit de vote attaché à des actions indivises et insertion dans les statuts d'une clause d'exclusion », note sous CA Paris, 27 mars 2001, préc.

[150] H. Le NABASQUE, note sous CA Paris, 27 mars 2001, préc.

[151] V. *contra*, B. CAILLAUD, *L'exclusion d'un associé dans les sociétés*, préf. J. Derruppé, Sirey 1966, p. 250 ; S. DANA-DEMARET, note sous CA Paris 7 juin 1988, *Rev. sociétés* 1989, p. 252 ; G. DURAND-LEPINE, « L'exclusion des actionnaires dans les sociétés non cotées », *LPA,* 24 juillet 1985, n° 88, p. 10, D. MARTIN, « L'exclusion d'un actionnaire », *RJ Com.*, 1990, n° spéc. p. 108.

[152] H. Le NABASQUE, note sous CA Paris, 27 mars 2001, préc.

l'essentiel étant de pouvoir prouver le consentement de l'associé à celle-ci. Cette position découle de la solution d'un arrêt de la Cour d'appel de Grenoble qui a admis la validité d'une clause d'exclusion reposant sur un usage. Nous ne sommes pas du même avis, car toutes les fois que les clauses d'exclusion sont admises, que ce soit par une reconnaissance expresse du législateur ou par une validation de la Cour de cassation, il est exigé que celle-ci soit prévue dans les statuts. Aussi, l'associé étant lié à la société par le contrat de société, celui-ci ne saurait en être exclu sur le fondement d'un consentement implicite à une clause d'exclusion. Ce serait dans cette hypothèse ouvrir la voie à des décisions d'exclusions arbitraires même si le juge sera toujours sollicité pour contrôler les motifs de l'exclusion.

46. Motifs d'exclusion. La clause d'exclusion doit préciser les motifs d'exclusion. Il ne serait pas acceptable d'insérer une clause d'exclusion qui se bornerait juste à prévoir une possibilité d'exclusion sans en préciser les évènements susceptibles de fonder celle-ci. En donnant son consentement à l'exclusion, chaque associé doit à cet instant précis pouvoir mesurer l'étendue de son engagement, c'est-à-dire son risque d'être exclu[153]. Il s'agirait dans un tel cas, d'une « faculté d'exclusion *ad nutum* » accordée à l'organe chargé de prononcer ces exclusions. Les associés majoritaires ne tariront pas de motifs valables pour justifier l'éviction des minoritaires de la société. Un auteur affirme dans ce sens que cela « *risquerait de promouvoir des comportements délétères et notamment de favoriser le chantage entre les associés* [154]». À cet égard, la jurisprudence considère que la clause d'exclusion s'interprète de manière restrictive[155]. Elle a ainsi considérée qu'une clause d'exclusion prévoyant comme motif le changement de contrôle chez un associé, était inapplicable à un simple changement dans la composition et la répartition du capital social[156]. Les motifs visés par la clause d'exclusion doivent être les mêmes pour tous les associés conformément au principe d'égalité des associés[157].

47. Organe compétent. La clause d'exclusion doit prévoir l'organe habilité à prononcer la décision d'exclusion. Cet organe est parfois désigné par le législateur. C'est le cas dans les sociétés à capital variable où le législateur français, de même que le droit OHADA, réservent la compétence

---

[153] J.-J. ANSAULT, « Les clauses statutaires d'exclusion à l'aune de la liberté contractuelle », *Journal des sociétés*, 12/2012, n° 104, p. 28.
[154] *Ibid.*, p. 30.
[155] CA Nîmes, 2e ch., sect. B, 4 mars 2010, *Dr. sociétés* 12/2010, comm. 228, note M. Roussille. V. dans ce sens, J.-J. ANSAULT, « Les clauses statutaires à l'aune de la liberté contractuelle », *art. préc.,* p. 31.
[156] Cass. com. 29 janvier 2008, *RJDA* 5/2008, n° 546.
[157] Y. GUYON, Traité des contrats – Les sociétés : Aménagements statutaires et conventions entre associés, op. cit., p. ,n° 99.

respectivement à l'assemblée générale d'une part, et d'autre part, à l'assemblée générale ou à la collectivité des associés[158]. Parfois, le législateur se contente de renvoyer aux statuts pour la désignation de l'organe compétent. C'est encore le cas dans ces deux systèmes juridiques, s'agissant des sociétés par actions simplifiées[159]. Hormis les cas prévus par le législateur, il appartient aux associés de prévoir dans les statuts l'organe habilité à prendre la décision d'exclusion[160]. Cependant, rien n'oblige les parties à choisir un organe collégial, même si cette option semble offrir plus de garantie aux associés eu égard à la gravité de l'acte considéré[161]. De même, les parties peuvent donner compétence à un dirigeant de la société ou même à un tiers[162] en vue de la mise en œuvre de la procédure d'exclusion. Un certain nombre d'auteurs avait pourtant considéré que la compétence de l'assemblée générale s'imposait du fait de la gravité de la mesure d'exclusion[163]. La Cour de cassation a toutefois validé la procédure d'exclusion d'un associé prononcée par le gérant d'une société civile, conformément aux dispositions des statuts lui conférant cette aptitude. Les statuts prévoyaient que « *dans le cas où l'un des associés ne remplirait plus les conditions requises pour le demeurer, notamment en raison de son licenciement lorsqu'il est salarié du groupe, il pourrait être exclu en tout ou partie à l'entière discrétion du gérant* ». La haute cour précise avec clarté que « *Mais attendu qu'ayant relevé que la décision de racheter une partie des droits sociaux de M. Maucollot à la suite de la perte par ce dernier de la qualité de salarié d'une société du groupe avait été prise conformément aux statuts de la société Finamag, la cour d'appel en a exactement déduit que cette décision était régulière, peu important que l'exclusion de l'associé fût une simple faculté pour le gérant, statutairement investi du pouvoir de la prononcer* [164] ». La compétence donnée au gérant ou à l'organe de direction aura un intérêt certain lorsqu'il s'agira d'entamer une procédure d'exclusion à l'encontre d'un ou de plusieurs associés majoritaires. Cette procédure

---

[158] Voir les articles L. 231-6 du code de commerce et 269-6, alinéa 2 de l'AUDSC révisé.

[159] Voir les articles L. 227-16 du code de commerce et 853-19 de l'AUDSC révisé.

[160] M. GERMAIN et P.-L. PÉRIN, « L'exclusion statutaire des associés de SAS », *Bull. Joly sociétés* 2010, p. 1016, n° 17 ; J. GRANOTIER, « L'exclusion d'un associé : vers de nouveaux équilibres ? » *JCP G*, 2012, p. 1067.

[161] J.-J. ANSAULT, « Les clauses statutaires d'exclusion à l'aune de la liberté contractuelle », *art. préc.*, p. 31 ; A. COURET, « La compétence de la direction pour décider de l'exclusion d'un associé », note sous Cass. com. 20 mars 2012, n° 11-10.855, *Rev. sociétés* 2012, p. 435.

[162] J.-J. ANSAULT, « Les clauses statutaires d'exclusion à l'aune de la liberté contractuelle », *art. préc.*, n° 104, p. 32 ; M. GERMAIN et J. L. PERIN, « L'exclusion statutaire des associés de SAS », *art. préc.*, n° 16.

[163] J. SIKORA, *L'exclusion des membres des groupements de droit privé*, Thèse Strasbourg 2007, n° 758 ; L. GRYNBAUM, note sous Cass. com. 21 octobre 1997, *LPA* 5 Juin 1998, n° 67, S. DANA-DEMARET, note sous CA Paris, 7 juin 1988, *Rev. sociétés* 1989, p. 246.

[164] Cass. com. 20 mars 2012, n° 11-10.855, *Dalloz* 2012, p. 875, note A. Lienhard ; *Dalloz* 2012, p. 1584, note M. Laroche ; *JCP E* 2012, n° 1310, note R. Mortier ; *RTD Com.* 2012, p. 348, obs. A. Constantin ; *Rev. sociétés,* 2012, p. 435, note A. Couret.

n'aurait certainement pas pu aboutir si la compétence avait été accordée à l'assemblée générale, à moins pour les minoritaires de se prévaloir d'un abus de majorité[165]. Il faut tout de même remarquer que même si la compétence est accordée au gérant pour l'exclusion, le rachat des titres de l'associé exclu ne peut intervenir qu'en respectant la procédure de réduction du capital non motivé par les pertes[166].

B. Les conditions de validité tenant aux modalités de mises en œuvre

48. S'agissant de la mise en œuvre concrète de la procédure d'exclusion, certaines garanties sont accordées à l'associé visé par la procédure. Ces garanties, visant à éviter les abus, peuvent être d'ordre personnel (**1**) ou patrimonial (**2**).

1. Les garanties d'ordre personnel

49. Respect du principe du contradictoire. D'abord s'agissant des garanties d'ordre personnel, le principe du contradictoire devra être respecté. L'organe compétent doit faire part explicitement à l'associé en cause des motifs de l'exclusion, et lui permettre de pouvoir s'expliquer sur les points visés[167]. La clause d'exclusion ne peut en aucun cas priver l'associé de son droit de participer et de voter la décision d'exclusion sauf si la loi en dispose autrement[168]. Ces deux éléments garantissant le principe du contradictoire doivent être respectés car la décision d'exclusion ne peut être valable lorsque l'associé exclu a eu le droit de participer à l'assemblée générale sans pour autant avoir le droit de voter son exclusion[169]. Ainsi, non seulement il doit pouvoir connaître et donner son avis sur les motifs avancés pour justifier son exclusion, mais il doit aussi pouvoir participer au vote de la décision

---

[165] Voir en ce sens, J.-J. ANSAULT, « Les clauses statutaires d'exclusion à l'aune de la liberté contractuelle », *art. préc.*, p. 31.

[166] V. M. COZIAN, A. VIANDIER et Fl. DEBOISSY, *Droit des sociétés*, *op. cit.*, p. 483, n° 935 et suiv.

[167] J.-J. ANSAULT, « Les clauses statutaires d'exclusion à l'aune de la liberté contractuelle », *art. préc.*, p. 35. V. aussi en ce sens à propos d'un associé exclu d'un GIE sans discussion préalable au vote décidant son exclusion, Cass. com. 7 juillet 1992, *JCP G* 1993, II, p. 3652, n° 16, obs. A. Viandier et J.-J. Caussain ; *Rev. sociétés* 1993, p. 109.

[168] Cass. com. 23 octobre 2007, n° 06-16.537, Bull. civ. IV, n° 225, *Rev. sociétés* 2007, p. 814, note P. Le Cannu ; *JCP E* 2008, 1280, obs. J.-J. Caussain, Fl. Deboissy et G. Wicker ; *RLDA* 2008/23, n° 1369, obs. H. Guyader ; *Bull. Joly sociétés* 2008, p. 101, note D. Schmidt ; *Dalloz* 2008, p. 47, note Y. Paclot.

[169] V. en ce sens CA Montpellier, 2e ch. 5 janvier 2010, *JCP E* 2010, 1203.

d'exclusion[170]. Un auteur avait comparé en ce sens l'associé visé par la décision d'exclusion à un inculpé et comme tel, « *il a le droit d'être averti des imputations formulées contre lui, de préparer sa défense et de fournir des explications qu'il croit de nature à le disculper. C'est pourquoi, en dehors même de toute disposition des statuts, il doit lui être laissé, à partir du moment où il est prévenu de la poursuite dont il est l'objet, un laps de temps assez long pour préparer sa défense* [171]». À suivre ce raisonnement qui consiste « *à singer le procès dans les salons des sièges sociaux, le viol des droits de la défense doit se payer de la nullité des délibérations fautives*[172] ». Cette position ne sera cependant pas suivie par la Cour de cassation. En effet, elle a d'abord considéré que l'assemblée générale même lorsqu'elle se prononce sur une mesure d'exclusion « *n'est pas un organe juridictionnel ou disciplinaire, établi par la loi, mais un organe de gestion interne à la société dont la décision relève du contrôle juridictionnel du tribunal de grande instance, puis de la cour d'appel* [173]». Ainsi, l'associé convoqué devant l'assemblée générale en vue son exclusion ne peut prétendre en vertu de l'article 6, paragraphe 1 de la Convention Européenne des Droits de l'Homme à l'assistance d'un avocat[174]. Ensuite, dans le même ordre d'idées, le non-respect du principe du contradictoire lors de la procédure d'exclusion, hormis le cas où cette hypothèse est prévue dans les statuts, ne suffit pas à justifier la nullité de la décision de l'assemblée générale. L'associé exclu ne peut dans ce cas prétendre qu'à des dommages-intérêts. C'est ce qu'a décidé la Cour de cassation dans un arrêt où elle a considéré que la nullité des actes ou délibérations des organes d'une société ne pouvant résulter que de la violation d'une disposition impérative du droit des sociétés ou des lois qui régissent les contrats, en conséquence l'impossibilité pour l'associé exclu de venir s'expliquer devant l'organe décidant son exclusion, n'est pas une cause de nullité de la délibération ayant

---

[170] Rappelons ici l'important arrêt Château d'Yquem par lequel au visa de l'article 1844, alinéa 1 et 2 du code civil, la cour d'appel a considéré que « *Tout associé a le droit de participer aux décisions collectives et de voter et que les statuts ne peuvent déroger à ces dispositions* ». Cass. com., 9 février 1999, Bull. civ. 1999, IV, n° 44 ; *JCP E* 1999, p. 724, note Y. Guyon ; *Rev. sociétés* 1999, p. 81, note P. Le Cannu ; *Bull. Joly sociétés* 1999, p. 566, note J.-J. Daigre.

[171] H. ROUSSEAU, note sous Cass. Req. 27 avril 1933, *Sirey* 1933, I, p. 209.

[172] Cl. CHAMPAUD et D. DANET, note sous Cass. com. 13 juillet 2010, n° 09-16.156, *RTD Com.,* 2010, p. 727. V. aussi dans ce sens, F.-X. LUCAS, note sous Cass. com. 10 mai 2006, n° 05-16.909, *RDC,* 2006, p. 1186.

[173] Cass. 1ère civ., 16 juin 1993, n° 91-15.649, *Bull. Joly* 1993, p. 909, note G. Gourlay; *Dr. sociétés,* 1993, n° 156, obs. T. Bonneau ; *RTD Com.,* 1994, p. 71, n° 4, obs. E. Alfandari et M. Jeantin ; *Rev. sociétés,* 1994, p. 295, note Y. Chartier. Cette jurisprudence a été confirmée par un autre arrêt de la chambre commerciale, V. Cass. com. 10 mai 2006, n° 05-16.909, *RDC,* 2006, p. 1186, note F.-X. LUCAS ; *Rev. sociétés,* 2007, p. 70, note L. Godon.

[174] Ibid.

prononcé l'exclusion[175]. Cette solution rendue sur le fondement de l'article L. 235-1 du code de commerce devrait aussi s'appliquer en droit OHADA, puisque l'article 243 de l'AUDSC révisé retient que la nullité d'une décision ou délibération modifiant les statuts ne peut résulter que d'une de ses dispositions expresses, des textes régissant la nullité des contrats en général ou de la violation d'une clause des statuts jugée essentielle par la juridiction compétente. Il apparaît ainsi que la nullité pourra être obtenue lorsque les associés auront prévu dans les statuts que le principe du contradictoire devra être respecté pendant la procédure d'exclusion. À défaut, l'associé exclu sans avoir été mis en mesure de se défendre devant l'assemblée générale ne pourra prétendre qu'à des dommages-intérêts s'il justifie d'un préjudice. Cette solution pourrait se justifier par le fait que contrairement à une instance juridictionnelle, « *l'organe qui se prononce sur une exclusion d'associé [...] n'a pas à être impartial*[176] ». Elle se justifie d'autant plus lorsque la décision d'exclusion prend en considération une situation objective prévue par les statuts, comme la perte d'une qualité essentielle de l'associé ou la prise de contrôle de la société associée sans qu'une faute ne soit imputée à celui-ci[177].

Il convient de préciser également que l'associé pourra être exclu sans pouvoir prétendre participer à la prise de décision, lorsque les statuts auront donné compétence à un organe non collégial pour la prise de la décision d'exclusion. Toutefois, l'associé dans cette hypothèse devra bénéficier du respect du principe du contradictoire et des droits de la défense notamment par l'information préalable qui lui est due et la possibilité de s'expliquer devant l'organe chargé de prendre la décision, même si la décision incombe uniquement à ce dernier[178]. C'est en ce sens que la Cour de cassation a validé l'exclusion d'un associé décidée par le gérant sans consultation des autres associés. Elle a considéré que le gérant ayant « *notifié la mise en œuvre de la procédure prévue en pareil cas, par une lettre qui précisait le motif de l'exclusion envisagée ainsi que ses modalités et qui invitait l'associé concerné à présenter ses observations sur ces points, la cour d'appel en a*

---

[175] Cass. com. 13 juillet 2010, n° 09-16.156, *Dr. sociétés* 11/2010, n° 200, note H. H. ; *RTD Com.* 2010, p. 727, obs. Cl. Champaud et D. Danet ; *Dalloz* 2010, p. 2880, note B. Dondero.
[176] F.-X. LUCAS, *Le principe du contradictoire en droit des sociétés*, in « Libertés et droits fondamentaux », sous la dir. de R. CABRILLAC et al. *Dalloz* 12e éd. 2006, p. 707, n° 918.
[177] Ibid.
[178] V. Rapport de Bruno PETIT, conseiller à la Cour de cassation, relatif à la Participation d'un associé de SAS à la décision collective décidant de son exclusion, *RJDA* 1/2008, p. 9, n° 15 ; selon cet auteur, la décision d'exclusion, « *parce qu'elle n'est pas nécessairement collective n'implique pas, en elle-même, la participation de l'associé dont l'exclusion est projetée (sous réserve du respect de la contradiction et des droits de la défense qui impose d'entendre l'intéressé – mais non de lui permettre de se prononcer sur sa propre exclusion)* ». V. aussi en ce sens, M. GERMAIN et P.-L. PERIN, « L'exclusion statutaire des associés de SAS », *Bull. Joly sociétés* 2010, p. 1016, n° 20.

justement déduit que cet associé n'était pas fondé à se prévaloir de l'inobservation du principe de la contradiction[179] ».

50. Contrôle juridictionnel des motifs de l'exclusion. La deuxième garantie d'ordre personnel consiste en une possibilité pour le juge de contrôler les motifs invoqués pour justifier l'exclusion. Ces motifs doivent avoir été visés dans la clause d'exclusion, et ne doivent pas constituer un abus de droit. Il s'agit ici d'éviter les exclusions arbitraires. Les motifs d'exclusion peuvent être très variés mais ceux-ci doivent être objectifs et précis[180]. Ainsi, une clause d'exclusion qui prévoyait comme motif le changement de contrôle chez un associé a été jugée inapplicable à un simple changement dans la composition et la répartition du capital[181]. Les juges se réservent ainsi le droit d'apprécier la réalité du fondement de l'exclusion. Ce contrôle judiciaire des motifs de l'exclusion a un caractère d'ordre public, de telle sorte qu'aucune clause ne puisse écarter expressément tout contrôle judiciaire hormis celui du respect des formalités prévues et des droits de la défense[182].

2. Les garanties d'ordre patrimonial

51. Indemnisation de l'associé exclu. S'agissant des garanties d'ordre patrimonial, le principe du remboursement de la valeur des titres de l'associé exclu est traditionnellement admis. Certains auteurs considèrent en ce sens qu'une exclusion de l'associé sans indemnisation paraît inadmissible[183]. En principe, les statuts demeurent libres de déterminer la méthode de valorisation des titres de l'exclu.

Dans les SAS de droit français ou de droit OHADA, le législateur apparaît très souple quant à la méthode de détermination de la valeur des titres de l'associé exclu. En effet, il est prévu que cette valeur puisse être

[179] Cass. com. 20 mars 2012, n° 11-10.855, préc.

[180] J. MESTRE, D. VELARDOCCHIO, A.-S. MESTRE-CHAMI, *Lamy Sociétés Commerciales* 2015, p. 435, n° 876.

[181] Cass. com. 29 janvier 2008, n° 07-10.797, RJDA 5/08, n° 546.

[182] Cass. com. 21 octobre 1997, n° 95-21.156, Bull. civ. IV, n° 280, *Rev. sociétés* 1998, p. 99, note B. Saintourens, *Dalloz Aff.* 1997, p. 1474, note M. Boizard ; *RTD Com.* 1998, p. 169, obs. Cl. Champaud et D. Danet ; *Dr. sociétés* 1998, n° 1, obs. Th. Bonneau, *JCP G* 1998, II, n° 10047, note D. Velardocchio, *LPA* 5 juin 1998, p. 17, note Grynbaum.

[183] J. MESTRE, D. VELARDOCCHIO et A.-S. MESTRE-CHAMI, *Lamy Sociétés Commerciales* 2015, p. 436, n° 876 ; J.-J. ANSAULT, « Les clauses statutaires d'exclusion à l'aune de la liberté contractuelle », *art. préc.*, p. 34 ; G. DURAND-LEPINE, « L'exclusion des actionnaires dans les sociétés non cotées », *LPA*, 1995, n° 88, p. 7.

fixée par accord entre les parties, ou à défaut par un expert désigné de manière consensuelle, ou à défaut par la juridiction compétente[184].

52. Avant l'ordonnance n° 2014-963 du 31 juillet 2014. Dans les autres types de sociétés, à défaut de précision légale, il appartient aux associés de prévoir dans la clause d'exclusion les modalités de valorisation des titres de l'associé exclu. En cas de mésentente sur la valeur des titres de l'associé exclu, les parties peuvent avoir recours à un expert tel que prévu par l'article 1843-4 du code civil. Cette possibilité de recourir à l'évaluation par un expert pourrait s'appliquer quand bien même les parties n'auront pas prévu cette option dans les statuts. Il s'agit pour la jurisprudence de s'assurer que l'associé exclu aura droit à une juste indemnisation. Ainsi, la Cour de cassation, malgré la volonté de la doctrine de cantonner le périmètre de l'intervention du tiers évaluateur aux cas où la cession des titres est imposée par le législateur, a considéré qu'en cas de contestation sur la valeur de rachat des titres d'un associé exclu, l'article 1843-4 du code civil pourrait s'appliquer[185]. Pourtant, il était traditionnellement admis que le domaine de cet article était réservé aux cas de cession ou de rachat prévus par le législateur, exigeant dans les autres hypothèses une extension conventionnelle[186]. Cependant, cet argument ne porte pas bien loin. En effet, *ubi lex non distinguit, nec nos distinguere debemus*[187] : si la loi ne distingue pas selon que la cession soit d'origine légale ou conventionnelle il n'y a pas lieu de distinguer non plus. L'article 1843-4 du code civil visait clairement « *tous les cas où sont prévus la cession des droits sociaux d'un associé, ou le rachat de ceux-ci par la société* ». Le texte se voulait donc d'application large, le seul élément qui doive fonder cette application étant la contestation de la valeur des droits sociaux. Il n'y a donc aucune raison de protéger particulièrement les associés exclus en vertu d'une disposition légale au détriment de ceux dont l'exclusion serait fondée exclusivement sur une clause des statuts. Dans une affaire où une clause statutaire prévoyait l'exclusion de tout associé lorsque celui-ci perdrait la qualité de salarié, une contestation étant survenue sur les modalités de fixation de la valeur des titres de l'un des associés qui contestait la méthode fixée dans les statuts, ce dernier sollicita la nomination d'un expert judiciaire conformément à l'article 1843-4 du code civil. La Cour d'appel de Versailles rejeta cette demande en considérant que les statuts comportant une clause d'évaluation des droits sociaux, il y avait lieu de s'en tenir à cette évaluation, car « *ces règles statutaires l'emportent sur l'article 1843-4 du code civil* ». Cet arrêt

---

[184] V. articles L. 227-18 du code de commerce et 853-21 de l'AUDSC révisé.
[185] J.-J. ANSAULT, « Les clauses statutaires d'exclusion à l'aune de la liberté contractuelle », *art. préc.*, p. 33.
[186] V. Cass. com. 26 novembre 1996, n° 94-15.403, *Dr. sociétés* 2/1997, p. 8, note Th. Bonneau ; *Defrénois,* 1997, p. 660.
[187] Il n'y a pas lieu de distinguer lorsque la loi ne distingue pas.

est cassé par la chambre commerciale de la Cour de cassation pour violation de l'article 1843-4 du code civil[188]. Plusieurs auteurs ont vivement critiqué cette décision car elle porte atteinte à la liberté contractuelle, et surtout elle ne respecte ni la lettre ni l'esprit de l'article 1843-4 du code civil qui vise son application en cas de contestation[189]. Pour ces auteurs, dès lors que les parties auraient convenu d'une évaluation des droits sociaux en cas d'exclusion dans les statuts, il ne saurait y avoir de contestation, puisqu'il y a une méthode consensuelle d'évaluation qui a été prévue. Cette interprétation est l'une des manières d'aborder l'esprit du texte, interprétation qui n'est pas suivie par la Cour de cassation. En effet, pour cette dernière, même si elle ne l'affirme pas expressément, il semble que la contestation doive s'entendre de celle pouvant survenir lors de la mise en œuvre de la clause d'exclusion et non *ab initio* lors de l'insertion de celle-ci dans les statuts. Ainsi, selon l'ancien article 1843-4 du code civil, dès lors qu'en cas de cession ou de rachat de droits sociaux une des parties conteste la méthode d'évaluation, quoique celle-ci ait été conventionnellement prévue au préalable, alors elles peuvent faire appel à un expert en vue de la détermination de la valeur des droits sociaux. Les prévisions statutaires ne s'opposent pas à ce que s'élève un désaccord « *sur la valeur de ces parts et donc, en l'occurrence, sur leur mode de calcul tel qu'il est prévu dans les statuts* [190]». Cette interprétation porte atteinte à la liberté conventionnelle et à la force obligatoire des contrats qui doivent s'incliner face au caractère impératif de l'article 1843-4 du code civil. La Cour de cassation va « enfoncer le clou » dans sa jurisprudence ultérieure où elle va considérer que le tiers désigné en application de l'article 1843-4 du code civil détermine seul les critères qu'il juge les plus appropriés pour fixer la valeur des droits sociaux, parmi lesquels peuvent figurer ceux prévus par les statuts[191]. Ainsi, non seulement les parties peuvent recourir à un expert pour évaluer la valeur des droits sociaux de l'associé exclu, mais encore, ce tiers n'est aucunement tenu de suivre les modalités qui auraient pu être conventionnellement prévues dans la clause d'exclusion. Il n'en fallait pas autant pour « déchaîner les foudres de la doctrine », certains allant jusqu'à considérer que « *voilà la rencontre des volontés mise sous tutelle d'un despote éclairé, sensé savoir mieux que les parties elles-mêmes, ce qui*

---

[188] Cass. com. 4 décembre 2007, n° 06-13.912, *Dalloz* 2008, p. 1237, obs. R. Salomon ; *Dr. sociétés*, 2/2008, p. 15, note R. Mortier ; *JCP E* 2008, p. 1159, note H. Hovasse, *Rev. sociétés* 2008, p. 341, obs. J. Moury ; *Bull. Joly sociétés,* 2008, p. 216, obs. F.-X. Lucas.

[189] V. par exemple R. MORTIER, « L'absolutisme jurisprudentiel de l'article 1843-4 du code civil », note sous Cass. com. 4 décembre 2007, n° 06-13912, *Dr. sociétés*, 2/2008, p. 15.

[190] J. MOURY, « La liberté du tiers estimateur de l'article 1843-4 du code civil en dépit de la présence d'une clause statutaire d'évaluation des droits sociaux », note sous Cass. com. 4 décembre 2007, *Rev. sociétés,* 2008, p. 341.

[191] Cass. com. 5 mai 2009, n° 08-17.465, Bull. civ. IV, n° 61 ; *JCP E* 2009, p. 1632, note R. Mortier, *Dalloz* 2009, p. 2195, obs. B. Dondero, *Rev. sociétés,* 2009, p. 503, note J. Moury ; *Bull. Joly sociétés,* 2009, p. 728, obs. A. Couret.

est bon pour elles, alors pourtant qu'il n'en est que le co-mandataire [192]». Certes, il faut reconnaître que la Cour de cassation par cette décision porte sérieusement atteinte à la liberté conventionnelle qu'il convient pourtant de magnifier, mais il y a lieu de revenir à l'esprit du texte. En effet, comme le soulignent quelques auteurs approuvant cette décision, il s'agit par le recours à un expert, d'accorder à l'associé exclu, le juste prix de ses titres[193]. Or, si les parties peuvent figer le prix ou la méthode d'évaluation de l'expert, il y a à craindre que l'associé exclu ne puisse obtenir une juste indemnisation, pourtant nécessaire à l'admission même d'une possibilité d'exclusion[194]. La Cour de cassation a clairement confirmé sa jurisprudence dans un arrêt récent où elle a considéré « *qu'ayant exactement retenu qu'il résulte des termes mêmes des dispositions impératives de l'article 1843-4 du code civil qu'il appartient à l'expert de déterminer lui-même, selon les critères qu'il juge appropriés à l'espèce, sans être lié par la convention ou les directives des parties, la valeur des droits sociaux litigieux, la cour d'appel a pu en déduire que le tiers estimateur désigné en application de cet article n'avait pas commis une erreur grossière en écartant les directives d'évaluation contenues dans les statuts et le règlement intérieur*[195] ». La messe semble bien dite, même si certains auteurs continuent à clamer un infléchissement de cette jurisprudence en appelant la Cour de cassation à accepter « *de se faire violence, en déférant sa propre jurisprudence, en tant qu'elle fixe le sens d'une disposition législative* [196]» devant le Conseil constitutionnel. Finalement, pour les parties, seule une erreur grossière de l'expert pourra permettre la remise en cause de l'expertise, celle-ci étant dans ce cas inopposable aux parties[197].

53. Après l'intervention de l'ordonnance n° 2014-963 du 31 juillet 2014. Le législateur a finalement tranché en retenant désormais d'une part que, « *Dans les cas où la loi renvoie au présent article pour fixer les conditions de prix d'une cession des droits sociaux d'un associé, ou le rachat de ceux-ci par la société, la valeur de ces droits est déterminée, en cas de contestation, par un expert désigné, soit par les parties, soit à défaut d'accord entre elles, par ordonnance du président du tribunal statuant en la*

---

[192] R. MORTIER, « Consécration par la Cour de cassation de la violation du contrat par le tiers estimateur », note sous Cass. com. 5 mai 2009, n° 08-17.465, *JCP E,* 2009, p. 1632.

[193] V. Fl. DEBOISSY et G. WICKER, *JCP E,* 2009, chron., p. 1767, n° 1.

[194] V. J.-J. ANSAULT, « Les clauses statutaires d'exclusion à l'aune de la liberté contractuelle », *art. préc.,* p. 33.

[195] Cass. com. 16 février 2010, n° 09-11.668, *Dalloz* 2010, p. 581 ; *Bull. Joly sociétés* 2010, p. 624, note P. Mousseron.

[196] R. MORTIER, « L'article 1843-4 du code civil et la question préjudicielle de constitutionnalité », note sous Cass. com. 8 mars 2011, n° 10-40.069, *Bull. Joly sociétés* 2011, p. 366.

[197] Cas. com., 12 juin 2007, n° 05-20.290 ; V. aussi en ce sens J.-J. ANSAULT, « Les clauses statutaires d'exclusion à l'aune de la liberté contractuelle », *art. préc.,* p. 33.

forme des référés et sans recours possible. L'expert ainsi désigné est tenu d'appliquer, lorsqu'elles existent, les règles et modalités de détermination de la valeur prévues par les statuts de la société ou par toute convention liant les parties ».

D'autre part, « *Dans les cas où les statuts prévoient la cession des droits sociaux d'un associé ou le rachat de ces droits par la société sans que leur valeur soit ni déterminée ni déterminable, celle-ci est déterminée, en cas de contestation, par un expert désigné dans les conditions du premier alinéa. L'expert ainsi désigné est tenu d'appliquer, lorsqu'elles existent, les règles et modalités de détermination de la valeur prévues par toute convention liant les parties* ». Ainsi, qu'il s'agisse des cas de cession ou de rachat de titres sociaux prévus par le législateur ou stipulés dans les statuts, l'évaluation des droits, en cas de contestation, pourra être faite par un expert qui sera tenu d'appliquer les règles et modalités d'évaluation prévue par les parties, soit dans les statuts, soit dans tout autre document conventionnel les liant. Le législateur revient ainsi sur la solution jurisprudentielle selon laquelle le tiers ne serait pas lié par la convention ou les directives des parties[198]. Désormais, le tiers ne pourra procéder à l'évaluation des droits sociaux en fonction de ses propres règles, que lorsque les parties n'auraient rien prévu en la matière, ou lorsque les critères prévus par les parties ne permettraient pas une telle détermination[199]. Cette solution permet de respecter la volonté des parties en donnant plus d'efficacité aux clauses d'évaluation. Enfin, il convient de relever que l'intervention de ce nouveau texte ne remet pas en cause la solution selon laquelle en cas d'erreur grossière, les parties sont admises à remettre en cause l'évaluation de l'expert[200].

Il apparaît ainsi qu'en matière de clause d'exclusion, le droit français et OHADA offrent tous deux des espaces de liberté aux associés dans le contrôle de la géographie du capital de leur société. Le droit français est sur ce point un peu en avance sur le droit OHADA du fait de la florissante jurisprudence en la matière. Les juridictions OHADA pourront, lorsqu'elles seront sollicitées, s'inspirer de cette jurisprudence française, car en la matière les règles semblent bien s'accorder.

54. Conclusion du Chapitre. En conclusion, il convient de retenir que les associés disposent, aussi bien en droit français qu'OHADA, d'une certaine liberté dans le contrôle de la géographie du capital de la société. En

---

[198] Cass. com., 19 avril 2005, n° 03-11.790, Bull. civ. IV, n° 95 ; Cass. com., 5 mai 2009, n° 08-17.465, préc. ; Cass. com., 3 mai 2012, n° 11-12.717.

[199] V. en ce sens, A. CONSTANTIN, « Réforme de l'article 1843-4 du code civil par l'ordonnance n° 2014-863 du 31 juillet 2014 : faut-il s'en réjouir ou s'en inquiéter ? », *RTD Com.* 2014, p. 633.

[200] Ibid.

effet, ceux-ci peuvent limiter la possibilité de cession des titres détenus par certains actionnaires, ou encore décider que dans certaines hypothèses des associés seront tenus de quitter la société en leur déniant de ce fait le droit de conserver leurs titres sociaux. Cependant, les associés doivent prendre soin de prévoir avec clarté le contenu de leurs conventions, qu'elles soient statutaires ou extrastatutaires, afin d'éviter les sanctions judiciaires. À défaut de supprimer totalement la liberté de cession ou de conservation des titres sociaux, les associés peuvent simplement limiter cette possibilité par des clauses d'agrément ou de préemption.

Chapitre II. La limitation de la liberté conventionnelle en matière de cession de titres sociaux

55. La volonté de contrôle de la répartition du capital social passe outre la possibilité de suppression de la liberté de cession d'un associé, par une faculté de limitation de cette liberté. Alors que certains auteurs avaient fondé la distinction entre sociétés de capitaux et sociétés de personnes par la présence d'un *affectio societatis*, il convient de remarquer que ce fondement tend à s'estomper aussi bien en droit OHADA qu'en droit français. En effet, dans ces deux systèmes juridiques, il sera permis aux associés de porter un regard sur les personnes détenant une participation dans la société. Pourtant, les sociétés de capitaux sont réputées être des sociétés dans lesquelles seule compte la valeur des titres composant le capital. Le principe de libre négociabilité qui y a cours, implique ainsi que chaque associé puisse céder sa participation quand il le souhaite, et avec le cessionnaire de son choix. Cependant, les droits français et OHADA accordent une certaine latitude aux associés de pouvoir agréer ou non ce cessionnaire. Aussi, les associés pourront accorder à certains d'entre eux un droit de priorité d'acquisition des titres de tout associé cédant. Il ne s'agit donc pas ici de supprimer la liberté de cession de l'associé, mais de limiter celle-ci notamment dans le choix du cocontractant. Ces conventions font partie du paysage sociétaire en droit français, ce qui n'empêche pas pour autant que le droit OHADA des sociétés commerciales qui vient de donner un cadre légal à celles-ci, soit plus précis et leur offre plus d'efficacité. Il conviendra donc d'analyser dans une perspective comparative le régime des clauses d'agrément (**Section I**) et de préemption (**Section II**).

Section I. La convergence des droits français et OHADA en matière de clauses d'agrément

56. Définition. « *L'agrément est un accord donné par la société à une personne qui veut céder tout ou partie de ses titres de capital, et cet accord dépend de la personnalité du cessionnaire, ou des caractères de l'opération*[201] ». La clause d'agrément est consacrée par le législateur à l'article L. 228-23 du code de commerce s'agissant du droit français et à

[201] P. Le CANNU, B. DONDERO, *Droit des sociétés*, 6e éd., L.G.D.J., 2015, p. 762, n° 1180.

l'article 765-3 de l'AUDSC. L'article L. 227-14 du code de commerce prévoit la possibilité d'insérer une clause d'agrément dans les statuts d'une SAS. L'article L. 229-11 de ce même code prévoit pour sa part en matière de société européenne que « *les statuts d'une SE qui n'entend pas offrir au public ses actions peuvent soumettre tout transfert d'actions à des restrictions à la libre négociabilité sans que ces restrictions ne puissent avoir pour effet de rendre ces actions inaliénables pour une durée excédant dix ans* ». Ainsi, de cette disposition, il est admis que les statuts puissent contenir une clause d'agrément qui constitue une restriction à la libre négociabilité. Cependant, ces deux dernières dispositions ne prévoyant pas un régime ou une procédure spécifique pour cette clause, faut-il en conclure que celle-ci est soumise au même régime que celui prévu à l'article L. 228-23 pour les autres types de sociétés par actions ? Ou au contraire, lorsque la clause serait insérée dans les statuts d'une SAS ou d'une SE, le régime de ces clauses relèverait-il de la liberté contractuelle des associés de ces sociétés ? Dans ce dernier cas, le régime des clauses d'agrément stipulées dans des SAS ou SE pourrait être très contraignant, voire attentatoire au principe de libre négociabilité des actions, si les associés ne prévoient pas un mécanisme de rachat devant permettre à l'associé qui souhaite céder ses titres de ne pas rester prisonnier de ceux-ci. Pour certains auteurs, le régime de la clause d'agrément dans la SAS et la SE déroge au droit commun, avec la limite que cette clause ne doit pas supprimer totalement le droit pour l'associé cédant de pouvoir sortir de la société, sauf s'il existe une clause d'inaliénabilité valable[202]. Quoi qu'il en soit, il convient de noter une convergence dans les deux systèmes juridiques étudiés, non seulement quant au champ d'application de la clause d'agrément (**§I**), mais également quant à la mise en œuvre de cette clause (**§II**).

§I. Une convergence quant au domaine de la clause d'agrément

57. L'étude du domaine général de la clause d'agrément (**A**) précèdera celle du cas particulier où celle-ci est confrontée à un cas de fusion (**B**).

A. Domaine général de la clause d'agrément

58. Clauses d'agrément et pactes extrastatutaires. Les droits OHADA et français prévoient tous deux la possibilité de stipuler une clause d'agrément dans les statuts. Cependant, il importe de se demander si

[202] *Ibid.*, p. 763, n° 1181.

l'agrément relève nécessairement du domaine des statuts. En d'autres termes, les associés peuvent-ils stipuler une clause d'agrément dans un acte extrastatutaire ? Pour certains auteurs, « *la nature même de l'agrément conduit à une nature statutaire* [203]». Pour ceux-ci, l'agrément est donné par la société et n'est aucunement un droit individuel de l'associé. Ainsi, seule la société pouvant donner l'agrément, la clause d'agrément devrait figurer dans les statuts de la société. M. JEANTIN en conclut donc que « *l'agrément étant une prérogative de la société, la stipulation ne peut être valablement réalisée que par la voie d'une clause statutaire. À défaut, la société est étrangère à la clause, ce qui empêche que l'on puisse la considérer comme une clause d'agrément* [204]». Cette opinion semble être suivie par la jurisprudence, si l'on s'en tient aux termes de l'arrêt de la Cour de cassation du 8 avril 2008 où elle a affirmé « *le caractère impératif des dispositions de l'article L. 228-24 du code de commerce ne [permettant] pas d'y déroger par convention*[205] ». M. GUYON, pour sa part, a émis de sérieuses réserves quant aux clauses extrastatutaires d'agrément[206]. Il considère en effet que, soit une telle clause ne prévoit pas une obligation de rachat en cas de refus d'agrément, et dans ce cas elle rendrait l'actionnaire tenu par la clause prisonnier de ses titres, soit la clause prévoit une obligation de rachat, et dans ce cas, c'est l'opportunité même d'une telle clause qui est à rechercher, son efficacité étant limitée au regard de la sanction en cas de non-violation[207].

Il a cependant été avancé qu'il serait possible de stipuler un agrément dans une clause extrastatutaire, le seul enjeu étant l'opposabilité de la clause[208]. Alors que la clause d'agrément statutaire serait opposable à tous et même au tiers, étant censée être publiée, la clause d'agrément extrastatutaire ne serait, elle, opposable qu'aux parties à cette convention.

59. Un domaine réservé aux statuts par le législateur. La rédaction des nouveaux articles 765-3 et 771-2 de l'AUDSC révisé nous conduisent à retenir que l'agrément ne peut être prévu que dans une clause statutaire. En

---

[203] M.-H. MONSERIE-BON, « Le contrôle des mouvements d'associés », in Pacte d'associé ou clause statutaire : quel choix pour l'entreprise sociétaire ? Actes du colloque national DJCE tenu les 8 et 9 février 2013 à la Faculté de droit de Bordeaux, LexisNexis, 2013, p. 75-84, spéc. p. 77.

[204] M. JEANTIN, « Les clauses de préemption statutaires entre les actionnaires », *JCP E* 1991, p. 202.

[205] Cass. com. 8 avril 2008, n° 06-18362, SA Lamy c/ SA Séché, *JCP E* 2008, n° 28-29, p. 30, note S. Schiller ; *Dr. sociétés* 2008, n° 6, p. 28-30, note H. Hovasse ; *Bull. Joly sociétés* 2008, n° 7, p. 585-591, note D. Poracchia ;

[206] Y. GUYON, Traité des contrats – Les sociétés, Aménagements statutaires et conventions entre associés, op. cit., p. 333, n° 219.

[207] V. *infra*, n° 68 et suiv.

[208] A. LEBESCOND, « Les conséquences d'une cession d'actions de SAS intervenue en violation d'une clause statutaire d'agrément », *Lettre Juridique Lexbase*, 10 avril 2008, n° 100.

effet, contrairement à l'article 765-3 visant la clause d'agrément, l'article 771-2 relatif à la clause de préemption précise expressément que cette dernière peut être stipulée aussi bien dans les statuts que dans les pactes extrastatutaires. Le législateur OHADA choisit donc visiblement d'élargir le champ de la clause de préemption, contrairement à la clause d'agrément qui n'est envisagée par le législateur qu'à travers une stipulation statutaire.

Aussi, il faudrait remarquer que, qu'elle soit statutaire ou extrastatutaire, ce qui importe pour les associés, c'est l'efficacité de la clause d'agrément en cas de mouvement de titres. Ainsi, il sera plus courant de trouver ces clauses dans les statuts des sociétés, stipulation qui offre plus de garantie dans l'exécution de la clause que lorsqu'elle est stipulée dans une clause extrastatutaire. Aussi bien la législation française qu'OHADA prévoient en effet, la nullité de la cession effectuée en cas de violation d'une clause d'agrément[209]. Nous choisirons donc de nous intéresser exclusivement aux clauses d'agrément statutaires.

60. Sociétés visées. Depuis l'ordonnance n° 2009-80 du 22 janvier 2009[210], la clause d'agrément ne peut être stipulée que dans les statuts des sociétés dont les titres ne sont pas admis à négociation sur un marché réglementé[211]. En effet, il apparaît contradictoire de demander une introduction en bourse et de conserver dans ses statuts une clause soumettant les transferts de titres à agrément. L'article 6605 du règlement Euronext prévoit à cet effet une obligation pour tout émetteur de s'assurer que « *les titres sont librement transférables et que leur cession n'est assujettie à aucune clause restreignant leur libre négociation* ». Par contre, que ce soit le droit OHADA ou français, il n'est visé que le cas des sociétés dont les titres sont admis à négociation sur un marché réglementé ou sur une bourse des valeurs. Ainsi, rien n'empêche de prévoir une clause statutaire d'agrément dans les sociétés faisant appel public à l'épargne[212].

61. Valeurs mobilières visées. La clause d'agrément ne peut être stipulée que si les titres concernés sont nominatifs[213]. Cette condition prévue en droit français n'a pas été reprise par le législateur OHADA lors de la réforme de l'AUDSC[214]. Aussi, la législation française depuis l'ordonnance

---

209 V. *infra*, n° 68.

210 Ordonnance n° 2009-80 du 22 janvier 2009 relative à l'appel public à l'épargne et portant diverses dispositions en matière financière.

211 P. Le CANNU, B. DONDERO, *Droit des sociétés*, *op. cit.*, p. 763, n° 1181.

212 Ph. RAIMBOURG, M. BOIZARD, *et al.*, *Ingénierie financière, fiscale et juridique*, Dalloz action 2009/2010, p. 1131, n° 73.281.

213 Article L. 228-23 du code de commerce.

214 Cette condition était prévue dans l'ancien Acte uniforme à l'article 765.

du 24 juin 2004[215] apparaît plus élaborée que le droit OHADA, car elle vise toutes les valeurs mobilières donnant accès au capital, alors que l'article 765-3 de l'AUDSC révisé ne vise pour sa part que les actions[216], ce qui est très réducteur au regard de la diversité des valeurs mobilières que peuvent émettre les sociétés par actions.

62. Cession d'actions entre actionnaires. En droit français, depuis l'ordonnance précitée du 24 juin 2004[217], la clause d'agrément peut viser non seulement les cessions entre actionnaires et tiers, mais aussi celles entre actionnaires. Le droit des sociétés OHADA ne retient, pour sa part, la possibilité de stipuler des clauses d'agrément que dans les cessions d'actions à des « *tiers étrangers à la société*[218] ». Ainsi, en principe, il ne peut être admis une clause d'agrément qui viserait les cessions d'actions entre actionnaires d'une société commerciale de droit OHADA. Cette situation est regrettable car elle pourrait porter atteinte à la stabilité interne de la répartition du capital, par l'effet d'un reclassement interne de titres[219]. Critiquant cette situation qui prévalait en droit français avant l'intervention du législateur en 2004, un auteur a considéré qu'elle empêchait « *la société de se protéger contre les manœuvres subversives d'une personne qui a déjà la qualité d'actionnaire et qui cherche à accroitre sa participation*[220] ». Le capital social de la société commerciale de droit OHADA perdrait ainsi en stabilité interne ce qu'elle gagnerait en stabilité externe. En attendant une prochaine réforme de l'Acte uniforme, la jurisprudence pourrait être plus favorable dans l'interprétation de l'article 765-3 de l'AUDSC révisé, en considérant l'objectif principal visé par le législateur qui est de permettre aux actionnaires de pouvoir contrôler la géographie du capital social de la société. Une telle décision pourrait cependant s'avérer *contra legem* si l'on tient compte seulement de la lettre de cet article.

---

215 Ordonnance n° 2004-604 du 24 juin 2004 portant réforme du régime des valeurs mobilières émises par les sociétés commerciales et extension à l'outre-mer de dispositions ayant modifié la législation commerciale.

216 L'ancien article 765 de l'AUDSC visait également les actions, ce qui a été reconduit lors de la réforme.

217 Ordonnance n° 2004-604 du 24 juin 2004 portant réforme du régime des valeurs mobilières émises par les sociétés commerciales et extension à l'outre-mer de dispositions ayant modifié la législation commerciale.

218 Article 765-3 de l'AUDSC révisé.

219 Par exemple, des associés minoritaires pourraient en cédant leur titres à un des associés faire basculer le contrôle de la société au profit de ce dernier. V. en ce sens C. MALECKI, « Le remaniement du régime des clauses d'agrément par l'ordonnance n° 2004-604 du 24 juin 2004 », *Dalloz* 2004, p. 2775.

220 Y. GUYON, Traité des contrats – Les sociétés, Aménagements statutaires et conventions entre associés, op. cit., p. 183, n° 106.

63. Cessions visées. En principe, selon l'article L. 228-23 du code de commerce, la clause d'agrément ne vise que les cessions d'actions. Cette formulation est fâcheuse car elle entraîne des débats sur la notion même de cession. Deux tendances peuvent être observées. D'abord, en considération du principe de libre cessibilité des actions, il peut être admis que la clause d'agrément devrait être d'interprétation stricte. Ainsi, la clause qui se bornerait à stipuler, par exemple, que « *toute cession d'action quelle qu'elle soit est soumise à l'agrément du conseil d'administration* », ne viserait uniquement que les cessions d'actions à l'exclusion de tout autre mode de transmission tel que la donation ou le partage. Cependant, et c'est la seconde tendance, si l'on considère que la rédaction de l'article L. 228-23 du code de commerce qui retient la formule « *cession d'actions ou de valeurs mobilières donnant accès au capital, à quelque titre que ce soit* » est une formule qui se veut large, alors toute opération ayant pour effet un transfert de la propriété des actions, quelle que soit par ailleurs la qualification juridique de l'opération, pourra entrer dans le champ de la clause d'agrément. La question s'est posée avec acuité en présence d'une opération de fusion.

B. Le cas particulier de la clause d'agrément en cas de fusion

64. Clause d'agrément et fusion. Doit-on considérer qu'une transmission d'actions occasionnée par une fusion entre dans le cadre de la cession visée par L. 228-23 du code de commerce ? La question a fait l'objet d'un vif débat dans la doctrine et continue de faire couler beaucoup d'encre[221]. Selon certains auteurs, l'expression « *cession d'actions ou de valeurs mobilières donnant accès au capital, à quelque titre que ce soit* » retenue par le législateur, renvoie à une conception large de la notion même de cession[222], ce qui inclurait les cas de fusion, d'apport partiel d'actif, *etc.* Selon ces auteurs, « *la cession n'est pas seulement une vente, ni même une aliénation volontaire [...]; elle inclut toutes les formes de transmissions, qu'elles soient à titre particulier ou universel [...] qu'elles résultent d'une*

---

[221] M. JEANTIN, « Clauses d'agrément et fusion de sociétés commerciales », *Dr. sociétés* 1988, n° 5, p. 2 ; A. CONSTANTIN, « L'application des clauses d'agrément en cas de fusion ou de scission : le poids des mots, le choc des principes », *Bull. Joly sociétés* juillet 2003, p. 742, n° 160 ; I. URBAIN-PARLÉANI, « La fusion-absorption à l'épreuve des clauses d'agrément ; le cas particulier de la transmission des droits sociaux détenus dans le capital d'une société-tierce », in *Aspects actuels du droit des affaires – Mélanges en l'honneur de Y. GUYON*, Dalloz 2003, p. 1061 ; J. P. BERTREL, « Fusions-acquisitions : une clause d'agrément est-elle applicable en cas de fusion ou scission ? », *Dr. & patrimoine*, avril 2003, p. 33 ; M. DUBERTRET, « L'*intuitu personae* dans les fusions », *Rev. sociétés* 2006, p. 721 ; P. Y. BÉRARD, « Les fusions à l'épreuve de *l'intuitus personae* », *RTD Com.* 2007, p. 279.

[222] P. Le CANNU, B. DONDERO, *Droit des sociétés*, *op. cit.*, p. 763, n° 1183 ; Ph. RAIMBOURG, M. BOIZARD, et al. *Ingénierie financière, fiscale et juridique*, Dalloz action 2009/2010, p. 1132, n° 73.284.

opération volontaire, ou d'une vente forcée [223]». Cette position se rapproche de celle adoptée par le législateur OHADA qui choisit l'expression « transmissions d'actions », ce qui a pour effet d'englober la quasi-totalité des situations de mouvement d'actions au profit d'un tiers étranger à la société. Selon le vocabulaire Cornu, la transmission est un « *terme générique désignant toute opération par laquelle les droits ou les obligations d'une personne sont transférés à une autre (qui devient à sa place propriétaire, créancier, débiteur, etc.), soit par la volonté de l'homme (transmission conventionnelle ou testamentaire), soit en vertu de la loi (transmission successorale ab intestat) ; soit entre vifs, soit à cause de mort ; soit à titre onéreux, soit à titre gratuit ; soit à titre particulier, soit à titre universel (transmission héréditaire de tout le patrimoine) ».* Le législateur OHADA en choisissant le terme de « transmission » voudrait sans doute éviter toutes les hésitations occasionnées par une jurisprudence imprécise, telle que constatée en droit français. Ce choix apparaît également comme une mesure de prévention contre les prises de contrôle sur les sociétés dans l'espace OHADA[224], compte tenu de la fragilité du tissu économique. L'ambivalence de la notion de cession employée par le législateur français a entraîné des débats en doctrine, mais également devant les tribunaux, notamment quant à la question de savoir si la clause d'agrément pouvait être exigée en cas de fusion d'une société liée par ladite clause. Les solutions jurisprudentielles, même si la tendance générale est à l'élargissement du domaine de la clause d'agrément, n'apparaissent pas très éclairantes.

Dans un premier temps, la jurisprudence a considéré qu'une clause statutaire d'agrément pouvait s'appliquer en cas de fusion, « *dès lors que l'opération de fusion ne figure pas expressément au nombre des actes pour lesquels la clause d'agrément est interdite* [225]». Dans la lignée de cette jurisprudence, une Cour d'appel[226] a pu retenir que : « *Attendu que la fusion ou la scission entraîne la transmission universelle du patrimoine des sociétés apporteuses aux sociétés bénéficiaires dans l'état où il se trouve à la date de réalisation définitive de l'opération ; qu'ainsi les titres détenus par la société absorbée sont dévolus de plein droit à la société absorbante, ce qui dispense celle-ci de se faire agréer en qualité d'associé d'une société dont les parts figuraient dans le patrimoine transmis par la société qui a disparu, sauf si une clause expresse des statuts de la société dont les titres sont ainsi transmis impose l'agrément de la société bénéficiaire de la fusion*

[223] P. Le CANNU, B. DONDERO, *Droit des sociétés*, *op. cit*, p. 763, n° 1183.
[224] V. P.-G. POUGOUE, J. NGUEBOU-TOUKAM et F. ANOUKAHA, Commentaire sous l'article 765 de l'AUDSC, in *OHADA – Traité et actes uniformes commentés et annotés*, préc.
[225] Cass. com., 3 juin 1986, n° 85-12.657 : Bull. civ. IV, n° 115, p. 98 ; *Dalloz* 1987, p. 95, note J.-J. DAIGRE ; *Rev. sociétés* 1987, p. 52, note Y. Reinhard.
[226] CA Chambéry, ch. com., 26 novembre 2002, Sté Cofiralpt c/ Banque de Vizille, *Dr. sociétés* 2003, comm. 150, obs. H. Hovasse ; *Dalloz* 2003, p. 1216, note B. Espesson-Vergeat.

ou de la scission ; qu'en effet l'action est librement cessible et les exceptions à cette règle sont strictement définies par les textes et par les statuts ; que les actionnaires ont donc toute liberté pour aménager par voie contractuelle les modalités de cession de leurs titres ; que s'agissant de dérogation à un principe de liberté, ces clauses sont d'interprétation stricte ; qu'une dévolution de patrimoine ne peut ainsi être considérée comme une cession isolée faite à un tiers, mais qu'une clause des statuts peut imposer l'agrément non seulement pour les apports isolés mais aussi pour les transmissions de parts résultant d'une fusion, d'une scission ou même d'un partage après dissolution ». Cette solution a été reconduite et précisée dans un arrêt de la chambre commerciale de la Cour de cassation du 6 mai 2003[227], où la Cour a considéré que l'article L. 228-23 du code de commerce n'étant pas d'ordre public, rien n'empêchait les associés de stipuler dans les statuts une clause d'agrément en cas de fusion.

Dans cette affaire, la SA Sanofi Synthélabo avait absorbé par voie de fusion la société Sanofi, laquelle détenait, 44,21% du capital de la société Laboratoires de biologie végétale Yves Rocher, dont les statuts contenaient une clause d'agrément. L'article 13 des statuts stipulait en effet que « *la transmission de toute action ou certificat d'investissement à un tiers non actionnaire est soumise au droit d'agrément du conseil d'administration* ». La société Laboratoires de biologie végétale Yves Rocher assigna alors la SA Sanofi Synthélabo en annulation du transfert de ses actions à celle-ci, en faisant valoir qu'elle n'avait pas bénéficié de l'agrément prévu par l'article 13 de ses statuts relatif à l'agrément des cessions d'actions. Le tribunal rejeta cette demande, et enjoignit l'inscription sur les comptes de la société Laboratoires Yves Rocher, au nom de la SA Sanofi Synthélabo, des actions antérieurement détenues par Sanofi. La Cour d'appel de Rennes par un arrêt du 10 janvier 2001 infirma cette décision, en décidant l'annulation du transfert et la mise sous séquestre des actions litigieuses. La SA Sanofi Synthélabo insatisfaite forma alors un pourvoi devant la Cour de cassation. À l'appui de son pourvoi, elle soutenait que c'est par une interprétation trop extensive de la clause d'agrément que la Cour d'appel a considéré qu'il aurait fallu recueillir l'agrément du conseil d'administration de la société Laboratoires Yves Rocher avant l'opération de fusion. Confirmant la solution rendue par la Cour d'appel, la Haute Cour retint que le transfert d'actions consécutif à une opération de fusion peut être soumis à agrément, celle-ci n'étant pas interdite par le code de commerce, mais à la condition que cette situation soit expressément prévue dans les statuts. De ce fait elle a

[227] Cass. com. 6 mai 2003, n° 01-12.567, Bull. civ. IV, n° 70 ; *Dalloz* 2003, AJ. p. 1438, obs. A. Lienhard ; *Dalloz* 2004, p. 273, obs. J.-C. Hallouin ; *JCP E* 2003, II, 1327, note D. Cohen ; *JCP E* 2003, 1203, n° 8, obs. J.-J. Caussain, Fl. Deboissy et G. Wicker ; *JCP G* 2003, II, 10181, note B. Thullier.

considéré que la clause d'agrément telle qu'elle était stipulée, visait ainsi « *toute forme de transfert des titres et non pas seulement la cession entre vifs* ».

Cette solution consacre ainsi une conception assez large de la notion de cession visée par le législateur. La clause d'agrément doit être sans ambiguïté aucune, quant aux types de cession visés[228]. La Cour de cassation laisse ainsi aux juges du fond le soin d'interpréter les volontés des parties quant aux opérations visées par la clause d'agrément. Ainsi, « *c'est au cas par cas que le juge doit déterminer si au travers des termes cession, transfert, mutation, transmission les actionnaires ont entendu viser non seulement les cessions à titre isolé mais également les fusions et scissions*[229] ». Cette situation pourrait engendrer une certaine casuistique judiciaire, les associés devant accorder beaucoup d'attention à la rédaction de leur clause[230]. La même solution a été reconduite plus récemment dans un arrêt où la Cour de cassation[231] a tenu à distinguer la fusion-absorption de sociétés, de la cession de titres sociaux. Pour que la clause d'agrément puisse être exigée en cas de transmission universelle de patrimoine, elle doit donc expressément viser cette situation[232].

Il convient de préciser hors le cas de la fusion, que la Cour de cassation a considéré que l'apport isolé d'actions à une société rentrait dans le champ d'une clause d'agrément visant simplement « *toutes cessions d'action à titre gratuit ou onéreux à d'autres qu'à des actionnaires*[233] ». Cependant, en cas de prise de contrôle d'un associé personne morale par un tiers, faute de stipulation explicite, la clause d'agrément ne saurait s'appliquer à la cession des actions de la personne morale actionnaire liée par ladite clause[234]. C'est ce qui a été décidé dans l'affaire dite du *Journal*

---

[228] B. ESPESSON-VERGEAT, « Le clair-obscur de la clause d'agrément dans les opérations de fusion », note sous Cass. com., 6 mai 2003, n° 01-12567 et n° 01-30172, *LPA* 8 janvier 2004, n° 6, p. 15.

[229] Ibid.

[230] V. en ce sens, P. Le CANNU, « La fusion n'est pas une cession », note sous Cass. com., 12 février 2008, n° 06-20.966, SCEA Domaine de Cabriac c/ Sté BZ, *Bull. Joly sociétés*, janvier 2009, n° 1, p. 28.

[231] Cass. com. 12 février 2008, n° 06-20966, *Dr. sociétés* 2008, n° 74, obs. R. Mortier : à propos d'une société civile agricole la Cour de cassation a jugé que, la clause d'agrément ne visant que la cession à une personne étrangère à la société, ne saurait être appliquée à la transmission de parts, par voie de fusion absorption de sociétés, dont le mécanisme est différent de la cession.

[232] Ibid.

[233] Cass. com. 21 janvier 1970, n° 68-11.085, Bull. civ. IV, n° 28, *JCP G* 1970, II, 16541, note B. Oppetit ; *Rev. sociétés* 1970, p. 292, note J. G.

[234] Ph. RAIMBOURG, M. BOIZARD, et al. *Ingénierie financière, fiscale et juridique*, *op. cit.*, p. 1133, n° 73.287 ; M. COZIAN, A. VIANDIER, Fl. DEBOISSY, *Droit des sociétés*, *op. cit.*, p. 425, n° 795.

Midi libre[235]. Ainsi, une manière de contourner la clause d'agrément serait donc de prendre le contrôle d'une société actionnaire de la société cible dont les statuts contiennent la clause d'agrément. Mais, cette solution pourrait tomber sous le coup de la fraude, notamment par la démonstration qu'il y a eu interposition de personne[236]. Même si le législateur ne prévoit pas expressément le cas de fraude, celui-ci pourrait fonder la nullité d'une cession *a priori* licite, mais frauduleuse car n'ayant pour seul but que le contournement de la présence de la clause d'agrément. Cette hypothèse n'est possible que si les statuts visent expressément le cas de la prise de contrôle d'une des sociétés actionnaires[237].

65. Exceptions. L'article L. 228-23 du code de commerce exclut la possibilité de stipuler la clause d'agrément dans certaines transmissions, en considération de la personne du cessionnaire. En effet, la clause d'agrément sera exclue pour les transmissions d'actions réalisées à l'occasion de succession ou de liquidation de régime matrimonial d'une part, et pour les cessions entre époux, ou à un ascendant ou descendant d'autre part. Cette exclusion s'explique assez aisément en raison de la qualité des personnes visées. Il s'agirait ici de ne pas « *perturber des mécanismes successoraux ou matrimoniaux ou d'interdire des cessions interfamiliales, qui ne risquent pas, en toute hypothèse, d'affecter le caractère intuitu personae de la*

---

[235] Cass. com. 13 décembre 1994, n° 93-11.569 et 93-12.349, Bull. civ. IV, n° 384 ; *Dalloz* 1995, IR, p. 19, *Rev. sociétés* 1995, p. 298, note D. Randoux ; *Bull. Joly* 1995, p. 152, note P. Le Cannu ; *JCP E* 1995, II, p. 705, note Y. Paclot ; *RTD Civ.* 1995, p. 644, obs. P.-Y. Gautier.

[236] Cass. com., 27 juin 1989, n° 88-17.654, Bull. civ. IV, n° 209; *Dalloz* 1990, p. 314, note J. Bonnard ; *Bull. Joly* 1989, p. 815, note P. Le Cannu ; *Defrénois* 1990, p. 1223, obs. J. Honorat. Dans cette affaire, deux sociétés, Rivoire et Carret d'une part, et Lustucru d'autre part, ont constitué une holding. Très vite, à la suite de dissensions entre les deux actionnaires, la société Lustucru minoritaire, demande l'annulation de la holding pour atteinte à la liberté. Elle est déboutée par un arrêt de chambre commerciale du 2 juillet 1985, la Cour reconnaissant par-là la validité de la Holding. La collaboration étant devenue difficile, la société Lustucru décide de céder sa participation à une société concurrente italienne, Barilla. Cependant, cette cession s'avérait très difficile car il y avait une clause d'agrément dans les statuts de la holding. Pour contourner cette clause, la société Lustucru décida de céder sa participation à une société dont elle avait le contrôle, la société Embranchement de la Capuche. Cette dernière étant déjà actionnaire de la holding, il n'y eut pas besoin de l'agrément du conseil de surveillance. La société Lustucru céda à Barilla sa participation dans la société Embranchement de la Capuche. De ce fait, Barilla se retrouve titulaire de 40% du capital de la Holding sans pour autant être agréée. La société Rivoire et Carret, actionnaire majoritaire dans la holding, demande avec succès la mise sous séquestre des actions cédées et l'annulation de la cession litigieuse pour fraude à la clause d'agrément prononcée par un arrêt de la cour d'Appel de Grenoble du 30 juin 1988. Le pourvoi contre cet arrêt est rejeté par la Cour de cassation en date du 27 juin 1989. V. en ce sens, Cass. com. 21 janvier 1997, SARL Le Cristal c/ Consorts Groc, *Rev. sociétés* 1997, p. 349, note D. Bureau ; *Dr. sociétés*, 1997, n° 55, obs. Th. Bonneau ; CA Paris, 6 novembre 2008, *RJDA* 2/2009, n° 109.

[237] Ph. RAIMBOURG, M. BOIZARD, et al. *Ingénierie financière, fiscale et juridique*, *op. cit.*, p. 1133, n° 73.287.

société [238]». Les mêmes exceptions sont retenues par le droit des sociétés OHADA à l'alinéa 2 de l'article 765 de l'AUDSC. Cet article prévoit en effet que « *les limitations à la transmission des actions ne peuvent s'opérer en cas de succession, de liquidation de communauté de biens entre époux, ou de cession soit à un conjoint, soit à un ascendant ou un descendant* ». Ces exceptions dépassent le seul cadre des clauses d'agrément pour embrasser toutes les clauses limitatives de la libre transmissibilité des actions.

66. Exception de l'exception. Les exceptions ci-dessus citées ne s'appliquent pas s'agissant des actions réservées aux salariés de la société, cela afin d'éviter que ces dites actions ne soient dévolues ou cédées à des personnes n'ayant pas cette qualité de salarié de la société. En effet, les actions attribuées aux salariés de la société sont liées à leur qualité de salarié de la société, ce qui justifierait la possibilité de prévoir une clause d'agrément en cas de cession de ces actions à des personnes qui n'auraient pas cette qualité. On revient alors au principe qui est la possibilité de prévoir dans les statuts un agrément en cas de cession d'actions. Cette solution n'a pas été prévue en droit OHADA, sans doute parce que cette pratique d'attribution d'actions aux salariés n'est pas encore développée.

§II. Une convergence quant à la mise en œuvre de la clause d'agrément

67. Procédure d'agrément. La procédure d'agrément est quasi similaire en droit français et OHADA, et n'appelle pas de ce fait de développement particulier. Tout de même, il convient de préciser que, dans l'affaire Sanofi Synthélabo c/ Laboratoires Yves Rocher précitée, la Cour de cassation, s'appuyant sur l'article L. 228-24 du code de commerce, précise que « *la demande d'agrément doit être formulée préalablement à la réalisation de l'opération envisagée*[239] ». Ainsi, la société absorbante ne peut demander un agrément *a posteriori* en lieu et place de la société absorbée.

Aussi, en matière de délais, ceux retenus en droit OHADA sont calqués sur le droit français, soit trois mois pour l'organe chargé d'accorder l'agrément. Ce même délai est retenu en cas de refus d'agrément pour le rachat des actions par la société afin d'éviter que le cédant ne se retrouve prisonnier de ses titres. Également, aucune des deux législations ne prévoit précisément l'organe habilité pour accorder l'agrément. Cependant, il convient de noter quelques petites différences, qui marquent une volonté du législateur OHADA de règlementer au moindre détail la vie des affaires, ce

[238] *Ibid.* p. 1131, n° 73.282.
[239] Cass. com. 6 mai 2003, n° 01-12.567, Bull. civ. IV, n° 70, préc.

qui est sans doute gage de sécurité juridique, mais peut parfois porter atteinte à la liberté contractuelle. En droit français, en cas de désaccord entre le cédant et la société à propos du prix de la cession, il est prévu que le prix sera fixé dans les conditions retenues à l'article 1843-4 du code civil. Cet article envisage l'intervention d'un tiers expert afin de déterminer la valeur des droits sociaux à céder. En principe, ce dernier doit rendre sa décision dans les trois mois suivant le refus de l'agrément. À défaut, l'agrément est réputé accordé. Il est cependant prévu une possibilité de prolongation de ce délai en justice, à la demande de la société. Cette possibilité existe également en droit OHADA, mais à la différence du droit français, le législateur OHADA a prévu que le délai ne peut être prorogé au-delà d'une période de trois mois. Ainsi, les parties ont tout intérêt à solliciter rapidement les services d'un expert dès la constatation du désaccord sur le prix. En droit français, le législateur reste muet quant à la limite du délai de prorogation. À supposer que ce délai perdure au-delà d'une certaine période, l'associé cédant se retrouve en pratique prisonnier de ses titres. C'est sans doute pour cette raison que le législateur OHADA a choisi d'enfermer le délai de prorogation dans la limite de trois mois. Il faut noter à ce propos que la Cour de cassation[240], dans l'affaire Sanofi Synthélabo c/ Laboratoires Yves Rocher, a retenu que la fixation du délai en vertu de l'article L. 228-24 du code de commerce relevait du pouvoir souverain des juges du fond, confirmant ainsi la Cour d'appel de Rennes qui avait retenu un délai de huit mois.

Il conviendra de s'intéresser à la sanction applicable en cas de violation de la clause d'agrément (**A**) avant d'examiner son efficacité en cas de procédures collectives (**B**).

A. Sanction en cas de violation de la clause d'agrément

68. Nullité de la cession en cas de violation d'une clause d'agrément. Le droit français ainsi que le droit OHADA prévoient la sanction de la nullité pour toute cession effectuée en violation d'une clause d'agrément[241]. La nullité ne peut être demandée que par la société et les actionnaires dont l'agrément est requis[242]. C'est ce qui ressort d'un arrêt de la Cour de cassation où l'acquéreur prétendait pouvoir agir en nullité pour absence d'agrément de la cession qui l'avait fait devenir actionnaire[243]. La Cour de

[240] Ibid.
[241] Article L. 228-23 du code de commerce et 771-1-1 de l'AUDSC révisé.
[242] V. Cass. com. 14 décembre 2004, *RJDA* 2005, n° 387 ; CA Paris, 15 janvier 2013, *RJDA* 7/2013, n° 637. *Adde*. M. COZIAN, A. VIANDIER, Fl. DEBOISSY, *Droit des sociétés*, *op. cit.*, p. 425, n° 796.
[243] Cass. com. 14 décembre 2004, n° 00-20.287, Chupin c/ Vouloir, *RJDA* 2005, n° 387.

cassation a considéré que « *seuls la société ou les actionnaires dont l'agrément est requis pour autoriser une cession d'actions peuvent invoquer la nullité de la cession qui pourrait résulter du non-respect ou de l'irrégularité de cet agrément*[244] ». Cette sanction vise à donner une efficacité maximale à la clause d'agrément. Elle est justifiée par le fait que la nullité est prévue ici pour protéger des intérêts privés, intérêts qui se résument à permettre aux actionnaires de contrôler l'entrée de nouveaux associés dans leur société, et/ou le changement d'équilibre entre les différents groupes d'actionnaires. Il s'agit donc d'une nullité relative qui ne peut être demandée que par les personnes protégées[245].

69. Nullité de la clause d'agrément et tiers. L'articulation de cette nullité avec d'autres dispositions telles que les articles L. 235-12 du code de commerce pour ce qui est du droit français, et 255 de l'AUDSC révisé pour le droit OHADA, peut susciter quelques difficultés. En effet, ces deux derniers articles prévoient que « *Ni la société ni les associés ne peuvent se prévaloir d'une nullité à l'égard des tiers de bonne foi* ». Ainsi, dans le cas spécifique de la nullité d'une cession pour violation d'une clause statutaire d'agrément, le tiers peut-il se prévaloir de sa bonne foi[246], pour demander l'inopposabilité de la nullité à son égard, et donc devenir actionnaire malgré l'existence de la clause ? Cette situation, non seulement est totalement contraire à l'esprit de la loi, mais n'est pas justifiable en principe. En effet, le tiers ne pourrait se prévaloir de sa bonne foi, car la clause étant incluse dans les statuts, celle-ci devrait *a priori* faire l'objet d'une publicité. La question pourrait se poser notamment lorsque la clause est introduite en cours de vie sociale, et que la modification n'a pas été enregistrée au registre prévu à cet effet. Le tiers pourrait-il exciper de ce non accomplissement des formalités de publicité pour faire valoir sa bonne foi ? La solution même si elle semble relever du cas d'école pourrait se présenter. En effet, la Cour de cassation[247] a eu à trancher une affaire où une société, constituée sous la forme d'une société anonyme avec conseil de surveillance et directoire, avait adopté deux ans plus tard la forme du conseil d'administration. La clause des statuts soumettant les cessions d'actions à l'agrément du conseil de surveillance avait été modifiée au profit du conseil d'administration. Cependant, cette modification statutaire n'a pas fait l'objet d'une publicité auprès du greffe du Tribunal de commerce. Un des actionnaires céda ses actions sans l'autorisation du conseil d'administration. La société et certains actionnaires ont donc assigné les cessionnaires en nullité de la cession pour non-respect

---

[244] Ibid.
[245] Cass. com. 14 décembre 2004, préc. ; CA Paris 14 novembre 2003, n° 03-2210, *RTD Com.* 2004, p. 102, obs. Cl. Champaud et D. Danet.
[246] Une bonne foi qui pourrait se fonder sur la non-connaissance de la clause d'agrément.
[247] Cass. com. 31 mai 2005, n° 03-10.955, Sté All Suites Hôtel c/Sté Sage Gestion, *RJDA* 2005, p. 971, n° 1116.

de la clause d'agrément. Cette demande est rejetée par la Cour d'appel de Montpellier qui conclut à l'inopposabilité de la clause d'agrément aux cessionnaires faute de publicité. La Cour de cassation rejeta le pourvoi formé contre cet arrêt d'appel en relevant d'une part que, c'est à bon droit que « *la cour d'appel a pu décider que la clause d'agrément aurait dû, pour continuer ses effets, faire l'objet de publicité adéquate dans la mesure où la transformation de la société avait rendu caduque la désignation du conseil de surveillance comme organe habilité à autoriser une cession d'actions et où cette vacance ne conduisait pas à conférer ce pouvoir au conseil d'administration*[248] ». D'autre part, elle approuve la Cour d'appel en ce qu'elle « *a décidé que les cessionnaires n'avaient pas participé à la mise en œuvre de la procédure d'agrément de la cession de sorte qu'ils n'étaient pas supposés avoir eu connaissance, même indirectement de cette clause figurant dans les statuts* ». Ainsi, la clause d'agrément étant inopposable aux tiers dans ces conditions, la cession demeure donc valable à leur égard. La société et les actionnaires autres que le cédant pourront engager la responsabilité du dirigeant chargé d'effectuer les mesures de publicité, sans que cela ne permette de remettre en cause la cession elle-même[249].

Certains auteurs ont considéré que le législateur aurait dû prévoir une obligation pour tout acquéreur d'actions nominatives, « *de vérifier s'il existe ou non une clause d'agrément dans les statuts de la société dont il acquiert des titres*[250] ». Cette solution, même si elle peut s'avérer pratique, risque d'alourdir le fonctionnement des sociétés commerciales et de limiter considérablement la liberté contractuelle. Lorsque la publicité de l'insertion de la clause d'agrément n'a pas été effectuée, la société ne peut se prévaloir de la nullité de la cession à l'égard du cessionnaire qui serait de bonne foi. Il s'agit d'une stricte application des articles L. 235-12 du code de commerce pour ce qui est du droit français, et 255 de l'AUDSC révisé pour le droit OHADA.

70. Nullité de la clause d'agrément et fusion. Dans le même ordre d'idées, des difficultés peuvent surgir lorsque la nullité est prononcée en cas de fusion réalisée en violation d'une clause d'agrément visant expressément ce cas de transmission d'actions. La difficulté tient du fait qu'il y a une impossibilité matérielle de faire jouer toutes les conséquences de la nullité. En effet, la nullité implique la restitution, la remise des parties dans l'état dans lequel elles se trouvaient avant la cession irrégulière. Or, en cas de fusion, si la nullité de la transmission des actions du fait de la fusion est

---

[248] Ibid.

[249] L'article 259 de l'AUDSC révisé prévoit en effet que « les formalités de publicité sont effectuées à la diligence et sous la responsabilité des représentants légaux de la société ».

[250] P. Le CANNU, B. DONDERO, *Droit des sociétés*, *op. cit.*, p. 765, n° 1186.

prononcée, l'actionnaire cédant est censé être toujours actionnaire et propriétaire des actions. Cependant, ayant été absorbé, celui-ci n'a plus d'existence juridique, seule n'existe désormais que la société issue de la fusion. Cette dernière est censée rétroactivement n'avoir jamais acquis les titres cédés. Comment alors « ressusciter » la société absorbée pour qu'elle redevienne actionnaire et propriétaire des titres cédés ? La nullité de la cession peut-elle justifier la nullité de la fusion, hormis le cas de fraude ? Le code de commerce prévoit avec assez de précision les cas de nullité de la fusion[251]. De ce fait, il apparaît que la nullité de la cession ne puisse entraîner automatiquement la nullité de la fusion[252]. La jurisprudence a eu à apporter une solution à ce problème qui semble insoluble[253].

71. Affaire SA EUROFOG c/ SAS IXSEA. Dans cette affaire, trois sociétés décident de la création de la société EUROFOG dont les statuts contiennent une clause d'agrément en cas de cession d'actions à des tiers, à l'exclusion des filiales contrôlées majoritairement par l'un ou l'autre des actionnaires. L'article 11-II-8 des statuts prévoit aussi que la clause d'agrément est applicable en cas de fusion. L'un des associés, la société SFIM Industries, est absorbé par voie de fusion par sa société mère, la société SAGEM. La société IXSEA, actionnaire d'EUROFOG, intente alors une action en nullité du transfert des actions d'EUROFOG à SAGEM par le mécanisme de la fusion, aucun agrément n'ayant été demandé avant la fusion. Deux problèmes se posaient ici : la société SFIM Industries aurait-elle dû requérir l'agrément du conseil d'administration avant l'opération de fusion avec sa société mère, la société SAGEM ? Si tel est le cas, comment remettre les parties en l'état, sachant que la société SFIM Industries n'existe plus du fait de la fusion absorption ? Dans un premier temps, la Cour d'appel constate la clarté de la rédaction de la clause d'agrément, qui vise expressément le cas de fusion et n'exclut que les cas de transmissions d'actions d'un actionnaire à une filiale contrôlée majoritairement. Ainsi, la transmission en l'espèce étant dans le sens d'un actionnaire à sa société mère, cette transmission est visée par la clause d'agrément qui aurait dû recevoir pleine application. Il y a donc eu violation de la clause d'agrément. D'autre part, quant à la sanction de cette violation, la Cour d'appel fait preuve de réalisme : l'article L. 228-23 du code de commerce prévoit, certes,

---

[251] Article L. 235-8 et suiv. du code de commerce.

[252] I. URBAIN-PARLEANI, « La fusion absorption à l'épreuve des clauses d'agrément : le cas particulier de la transmission des droits sociaux détenus dans le capital d'une société tierce », in *Aspects actuels du droit des affaires, Mélanges en l'honneur de Yves GUYON*, Dalloz 2003, p. 1071 ; A. CONSTANTIN, « L'application des clauses d'agrément en cas de fusion ou de scission : le poids des mots, le choc des principes », *Bull. Joly sociétés* 2003, p. 742, n° 22.

[253] CA Paris, 3e ch. B., 9 février 2006, SA EUROFOG c/ SAS IXSEA, *Rev. sociétés* 2006, p. 431, note I. Urbain-parleani ; *Dalloz* 2006, p. 654, obs. A. Lienhard.

la nullité en cas de violation de la clause d'agrément, mais en l'espèce, le retour à l'état antérieur, en raison de la disparition de la société SFIM Industries absorbée par SAGEM, était impossible. Aussi, elle écarte la sanction de l'allocation de dommages intérêts, car cette dernière sanction ne répond pas à l'objectif de la clause d'agrément visé dans les statuts. Alors, quelle est la sanction adéquate en cas de violation d'une clause d'agrément ? La Cour d'appel conclut à l'application de l'article L. 228-24 du code de commerce pourtant applicable au cas de refus d'agrément, qu'elle assimile volontairement à l'absence d'agrément. Elle décide ainsi du rachat des actions par la société tierce des actions de la société absorbante.

72. Distinction du titre et de la finance. Cette solution est conforme à ce qu'une partie de la doctrine avait proposé. Il y a lieu de distinguer le titre de la finance en matière de transfert d'actions du fait d'une opération de fusion. Par l'effet de la transmission universelle de patrimoine[254], seule la valeur des titres de la société absorbée intègre le patrimoine de la société absorbante. Le transfert de la qualité d'associé ne peut se faire valablement que si la société absorbée avait, conformément à la clause d'agrément, recueilli et obtenu l'autorisation de cession de la part de l'organe compétent. À défaut d'agrément, la fusion aura pour seule conséquence, la transmission de la valeur des titres détenus par la société absorbée à la société absorbante. De ce constat, la sanction adéquate de la violation de la clause d'agrément se révèle être l'application de la procédure de rachat prévue en cas de refus d'agrément. Il s'agit ici de dénier la qualité d'associé à la société absorbante en lui remboursant la valeur des titres qu'elle détient dans son patrimoine. Cette solution, d'un point de vue purement théorique, ne convient pas à la sanction d'un cas de nullité. C'est la raison pour laquelle certains auteurs ont proposé que, en cas de violation d'une clause d'agrément suite à une fusion, la sanction soit l'inopposabilité et non la nullité[255]. L'inopposabilité impliquerait donc ici d'indemniser la société absorbante qui se trouve titulaire d'une finance sans titre, et donc ne pouvant se prévaloir des prérogatives liées à cette qualité comme le droit de vote et à l'information[256].

73. Il apparaît ainsi que, quand bien même le législateur ait prévu la sanction applicable en cas de violation d'une clause d'agrément, la mise en œuvre de cette sanction peut s'avérer très délicate. Il convient à présent de se

---

[254] V. R. RAFFRAY, La transmission universelle de patrimoine des personnes morales, préf. Fl. Deboissy, Dalloz 2011.

[255] I. URBAIN-PARLEANI, « La fusion absorption à l'épreuve des clauses d'agrément : le cas particulier de la transmission des droits sociaux détenus dans le capital d'une société tierce », *op. cit.*, p. 1071 ; V. du même auteur, le commentaire de l'arrêt de la CA Paris, 3e Ch. B, 09 février 2006, préc., *Rev. sociétés* 2006, p. 431.

[256] A. LIENHARD, « Sanction du non-respect des clauses d'agrément en cas de fusion-absorption », note sous CA Paris, 3e Ch. B, 09 février 2006, *Dalloz* 2006, p. 654.

pencher sur l'efficacité de la clause d'agrément lorsqu'une société, dont les statuts contiendraient une telle clause, viendrait à faire l'objet d'une procédure collective.

B. Efficacité de la clause d'agrément en cas de procédures collectives

74. Efficacité discutée de la clause d'agrément en cas de procédures collectives. En principe, à la lecture de l'article L. 626-3 du code de commerce, dans le cadre de l'élaboration du projet de plan de sauvegarde « *les clauses d'agrément sont réputées non écrites* ». Cependant, le champ d'application de la clause a suscité des divergences dans la doctrine. Une première conception consiste à retenir que l'article ne visant que les cas de modifications de capital, c'est-à-dire d'augmentation ou de réduction de capital, ceux-ci ne peuvent concerner les clauses d'agrément stipulées à l'occasion des cessions d'actions[257]. Ainsi, en cas de procédure collective, la reprise de la société en difficulté par des tiers ne peut se faire sans l'accord des associés conformément à la clause d'agrément. Face à cette conception, il a été avancé l'inadéquation entre l'alinéa 4 de l'article L. 626-3 et l'objet même de cet article. Les clauses d'agrément peuvent viser non seulement les cas d'augmentation de capital, mais dans la majeure partie des cas, elles visent les cas de cessions d'actions. De ce fait, il serait logique d'étendre l'application de l'alinéa 4 de l'article L. 626-23 du code de commerce aux cas de cessions d'actions[258]. Pour notre part, nous pensons que, malgré l'atteinte portée à l'efficacité des clauses d'agrément, l'esprit du texte devrait être respecté. La société en procédure collective est dans une situation exceptionnelle dont l'objectif ultime est celui du sauvetage de l'entreprise. De ce fait, si l'adoption du plan de sauvegarde nécessite la reprise de la société par un tiers, il semble illogique de priver la société de fonds d'investissement qui lui permettraient de relancer son activité. Le droit des entreprises en difficulté prendrait sur ce point le pas sur les règles de droit des sociétés en matière de clause d'agrément.

Jusqu'ici, il semble que la jurisprudence ne se soit pas prononcée clairement sur la question, sauf à noter qu'elle a admis que la clause d'agrément devrait être respectée dans le cas où une société soumise à un redressement judiciaire détient des actions d'une autre dont les statuts

---

[257] G. COUTURIER, *Droit des sociétés et droit des entreprises en difficulté*, préf. J.-Ph. Haehl, L.G.D.J., 2013, p. 318, n° 554.
[258] Ibid.

contiennent une clause d'agrément[259]. Cette dernière solution apparaît justifiée car la clause concernée ne figure pas dans les statuts de la société en difficulté mais dans ceux d'une autre, ce qui diffère de l'hypothèse envisagée.

Les droits français et OHADA offrent la possibilité aux associés de pouvoir maîtriser la géographie du capital social de leur société, en usant de technique contractuelle à l'instar des clauses d'agrément. Si ces deux systèmes juridiques ont choisi de donner un cadre légal à cette clause, il n'en demeure pas moins que subsistent encore certaines zones d'ombres qu'il appartiendra à la jurisprudence de combler. La convergence ici observée ne sera pas forcément le cas concernant le régime des clauses de préemption qu'il convient d'examiner à présent.

Section II. Les clauses de préemption en droit français et OHADA

75. Précisions liminaires. Clause de préemption et clause de préférence sont deux expressions qui sont utilisées indifféremment par la majeure partie de la doctrine et aussi par la pratique[260]. La confusion viendrait du fait que ces deux clauses auraient le même objet, à savoir offrir une préférence à certains actionnaires en cas de cession d'actions. La clause de préférence se distinguerait de la clause de préemption en fonction du moment où la clause est appelée à jouer[261]. Un auteur a ainsi considéré que, lorsqu'avant toute cession d'actions, l'actionnaire signifie sa volonté de céder ses actions aux bénéficiaires de la clause, il s'agirait d'une clause de préférence. À l'opposé, lorsque l'actionnaire, après avoir cédé ses actions, notifie la cession aux bénéficiaires de la clause, il s'agirait d'une clause de préemption[262]. Pour un

[259] Cass. com. 31 janvier 1995, n° 91-20.735, Bull. civ. IV, n° 31, *Dalloz* 1995, p. 426, note G. ; *JCP G* 1995, II, 22460, note Y. Guyon ; *Rev. sociétés* 1995, p. 320, note H. Le Nabasque ; *Rev. Proc. Coll.* 1995, p. 163, obs. B. Soinne.

[260] Y. CHARTIER, « Les clauses de préférence et de préemption en cas de cession à des tiers », *RJ Com.* 1990, n° spéc. p. 77.

[261] Ibid.

[262] V. en ce sens, l'argumentation d'un appelant devant la Cour de cassation qui retient que « le droit de préemption permet à son bénéficiaire de se substituer à l'acquéreur dans les droits et obligations d'un contrat de vente déjà signé tandis que le pacte de préférence donne à son bénéficiaire le droit de se voir proposer la vente par priorité préalablement à toute cession ». La Cour de cassation ne suit pas cette argumentation mais considère tout simplement que la nature de la clause oblige en cas de cession, à proposer par priorité les titres concernés au bénéficiaire. L'élément essentiel donc dans ces types de clauses serait la priorité à accorder au bénéficiaire. Cass. com. 11 mars 2014, n°13-10.366, Rev. sociétés 2014, p. 384, note B. Saintourens ; RDC 2014, p. 688, note L. Sautonie-Laguionie ; Dalloz

autre auteur, la différence résulterait du fait que, dans la clause de préférence, le bénéficiaire est lié par le prix offert par le tiers. À l'inverse, la préemption implique que le prix d'acquisition soit indépendant du projet de cession[263].

Cette distinction ne nous convainc pas, car étymologiquement, la préemption[264] signifie l'action d'acheter avant. Ici, il s'agit d'acheter les actions avant toute autre personne. Cette situation inclut nécessairement une préférence dans le choix du cessionnaire. La préférence, quant à elle, signifierait tout avantage de priorité ou d'antériorité qui permet au titulaire d'un droit plus fort d'exclure un concurrent. Ainsi, la préemption serait en matière de cession d'actions, une catégorie particulière de préférence[265]. Comme l'affirme un auteur, « *le droit de préemption a un domaine plus étroit que le droit de préférence. Tandis que le droit de préférence peut être stipulé pour n'importe quel type de contrat (de fourniture, de travail, ou de société), le droit de préemption ne concerne que la conclusion d'un contrat de vente. Autrement dit, la clause de préemption n'est qu'une variété de clause de préférence portant sur la vente éventuelle d'un bien mobilier ou immobilier*[266] ». Ces deux clauses ne doivent donc pas être opposées car elles se recoupent[267]. La pratique utilise d'ailleurs très souvent ces deux termes indifféremment, leur régime juridique étant très proche[268]. Il a été proposé de « *débaptiser la clause de préemption en "clause de priorité"*[269] ». Cela permettrait de tarir le débat, car ce qui importe dans cette clause de préemption, c'est la priorité qui est offerte au bénéficiaire de celle-ci. Nous choisirons dans la suite de ce travail l'emploi de la notion de clause de préemption uniquement, car c'est celle-ci qui a été choisie par le législateur OHADA lorsqu'il a voulu réglementer ce type de clause[270].

2014, p. 719, obs. A. Lienhard ; Dr. sociétés 2014 comm. 82, note D. Gallois-Cochet ; JCP E 2014, 1224, note B. Dondero.

263 S. PRAT, Les pactes d'actionnaires relatifs au transfert de valeurs mobilières, op. cit., p. 183, n° 183.

264 Selon le vocabulaire Cornu, préemption viendrait des termes latins *prae* qui signifie avant et *emptio* qui veut dire achat.

265 V. en ce sens L. SAUTONIE-LAGUIONIE, « Cession de droits sociaux au mépris d'une clause statutaire de préemption : analogie avec le pacte de préférence, hélas… », note sous Cass. com. 11 mars 2014, n° 13-10.366, *RDC* 2014, p. 688.

266 W. DROSS, Clausier – Dictionnaire des clauses ordinaires et extraordinaires des contrats de droit privé interne, op. cit., p. 402.

267 P. MOUSSERON, *Les conventions sociétaires*, *op. cit.*, p. 353, n° 530.

268 S. SCHILLER, Les limites de la liberté contractuelles en droit des sociétés – Les connexions radicales, op. cit., p. 105, n° 208 et 769.

269 P. MOUSSERON, *les conventions sociétaires*, *op. cit.*, p. 353, n° 530.

270 Article 771-2 de l'AUDSC révisé.

76. Quel intérêt pour les associés de stipuler une clause de préemption ? La clause de préemption est une restriction à la libre négociabilité des actions[271]. Elle permet à tous les actionnaires, ou à certains d'entre eux, d'acquérir par priorité les actions de la société proposées à la vente. Il s'agit d'un moyen pour les actionnaires d'augmenter leur participation dans la société ou de maintenir l'équilibre entre actionnaires ou groupes d'actionnaires lorsque l'un des membres du groupe désire se retirer[272]. Cette clause permet également de se prémunir contre une éventuelle offre publique d'achat (OPA) inamicale ou de stabiliser l'actionnariat dans la société[273]. Cependant, il faudrait noter que la clause de préemption ne porte pas en elle-même atteinte au principe de libre négociabilité des actions, car elle n'interdit pas la cession des actions mais elle pose juste des conditions à cette cession, conditions notamment relatives au choix du cessionnaire[274]. Il en serait autrement si la clause comportait des conditions qui aboutiraient à priver l'actionnaire cédant de la possibilité de céder ses actions.

77. La reconnaissance de la clause de préemption en droit français et OHADA témoigne du développement de la liberté contractuelle dans ces deux systèmes juridiques (**§I**). Si les conditions de validité de cette clause convergent, il en va autrement des conditions d'efficacité (**§II**).

§I. Le développement de la liberté contractuelle en matière de reconnaissance des clauses de préemption en droit français et OHADA

78. Qu'il s'agisse de la reconnaissance même des clauses de préemption en droit français et OHADA, ou de l'élaboration du contenu de celles-ci, le constat général qui se dégage est celui de la volonté du législateur de laisser s'épanouir la liberté contractuelle des associés en la matière. Nous pourrons ainsi examiner dans un premier temps la reconnaissance légale des clauses de préemption en droit OHADA (**A**), avant d'aborder la manifestation uniforme de la liberté contractuelle en droit français et OHADA quant au contenu des clauses de préemption (**B**).

---

[271] A. COURET, et al., *Memento sociétés commerciales* 2014, p. 1149, n° 68604 ; F. CHERCHOULY-SICARD, « Les pactes de préemption », *RJ Com.* 1990, p. 49 ;

[272] Ph. MERLE, *Droit commercial – Sociétés commerciales*, Dalloz, 17e éd., 2013, p. 402, n° 381 ; A. COURET, *et al.*, *Memento sociétés commerciales* 2014, p. 1149, n° 68590.

[273] Y. CHARTIER, « Les clauses de préférence et de préemption en cas de cession à des tiers, in La stabilité du pouvoir et du capital dans les sociétés par actions », *RJ Com* 1990, n° spéc., p. 77.

[274] V. en ce sens P. MOUSSERON, *Les conventions sociétaires*, *op. cit.*, p. 353, n° 531.

A. La reconnaissance légale des clauses de préemption en droit OHADA

79. Admission des clauses de préemption en droit OHADA. La possibilité de stipuler des clauses de préemption est très récente dans l'espace juridique OHADA par rapport au droit français. Auparavant, il n'était fait cas de préemption que dans l'hypothèse du refus d'accorder l'agrément à un actionnaire. En effet, certains auteurs considéraient que l'une des conditions de la clause d'agrément était l'obligation de stipulation d'une clause de préemption en plus de celle-ci[275]. Pour ces auteurs, la stipulation d'un droit de préemption au profit de la société ou des actionnaires permet d'éviter que l'actionnaire cédant ne se retrouve prisonnier de ses titres du fait du refus d'agrément[276]. Cependant, cette condition apparaissait surabondante, rajoutant une condition non prévue par la loi. En effet, l'ancien article 769 de l'AUDSC prévoyait que « *Si la société n'agrée pas le cessionnaire proposé, le conseil d'administration ou l'administrateur général selon le cas, sont tenus dans le délai de trois mois à compter de la notification de refus, de faire acquérir les actions, soit par un actionnaire, soit par un tiers, soit avec le consentement du cédant, par la société en vue d'une réduction de capital* ». Ainsi, cette obligation de rachat légal constituait une « porte de sortie » pour le cédant qui, dans toutes les hypothèses, aura un cessionnaire pour lui permettre de quitter la société.

Il a donc fallu attendre le nouvel Acte uniforme pour que soit pris en compte la possibilité pour les actionnaires de prévoir soit dans les statuts, soit dans un pacte d'actionnaires, qu'en cas de cession d'action, l'actionnaire devra notifier celle-ci à un ou plusieurs autres actionnaires, qui pourront faire jouer leur droit de préemption aux prix et conditions précisés par le cédant[277]. Cette hypothèse n'est pas prévue dans la législation française, où cette reconnaissance est le fait de la jurisprudence. Encore une fois, le législateur OHADA prend le pas sur son homologue français, en règlementant les clauses essentielles à la vie moderne des sociétés commerciales. Certains auteurs considèrent que dans cette matière, « *l'imagination de la pratique rend une réglementation périlleuse ; lacunaire, elle serait inefficace ; trop tatillonne, elle sonnerait précisément le glas de ces conventions en introduisant la rigidité où l'on recherche la*

---

[275] F. ANOUKAHA, et al., *Sociétés commerciales et G.I.E.*, BRUYLANT 2002, p. 467, n° 1009.
[276] Ibid.
[277] Le nouvel article 771-2 de l'AUDSC révisé prévoit relativement aux clauses de préemption qu' « il peut être stipulé dans les statuts ou les conventions de l'article 2-1 ci-dessus que l'actionnaire qui entend céder tout ou partie de ses actions est tenu de le notifier à un ou plusieurs autres actionnaires, qui peuvent faire connaître au cédant qu'ils exercent un droit de préemption aux prix et conditions qui lui ont été notifiés ».

flexibilité[278] ». Cependant, même s'il pourrait lui être reproché un trop grand interventionnisme dans la vie sociétaire, il faudrait remarquer que cette intervention vise à satisfaire un principe de prévisibilité des conséquences juridiques des engagements pris par les différents acteurs de la vie sociétaire. Au regard des débats nés en droit français quant à la possibilité même pour les associés de pouvoir insérer une clause de préemption dans les statuts ou dans des pactes d'actionnaires, ce souci de la prévisibilité en droit OHADA ne peut être que salutaire. Aussi, la réforme de l'AUDSC a été l'occasion pour le législateur OHADA, non seulement de prendre en compte les évolutions récentes du droit des affaires, mais également d'accorder plus de liberté aux associés dans l'organisation de leur société. La reconnaissance de la validité des pactes d'actionnaires par le nouvel article 2-1 de l'AUDSC en est un exemple frappant. La clause de préemption peut en droit OHADA sans aucune ambiguïté, figurer aussi bien dans les statuts de la société, mais également dans un pacte d'actionnaires.

80. Reconnaissance des clauses de préemption en droit français. Cette reconnaissance a mis du temps à se dessiner au gré des différends soumis au juge[279]. La législation française est « muette » sur les clauses de préemption en matière de cession d'actions. Si la clause de préemption extrastatutaire a été plus facilement admise[280], il en va autrement de la clause statutaire de préemption.

S'agissant des clauses extrastatutaires de préemption, leur admission ne semble heurter aucun principe ni en droit des sociétés, ni en droit des obligations. Elles sont par ailleurs conformes à l'intérêt social, car elles permettent d'une part de lutter contre les éventuelles OPA dans les sociétés dont les titres sont admis à négociation sur un marché réglementé, et d'autre part, elles permettent « *d'éviter les intrusions d'étrangers indésirables, concurrents par exemple, dans la société*[281] ».

S'agissant des clauses statutaires de préemption, ses "détracteurs" ont fait valoir l'argument selon lequel ces dernières constitueraient des clauses d'agrément déguisées, qui permettraient de contourner l'impossibilité

---

[278] C. GINESTET, « Pactes de préférence et droit des sociétés », *Dr. & patrimoine* 2006, n° 144, p. 62. V. *contra* M.-B. SALGADO, « Le régime des clauses de préemption dans les pactes d'actionnaires des sociétés anonymes », *Dr. sociétés,* mars 2003, p. 5.

[279] Pour un aperçu des décisions rendues avant et après la loi du 24 Juillet 1966, V. Y. REINHARD, « Les clauses de préférence et de préemption en cas de cession entre actionnaires », in *La stabilité du pouvoir et du capital dans les sociétés par actions, RJ Com.* 1990, n° spéc, p. 88.

[280] V. Cass. com., 7 mars 1989, n° 87-17.212, Bull. civ. IV, n° 79, *Rev. sociétés* 1989, p. 478, note Faugérolas, *Defrénois* 1989, p. 1271, obs. Honorat, *Gaz. Pal.* 1989, jur. p. 8, concl. Jeol.

[281] S. SCHILLER, Les limites de la liberté contractuelle en droit des sociétés – Les connexions radicales, op. cit., p. 110, n° 217.

d'antan[282] de soumettre les cessions entre actionnaires à agrément[283]. Aussi, elles seraient une limite non prévue par la loi à la libre négociabilité des actions. Ces objections n'ont cependant pas empêché la jurisprudence de reconnaître la validité d'une telle clause[284]. En effet, pour la Cour d'appel de Paris, « *aucune prescription légale n'interdit l'instauration d'un droit de préemption en cas de cession d'actions entre les actionnaires d'une société anonyme ; la disposition statutaire qui le prévoit ne saurait par conséquent, pour cette seule raison, être tenue pour nulle ; la clause de préemption [...] qui laisse la possibilité de vendre, même à un tiers, en cas de renonciation à la préférence, n'est pas incompatible avec le principe de libre négociabilité des actions des sociétés anonymes*[285] ». La Cour de cassation validera plus tard à son tour les clauses statutaires de préemption[286]. Le droit positif actuel français, à l'instar du droit OHADA, admet donc les clauses de préemption statutaires ou extrastatutaires.

B. Manifestation uniforme de la liberté contractuelle en droit français et OHADA quant au contenu de la clause de préemption

81. Domaine de la clause de préemption. La législation OHADA, bien que reconnaissant la validité des clauses de préemption, ne prévoit qu'une réglementation *a minima* de celle-ci. Contrairement à la clause d'agrément, seulement trois articles de l'AUDSC révisé concernent la clause de préemption, sachant que les deux derniers sont relatifs à la sanction applicable en cas de violation de ladite clause. La situation s'apparente donc

---

[282] Il faut rappeler qu'avant l'ordonnance n° 2004-604 du 24 juin 2004, l'article L. 228-23 du code de commerce ne visait que les cessions d'actions à un tiers, ce qui a été interprété par la jurisprudence comme excluant les cessions entre actionnaires. V. Cass. com., 10 mars 1976, n° 74-14.680, Bull. civ. IV, n° 95, *JCP G* 1976, II, 18406, note Rabut, *Rev. sociétés* 1976, p. 332, note J. H.

[283] J. MESTRE, D. VELARDOCCHIO et A.-S. MESTRE-CHAMI, *Lamy Sociétés Commerciales* 2015, p. 2252, n° 4898.

[284] Trib. com. Dijon, 8 mars 1977, SA Entreprise Masson et SARL Munier c/ SA Peretti et Cie, *Rev. sociétés* 1977, p. 279 note Randoux, *Dalloz* 1977, jur. p. 482, note Bousquet ; TGI Angers, 20 mai 1986, M. COINTREAU et autres c/ P. COINTREAU et autres, *Bull. Joly sociétés* 1986, p. 675 ; Cass. com., 7 mars 1989, n° 87-17.212, préc. ; CA Paris 1re ch. A, 14 mars 1990, SA Chargeurs et autres c/ TVES et autres, *Bull. Joly sociétés* 1990, p. 353, *RTD Com.* 1990, p. 413, obs. Reinhard ; CA Paris, 3e ch. A, 4 décembre 2007, SA Mongoual c/ SAS Montaigne Jean Goujon, *Bull. Joly sociétés*, 2008, p. 307, note B. Fages ; *RJDA* 2008, n° 422 ; CA Paris, 3e ch. A, 1er juillet 2008, SA Consortium de réalisation c/ Morel, *RJDA* 2008, n° 1029.

[285] CA Paris 1re ch. A, 14 mars 1990, préc.

[286] Cass. com. 15 février 1994, n° 92-17.212, *Bull. Joly sociétés* 1994, p. 508, note D. Velardocchio. Par cet arrêt, la Cour précise que le fait que la clause ne bénéficie qu'à certains actionnaires ne porte pas atteinte à sa validité.

à celle du droit français, où faute de prévision, les modalités de cette clause relèvent de la liberté contractuelle avec un contrôle jurisprudentiel *a posteriori*.

Ainsi, quant au domaine de la clause, il appartient aux parties de circonscrire celui-ci, étant donné qu'en tant qu'une exception au principe de libre négociabilité des actions, la clause de préemption est d'interprétation stricte. De ce fait, la clause de préemption peut contenir des termes très larges tels que « *toute cession sous quelque forme que ce soit* ». Cependant, par mesure de sécurité, les parties devraient prendre soin de prévoir certaines situations particulières telles que la fusion, la scission, la donation ou l'apport en société. Dans une affaire où les parties avaient convenu d'un droit de préemption mutuel en cas de cession de leurs titres pour une durée de cinq (5) ans, une des parties ayant fait apport de ses titres à une société qu'elle a elle-même constituée, l'autre partie dénonça la violation du pacte. Cette dernière est accueillie favorablement par la Cour d'appel de Versailles, qui considéra que l'apport en société, en ce qu'il constitue un transfert à titre onéreux de titres, rentrait dans le champ de la clause de préemption. La Cour de cassation, au visa de l'article 1134 du code civil, cassa cet arrêt d'appel en retenant que le pacte de préférence ne pouvait s'appliquer à l'apport réalisé car il ne visait que la vente des titres, le pacte précisant que le débiteur de la préférence devait indiquer les conditions de la vente et le prix payé[287]. Un commentateur de l'arrêt, tout en approuvant la solution de la Cour, la justifie par le fait que le droit de préemption ne peut s'appliquer à un apport en société, celui-ci n'étant pas une vente[288]. Il reprend ici la définition de MM. MALAURIE, AYNES et GAUTHIER pour qui « *l'apport en société est le contrat par lequel un associé transfère la propriété d'un bien à une société, en contrepartie de droits sociaux. La contrepartie n'étant pas un prix, il ne constitue pas une vente et est soustrait aux règles qui la régissent. Ainsi, il ne peut être rescindé pour cause de lésion même lorsqu'il porte sur un immeuble, ni tomber sous le coup d'un droit de préférence ou de préemption*[289] ». M. MALAURIE affirmera par ailleurs que « *l'apport en société n'est pas une vente et ne vaut pas vente parce que des droits sociaux ne sont pas un prix en argent. Or préempter, c'est acheter de préférence à*

---

287 Cass. com. 15 décembre 2009, n° 08-21.037, Bull. civ. IV, 2009, n° 173 ; *RJDA* 2010, n° 377 ; *Bull. Joly sociétés* 2010, p. 486, note D. Poracchia ; *Dalloz* 2010, AJ 148, obs. A. Lienhard ; *RTD Com.* 2010, p. 140, obs. Cl. Champaud et D. Danet, *JCP E* 2010, n° 1089. V. R. SALOMON, « Non-application d'une clause de préemption à l'apport de titres », *RJDA* 2010, chron., p. 324.

288 R. SALOMON, « Non-application d'une clause de préemption à l'apport de titres », préc., p. 324.

289 Ph. MALAURIE, L. AYNÈS et P.-Y. GAUTIER, *Les contrats spéciaux*, Defrénois 2007, n° 69.

un autre[290] ». De ce fait conclut-il, « *la préemption ne devrait jamais s'appliquer à un apport en société*[291] ». Il faudrait toutefois remarquer qu'en l'espèce, il ne s'agit pas de la préemption légale prévue par l'article 815-14 du code civil, mais de celle conventionnelle instituée par les parties en vue de contrôler les mouvements de titres dans la société. Cette dernière est régie par le droit commun des contrats, sous réserve des règles impératives applicables au droit des sociétés. C'est ce qu'a semblé affirmer la Cour de cassation dans cet arrêt, qui fonde sa décision sur l'article 1134 du code civil. Ce visa implique que le respect des stipulations des parties justifie la non-application de la clause de préemption en l'espèce, qui ne visait que les cas de cession. Si les parties avaient voulu inclure l'apport en société dans le champ de la préemption, ils auraient dû prévoir cette hypothèse expressément. Cette position est partagée par la majorité des auteurs[292].

Abondant dans le même sens, la Cour d'appel de Paris dans une affaire où un pacte d'actionnaires prévoyait qu'en cas de cession de contrôle d'une société à responsabilité limitée, associée de la société anonyme, les cédants proposeraient en priorité la cession aux actionnaires de la SA, elle a considéré que l'apport de plus de cinquante pour cent (50%) des parts de la SARL à une société tierce constituait une violation du droit de préemption, et ce, même si la société bénéficiaire de l'apport était contrôlée par les cédants[293]. En attendant une clarification de la Cour de cassation, il sera recommandé une extrême précision dans la rédaction des clauses de préemption afin d'éviter toute discussion quant à son périmètre.

82. Bénéficiaires de la préemption. Dans le même ordre d'idées, les parties à la préemption devront être déterminées avec précision, notamment les bénéficiaires du droit de préemption. Il faut rappeler à ce propos que, le fait que la clause ne bénéficie qu'à certains actionnaires ne porte pas atteinte à sa validité[294]. Il s'agit ici d'une application du principe constitutionnel qui veut que le droit règle de façon différente des situations différentes[295]. Ainsi, la Cour de cassation valide les clauses de préemption stipulées au profit d'une catégorie d'actionnaires, si ces derniers ont occupé par exemple une

---

[290] Ph. MALAURIE, note sous CA Paris 11 septembre 1997, n° 95-8657, 1e ch. B, *Defrénois* 1998, p. 119, spéc. p. 122.
[291] Ibid.
[292] J. MESTRE, D. VELARDOCCHIO et A-S. MESTRE-CHAMI, *Lamy Sociétés Commerciales 2015*, p. 2253, n° 4899 ; A. CHARVERIAT, *et al.*, *Memento pratique Francis Lefebvre Sociétés commerciales*, 2014, n° 69167 ; P. MOUSSERON, *Les conventions sociétaires*, *op. cit.*, p. 353, n° 530.
[293] CA Paris, 14 février 2012, n° 11/14683, *RJDA* juin 2012, n° 600.
[294] Cass. com. 15 février 1994, n° 92-17.330, *Bull. Joly sociétés* 1994, p. 508, note D. Velardocchio.
[295] V. Cons. const. 7 janvier 1989, *Rev. sociétés* 1988, p. 229, note Y. Guyon.

place extraordinaire dans la société[296]. Il convient aussi de préciser les titres du débiteur soumis à préemption, la préemption pouvant porter sur tous les titres ou sur une catégorie de titres en particulier.

83. La procédure de préemption. Face au silence du législateur aussi bien en droit français qu'OHADA, la procédure de préemption relève de la liberté contractuelle des parties. La clause devra ainsi prévoir les formes et délais de la notification du projet de cession par l'éventuel cédant, les modalités de préemption ou de renonciation par les bénéficiaires, l'existence d'un éventuel droit de repentir du cédant. Afin d'éviter les abus, il pourra également être prévu que le « préempteur », en cas de cession dans un certain délai des titres acquis en vertu de la clause de préemption, devra reverser au débiteur de la préemption tout ou partie du bénéfice réalisé[297].

Il apparaît ainsi que le contenu même de la clause de préemption peut être très varié. Cependant, la liberté laissée aux parties par le législateur peut constituer un piège, car étant d'interprétation stricte, toute ambiguïté dans la procédure décrite dans la clause pourra remettre en cause son efficacité.

84. Mise en œuvre de la clause et droit de repentir. En principe, le cédant ne bénéficie pas d'un « droit de repentir » lorsque le bénéficiaire de la préemption accepte l'offre de cession, contrairement à ce qui est prévu pour les clauses d'agrément. Pour qu'il en soit autrement, il faudrait que l'offre de cession soit claire et précise et que l'acceptation ne porte pas sur l'essentiel des éléments de cette offre, notamment l'objet et le prix[298]. Dans ce cas, il y a eu transmission d'une offre conformément à l'obligation résultant de la clause de préemption, mais il n'y a pas eu rencontre de volontés en vue de la perfection de la cession. Le débiteur de la préemption retrouverait ainsi sa liberté de cession, à moins qu'il n'ait pas fait preuve de diligence dans la transmission de l'offre. Un auteur a cependant émis l'idée selon laquelle il serait possible de stipuler un « *droit de repentir au bénéfice du candidat à la*

---

[296] Dans l'arrêt précité (Cass. com. 15 février 1994, n° 92-17.330), les bénéficiaires de la préemption s'étaient portés caution hypothécaire au profit de la société, ce qui selon la Cour justifiait l'attribution à ceux-ci, « *en raison de leurs engagements personnels au profit de la société, d'un droit de préemption statutaire s'imposant à l'ensemble des actionnaires* ».

[297] P. MOUSSERON, Les conventions sociétaires, op. cit., p. 362, n° 543.

[298] Dans une affaire où un pacte de préférence portant sur des actions réservait un droit de préemption à des actionnaires sous réserve que ceux-ci acceptent « toutes les conditions, sans exception, » qui seraient acceptées par le tiers offrant d'acquérir les actions en cause, l'acceptation de ces actionnaires n'a pas été considérée comme équivalente à l'offre du tiers acquéreur dès lors qu'ils ont écarté la possibilité de consentir un contrat de travail au cédant, élément qui entrait dans les conditions dont était assortie l'offre du tiers et dont les actionnaires avaient eu connaissance. V. CA Rouen, 18 octobre 1990, n° 90-1732, Habasque c/ Deschamps et a.

sortie [299]». Cette possibilité nous semble contradictoire avec l'esprit même de la clause et porterait atteinte aux objectifs que visent ces types de clause. Le débiteur à la préemption ne peut se libérer de son obligation que si le ou les bénéficiaires entendent discuter des conditions de cession et que s'ouvre alors une phase de négociation, auquel cas, en cas d'échec des pourparlers, sauf preuve de sa mauvaise foi, il devrait retrouver sa liberté de cession. Il en serait également ainsi lorsque le bénéficiaire de la préemption renoncerait à exercer son droit ou ne le ferait pas dans les délais ou dans les formes prévues par la clause. Il a dans ce sens été jugé que l'assignation des cédants d'actions par le bénéficiaire d'un droit de préemption pour voir dire que la vente est parfaite entre eux et ordonner une expertise sur le prix ne vaut pas exercice du droit de préemption. Dans les faits de l'espèce, la clause de préemption prévoyait que le droit de préemption serait mis en œuvre par le biais d'une lettre recommandée avec accusé de réception[300].

85. Il apparaît ainsi que la mise en œuvre de la clause de préemption est largement tributaire de la volonté des parties, qui doivent prendre soin de décrire avec une grande précision les différentes procédures et s'y tenir. Qu'il s'agisse du droit français ou OHADA, la législation accorde une grande liberté aux associés, mais cette liberté pourrait s'avérer dangereuse pour ces derniers, notamment lorsque les conditions de validité ne sont pas respectées.

§II. Les conditions de validité et d'efficacité des clauses de préemption en droit français et OHADA

86. Il convient de constater une convergence des droits français et OHADA en matière de conditions de validité de la clause de préemption dans un premier temps (**A**), avant de remarquer que ces deux systèmes juridiques n'offrent pas la même efficacité à cette clause (**B**).

A. Convergence du droit français et OHADA en matière de conditions de validité

87. Absence de conditions légales de validité. Aucune condition de validité n'est retenue par le législateur OHADA. Il se contente de prévoir la

---

[299] P. MOUSSERON, *Les conventions sociétaires*, *op. cit.*, p. 361, n° 543. V. aussi dans ce sens, C. GINESTET, « Pactes de préférence et droit des sociétés », *Dr. & patrimoine* 2006, n° 144, p. 62.

[300] Cass. com. 3 octobre 2006, n° 05-13.052, *Bull. Joly sociétés* 2007, p. 250, obs. P. Le Cannu.

possibilité d'insérer cette clause soit dans les statuts soit dans un pacte d'actionnaires, tout en précisant la sanction applicable en cas de violation. Sur ce point, le droit OHADA est semblable au droit français où rien n'est prévu par le législateur concernant cette clause.

88. Prix de la préemption. Certains auteurs ont posé comme condition de validité de la clause de préemption, l'exigence d'un délai déterminé et du prix de la préemption[301]. Ils s'appuyaient sur l'arrêt rendu par la Cour d'appel de Paris[302] où la clause statutaire de préemption prévoyait que le conseil d'administration avait huit jours pour porter à la connaissance des actionnaires le projet de cession qui lui avait été notifié, que ceux-ci avaient trente jours pour exercer leur droit, que la préemption devait s'opérer au prix convenu dans l'offre d'acquisition des titres du cédant, et qu'à défaut d'exercice de ce droit, le cédant avait soit la faculté de poursuivre son projet initial de céder ses titres à l'un des actionnaires, soit la faculté de rechercher un tiers acquéreur aux prix, termes et conditions notifiés. La Cour d'appel retient alors qu' « *ainsi aménagée, la clause de préemption critiquée dont la mise en œuvre est limitée dans le temps, qui réserve un juste prix au cédant et lui laisse la possibilité de vendre ses parts, même à un tiers, en cas de renonciation à la préférence, n'est pas incompatible avec le principe de libre négociabilité des actions des sociétés anonymes* [303]». Cependant, cette interprétation de l'arrêt ne nous convainc pas. En prenant en compte la position adoptée par la chambre civile de la Cour de cassation à propos des pactes de préférence, la prédétermination du prix de préemption ne semble pas être une condition de validité de la clause[304]. En effet, elle a d'abord considéré, à propos d'un pacte de préférence applicable en cas de cession de contrat, « *qu'il n'est pas de la nature du pacte de préférence de prédéterminer le prix du contrat envisagé* [305]». Cette solution a été réaffirmée à propos d'une vente d'immeuble où la troisième chambre civile a considéré que « *la prédétermination du prix du contrat envisagé et la stipulation d'un délai ne sont pas des conditions de validité du pacte de préférence* [306]». L'application de cette jurisprudence à la clause de

---

[301] M. JEANTIN, « Les clauses de préemption statutaires entre les actionnaires », *JCP E* 1991, n° 18, p. 201 ; J. MESTRE, D. VELARDOCCHIO et A.-S. MESTRE-CHAMI, *Lamy Sociétés Commerciales* 2015, p. 2254, n° 4900, M. SALGADO, « Le régime des clauses de préemption dans les pactes d'actionnaires des sociétés anonymes », *Dr. sociétés*, mars 2003, p. 5.

[302] CA Paris 1re ch. A, 14 mars 1990, SA Chargeurs et autres c/ TVES et autres, *Bull. Joly sociétés* 1990, p. 353.

[303] Ibid.

[304] Cass. 1ère civ. 6 juin 2001, n° 98-20.673 Carrier c/ Sté Assurance universelle, *RJDA* 1/02, n° 25 ; V. aussi Cass. 3e civ. 15 janvier 2003, n° 01-03.700, *JCP E* 2004, p. 418, obs. P. Mousseron.

[305] Cass. 1ère civ. 6 juin 2001, préc.

[306] Cass. 3e civ. 15 janvier 2003, préc.

préemption qui, comme cela a déjà été rappelé, est une catégorie particulière de préférence, permet d'affirmer que la détermination du prix des titres visés dans la clause n'est pas une condition de validité de celle-ci. La clause de préemption, en tant qu'avant-contrat, met en place une priorité qui est accordée au créancier de la préemption. La contrepartie de cette priorité serait, selon la jurisprudence, la situation particulière du bénéficiaire de la préemption dans la société[307]. « *L'exigence de détermination de prix au moment de la formation de pareil engagement n'est donc pas généralement requis sous peine de nullité* [308]». Il faut remarquer également que lorsque la clause de préemption prévoirait un prix déterminé ou à tout le moins déterminable, les titres concernés devant nécessairement être déterminés, celle-ci pourra être requalifiée en promesse de vente. En effet, la clause ne se bornerait plus dans cette hypothèse à accorder une priorité en cas de volonté de cession, elle fixerait les éléments mêmes de cette future cession, le seul inconnu étant le moment de la levée d'option. Ainsi, obliger les parties à prévoir un prix dans la clause de préemption serait dénaturer celle-ci[309].

Le plus souvent, il est prévu que la préemption s'exerce aux mêmes prix et conditions que ceux contenus dans le projet de cession notifié par le cédant. Mais ce dernier engage sa responsabilité s'il propose au bénéficiaire un prix manifestement exorbitant, en vue de l'empêcher d'exercer son droit de préemption. Il appartient au bénéficiaire de rapporter la preuve que le prix proposé est frauduleusement surévalué en vue de le dissuader d'exercer son droit de préemption[310].

Si le prix ne peut être envisagé comme une condition de validité de la clause, les parties, pour plus de prévisibilité, devront prévoir au moins les modalités de fixation du prix de la préemption. Elles pourront prévoir que le prix sera fixé conventionnellement au moment de la cession, ou que celui-ci le sera par un tiers. À ce propos, la Cour de cassation a retenu que la clause

[307] Cass. com., 15 février 1994, n° 92-17.330, *Bull. Joly sociétés* 1994, p. 508, note D. Velardocchio.
[308] P. MOUSSERON, *Les conventions sociétaires*, *op. cit.*, p. 354, n° 531.
[309] V. en ce sens, G. DURAND-LEPINE, « L'exclusion des actionnaires dans les sociétés non cotées », *LPA* 24 juillet 1995, n° 88, p. 7. Pour cet auteur, « *La différence essentielle entre la promesse de vente et le pacte de préférence réside dans l'engagement du promettant, définitif dans un cas, éventuel dans l'autre* ».
[310] Il a ainsi été jugé que le bénéficiaire d'un droit de préemption sur les actions d'une société exploitant un supermarché ne rapportait pas cette preuve dès lors que rien ne permettait d'établir, d'une part, que le prix proposé par l'acquéreur était supérieur au prix qu'il était effectivement prêt à payer eu égard à l'intérêt qu'il avait à acquérir un nouveau point de vente dans le secteur de ce supermarché et, d'autre part, que le prix qu'il avait payé en réalité avait été inférieur à celui indiqué à l'acte de cession en raison d'accords occultes passés avec le cédant. V. Cass. com., 13 novembre 2003, n° 99-17.784, Sté Système U Centrale régionale Est c/ Pinck.

d'un pacte de préemption prévoyant que le prix sera fixé conventionnellement entre les parties, soit à défaut à dire d'expert choisi sur une liste agréée par elles, n'est ni contraire à l'ordre public, ni à l'intérêt social et les juges ne peuvent en écarter l'application à défaut d'ambiguïté de celle-ci[311]. Dans ce dernier cas, l'évaluation retenue par le tiers est définitive et ne peut donc être contestée par les parties[312]. Lorsque les parties choisissent de stipuler une clause de prix, elle devra répondre à l'exigence d'une « déterminabilité objective ». Autrement dit, le tiers devra pouvoir fixer le prix de cession en dehors de la volonté des parties ou, plus précisément, en dehors de l'influence de l'une des parties. À défaut, aussi bien la clause de préemption que la cession effectuée sur la base de cette clause encourent la nullité[313].

89. Durée de la préemption. Quant à la durée de la préemption, il faut distinguer d'une part la durée de la clause elle-même, c'est-à-dire le délai pendant lequel pèse l'obligation d'offrir ses titres à la cession et, d'autre part, la durée pendant laquelle le bénéficiaire de la préemption devra faire connaître son choix à compter de la transmission de l'offre par le cédant potentiel. S'agissant de la validité de la clause de préemption, il convient de se pencher sur la durée de la clause elle-même. Celle-ci ne semble pas, à l'instar du prix de la préemption, constituer une condition de validité de la clause[314]. Cependant, il faut observer que, si les délais imposés par la clause sont tels qu'ils paralysent toute possibilité pour le débiteur de la préemption de céder ses actions, la clause devrait pouvoir être annulée sur le fondement de la violation du principe de libre négociabilité ou du droit de retrait de tout associé[315]. En effet, comme l'affirme un auteur, « *il est constant que l'adoption de modalités d'exercice d'un droit trop restrictives est souvent analysée par la jurisprudence comme la remise en cause de ce droit lui-*

---

[311] Cass. com. 7 janvier 2004, n° 00-11.692.

[312] Cass. com. 4 novembre 1987, n° 86-10.027, JCP G 1988, II, 21050, note A. Viandier. Cet arrêt énonce clairement que « Mais attendu qu'en se remettant, en cas de désaccord sur le prix de cession d'actions, à l'estimation d'un expert désigné conformément aux articles 275 de la loi du 24 juillet 1966 et à l'article 1843-4 du code civil, les contractants font de la décision de celui-ci leur loi et qu'à défaut d'erreur grossière, il n'appartient pas aux juges, en modifiant le prix, d'imposer aux parties une convention différente de celle qu'elles avaient entendu établir ».

[313] Cass. com. 19 décembre 2006, n° 05-10.198, *Dr. & patr*imoine 2007, n° 159, p. 81, obs. D. Poracchia.

[314] P. MOUSSERON, *Les conventions sociétaires*, *op. cit.*, p. 354, n° 531, citant à ce propos, Cass. 3e civ. 15 janvier 2003, préc. ; J. MESTRE, D. VELARDOCCHIO et A.-S. MESTRE-CHAMI, *Lamy Sociétés Commerciales* 2015, p. 540, n° 1086. V. *contra* M. SALGADO, « Le régime des clauses de préemption dans les pactes d'actionnaires des sociétés anonymes », *Dr. sociétés* 2003, p. 5.

[315] Memento Lefebvre Cessions de parts et actions 2014, n° 5060.

même [316]». Ainsi, les parties doivent prévoir des délais raisonnables qui seront appréciés souverainement par les juges. En l'absence de précision par les parties, il pourrait s'agir d'une clause à durée indéterminée, et comme telle, elle sera résiliable à tout moment après un délai raisonnable[317]. Cette situation fragilise le droit du bénéficiaire de la préemption, et par là l'efficacité de la clause pour la société elle-même. Il pourrait également s'agir d'une « faculté imprescriptible »[318]. Cependant, ne trouvant pas cette solution satisfaisante car faisant grever à perpétuité par volonté privée la propriété, un auteur propose de se rapporter à l'ordre public, qui interdit les clauses d'inaliénabilité perpétuelle[319]. La clause de préemption, à l'instar de cette dernière, étant une entrave à la libre disposition des actions, devrait donc être limitée dans le temps. L'analogie semble ne pas pouvoir s'appliquer ici, l'obligation découlant de la clause de préemption étant nettement plus supportable pour le débiteur de la préemption que celle qui résulte d'une clause d'inaliénabilité perpétuelle. Le débiteur de la préemption conserve toujours sa faculté de cession de ses titres, seul le choix du cessionnaire se retrouve limité. En attendant une intervention légale ou jurisprudentielle sur la question, la durée ne semble pas pouvoir constituer une condition de validité de la clause de préemption.

En somme, il convient de retenir comme conditions générales de validité des clauses de préemption, une condition positive et une condition négative. D'une part, ces clauses doivent scrupuleusement respecter l'ordre public sociétaire, et les statuts de la société pour ce qui concernent les clauses extrastatutaires. D'autre part, elles ne doivent pas contrarier l'intérêt social[320].

90. Clause de préemption et droit boursier. L'article L. 233-11 du code de commerce dispose que « *Toute clause d'une convention prévoyant des conditions préférentielles de cession ou d'acquisition d'actions admises aux négociations sur un marché réglementé et portant sur au moins 0,5 % du capital ou des droits de vote de la société qui a émis ces actions doit être transmise dans un délai de cinq jours de bourse à compter de la signature de la convention ou de l'avenant introduisant la clause concernée, à la société*

---

[316] M. JEANTIN, « Les clauses de préemption statutaires entre les actionnaires », *art. préc.*, spéc. n° 21.

[317] P. MOUSSERON, *Les conventions sociétaires*, *op. cit.*, p. 357, n° 540 ; M.-B. SALGADO, « Le régime des clauses de préemption dans les pactes d'actionnaires des sociétés anonymes », *Dr. sociétés* 2003, p. 5.

[318] J. CARBONNIER, note sous Cass. 1ère civ., 22 décembre 1959, Bull. civ. I. n° 558, *RTD Civ.* 1960, p. 323.

[319] Ibid.

[320] V. en ce sens, J.-M. MOULIN, Le droit de l'ingénierie financière – Le droit du financement du haut du bilan des sociétés, op. cit., p. 447, n° 902.

et à l'Autorité des Marchés Financiers ». Le principe de transparence des offres publiques d'acquisition ou d'échange ainsi que la nécessaire liquidité ou fluidité du marché marquent la nécessité, pour les sociétés qui entendent offrir leurs titres à négociation sur un marché réglementé, de rendre publique toutes les clauses qui pourraient freiner ces principes. À défaut de publication, les effets de cette clause sont suspendus et les parties déliées de leur engagement en période d'offre publique.

91. Il convient à présent d'aborder la question de l'efficacité des clauses de préemption qui peuvent varier selon que l'on a affaire au droit français ou au droit OHADA.

B. Efficacité variable des clauses de préemption en droit français et OHADA

92. Sanction de la violation d'une clause de préemption : la problématique de la nullité et de la substitution. En droit OHADA, la sanction de la violation d'une clause de préemption dépendra de la localisation de celle-ci. En effet, d'une part, lorsque la clause sera stipulée dans les statuts, l'alinéa 1er du nouvel article 771-3 de l'AUDSC dispose que la cession réalisée en violation de la clause sera déclarée nulle. La sanction de la nullité apparaît ainsi comme le moyen de faire respecter la volonté des associés de contrôler les mouvements de titres au sein de leur société. Cette sanction apparaît cohérente du fait que, les statuts étant censés être publics car publiés au greffe du tribunal et au registre du commerce et des sociétés, le tiers cessionnaire ne peut se prévaloir du fait qu'il n'en avait pas connaissance.

D'autre part, à l'inverse, lorsque la clause sera stipulée dans un pacte extrastatutaire, la nullité de la cession litigieuse ne peut intervenir que lorsqu'il « *est démontré que l'un des bénéficiaires en avait connaissance ou ne pouvait en ignorer l'existence* ». Le terme de « bénéficiaires » utilisé dans cet article est "malheureux" car il prête à confusion. Il pourrait s'agir soit du bénéficiaire de la préemption, soit du bénéficiaire de la cession d'actions. Cependant, dans l'esprit du texte, il convient de retenir cette deuxième approche, c'est-à-dire le bénéficiaire choisi par le cédant en la personne du tiers cessionnaire. Cette clarification étant faite, il convient de signaler que le législateur, afin d'éviter une remise en cause intempestive des mouvements de titres au sein des sociétés, choisit de réserver la nullité de la cession intervenue en violation de la clause extrastatutaire de préemption au seul cas où le tiers cessionnaire avait connaissance de l'existence de la clause ou ne pouvait en ignorer l'existence. Cette solution convient parfaitement à la situation de ces pactes extrastatutaires du fait de leur caractère confidentiel.

A priori, le tiers n'est pas censé connaître l'existence du pacte de préemption. De ce fait, le législateur déplace le curseur de la preuve de cette connaissance à la charge du bénéficiaire de la clause. Celui-ci devra apporter la preuve soit de la connaissance de la clause par le tiers, soit la preuve que ce tiers ne pouvait ignorer l'existence de la clause. Cette sanction de la nullité retenue par le législateur OHADA tranche d'avec la situation en droit français où celle-ci est reconnue par la jurisprudence, mais dans des conditions qui ne permettent pas de respecter les objectifs de la clause de préemption.

93. Nullité encadrée en droit français. En droit français, face au silence du législateur, la jurisprudence a admis la nullité de la cession, mais cette nullité s'avère très encadrée[321]. En effet, la chambre mixte de la Cour de cassation a retenu que la cession intervenue en violation d'une clause de préemption ne peut être annulée qu'en cas de collusion frauduleuse, c'est-à-dire lorsque le tiers connaissait non seulement l'existence de la clause, mais également la volonté du bénéficiaire de s'en prévaloir[322]. Cette solution n'est point nouvelle, car elle avait été retenue par la chambre civile de la Cour de cassation dans le cas de la violation d'une clause de préférence en matière de vente d'immeuble. Elle avait refusée en l'espèce la nullité, car s'il était prouvé que le tiers cessionnaire avait connaissance de la clause de préférence, il n'était pas établi que celui-ci ait su, au moment où il signait l'acte de vente, que les bénéficiaires de la préemption avaient manifesté leur intention de s'en prévaloir[323]. La nouveauté vient du fait que cette décision a été rendue par la chambre mixte de la Cour de cassation, ce qui prouve que la solution dépasse largement le cadre de la cession d'immeuble pour embrasser tous les cas de cession effectués en violation d'une clause de préemption[324].

---

[321] P. MOUSSERON, *Les conventions sociétaires*, *op. cit.*, p. 364, n° 546.

[322] Cass. ch. mixte, 26 mai 2006, n° 03-19.376, Bull. ch. mixte 2006, n° 4, p. 13, *Dalloz* 2006, p. 1841, note P.-Y. Gautier et D. Mainguy ; *JCP E* 2006, II, 2378, note P. Delebecque ; *Bull. Joly sociétés* 2006, p. 1072, note H. Le Nabasque. V. aussi, Cass. 3e civ. 31 janvier 2007, n° 05-21071, *Dalloz* 2007, p. 1698, note D. Mainguy ; Cass. 3e civ. 14 février 2007, n° 05-21814, *RDC* 2007, p. 701, note D. Mazeaud ; Cass. com. 11 mars 2014, n° 13-10.366, *Rev. sociétés* 2014, p. 384, note B. Saintourens, *Dalloz* 2014, p. 719, obs. A. Lienhard ; *RDC* 2014, p. 688, note L. Sautonie-Laguionie ; Cass. 3e civ., 24 juin 1998, n° 96-16711, inédit ; Cass. 3e civ., 10 février 1999, n° 95-19217, Bull. civ. 1999, III, n° 37, p. 25, *JCP G* 1999, II, 10191, note Y. Dagorne-Labbe.

[323] Cass. civ. 26 octobre 1982, Bull. civ. III, n° 208, *Gaz. Pal.* 1983, II, p. 661, note E.S. de la Marnière.

[324] Notons que cette solution a ainsi été appliquée par une décision du Tribunal de Commerce de Paris, où elle a annulé la cession intervenue malgré le fait que le cessionnaire, selon le Tribunal, connaissait l'existence de la clause ainsi que l'intention du bénéficiaire de s'en prévaloir (Trib. com. Paris, 25 juin 2007, *RJDA* 11/07, n° 1106 ; *Dalloz* 2007, p. 2171 ; *Bull. Joly sociétés* 2007, p. 1203, note F.-X. Lucas ; *Banque et Droit* 2007, p. 70, obs. M. Storck.).

Contrairement au droit OHADA, le droit français ne distingue pas selon qu'il s'agisse d'une clause de préemption statutaire ou extrastatutaire. La double condition de preuve posée par la Cour de cassation s'applique dès lors qu'une cession intervient en contravention d'une clause de préemption. La première preuve de la connaissance de l'existence de la clause sera plus facile à rapporter lorsque la clause sera statutaire, le tiers étant censé en connaître l'existence. La seconde sera beaucoup plus difficile voire quasiment impossible à rapporter[325], à moins que les parties n'aient prévu une formule telle que « *le créancier de préemption est présumé vouloir se prévaloir de son droit de préemption*[326] ». Cette seconde preuve est « *une preuve diabolique, impossible à rapporter, comme toute preuve psychologique, que l'on songe par exemple à la fraude paulienne ou à la preuve de l'intention criminelle en droit pénal* [327]». Cette admission de la nullité dans de telles conditions semble très stricte, ce qui ne permet pas aux parties à une clause de préemption d'atteindre les objectifs de celle-ci. Il conviendrait, en vue du respect de la volonté des associés, mais également de l'intérêt social qui pourrait prôner un contrôle des mouvements de titres au sein de la société, de reconnaître la nullité des cessions en cas de violation d'une clause de préemption lorsque le cessionnaire en avait connaissance. Cette connaissance serait présumée lorsqu'il s'agirait d'une clause statutaire de préemption[328]. La confidentialité des clauses extrastatutaires implique que le bénéficiaire de la clause apporte la preuve de la connaissance de l'existence de la clause à l'appui de la demande de nullité. La double condition ne serait exigée que lorsque le créancier de la préemption solliciterait sa substitution au tiers cessionnaire. En effet, il y aurait une confusion entre la sanction de nullité et celle de substitution, étant observé que la jurisprudence retient qu'il n'y a pas de substitution possible sans annulation préalable[329]. La substitution a été considérée comme « *incontestablement le mode le plus adéquat de réparation du préjudice*

Cette décision a été infirmée par la Cour d'appel de Paris car, aucune preuve n'est rapportée quant à la connaissance par le cessionnaire, de la volonté du bénéficiaire de se prévaloir de la clause de préemption (CA Paris, 3e ch. A, 1er juillet 2008, *Rev. sociétés* 2008, p. 786, note D. Poracchia ; *RJDA* 2008, n° 1029 ; *Dalloz* 2008, p. 2428). Il faut préciser que la Cour d'appel ne remet nullement en cause les conditions posées par la chambre mixte de la Cour de cassation, elle considère juste qu'en l'espèce la deuxième condition n'était pas remplie.

325 V. cependant en matière de cession immobilière, Cass. 3e civ. 14 février 2007, n° 05-21.814, Bull. civ. III, n° 25, *JCP G* 2007, II, n° 10143, note D. Bert ; *RDC* 2007, p. 701, note D. Mazeaud, *RTD Civ.* 2007, p. 366, obs. P.-Y. GAUTIER.

326 P. MOUSSERON, *Les conventions sociétaires*, *op. cit.*, p. 365, n° 546.

327 D. BERT, « Substitution du bénéficiaire d'un pacte de préférence dans les droits du tiers acquéreur », note sous Cass. 3e civ. 14 février 2007, n° 05-21.814, préc.

328 V. toutefois refusant de sanctionner par la nullité, la violation d'une clause statutaire de préemption, Cass. com. 11 mars 2014, n°13-10.366, arrêt préc.

329 H. Le NABASQUE, « Sanction de la violation d'un pacte de préférence : la substitution peut désormais être ordonnée par le juge », *Bull. Joly sociétés* 2006, p. 1074, note sous Cass. ch. mixte, 26 mai 2006, n° 03-19.376, préc.

puisqu'elle met le bénéficiaire dans la situation qui aurait dû être la sienne si le promettant n'avait pas manqué à son obligation. Réparation infiniment plus adéquate en tout cas que l'allocation de dommages-intérêts ou même de l'annulation du contrat conclu avec le tiers qui sanctionne celui-ci sans vraiment satisfaire la victime [330]». Nous ne sommes pas de cet avis car, comme le remarque cet auteur, la clause de préemption ne constitue pas une promesse de vente, fut-ce-t-elle conditionnelle, mais seulement une obligation de faire une offre de cession. Ainsi, la juste réparation pour le créancier de la préemption serait de replacer les parties en l'état où elles auraient été si le cédant avait respecté la clause. Cet état n'est pas forcément la cession. Il n'en serait ainsi que si le cédant avait fait une offre définitive et ferme auquel cas le créancier de la préemption, en cas d'acception, deviendrait cessionnaire des titres visés. Il pourrait s'agir également d'un état de négociation contractuelle lorsque le débiteur de la préemption se contenterait tout simplement de notifier sa volonté de cession des titres, sans toutefois que les éléments de la cession elle-même ne soient clairement définis. Il s'agirait d'une invitation à entrer en pourparlers. Ainsi, admettre la substitution comme réparation du préjudice subi par le bénéficiaire de la préemption devrait donc rester exceptionnel, comme éludant l'application de l'article 1142 du code civil qui prévoit l'allocation de dommages et intérêts en cas de violation d'une obligation de faire. La substitution ne serait applicable que lorsque la double preuve serait apportée par la victime de la cession frauduleuse, mais également lorsqu'il serait prouvé qu'il aurait pu accepter une offre définitive de cession de la part du débiteur de la cession. Ce serait le cas lorsque la clause elle-même prévoirait que le débiteur doit dans son projet de cession, faire une offre contenant les éléments nécessaires à la cession, tels que les actions concernées et leur prix.

94. Dommages-intérêts. À défaut de substitution, le bénéficiaire de la clause de préemption pourra prétendre à des dommages et intérêts en cas de violation de celle-ci. Cette sanction n'est pas explicitement prévue par le législateur OHADA, mais elle découlerait d'une application des règles de la responsabilité contractuelle de droit commun. Il a été justement précisé que « *le contrat ayant une force obligatoire, son inexécution appelle normalement une sanction, à moins que l'exécution n'ait été rendue impossible par la force majeure*[331] ». Quant à la nature de cette sanction, l'article 1142 du code civil prévoit que « *Toute obligation de faire ou de ne pas faire se résout en dommages et intérêts, en cas d'inexécution de la part*

[330] J. MESTRE, « Responsabilité pour violation d'un pacte de préférence : la Cour de cassation condamne la substitution de contractants », *RTD Civ.* 1997, p. 673, obs. sous Cass. 3e civ. 30 avril 1997, OFEI et autres c/ Médecins du Monde et autres.
[331] F. TERRE, Ph. SIMLER et Y. LEQUETTE, *Droit civil, Les obligations*, 11e éd., Dalloz 2013, p. 606, n° 558.

du débiteur ». La jurisprudence admet ainsi plus facilement l'octroi de dommages-intérêts en cas de violation de la clause de préemption, pour peu que le bénéficiaire puisse apporter la preuve d'un préjudice subi par lui[332]. Cette exigence de préjudice paraît très sévère à l'égard du bénéficiaire. La simple inexécution contractuelle, résultant de la violation de la clause de préemption, n'est pas en soi un préjudice ouvrant droit à l'octroi de dommages-intérêts[333]. Cette position de la Cour de cassation s'inscrit dans la logique des règles de responsabilité contractuelle de droit commun[334], qui exigent avant toute réparation la preuve d'un préjudice certain et direct[335]. Sans rentrer dans le débat doctrinal selon lequel les dommages-intérêts versés en cas d'inexécution de l'obligation contractuelle auraient pour objet non de réparer un dommage mais de procurer au créancier, par équivalent, l'avantage qu'il attendait du contrat, il convient de remarquer tout de même que cette position de la Cour de cassation tend à rajouter aux articles 1142 et 1147 du code civil, une condition qui n'y figure pas. En effet, ces textes prévoient l'octroi de dommages-intérêts en cas d'inexécution d'une obligation contractuelle, sans toutefois exiger que la réparation soit soumise à la preuve d'un préjudice[336].

La question de l'octroi de dommages-intérêts pourrait se poser avec plus d'acuité en droit OHADA, le législateur n'y ayant pas fait référence. Les juges devront soit tout simplement refuser l'octroi de ce mode de réparation, ce qui serait bien dommage lorsque le bénéficiaire ne peut obtenir l'annulation de la cession, soit, comme le prévoit la majeure partie des codes civils des pays membres de l'OHADA[337], considérer qu'il s'agit là de la violation d'une obligation de faire et comme telle sanctionnée par l'octroi de dommages-intérêts. Cette dernière option n'empêchera pas de se poser la question de savoir si, pour bénéficier de ces dommages-intérêts, il faut que le créancier de la préemption démontre l'existence d'un préjudice subi par lui. À ce propos, la rédaction des nouveaux articles 771-2 et 771-3 de l'AUDSC dénote une volonté du législateur de sanctionner la violation de la clause de préemption qu'elle soit statutaire ou extrastatutaire. Cela devrait

[332] P. MOUSSERON, *Les conventions sociétaires*, *op. cit.*, p. 363, n° 545 ; J. MESTRE, D. VELARDOCCHIO et A.-S. MESTRE-CHAMI, *Lamy Sociétés Commerciales* 2015, p. 541, n° 1087.

[333] Cass. com. 9 avril 2002, n° 98-22.851, *JCP E* 2003, p. 1390, note J.-M. Tengang.

[334] Le régime de cette responsabilité a été calqué sur celui de la responsabilité délictuelle, ce qui paraît assez critiquable. V. Ph. MALAURIE, L. AYNES, et Ph. STOFFEL-MUNCK, *Les obligations*, L.G.D.J., 2013, 6e éd., p. 491.

[335] V. F. TERRE, Ph. SIMLER et Y. LEQUETTE, *Droit civil, Les obligations*, *op. cit*, p. 607, n° 559.

[336] V. en ce sens, J.-M. TENGANG, note sous Cass. com. 9 avril 2002, n° 98-22.851, préc.

[337] Le code civil burkinabè par exemple, à l'instar de ce qui est retenu en droit français, prévoit à son article 1142 que « *Toute obligation de faire ou de ne pas faire se résout en dommages et intérêts, en cas d'inexécution de la part du débiteur* ».

militer en faveur de l'admission de l'octroi de dommages-intérêts au créancier de la préemption du seul fait de la violation par le cédant de son obligation contractuelle.

95. Clause pénale. Les parties peuvent aussi prévoir en guise de sanction en cas de mauvaise exécution de la clause de préemption, une clause pénale[338]. Celle-ci sera mise en œuvre lorsque la violation sera constatée, sans qu'il ne soit besoin de justifier d'un préjudice particulier résultant de l'inexécution.

96. Clause de préemption et procédures collectives. Le respect de la clause de préemption en cas de procédures collectives a été très fortement discuté en doctrine. Les organes de la procédure doivent-ils en tenir compte en cas de plan de cession ? Certains auteurs se fondant sur l'article L. 623-3, alinéa 4 du code de commerce considèrent que la clause de préemption devrait être écartée en cas de plan de cession[339]. Cependant, cet article ne faisant aucunement référence aux clauses de préemption, cette position a été critiquée[340]. Ainsi donc, la clause de préemption devrait pouvoir être efficace même en cas de procédure collective[341]. Un arrêt de la Cour d'appel d'Aix en Provence, rendu avant la réforme des procédures collectives de 2005, a considéré que la clause de préemption contenue dans un pacte devait s'appliquer et que la cession d'actions intervenue au bénéfice de certains actionnaires ayant exercé leur droit de préemption était valable[342]. Le législateur OHADA ne s'est pas exprimé sur la question, mais la même solution devrait s'appliquer.

97. Conclusion de Chapitre. De cette étude il ressort que le droit OHADA se révèle, à certains égards, plus souple que le droit français. Cette souplesse viendrait du fait que le législateur a choisi de donner un cadre légal à un certain nombre de clauses à l'instar de la clause de préemption. Cette volonté de légiférer ne vise pourtant pas à annihiler la liberté contractuelle en la matière car les associés demeurent en principe libres quant à la détermination du contenu et des modalités de mises en œuvre de ces clauses. Qu'il s'agisse des clauses de préemption ou d'agrément, celles-

---

[338] V. pour l'efficacité des clauses pénales en général, *infra*, n° 422.

[339] J.-J. DAIGRE, « *Entreprises en difficulté – Redressement judiciaire* », Rép. sociétés, Dalloz, p. 32, n° 262.

[340] A. CERATI-GAUTHIER, La société en procédure collective et son associé : entre indépendance et influence, préf. J. Mestre, PUAM 2002, p. 350, n° 463.

[341] V. en ce sens Cass. com. 13 février 2007, n° 06-11.289, *JCP G* 2007, n° 98, obs. Th. Le Bars ; *RTD Civ.* 2007, p. 332, obs. J. Mestre et B. Fages. V. aussi G. COUTURIER, *Droit des sociétés et droit des entreprises en difficulté*, *op. cit.*, p. 321, n° 562.

[342] CA Aix en Provence, 5 décembre 2003, *Bull. Joly sociétés* 2004, p. 1077, note A. Cerati-Gauthier.

ci permettent de limiter la liberté de cession des titres sociaux dans les sociétés. Toutefois, il convient de noter que la liberté contractuelle ainsi laissée aux associés devrait être utilisée avec dextérité. En effet, la jurisprudence retient en général une interprétation restrictive de la volonté des parties. Ainsi, les rédacteurs de ces clauses limitatives de liberté de cession de titres devraient exceller dans la précision afin de leur assurer une réelle efficacité lorsqu'il s'agira d'exécuter ces conventions.

98. Conclusion de Titre. Le contrôle de l'actionnariat dans les sociétés de droit français et OHADA est une réalité. Le mouvement de contractualisation du droit des sociétés, qui s'est installé progressivement en droit français en raison de la méfiance traditionnelle vis-à-vis des conventions sociétaires, a définitivement gagné l'espace OHADA. Les associés ont ainsi la possibilité de contrôler la composition du capital social en fonction de leurs besoins par des aménagements conventionnels. Ce vent de liberté, qui souffle non seulement sur la faculté de limiter la liberté de cession des titres sociaux mais également de supprimer cette liberté, s'étend à la possibilité offerte aux associés de maîtriser l'organisation du pouvoir dans les sociétés commerciales aussi bien de droit français que OHADA.

Titre II. L'aménagement conventionnel de l'organisation du pouvoir dans la société commerciale de droit français et OHADA

99. Les titulaires du pouvoir dans la société commerciale. Le droit des sociétés aussi bien français que OHADA ne contient aucune définition de la notion de pouvoir[343]. Les législateurs ne « *théorisent pas le pouvoir mais précisent, lorsque cela est nécessaire, le contour des pouvoirs des différents organes*[344] ». En pratique, deux catégories de personnes détiennent ou exercent un pouvoir dans la société : les dirigeants, entendus au sens large du terme, et les associés.

S'agissant du pouvoir des dirigeants, « *à la manière de la main qui donne vie à la marionnette, c'est ce pouvoir qui permet à la société de se mouvoir et d'utiliser les ressources que lui confère sa qualité de sujet de droits*[345] ». Les sociétés commerciales dès l'acquisition de la personnalité disposent d'une capacité juridique. Celle-ci se subdivise en capacité de jouissance – l'aptitude à être titulaire de droits subjectifs – et en capacité d'exercice, c'est-à-dire l'aptitude à mettre en œuvre ses droits subjectifs. Cependant, étant incapable de mettre en œuvre par elle-même ses droits subjectifs, cette mise en œuvre se fera par le biais de personnes physiques déterminées. Ainsi, il est traditionnellement admis que la société a besoin de représentants ou mandataires sociaux afin d'exercer le pouvoir de direction dans la société. Les titulaires de ce pouvoir sont en principe identifiés avec précision par la loi[346]. Cela aura pour principal effet de restreindre considérablement la possibilité d'aménagements conventionnels en la matière.

Quant au pouvoir des associés, l'assemblée générale est traditionnellement considérée comme détenant le « *pouvoir suprême* » de la société[347]. Ce pouvoir supplanterait même celui des dirigeants car c'est l'assemblée générale qui décide de l'orientation à donner à l'activité économique de la société. Aussi, le pouvoir des dirigeants serait subsidiaire ou subordonné à celui des associés, car ce sont ces derniers qui ont la faculté

---

343 F.-X. LUCAS, « L'acquisition du pouvoir dans les sociétés en France », *in Le pouvoir dans les sociétés*, Travaux de l'association Henry Capitant, tome LXII, 2012, p. 130.
344 Ibid.
345 *Ibid.*, p. 131.
346 Ibid.
347 V. N. ROUILLER, « La prise de pouvoir dans les sociétés commerciales en Suisse », *in Le pouvoir dans les sociétés*, *op. cit.*, p. 204 ; M. JEANTIN, *Droit des sociétés*, *op. cit.* p. 101, n° 190.

de nommer les organes de direction ou de les révoquer. Les associés disposent de nombreuses prérogatives, certaines d'entre elles n'étant pas finalisées, et donc ne sauraient recevoir la qualification de pouvoir tel que défini en droit privé[348]. Celles-ci permettent aux associés d'exercer un contrôle sur l'organisation et le fonctionnement sociétaire. Le contrôle sera ici entendu de manière large comme la maîtrise exercée sur la gestion d'une entreprise ou d'un organisme ou encore le pouvoir assurant à son détenteur une influence dominante dans la direction ou l'orientation des destinées d'un groupe ou d'une société[349]. Ce pouvoir de contrôle est en principe reconnu aux associés qui, par des aménagements conventionnels, pourront en modifier la consistance dans la limite de l'espace de liberté laissé par les législateurs français et OHADA.

100. Les règles gouvernant l'aménagement conventionnel de la société commerciale sont mues par des principes communs au droit français et au droit OHADA. Malgré quelques points de dissemblance que l'on peut observer entre ces deux systèmes juridiques, nous pourrons constater d'une manière générale une convergence en matière d'aménagement conventionnel du pouvoir de direction de la société (**Chapitre I**), et du pouvoir de contrôle des associés (**Chapitre II**).

---

[348] E. GAILLARD, *Le pouvoir en droit privé*, Economica, 1985, p. 137, n° 214 et suiv.
[349] G. CORNU, *Vocabulaire juridique*, *op. cit.*, V° « Contrôle ».

Chapitre I. La convergence des droits français et OHADA en matière d'aménagement conventionnel du pouvoir de direction

101. Le pouvoir de direction permet à une société de prendre des décisions qui lieront l'ensemble des associés, de passer des actes juridiques et d'exercer une activité économique[350]. Ce pouvoir est en principe reconnu aux dirigeants de la société. La doctrine commercialiste est divisée quant à la nature même des fonctions des dirigeants sociaux : d'une part, le dirigeant apparaît comme un mandataire, celui-ci détenant ses pouvoirs des associés qui déterminent l'étendue de ses attributions ; d'autre part il apparaît comme un organe de la société, une institution organisée de manière impérative par le législateur. Ce dernier définit des fonctions qu'il attribue à chaque organe de la société, en particulier au dirigeant social. Ces deux conceptions du pouvoir de direction dans la société sont plus largement influencées par le sempiternel débat sur la nature contractuelle ou institutionnelle de la société[351]. Vu sous l'angle de la possibilité d'aménagement du pouvoir de direction, la première conception apparaît plus flexible quant à l'intervention de la volonté contractuelle dans l'organisation de ce pouvoir. Cependant, il faut d'ores et déjà noter que la rigidité ou la présence de l'ordre public dans la législation sociétaire ne rend pas la société plus institutionnelle que contractuelle. Comme l'affirment certains auteurs, « *le recours à la notion d'institution est devenu inutile dans la mesure où l'ordre public est une donnée intégrée par la théorie du contrat : un contrat ne perd pas sa nature du seul fait qu'il fait l'objet d'une législation d'ordre public. Il s'ensuit que l'alternative contrat-institution est fausse. Il suffit de parler de contrat et d'ordre public, notions qui peuvent évidemment coexister* [352]». Il conviendra dans un premier temps, d'appréhender l'influence pratique que peuvent avoir ces différentes conceptions sur l'aménagement conventionnel du pouvoir de direction. Ensuite, une analyse de ce pouvoir permettra de constater qu'il est d'une manière générale organisé par le législateur, organisation qui laisse très peu de place aux volontés individuelles. Enfin, il conviendra d'observer

[350] F.-X. LUCAS, « L'acquisition du pouvoir dans les sociétés en France », *op. cit.*, p. 131.
[351] J.-P. BERTREL, « Le débat sur la nature de la société », in *Droit et vie des affaires, Études à la mémoire d'Alain SAYAG*, Litec 1997, p. 134. M. COZIAN, VIANDIER, DEBOISSY, *Droit des sociétés, op. cit.*, p. 4, n° 9 ; J. Cl. MAY, « La société : contrat ou institution ? » in *Contrat ou institution : un enjeu de société*, L.G.D.J., 2004, p. 122 ; Fl. DEBOISSY, « Le contrat de société », *in Le contrat,* Travaux de l'association H. Capitant, t. LV, 2008, p. 119 et suiv. ; T. FAVARIO, « Regards civilistes sur le contrat de société », *Rev. sociétés* 2008, p. 53.
[352] M. COZIAN, VIANDIER, DEBOISSY, *Droit des sociétés*, *op. cit.*, p. 5, n° 9.

que malgré cette organisation quasi impérative du pouvoir de direction dans la société, il existe une marge de manœuvre, aussi petite soit-elle, pour les associés, leur permettant de porter un regard sur l'attribution et l'exercice de ce pouvoir.

Section préliminaire : L'influence des différentes théories sur la nature de la société

102. Degré de flexibilité du pouvoir de direction de la société commerciale. L'orientation des principes applicables en droit des sociétés dépend en grande partie de la conception que l'on se fait de la nature de la société. Relativement à l'aménagement du pouvoir dans la société, plus la conception contractuelle de la société sera retenue, plus le pouvoir de direction dans la société pourra être largement aménagé au gré des associés. En revanche, si la conception retenue s'apparente à celle institutionnelle, l'organisation de la société sera alors impérative de telle sorte que les associés ne puissent pas faire œuvre de volontarisme en la matière. Ainsi, la question de la qualité du dirigeant touche aux fondements même du droit des sociétés[353].

103. Mandataire ou organe social. Selon certains auteurs, lorsque le législateur se charge de définir la mission du dirigeant social, celui-ci serait un organe social, le cas échéant, il serait un mandataire social[354]. Aussi bien le législateur, la jurisprudence que la doctrine, usent indifféremment des termes de mandataire social et d'organe social[355] sans que cela ne corresponde pour autant à une conception précise de la qualité des titulaires du pouvoir de représentation dans la société. Il ne faut donc pas prêter à la terminologie légale plus de portée qu'elle n'en a[356]. Il conviendra dans un premier temps d'examiner les implications de la théorie contractuelle de la société sur le pouvoir de représentation (**§I**), avant d'aborder les implications de la théorie institutionnelle (**§II**).

---

[353] J. KAMGA, « Dirigeants sociaux », in *Encyclopédie du droit OHADA*, Lamy 2011, p. 655, n° 124.

[354] D. GIBIRILA, *Les dirigeants de société – Statut juridique, social et fiscal*, préf. J.-P. MARTY, Litec, 1995, p. 324, n° 393.

[355] V. en ce sens J. KAMGA, « Dirigeants sociaux », in *Encyclopédie de droit OHADA*, *op. cit.* p. 661, n° 158.

[356] J.-P. BERTREL, « Le débat sur la nature de la société », in *Droit et vie des affaires, Études à la mémoire d'Alain SAYAG*, Litec, 1997, p. 134, n° 5.

§I. Nature contractuelle de la société et flexibilité de l'aménagement du pouvoir de direction

104. Nature contractuelle de la société et prévalence de la notion de mandataire social. Historiquement, selon les tenants de la conception contractuelle, la société serait l'œuvre de la volonté des associés de réaliser une activité en commun pour en retirer les bénéfices ou profiter de l'économie qui pourrait en résulter[357]. De ce fait, la société serait organisée par le contrat de société qui ancre la volonté des associés pour la durée de la société. Ce contrat a pour objet, entre autre sur le plan interne, d'organiser le fonctionnement de la société ainsi que les rapports entre les différentes composantes prévues de manière souveraine par les associés. Cette organisation volontaire implique donc que les associés sont souverains en matière de répartition du pouvoir au sein de la société. En cours de vie sociale, ils ont également de ce fait toute légitimité pour réorganiser les attributions des différents titulaires du pouvoir de représentation en modifiant le pacte social. Dans cette hypothèse, « *la liberté est la règle. Tout ce qui n'est pas interdit est permis*[358] ». Ainsi, les associés sont libres dans le choix de l'organe et également de la personne qui aura le pouvoir de représenter la société auprès des tiers. Cette dernière sera ainsi mandatée par les associés et aura ainsi le qualificatif de mandataire social.

105. Implication de la théorie contractualiste sur la liberté conventionnelle des associés. Si l'on admet cette analyse, il devrait être admis que les associés puissent créer autant de mandataires sociaux à leur guise en fonction de l'organisation sociale choisie. Ils devraient également pouvoir modifier les attributions des mandataires à volonté. Cependant, la réalité en est tout autre ; le pouvoir de représentation dans la société fait partie des questions qui font l'objet d'une réglementation minutieuse de la part du législateur[359] en vue de la protection non seulement des tiers mais également de l'intérêt des associés eux-mêmes vis-à-vis des mandataires sociaux. Le volontarisme sociétaire fait place à une règlementation impérative du pouvoir de représentation de la société commerciale. Il a donc

---

[357] Cette conception serait principalement issue de la rédaction de l'article 1832 du code civil dans sa version originelle qui disposait que « *La société est un contrat par lequel deux ou plusieurs personnes conviennent de mettre en commun des biens ou leur industrie, en vue de partager le bénéfice ou de profiter de l'économie qui pourra en résulter* ». Cette thèse serait confortée par la situation des dispositions relatives à la société dans le code civil, étant situées entre le contrat de louage et le contrat de prêt. V. en ce sens, J. P. BERTREL, « Le débat sur la nature de la société », *art. préc.*, p. 133, n° 4.

[358] Y. GUYON, Traité des contrats – Les sociétés, Aménagements statutaires et conventions entre associés, op. cit. p. 21, n° 8.

[359] V. *infra,* n° 112 et suiv.

été proposé une autre approche de la société, fondée sur la théorie publiciste de l'institution systématisée par le doyen HAURIOU[360].

§II. Nature institutionnelle de la société et rigidité de l'aménagement du pouvoir de direction

106. Nature institutionnelle de la société et prévalence de la notion d'organes sociaux. Partant de la définition de l'institution, les partisans de la nature institutionnelle de la société ont réfuté le caractère contractuel de la société. Pour ces auteurs, les associés en constituant leur société acceptent, dans le but de la poursuite d'un intérêt commun, une organisation sociale préétablie[361]. De ce fait, ils consentent à toutes les contraintes, notamment impératives liées à cette organisation sociale. Cette conception implique également que l'intérêt de l'institution est bien distinct de celui des associés, contrairement à la théorie contractualiste selon laquelle la société n'est créée que pour la poursuite des intérêts des associés. Dans cette théorie institutionnelle, les associés adoptent ou rejettent un ensemble de règles sans pouvoir les modifier, sauf dans les cas où la loi le prévoit expressément[362].

L'analyse institutionnelle a connu ses heures de gloire en droit des sociétés avec le foisonnement des règles impératives dans la société anonyme qui se révèle être l'archétype de la société-institution. Aussi, certains auteurs ont vu dans le changement terminologique intervenu à l'occasion de la loi du 11 juillet 1985 retenant le terme de société « instituée » à la place de « constituée », une consécration de la théorie institutionnelle. Mais, comme déjà remarqué plus haut, il ne faudrait pas prêter à la terminologie légale plus de portée qu'elle n'en a[363].

107. Institution d'organes sociaux exclus du champ de la liberté conventionnelle des associés. Selon cette théorie, les différents organes de direction de la société sont prévus d'une manière impérative par le législateur de telle sorte que, à défaut d'autorisation légale expresse, il n'est point possible de modifier cette organisation. La structure de chaque société serait à adopter telle quelle par les associés, sans pouvoir, ni y adjoindre

---

[360] V. M. HAURIOU, *Principes de droit public*, Dalloz 2010, p. 123 et suiv.

[361] Cette organisation sociale préétablie rappelle la définition de l'institution donnée par le Doyen HAURIOU : « une organisation sociale, en relation avec l'ordre général des choses, dont la permanence individuelle est assurée par l'équilibre interne d'une séparation des pouvoirs, et qui a réalisé dans son sein une situation juridique », Principes de droit public, op. cit., p. 129.

[362] V. en ce sens Y. GUYON, Traité des contrats – Les sociétés, Aménagements statutaires et conventions entre associés, op. cit. p. 21, n° 8.

[363] V. *supra*, n° 102.

d'autres organes, ni modifier les compétences ou attributions des organes existants. Les organes sociaux diffèrent ainsi des mandataires sociaux, dont le contenu du mandat dépend de la volonté des associés. Cette approche institutionnelle se rapproche de la réalité économique, même si elle n'est pas parfaitement satisfaisante[364].

108. Critique de la théorie classique institutionnelle. Cette analyse a toutefois connu elle aussi des critiques car, d'un point de vue technique, la pérennité de l'institution ne s'impose pas aux associés, qui peuvent décider de mettre fin au projet commun à tout moment. Aussi, la notion d'institution reste floue car très imprécise et n'a pas de régime juridique bien défini[365]. Qui plus est, un contrat ne peut perdre sa nature contractuelle du seul fait qu'il fait l'objet d'une législation d'un ordre public[366].

109. Théorie moderne de l'entreprise et renouveau de la théorie contractuelle. À côté de cette analyse institutionnelle classique s'est développée la théorie de l'entreprise, portée sur ses fonds baptismaux par l'École de Rennes[367]. Cette doctrine fait de la société une technique juridique d'organisation de l'entreprise. La société permet ainsi d'organiser la protection des intérêts catégoriels dans l'entreprise, ainsi que les rapports avec les tiers, en cela facilité par la personnalité juridique. Il s'agit ici d'une conception purement fonctionnelle de la société qui vise à répondre à un besoin d'organisation juridique d'une activité économique donnée[368]. Cette théorie à l'instar de celles classiques, n'est pas exempte de critique. En effet, la société n'a pas pour rôle technique uniquement l'organisation de l'entreprise. Elle permet également d'organiser des partenariats ou des patrimoines[369]. Aussi, il existe des sociétés qui n'ont pas d'activité à l'instar des sociétés de détention ou gestion de portefeuille[370].

---

364 V. en ce sens, Y GUYON, Traité des contrats – Les sociétés, Aménagements statutaires et conventions entre associés, op. cit., p. 21, n° 9 ; Pour cet auteur, « la société a une nature plus institutionnelle que contractuelle ».

365 J.-P. BERTREL, « Le débat sur la nature juridique de la société », *art. préc.*, p. 134, n° 5 ; M. JEANTIN, *Droit des sociétés*, *op. cit.*, p. 11, n° 20.

366 V. en ce sens, M. COZIAN, A. VIANDIER et Fl. DEBOISSY, *Droit des sociétés*, *op. cit.*, p. 5, n° 9.

367 Cl. CHAMPAUD, *Le pouvoir de concentration de la société par actions*, préf. Y. Loussouarn, Sirey, 1962 ; Cl. CHAMPAUD, « Le contrat de société existe-t-il encore ? » in *Le Droit contemporain des contrats*, Travaux de la Faculté des Sciences juridiques de Rennes, Economica, 1987 ; J. PAILLUSSEAU, *Les fondements du droit moderne des sociétés*, *JCP G*, 1984, I, p. 3148.

368 J. PAILLUSSEAU, « Le droit moderne et la personnalité morale », *RTD Civ.* 1993, p. 705.

369 M. COZIAN, A. VIANDIER et Fl. DEBOISSY, *Droit des sociétés*, *op. cit.*, p. 10, n° 15 et suiv.

370 V. en ce sens P. Le CANNU et B. DONDERO, *Droit des sociétés*, *op. cit.*, p. 191, n° 281.

Même si la doctrine dominante adhère à la théorie institutionnelle dans sa version moderne[371], la conception contractuelle de la société se renouvelle à la faveur des modifications législatives et de l'influence grandissante des concepts de droit anglo-saxon tels que la *corporate governance* ou gouvernement d'entreprise. Ce phénomène de la contractualisation du droit des sociétés consiste à « *régler par des accords entre les associés, dans les statuts ou dans des pactes extra-statutaires, des questions pour lesquelles une réglementation impérative n'impose pas une solution prédéfinie*[372] ». Les praticiens du droit des affaires allant au-delà de la simple affirmation de la rigidité du droit des sociétés ont ainsi réintroduit le contrat dans la société. Cependant, si la jurisprudence semble accompagner favorablement ce mouvement en reconnaissant la validité de plusieurs aménagements conventionnels, force est de reconnaître qu'elle se méfie des aménagements portés à l'organisation du pouvoir au sein de la société. En effet, quelle que soit la conception contractuelle ou institutionnelle de la société retenue, la société demeure soumise à des règles d'ordre public[373]. Cet ordre public ne doit pas remettre en cause la nature contractuelle de la société, car la notion de contrat n'est pas exclusive de toute idée d'impérativité ou d'ordre public[374]. L'idée d'une théorie contractuelle telle qu'elle était conçue à l'origine, si elle est contestable car fondée sur l'absolutisme de la volonté individuelle, est celle qui permet d'expliquer le mieux la société depuis sa constitution jusqu'à sa dissolution. Pour ne s'en tenir qu'au pouvoir de représentation dans la société, certes les associés ne disposent pas d'une liberté absolue quant au choix du titulaire du pouvoir de représentation ni des attributions principales de celui-ci, mais ils conservent tout de même le choix final quant à la personne qui sera désignée en tant que représentant légal de la société.

110. Le pouvoir de représentation, un élément de l'ordre public sociétaire. Il est aujourd'hui majoritairement admis que chaque société dispose d'une organisation minimale prévue par le législateur, organisation impérative donc insusceptible d'aménagements conventionnels de la part des associés. C'est ce que certains auteurs ont qualifié de *moule légal à prendre tel quel ou à laisser*[375] ou encore de « *structure théorique*[376] » que l'on ne peut contourner par des aménagements conventionnels. Cette idée

[371] J.-P. BERTREL, « Le débat sur la nature de la société », *op. cit.*, p. 137, n° 9.
[372] P. Le CANNU et B. DONDERO, *Droit des sociétés, op. cit.*, p. 188, n° 276.
[373] Y. GUYON, Traité des contrats – Les sociétés, Aménagements statutaires et conventions entre associés, op. cit., p. 23, n° 8.
[374] M. COZIAN, A. VIANDIER et Fl. DEBOISSY, *Droit des sociétés*, *op. cit.*, p. 5, n° 9.
[375] J. MESTRE, D. VELARDOCCHIO, A.-S. MESTRE-CHAMI, *Lamy Sociétés Commerciales* 2015, p. 15, n° 37.
[376] D. VIDAL, *et al.*, « La délégation de pouvoir dans les sociétés anonymes », *Actes pratiques* 2000, n° 50, p. 5.

d'organisation impérative de la structure sociétaire viendrait de l'important arrêt Motte[377] qui a posé les bases du principe de hiérarchie et de spécialité des organes sociétaires. Selon ce principe, chaque organe dans la société tient ses pouvoirs de la loi et non du mandat social – ce qui n'est pas sans rappeler la théorie institutionnelle de la société – et de ce fait, aucun empiètement sur le champ de compétence d'un organe n'est admis. Ainsi, il existerait donc un principe d'organisation impérative du pouvoir de direction (**Section I**), principe qui admet néanmoins quelques aménagements (**Section II**).

Section I. Le principe de l'organisation impérative du pouvoir de direction en droit français et OHADA

111. Identification d'un organe de représentation dans la société. Quel que soit le système juridique considéré, « *il n'existe que des sociétés nommées et non des sociétés innommées ou "sui generis"*[378] ». De ce fait, les fondateurs d'une société n'ont d'alternative que celle de choisir entre les différentes formes de société prévues par le législateur. Or, chaque forme de société a une organisation minimale prévue par le législateur. Il en va ainsi du système de représentation dans la société. Le législateur prend soin, pour chaque société considérée, de prévoir des organes chargés de représenter la société. L'existence d'un représentant dans chaque type de société relève surtout d'une nécessité pratique. En effet, la société personnifiée a besoin d'un représentant chargé de mettre en œuvre la volonté sociale et de défendre l'intérêt collectif. De ce fait, l'existence d'une personne clairement identifiée comme titulaire du pouvoir de représentation relève d'un impératif sociétaire auquel on ne peut se soustraire. Aussi, dans chaque société l'agencement ou l'organisation des organes sociaux sont souvent le fait du législateur, laissant ainsi une structure plus ou moins souple à manier en fonction du type de société. Il conviendra ainsi d'aborder en premier lieu la désignation impérative des titulaires du pouvoir de représentation (**§I**), avant d'examiner le nécessaire respect de l'organisation impérative des organes sociaux (**§II**).

---

[377] Cass. civ. 4 juin 1946, *JCP G* 1946, II, p. 3518, note Bastian; *Sirey* 1947, 1, p. 153, note Barbry.

[378] Y. GUYON, Traité des contrats – Les sociétés, Aménagements statutaires et conventions entre associés, op. cit., p. 21, n° 8.

§I. La désignation impérative du titulaire du pouvoir de représentation

112. Chaque société dispose d'une personne désignée par la loi afin de représenter la société. Le titulaire du pouvoir de représentation assure avec certains organes la direction effective de la société. Le titulaire du pouvoir de représentation varie selon qu'il s'agisse de société de personnes, catégorie à laquelle il faut rajouter la SARL (**A**), ou selon qu'il s'agisse de société anonyme ou de société par actions simplifiée (**B**).

A. Le titulaire du pouvoir de représentation dans les sociétés de personnes et SARL

113. Monopole du pouvoir de représentation au profit du gérant. Aussi bien en droit français que OHADA, il existe pour chaque type de société un représentant désigné par le législateur. Dans les sociétés de personnes et dans la SARL, le pouvoir de représentation est attribué au seul gérant[379]. Le gérant est en effet le seul organe de direction dans ces sociétés, ce qui semble rendre l'identification du titulaire de représentation plus aisée. Cependant, quelques hésitations semblent naître à la lecture de la jurisprudence en matière de représentation en justice d'une société en nom collectif. En effet, dans une affaire soumise à la Cour de cassation française, une société en nom collectif était représentée par deux co-gérants non associés. Elle vend des marchandises avec une clause de réserve de propriété à une autre société. Cette dernière fait l'objet d'une procédure de sauvegarde et le vendeur revendique les marchandises impayées. Cette demande est rejetée par l'administrateur judiciaire ; la SNC forme une requête en revendication qui est rejetée successivement par le juge-commissaire puis la Cour d'appel d'Aix-en-Provence, excipant d'un défaut de qualité du représentant ayant agi au nom de la SNC. En effet, la requête avait été formulée par une société de recouvrement qui avait un mandat délivré par la directrice des achats de la SNC, cette dernière ayant reçu le pouvoir de représenter ou faire représenter la société en justice par une décision unanime des associés réunis en assemblée. Il s'agissait donc de savoir si l'assemblée des associés avait compétence pour confier à un tiers[380] – autre que le gérant statutaire – un mandat de représenter la société en justice. La

[379] V. Articles 221-5 et 223-18, alinéa 5 du code de commerce. Pour le droit OHADA, V. Articles 276, 298, 323 de l'AUDSC révisé.

[380] En l'espèce il s'agissait de la directrice des achats de la société.

Cour de cassation[381] répond par la négative retenant que « *la collectivité des associés ne disposait pas du pouvoir de représenter la société [...] et ne pouvait pas déléguer [...] le pouvoir de représenter ou faire représenter la société en justice* ». Il ressort donc clairement de cet arrêt que, si dans une SNC tous les associés sont en principe gérants sauf désignation dans les statuts de gérants associés ou non, lorsque les associés auront usé de leur faculté de désigner des gérants, seuls ces derniers disposent du pouvoir de représenter la société. Autrement dit, à partir de la désignation de gérants en dehors du cercle des associés, « *ces derniers perdent tout pouvoir d'agir au nom et pour le compte de la personne morale, de sorte qu'ils ne peuvent, même à l'unanimité, confier à un tiers le soin d'engager une action au nom de la société*[382] ».

Il apparaît ainsi que dans les sociétés de personnes, le pouvoir de représentation de la société appartient exclusivement au gérant *ès* qualité. Si en l'espèce, les associés n'avaient pas désigné dans les statuts des co-gérants, ils auraient alors tous la qualité de gérant et donc disposeraient tous concurremment du pouvoir de représentation de la société. En tant que titulaire de ce pouvoir, la délégation de pouvoir faite à l'unanimité au profit de la directrice des achats aurait donc été valable[383]. Ayant désigné des gérants, les associés "se dépouillent" du pouvoir de représentation et donc ne peuvent plus le déléguer à une tierce personne, selon le célèbre adage *nemo plus juris ad alium transfere potest quam ipse habet*[384]. Cette solution n'est pas sans rappeler une autre décision de la même chambre commerciale de la même Cour, qui avait considéré que, si les associés choisissent dans les statuts de confier la direction de la société à une ou plusieurs personnes, ils ne peuvent plus dès lors acquérir automatiquement la qualité de gérant, même en cas de vacance de poste notamment par le décès du gérant régulièrement nommé[385].

114. La solution observée dans la jurisprudence française serait la même si une question similaire était posée aux tribunaux de l'espace OHADA, du fait de la similarité des règles applicables en la matière. Il existe ainsi un monopole du pouvoir de représentation au profit du gérant. Il faut noter aussi que cette solution dégagée à propos de la SNC devrait s'appliquer à toutes les sociétés de personnes ainsi qu'aux SARL. L'identification du titulaire du

---

[381] Cass. com. 22 octobre 2013, n° 12-24.658, SNC L'Oréal produits de luxe c/ Avazeri ; *Dr. sociétés*, janvier 2014, comm. 7, note D. Gallois-Cochet ; *Bull. Joly sociétés*, 31 janvier 2014, p. 32, note F.-X. Lucas.
[382] F.-X. LUCAS, note sous Cass. com. 22 octobre 2013, préc.
[383] V. *infra*, n° 138 et suiv.
[384] H. ROLAND et L. BOYER, *Adages du droit français*, 4ème éd. Litec 1999, p. 506 : Nul ne peut transférer à autrui plus de droit qu'il n'en a lui-même.
[385] V. Cass. com. 22 mai 2001, n° 96-17.049, *Defrénois* 2001, p. 1200, obs. J. Honorat.

pouvoir de représentation apparaît plus complexe s'agissant des sociétés par actions.

B. Le titulaire du pouvoir de représentation dans les sociétés par actions

115. La complexité de l'organisation de la société anonyme tranche d'avec l'organisation simplifiée et minimale de la société par actions simplifiée. Cette constatation se perçoit également au regard de la question du titulaire du pouvoir de représentation dans ces deux types de sociétés. Nous examinerons successivement la titularité du pouvoir dans les sociétés anonymes (**1**), et dans les sociétés par actions simplifiée (**2**).

1. Dans les sociétés anonymes

116. Titularité du pouvoir de représentation dans la SA. Dans la société anonyme, le législateur confie l'administration de la société à des organes très variés. Selon le mode d'administration choisi par les associés, il sera plus ou moins aisé de déterminer le titulaire du pouvoir de représentation.

117. Le titulaire du pouvoir de représentation en droit OHADA. En droit OHADA des sociétés, les associés de société anonyme ont le choix entre un système dual et un système moniste. En effet, les associés ont le choix entre la SA avec conseil d'administration et celle avec un administrateur général[386]. Ce choix n'en est pas réellement un, puisque la seconde option ne peut être retenue que dans les sociétés comportant au plus trois associés[387].

Lorsque les associés optent pour le système moniste, aucun problème ne se pose puisque « *l'administrateur général assume, sous sa responsabilité, l'administration et la direction générale de la société. Il la représente dans ses rapports avec les tiers*[388] ». Celui-ci détient alors le pouvoir de représentation de la société.

En revanche lorsque les associés optent pour un système dualiste, la société sera dirigée soit par un président-directeur général, soit par un

---

[386] Article 414 de l'AUDSC révisé.
[387] Article 494 de l'AUDSC révisé.
[388] Article 498 de l'AUDSC révisé.

président du conseil d'administration et un directeur général[389]. Lorsque la société est dirigée par un président-directeur général, celui-ci « *assure la direction générale de la société et représente celle-ci à l'égard des tiers*[390] ». À l'inverse, en présence d'un président du conseil d'administration et d'un directeur général, la direction de la société incombe à ce dernier qui est chargé de la direction générale de la société et de la représentation de celle-ci auprès des tiers[391]. De ce fait, il a été jugé que le président du conseil d'administration ne peut pas représenter la société anonyme[392], sauf si celui-ci bénéficie d'une délégation régulière de pouvoir provenant du directeur général[393]. Par conséquent, les honoraires des avocats du président du conseil d'administration prétendant agir pour le compte de la société ne sauraient être supportés par la société[394].

Si cette présentation ne semble *a priori* poser de problème, cette apparence s'estompe dès lors que l'on considère les attributions du conseil d'administration. En effet, selon l'article 436 de l'AUDSC révisé, « *dans ses rapports avec les tiers, la société est engagée, y compris par les décisions du conseil d'administration qui ne relèvent pas de l'objet social [...]* ». Faudrait-il en conclure que le conseil d'administration, en tant qu'organe collectif, dispose concurremment au président-directeur général ou au directeur général du pouvoir de représenter la société auprès des tiers ?

118. Absence de pouvoir de représentation du conseil d'administration. Certains auteurs en droit français ont considéré qu'il n'y avait aucun monopole du pouvoir de représentation au profit du directeur général ou du président du directoire[395]. Ce pouvoir serait exercé concurremment et subsidiairement par les autres organes chargés de l'administration de la société anonyme. Ainsi, le conseil d'administration en tant qu'organe devrait pouvoir représenter la société et agir en son nom et pour son compte à l'image d'un directeur général. Il s'agit ici d'une interprétation littérale des textes qui voudrait que, les actes du conseil d'administration pouvant engager la société auprès des tiers, ce conseil soit ainsi doté d'un pouvoir de représentation[396]. La réécriture du champ de compétence des organes d'administration de la société anonyme opérée par

---

389 Article 415 de l'AUDSC révisé.
390 Article 465 de l'AUDSC révisé.
391 Article 487 de l'AUDSC révisé.
392 CA Littoral, ord. n° 197/CC/PCA/DLA, 22 septembre 2003, Me D. Moutomé, P. Monthé et a. c/ Beneficial Life Insurance SA, *Ohadata* J-06-97.
393 CA Abidjan, arrêt n° 967, 26 juillet 2002, BIAO-CI c/ Nouvelle Scierie d'Agnibilékro SDA et Nouhad Wahad Rachid, *Ohadata* J-03-26.
394 CA Littoral, ord. n° 197/CC/PCA/DLA, 22 septembre 2003, préc.
395 Ph. BISSARA, « Le président "dissocié" », *Revue A.N.S.A.*, septembre 2001, n° 18.
396 V. H. MOUBSIT, *La représentation en droit des sociétés*, L'Harmattan, 2013, p. 151.

la loi NRE en droit français ou encore l'AUDSC tel qu'il ressort de la récente réforme, n'apporterait aucun changement car, suivant cette interprétation, le conseil d'administration dispose d'un pouvoir d'agir auprès des tiers et donc de représentation de la société à l'externe. Cette situation n'est sans doute pas celle voulue par les deux législateurs[397]. En effet, par ces réformes, les législateurs français et OHADA[398], ont voulu une clarification des attributions du conseil d'administration par rapport à celles du directeur général ou du président-directeur général[399]. Désormais, l'esprit du texte incite à réserver au conseil d'administration une compétence interne, le pouvoir de représentation étant attribué à l'organe opérationnel, c'est-à-dire le directeur général, que celui-ci soit dans les faits le président du conseil d'administration ou non. La règle selon laquelle le conseil d'administration engagerait la société dans les rapports avec les tiers, même par les actes qui ne relèvent pas de l'objet social, devient ainsi sans objet[400]. Le législateur OHADA aurait sans doute pu, au regard des critiques adressées à son homologue français sur cette question, faire l'économie de cette disposition. Aussi, il faut observer que « *le directeur général est un opérationnel, c'est au surplus un personnage unique ; le conseil, organisme collégial, ne siège pas en permanence et son intervention se limite à quelques réunions par an (cinq ou six dans le meilleur des cas), réunions qui durent rarement plus de deux ou trois heures*[401] ». De ce fait, il apparaît logique que le pouvoir de représentation relève exclusivement des prérogatives du directeur général[402]. Un auteur a ainsi appelé à « *revenir à la cohérence d'ensemble des pouvoirs des organes en réservant au conseil d'administration une compétence exclusive (mais limitée) pour la détermination des orientations de l'activité de la société et le contrôle de leur mise en œuvre*[403] ».

119. Le titulaire du pouvoir de représentation en droit français. En droit français, les associés devront choisir entre la SA avec conseil

---

[397] V. en ce sens, B. SAINTOURENS, « Les organes de direction de la société anonyme après la loi relative aux nouvelles régulations économiques », *Rev. sociétés*, 2001, p. 515-531, spéc. p. 524.

[398] Loi NRE pour ce qui est du droit français et réforme de l'AUDSC entré en vigueur le 5 mai 2014 pour le droit OHADA.

[399] V. B. SAINTOURENS, « Les organes de direction de la société anonyme après la loi relative aux nouvelles régulations économiques », *art. préc.*, p. 522 et suiv.

[400] *Ibid.* p. 524.

[401] M. COZIAN, A. VIANDIER et Fl. DEBOISSY, *Droit des sociétés*, *op. cit.*, p. 354, n° 635.

[402] V. contra, A. VIANDIER, Sociétés et loi NRE : Les réformes de la loi « Nouvelles régulations économiques », éd. Francis Lefebvre, 2001, p. 45, n° 119 et suiv ; A. VIANDIER et A. CHARVERIAT, Sociétés et loi NRE : Mode d'emploi après un an d'application, éd. Francis Lefebvre, 2002, n° 122 ; J.-P. CHAZAL, Y. REINHARD, « Liberté contractuelle, représentation et direction des SAS », note sous Cass. com., 2 juillet 2002, RTD. Com. 2002, p. 688, spéc. p. 689 et 690.

[403] B. SAINTOURENS, « Les organes de direction de la société anonyme après la loi relative aux nouvelles régulations économiques », *art. préc.*, p. 524.

d'administration et celle avec conseil de surveillance. En présence d'une SA avec conseil d'administration, le pouvoir de représentation échoit en principe à l'organe opérationnel, c'est-à-dire au directeur général. Nous retrouvons ici les mêmes problématiques sus évoquées par rapport au droit OHADA[404]. En revanche, lorsque le système d'administration choisi est collégial, c'est-à-dire en présence d'une direction de type directoire et conseil de surveillance, le pouvoir de représentation appartient au président du directoire[405]. Ainsi, il existerait un « *monopole de représentation* » en faveur du directeur général ou du président du directoire[406]. En présence de directeurs généraux délégués, ces derniers partagent le pouvoir avec le directeur général ou le président du directoire[407].

120. Application jurisprudentielle. La jurisprudence française semble adhérer à cette conception du pouvoir de représentation dans la société anonyme. En effet, dans une espèce où le conseil d'administration d'une société anonyme a assigné une société en relèvement de ses fonctions de commissaire aux comptes, cette dernière invoqua devant la Cour d'appel une irrégularité de fond tenant du défaut de qualité du conseil. Selon la société commissaire aux comptes, l'assignation a été introduite par le conseil d'administration en tant qu'organe social alors que celui-ci est dépourvu de la personnalité morale. Même si le conseil d'administration a la compétence requise pour relever la société de ses fonctions de commissaire aux comptes, il ne peut introduire une action en justice à cet effet que par l'intermédiaire du représentant légal de la société. Cette argumentation a été accueillie favorablement par la Cour d'appel et la Cour de cassation. Cette dernière retient que « *le conseil d'administration, s'il a qualité, aux termes des articles L. 225-233 du code de commerce et 188 du décret du 23* mars *1967, pour décider le relèvement des fonctions de commissaire aux comptes de la société, doit, en l'absence de personnalité morale, agir en justice par l'intermédiaire du représentant légal de la société et que l'irrégularité tenant à l'inexistence de la personne morale qui déclare agir en justice doit être retenue même en l'absence de grief et n'est pas susceptible d'être couverte*[408] ». Ainsi, seules les personnes physiques investies du pouvoir de représentation de la société, en l'occurrence le directeur général ou le président du directoire[409], ont le pouvoir d'engager la société. En ce sens, les droits français et OHADA convergent parfaitement. Qu'en est-il dans les sociétés par actions simplifiée ?

---

[404] V. *supra*, n° 118.
[405] Article L. 225-66 du code de commerce. V. aussi, M. COZIAN, A. VIANDIER et Fl. DEBOISSY, *Droit des sociétés*, *op. cit.*, p. 388, n° 711.
[406] H. MOUBSIT, La représentation en droit des sociétés, op. cit., p. 152.
[407] Ibid.
[408] Cass. com., 3 octobre 2006, n° 05-12.410, *JCP E*, 2006, p. 2596.
[409] V. en ce sens, H. MOUBSIT, La représentation en droit des sociétés, op. cit., p. 154.

2. Dans les sociétés par actions simplifiée

121. Dans la SAS de droit français. Dans ce type de société, la question du pouvoir de représentation a subi une évolution considérable qui a été prise en compte lors de l'introduction de cette nouvelle forme de société en droit OHADA. En effet, le législateur français lors de l'introduction de la SAS dans le paysage sociétaire avait retenu que la société est représentée à l'égard des tiers par un président désigné dans les conditions prévues par les statuts. Ainsi, le pouvoir de représentation était confié au seul président. C'est en ce sens que s'est prononcée la jurisprudence[410] interprétant restrictivement l'article L. 227-6 du code de commerce. Cependant, la volonté du législateur de créer un nouveau modèle sociétaire empreint de liberté contractuelle s'accommode assez mal avec l'impossibilité pour les associés de choisir dans la SAS l'organe qui sera chargé de représenter la société auprès des tiers. Aussi, cette position tend à créer une confusion, car le législateur renvoie, pour la plupart des règles de fonctionnement de la SAS, aux dispositions relatives à la SA. La confusion viendrait du fait que le directeur général, ou le directeur général délégué, soit investi du pouvoir de représentation de la société anonyme, alors que dans la SAS, le directeur général nommé dans les statuts ne dispose pas d'un tel pouvoir. Également, le président du conseil d'administration n'a plus en principe le pouvoir de représentation dans la société, sauf dans les cas où il serait en même temps directeur général[411]. Cette situation a conduit le législateur français à modifier le système de représentation dans la SAS pour retenir désormais que « *la société est représentée à l'égard des tiers par un président désigné dans les conditions prévues par les statuts. [...] Les statuts peuvent prévoir les conditions dans lesquelles une ou plusieurs personnes autres que le président, portant le titre de directeur général ou de directeur général délégué, peuvent exercer les pouvoirs confiés à ce dernier* ». Ainsi, dans la SAS il existe en principe un seul titulaire du pouvoir de représentation en la personne du président. Mais lorsque les associés auront choisi de nommer un directeur général ou directeur général délégué, ces derniers seront, au même titre que le président, titulaire du pouvoir de représentation de la société. Il ne s'agit pas d'une délégation des pouvoirs du président au profit du

[410] V. par exemple Cass. com. 2 juillet 2002, n° 98-23.324, Bull. civ. 2002, IV, n° 112 ; *Bull. Joly sociétés* 2002, p. 967, n° 215, note A. Couret; *Dalloz* 2002, p. 2263, obs. A. Lienhard; *JCP E* 2002, p. 1639, obs. J.-J. Caussain, Fl. Deboissy et G. Wicker ; *JCP E* 2002, p. 1844, note B. Dondero ; *Dr. sociétés* 2002, n° 179, note J. Monnet ; *RTD Com.* 2002, p. 288, note J.-P. Chazal et Y. Reinhard, *Dr. & patrimoine,* décembre 2002, p. 92, obs. D. Poracchia.
[411] V. *supra,* n° 119.

directeur général ; ce dernier dispose concurremment au président d'un pouvoir de représentation de la société de même nature[412].

122. Dans la SAS de droit OHADA. Le législateur OHADA, à l'instar de son homologue français, reprendra à son compte le mode de représentation de la SAS. En effet, il est prévu à l'article 853-8 de l'AUDSC révisé que « *la société est représentée à l'égard des tiers par un président désigné dans les conditions prévues par les statuts. [...] Les statuts peuvent prévoir les conditions dans lesquelles une ou plusieurs personnes autres que le président, portant le titre de directeur général ou de directeur général adjoint, peuvent exercer les pouvoirs confiés à ce dernier* ». Il faut faire remarquer que le législateur français et OHADA prévoient avec précision le titulaire du pouvoir de représentation qui ne peut être que le président de la SAS ou en cas de prévision dans les statuts, le directeur général ou directeur général délégué[413]. Aussi, conformément à la jurisprudence française, pour que le directeur général ou le directeur général délégué puisse jouir effectivement de ce pouvoir de représentation de la société, il faudrait d'abord s'assurer que leur désignation a été faite dans les statuts et non dans un autre acte tel qu'une résolution d'une assemblée générale[414]. Ensuite, cette désignation contrairement à la délégation de pouvoir est soumise à publicité. Cette publicité concerne non seulement la clause des statuts relative aux pouvoirs du directeur général ou directeur général délégué, mais également l'acte de nomination[415]. Cette mesure de publicité doit également être respectée en droit OHADA conformément au droit commun des sociétés[416]. Les deux systèmes juridiques se rejoignent ainsi quant à la représentation de la SAS par son président ou le directeur général ou directeur général délégué/adjoint.

123. Il existe ainsi une variété de titulaires du pouvoir de représentation en fonction du type de société. Cette variété se vérifie aussi bien en droit OHADA qu'en droit français et la similarité entre ces deux systèmes juridiques est sur ce point assez fort, puisque l'on retrouve quasiment les mêmes dénominations pour ces organes. Les deux systèmes juridiques consacrent un principe de désignation du titulaire du pouvoir de

---

412 V. en ce sens H. MOUBSIT, *La représentation en droit des sociétés*, *op. cit.* p. 155-156 ; V. aussi en ce sens, D. Gallois-Cochet, note sous Cass. com. 14 décembre 2010, n° 09-71.712, *Dr. sociétés* 2011, n° 52.

413 La qualification de directeur général adjoint a été retenue par le législateur OHADA.

414 V. en ce sens Cass. com., 14 décembre 2010, n° 09-71.712, *Dr. sociétés* 2011, n° 52, note D. Gallois-Cochet ; *Dalloz* 2011, p. 75, obs. A. Lienhard ; *Dalloz* 2011, p. 2765, obs. J.-C. Hallouin. *Bull. Joly sociétés* 2011, p. 171, note D. Poracchia. V. également, Cass. com. 21 juin 2011, n° 10-20878, *RTDF* 2011, n° 4, p. 233.

415 Article R. 123-54 du code de commerce.

416 L'article 124 de l'AUDSC révisé prévoit en effet que « la désignation ou la nomination des dirigeants sociaux doit être publiée au registre du commerce et du crédit mobilier ».

représentation par le législateur. Les associés ne sont donc pas autorisés à choisir librement lequel des organes de la société sera chargé de la représentation de la société auprès des tiers. L'impérativité qui entoure ainsi la désignation du titulaire du pouvoir de représentation s'accompagne d'une obligation faite aux associés de respecter l'organisation des différents pouvoirs dans la société.

§II. Le nécessaire respect du principe de spécialité des organes sociaux

124. Principe de spécialité des organes sociaux. La liberté d'organisation du pouvoir dans une société s'exerce « *sous la condition expresse d'absence de bouleversement des principes généraux de hiérarchie et de compétence des divers rouages institués par la loi*[417] ». Les groupements dotés de la personnalité morale disposent non seulement d'une autonomie patrimoniale, mais également d'une autonomie d'action reconnue à leurs organes[418]. Chaque organe dans la société détient des prérogatives distinctes qui lui sont attribuées par la loi. L'autonomie de chaque organe ne doit donc pas être remise en cause par une décision d'un autre organe ou d'un tiers non investi d'une telle prérogative. Ainsi, « *l'autonomie juridique de la société est donc garantie par le respect de la répartition impérative des pouvoirs au sein du groupement*[419] ». Cette répartition impérative s'applique non seulement dans la société anonyme où est clairement affirmé le principe de hiérarchie entre les organes sociaux (**B**), mais également dans les sociétés de personnes y compris les SARL (**A**).

A. Le respect du principe de spécialité des organes sociaux dans les sociétés de personnes et SARL

125. Impossibilité d'adjonction de nouveaux organes dans les sociétés de personnes. Dans les sociétés de personnes ainsi que dans les SARL, l'organisation de la société apparaît très simple au regard des règles applicables à la société anonyme. Toutefois, cette simplicité d'organisation ne permet pas aux associés de modifier l'architecture ou la structure minimale prévue par le législateur. Le respect de la spécialité des organes sociaux se traduira ici par l'impossibilité pour les associés de pouvoir choisir, lors de la constitution d'une société ou pendant le fonctionnement de

---

417 CA Aix, 28 septembre 1982, *Rev. sociétés* 1983, p. 773, note J. Mestre.
418 N. FERRIER, La délégation de pouvoir, technique d'organisation de l'entreprise, préf. Ph. Pétel, Litec, 2005, p. 126, n° 91.
419 Ibid.

celle-ci, la mise en place d'organes non prévus par le législateur dans ce type de société. Pour illustrer ce propos, il convient d'examiner la possibilité d'instituer une organisation de type conseil d'administration (**1**) ou conseil de surveillance dans une SARL (**2**).

1. Création d'un conseil d'administration dans une SARL

126. Direction collégiale de la SARL. Il faudrait d'abord préciser que rien ne semble interdire de prévoir dans ce type de société en cas de pluralité de gérants que ceux-ci devront agir de concert comme dans un conseil d'administration. Le législateur aussi bien français qu'OHADA a prévu que la gérance de la SARL est assurée par un ou plusieurs gérants. Cependant, il faut préciser que prévoir une gérance à la manière d'un conseil d'administration au sein d'une SARL équivaudrait à limiter le pouvoir d'agir de chaque gérant composant ce conseil. Ceux-ci seraient obligés d'assurer la gestion de manière collective, ce qui aurait également pour effet de diluer la responsabilité de chaque gérant. Cette situation, dans le rapport avec les tiers, n'est point admissible ni en droit français ni en droit OHADA. En effet, à la suite du droit français, le législateur OHADA a prévu que les limitations conventionnelles du pouvoir des gérants de SARL sont inopposables aux tiers de bonne foi[420]. Aussi, il est prévu qu'en cas de pluralité de gérants, chacun détient séparément les pouvoirs les plus étendus pour agir en toute circonstance au nom de la société, exception faite des pouvoirs expressément attribués aux associés[421]. Ainsi, si dans les statuts d'une SARL il est créé un conseil d'administration ou même un directoire composé des différents gérants, cette « *organisation collective est inopposable aux tiers car elle est l'équivalent d'une limitation aux pouvoirs des gérants*[422] ». Cette inopposabilité n'impacterait que les relations au sein de la société, où les limitations statutaires des pouvoirs des gérants sont admises. De ce fait, le gérant qui agirait seul au nom de la société, sans obtenir une décision collective de ce conseil, engage sa responsabilité civile à l'égard des associés, et s'expose à une révocation pour juste motif[423].

Dans l'ordre interne, l'institution d'une gérance collective de type directoire ou conseil d'administration semble valable en droit français. En effet, la Cour de cassation a admis l'irrégularité de la convocation d'une assemblée générale faite par un seul gérant, contrairement aux statuts qui

[420] Article 329, alinéa 3 de l'AUDSC révisé.
[421] Article 328, alinéa 2 de l'AUDSC révisé.
[422] Y. GUYON, Traité des contrats – Les sociétés, Aménagements statutaires et conventions entre associés, op. cit., p. 245, n° 153.
[423] Ibid.

prévoyaient l'intervention des deux gérants[424]. Cependant, une autre décision de cette même Cour a semé le doute en la matière[425]. En effet, deux des trois co-gérants d'une SARL avaient convoqué une assemblée générale extraordinaire, alors que les statuts prévoyaient que le troisième avait « *qualité pour prendre seul et en dernier ressort toutes les décisions utiles à la bonne marche des affaires sociales* ». La Cour de cassation approuve la Cour d'appel d'avoir retenu que les termes de cette clause étant ambigus, car ne concernant seulement la gestion de l'entreprise exploitée par la société et, restant silencieux sur le fonctionnement des organes sociaux, alors il y avait lieu d'appliquer la règle légale selon laquelle en cas de pluralité de gérants, le pouvoir de représentation est exercé concurremment par chaque gérant. De ce fait, la convocation de l'assemblée faite par les deux co-gérants a été validée. On pourrait conclure à une contrariété de jurisprudence, mais comme le fait remarquer un auteur[426], si les statuts avaient pris le soin de clarifier les pouvoirs des co-gérants sur le plan interne et externe, la décision aurait été tout autre. De ce fait, en droit français, il est possible d'affirmer qu'en cas de direction collégiale dans une SARL, dans l'ordre interne, les gérants ont l'obligation de respecter cette organisation statutaire qui *a priori* ne remet pas en cause l'organisation légale de la société[427]. Il faudrait toutefois préciser qu'en retenant le qualificatif de conseil d'administration dans une SARL, cette situation aurait pour conséquence de semer une confusion dans l'esprit des tiers qui devront prendre toutes les précautions afin de s'assurer de la réalité des pouvoirs de la personne avec qui ils traitent. Toutefois, la solution pourrait ici s'expliquer par le fait que tous les gérants nommés dans une SARL ont concurremment le pouvoir de représentation.

127. Vers la fin de la rigidité du droit OHADA en matière d'aménagement de l'organisation de la société ? En droit OHADA, la jurisprudence, se fondant sur l'impérativité de l'ensemble des règles de l'AUDSC issue de son ancien article 2, avait condamné toute possibilité d'adjonction de quelque organe que ce soit dans la société[428]. Elle a en effet considéré qu'il n'est pas possible de créer un poste de vice-président dans un établissement bancaire constitué sous la forme d'une société anonyme. Cette position, s'appuyant sur l'impérativité de la législation sociétaire en droit

[424] Cass. com. 28 février 1972, Bull. civ. IV., n° 73, p. 68.
[425] Cass. com. 6 juin 1972, *Dalloz* 1973, p. 213, note Bousquet ; *Rev. sociétés* 1973, p. 310, note B. Bouloc.
[426] B. BOULOC, note sous Cass. com. 6 juin 1972, préc. p. 316.
[427] V. en ce sens Y. GUYON, Traité des contrats – Les sociétés, Aménagements statutaires et conventions entre associés, op. cit., p. 245, n° 153, citant CA Paris, 9 octobre 1985, Dalloz 1986, Info. Rap. 72.
[428] V. avis CCJA n° 002/2000/EP du 26 avril 2000, *Recueil de jurisprudence de la CCJA*, n° spécial, janvier 2003, p. 73.

OHADA, apparaît sévère, dès lors que cette création quand bien même celle-ci ne serait pas prévue dans la loi, ne remet en cause aucun principe d'ordre public sociétaire. Cette jurisprudence rendue à propos d'une société anonyme aurait sans doute été la même si la question s'était posée à propos d'une SARL. Pourtant, dès lors que l'organisation conventionnelle ne heurte aucun principe d'ordre public, il devrait être permis de créer d'autres organes de direction dans la société, à la condition que ceux-ci n'empiètent pas sur les pouvoirs des représentants légaux. C'est cette dernière position qui a été retenue lors de la réforme du droit OHADA. En effet, désormais, l'article 2-1 de l'AUDSC révisé prévoit expressément que « *sous réserve du respect des dispositions du présent Acte uniforme auxquelles il ne peut être dérogé et des clauses statutaires, les associés peuvent conclure des conventions extra-statutaires en vue notamment d'organiser, selon les modalités qu'ils ont librement arrêtées : - les relations entre associés ; - la composition des organes sociaux ; -...* ». Il apparaît dès lors que, lorsque les règles impératives de l'Acte uniforme sont identifiées, les associés ont la liberté, sous réserve de l'ordre public et de l'intérêt social, d'organiser au mieux leur société. La philosophie de la législation OHADA change ainsi avec cette réforme car, désormais, il suffit pour les associés de respecter ou plutôt de ne pas violer une règle impérative. La liberté conventionnelle devrait gagner plus de terrain conformément au vœu du législateur qui a intégré moult aménagements conventionnels issus de la pratique. En attendant une confirmation jurisprudentielle de cette tendance, les associés devront ainsi pouvoir adjoindre des organes non prévus par le législateur si ces derniers n'empiètent pas sur les pouvoirs des organes légaux.

2. Création d'un conseil de surveillance dans une SARL

128. Création d'un conseil de surveillance dans une SARL en droit français. S'agissant de la création d'un conseil de surveillance dans une SARL, certains auteurs français n'excluent pas la possibilité de prévoir dans les statuts la création d'un tel organe de contrôle[429]. Cette possibilité avait été retenue avant la loi française de 1966 qui ne l'a pas reprise. Faut-il en conclure que le législateur exclut désormais toute possibilité de créer un tel organe dans les SARL ? Si tel est le cas, toutes les clauses des statuts qui en prévoiraient l'existence seraient réputées non écrites[430]. Cependant, il semblerait que les statuts peuvent instituer un conseil de surveillance en vue d'un contrôle de la gestion de la SARL, à la condition que cet organe ne soit

[429] J. MESTRE, D. VELARDOCCHIO et A.-S. MESTRE-CHAMI, *Lamy Sociétés Commerciales* 2015, p. 1458, n° 3032.
[430] Y. GUYON, Traité des contrats – Les sociétés, Aménagements statutaires et conventions entre associés, op. cit., p. 246, n° 154.

pas doté des attributions relevant de la compétence exclusive des organes légaux[431]. Cela pourrait se justifier par le fait que le conseil de surveillance est un organe de contrôle qui n'a aucune fonction de représentation de la société. La question qui doit guider l'admission d'un tel organe dans la SARL est celle de savoir si cette organisation aura ou non un impact sur la forme sociétaire. *A priori*, il pourrait être admis que cet organe, étant un organe de contrôle, il ne porterait pas atteinte à la nature juridique de la SARL. Toutefois, il faudrait faire observer que le législateur a déjà prévu la possibilité de nommer des organes précis – les commissaires aux comptes – pour contrôler la gestion du gérant. Ainsi, non seulement la présence d'un conseil de surveillance ne présente pas un grand intérêt dans ce type de société, en plus elle risque de semer la confusion à l'instar du conseil d'administration dans une SARL.

129. Création d'un conseil de surveillance dans une SARL de droit OHADA. La situation diffère en droit OHADA où ni l'ancien Acte uniforme ni l'AUDSC révisé ne prévoit la possibilité d'instituer un conseil de surveillance au sein de la SARL. Mais, conformément à la nouvelle tendance libérale issue de la réforme, il serait possible de prévoir un conseil de surveillance dans une SARL, si cet organe n'empiète pas sur les attributions des autres organes[432].

130. Il faut retenir de ce qui précède que la possibilité de modifier l'organisation des pouvoirs dans la société n'est possible qu'à la seule condition de ne pas porter atteinte à l'organisation légale, soit en attribuant des compétences à un organe alors que celles-ci relèvent normalement d'un autre organe, soit en modifiant les règles de fonctionnement des organes. La simplicité relative de l'organisation des sociétés de personnes, si elle tend à se rapprocher de celle que l'on peut observer à propos de la société par actions simplifiée qui est très libérale, diffère de la complexité de l'organisation du pouvoir de direction dans la société anonyme.

---

[431] V. JOAN, 4 décembre 1975, p. 9327 ; *Rev. sociétés* 1976, p. 203 : à la question de savoir s'il était possible de doter volontairement et statutairement une SARL d'un conseil de surveillance ayant pour mission le contrôle permanent de la gestion de la société, la réponse du gouvernement fut que « *Sous réserve de l'appréciation souveraine des tribunaux et bien que le législateur ne l'ait pas estimé nécessaire compte tenu des commissaires aux comptes, il ne parait pas interdit aux associés qui souhaiteraient exercer un contrôle supplémentaire de la gérance de prévoir l'institution d'un conseil de surveillance. Les associés membres de ce conseil ne pourraient toutefois, sous peine d'engager leur responsabilité, s'arroger des attributions relevant de la compétence exclusive des organes légaux de la S.A.R.L.* ». Aussi, lorsque la société est dotée d'un comité d'entreprise, celui-ci doit désigner des membres qui siègeront au conseil de surveillance. V. en ce sens JO Sénat, 17 juin 1978, p. 1464 ; *Rev. sociétés*, 1978, p. 590.

[432] V. *supra*, n° 127.

B. Le respect du principe de spécialité des organes sociaux dans les sociétés par actions

131. Alors que dans la SA le législateur a prévu avec minutie les compétences et attributions des différents organes (**1**), l'organisation du pouvoir dans la SAS est très rudimentaire, laissant la place à la volonté des associés (**2**). Malgré cette différence, le principe de spécialité devrait être respecté dans ces deux sociétés.

1. Dans les sociétés anonymes

132. Principe de spécialisation des organes dans la société anonyme en droit français. La société anonyme a été définie comme « *une institution de droit privé c'est-à-dire un groupement de personnes réunies dans un intérêt commun, en vue de réaliser une idée-mère – l'objet social – par le moyen d'une organisation permanente, dans laquelle, en vertu d'une règlementation légale, chacun des organes sociaux a une fonction déterminée, dont on ne peut le priver et à laquelle il ne peut renoncer*[433] ». Sans revenir sur le débat quant à la nature institutionnelle de la société, la dernière partie de cette citation s'avère intéressante car elle caractérise bien le fonctionnement de la société anonyme. En effet, la jurisprudence a posé le principe d'une spécialisation des organes dans la société anonyme, principe qui a été étendu à toutes les sociétés. L'arrêt Motte précité[434] a été l'occasion d'affirmer clairement le principe de spécialisation des organes de la société anonyme. Cet arrêt a été confirmé par la jurisprudence postérieure qui a considéré que le législateur a fixé de manière impérative les pouvoirs et prérogatives des différents organes de la société anonyme. Dans cet arrêt Motte[435], rendu à propos d'une résolution votée par l'assemblée générale modifiant les statuts en dessaisissant le conseil d'administration de l'intégralité de ses pouvoirs de direction au profit du président directeur général, la Cour a considéré que « *la société anonyme est une société dont les organes sont hiérarchisés et dans laquelle l'administration est exercée par un conseil élu par l'assemblée générale ; qu'il n'appartient donc pas à l'assemblée générale d'empiéter sur les prérogatives du conseil en matière d'administration*[436] ». Cette jurisprudence a été réaffirmée à plusieurs

---

[433] J. LEBLOND, « Les pouvoirs respectifs de l'Assemblée générale du Conseil d'administration, du Président directeur général et du Directeur général adjoint dans la doctrine institutionnelle », *Gaz. Pal.* 1957, doct. p. 29.

[434] V. *supra,* n° 110, spéc. note 377.

[435] Cass. 1ère civ. 4 juin 1946, préc.

[436] Ibid.

reprises[437]. Il existerait ainsi « *une structure théorique*[438] » dans la société, structure « *qui ne peut être contournée par des aménagements conventionnels*[439] ». Ainsi, si dans les sociétés de personnes ce principe est appliqué avec moins de rigueur par les tribunaux, en revanche dans les sociétés de capitaux, les juges n'hésitent pas à limiter le jeu des volontés individuelles puisque, « *le moule légal est un cadre à prendre tel quel ou à laisser* » et, « *il n'appartient pas aux statuts ni à un quelconque montage contractuel de l'altérer*[440] ». De ce fait, si certains aménagements conventionnels sont possibles, c'est sous la condition expresse d'absence de bouleversement des principes généraux de hiérarchie et de compétence des différents rouages institués par la loi. Il s'agirait, par cette organisation impérative des organes de la société, d'assurer l'efficacité du fonctionnement de ces organes, mais également d'éviter les abus[441]. À titre d'illustration, la rémunération du directeur général ou des membres du directoire de la société incombe au conseil d'administration[442] ou au conseil de surveillance[443] selon les cas. Cette compétence ne peut être valablement attribuée à un autre organe de la société. C'est cette compétence exclusive du conseil en la matière qui a justifié le rejet de la possibilité pour les comités de rémunération de fixer la rémunération aussi bien du président du conseil d'administration que du directeur général et directeur général délégué[444]. C'est également cette solution qui a été retenue par la Cour de cassation lorsqu'elle a jugé nulle la ratification du conseil d'administration de la décision prise par le directeur général relative à sa rémunération[445]. De même, le conseil d'administration n'a pas le pouvoir de déléguer cette

---

[437] V. Cass. com. 11 juin 1965, n° 63-10.240, Bull. Civ. 1965, III, n° 361, *Dalloz* 1965, p. 782 ; *RTD Com.* 1965, p. 681, obs. Houin ; CA Aix, 28 septembre 1982, *Rev. sociétés* 1983, p. 773, note J. Mestre.

[438] D. VIDAL, et al. « La délégation de pouvoir dans les sociétés anonymes », *Actes pratiques* 2000, n° 50, p. 5.

[439] N. FERRIER, La délégation de pouvoir, technique d'organisation de l'entreprise, op. cit., p. 125, n° 91.

[440] J. MESTRE, D. VELARDOCCHIO et A.-S. MESTRE-CHAMI, *Lamy Sociétés Commerciales* 2015, p. 15, n° 37.

[441] V. en ce sens M.-Ch. MONSALLIER, L'aménagement conventionnel du fonctionnement de la société anonyme, op. cit. p. 307, n° 735 et suiv.

[442] L. 225-53 du code de commerce.

[443] L. 225-63 du code de commerce.

[444] Cass. com. 4 juillet 1995, n° 93-17.969, *Dalloz* 1996, p. 186, note J-C. Hallouin ; *Rev. sociétés* 1995, p. 504, note P. Le Cannu ; *RTD Civ.* 1996, p. 413, obs. P.-Y. Gautier ; *RTD Com.* 1996, p. 69 et 71, obs. Y. Reinhard et B. Petit ; *JCP E* 1995, II, p. 750 note Y. Guyon.

[445] Cass. com. 30 janvier 2004, n° 01-13.216, *Dr. sociétés* 2005, comm. 24, obs. H. Hovasse ; *Bull. Joly sociétés* 2005, p. 391, note D. Vidal ; *Rev. sociétés* 2005, p. 631, note J.-F. Barbièri ; *RTD Com.* 2005, p. 119, obs. P. Le Cannu.

compétence en matière de rémunération à un comité *ad hoc*[446] ou à un comité de rémunération[447].

133. En droit OHADA. Le droit OHADA tel qu'il ressort de la dernière réforme se rapproche du droit français en la matière, puisque si les associés peuvent en théorie organiser la répartition du pouvoir dans la société, cette organisation conventionnelle doit respecter l'organisation préétablie par le législateur[448]. En matière de fixation de la rémunération du directeur général de la société anonyme, l'article 490[449] réserve cette compétence au conseil d'administration. L'alinéa 5 de cet article confirme l'impérativité de cette organisation légale car toute décision prise en violation de cette disposition est nulle. Ainsi, de même que le pouvoir de représentation ne peut être détenu que par l'organe désigné par le législateur à cet effet[450], les associés ne peuvent attribuer la fixation des modalités et le montant de la rémunération du directeur général à un autre organe de la société sans porter atteinte à ce principe de spécialité. Dans les sociétés anonymes avec administrateur général, il est prévu que cette compétence soit dévolue à l'assemblée générale ordinaire, de même que la fixation des avantages en nature qui lui sont accordés[451]. Ainsi, chaque organe dans la société anonyme reçoit une compétence particulière qui ne peut être confiée à un autre organe, sauf disposition contraire de l'Acte uniforme. C'est dans ce sens qu'un auteur a pu affirmer que « *le caractère hiérarchisé de la société anonyme conduit à conclure que cette attribution de compétence est d'ordre public. Les clauses statutaires qui y porteraient atteinte devraient être déclarées non écrites*[452] ».

---

[446] Cass. com. 4 juillet 1995, n° 93-17.969, Bull. Civ 1995, IV, n° 206 ; *JCP G* 1995, II, p. 22560, note Y. Guyon ; *Bull. Joly sociétés* 1995, p. 968, note J.-F. Barbièri ; *Dalloz* 1996, jur. p. 186, note J.-C. Hallouin ; *Rev. sociétés* 1995, p. 504, note P. Le Cannu.

[447] Cass. com. 11 octobre 2005, n° 02-13.520, Bull. Civ. 2005, IV, n° 210 ; *Dr. sociétés* 2005, comm. 219, obs. H. Hovasse ; *Bull. Joly sociétés* 2005, p. 498, note D. Vidal ; *Dalloz* 2005, p. 2743, note A. Lienhard ; *JCP E* 2005, p. 1834 obs. J-J. Caussain, Fl. Deboissy et G. Wicker ; *Rev. sociétés* 2006, p. 79, note J.-P. Mattout ; *RTD Com.* 2006, p. 133, obs. P. Le Cannu ; *RJ Com.* 2006 p. 36, note M.-H. Monsérié-Bon.

[448] V. article 2-1 de l'AUDSC révisé.

[449] Selon l'article 490, alinéa 1 de l'AUDSC révisé « Les modalités et le montant de la rémunération du directeur général sont fixés par le conseil d'administration ».

[450] V. *supra,* n° 116.

[451] Article 501 de l'AUDSC révisé.

[452] Y. GUYON, Traité des contrats – Les sociétés, Aménagements statutaires et conventions entre associés, op. cit. p. 275, n° 177.

2. Dans la société par actions simplifiée

134. Principe de spécialité des organes dans les SAS. Contrairement à la société anonyme où il existe une multitude d'organes prévus par le législateur avec une description assez détaillée des différentes relations entre ceux-ci, dans la SAS le législateur laisse la liberté aux associés quant au choix de l'organisation des pouvoirs[453]. Dans cette société, il appartient donc aux associés de prévoir les différents organes de direction mais également les conditions de nomination et de révocation des dirigeants, la durée de leur mandat, le mode de rémunération[454], *etc.* Ainsi, l'organisation du pouvoir dans la SAS devrait faire l'objet d'une attention particulière dans les statuts car, comme l'affirment certains auteurs, « *la liberté est précieuse, à condition d'en user à bon escient*[455] ». Les statuts devront déterminer ainsi les compétences de chaque organe créé dans la société de manière à ce que le principe de spécialité soit respecté. En l'absence de règle légale impérative ou supplétive, les statuts constituent « *la loi des associés* ». De ce fait, et contrairement à la limitation statutaire des pouvoirs à l'égard des tiers, les pouvoirs de chaque organe défini dans les statuts demeurent opposables à tous les autres organes sociaux qui ne peuvent être des tiers à la société[456]. Lorsque les attributions de chaque organe sont définies dans les statuts, il ne peut être admis un empiètement de la part d'un autre organe. Le principe de spécialité des organes sociaux trouve également dans la SAS un terrain d'application, même si la détermination des attributions des organes demeure du domaine des statuts.

135. Il apparaît donc que quelle que soit la société considérée, il existe une organisation impérative des organes sociaux. Le pouvoir de direction dans la société fait ainsi l'objet d'une règlementation impérative, tant en ce qui concerne la titularité du pouvoir de représentation, mais également au regard de l'organisation générale des organes sociaux. Tout aménagement conventionnel touchant au pouvoir de direction devra, pour être valable, respecter « *le moule légal* » ou encore la structure de base établie par le législateur. Il existe toutefois quelques aménagements possibles à ce principe d'organisation impérative du pouvoir de direction.

---

[453] Article 853-7 de l'AUDSC révisé.

[454] V. en ce sens M. COZIAN, A. VIANDIER et Fl. DEBOISSY, *Droit des sociétés*, *op. cit.*, p. 507, n° 991.

[455] Ibid.

[456] V. CA Paris, 3e Ch. A, 12 juin 2007, n° 07/05264, *Bull. Joly sociétés* 2007, p. 1341.

Section II. Les aménagements au principe d'organisation impérative du pouvoir de direction en droit français et OHADA

136. Le pouvoir de direction dans la société commerciale de droit OHADA admet difficilement des aménagements conventionnels. Tout de même, les législateurs français et OHADA admettent de manière exceptionnelle, lorsque la société connaît par exemple des troubles, que le pouvoir de direction soit exercé par une personne autre que celle désignée à cet effet. Aussi, même en l'absence de troubles dans la société et d'une manière générale, les délégations de pouvoir sont largement admises dans les deux systèmes juridiques, même lorsqu'elles ne sont pas prévues par le législateur. Cette possibilité d'aménagement doit toutefois être nuancée. Il convient dès lors d'examiner en premier lieu les aménagements possibles au pouvoir de direction **(§I)** avant d'envisager ensuite les aménagements exclus **(§II)**.

§I. Les aménagements admis

137. Les aménagements conventionnels au pouvoir de direction ne sont admis que de manière exceptionnelle. Il s'agira essentiellement de délégation conventionnelle de pouvoir, ou de cas précis dans lesquels le législateur admet qu'un tiers puisse intervenir en remplacement des titulaires originaires du pouvoir de représentation de la société. Il en est ainsi de la représentation exceptionnelle de la société en justice par un associé, ou de la représentation de la société par un tiers pour un temps donné en cas de trouble du fonctionnement de la société. Toutes ces situations exceptionnelles méritent des précisions quant à leur régime, notamment les situations dans lesquelles elles peuvent être admises. Nous aborderons ainsi dans un premier temps, l'admission des délégations conventionnelles de pouvoir en droit français et OHADA **(A)**, avant d'examiner le cas de l'attribution exceptionnelle du pouvoir de représentation à des tiers **(B)**.

A. L'admission des délégations conventionnelles de pouvoir en droit français et OHADA

138. La délégation conventionnelle de pouvoir a fait l'objet de nombreux écrits, parfois contradictoires, et continue d'agiter la jurisprudence. Il convient dans un premier temps de présenter la notion de délégation de pouvoir **(1)** avant d'aborder la question de sa validité en tant que mécanisme touchant de près l'épineuse question du pouvoir dans la société **(2)**.

1. Notion et utilité de la délégation de pouvoir

139. Origine de la délégation de pouvoir. La délégation de pouvoir semble être une notion purement de droit public[457]. En effet, elle est apparue en France à la faveur de la révolution de 1789 où Sieyès[458], dans la continuité de la pensée de Montesquieu[459] va affirmer que le peuple, en tant qu'entité abstraite constituant une personne morale distincte de la somme de ses membres[460], ne peut gouverner. Il lui faut déléguer ses pouvoirs à des représentants qui devront agir en son nom et pour son compte[461]. La notion a été consacrée par la jurisprudence administrative[462] qui considère qu'elle consiste en une opération par laquelle un organe titulaire d'une compétence, va décider qu'un autre organe en disposera pendant un certain temps, sans que soit pour autant abrogée la règle initiale[463].

140. Définition. La doctrine privatiste a pendant longtemps ignoré cette notion. L'une des raisons avancées serait « *l'ignorance du pouvoir par le droit privé*[464] ». Mais le droit positif montre que le droit privé n'est pas totalement étranger à la notion de délégation de pouvoir. En effet, différents auteurs ont démontré qu'il existait des mécanismes de délégation légale ou judiciaire de pouvoir qui pouvaient s'écarter de la notion telle qu'elle est appréhendée en droit public[465]. C'est le cas de la délégation de l'autorité parentale qui entraîne un véritable dessaisissement des pouvoirs des parents[466]. À côté de la délégation judiciaire ou légale de pouvoir, la délégation conventionnelle de pouvoir, elle, n'est définie ni par le législateur ni par les tribunaux[467]. Elle a été définie en doctrine comme « *l'acte juridique par lequel le délégant habilite le délégataire, parfois qualifié de*

---

[457] N. FERRIER, La délégation de pouvoir, technique d'organisation de l'entreprise, op. cit., p. 25, n° 12 ; F. MARMOZ, La délégation de pouvoir, préf. Y. Reinhard, Litec, 2000, p. 3, n° 2.

[458] Sieyès, Discours du 2 thermidor an III.

[459] Montesquieu, *De l'esprit des lois*, XI, VI.

[460] F. MARMOZ, La délégation de pouvoir, op. cit., p. 3, n° 3.

[461] C. CLAVREUL, « Sieyès et la genèse de la représentation moderne », in *Droits* n° 6, *La représentation*, p. 45.

[462] CE, 2 décembre 1892, *Sirey* 1894, III, 97, concl. Romieu et note Hauriou.

[463] J.-C. GROHENS, « La délégation administrative de compétence », *Dalloz* 1958, Chron XXVIII, p. 197.

[464] F. MARMOZ, La délégation de pouvoir, op. cit., p. 6, n° 10.

[465] V. par exemple, N. FERRIER, La délégation de pouvoir, technique d'organisation de l'entreprise, op. cit., p. 27, n° 16 et suiv. ; F. MARMOZ, La délégation de pouvoir, op. cit., p. 6, n° 10 et suiv.

[466] N. FERRIER, La délégation de pouvoir, technique d'organisation de l'entreprise, op. cit., p. 28, n° 16.

[467] Ibid.

délégué à exercer pour le compte d'autrui un pouvoir dont il ne transfère pas la titularité et conserve la maîtrise[468] ».

141. Caractère de la délégation de pouvoir. Il ressort de cette définition des caractères unanimement admis en doctrine. Par la délégation de pouvoir, le délégant ne transfère pas la titularité d'un pouvoir, mais il en attribue l'exercice à une autre personne[469]. Ainsi, le délégant demeure titulaire du pouvoir, ce qui lui permet de pouvoir agir dans le domaine objet de la délégation. Aussi, le délégant garde la maîtrise du pouvoir puisqu'il lui appartient de donner les instructions nécessaires à l'exercice du pouvoir, et d'en déterminer les modalités. Il peut également révoquer à tout moment la délégation consentie, le délégataire étant de ce fait toujours librement révocable. L'une des principales raisons de l'admission de la délégation conventionnelle de pouvoir pourrait ainsi résider dans ce caractère essentiel qu'est la conservation du pouvoir par le délégant.

142. Utilité de la délégation de pouvoir. Ainsi définie, la délégation de pouvoir est envisageable en droit des sociétés commerciales où elle a une utilité certaine. En effet, elle permet une déconcentration de la direction de l'entreprise – et non une décentralisation – facilitant ainsi la répartition des tâches et fonctions dans la structure sociétaire[470]. Aussi, elle permet au chef d'entreprise de confier à des employés le soin de veiller au respect de la règlementation applicable dans l'entreprise considérée[471]. En cela, la délégation peut être appréhendée comme un mode d'organisation conventionnelle du fonctionnement de l'entreprise.

2. Conditions de validité de la délégation de pouvoir

143. La délégation de pouvoir est une technique permettant de confier l'exercice d'un pouvoir à un tiers et non le transfert de celui-ci. Sa validité tiendrait au respect de trois conditions à savoir, une limite dans le temps[472],

---

[468] *Ibid.*, p. 33, n° 19.
[469] Ibid.
[470] *Ibid.*, p. 35, n° 22. L'auteur distingue la déconcentration des pouvoirs dans la société de la décentralisation en ce que seule la première traduit le plus fidèlement l'idée de la délégation de pouvoir. En effet, en droit public, la décentralisation se distingue essentiellement de la déconcentration par le fait que la première implique une indépendance par rapport à l'organe central, alors que l'organe au profit duquel s'effectue la déconcentration demeure assujetti à l'organe central. La délégation de pouvoir s'apparenterait plus à la déconcentration, le délégant demeurant maître du pouvoir objet de la délégation.
[471] *Ibid.*, p. 38, n° 24.
[472] Il ne s'agit pas ici d'exiger une limitation temporaire de la délégation, mais plus généralement, celle-ci ne doit pas être irrévocable. C'est en ce sens qu'a tranché la Cour de

un objet déterminé et enfin le respect des attributions légales des pouvoirs des organes sociaux[473]. Au regard des solutions jurisprudentielles, son régime présente de nombreux points communs avec celui du mandat[474]. Il convient donc d'aborder dans un premier temps la distinction entre la titularité et l'exercice du pouvoir objet de la délégation (**a**), avant d'examiner l'application jurisprudentielle des règles du mandat à la délégation de pouvoir (**b**).

a. La distinction entre la titularité et l'exercice du pouvoir objet de la délégation

144. Différence entre délégation et substitution de pouvoir. En règle générale, il est admis que les dirigeants puissent consentir valablement une délégation de pouvoir au profit d'autres personnes[475]. Il s'agit ici de mandats[476] qui comme tels, sont révocables à tout moment. Les délégations de pouvoir sont valables quand bien même elles ne seraient prévues ni par le législateur[477], ni par les statuts. Pourtant, un auteur a conclu que la délégation de pouvoir était prohibée en l'absence de texte[478]. Pour cet auteur, le législateur procède à une répartition des pouvoirs dans la société qu'elle

---

cassation, Cass. com. 17 janvier 2012, n° 10-24.811, *Bull. Joly sociétés* 2012, p. 293, note D. Poracchia ; *Rev. sociétés* 2012, p. 627, note V. Thomas.

[473] Y. GUYON, Traité des contrats – Les sociétés, Aménagements statutaires et conventions entre associés, op. cit., p. 406, n° 279; V. aussi M.-Ch. MONSALLIER, L'aménagement contractuel du fonctionnement de la société anonyme, op. cit. p. 98, n° 195 et suiv.

[474] A. COURET et B. DONDERO, « La délégation du pouvoir de licencier dans une SAS, un mandat comme un autre ? » *JCP E* décembre 2010, p. 2049 ; J.-F. BULLE, « Les délégations de pouvoirs », *JCP E* 1999, p. 1136 ; A. LARCENA et A. ELINEAU, « Pratique des délégations de pouvoirs : règles et évolutions récentes de cet outil de répartition des pouvoirs et responsabilités », *Dr. sociétés* 2012, p. 8 ; J.-M. MOULIN et S. COLLIOT, « La vie des délégations de pouvoirs dans l'entreprise », *Bull. Joly sociétés* 2012, p. 745.

[475] Y. GUYON, Traité des contrats – Les sociétés, Aménagements statutaires et conventions entre associés, op. cit., p. 406, n° 279 ; M. GERMAIN et V. MAGNIER, Traité de droit des affaires, Tome 2, Les sociétés commerciales, 20e éd. L.G.D.J., 2011, p. 506, n° 1681 ; M.-Ch. MONSALLIER, L'aménagement conventionnel du fonctionnement de la société anonyme, op. cit., p. 249, n° 602.

[476] B. BOUBLI, « La délégation de pouvoir depuis la loi du 6 décembre 1976 », *Dr. sociétés.* 1977, p. 82, n° 25 ; M.-J. CAMPANA et J.-M. CALENDINI, note sous Cass. com. 14 décembre 1993, *JCP E*, II, p. 573 ; J.-J. DAIGRE, note sous Cass. com. 14 février 1995, *Bull. Joly* 1995, p. 443 ; A. COURET et B. DONDERO, « La délégation du pouvoir de licencier dans une SAS, un mandat comme un autre ? » *art. préc.*, p. 2049 ; Y. GUYON, *Traité des contrats – Les sociétés, Aménagements statutaires et conventions entre associés, op cit.*, p. 406, n° 279 ; M.-Ch. MONSALLIER, *L'aménagement contractuel du fonctionnement de la société anonyme, op. cit.*, p. 100, n° 206 ; G. WICKER, *Les fictions juridiques, contribution à l'analyse de l'acte juridique*, préf. J. Amiel-Donat, L.G.D.J., 1996, n° 57.

[477] V. contra. F. MARMOZ, La délégation de pouvoir, op. cit., p. 239, n° 665.

[478] Ibid.

confie ensuite à des agents juridiques dont elle identifie la fonction. De ce fait, déléguer un pouvoir sans une autorisation légale reviendrait à « *modifier unilatéralement l'ordonnancement juridique d'ordre public*[479] » voulu par le législateur. Il identifie la délégation de pouvoir à un transfert du pouvoir du délégant au délégataire, la délégation étant entendue comme une substitution[480]. Cependant, la délégation de pouvoir ne peut être assimilée totalement à la substitution, car dans la délégation, il n'y a pas réellement un transfert de pouvoir au profit du délégataire[481]. La délégation de pouvoir s'analyse ainsi en « *un mécanisme d'attribution de l'exercice d'un pouvoir qui ne dessaisit pas le délégant du pouvoir au profit du délégataire et qui permet au premier d'exercer le pouvoir concurremment au second*[482] ». Ainsi, il ne pourrait être fait cas de transfert de pouvoir mais d'attribution de l'exercice d'un pouvoir[483]. Le délégant demeure titulaire du pouvoir, ce qui explique le fait qu'il puisse toujours, en dépit de la délégation, agir dans le domaine délégué. Il convient donc de distinguer l'exercice, de la titularité du pouvoir, la délégation ne concernant que l'exercice du pouvoir[484]. Ainsi, la délégation ne modifiant pas l'organisation légale du pouvoir dans la société, sera possible quand bien même elle ne sera pas prévue par le législateur. Il en sera autrement lorsque le législateur ou l'ordre public sociétaire exclut le recours à la délégation. C'est le cas lorsque la délégation aura pour effet de contrevenir à l'organisation impérative de la direction de la société[485].

b. L'application jurisprudentielle des règles du mandat à la délégation de pouvoir

145. Une délégation régulière même en l'absence de texte. Il existait une méfiance vis-à-vis de la délégation de pouvoir en jurisprudence. En effet, certaines juridictions de fond avaient exigé que celle-ci soit non seulement prévue dans les statuts, mais également qu'elle soit publiée au registre du commerce[486]. Cette position fondée sur une confusion du régime

---

[479] Ibid.
[480] *Ibid.*, p. 155, n° 472 et suiv.
[481] V. en ce sens N. FERRIER, La délégation de pouvoir, technique d'organisation de l'entreprise, op. cit., p. 32, n° 19.
[482] Ibid.
[483] Ibid.
[484] H. MOUBSIT, La représentation en droit des sociétés, op. cit., 2013, p. 341.
[485] V. *supra,* n° 111 et suiv.
[486] CA Paris, pôle 6, 2e ch., 10 décembre 2009, n° 09-4775, Levy Renssen c/ SAS Lehwood Montparnasse et CA Paris, pôle 6, 2e ch., 3 décembre 2009, n° 09-5422, Pellerin c/ SAS ED, *Dr. sociétés,* mai 2010, p. 25 comm. 91, note D. Gallois-Cochet, *Bull. Joly sociétés*, 2010, p. 338, note M. Germain et P.-L. Périn ; *Rev. sociétés*, 2010, p. 226, obs. A. Lienhard, *RTDF* janvier 2010, p. 112, note D. Poracchia ; CA Paris, 4e Ch. A, 21 mars 2007, n° 06/17919 ; CA Versailles 14e Ch., 25 juin 2008, RG n° 0801978, n° 08/02436, SASU Castorama, *Bull. Joly*

de la représentation légale et de la représentation conventionnelle[487] a été décriée par la majorité des auteurs[488]. Un auteur affirmera dans ce sens que « *la délégation n'a pas besoin d'être autorisée ou prévue par les statuts. Cette solution trouve sa justification à l'article 1194 du code civil dont on déduit que le recours à un mandataire substitué est un droit appartenant au mandataire principal*[489] ». Ainsi, le recours au régime du mandat permet d'affirmer que la délégation de pouvoir est valide quand bien même elle ne serait ni prévue par un texte ni par les statuts[490].

146. Délégation conventionnelle de pouvoirs dans les sociétés autres que les SAS. Selon l'alinéa 1 de l'article 437 de l'AUDSC révisé, « *Le conseil d'administration peut confier à un ou à plusieurs de ses membres tous mandats spéciaux pour un ou plusieurs objets déterminés* ». Ainsi dans la SA, il est admis que le conseil d'administration, agissant en tant qu'organe collégial, puisse déléguer ses pouvoirs à un ou plusieurs de ses membres qui exerceront ces pouvoirs comme s'ils devenaient des organes à part entière de la société. Cette délégation de pouvoir est admise de manière exceptionnelle

---

sociétés 2010, p. 39, note A. Couret ; *RDTF.* 2008, n° 8, p. 121, note D. Poracchia ; *Rev. sociétés* 2008, p. 912, note I. Urbain-Parléani. V. *contra* CA Paris, pôle 6, 10e ch., 31 août 2010, Adjalle c/ Osiatis Systems, *Dr. sociétés* décembre 2010, p. 25, note D. Gallois-Cochet.

[487] S. SCHILLER, « L'arrêt de la chambre mixte du 18 novembre 2010 : fumée blanche ou fumée noire ? » *Dr. sociétés*, janvier 2011, p. 14.

[488] T. DALMASSO et A. BOURCEREAU, « Mandats de gestion et délégations de pouvoirs, une nécessaire distinction », *JCP E* 2010, p. 1590 ; J. Ph. ROBE, « Des délégations de pouvoirs dans les SAS », *Semaine sociale Lamy*, 22 février 2010, n° 1434, p. 12-15 ; F. BROUD et S. USUNIER, « La validité des lettres de licenciement au sein des SAS », *JCP E* 2010, p. 1205 ; G. JOLIVET, « Les délégations de pouvoirs au sein des SAS », *JCP G* 2010, n° 367, p. 682 ; A. CŒURET, « La délégation de pouvoir et la décision de licencier », *Semaine sociale Lamy,* 15 septembre 2008, n° 1366 ; F. COHEN et T. RABAIN, « Délégation de pouvoirs et représentations légales dans les SAS. Confusions jurisprudentielles », *RTDF* 2010, n° 2, p. 72 ; J. SULTAN, « La SAS à l'épreuve de la rigidité du droit », *Les cahiers du DRH 2010*, n° 163, dossier actualités 163-5 ; A. LEPORT et H. GUYOT, « Polémiques autour du pouvoir de licencier dans la société par actions simplifiée », *JCP S* février 2010, p. 1067 ; I. MATHIEU, « Qui peut signer une lettre de licenciement dans une SAS ? » *JCP S* 2009, p. 1573 ; P. MORVAN, « Nullité en droit du travail et délégation de pouvoir dans la SAS », *JCP S* 2010, p. 1239 ; Ph. ENGEL et O. RUAULT-DUBOIS, « SAS et licenciements : les juges du fond en délicatesse avec le droit des sociétés », *Option finance* 15 février 2010, n° 1064 ; « Dérives jurisprudentielles sur le détenteur du pouvoir de licencier dans une SAS », *BRDA* 4/10, n° 20 ; A. RIMARZ, « L'exercice périlleux d'une lettre de licenciement dans une SAS », *Semaine sociale Lamy*, 14 décembre 2009, n° 1425 ; S. VERNAC, « Les statuts de la SAS et le droit du travail », *Droit ouvrier* 2010, p. 181 ; F.-X. LUCAS, « La SAS décapitée », *Bull. Joly sociétés* 2010, p. 615 ; D. Poracchia, « À propos de la représentation de la SAS », *Journal des sociétés,* avril 2009, p. 20.

[489] H. AUBRY, « La responsabilité des dirigeants dans la SAS », *Rev. sociétés* 2005, p. 793, n° 18.

[490] Y. GUYON, Traité des contrats – Les sociétés, Aménagements statutaires et conventions entre associés, op. cit., p. 406, n° 279 ; M.-Ch. MONSALLIER, L'aménagement conventionnel du fonctionnement de la société anonyme, op. cit., p. 249, n° 602.

puisqu'elle ne peut consister en un transfert, même temporaire, de l'ensemble des pouvoirs du conseil d'administration. Elle doit porter sur un ou plusieurs objets déterminés. Aussi, cette délégation de pouvoir ne doit aucunement porter atteinte aux pouvoirs légaux des organes sociaux[491]. De ce fait, il faudrait conclure que « *l'amputation totale des pouvoirs comme le transfert des pouvoirs à quelqu'un d'autre sont prohibés*[492] ».

147. Libéralisme jurisprudentiel en matière de délégation de pouvoir dans la SAS. Le problème se pose avec une certaine acuité dans la SAS où la liberté contractuelle est censée "régner en maître absolu". Il est admis que les directeurs généraux ou directeurs généraux délégués de SAS peuvent déléguer leur pouvoirs d'engagement et de représentation à des personnes qui seraient de simples préposés, salariés ou non de la société[493]. La Cour de cassation a ainsi admis que le président d'une SAS puisse déléguer le pouvoir de représentation de la société en justice à un préposé[494]. Cependant, cette possibilité de délégation des pouvoirs du président de SAS, notamment en matière de licenciement a nécessité l'intervention de la chambre mixte de la Cour de cassation afin de trancher les différences existant au sein des juridictions de fond. En effet, par deux arrêts en date du 19 novembre 2010[495], la chambre mixte de la Cour de cassation a précisé que les dirigeants de SAS peuvent déléguer leur pouvoir d'engager ou de licencier

---

[491] V. Cass. com. 6 mai 1996, Bull. civ. IV, p. 111, n° 127 ; *Dalloz* 1996, Somm. 346, note J.-C. Hallouin. Dans cette affaire, une SA avait pour objet la construction et l'exploitation d'un ensemble hôtelier. Dans ses statuts, il était prévu que la tâche de faire construire l'immeuble puis celle d'exploiter l'hôtel étaient confiées à une autre société, administrateur de la SA. De fait, la gestion était ainsi transférée à l'administrateur, vidant ainsi le pouvoir de gestion des organes de gestion de la SA. La clause des statuts transférant la gestion de l'hôtel encourt donc la nullité car violant l'ancien article 98 de la loi du 24 juillet 1966 confiant au conseil d'administration les pouvoirs les plus étendus pour agir en toute circonstance au nom de la société, cette dernière étant impérative. Il faut remarquer que ces pouvoirs sont désormais attribués au directeur général ou au directoire de la société anonyme par les articles L. 225-56 et L. 225-64 du code de commerce issu de la loi NRE du 15 mai 2001. V. en ce sens, Cass. com. 11 juin 1965, *Dalloz* 1965, p. 782.

[492] J.-C. HALLOUIN, note sous Cass. com. 6 mai 1996, préc. V. aussi dans ce sens, F. MARMOZ, *La délégation de pouvoir*, *op. cit.*, p. 239, n° 665 et suiv.

[493] M. GERMAIN et P-L. PERIN, *SAS – La société par actions simplifiée*, Joly éd., coll. Pratique des affaires, 4e éd., 2010, p. 336, n° 551.

[494] Cass. 2e civ. 9 juillet 2009, n° 08-15.085, *Bull. Joly sociétés* 2009, p. 1091, note N. Ferrier. En l'espèce, le président d'une SAS avait délégué à la directrice juridique de la société le pouvoir d'autoriser tout salarié à représenter la société dans toute instance de sécurité sociale la concernant. Cette directrice ayant subdélégué ce pouvoir à une salariée permanente de la société, la Cour de cassation cassa l'arrêt d'appel ayant déclaré irrecevable l'action introduite par cette salariée. La Cour considéra que « *la Cour d'appel a ajouté à la loi une condition qu'elle ne prévoit pas* » en exigeant une délégation du seul président, et instance par instance.

[495] Cass. ch. mixte, 19 novembre 2010, n° 10-10.095 et Cass. ch. mixte, 19 novembre 2010, n° 10-30.215, *JCP E* 2010, p. 2049, note A. Couret et B. Dondero ;

des salariés de la société, cette délégation n'étant soumise à aucune formalité particulière et pouvant être tacite[496].

148. Validité du licenciement effectué par le directeur des ressources humaines d'une SAS. Dans la première espèce, un salarié avait fait l'objet d'une mesure de licenciement pour faute grave. La lettre de licenciement a été signée par la personne responsable des ressources humaines. La Cour d'appel de Versailles jugea que le licenciement était dépourvu de cause réelle et sérieuse car la société ne justifiait pas de la désignation conforme aux statuts d'un directeur général avec délégation du pouvoir de licencier. En d'autres termes, la Cour d'appel exigeait que la possibilité de déléguer le pouvoir de licencier soit reconnue au profit d'un directeur général ou d'un directeur général délégué dans les statuts. La lettre de licenciement, selon la Cour d'appel, aurait donc dû être signée par un représentant légal de la SAS, c'est-à-dire soit le président, soit le directeur général ou le directeur général délégué. Cet arrêt est cassé pour violation de l'article L. 227-6 du code de commerce et L. 1232-6 du code du travail. Selon l'attendu de principe, « *Si, selon le premier de ces textes, la société par actions simplifiée est représentée à l'égard des tiers par son président et, si ses statuts le prévoient, par un directeur général ou un directeur général délégué dont la nomination est soumise à publicité, cette règle n'exclut pas la possibilité, pour ces représentants légaux, le pouvoir de licencier les salariés de l'entreprise* ». La Cour retient que la délégation du pouvoir de licencier peut être tacite et résulter des fonctions mêmes du salarié qui conduit la procédure de licenciement lorsque celui-ci est chargé de la gestion du personnel, comme c'est le cas en l'espèce. Ainsi, l'écrit n'est pas nécessaire et de ce fait, même si la délégation n'est pas prévue dans les statuts elle serait tout de même valable[497].

149. Validation du licenciement opéré par le chef de secteur et chef de ventes d'une SAS. Dans la deuxième espèce, la lettre de licenciement avait été signée par deux personnes physiques en leurs qualités respectives de chef de secteur et de chef de ventes. Le salarié ainsi que deux organisations syndicales demandèrent la nullité du licenciement, nullité accordée par la Cour d'appel au motif que la lettre de licenciement doit

---

[496] V. cependant à propos d'une association, Cass. soc. 17 mars 2015, n° 13-20452, où la Cour de cassation a considéré, se fondant sur les statuts prévoyant la désignation du directeur d'une association interprofessionnelle de santé par le conseil d'administration sur proposition du président de ladite association, que le pouvoir de licencier n'appartient pas au président mais au conseil d'administration. Le président arguait pourtant de l'existence d'un mandat tacite à son profit lui permettant ainsi de licencier valablement le salarié ; argumentation rejetée par la Cour qui décide ici de l'application stricte du principe de parallélisme des formes.

[497] P. Le CANNU, « La délégation de pouvoirs dans la SAS (et au-delà) », note sous Cass. ch. mixte, 19 novembre 2010, *Rev. sociétés* 2011, p. 34, spéc. p. 37.

émaner soit du président de la SAS, soit de la personne autorisée par les statuts à recevoir délégation pour exercer le pouvoir de licencier détenu par le seul président. La Cour d'appel conclut de ce fait à l'absence de pouvoir de licencier des deux signataires de la lettre de licenciement. Cet arrêt est également cassé pour violation des articles L. 227-6 du code de commerce, L. 1232-6 du code du travail et 1998 du code civil. Pour la Cour de cassation, il n'est point besoin d'une autorisation statutaire pour qu'une personne reçoive une délégation du pouvoir d'effectuer des actes déterminés tels que celui d'engager ou de licencier les salariés de l'entreprise. Aussi, quand bien même le mandataire aurait dépassé ses pouvoirs, le mandant demeure tenu de l'acte de celui-ci s'il l'a ratifié expressément ou tacitement. Ainsi, le représentant légal de la société ayant soutenu en justice la validité du licenciement opéré par le chef de secteur et le chef des ventes, celui-ci a ratifié ledit licenciement qui ne peut donc plus être annulé pour défaut de pouvoir des signataires. La Cour a ici recours à la notion de mandat pour valider le licenciement opéré par un chef de secteur et un chef des ventes dont les fonctions n'intègrent pas *a priori* la faculté de licencier un salarié. La délégation de fait du pouvoir de licencier à ces personnes est ainsi plus difficile à justifier, contrairement au premier arrêt où le licenciement avait été prononcé par le directeur des ressources humaines. On comprend dès lors le recours obligé au mandat afin de valider *a posteriori* le licenciement opéré par des personnes qui n'ont pas en principe reçu le pouvoir de licencier.

150. En conclusion, la Cour de cassation admet largement la possibilité de déléguer les pouvoirs des organes de direction quand bien même cette délégation ne serait ni prévue par la loi ni par les statuts. Elle a ainsi récemment admis que le directeur financier d'une société mère peut licencier un salarié d'une filiale s'il est titulaire d'une délégation de pouvoir en matière de gestion du personnel établi par le dirigeant de la filiale[498]. Les règles applicables au mandat, notamment celles ayant trait au mandat implicite ou à la ratification en cas de dépassement des pouvoirs du mandataire, sont ici applicables. La délégation de pouvoir permet ainsi de tempérer le principe d'organisation impérative du pouvoir de direction dans la société. Elle doit être complétée par d'autres mécanismes consistant à confier temporairement à des tiers le pouvoir de représentation de la société.

B. L'attribution exceptionnelle du pouvoir de représentation à des tiers

151. En principe, le pouvoir de représentation dans la société incombe à ses dirigeants désignés dans les statuts. La désignation légale des titulaires

---

[498] Cass. com. 30 juin 2015, n° 13-28.146.

du pouvoir de représentation dans la société risque de créer des situations de blocage en cas d'impossibilité de mise en œuvre de ce pouvoir par son titulaire. De ce fait, de façon exceptionnelle, le législateur admet que ce pouvoir puisse être exercé par des personnes autres que les dirigeants habituels, qu'il s'agisse des associés (**1**) ou d'un tiers à la société (**2**).

1. La représentation exceptionnelle de la société en justice par les associés : l'action sociale *ut singuli*

152. L'extrême précision de la législation OHADA en matière d'action sociale *ut singuli*[499]. L'action en justice au nom d'une société est une action attitrée réservée de ce fait aux titulaires du pouvoir de représentation dans la société[500]. Cependant, en cas de dommages causés à la société par ces derniers, il pourra se poser un problème d'inaction, car comme l'affirme certains auteurs, ceux-ci « *sont rarement enclins à tresser la corde qui servira à les pendre*[501] ». De ce fait, il est apparu nécessaire de permettre à d'autres personnes, qui en principe ne disposent pas du pouvoir de représentation de la société, de pouvoir agir au nom et pour le compte de la société afin d'obtenir la réparation du préjudice social. L'action sociale est ainsi définie par le législateur OHADA comme « *l'action en réparation du dommage subi par la société du fait de la faute commise par le ou les dirigeants sociaux dans l'exercice de leurs fonctions*[502] ». Cette action incombe en principe aux dirigeants sociaux. Cependant, *« un ou plusieurs associés peuvent intenter l'action sociale après une mise en demeure des organes compétents non suivie d'effet dans le délai de trente (30) jours*[503] ». Ainsi, il apparaît que l'action sociale *ut singuli* est une action qui est ouverte aux associés, en remplacement des dirigeants lorsque ceux-ci ne peuvent ou ne veulent pas agir au nom de la société. Il s'agit donc de suppléer à la carence des représentants légaux de la société[504]. Cette action incombe à chaque associé, peu importe sa participation dans le capital social. Il s'agit d'un principe général du droit des sociétés OHADA. Il faut rappeler qu'en droit français, cette action a d'abord été consacrée en tant que principe général applicable à toutes les formes de sociétés par un arrêt de la Cour

---

[499] V. R. VATINET, « La réparation du préjudice subi par la faute des dirigeants sociaux, devant les juridictions civiles », *Rev. sociétés* 2003, p. 247 ; J.-Ch. PAGNUCCO, *L'action sociale ut singuli et ut universi en droit des groupements*, préf. Fl. Deboissy, Fondation Varenne – L.G.D.J., 2006.

[500] J.-Ch. PAGNUCCO, L'action sociale ut singuli et ut universi en droit des groupements, op. cit. p. 153, n° 273.

[501] M. COZIAN, A. VIANDIER et Fl. DEBOISSY, *Droit des sociétés*, *op. cit.*, p. 176, n° 301.

[502] Article 166 de l'AUDSC révisé.

[503] Article 167 de l'AUDSC révisé.

[504] P. Le CANNU et B. DONDERO, *Droit des sociétés*, *op. cit.*, p. 317, n° 482.

d'appel de Paris de 1978 avant d'être finalement reprise par le législateur dans la loi n° 88-15 du 5 janvier 1988.

153. Caractère subsidiaire de l'action sociale *ut singuli*. Contrairement au droit français, le caractère subsidiaire de l'action sociale *ut singuli* dérive de la législation OHADA qui exige une mise en demeure préalable des organes de représentation de la société demeurée vaine après un délai de trente jours[505]. Ce principe subsidiaire de l'action sociale *ut singuli* a été affirmé en France à propos d'une affaire où un actionnaire a attrait des anciens administrateurs d'une société devant le tribunal correctionnel, réclamant des dommages et intérêts à la fois pour le préjudice personnel qu'il a subi et celui subi par la société. Ces administrateurs étaient accusés de divers délits et en particulier celui d'abus de biens sociaux. Les nouveaux dirigeants ont exercé parallèlement une action sociale en réparation du préjudice subi par la société. Les administrateurs ont été condamnés pénalement mais les demandes de dommages et intérêts de l'actionnaire et des nouveaux dirigeants ont par contre été rejetées. Contrairement à ces derniers, l'actionnaire interjeta appel de cette décision. La Cour d'appel conclut à l'irrecevabilité de sa demande en retenant l'extinction de l'action sociale du fait de l'abstention des nouveaux dirigeants. Cet arrêt est cassé, la Cour de cassation retenant que : « *Attendu qu'en se prononçant ainsi, alors que l'intervention, devant les premiers juges, du représentant légal de la société ne pouvait priver le demandeur du droit propre, appartenant à l'actionnaire, de présenter des demandes au profit de celle-ci et de relever appel en son nom, la Cour d'appel a méconnu le sens et la portée des textes susvisés*[506] ». Ainsi, pour la Cour de cassation, dès lors que les dirigeants se sont abstenus d'interjeter appel de la décision de première instance, cette inaction ouvrait un droit propre au profit de l'actionnaire. L'action sociale *ut singuli* revêt ainsi un caractère subsidiaire, l'associé agissant devant prouver l'absence de réaction des représentants légaux. Le droit OHADA apparaît plus précis sur ce point en ce sens qu'un délai a été fixé par le législateur, délai au-delà duquel l'associé pourra considérer que les dirigeants ne souhaitent pas réagir[507]. Aussi, il faut noter que l'action exercée par les dirigeants doit viser réellement la réparation du préjudice subi par la société. Il a ainsi été jugé en droit français que, lorsque les dirigeants en place mettent en œuvre l'action sociale de façon purement formelle sans émettre des critiques à l'encontre du dirigeant poursuivi, cette

---

[505] Article 167 de l'AUDSC révisé.

[506] Cass. crim. 12 décembre 2000, *Rev. sociétés* 2001, p. 323, note A. Constantin.

[507] Article 167 de l'AUDSC révisé.

action des représentants légaux ne saurait priver les associés de leur droit propre à agir[508].

154. Qualité de représentant des associés exerçant l'action sociale *ut singuli*. Certains auteurs nient aux associés exerçant l'action *ut singuli* tout pouvoir de représentation même exceptionnelle[509]. Ceux-ci préfèrent plutôt voir en cette action un équivalent de l'action oblique qui permet à un créancier d'exercer aux lieu et place de son débiteur, les droits autres que personnels, que celui-ci détient sur ses propres débiteurs[510]. Si dans sa mise en œuvre l'action oblique et l'action sociale *ut singuli* semblent se rapprocher[511], il faut remarquer qu'il n'y a pas de rapport de créanciers à débiteurs entre les associés et la société[512]. En mettant en œuvre l'action sociale *ut singuli*, les associés ne deviennent aucunement titulaires du pouvoir de représentation de la société. Ces titulaires sont désignés de manière impérative par la loi[513]. Les associés reçoivent du législateur le simple pouvoir de mettre en œuvre le pouvoir de représentation dans un domaine particulier. En cela, l'action sociale *ut singuli* s'apparente plus à une délégation de pouvoirs dans la mesure où les dirigeants ne perdent pas leur pouvoir de représentation[514]. À l'instar du délégant qui conserve ses pouvoirs et peut intervenir dans les domaines délégués, lorsque la société est mise en cause à l'instance comme le prévoit la législation française, ce sont en principe les représentants légaux qui interviennent au nom de la société. Cependant, afin d'éviter les conflits d'intérêt, le tribunal peut désigner un mandataire *ad hoc* pour représenter la société à l'instance[515]. Ainsi, il faut en conclure que les associés, du fait du législateur, reçoivent le pouvoir de mettre en œuvre l'action sociale qui incombe en principe aux représentants légaux de la société[516]. L'action *ut singuli* se distingue ainsi de l'administration provisoire qui permet à l'administrateur de représenter la société.

---

[508] Cass. crim. 16 décembre 2009, n° 09-88.305, *Dr. sociétés* 2010, n° 78, obs. R. Salomon ; *JCP E* 2010, p. 1993, obs. Fl. Deboissy et G. Wicker.
[509] A. CONSTANTIN, note sous Cass. crim., 12 décembre 2000, préc.
[510] *Ibid.*, p. 332.
[511] V. le rapprochement fait par A. CONSTANTIN, *art. préc.*, p. 332 et 333.
[512] H. SOLUS et R. PERROT, *Droit Judiciaire Privé*, t. I, Sirey 1961, p. 259, n° 277.
[513] V. *supra*, n° 113 et suiv.
[514] V. *supra*, n° 144.
[515] V. article R. 223-32 al. 2 et R. 225-170 al. 2 du code de commerce.
[516] H. MOUBSIT, *La représentation en droit des sociétés*, *op. cit.* p. 157 ; D. SCHMIDT, *Les droits de la minorité dans la société anonyme*, préf. J.-M. Bischoff, Sirey, 1970 ; G. CHESNE, « L'exercice *ut singuli* de l'action sociale dans la société anonyme », *RTD Com.* 1962, p. 347.

2. La représentation exceptionnelle par un tiers à la société : l'administration provisoire

155. Définition. L'administrateur provisoire est un « *tiers nommé par décision de justice et chargé pour un temps de se substituer aux organes légaux de la société en assurant la gestion des affaires sociales afin de permettre le dénouement d'une crise interne venue troubler le cours normal de la vie sociale* [517]». Si le régime de l'administration provisoire est d'origine prétorienne en droit français, ce régime a été intégré dans la législation OHADA à l'occasion de la dernière réforme de l'Acte uniforme. Celle-ci reprend l'essentiel des solutions jurisprudentielles dégagées en droit français et reprises par les juridictions des États parties de l'OHADA[518]. Certains auteurs en droit français ont ainsi considéré que le régime de l'administration provisoire était « *en marge de la légalité*[519] », ce régime n'existant que de manière éparse dans la législation française. Le droit OHADA, à la faveur de la dernière réforme, prend ainsi le pas sur le droit français, ce qui rend désormais le régime de l'administration identique sur l'ensemble du périmètre OHADA[520]. Il faut cependant espérer que la jurisprudence OHADA permette rapidement la mise en œuvre effective de ces réformes pour permettre aux sociétés de bénéficier de cet outil de résolution des crises dans les sociétés[521].

156. Parce qu'elle entraîne un dessaisissement des représentants légaux de la société, l'administration provisoire ne peut être mise en œuvre que dans des conditions bien précises. Ces conditions divergent selon que l'on se place sous l'angle du droit OHADA ou celui du droit français (**a**). Malgré cette divergence, il y a lieu de constater que l'administrateur provisoire dans

---

[517] R. VATINET, « Administration provisoire », *J-Cl. Sociétés Traité*, Fasc. 43-10, n° 1.

[518] V. notamment CA Ouagadougou, 17 décembre 1982, *Revue voltaïque de droit* 1983/4, p. 172, note F. M. Sawadogo.

[519] G. BOLARD, « Administrateur provisoire et mandat ad hoc : du fait au droit », JCP E 1995, I, n° 509, p. 479. Pour cet auteur, « L'administration provisoire, et son dérivé le mandat ad hoc, constitueraient des soupapes de sûreté tolérées pour tempérer la rigueur du droit ou combler les lacunes de la loi ».

[520] L.-D. M. TSCHIBENDE, « Renouveau de la gouvernance d'entreprise », *Journal des sociétés*, juin 2014, p. 10.

[521] Il faut noter à ce propos que la jurisprudence elle-même constitue parfois un frein à la résolution de conflits au sein des sociétés. En témoigne un arrêt où une Cour d'appel a décidé la nomination d'un administrateur provisoire cinq ans après que l'appel ait été interjeté. Qui plus est, cet arrêt a fait l'objet d'un sursis à exécution en attendant une décision au fond de l'affaire qui ne serait pas intervenue jusqu'à ce jour, d'où la paralysie de la société. V. CA Littoral-Douala, arrêt n° 38 du 10 février 1999, inédit, cité par M.-A. NGWE et S. P. KAKOU, « Le dirigeant social dans l'Acte uniforme révisé », *Penant*, avril-juin 2014, n° 887, p. 161-195, spéc. p. 194 et note citée.

ces deux systèmes juridiques représente la société dans laquelle il intervient (**b**).

a. Des conditions de nomination divergentes

157. En droit français. La jurisprudence retient ici deux conditions nécessaires à la mise en œuvre de cette procédure exceptionnelle. En effet, d'une part il doit exister une paralysie des organes sociaux. Celle-ci peut provenir soit d'une paralysie de l'organe délibérant, notamment dans les petites sociétés[522], soit de la carence d'un organe de gestion[523], soit encore d'un conflit entre les associés[524]. D'autre part, la jurisprudence exige que soit caractérisé un péril ou dommage imminent résultant du fonctionnement anormal ou de la paralysie des organes sociaux. Cette exigence a été justifiée par le fait que l'intervention du juge apparaît attentatoire aux principes fondamentaux du droit des sociétés[525]. Si ce péril imminent relève de l'appréciation souveraine des juges du fond[526], la Cour de cassation n'hésite pas à contrôler la motivation des décisions. Elle exige en effet que soit rapportée « *la preuve de circonstances rendant impossible le fonctionnement normal de la société et menaçant celle-ci d'un dommage imminent* [527]». Cette exigence de la preuve du dommage imminent n'existe pas en droit OHADA même si dans les faits, la paralysie du fonctionnement des organes sociaux laissera en général apercevoir un péril imminent si une solution n'est pas trouvée dans les plus brefs délais.

---

[522] C'est le cas par exemple lorsque le fonctionnement de l'assemblée générale est entravé par une absence durable de quorum ou de majorité, ou en cas de mésintelligence entre deux blocs d'associés égalitaires d'associés inhibant ainsi toute possibilité de prise de décision. V. en ce sens CA Paris, 1ère ch. 15 septembre 1992, *Dr. sociétés* 1993, n° 98, obs. H. Le Nabasque.

[523] Il pourrait s'agir ici d'une situation où la société est privée de son organe de gestion en raison de l'incarcération du dirigeant de la société ou lorsque ce dernier est frappé d'une mesure d'interdiction de gérer et d'administrer. V. en ce sens Cass. com. 10 novembre 1996, *Bull. Joly sociétés* 1997, p. 334, note P. Scholler ; *Dr. sociétés* 1997, comm. 43 et 80, obs. Y. Chaput ; *Rev. sociétés* 1997, p. 343, note Y. Guyon ; Cass. com. 7 novembre 2006, Bull. civ. 2006, IV, n° 219.

[524] Le conflit entre les associés doit avoir une répercussion sur le fonctionnement des organes sociaux. À défaut, il ne peut être admis la nomination d'un administrateur provisoire en vue de trancher le litige opposant les associés. Il en est ainsi lorsque les mécanismes sociétaires permettent de pallier à la crise notamment lorsque la mise en œuvre d'une clause statutaire permet de surmonter le désaccord entre les associés. V. en ce sens CA Paris, 3e Ch. 29 novembre 2002, *Bull. Joly sociétés* 2003, p. 554, note P. Scholler ; Cass. com. 6 février 2007, *Dr. sociétés* 2007, comm. 4, obs. H. Hovasse ; *RJDA* 2007, n° 732 *JCP G* 2007, IV, p. 1540 ; *JCP E* 2007, p. 1392.

[525] B. LECOURT, « Administration provisoire », *Rép. Dalloz, Sociétés*, n° 46.

[526] Cass. com. 15 février 1994, *Bull. Joly sociétés* 1994, p. 493, note P.L.C. ; V. en droit OHADA, CA Abidjan, 25 février 2000, *Ohadata* J-02-132.

[527] Cass. com. 25 janvier 2005, *Rev. sociétés* 2005, p. 828, note B. Lecourt, *RJDA* 6/2005, n° 704.

158. En droit OHADA. L'article 160-1 de l'AUDSC révisé retient pour sa part que « *Lorsque le fonctionnement normal de la société est rendu impossible, soit du fait des organes de gestion, de direction ou d'administration, soit du fait des associés, la juridiction compétente statuant à bref délai, peut décider de nommer un administrateur provisoire aux fins d'assurer momentanément la gestion des affaires sociales* ». La seule condition posée par cet article est l'impossibilité d'un fonctionnement normal de la société. Ainsi, dès lors qu'est constatée une anomalie dans le fonctionnement régulier de la société, celle-ci peut alors justifier la nomination d'un administrateur provisoire. Comme l'affirme si bien un auteur, la désignation d'un administrateur provisoire « *n'intervient plus seulement en cas d'absence ou de défaillance des dirigeants, ce qui est son domaine traditionnel, mais encore, lorsqu'il y a une détérioration de la situation sociale, blocage dû à des conflits entre organes sociaux ou même abus de la majorité* [528] ». La précision apportée par le législateur OHADA est salutaire au regard de certaines décisions des juridictions des États membres en la matière. En effet, une ordonnance du Président du Tribunal régional de Thiès constatant que l'un des associés d'une SCI « *n'étant plus traité comme égal par les autres associés, l'intérêt social ne paraît plus normalement défendu ; qu'il y a dissentiment grave entre les associés séparés en deux clans ; que la jurisprudence a, dans de telles hypothèses, ordonné la désignation d'un administrateur judiciaire ; qu'il en est de même lorsque, bien que la société fonctionne régulièrement, des faits graves susceptibles de causer à brève échéance, un préjudice irrémédiable aux intérêts sociaux, se sont révélés* [529] » ; il a ainsi décidé de la nomination d'un administrateur provisoire. Le juge se fonde ici sur une atteinte aux droits de la minorité pour justifier la menace pesant sur l'intérêt social et dès lors la nomination d'un administrateur judiciaire. Désormais, la législation OHADA étant précisée, il ne peut être admis la nomination d'un administrateur provisoire sans que soit apportée la preuve de l'existence d'un blocage du fonctionnement normal de la société, que ce blocage provienne de conflits entre les organes de direction ou entre les associés, ou tout simplement que les représentants légaux ne soient plus en mesure de diriger la société. Contrairement au droit français, il n'y a pas lieu d'apporter la preuve de l'imminence d'un péril pour la société ; la simple constatation d'un blocage du fonctionnement normal de la société devrait suffire à justifier la nomination d'un administrateur provisoire. Ce choix du législateur OHADA pourrait se justifier par l'incertitude liée à la notion même de péril imminent pesant sur la société. Le risque serait que le choix de recourir au juge afin de demander la

---

[528] M. DIOUF, « Réflexions sur l'administrateur provisoire de société en droit sénégalais », *Bull. d'information de la Cour Suprême*, n° 1-2, décembre 2010, p. 133, *Ohadata* D-12-67.
[529] Trib. Rég. Thiès, réf. 30 décembre 1999, Kazem Moussa Shahara c/ Jacky Adan, inédit, cité par M. DIOUF, *préc.*

nomination d'un administrateur provisoire ne se fasse que très tardivement, au moment où le blocage a déjà engendré des difficultés de nature à justifier l'ouverture d'une procédure collective. L'idée même de recourir à l'administrateur provisoire relève justement de la volonté de résoudre le blocage de la société, afin d'éviter que ce blocage ne se traduise par des difficultés plus importantes qui menaceraient la continuité de l'exploitation de l'entreprise. Certes, il apparaît nécessaire de justifier d'une urgence afin de bénéficier de la compétence du juge des référés, mais la question qui se pose est de savoir si l'impossibilité du fonctionnement normal d'une société ne relève pas d'elle-même d'une situation d'urgence sans avoir besoin de faire appel à d'autres éléments ? Aussi, il existe d'autres mécanismes du droit des entreprises en difficulté qui permettent d'apporter des réponses adaptées aux situations de péril menaçant l'entreprise d'une manière générale[530]. La frilosité du droit français à l'idée de l'intervention du juge dans le fonctionnement de la société expliquerait le maintien de l'exigence d'une double condition à l'appui de toute demande de nomination d'un administrateur provisoire. Cette différence d'avec le droit OHADA s'estompe quant à la fonction de représentation de la société à la charge de l'administrateur provisoire.

b. Un statut identique de représentant social

159. Administrateur provisoire : un représentant exceptionnel de la société. Outre la différence de source des pouvoirs de l'administrateur provisoire, – légale en droit OHADA et judiciaire en droit français – il est communément admis que la nomination d'un administrateur provisoire entraîne dessaisissement total ou partiel des représentants légaux[531]. Si en droit français l'incertitude naît lorsque la décision du juge ne précise pas le ou les organes dessaisis[532], en droit OHADA, il est fait obligation à la juridiction compétente d'indiquer « *ceux des organes de gestion, de direction ou d'administration qui restent en fonction* » et de préciser « *les*

[530] V. A. JACQUEMONT, *Droit des entreprises en difficultés*, LexisNexis 2013, n° 32 et suiv. C. SAINT-ALARY-HOIN, *Droit des entreprises en difficultés*, L.G.D.J., 2013, p. 69 et suiv. ; F. M. SAWADOGO, *Droit des entreprises en difficulté*, Bruylant 2002 ; S. K. EVELAMENOU, *Le concordat préventif en droit OHADA*, Thèse Université de Lomé, Université Paris-Est Val-De-Marne, 2012 ; A. B. KOTO-TCHEKA, *Le règlement préventif dans l'espace OHADA*, Thèse Université Montpellier I, Université Omar Bongo, 2012.

[531] G. BOLARD, « Administration provisoire et mandat « *ad hoc* » : du « fait au droit » », *JCP G* 1995, I, p. 3882.

[532] Cass. 1ère civ., 9 février 1974, Bull. civ. I, n° 222 ; Cass. 2e civ., 17 juillet 1976, Bull. civ. II, n° 251; Cass. 1ère civ., 22 juillet 1986, Bull. civ. I, n° 224, *JCP G* 1986, IV, p. 311. V. en ce sens G. BOLARD, « Administration provisoire et mandat « *ad hoc* » : du « fait au droit » », *art. préc.*, n° 21.

pouvoirs et les compétences qui leurs sont maintenus[533] ». Ainsi, *a contrario*, les organes qui ne seraient pas visés dans cette décision seraient par principe déchus de tout pouvoir de représentation. On pourrait alors penser que le dessaisissement des représentants légaux au profit de l'administrateur provisoire implique que ce dernier recueille les mêmes pouvoirs que les dirigeants évincés. Se pose ici la question de savoir si l'administrateur provisoire exerce un pouvoir qui lui est propre – ce qui justifierait la discordance entre ses pouvoirs et ceux des représentants déchus – ou s'il exerce les pouvoirs appartenant aux représentants légaux évincés. Il semblerait que la première option soit la mieux indiquée. En effet, le législateur OHADA prend le soin de préciser qu'il appartient à la juridiction saisie de déterminer l'étendue de la mission et les pouvoirs de l'administrateur nommé. Cela implique que celui-ci ne recueille pas automatiquement les attributions des organes évincés, mais dispose de pouvoirs qui lui sont propres. Aussi, l'administrateur provisoire dispose pleinement du pouvoir de représentation de la société[534], de telle sorte qu'il n'est subordonné ni aux représentants légaux, quand bien même ceux-ci seraient maintenus avec des attributions réduites, ni à la juridiction qui l'a nommé, même s'il doit adresser un rapport des opérations accomplies[535]. Il conserve ainsi une liberté dans la direction des affaires sociales au même titre que tout titulaire d'un pouvoir de représentation d'une société[536]. Ainsi se justifie la différence essentielle entre l'administration judiciaire et le mandat *ad hoc*. En effet, « *l'administration provisoire emporte toujours mandat de représentation de la société et dessaisissement corrélatif de l'organe de représentation, alors que le mandat ad hoc, s'il peut exceptionnellement être un mandat ad litem conférant un pouvoir spécial de représentation dans une instance judiciaire déterminée, n'emporte pas dessaisissement général de principe de l'organe légal de représentation*[537] ». Le terme administration provisoire devrait de ce fait être réservé aux situations où les représentants légaux se retrouvent réellement dans une situation de blocage qu'ils ne peuvent résoudre, ce qui justifierait leur mise à

[533] Article 160-2 de l'AUDSC révisé.

[534] M.-A. NGWE et S. P. KAKOU, « Le dirigeant social dans l'Acte uniforme révisé », *art. préc.*, p. 182.

[535] Article 160-5 de l'AUDSC révisé. V. cependant en droit français quelques décisions rares qui confient une mission particulière à accomplir à l'administration provisoire telle que la préparation d'un projet de concordat ou l'aliénation d'une partie de l'actif. V. respectivement CA Paris, 7 mai 1937, *JCP* 1937, II, p. 292 ; Cass. 2e civ. 5 avril 1962, Bull. civ. II, n° 381, p. 271.

[536] V. en ce sens Y. GUYON, « Les missions des administrateurs provisoires de sociétés », in *Mélanges en l'honneur de Daniel BASTIAN*, Litec 1974, p. 103-115, spéc. p. 106, n° 5. Pour cet auteur, la liberté de l'administrateur provisoire se justifie par le fait que celui-ci dès son arrivée dans la société connaitra mieux la situation de celle-ci que la juridiction, rajouté au fait qu'il ait en principe une qualification professionnelle adaptée en la matière.

[537] R. VATINET, « Administration provisoire », *J-Cl. Sociétés Traité*, Fasc. 43-10, n° 85.

l'écart[538] au profit d'un tiers qui sera chargé de représenter la société en trouvant une solution à la crise sociale et en assurant la survie de la société[539].

160. Pouvoirs de l'administrateur provisoire représentant la société et tiers. S'il est admis que l'administrateur a en principe le pouvoir de représenter la société, les contours de ce pouvoir ne sont pas pour autant fixés. En effet, seule l'interprétation des dispositions de l'Acte uniforme relatif à l'administrateur permet d'affirmer que celui-ci dispose par principe de tous les pouvoirs d'administration de la société. Les limitations de pouvoir doivent être précisées par la décision de nomination[540]. Aussi, il est prévu que la nomination d'un administrateur doive faire l'objet d'une publication à l'instar de ce qui est prévu pour la nomination de toutes les personnes ayant le pouvoir général d'engager la société[541]. Ainsi, l'administrateur provisoire devrait par principe disposer des pouvoirs les plus étendus pour agir au nom et pour le compte de la société. Contrairement aux autres représentants dont les limitations statutaires de pouvoir sont en principe inopposables aux tiers, il semble qu'en cas de limitation des pouvoirs de l'administrateur par la juridiction compétente, celle-ci soit opposable aux tiers. En effet, il est prévu que les limitations apportées aux pouvoirs de l'administrateur provisoire doivent être mentionnées dans l'avis de publication de la décision de nomination[542]. Ainsi, de la même manière que la publication de la désignation d'un représentant légal suffit à engager la société pour tous les actes accomplis par ce dernier à l'égard des tiers, la limitation des pouvoirs contenus dans cette publication devrait être opposable aux tiers. Cette situation tranche de la situation applicable en droit français où les formalités de publicité de la nomination de l'administrateur provisoire ne sont pas organisées par un texte spécial[543]. Toutefois, il est admis que l'administrateur provisoire en droit français ne peut valablement prétendre représenter la société qu'après l'accomplissement de formalités de publicité[544]. Cette publicité faite dans les mêmes formes que celle requise pour toute personne ayant le pouvoir d'engager la société, si elle atteste de la qualité de représentant de la société, ne permet pas de définir l'étendue des pouvoirs de l'administrateur provisoire. De ce fait, « *dans la mesure où*

---

[538] Si la nomination ne se justifie pas simplement par la carence du représentant légal dans la société.
[539] V. Y. GUYON, « Les missions des administrateurs provisoires de sociétés », *art. préc.*, p. 106, n° 3.
[540] Article 160-2 de l'AUDSC révisé.
[541] Article 160-3 de l'AUDSC révisé.
[542] Ibid.
[543] Voir cependant, de manière générale l'article 11-8 du décret n° 67-237 du 23 mars 1967.
[544] V. en ce sens R. VATINET, « Administration provisoire », *art. préc.*, n° 56 ; V. également en ce sens réponse ministérielle n° 8881 : JO Sénat, 3 décembre 1969, p. 1169.

aucune délimitation spécifique, par voie de restriction, ne figure dans l'ordonnance de nomination, il est admis que l'administrateur provisoire est investi des pouvoirs conférés par la loi à un dirigeant social[545]». Cette position n'est cependant pas partagée par les juges qui considèrent que l'administrateur provisoire n'a qu'une mission de « *nature conservatoire* », ce qui l'empêche notamment de saisir le juge des loyers commerciaux d'une demande tendant à faire fixer le prix d'un bail renouvelé[546]. Aussi, il a été jugé que, seulement doté de pouvoirs d'usage, l'administrateur provisoire n'a pas le pouvoir de convoquer l'assemblée générale extraordinaire aux fins de modifications statutaires[547]. Il s'agirait ici d'une confusion du régime du mandataire *ad hoc*, doté de pouvoirs spéciaux et non d'un pouvoir de représentation de la société, et de celui de l'administrateur provisoire qui lui est par principe doté d'un pouvoir général d'administration de la société, et de ce fait doté d'un pouvoir de représentation de celle-ci. Ce n'est qu'exceptionnellement que les pouvoirs de ce dernier seront limités dans l'ordonnance de nomination[548].

161. Conclusion. L'administrateur provisoire est un tiers à qui est conféré exceptionnellement et de manière temporaire le pouvoir de représentation de la société. Cette intervention de l'administrateur provisoire constitue ainsi un aménagement du pouvoir de représentation tel qu'il est attribué de manière impérative par le législateur à certains organes bien déterminés. Les associés ne sont donc pas, par principe, admis à apporter des modifications à l'attribution du pouvoir de représentation dans la société. Ils peuvent apporter des aménagements à l'exercice de ce pouvoir, notamment par des limitations statutaires, précision étant faite que celles-ci sont inopposables aux tiers de bonne foi[549], et ne lient de ce fait que les seuls associés[550]. À côté de ces aménagements admis, certains au contraire sont exclus car portant atteinte aux principes de répartition impérative des pouvoirs au sein de la société.

---

[545] B. SAINTOURENS, « L'étendue des pouvoirs de l'administrateur provisoire d'une société », note sous Cass. 3e civ. 3 mai 2007, n° 05-18486, *Bull. Joly sociétés* 2007, p. 1057.
[546] Cass. 3e civ. 3 mai 2007, n° 05-18486, *Dr. sociétés* 2007, comm. 127, obs. H. Lécuyer ; *JCP G* 2007, IV, p. 2142 ; *Dalloz* 2007, p. 1435 ; *Bull. Joly sociétés* 2007, p. 1057, note B. Saintourens.
[547] Cass. com. 7 mars 1956, *JCP G* 1956, II, p. 9356, note D. B.
[548] V. en ce sens, B. SAINTOURENS, « L'étendue des pouvoirs de l'administrateur provisoire d'une société », note préc. p. 1060 ; R. VATINET, « Administration provisoire », *art. cit.*, n° 69.
[549] Article 121 de l'AUDSC révisé.
[550] Article 123 de l'AUDSC révisé.

§II. Les aménagements exclus

162. Le pouvoir de direction de la société fait l'objet d'une attention particulière aussi bien de la part du législateur que des tribunaux. Les aménagements susceptibles d'être apportés à ce pouvoir ne peuvent être admis que s'ils n'entraînent pas le transfert du pouvoir de direction au profit d'une personne qui n'a pas reçu, de la part du législateur, le pouvoir de détenir et de mettre en œuvre un tel pouvoir. Ainsi, la jurisprudence a invalidé à plusieurs reprises des conventions de direction qui, par principe, consistent en un transfert du pouvoir de direction au profit d'un tiers (**A**). Aussi, la détermination légale des attributions des organes sociaux avec pour conséquence le principe de spécialité interdit la création d'organes sociaux para-légaux (**B**). Il conviendra d'examiner successivement ces deux prohibitions.

A. La prohibition des conventions de direction portant transfert du pouvoir de direction

163. La contractualisation de la gouvernance des sociétés a connu un essor avec la multiplication d'un certain nombre de conventions parmi lesquelles les conventions de direction occupent une place importante[551]. La doctrine s'est très peu intéressée au sort de ces conventions jusqu'à une époque récente. Il conviendra dans un premier temps d'appréhender la notion même de convention de direction ainsi que son utilité dans la sphère sociétaire (**1**), avant d'examiner ses conditions de validité (**2**).

1. Définition et utilité des conventions de direction

164. Définition. Les expressions « convention de direction », « convention de management » ou encore « convention de gestion » apparaissent dans la doctrine sans qu'une définition précise ne soit proposée. Il apparaît tout de même que ces expressions recouvrent la même réalité : celle de l'externalisation des fonctions de direction d'une société. Ces conventions peuvent se rencontrer aussi bien au sein de groupes de sociétés, que dans des sociétés dites « indépendantes ». Il s'agit de contrats[552]

---

[551] J.-Ph. DOM, « Principales conditions d'existence et de validité d'une convention de direction », note sous Cass. com. 14 septembre 2010, n° 09-16. 084, *Rev. sociétés* 2011, p. 424, spéc. p. 427, n° 4.

[552] Il s'agirait plus précisément de mandat d'intérêt commun car aucun lien de dépendance n'existe entre les deux sociétés, la société prestataire n'est pas salariée de celle bénéficiaire des services, et elle ne peut non plus être directeur général dans une SA, cette fonction étant

synallagmatiques par lesquels une société s'engage à fournir des prestations de service à une autre, moyennant une rémunération. Ces services peuvent être de nature administrative, technique ou commerciale, comme par exemple l'assistance à la gestion et à la détermination d'une stratégie, la fourniture de services comptables ou juridiques, le conseil en matière de ressources humaines, l'assistance en matière de communication ou de marketing, *etc*. Ces conventions ne sont pas récentes même si elles n'ont pas intéressé la majeure partie de la doctrine. La question des conventions de direction a été renouvelée à l'occasion de récentes affaires qui ont émaillé la jurisprudence française, tendant à la remise en cause de celles-ci. Avant de s'intéresser à ces développements jurisprudentiels, il convient d'abord de s'intéresser à l'utilité pratique de celles-ci.

165. Utilité des conventions de direction. La contractualisation du pouvoir au sein de la société commerciale vise principalement à satisfaire les exigences du gouvernement d'entreprise qui tente de redéfinir le contenu des relations entre actionnaires et dirigeants[553]. Dans les groupes de sociétés, ces conventions visent à répondre à l'inadéquation de l'organisation juridique du groupe avec l'organisation économique de l'entreprise. Elles permettent dans ce cas de mieux organiser les principes de gouvernance de l'entreprise[554]. Elles peuvent permettre ainsi aux sociétés appartenant à un même groupe d'harmoniser leur gestion interne, d'optimiser et de rationaliser leur coût[555]. Dans les groupes de société avec un fort « *affectio familiae*[556] », la convention de direction permet « *d'assurer un contrôle de la direction par les investisseurs, soit parce que différentes branches familiales se sont réparties séparément les fonctions de gestion opérationnelle et celles de surveillance, soit parce que les investisseurs familiaux interviennent comme le ferait un fonds pour prendre le contrôle sans s'immiscer dans la gestion*[557] ».

---

réservée aux personnes physiques. V. en ce sens Ph. MERLE, « Contrat de management et organisation des pouvoirs dans la société anonyme », *Dalloz* 1975, Chron. p. 245.

[553] J.-Ph. DOM, « Principales conditions d'existence et de validité d'une convention de direction », *art. préc.*, spéc. p. 429, n° 14. Pour cet auteur, « *la contractualisation de la gouvernance appartient aux nouveaux paradigmes de la gouvernance d'entreprise dans les relations entre actionnaires et dirigeants* ». V. aussi en ce sens P. PORTIER, « Gouvernance d'entreprise et relations actionnaires dirigeants : vers de nouveaux paradigmes », in *Études à la mémoire de Fernand Charles JEANTET*, LexisNexis 2010, p. 423 et suiv.

[554] *Ibid.* n° 7.

[555] B. LACOMBE, « Haro sur les conventions de management fees », *LPA*, 23 mai 2014, n° 103, p. 4.

[556] V. TANDEAU de MARSAC, *Guide pratique des entreprises familiales*, Eyrolles, 2011, spéc. p. 24 et 109.

[557] J.-Ph. DOM, « Principales conditions d'existence et de validité d'une convention de direction », *art. préc.*, spéc. n° 8.

L'utilisation de convention de direction peut être également guidée par le souci d'une certaine confidentialité dans la rémunération du dirigeant social. C'est le cas dans les sociétés anonymes où la désignation d'un comité d'entreprise est obligatoire. Dans ces dernières, il est prévu une participation obligatoire des membres du comité d'entreprise aux réunions du conseil d'administration. Or, la rémunération du dirigeant étant nécessairement de la compétence de ce conseil[558], celle-ci sera connue des représentants des salariés désignés par le comité d'entreprise. Cette situation peut pousser le dirigeant à proposer une convention de direction avec une société dans laquelle il sera associé, voire le plus souvent associé unique, qui fournira à la société d'origine des prestations de management. Ainsi, le dirigeant pourra dans cette société tierce percevoir des rémunérations soit en tant que salarié, travailleur indépendant ou tout simplement percevoir des dividendes. La société bénéficiaire des prestations de services ne paiera pas de charges sociales sur les rémunérations versées à la société de service. Le dirigeant aura dans la société d'origine un salaire « normal » qu'il pourra compléter par les rémunérations perçues dans la société tierce sans éveiller les soupçons du comité d'entreprise. La convention de direction offre ainsi l'avantage d'une plus grande opacité[559].

Aussi, les conventions de direction peuvent constituer une technique intéressante d'optimisation du régime social des dirigeants, par exemple en permettant à un directeur général de SA souhaitant relever du régime des travailleurs non-salariés réservés aux gérants majoritaires rémunérés de SARL, de constituer une SARL dont il sera le gérant majoritaire, laquelle facturera à la SA la valeur de ses prestations au titre d'un contrat de prestation de services[560].

166. Ce type de convention de direction n'est pas sans poser quelques difficultés notamment quant à leur validité. En effet, la convention permet au dirigeant d'être rémunéré pour des fonctions pour lesquelles il est déjà rémunéré dans la société d'origine. Même dans l'hypothèse où ses fonctions seraient gratuites dans celle-ci, il n'en demeure pas moins que les attributions légales attachées aux organes de direction font l'objet d'un transfert conventionnel au profit d'un tiers. La jurisprudence a eu à connaître de la validité de ces conventions, ce qui a semé le doute dans la doctrine quant à l'avenir de celles-ci.

---

558 *Ibid.*, n° 15.

559 F. MARMOZ, « De la validité des conventions de gestion », note sous Cass. com. 14 septembre 2010, n° 09-16. 084, *Dalloz* 2011, p. 57.

560 F. MARMOZ, « De la validité des conventions de gestion », note préc., p. 57.

2. Validité des conventions de direction et prohibition du transfert conventionnel du pouvoir de direction

167. Validité des conventions de direction. Les conventions de direction, parce qu'elles entraînent le transfert de pouvoir appartenant à des organes de la société, ne peuvent être admises. En effet, la désignation impérative des titulaires du pouvoir de représentation dans la société interdit que ce pouvoir puisse être transféré à une société tierce. Qui plus est, le principe de spécialité des organes sociaux implique également que chaque organe dispose de pouvoirs qui lui sont propres et de ce fait, ne doivent pouvoir être exercés par une tierce personne que par le biais d'une délégation de pouvoir ou dans les situations exceptionnelles prévues par le législateur ou décidées par le juge. Ainsi, la convention de direction ayant pour objet le transfert du pouvoir de direction au profit d'un tiers ne peut être valable. C'est en ce sens que s'est prononcée la jurisprudence française qu'il convient d'examiner.

168. Affaire SOREPLA INDUSTRIE (SI) c/ SAMO GESTION (SG). La Cour de cassation a eu à se prononcer sur la validité de la convention de direction dans une affaire où M. X exerçant les fonctions de directeur général de la société SI, société anonyme à conseil d'administration, a constitué en janvier 2001, la société SG. Le 20 mars 2001, cette dernière a conclu avec la société SI une convention de prestation de service par laquelle elle s'engageait à fournir à cette dernière différentes prestations. Aussi, elle mettait à la disposition de la société SI, M. X moyennant une rémunération comportant une partie fixe et une partie proportionnelle au résultat net de la société SI. La convention avait pour objet l'action commerciale, la gestion industrielle, la gestion des ressources humaines, la gestion administrative et financière, la stratégie générale ainsi que la prestation de direction[561] au profit de la société SI. Cette convention est soumise à l'autorisation du conseil d'administration de la société SI qui l'approuve, celle-ci étant une convention règlementée. La société SI ayant cessé d'exécuter la convention, la société SG l'a poursuivie en paiement. La société SI a sollicité en retour l'annulation de la convention et la restitution des sommes versées en exécution de celle-ci. La Cour d'appel de Paris fît droit à cette demande d'annulation. La société SG a alors formé un pourvoi devant la Cour de cassation, qui par un arrêt du 14 septembre 2010 a rejeté le pourvoi. D'une part, la Cour de cassation retient que la convention est nulle faute de cause, celle-ci faisant double emploi avec la fonction de directeur général. D'autre part, elle considère que la rémunération du directeur général ne peut être déterminée que par le conseil d'administration au regard de l'alinéa 3 de l'article L. 225-53 du code de commerce.

[561] Cass. com. 14 septembre 2010, n° 09-16.084, préc.

169. La nullité de la convention de direction faute de cause. Les conventions de direction sont de prime abord des contrats et, comme tels, ils devront respecter les conditions de validité des contrats en général[562]. Notamment, ces conventions doivent être causées au risque d'encourir la nullité[563]. Si l'existence d'une cause objective ici ne pose pas problème, la cause subjective suscite plus de réserve[564]. Pour la société de service SG, la cause objective sera essentiellement la rémunération versée par la société bénéficiaire SI. Pour cette dernière, la cause objective sera l'exécution de la société de service de son obligation de lui fournir une expertise particulière en matière de gestion ou de direction et plus largement en matière de conseil managérial. Dans l'espèce commentée, la convention est annulée pour défaut de cause. Si la société SG avait bien un intérêt à la convention, celle-ci étant conclue à titre onéreux, la société SI ne bénéficiait pas réellement de prestation, donc cette convention n'avait pour elle aucun intérêt. En effet, l'objet de la convention regroupait l'essentiel des fonctions de tout directeur général. La convention avait pour objet de proposer à la société bénéficiaire les prestations qui sont censées être déjà fournies par le directeur général de cette société. De ce fait, son obligation de rémunération de la société de service n'avait aucune justification ou contrepartie. Comme le fait remarquer un commentateur de la décision, « *les fonctions de direction d'un mandataire social, personne physique, impliquent à l'évidence que le dirigeant fasse bénéficier la société de son savoir, de son expérience et de ses conseils en terme de gestion. On voit mal comment un dirigeant pourrait, distinctement du point de vue de la rémunération, se conseiller lui-même en matière de gestion*[565] ». La collusion entre les fonctions d'un directeur général et les attributions d'un prestataire de service rend nulle la convention de direction. L'un des arguments avancés par la société prestataire de service pour réfuter la nullité était le fait qu'au moment de la signature de la convention, la personne mise à la disposition de la société bénéficiaire n'y exerçait plus les fonctions de directeur général. Cet argument ne peut porter loin puisque, en dehors de la personne même du directeur, il n'y a aucun

---

[562] Article 1108 du code civil.
[563] Article 1131 du code civil.
[564] Sur le rapprochement de la cause et de l'intérêt ou plus précisément sur le phénomène de la subjectivisation de la cause, V. pour une synthèse, G. PIETTE, *La correction du contrat*, préf. M. Menjucq, PUAM 2004, p. 294, n° 554 et suiv. V. aussi, J. M. BAHANS, *Théorie générale de l'acte juridique et droit économique*, ANRT 2003, p. 532 et suiv. ; G. WICKER, *Les fictions juridiques, contributions à l'analyse de l'acte juridique*, *op. cit.*, p. 106 et suiv. V. enfin, Cass. 1ère civ., 3 juillet 1996, n° 94-14.800, *Dalloz*, 1997, p. 500, note P. Reigne ; *RTD Civ.* 1996, p. 901, obs. J. Mestre ; *RTD Com.* 1997, p. 308, obs. B. Bouloc ; Cass. com. 22 Octobre 1996, n° 93-18.632, *Dalloz* 1997, p. 121, note A. Seriaux ; *GAJC*, 12 éd. 2008, n° 157 ; *RTD Civ.* 1997, p. 418, obs. J. Mestre, *RTD Civ.* 1998, p. 213, obs. N. Molfessis ; *RTD Com.* 1997, p. 319, obs. B. Bouloc.
[565] J.-Ph. DOM, « Principales conditions d'existence et de validité d'une convention de direction », *art. préc.*, spéc. p. 428, n° 11.

intérêt pour une société de conclure une convention à titre onéreux pour bénéficier des prestations qui doivent être accomplies par le directeur général qui est dans la société anonyme un organe obligatoire[566]. Que cet organe soit nommé au moment de la conclusion de la convention ou non, le simple fait que celle-ci ait pour objet l'accomplissement de prestations relevant des attributions de cet organe, prive l'obligation de la société bénéficiaire de contrepartie. De ce fait, la convention qui proposerait l'accomplissement de ces mêmes attributions à une société qui est censée avoir un directeur général, serait nulle car la rémunération perçue en contrepartie n'aurait pas d'équivalence[567]. La société prestataire de service ne pouvait non plus prétendre elle-même à la fonction de directeur général, ce qui justifierait la rémunération perçue, car l'article L. 225-51-1 du code de commerce réserve cette fonction soit au président du conseil d'administration soit à une autre **personne physique**. Ainsi, pour être causée, cette convention aurait dû « *apporter un service au moins partiellement propre, distinct de celui que rend déjà le dirigeant ès qualité*[568] ».

Cependant, même dans cette situation, la validité de la convention sera encore sujette à caution car le périmètre des attributions d'un directeur général demeure flou, de telle sorte que toute convention de direction encourrait la nullité pour défaut de cause. En effet, la Cour de cassation a retenu la nullité d'une convention de direction dans une affaire où les prestations proposées semblaient assez lointaines des fonctions d'un directeur général[569]. Cette solution semble pouvoir s'appliquer à tous les

---

[566] V. article L. 225-51-1 du code de commerce.

[567] V. en ce sens D. GALLOIS-COCHET, note sous Cass. com. 14 septembre 2010, n° 09-16. 084, *Dr. sociétés* 2010, p. 24.

[568] P. Le CANNU, « Contrat de management et double rémunération », note sous Cass. com. 14 septembre 2010, n° 09-16. 084, *Bull. Joly sociétés*, 2011, p. 960.

[569] Cass. com., 23 octobre 2012, n° 11-23.376, *RJDA* 2013, n° 122. Dans cette affaire, il s'agissait d'une convention conclue entre une société anonyme et une entreprise unipersonnelle à responsabilité limitée dont le gérant était directeur général de la SA. Elle avait entre autre pour objet la réalisation de prestations de création et développement de filiales à l'étranger, de définition de stratégies de vente, de participation à des salons professionnels et de recherche de nouveaux clients à l'étranger. Cette convention est annulée par la Cour de cassation pour défaut de cause, alors que l'on pouvait légitimement conclure à une distinction au moins partielle entre les fonctions d'un directeur général et celles d'un prestataire de service chargé de développer une clientèle étrangère. Pour la Cour, une telle convention constitue une délégation à la société unipersonnelle, dont M. Y. était le gérant, d'une partie des fonctions de décision, de stratégie et de représentation incombant normalement à ce dernier en sa qualité de directeur général de la société anonyme, et fait donc double emploi, à titre onéreux pour cette société, avec lesdites fonctions sociales. Les obligations stipulées à la charge de la société anonyme sont dépourvues de contreparties réelles et la convention litigieuse, sans cause, doit de ce fait être annulée. L'identité des deux personnes (directeur général et prestataire de service) a sans doute guidé la solution de la Cour, d'autant plus que la société de service était constituée sous la forme d'une EURL.

types de sociétés. Elle a d'ailleurs été retenue à propos d'une convention conclue entre une SAS et une entreprise individuelle dirigée par le directeur général de la SAS[570]. Cette solution se justifie car, le directeur général de la société en tant que représentant légal ne peut se départir de ce pouvoir au profit d'un tiers, sauf par exemple à passer par le mécanisme de la délégation de pouvoir. Mais dans le cas d'espèce, ce mécanisme ne peut être admis car la délégation suppose qu'il y ait au moins deux personnes. Nul ne peut se déléguer à soi-même ses propres pouvoirs. Ainsi, une société ne peut transférer, déléguer ou renoncer à tout ou partie des prérogatives confiées par la loi à un organe social au profit d'une autre société, quand bien même le salaire du dirigeant serait réduit proportionnellement aux attributions à lui retirées[571].

170. Sort des conventions de direction existantes. Faut-il conclure que toutes les conventions de direction sont destinées à la nullité ? Certainement pas. La convention de direction est une convention conclue en général en des termes très vagues et de ce fait pourrait heurter l'organisation du pouvoir dans la société. Mais, dans les cas où la convention aurait un objet plus restreint et éventuellement une durée limitée, elle pourrait être admise[572]. Aussi, la délégation de pouvoir est largement admise en droit des sociétés[573]. La convention de direction pour être valable ne devrait donc pas être rédigée en termes très vagues, et ne devrait pas viser le transfert d'un pouvoir de représentation, de décision ou d'engagement de la société[574]. Dans toutes les conventions envisagées plus haut, leur objet entraînait un transfert du pouvoir de décision appartenant au directeur général, ce qui justifiait leur nullité. Par exemple, la convention de direction peut consister en une

---

[570] CA Paris, 4 juillet 2013, RG n°11/06318 : Des faits de l'espèce, M. Z., directeur général d'une SAS, fit conclure par celle-ci une convention d'assistance, de management et de gestion avec une entreprise individuelle de conseil qu'il dirige. Par la suite, son mandat de directeur général est révoqué et la convention d'assistance, de management et de gestion est résiliée. Monsieur Z., au nom de l'entreprise individuelle de conseil, assigne en réparation du préjudice causé. Le Tribunal de commerce lui donne satisfaction. Sur appel de la SAS, la Cour d'appel de Paris, par un arrêt du 4 juillet 2013, retient que la convention d'assistance, de management et de gestion est sans cause et en prononce la nullité. Elle estime en effet que les missions faisant l'objet de la convention en question constituent une délégation, au moins pour partie, des fonctions de décision, de gestion et de représentation confiées à M. Z.

[571] V. en ce sens, Cass. com. 23 octobre 2012, n° 11-23.376, préc.

[572] V. en ce sens, P. Le Cannu, « Contrat de management et double rémunération », note sous Cass. com. 14 septembre 2010, *op. cit.* Pour cet auteur les conventions de directions pour être valable, ne doivent pas tout enlever au dirigeant de droit, et elles doivent procurer à la société un service effectif. V. également J.-Ph. DOM, « Principales conditions d'existence et de validité d'une convention de direction », note sous Cass. com. 14 septembre 2010, *note préc.*, spéc. p. 428, n° 13.

[573] V. *supra*, n° 138 et suiv.

[574] V. en ce sens Ph. MERLE, « Contrat de management et organisation des pouvoirs dans la société anonyme », *art. préc.*, spéc. p. 248.

prestation de conseil apportée aux dirigeants. La convention ne pourra dans ce cas encourir la nullité pour défaut de cause, même si le conflit d'intérêt ne tardera pas à être évoqué en cas de difficulté, la société rémunérant un dirigeant pour qu'il se conseille lui-même, sauf à ce que la société prestataire soit une société pluripersonnelle. La nullité pourra être évitée par exemple en faisant valoir la personnalité morale de la société prestataire de service, à moins d'évoquer là encore la fictivité de cette société tierce.

171. Conséquence de la nullité de la convention de direction. La reconnaissance de la nullité d'une convention de direction peut engendrer un certain nombre de conséquences aussi bien pour le directeur général que pour la société de service qui l'emploie. En effet, l'absence de contrepartie pour la société bénéficiaire traduit un acte de gestion contraire à l'intérêt social. Selon les termes de l'article L. 242-6, 3e du code de commerce, cet acte pourrait recevoir la qualification d'abus de biens sociaux, d'autant plus que le directeur général est en général intéressé dans la convention, ne serait-ce qu'indirectement, par l'intermédiaire de la société qu'il crée. Aussi, les administrateurs engagent leur responsabilité en tant que membre d'un organe social ayant par son action ou son abstention – la ratification de la convention – participé à la prise d'une décision fautive pour la société[575]. La conséquence s'avère très lourde pour ces derniers, notamment lorsqu'ils se sont abstenus lors de la prise de décision. Ils devront prendre ainsi toutes les précautions lorsqu'ils seront en face de telles conventions dont le sérieux et le bien-fondé devraient motiver leur ratification.

Pour la société de service, le risque n'en est pas moins grand car la qualification de dirigeant de fait sera plus facilement retenue, puisque le dirigeant participait activement à la prise de décision dans la société bénéficiaire des services[576]. En cas de procédure collective de cette dernière, l'extension de procédure pourra être retenue notamment pour fictivité lorsque la société serait unipersonnelle et n'aurait d'autres partenaires que la société bénéficiaire des services proposés.

172. À l'instar des conventions de direction, il est interdit de créer *ex nihilo* des organes sociaux qui empièteraient sur les attributions des organes sociaux prévus par le législateur.

---

[575] Cass. com. 30 mars 2010, n° 08-17.841, Bull. Civ. 2010, IV, n° 69 ; *Dalloz* 2010, p. 1678, obs. A. Lienhard, note B. Dondero; *Rev. sociétés* 2010, p. 304, note P. Le Cannu ; *RTD Com.* 2010, p. 377, obs. P. Le Cannu et B. Dondero ; *Bull. Joly sociétés* 2010, p. 533, note R. Raffray ; *JCP E* 2010, p. 1416, note A. Couret.

[576] V. Cass. com. 19 décembre 1995, n° 92-20.116, Bull. civ. IV, n° 307 ; *Dalloz Aff.* 1996, chron. p. 153 ; *RJDA* 1996, n° 431 ; *Rev. sociétés* 1996, p. 347, note Le Tourneau.

B. La prohibition de la création d'organes sociaux para-légaux

173. Le phénomène de *corporate governance* prône une séparation des pouvoirs dans la société afin de permettre un contrôle efficace de l'action des dirigeants et une meilleure rentabilité de l'activité de l'entreprise. Il a ainsi été proposé d'instituer un certain nombre d'organes, notamment dans les sociétés cotées, tels que des censeurs, des comités de direction, de rémunération, certains d'entre eux ayant été repris par le législateur français[577]. Par organes sociaux para-légaux, il faudrait entendre tous les organes sociaux mis en place par les associés autres que ceux prévus par le législateur pour le type de société considéré. Si certains types de société, à l'instar des SAS, sont favorables à ces nouveaux organes (**1**), les autres se montrent plus imperméables au regard de la législation en vigueur aussi bien en droit OHADA que français (**2**).

1. Création d'organes nouveaux dans la SAS

174. Convergence des droits français et OHADA en matière de liberté de création d'organes nouveaux dans une SAS. Dans la SAS, la création d'organes sociaux visera essentiellement à combler le vide laissé par le législateur. En effet, la volonté d'insuffler une dose de liberté dans le fonctionnement de la société commerciale a conduit le législateur lors de l'adoption de la SAS en droit OHADA, à donner aux associés toute la latitude possible d'organisation de cette structure en fonction des intérêts sociaux. Ainsi, la SAS est définie par l'article 853-1 de l'AUDSC révisé, comme étant « *une société instituée par un ou plusieurs associés et dont les statuts prévoient librement l'organisation et le fonctionnement de la société sous réserve des règles impératives du présent livre* ». De ce fait, l'organisation et le fonctionnement de la SAS relèvent en principe de l'autonomie de la volonté des associés. Les statuts de la SAS pourront ainsi prévoir la création d'organes usuels ou *sui generis* afin d'assurer la direction de la société. Ce libéralisme est confirmé par l'article 853-7 de l'AUDSC révisé qui prévoit, relativement à la direction de la SAS, que « *les statuts fixent les conditions dans lesquelles la société est dirigée* ». Cette disposition est sans doute empruntée au législateur français qui retient la même formule à l'article L. 227-5 du code de commerce. Dans une SAS, il pourra donc être prévu des organes usuels ou classiques tels qu'un directeur général ou un directoire si la forme collégiale est adoptée. En plus de ces organes, les statuts pourront prévoir l'institution d'organes originaux afin de compléter le schéma organisationnel de la société. Ainsi, pourront être crées des comités

---

[577] D. VELARDOCCHIO-FLORES, *Les accords extra-statutaires entre associés*, *op. cit.*, p. 63, n° 40 et suiv.

spécialisés disposant de pouvoirs de décision pour un type d'engagement ou d'investissement, ou des comités correspondant à des secteurs spécifiques de l'activité de la société[578]. Aussi, pourront voir le jour des organes avec des attributions spécifiques : pouvoir de contrôle ou d'arbitrage, pouvoir d'orientation, de validation ou de proposition, *etc.* La dénomination de ces différents comités et organes reste dans le domaine de la liberté statutaire, sauf à préciser qu'il faudrait prendre soin à ce que « *l'appellation choisie ne soit pas déceptive pour les tiers et au sein de la société*[579] ». Ce serait le cas lorsque les appellations sont calquées sur celles existant dans la SA sans pour autant que les organes créés aient les mêmes compétences que ces dernières. Cela pourrait créer une certaine confusion notamment en termes de hiérarchie entre les différents organes, ou de responsabilité[580]. La seule limite demeure l'appellation de Président qui est réservée à la personne chargée de la représentation légale de la société[581]. Cette appellation créée par le législateur est susceptible d'entraîner une certaine confusion depuis la distinction de la fonction de président du conseil d'administration et de directeur général de la SA, opérée par la loi NRE de 2001. En effet, désormais le directeur général de la SA dispose des mêmes pouvoirs en matière d'engagement et de représentation de la société que le président de la SAS. Le président du conseil d'administration de la SA quant à lui, n'a aucun pouvoir en matière de représentation de la société ; il a principalement un rôle d'organisation des travaux du conseil. Cette confusion se retrouve également en droit OHADA, notamment dans les SA avec conseil d'administration où la présidence et le conseil d'administration seraient dissociés. Les pouvoirs d'engagement et de représentation y sont confiés au directeur général[582], alors que le président du conseil d'administration est chargé essentiellement de présider les réunions du conseil ainsi que celles de l'assemblée générale[583]. Dans la SAS de droit OHADA, la représentation de la société est confiée au président comme en droit français[584]. Il existe donc un décalage qui pourrait créer facilement une confusion entre ces différents organes d'où la recommandation de certains auteurs de rétablir l'unité des appellations en reconnaissant aussi bien dans la SA que dans la SAS, que le pouvoir de représenter et d'engager la société appartient au directeur général et, à défaut, aux directeurs généraux délégués[585]. Mais, il semblerait que

---

578 M. GERMAIN et P.-L. PERIN, *SAS – La société par actions simplifiée*, *op. cit.*, p. 301, n° 510.
579 *Ibid.* p. 302, n° 511.
580 V. *supra,* n° 134.
581 V. *supra,* n° 121 et suiv.
582 Article 487 de l'AUDSC révisé.
583 Article 480 de l'AUDSC révisé.
584 Article 853-8 de l'AUDSC révisé.
585 M. GERMAIN et P.-L. PERIN, *SAS – La société par actions simplifiée*, *op. cit.*, p. 303, n° 511.

cette distinction maintenue par le législateur vise à entretenir une certaine différence entre la SA et la SAS qui sont deux sociétés avec des régimes juridiques bien distincts.

175. Les associés de la SAS sont affranchis de la rigueur instaurée par le législateur et la jurisprudence en matière d'aménagement de la direction de la société. Un auteur a dans ce sens affirmé que « *le législateur a accepté de débarrasser la SAS de la plupart des lourdeurs qui encombrent le statut des dirigeants de société anonyme, en excluant l'application des règles conçues pour le conseil d'administration, le directoire et le conseil de surveillance*[586] ». Mais, la liberté dans l'organisation et le fonctionnement de la SAS nécessite une attention particulière dans la rédaction des statuts. En effet, comme l'affirme si bien un auteur, « *il faut faire en sorte que les pièces de l'organisation s'emboîtent bien, autrement dit qu'il n'y ait pas de vide de compétence*[587] ». La liberté d'organisation de la SAS s'oppose à l'organisation hiérarchisée des autres types de société, en particulier la SA.

2. Création d'organes nouveaux dans les sociétés autres que les SAS

176. En droit français. La question de la possibilité de créer des organes para-légaux n'est pas récente même si celle-ci a été renouvelée par les règles de la *corporate governance*[588]. L'histoire du droit français des sociétés montre que le besoin d'assurer un contrôle de l'action des dirigeants s'est vite traduit par la création d'organes spéciaux[589]. En effet, dès le XVIIIe siècle, le développement des compagnies avait entraîné la création des syndics actionnaires détenant au moins cinquante actions, qui se voyaient associés à l'administration de la société avec la possibilité de participer aux assemblées journalières des administrateurs. Ces syndics pouvaient essentiellement demander des explications sur toutes les affaires de la compagnie dont ils devaient être tenus informés[590]. Ensuite, au XIXe siècle, sont apparus les censeurs qui avaient pour mission essentielle le contrôle de la direction de la société par les administrateurs. Ces censeurs doivent être distingués des censeurs actuels, nommés essentiellement dans les sociétés financières avec pour mission principale le conseil de la direction de la

[586] P. Le CANNU, « Un nouveau lieu de savoir-faire contractuel : la société par actions simplifiée », *Defrénois* 1994, p. 1345, spéc. p. 1359.
[587] M. GERMAIN et P.-L. PERIN, *SAS – La société par actions simplifiée*, *op. cit.*, p. 302, n° 510.
[588] P. Le CANNU et B. DONDERO, *Droit des sociétés*, *op. cit.*, p. 594, n° 890.
[589] A. BIENVENU-PERROT, « Des censeurs du XIXe siècle au gouvernement d'entreprise du XXIe siècle », *RTD Com.* 2003, p. 449.
[590] *Ibid.*, p. 451.

société. Ces derniers ont une mission d'assistance des dirigeants, plutôt qu'une mission de contrôle. La création de poste de censeur avait essentiellement pour but de contourner la règle de limitation du nombre d'administrateurs ou celle relative à l'âge de ces derniers[591].

Avec l'émergence des principes du gouvernement d'entreprise et l'influence croissante des marchés financiers, il est apparu que les investisseurs, dans le but de maximiser leurs investissements, souhaitent contrôler la pertinence des décisions des dirigeants. Cette idée s'est traduite par la volonté de dissociation du pouvoir et du contrôle[592] au sein des sociétés[593]. Sont ainsi apparus différents comités notamment dans les sociétés dont les titres sont admis à négociation sur un marché règlementé. Ces comités sont très divers et peuvent prendre la forme de comité de rémunération, de nomination ou de sélection des administrateurs, d'audit ou tout simplement des comités ponctuels chargés d'étudier une question particulière intéressant le fonctionnement de la société. Ces différents organes peuvent viser plusieurs objectifs, tels que l'amélioration de la gestion interne de la société avec des organes spécialisés, le contrôle des dirigeants notamment sur les questions les plus sensibles à l'instar de la fixation de la rémunération[594]. L'intérêt de l'institution de ces comités n'est plus à démontrer surtout dans les grandes sociétés. Cependant, leur légalité est beaucoup plus sujette à discussion. Si dans la SAS, la liberté est laissée aux statuts de prévoir les différents organes de fonctionnement de la société[595], tel n'est certainement pas le cas des autres types de sociétés où le législateur prend le soin de prévoir une certaine organisation hiérarchisée. En effet, les différentes modalités d'organisation du fonctionnement de la société sont prévues par le législateur[596]. Ce n'est qu'exceptionnellement

591 V. en ce sens D. VELARDOCCHIO-FLORES, Les accords extra-statutaires entre associés, op. cit., n° 41.

592 Cl. BERR, « La place de la notion de contrôle en droit des sociétés », in *Mélanges en l'honneur de Daniel BASTIAN*, éd. Librairies techniques, 1974, p. 1-22.

593 Il faut remarquer qu'aux États-Unis où le gouvernement d'entreprise est né, il existe deux types d'administrateurs au sein du conseil d'administrations : d'un côté les « management directors » ou « executive directors » et de l'autre, les « non-management » ou « non-executive directors ». La première catégorie renvoie aux administrateurs chargés de la gestion quotidienne de la société, tandis que les seconds sont chargés du contrôle des premiers. V. A. BIENVENU-PERROT, « Des censeurs du XIXe siècle au gouvernement d'entreprise du XXIe siècle », *art. préc.*, spéc. p. 451.

594 P. MOUSSERON, *Les conventions sociétaires, op. cit.*, p. 215, n° 293. Parmi les objectifs de création de ces organes nouveaux, cet auteur retient entre autres, le fait que ces organes facultatifs permettent de « *flatter l'égo de certains cadres par l'octroi de titres ronflants (directeur du comité des finances, directeur du comité d'audit...)* ».

595 V. *supra*, n° 174 et suiv.

596 Il faudrait remarquer qu'avant 1867, existait dans la SA, un système pyramidal qui fonctionnait sur la base de mandats donnés par les actionnaires au conseil d'administration, qui donnait également mandat à l'administrateur délégué. Ce système reposait sur une

qu'il admet la possibilité de créer des organes *ad hoc* pour les compléter. Tel est le cas de l'article R. 225-29 du code de commerce qui prévoit expressément dans les SA, la possibilité de créer un comité chargé d'étudier des points précis qui lui seront confiés par le conseil d'administration. Cet article dispose que pour faciliter la mission du conseil d'administration, celui-ci « *peut conférer à un ou plusieurs de ses membres ou à des tiers, actionnaires ou non, tous mandats spéciaux pour un ou plusieurs objets déterminés* ». Et selon l'alinéa 2, « *il peut décider la création de comités chargés d'étudier les questions que lui-même ou son président soumet, pour avis, à leur examen. Il fixe la composition et les attributions des comités qui exercent leur activité sous sa responsabilité* ». Cette possibilité est également reconnue au conseil de surveillance qui « *peut décider de la création en son sein de commissions dont il fixe la composition et les attributions et qui exercent leur activité sous sa responsabilité, sans que ces attributions puissent avoir pour objet de déléguer à une commission les pouvoirs qui sont attribués au conseil de surveillance lui-même par la loi ou les statuts ni pour effet de limiter les pouvoirs du directoire* ». Certains organes, comités ou commissions, peuvent ainsi être adjoints aux organes classiques de la société.

Mais, la question qui se pose, est celle de savoir si en dehors de ces cas prévus par le législateur, les associés ou actionnaires peuvent décider, soit dans les statuts soit par un pacte d'actionnaires, de créer un organe dans une hypothèse non prévue par la loi. Par exemple, les associés peuvent-ils décider de la création d'un poste de président, ou d'un conseil de surveillance dans une société où cet organe n'est pas prévu ? Cette question renvoie à celle de la légalité de la création d'organes para-légaux dans les sociétés commerciales. Le mode d'administration des sociétés de capitaux est enfermé dans les schémas prévus par le législateur. Un auteur a dans ce sens affirmé que « *les fondateurs doivent adopter en bloc le statut de la S.A. tel qu'il est fixé par la loi. Ils ne peuvent le modifier ou le compléter pour tenir compte de leurs besoins spécifiques que sur des points de détails*[597] ». Cette situation tend à évoluer depuis l'apparition des principes de gouvernement d'entreprise. Ces principes, élaborés aux États Unis dans les années 1980, étaient destinés à rendre plus objective la gestion des grandes sociétés, à faciliter le contrôle par les actionnaires et investisseurs, et la sanction le cas échéant de l'action des dirigeants. Ils sont à l'origine de la nomination quasi systématique d'administrateurs indépendants dans les sociétés cotées, ainsi que de l'institution de comités au sein des conseils

---

conception purement contractuelle de la société, mais a très vite évolué vers une définition légale des attributions des différents organes en place dans la société. V. en ce sens P. Le CANNU et B. DONDERO, *Droit des sociétés*, *op. cit.*, p. 451, n° 681.

[597] Y. GUYON, *Droit des affaires*, tome I, *Droit commercial général et Sociétés*, 12e éd. Economica 2003, p. 280, n° 279.

d'administration ou de surveillance[598]. La pratique des comités semble devenue la règle en droit français[599].

177. Légalité de l'institution d'administrateurs indépendants ou de comités parmi les organes sociaux. S'agissant de l'institution d'administrateurs indépendants, il faut d'abord faire remarquer que le droit positif français ne reconnaît pas cet organe[600]. Les seuls administrateurs reconnus sont ceux membres des conseils d'administration dont les fonctions sont légalement encadrées. Il faudrait rappeler aussi que les dispositions législatives relatives aux administrateurs sont d'ordre public[601]. De ce fait, les administrateurs indépendants, dont la nomination est conseillée par le code de gouvernement des entreprises, ne peuvent être une catégorie particulière d'administrateurs[602]. Ils peuvent soit être des administrateurs, et ils devront dans ce cas satisfaire à toutes les exigences du statut d'administrateur tel que défini par la loi[603] ; soit ils seront des organes issus de la pratique et dans ce cas, ils ne pourront prétendre avoir les mêmes attributions que les administrateurs classiques, notamment le droit de vote au sein du conseil d'administration, ainsi que la qualification même d'administrateur. Sur ce point, la jurisprudence semble très stricte quant à la possibilité d'accorder des pouvoirs dévolus par la loi à un organe précis, à un tiers. En effet, dans une espèce où le président-directeur général d'une société anonyme s'était, par convention, porté garant personnel du remboursement du prêt accordé par un actionnaire, la Cour de cassation a approuvé la Cour d'appel d'avoir déclaré nulle la clause de cette convention conférant à cet actionnaire un véritable pouvoir de contrôle[604]. Cette clause prévoyait qu'en raison du concours financier consenti par l'actionnaire, son contreseing serait désormais requis pour tous paiements, chèques, virements, effets de commerce, et que son accord exprès serait également nécessaire pour tout embauchage ou débauchage de personnel, pour toutes commandes de matériel, de marchandises ou de matières premières, ainsi que pour toute mise en route de fabrications nouvelles. Pour la Cour de cassation, il n'était

---

598 Y. PACLOT, « L'influence des rapports "à la française" », *Cah. Dr. entr.* 2005, n° 5, p. 31.
599 Ibid.
600 J. DELGA, « De l'inexistence juridique de l'administrateur indépendant en France aux risques encourus », *Cah. Dr. entr.* 2005, n° 5, p. 41.
601 *Ibid.* spéc. p. 42.
602 Aux États-Unis où la législation apparaît plus souple, les administrateurs indépendants y seront plus facilement admis. V. en ce sens J. DELGA, *art. préc.*, p. 43 où l'auteur affirme que « *Un administrateur indépendant peut donc aux États-Unis avoir un statut propre distinct de l'administrateur classique. Il peut être une réalité juridique autonome, ce qui n'est pas le cas en France* ».
603 Notons que le nombre d'administrateurs est limité par la loi de même que le cumul des mandats dans plusieurs sociétés ou encore le cumul du mandat d'administrateur avec un contrat de travail.
604 Cass. com. 11 juin 1965, Bull. Civ. 1965, III, n° 361.

pas allégué que le président-directeur général ait été empêché, ni ait demandé et obtenu du conseil d'administration la nomination de l'actionnaire comme directeur général adjoint, qu'au surplus, les pouvoirs directoriaux de ce dernier, même s'il les tenait d'une délégation régulière, auraient pu tout au plus être égaux à ceux du président-directeur général, mais n'auraient certes pu les annihiler, ou tout au moins, les neutraliser, comme l'avait prévu la stipulation litigieuse. Il faudrait donc en conclure que la création d'organes nouveaux, si elle n'est pas par principe interdite, devrait respecter un certain nombre de conditions, tel que le respect de l'organisation impérative des organes sociaux[605].

178. En droit OHADA. Historiquement, la plupart des États parties au traité OHADA avait une législation souple, privilégiant une conception contractuelle de la société. En effet, plusieurs États de la zone Franc, avaient toujours comme base législative la loi française de 1867 rendue applicable aux anciennes colonies[606]. Sous l'empire de cette loi, les associés disposaient d'une grande marge de manœuvre quant à l'organisation de la gestion de leur société. Même dans les SA, il était prévu que celles-ci « *sont administrées par un ou plusieurs mandataires à temps, révocables, salariés ou gratuits, pris parmi les associés*[607] ». Cette souplesse a très vite fait place, comme ce fut le cas en droit français, à une réglementation minutieuse de l'organisation de ces sociétés, avec une définition claire des attributions de chaque organe prévu par la loi[608]. Le choix des organes chargés de gérer la société anonyme est du ressort de la loi et non de la volonté des associés. Ce choix est restreint, car contrairement au droit français, les associés de société anonyme de droit OHADA doivent opter soit pour une société anonyme avec conseil d'administration, soit pour une société anonyme avec administrateur général[609]. Qui plus est, ce choix est guidé puisque pour choisir la première forme, il faudrait qu'il y ait au minimum trois associés dans la SA[610]. À défaut, le second choix s'imposera. Ainsi, il serait justifié de permettre aux associés, lorsque ce mode serait inadapté à la grandeur de la société, de pouvoir prévoir d'autres organes chargés d'apporter leur appui à l'administration de la société ou de contrôler la gestion faite par l'administrateur général.

---

[605] V. *supra*, n° 124 et suiv.
[606] V. pour une étude plus approfondie de l'histoire du droit commercial dans les pays de la zone OHADA, M. KONE, *Le nouveau droit commercial des pays de la zone OHADA – Comparaisons avec le droit français*, *op. cit.*
[607] Article 22 de la loi du 24 juillet 1867 sur les sociétés rendue applicable en Afrique par le décret du 30 décembre 1868.
[608] V. *supra*, n° 5.
[609] Article 414 de l'AUDSC révisé.
[610] Article 494 de l'AUDSC révisé.

179. Rigidité de la jurisprudence OHADA en matière de création d'organes sociaux. La flexibilité dans l'organisation de la société ne semble pas être un concept partagé par la jurisprudence de la Cour Commune de Justice et d'Arbitrage. En effet, à l'occasion de la mise en harmonie des statuts d'un établissement de crédit constitué sous la forme d'une société anonyme, l'État sénégalais a par requête saisi la CCJA afin d'obtenir un avis sur la possibilité de créer un poste de vice-président dans une SA parmi les organes dirigeants de la société[611]. La Cour conclut d'abord que l'ensemble des dispositions de l'AUDSC étant d'ordre public, comme telles, elles s'appliquent à toutes les sociétés commerciales à raison de leur forme, quand bien même elles seraient des établissements de crédit. Les seules dérogations admises sont celles prévues par l'Acte uniforme lui-même qui renvoie à cet égard aux dispositions législatives nationales auxquelles sont assujetties les sociétés soumises à un régime particulier. Ensuite, sur la question même de la possibilité de création d'un poste de vice-président dans une SA, la Cour reprenant les termes de l'ancien article 909 de l'AUDSC retient « *qu'il ne peut être possible, sans dénaturer et violer l'objet de cette mise en harmonie ainsi juridiquement et restrictivement circonscrit, d'instituer dans ce cadre spécifique, un poste de vice-président dans les organes dirigeants des sociétés commerciales visées par la demande* ». La conclusion s'impose d'elle-même : il n'est pas possible de créer un poste de vice-président dans une société anonyme à l'occasion de la mise en harmonie des statuts de celle-ci avec les dispositions de l'Acte uniforme. Si ce poste existait, il doit donc être supprimé, et s'il n'existait pas, il n'est pas possible de le prévoir à l'occasion de cette mise en harmonie. Cependant, la formulation de l'avis ainsi que l'absence de justification de cette position de la Cour laissent subsister quelques zones d'ombre. Faut-il comprendre par la formule « *qu'il ne peut être possible... d'instituer dans ce cadre spécifique, un poste de vice-président dans les organes dirigeants des sociétés commerciales* » que l'interdiction ne concerne que le cas spécifique de la mise en harmonie des statuts ? Si la création du poste de vice-président était intervenue en dehors de ce cadre, aurait-elle été validée ? La réponse à cette question pourrait être trouvée dans la réponse à la première question posée à la cour où celle-ci prend le soin de rappeler que toutes les dispositions de l'Acte uniforme sont d'ordre public, et de ce fait cet ordre public devrait annihiler la liberté contractuelle sauf dans les cas où la loi elle-même prévoit des espaces d'épanouissement de cette liberté. Ainsi, tout ce qui n'est pas permis par l'Acte uniforme est par principe interdit. De ce fait, il n'est point possible de rajouter un poste de vice-président, ni quelque organe que ce soit dans l'organisation de la société anonyme. Cette conclusion, comme l'ont fait

[611] Avis n° 02/2000/EP de la CCJA du 26 avril 2000, *Penant* 2001, n° 837.

remarquer certains commentateurs de l'avis, est fortement critiquable[612]. En effet, dès lors que l'organe créé par les associés n'empiète pas sur les attributions des organes prévus par le législateur, cet organe devrait en principe être validé.

180. Vers une inflexion de la législation OHADA. La révision de l'Acte uniforme avec en particulier la réécriture de l'article 2 permet-il de retenir la solution contraire aujourd'hui ? Le nouvel article 2 de l'AUDSC révisé dispose désormais que « *Les statuts de la société commerciale et du groupement d'intérêt économique ne peuvent déroger aux dispositions du présent Acte uniforme sauf dans les cas où celui-ci autorise expressément l'associé unique ou les associés, soit à substituer des clauses statutaires aux dispositions du présent Acte uniforme, soit à compléter par des clauses statutaires les dispositions du présent Acte uniforme* ». Même si la notion obscure d'ordre public a été évincée lors de la réforme, la nouvelle rédaction ne semble pas laisser plus de marge de manœuvre aux associés quant à l'aménagement de l'organisation de la société. Cependant, la lecture de l'ensemble de l'Acte uniforme tel qu'il ressort de la réforme dénote une tendance à rendre plus souple la législation en matière sociétaire. Il serait donc possible aujourd'hui d'affirmer que tout ce qui n'est pas interdit est permis, les associés étant désormais libres d'organiser conventionnellement les relations entre eux, la conduite des affaires de la société, sous réserve des règles légales impératives et des clauses statutaires[613]. Ainsi, les associés devraient pouvoir créer de nouveaux organes para-légaux à la condition de ne pas porter atteinte à l'organisation légale ou statutaire des pouvoirs dans la société.

181. Conclusion de Chapitre. Il ressort de cette analyse que le pouvoir de direction dans la société fait l'objet d'une organisation impérative. D'une part, les titulaires de chaque pouvoir, notamment celui de représenter la société, sont désignés par le législateur de manière à ce qu'aucune autre personne ne puisse exercer ce pouvoir sauf en cas de délégation régulière de celui-ci. Aussi, chaque organe de la société reçoit des attributions plus ou moins précises, attributions qui ne peuvent être confiées à un autre organe, que celui-ci soit prévu par le législateur ou non. Il apparaît ainsi que la volonté individuelle est très encadrée en la matière. La société n'admet d'aménagement conventionnel ici que dans les espaces qui sont réservés à ces aménagements. Il convient à présent de se pencher sur le pouvoir de contrôle dans la société.

---

[612] M. KONE, Le nouveau droit commercial des pays de la zone OHADA : Comparaison avec le droit français, op. cit., p. 140, n° 228.
[613] V. article 2-1 de l'AUDSC révisé.

Chapitre II. La convergence des droits français et OHADA en matière d'aménagement conventionnel du pouvoir de contrôle des associés

182. Du pouvoir de contrôle des associés. Il a été démontré qu'en droit des sociétés, l'utilisation des différentes techniques contractuelles a, outre l'organisation de la coopération entre associés, l'objectif de l'organisation du contrôle[614]. Il s'agirait d'une manifestation du renouveau contractuel[615]. Avoir le contrôle d'une société, c'est détenir le « *pouvoir d'organiser, de diriger, de surveiller et de reformer l'activité économique, commerciale et industrielle d'une entreprise*[616] ». En ce sens, le pouvoir de contrôle appartient aux associés dont leur droit d'associé leur confère certaines prérogatives de nature patrimoniale ou extrapatrimoniale. Un auteur a en ce sens considéré que « *le droit d'associé est un droit "contenant"* ». Ce droit en effet, poursuit-il, est composé de plusieurs prérogatives distinctes mais cohérentes. Si certaines prérogatives sont accordées dans l'optique d'une jouissance privative, par exemple les prérogatives d'ordre patrimonial, d'autres le sont dans l'intérêt au moins partiel du groupement à l'instar de l'essentiel des prérogatives de nature extrapatrimoniale, notamment d'ordre politique. Par ces prérogatives politiques, chaque associé est appelé à participer à la vie sociale[617]. Il s'agit d'un véritable pouvoir de contrôle qui est accordé aux associés dans l'intérêt d'un bon fonctionnement de la personne morale, et par voie de conséquence, dans l'intérêt des associés qui espèrent par là une rentabilité de l'activité économique avec la possibilité de jouir des bénéfices ou des économies réalisés. Si tous les associés n'ont pas pour ambition de s'intéresser de près à la gestion sociale mais sont plutôt préoccupés par le retour de leurs investissements dans la société, il n'en demeure pas moins que la qualité d'associé confère à tous le pouvoir d'intervenir, activement ou non, dans la gestion de la société. De ce fait, le législateur organise les modalités de cette intervention qui peut aller de la simple participation aux décisions sociales, à un contrôle suivi de l'action des dirigeants. Le degré d'implication variera en fonction de la forme

[614] G. GOFFAUX-CALLEBAUT, Du contrat en droit des sociétés – Essai sur le contrat instrument d'adaptation du droit des sociétés, op. cit., p. 117, n° 156.
[615] Ibid.
[616] A. TAMBOISE, La stabilité du contrôle dans les sociétés par actions, Thèse Lille, 1929, p. 1.
[617] Il s'agirait d'une manifestation de l'*affectio societatis*. V. M. COZIAN, A. VIANDIER et Fl. DEBOISSY, *Droit des sociétés*, *op. cit.*, p. 83, n° 153.

sociale, mais il convient de relativiser cette assertion. En effet, il était couramment admis que les actionnaires de société de capitaux, n'étant intéressés que par le rendement de leur investissement et du fait également de la dispersion du capital, se désintéressent de la gestion sociale ; cela a eu pour effet de conférer le pouvoir dans la société aux dirigeants. Les règles inspirées par le gouvernement d'entreprise sont censées rétablir la détention du pouvoir aux actionnaires qui devront plus s'intéresser à la gestion sociale.

Le contrat étant l'élément naturel de prise de pouvoir dans la société[618], des aménagements conventionnels ont été imaginés par la pratique afin d'aménager le pouvoir de contrôle des associés. En la matière, la liberté contractuelle semble avoir gagné du terrain. Ces aménagements du pouvoir de contrôle connaissent des limites certaines. Ayant trait au pouvoir, tout abus dans l'exercice du pouvoir ou plus précisément tout détournement du pouvoir devra être sanctionné. Il convient de noter que le système juridique issu de l'Acte uniforme relatif au droit des sociétés commerciales reprend à son compte les solutions qui ont été dégagées en droit français en la matière. Tout de même, il faudrait remarquer qu'en vertu du sacro-saint principe de sécurité juridique retenu dans le traité OHADA, le législateur a pris le soin de garantir une certaine prévisibilité en incorporant dans la législation les pratiques les plus usuelles en la matière. Ainsi, la source des règles en matière d'aménagement du pouvoir de contrôle diffèrera en fonction du système juridique considéré. Concrètement, le pouvoir de contrôle des associés sera constitué des prérogatives d'intervention dans les affaires sociales d'une part, et des prérogatives de participations aux décisions collectives d'autre part. Celles-ci sont parfois régies par des règles impératives laissant ainsi peu de place à des aménagements conventionnels. En la matière, il existe un flou artistique quant à l'étendue des prérogatives insusceptibles d'aménagement conventionnel. Il conviendra ainsi de préciser les possibilités d'aménagement conventionnel d'une part des prérogatives d'interventions dans les affaires sociales (**Section I**), et d'autre part du droit de participation aux décisions collectives (**Section II**).

Section I. L'aménagement conventionnel des prérogatives d'intervention dans les affaires sociales

183. De la prérogative d'intervention dans les affaires sociales. Le droit d'associé confère la prérogative d'intervenir dans les affaires sociales. Cette prérogative est conférée à l'associé non seulement dans son intérêt

[618] F.-X. LUCAS, « L'acquisition du pouvoir dans les sociétés en France », in *Le pouvoir dans les sociétés*, Travaux de l'association Henry Capitant, Tome LXII/2012, éd. Bruylant, 2014, p. 139.

mais également dans celui de la personne morale. En effet, par cette prérogative d'intervention, l'associé pourra prendre connaissance de la gestion de la société telle qu'elle est mise en œuvre par les représentants désignés à cet effet, et en cas de besoin, sanctionner celle-ci. On voit dès lors que cette prérogative est finalisée et qu'elle vise un intérêt distinct de l'intérêt de l'associé. Il s'agirait ainsi, selon la définition posée par E. GAILLARD[619], d'un pouvoir d'intervention dans les affaires sociales qui est accordé aux associés. Comme tel, ce pouvoir engendre un certain nombre de conséquences en termes de responsabilité des associés qui se seront comportés comme de véritables représentants de la société. Chaque acteur intervenant dans la société a un rôle déterminé par le législateur, les associés ne pouvant, lorsqu'ils ne sont pas régulièrement désignés à cet effet, exercer le pouvoir de direction en lieu et place des représentants légaux. L'examen du contenu de ces aménagements conventionnels relatifs au droit d'intervention dans les affaires sociales (**§I**) précèdera celui des risques liés à cette intervention (**§II**).

§I. Le contenu des aménagements relatifs au droit d'intervention dans les affaires sociales

184. Intervention active et passive dans les affaires sociales. L'intervention dans les affaires sociales peut se manifester soit d'une manière passive par l'usage du droit à l'information qui est conféré à tout associé (**A**), soit d'une manière active par un investissement particulier de l'associé dans la gestion de la société (**B**). Ces deux modes d'intervention dans les affaires sociales seront examinés successivement.

A. L'aménagement du droit d'accès à l'information

185. Nécessité de l'aménagement du droit d'accès à l'information. L'aménagement du droit à l'information n'est nécessaire que si le dispositif légal en la matière n'est pas satisfaisant. De ce fait, il convient d'abord d'examiner ce dispositif (**1**) avant d'aborder les aménagements conventionnels qui peuvent intervenir en la matière (**2**).

[619] E. GAILLARD, *Le pouvoir en droit privé*, *op. cit.*, p. 137, n° 214 et suiv.

1. Le dispositif légal du droit à l'information

186. Existence d'un principe général du droit à l'information. La doctrine semble unanime quant à la reconnaissance d'un principe général du droit à l'information au profit de tout associé[620]. En effet, le droit de participer aux décisions collectives ne peut être effectif que si l'associé dispose d'un droit à l'information sur les affaires sociales de manière à éclairer son jugement[621]. Comme l'affirme un auteur, « *le droit de participer ne peut être aveugle, il suppose d'être éclairé*[622] ». Aussi, chaque associé dispose d'un pouvoir de contrôle de la gestion des dirigeants qui nécessite un droit à l'information. Le droit à l'information apparaît ainsi dériver de la qualité même d'associé.

187. Importance pour tout associé d'avoir accès à l'information. Qualifié de « *droit fondamental, inhérent à la condition d'associé*[623] », ou de « *prérogative essentielle de l'actionnaire*[624] », le droit à l'information est l'une des prérogatives les plus importantes dans la mesure où elle permet non seulement d'assurer un meilleur contrôle de l'activité des représentants sociaux, mais également elle favorise une mise en œuvre éclairée du pouvoir de décision des associés. Plus précisément, l'accès à l'information permet à l'associé de poursuivre l'annulation des délibérations sociales lorsque celles-ci sont entachées de vice. Il permet aussi aux associés de demander la nomination d'un administrateur provisoire[625] ou d'un expert de gestion en cas de mauvaise gestion ou d'incurie des dirigeants sociaux[626]. Enfin, l'accès à l'information permet aux associés de sanctionner la gestion des représentants sociaux, soit en mettant en jeu leur responsabilité pour faute de gestion, soit en les révoquant lorsque les conditions de la révocation sont réunies. En somme, « *d'une bonne information des associés dépend en effet l'exercice d'un contrôle effectif des affaires sociales par ceux-là même qui sont tenus de contribuer aux pertes éventuelles de la société*[627] ». On s'aperçoit ainsi que l'accès à l'information est capital, dans la mesure où

---

[620] E. M. KAMTA FENDOP, « Associés », in *Encyclopédie du droit OHADA*, Lamy 2011, p. 371, n° 60 ; P.-L. PERIN, *La société par actions simplifiée – L'organisation des pouvoirs*, Joly éd. 2000, p. 248, n° 447 ; L. GODON, La société par actions simplifiée, *op. cit.*, p. 272, n° 373 ; P. Le CANNU, « Un nouveau lieu de savoir contractuel, la SAS », *Defrénois* 1994, p. 1355, n° 65.

[621] P.-L. PERIN, La société par actions simplifiée – L'organisation des pouvoirs, op. cit., p. 249, n° 447.

[622] Ibid.

[623] L. GODON, La société par actions simplifiée, op. cit., p. 269, n° 369.

[624] P. LEDOUX, *Le droit de vote de l'actionnaire*, préf. Ph. Merle, L.G.D.J., 2002, p. 239, n° 284.

[625] Article 160-1 et suiv. de l'AUDSC révisé.

[626] Article 159 et suiv. de l'AUDSC révisé.

[627] L. GODON, La société par actions simplifiée, op. cit., p. 269, n° 369.

plus généralement, il met les associés dans une position de contre-pouvoir[628] face au pouvoir de direction. En cela, les associés se voient chargés de la défense de l'intérêt social, entendu ici comme l'intérêt de l'entité économique englobant non seulement l'intérêt des associés, mais également et surtout, celui de la personne morale dont la survie et la bonne marche permettent la réalisation de l'intérêt des associés[629]. L'information dans la société devient ainsi un enjeu de pouvoir entre dirigeant et associé dans l'optique du contrôle de l'activité économique.

188. Aménagement légal de l'accès à l'information. Aussi bien le droit français[630] que le droit OHADA[631] organise dans chaque type sociétaire un accès à l'information pour tous les associés. Il faut remarquer d'une manière générale que l'étendue du droit de contrôle est proportionnelle au degré de responsabilité des associés dans la société. Ainsi, dans les sociétés à responsabilité illimitée, les associés auront un accès privilégié à l'information[632], la société étant pour eux « *une maison de verre*[633] ». Dans les sociétés à responsabilité limitée, l'étendue du droit à l'information sera limitée à certaines catégories d'information ou à certaines périodes de la vie de la société. Dans les SNC de droit OHADA, il est prévu à l'article 288 de l'AUDSC révisé une obligation pour les gérants de communiquer aux associés au moins quinze (15) jours avant l'assemblée générale annuelle, le rapport de gestion, l'inventaire, les états financiers de synthèse, les propositions de résolutions ainsi que le rapport des commissaires au compte le cas échéant. D'une façon plus restreinte, il est également prévu la possibilité pour les associés de consulter au siège social, deux (2) fois par an, tous les documents comptables ainsi que les procès-verbaux des délibérations et des décisions collectives[634]. La même faculté est ouverte aux associés de société en commandite simple, à la seule différence que ces

---

[628] V. Ph. MARINI, La modernisation du droit des sociétés, Rapport au Premier ministre, La documentation française, 1996, p. 87. Il a été considéré que « *en s'interrogeant sur l'efficacité des dirigeants et en leur demandant des explications, les actionnaires remplissent une fonction de contre-pouvoir utile au bon fonctionnement de l'entreprise* ».

[629] V. *infra*, n° 317.

[630] B. SAINTOURENS, « Les réformes du droit des sociétés par la loi relative aux nouvelles régulations économiques », *Defrénois* 30 décembre 2001, n° 24, p. 1465.

[631] E. M. KAMTA FENDOP, « Associés », in *Encyclopédie du droit OHADA*, *op. cit.*, p. 371, n° 60.

[632] Ibid.

[633] Y. GUYON, *Droit des affaires*, tome 1, *Droit commercial général et Sociétés*, Economica 2003, p. 243, n° 230.

[634] Article 289 de l'AUDSC révisé qui prévoit en outre que les associés peuvent prendre copie de ces documents ou se faire assister par un expert-comptable ou un commissaire aux comptes à leur frais.

derniers ont en plus un droit de poser par écrit des questions sur la gestion sociale[635].

Quant aux associés de SARL et de SA, le législateur organise à leur profit un droit d'information permanent sur les affaires sociales[636]. Aussi, ces associés ont un droit de poser des questions écrites aux dirigeants sur « *tout fait de nature à compromettre la continuité de l'exploitation*[637] ».

Enfin, s'agissant de la nouvelle venue, la SAS, aucun droit à l'information n'est prévu de manière expresse par le législateur. En effet, l'article 853-3 de l'AUDSC révisé exclut les articles 414 à 561 du même Acte uniforme du champ d'application de la SAS. Or, le socle du droit à l'information dans la société anonyme est contenu dans ces articles. Est-ce une omission du législateur OHADA ou est-ce tout simplement une volonté de laisser aux associés de SAS la faculté d'accorder ou non le droit à l'information ? Cette situation est semblable à celle qui prévaut en droit français. En effet, hormis le cas des SAS ayant recours au financement participatif[638], aucune disposition n'organise un droit à l'information des associés[639]. Il appartient donc aux statuts d'organiser ce droit à l'information de manière claire et précise. Il faut ici observer que le « mutisme » du législateur en la matière n'implique pas pour autant qu'aucun droit à l'information n'existe au profit des associés de SAS. Il s'agit pour le législateur de confier l'organisation de ce droit à la collectivité des associés.

189. Divergence entre droit français et OHADA et matière de sanction du non-respect du droit à l'information. Si l'amélioration de l'accès à l'information des associés a été saluée et ainsi considérée comme

---

[635] Il faut noter ici une différence d'avec le droit français qui accorde ce droit aux associés de SNC. V. article L. 221-8 du code commerce.

[636] Article 345, 525 et 526 de l'AUDSC révisé : ce droit porte entre autres sur les états financiers de synthèse de l'exercice et le rapport de gestion établis par le gérant, les textes de résolutions proposées, le rapport général du commissaire aux comptes et le rapport spécial relatif aux conventions intervenues entre la société et un gérant ou un associé. À noter sur ce dernier point qu'en droit français l'envoi du rapport spécial du gérant ou du commissaire aux comptes sur les conventions intervenues entre la société et un gérant ou un associé est facultatif étant donné qu'il n'est prévu par aucun texte. V. en ce sens, A. COURET, *et al.*, *Mémento pratique Francis Lefebvre Société commerciales* 2014, p. 415, n° 32004.

[637] Article 345, alinéa 6 et 526, alinéa 2 de l'AUDSC révisé.

[638] Pour ces associés, il est prévu que les investisseurs en titres sociaux bénéficient des mêmes mesures d'information que les actionnaires de sociétés anonymes. V. l'article R. 227-2 du code de commerce renvoyant aux articles R. 225-66 à 225-70 et à l'article R. 225-83 du même code.

[639] V. en ce sens, L. GODON, *La société par actions simplifiée*, *op. cit.*, p. 270, n° 370 ; M. GERMAIN et P.-L. PERIN, *SAS – La société par actions simplifiée, Études – formules*, *op. cit.*, p. 252, n° 436 ; J.-J. CAUSSAIN, « L'organisation contractuelle du pouvoir dans la société par actions simplifiée », *RDAI*, 1996, p. 939, spéc. p. 946.

un « *important facteur de sécurité dans le droit uniforme africain*[640] », le législateur OHADA d'une manière générale, contrairement au droit français, n'a pas assorti le non-respect de la communication des informations aux associés de sanction. En effet, à la faveur de la réforme des lois NRE du 15 mai 2001 et de sécurité financière du 1er août 2003 ainsi que de l'ordonnance du 25 mars 2004 portant simplification du droit, une procédure d'injonction sous astreinte tendant à obtenir des dirigeants qu'ils respectent leurs obligations notamment en terme de communication d'informations aux associés a été instituée. Ainsi, par une requête en référé, tout associé qui ne peut obtenir la production, la communication ou la transmission des documents visés par les différents articles relatifs au droit à l'information peut solliciter, soit une injonction de faire sous astreinte adressée au dirigeant, soit la désignation d'un mandataire chargé de procéder à cette communication. Il faut rappeler ici que l'astreinte et les frais de procédure sont à la charge des administrateurs, gérants, dirigeants ou liquidateur mis en cause. Le législateur français assure par cette action l'effectivité du droit d'accès à l'information aux associés, vue l'importance de celui-ci[641]. Cette procédure d'injonction est préférable à la pénalisation de l'action des dirigeants. En effet, la sanction pénale ne permet pas de pallier la carence des dirigeants en matière de communication d'information, alors que l'injonction de faire permet d'assurer un meilleur fonctionnement de la société[642].

Cette procédure d'injonction sous astreinte n'existe en droit OHADA que dans le cadre de la société anonyme. L'article 528 dispose en effet que, « *si la société refuse de communiquer tout ou partie des documents visés aux articles 525-526 ci-dessus, la juridiction compétente statue à bref délai sur ce refus, à la demande de l'actionnaire. La juridiction compétente peut ordonner, sous astreinte, de communiquer les documents à l'actionnaire dans les conditions fixées aux articles 525 et 526 ci-dessus* ». Faut-il en conclure que l'information des associés dans les autres sociétés est moins importante que dans la SA ? Ou s'agirait-il juste d'un oubli du législateur ? Afin de pallier les insuffisances du régime légal du droit d'accès à l'information, les associés disposent d'un certain nombre de techniques contractuelles leur permettant soit d'accroître ce droit soit de le réduire sensiblement.

---

[640] H.-D. MODI KOKO BEBEY, « La réforme du droit des sociétés commerciales de l'OHADA », *Rev. sociétés* 2002, p. 255.

[641] V. *supra*, n° 187.

[642] V. en ce sens E. JEULAND et F. MANIN, « Injonction de faire », *Rép. Dalloz*, « Sociétés », p. 3, n° 9.

2. L'aménagement conventionnel du droit à l'information

190. Convergence des droits français et OHADA en matière d'aménagement conventionnel du droit à l'information. En droit français et OHADA, tout associé dispose d'un droit légal à l'information[643], que celui-ci soit temporaire ou permanente dans les conditions prévues par le législateur. L'accès à l'information apparaît être l'un des éléments clés du contrôle de la société[644]. Dans une perspective d'accroître ou de minorer ce contrôle, des aménagements conventionnels pourront intervenir, soit lors de la constitution de la société, soit en cours de fonctionnement, par exemple à l'occasion de l'entrée d'investisseurs importants dans la société. Ces aménagements conventionnels pourront être statutaires ou extrastatutaires, en fonction de la volonté des associés, étant précisé que les aménagements extrastatutaires ne sauraient engager la société que si celle-ci les a ratifiés[645]. Ceux-ci seront en outre nécessaires dans les sociétés par actions simplifiées ou aucun système légal d'information n'est prévu. Nous envisagerons successivement les aménagements visant d'une part à restreindre le droit à l'information (**a**), et d'autre part à accroitre l'accès à l'information dans la société (**b**).

a. Les aménagements visant la restriction du droit à l'information

191. Une restriction du droit à l'information très encadrée. L'information dans la société commerciale est l'enjeu du pouvoir des associés. De ce fait, il n'est pas surprenant que certains concurrents acquièrent des titres sociaux afin d'obtenir des informations confidentielles sur la société. En cas de doute sur les raisons de la présence de certains associés minoritaires dans la société, celle-ci peut vouloir restreindre le droit de communication de certains investisseurs[646]. La question qui se pose ici est celle de savoir si l'on peut limiter voire supprimer le droit d'accès à l'information d'un associé ? La majorité de la doctrine n'aborde pas cette question[647]. Mais si l'on considère que le droit à l'information est un droit fondamental pour tout associé quelle qu'en soit la société, alors il n'y aurait aucune possibilité de suppression de ce droit. En effet, certains auteurs ont considéré qu'au regard des articles 1832 et 1833 du code civil, la société

---

643 Sous réserve de ce qui a été dit plus haut sur la SAS.
644 L. GODON, La société par actions simplifiée, op. cit., p. 269, n° 369.
645 V. sur cette question, J.-J. DAIGRE et M. SENTILLES-DUPONT, *Pactes d'actionnaires*, Joly éd. 1995, p. 48, n° 98 ; B. DONDERO, « Le pacte d'actionnaires signé par la société », *Rev. sociétés* 2011, p. 535.
646 V. P. MOUSSERON, *Les conventions sociétaires, op. cit.*, p. 375, n° 563.
647 Ibid.

étant une entreprise commune nécessairement constituée dans l'intérêt commun des associés, ces derniers « *ne sauraient dès lors demeurer dans l'ignorance des affaires sociales*[648] ». Aussi, le droit reconnu à tout associé de participer aux décisions sociales resterait lettre morte si les associés ne disposaient pas d'un droit à l'information[649]. Il faut noter que la jurisprudence semble adopter ce raisonnement[650]. En effet, la Cour d'appel de Limoges[651] a eu à se prononcer sur la validité d'une résolution proposée en cours de débats et adoptée par l'assemblée générale d'une SAS, alors que ce vote n'était pas prévu dans l'ordre du jour. La Cour a dès lors considéré que : « *Attendu que le droit à l'information des associés, destiné à permettre un vote éclairé par des associés mis en situation d'apprécier la portée de leur vote par une information préalable ne doit pas être assimilé à une simple irrégularité formelle de convocation et l'adoption à l'unanimité de la résolution en cause ne fait pas disparaître le droit pour tout associé de faire annuler une résolution prise alors qu'il n'a pas été en mesure de voter en connaissance de cause* ». Elle conclut ainsi que « *le droit d'information des associés est un principe général du droit des sociétés qui impose de donner connaissance aux associés des sujets sur lesquels ils seront amenés à voter des résolutions lors de la réunion de l'assemblée de telle sorte qu'ils soient en mesure d'apprécier la portée de leur vote et d'exprimer un choix éclairé de leur part* ». Cette décision rappelle un arrêt de la Cour de cassation qui précise que le droit à l'information devrait permettre à l'actionnaire de se prononcer en connaissance de cause sur les motifs, l'importance et l'utilité de l'opération d'augmentation de capital au regard des perspectives d'avenir de la société[652]. Au regard de cette jurisprudence, il y a lieu de considérer que tout associé a un droit à l'information quelle qu'en soit la société considérée, ce droit ne pouvant être réduit au-delà de ce qui apparaît nécessaire pour l'exercice du droit de vote. Si le droit à l'information peut être aménagé, cet aménagement ne saurait limiter ce droit au-delà de ce qui est nécessaire pour la participation de l'associé aux affaires sociales. Quant à la suppression du droit à l'information d'un associé, il y a lieu de retenir que ce droit a un caractère d'ordre public de protection des associés[653]. Il fait partie, avec le droit de participation et de vote, des prérogatives

---

[648] L. GODON, La société par actions simplifiée, op. cit., p. 272, n° 373.

[649] *Ibid.*, p. 273, n° 373.

[650] V. par exemple CA Nancy, 8 décembre 1965, *Dalloz* 1966, p. 687.

[651] CA Limoges, 28 mars 2012, n° 10-00576 (SAS groupe Rambaud), *Bull. Joly sociétés* 2012, p. 623, note M. Germain et P.-L. Périn.

[652] Cass. com. 20 mars 2007, n° 05-19.225, *Bull. Joly sociétés* 2007, p. 745, n° 199, note D. Schmidt ; *Dr. sociétés* 2007, comm. n° 87, obs. H. Lécuyer.

[653] Y. GUYON, Traité des contrats – Les sociétés, Aménagements statutaires et conventions entre associés, op. cit. p. 203, n° 122 ; S. SCHILLER, Les limites de la liberté contractuelle en droit des sociétés – Les connexions radicales, op. cit. p. 59, n° 111. Cette dernière retient ce caractère d'ordre public par la faculté pour les associés d'exiger la satisfaction de ce droit en cas de carence par une injonction de faire.

fondamentales de tout associé[654]. De ce fait, aucun aménagement conventionnel statutaire ou extrastatutaire ne saurait supprimer le droit à l'information. C'est dans ce sens qu'un auteur a considéré que « *l'aménagement du droit à l'information est à sens unique en ce qu'il ne peut que renforcer cette prérogative*[655] ». Il faut par ailleurs remarquer que cette hypothèse de restriction du droit à l'information est moins fréquente que l'extension de ce droit.

b. Les aménagements visant l'extension du droit à l'information.

192. La diversité des aménagements visant l'extension du droit à l'information. La majorité de la doctrine reconnait que le droit légal à l'information peut s'avérer insuffisant pour un associé qui souhaiterait suivre de près l'évolution des affaires sociales[656]. De ce fait, le recours à des aménagements conventionnels s'est avéré plus que nécessaire, aussi bien du point de vue de la société avec une plus grande garantie de contrôle de la part des associés, mais également pour les associés eux-mêmes qui peuvent anticiper leurs prises de décision[657]. Par ces aménagements, les débiteurs d'information s'engagent à garantir aux créanciers, l'accès à une catégorie d'informations ou à l'ensemble de la documentation que ces derniers solliciteront. Ces clauses statutaires ou extrastatutaires se retrouvent en grande majorité dans les opérations de capital-risque où les investisseurs exigent un accès privilégié à l'information dans la société afin de pouvoir influer sur la gestion sociale, dans l'optique d'une meilleure rentabilité de leurs investissements. Cette extension d'information peut aller de la communication des états financiers périodiques, des tableaux de financements, des budgets prévisionnels, à toute information susceptible de modifier la marche générale ou la situation financière de la société, ou

---

[654] Ibid.

[655] L. GODON, La société par actions simplifiée, op. cit. p. 276, n° 375.

[656] M. HENRY et G. BOUILLET-CORDONNIER, *Pactes d'actionnaires et privilèges statutaires*, éd. EFE 2003, p. 55, n° 98 ; F.-D. POITRINAL, *La révolution contractuelle du droit des sociétés – Dynamiques et paradoxes*, Revue banque édition, 2003, p. 70, n° 102 ; C. LEROY, *le pacte d'actionnaires dans l'environnement sociétaire*, Thèse Université Paris-Est 2010, p. 85, n° 168 ; O. BETOE BI EVIE, *Pour une promotion de la liberté contractuelle en droit OHADA*, thèse Aix-Marseille 2014, p. 149, n° 181.

[657] S. SCHILLER, « Pactes d'actionnaires (clauses statutaires et pactes extrastatutaires) », *Rép. Dalloz*, p. 28, n° 100 ; Ph. MARIANI, *La modernisation du droit des sociétés*, *op. cit.*, p. 86 : « *Le fait même de savoir que l'on va devoir présenter des comptes et répondre de ses décisions est sans aucun doute de nature à modifier les comportements des dirigeants d'entreprises, quelquefois enclins à se comporter comme des monarques absolus ou des despotes éclairés* ».

encore tout fait de nature à compromettre la continuité de l'exploitation[658]. Plusieurs techniques peuvent être utilisées à cet effet.

193. Création d'actions de préférence avec un droit à l'information renforcée. En premier lieu, il peut être créé une catégorie d'actions ouvrant droit à une information privilégiée. Les titulaires de telles actions auront ainsi conformément aux statuts, un droit à une information plus étendue que celui prévu par le législateur dans la société considérée. Le droit OHADA n'est pas hostile à cette possibilité dans le cadre de la société anonyme et par renvoi à la société par actions simplifiée. En effet, l'article 778-1 de l'AUDSC révisé prévoit que « *lors de la constitution de la société ou au cours de son existence, il peut être créé des actions de préférence, avec ou sans droit de vote, assorties de droits particuliers de toute nature, à titre temporaire ou permanent* ». Cette formulation assez large laisse ainsi toute la latitude aux actionnaires de créer des actions de préférence auxquelles seront rattachés des droits politiques, en particulier un droit à une information renforcée. Les titulaires de ces actions privilégiées pourront ainsi obliger la société à travers ses représentants de leur fournir, soit toute l'information qu'ils demanderaient, soit spontanément toute information relative à la marche générale de la société ou à sa situation financière ou encore une situation comptable avec une périodicité établie. Cette catégorie d'actions privilégiées pourrait ainsi être créée afin d'attirer un type particulier d'investisseurs qui sont intéressés par le suivi de l'emploi de leur investissement sans pour autant vouloir participer à la gestion directe de la société. Il faut tout de même préciser qu'il appartient à la société de définir précisément les droits attachés à cette catégorie d'actions, ainsi que les modalités d'exercice de ces droits[659].

La liberté conventionnelle est ici magnifiée par le législateur. Sur ce point, le droit OHADA a tout simplement repris le dispositif qui était prévu en la matière en droit français. En effet, l'article L. 228-11 du code de commerce prévoit dans les mêmes termes la possibilité, lors de la constitution de la société ou au cours de son existence, de créer des actions de préférence, avec ou sans droit de vote, assorties de droits particuliers de toute nature, à titre temporaire ou permanent[660]. Les deux systèmes juridiques convergent donc parfaitement sur ce point. La création d'actions privilégiées n'est cependant pas le seul moyen de renforcer le droit à l'information des associés.

---

[658] C. LEROY, Le pacte d'actionnaires dans l'environnement sociétaire, op. cit., p. 85, n° 169 ; V. également M. HENRY et G. BOUILLET-CORDONNIER, Pactes d'actionnaires et privilèges statutaires, op. cit., p. 55, n° 97 et suiv.

[659] Article 778-1 de l'AUDSC révisé.

[660] F.-D. POITRINAL, La révolution contractuelle du droit des sociétés, op. cit., p. 54, n° 62.

194. Clauses statutaires ou extrastatutaires d'information renforcée. L'extension du droit à l'information par des clauses statutaires ou extrastatutaires a été qualifiée de *« véritable intrusion dans le fonctionnement de la société*[661] ». Il ne s'agit pourtant pas véritablement d'intrusion, dans la mesure où les bénéficiaires de ces clauses ont déjà, en vertu de leur qualité d'associé, un droit légal minimum à l'information. Il s'agit d'accroître ce droit, en leur permettant de participer au bon fonctionnement de la société par leur pouvoir de contrôle.

Lorsqu'il s'agit de clauses statutaires accordant un privilège d'information à certains associés, la société est obligée par ses représentants légaux de respecter cet engagement. S'agissant des clauses extrastatutaires, par celles-ci, les actionnaires majoritaires peuvent s'engager envers un ou plusieurs actionnaires minoritaires à ce que la société fournisse à ces derniers des informations en plus de celles dont ils bénéficient légalement en vertu de leur qualité d'actionnaire. Il s'agit dans ce cas, de promesse de porte-fort entendue comme la convention par laquelle une personne s'engage envers une autre à obtenir l'approbation d'un tiers à un acte envisagé et s'expose personnellement à une indemnité pour le cas où ce tiers, comme il est libre de le faire, refuserait de s'exécuter[662]. En vertu du principe de la relativité des conventions, le tiers n'étant pas partie à l'acte, il n'est point engagé à fournir au bénéficiaire de la promesse la prestation promise. De ce fait, la promesse de porte-fort visant l'extension du droit à l'information d'une catégorie d'associés n'engage que les parties à l'acte et non la société qui, sauf cas de ratification de sa part ou d'intervention directe à l'acte, n'est point engagée.

Cependant, il a été très justement remarqué que lorsque la convention est conclue par les actionnaires majoritaires ou par l'actionnaire dirigeant, cela revient en pratique à un engagement de la société vis-à-vis du bénéficiaire de la promesse, puisque la société par hypothèse est contrôlée par les majoritaires, et il appartient au dirigeant de fournir l'information visée[663]. Cette position semble celle retenue dans une affaire où un actionnaire minoritaire avait subordonné son entrée au capital social à la signature d'un pacte extrastatutaire lui garantissant un accès renforcé à l'information sur la gestion sociale. Ce pacte prévoyait à cet effet l'instauration d'une réunion semestrielle du groupe d'investisseur, et un *reporting* trimestriel permettant à chaque actionnaire de suivre l'activité et

---

661 C. LEROY, Le pacte d'actionnaires dans l'environnement sociétaire, op. cit., p. 86, n° 171.
662 G. CORNU, *Vocabulaire juridique*, *op. cit.*, V° « Porte-fort ».
663 V. F.-D. POITRINAL, La révolution contractuelle du droit des sociétés, op. cit., p. 71, n° 107 ; C. LEROY, Le pacte d'actionnaires dans l'environnement sociétaire, op. cit., p. 86, n° 171.

les performances de la société. Celle-ci devait être organisée par le président du conseil d'administration de la société, partie au pacte. Se prévalant de la non-exécution du pacte par le président, les réunions n'ayant pas été tenues dans les formes prévues, un des investisseurs considérant que l'accès privilégié à l'information étant la condition essentielle de son investissement demanda la résolution du pacte et le remboursement de ses fonds. La Cour d'appel de Paris, tout en rejetant la résolution du pacte au motif que l'investisseur n'apportait pas la preuve que la clause d'information renforcée était essentielle pour lui, condamne la société à des dommages-intérêts[664]. En mettant les dommages et intérêts à la seule charge de la société, la Cour considère celle-ci comme étant la débitrice de l'obligation d'information. Les faits de l'espèce induisent cette interprétation puisque le président du conseil d'administration était partie au pacte, ce qui a permis à la Cour d'appel de considérer qu'il agissait en sa qualité de dirigeant de la société. En principe, l'effet relatif des contrats implique qu'en cas de promesse de porte-fort entre actionnaires majoritaires et minoritaires, les premiers se portant fort de ce que la société délivrera un certain nombre d'informations aux seconds, celle-ci n'est point tenue d'exécuter cette obligation.

En cas d'inexécution, il appartient aux bénéficiaires de ces droits à une information renforcée, de demander l'allocation de dommages et intérêts ou la résolution du pacte pour inexécution s'il s'avère que l'obligation en cause était déterminante de leur consentement[665]. À cet effet, il conviendrait de prévoir une clause pénale et une clause dans laquelle les minoritaires signifieraient l'importance capitale de l'information attendue par rapport à leur engagement dans le pacte. Un commentateur de la décision a suggéré à cet effet également la possibilité de prévoir une clause de rachat des titres des actionnaires bénéficiaires de la promesse de porte-fort en cas de non-respect de l'obligation d'information[666].

195. Extension du droit à l'information dans la SAS. Il faut noter que dans la SAS, le législateur n'ayant organisé aucun système d'information en faveur des actionnaires, il leur appartient de construire un système d'information propre aux besoins des associés. Il est certain que dans une structure où les associés exercent également les fonctions de dirigeants, ceux-ci ont un accès direct à l'information sur la gestion sociale. Au contraire, dans une structure privilégiant l'autonomie des dirigeants vis-à-vis des associés représentants des intérêts différenciés, il apparaît nécessaire de

[664] CA Paris, 3e Ch., sect. A, 27 mars 2007, n° 05/19892, *Bull. Joly sociétés* 2007, p. 1002, note F.-X. Lucas.
[665] P. MOUSSERON, Les conventions sociétaires, op. cit. p. 375, n° 565.
[666] F.-X. LUCAS, note sous CA Paris, 3e Ch., sect. A, 27 mars 2007, *préc.*, p. 1007.

construire un système d'information *sui generis*[667]. Les associés pourront à cet effet, d'une part, par une clause générale renvoyer aux dispositions applicables à la société anonyme en la matière, étant observé que cette méthode risque d'être inadaptée à l'organisation de la société et aux besoins spécifiques d'information de certains actionnaires. En effet, un simple renvoi dans les statuts aux règles gouvernant l'information des associés de société anonyme ne serait pas efficient, le mode d'organisation de ces deux structures sociétaires pouvant complétement différer. Aussi, un tel renvoi ne permettrait pas de satisfaire les exigences de certaines catégories d'associés, notamment les investisseurs en capital-risque, qui subordonnent en général leurs apports financiers à une étroite surveillance de la gestion des affaires sociales[668]. Ils pourront également, d'autre part, insérer dans les statuts une clause qui imposerait aux dirigeants de la SAS d'« *adresser ou mettre à disposition des actionnaires les documents nécessaires pour permettre à ceux-ci de se prononcer en connaissance de cause sur les résolutions soumises à leur approbation et de porter un jugement éclairé sur la gestion et la marche des affaires de la société*[669] ». Si une telle clause est prévue dans les statuts, il apparaît opportun que soit prévu un contenu minimum des documents à adresser ou à mettre à disposition des actionnaires afin d'éviter que certains dirigeants ne se retranchent derrière le secret des affaires pour ne pas exécuter convenablement cette obligation d'information. Enfin, les associés peuvent créer un système d'information *sui generis* qui combinerait des stipulations originales et des renvois ponctuels à des dispositions légales relatives à d'autres formes sociales. Ces clauses doivent par principe garantir le même droit à l'information pour la même catégorie d'associés conformément au principe d'égalité. Dans le même sens, les dirigeants ne pourront réserver à certains actionnaires des informations qui s'avèrent pertinentes pour tous[670].

L'aménagement du droit à l'information des associés atteste ainsi d'une convergence entre le droit français et le droit OHADA. Celle-ci se confirme également au regard de l'aménagement du droit de participation à la gestion de la société.

---

667 Nous empruntons cette expression à L. GODON, *La société par actions simplifiée*, *op. cit.*, p. 277, n° 375.
668 L. GODON, La société par actions simplifiée, op. cit., p. 277, n° 375.
669 Ibid.
670 P. MOUSSERON, *Les conventions sociétaires*, *op. cit.*, p. 376, n° 566.

B. L'aménagement du droit de participer à la gestion de la société

196. Nécessité de l'aménagement du droit de participer à la gestion de la société. Le droit à l'information, s'il permet à tout associé de suivre de près l'évolution des affaires sociales, sera dans certaines hypothèses insuffisant, notamment lorsque l'associé souhaitera influer, voire participer activement à la gestion de la société. De ce fait, l'organisation de la société telle qu'elle est prévue par le législateur peut s'avérer inadaptée, nécessitant ainsi des aménagements statutaires ou extrastatutaires. Ces derniers peuvent consister au renforcement de la surveillance de la gestion (**1**), ou à une immixtion ou une participation active de l'associé dans la gestion de la société (**2**).

1. Le renforcement de la surveillance de la gestion de la société

197. Clause de consultation préalable ou d'autorisation préalable. La surveillance de la gestion de la société peut passer par l'instauration d'un mécanisme de consultation préalable ou d'autorisation préalable.

198. Clause de consultation préalable. Fréquente dans les opérations de financement telles que les opérations de capital-risque[671], cette clause peut prendre plusieurs formes. Elle peut consister en l'obligation faite aux majoritaires de recueillir l'avis des minoritaires avant le vote de certaines décisions particulièrement importantes. Il peut s'agir par exemple des décisions relatives aux cessions d'actions des majoritaires, à une augmentation de capital, à l'embauche des cadres dirigeants, à la cession du fonds de commerce[672], *etc.* Elle peut également consister en l'obligation faite aux organes d'administration de recueillir l'avis d'un organe spécial, par exemple composé d'associés titulaires d'une catégorie particulière de titres sociaux[673].

D'une manière générale, la clause de consultation préalable n'affecte pas en principe la répartition des pouvoirs dans la société, les débiteurs de

[671] V. par exemple, J.-J. DAIGRE, « Pacte d'actionnaires et capital-risque – Typologie et appréciation », *Bull. Joly sociétés*, 1993, p. 157 ; M. HENRY et G. BOUILLET-CORDONNIER, *Pactes d'actionnaires et privilèges statutaires*, *op. cit.* p. 58, n° 109 et p. 62, n° 119.

[672] V. F.-D. POITRINAL, La révolution contractuelle du droit des sociétés - Dynamique et paradoxes, op. cit., p. 72, n° 108.

[673] J.-J. DAIGRE, « Pacte d'actionnaires et capital-risque – Typologie et appréciation », *Bull. Joly sociétés*, 1993, p. 157.

l'obligation de consultation demeurant libres dans la prise finale de décision. En effet, il s'agit d'avis ou de consultation préalable n'entravant aucunement la liberté de l'organe décisionnel qui n'est pas obligé de suivre l'avis donné[674]. En dépit de cela, les associés bénéficiaires de cette clause auront la faculté de demander la désignation d'un expert qui donnera son avis sur l'opération envisagée[675]. S'agissant d'une obligation de faire, cette clause, en cas de non-respect, ne peut être sanctionnée que par l'octroi de dommages et intérêts à la condition de faire la preuve d'un préjudice et d'un lien de causalité[676].

199. Clause d'autorisation préalable. Notion. Désireux de contrôler de près l'action des dirigeants sociaux, certains associés souhaiteront que leur autorisation soit requise avant la prise de certaines décisions telles que la modification de l'objet social, le changement de la forme sociale, les emprunts ou les dépenses d'investissements supérieurs à un certain montant[677]. Cette clause peut être stipulée pour les associés relevant d'une catégorie particulière d'actions privilégiées, dans ce cas elle est statutaire, ou encore figurer dans un pacte extrastatutaire. Dans cette dernière hypothèse, les débiteurs, en général les actionnaires majoritaires, se portent fort de ce que les dirigeants recueilleront l'autorisation des bénéficiaires de la clause avant la prise de certaines décisions de gestion précisément énumérées.

200. Admission discutable de la clause d'autorisation préalable. Particulièrement intéressante pour des associés ne détenant pas une minorité de blocage, l'admission d'une telle clause s'avère plus discutable que la précédente. En effet, cette clause pour être valable ne doit en aucun cas vider de sa substance les pouvoirs des organes sociaux[678]. Ces pouvoirs font

---

[674] M. HENRY, G. BOUILLET-CORDONNIER, Pactes d'actionnaires et privilèges statutaires, op. cit. p. 62, n° 119.

[675] V. article 159 de l'AUDSC révisé qui dispose que « Un ou plusieurs associés représentant au moins le dixième du capital social peuvent, soit individuellement, soit en se groupant sous quelque forme que ce soit, demander à la juridiction compétente du siège social, statuant à bref délai, la désignation d'un ou de plusieurs experts chargés de présenter un rapport sur une ou plusieurs opérations de gestion ». Il faut rappeler que la réforme de l'Acte uniforme a en ce sens voulu permettre aux associés minoritaires d'utiliser plus fréquemment cet outil en ramenant le taux du cinquième au dixième du capital social. Le droit français retient à l'article L. 225-231 du code de commerce le seuil de 5% du capital social. La procédure y est plus longue car, elle ne peut être mise en œuvre qu'après avoir posé par écrit des questions au président du conseil d'administration ou du directoire, et que ces questions soient restées sans réponse.

[676] F.-D. POITRINAL, La révolution contractuelle du droit des sociétés - Dynamique et paradoxes, op. cit., p. 72, n° 108.

[677] F.-D. POITRINAL, « Les limites des droits non financiers attachés aux actions de priorité », *Banque* 1998, p. 51.

[678] Ibid.

l'objet d'une répartition légale et impérative[679]. De ce fait, la clause d'autorisation préalable ne peut viser une compétence attribuée exclusivement à un organe de gestion en vertu du principe de spécialisation des organes sociaux[680]. Aussi, il faut rappeler que toute limitation des pouvoirs des dirigeants sociaux est inopposable aux tiers[681]. Ainsi, la clause d'autorisation préalable ne serait acceptable que si elle permet la mise en place d'un subtil équilibre entre la construction d'un dispositif de contrôle efficient et l'absence d'immixtion excessive dans la gestion[682].

À titre d'illustration, est nulle la convention par laquelle le président directeur général d'une société anonyme s'engage en raison d'un prêt de deux (2) millions à la société, à obtenir l'accord préalable de l'actionnaire prêteur pour tout paiement, chèque, virement, effet de commerce, pour tout embauchage ou débauchage de personnel, pour toutes commandes de matériel, de marchandises et de matière première et ainsi que pour toutes mises en route de fabrications nouvelles[683]. La Cour de cassation a en effet considéré qu'une telle stipulation n'instituait pas un simple contrôle à titre de garantie à son créancier, mais conférait à celui-ci un véritable pouvoir de direction neutralisant celui du directeur général[684]. Dans le même sens, la Cour d'appel d'Aix-en-Provence a considéré que « *si les statuts peuvent aménager, au mieux les intérêts sociaux, les modalités de l'administration et de la direction, cette liberté s'exerce sous la condition expresse d'absence de bouleversement des principes généraux de hiérarchie et de compétence des divers rouages institués par la loi*[685] ». Qui plus est, il faut souligner que les associés, lorsque la prérogative de contrôle qui leur est accordée est très poussée, peuvent tomber sous le coup de la qualification de dirigeants de fait[686] avec toutes les conséquences qui y sont attachées, particulièrement en

---

[679] V. *supra,* n° 111.

[680] V. *supra,* n° 124.

[681] Cependant, la Cour de cassation a reconnu la validité d'une clause statutaire soumettant le licenciement des salariés de la société à l'autorisation des associés. Elle a considéré que celle-ci instituant une procédure de fond dont peut se prévaloir le salarié, son inobservation rend le licenciement sans cause réelle et sérieuse. Cass. soc. 15 février 2012, n° 10-27.685, *RJDA* 2012, n° 501.

[682] V. en ce sens, L. GODON, *La société par actions simplifiée*, *op. cit.*, p. 478, n° 626.

[683] Cass. com. 11 juin 1965, Bull. III, n° 361 ; *RTD Com.* 1965, p. 861, n° 3 ; *Dalloz* 1965, jur. p. 782. V. aussi dans ce sens M. HENRY et G. BOUILLET-CORDONNIER, *Pactes d'actionnaires et privilèges statutaires*, *op. cit.*, p. 61, n° 114.

[684] Cass. com. 11 juin 1965, préc.

[685] CA Aix en Provence, 28 septembre 1982, *Rev. sociétés* 1983, p. 773, note J. Mestre.

[686] Le dirigeant de fait a été défini comme étant « toute personne physique ou morale qui, assumant les mêmes fonctions qu'un dirigeant de droit, exerce en fait, en toute souveraineté ou en toute indépendance, une activité positive de gestion et de direction ». Autrement dit, il peut s'agir de « celui qui en toute indépendance et liberté exerce une activité positive de gestion et de direction et se comporte, sans partage, comme « maître de l'affaire » ». V. CA Paris, 1978, Banque 1978, p. 656 ; Cass. com. 10 octobre 1995, n° 93-15.553.

cas de procédures collectives[687]. Ainsi, il convient de limiter ce type de clause à certaines décisions particulièrement importantes[688].

2. La participation des associés à la gestion de la société

201. Intérêt pour un associé de participer à la gestion de la société. La question de la participation à la gestion de la société n'intéresse généralement que les associés minoritaires, car le principe démocratique, qui doit prévaloir dans les sociétés, entraîne une représentation des majoritaires, sauf volonté contraire de ces derniers, au sein des organes de direction de la société[689]. Comme l'affirme un auteur à propos de la répartition des administrateurs entre majoritaires et minoritaires d'une société anonyme, « *il faut éviter que le "respect aveugle de la majorité" n'écarte des affaires sociales tout représentant de la minorité*[690] ». Ainsi, certains associés minoritaires soit parce qu'ils représentent un groupe familial, soit à raison des capitaux investis, seront le plus souvent intéressés par une participation active à la gestion de la société[691]. De ce fait, ces derniers disposent de plusieurs mécanismes afin d'assurer une intervention plus ou moins poussée dans la gestion de la société.

202. Clause « d'ingérence limitée ». La participation à la gestion de la société peut se traduire d'abord par des clauses dites « d'ingérence limitée ». Il s'agit de clauses par lesquelles « *les majoritaires se portent fort que la direction de la société agira dans le sens dicté par le minoritaire bénéficiaire de la clause*[692] ». Ces clauses permettraient par exemple à des investisseurs musulmans de s'assurer que les dirigeants respecteront dans leur décision de gestion les principes de la *Charia*[693].

203. Convention de vote, convention de porte-fort et participation à la gestion de la société. Les minoritaires désireux de participer à la gestion de la société peuvent aussi conclure avec les majoritaires des conventions

---

687 V. *infra*, n° 218.

688 V. en ce sens, F.-D. POITRINAL, « Les limites des droits non financiers attachés aux actions de priorité », *art. préc.*, p. 52.

689 Les organes de direction étant en général choisis par l'assemblée générale à la majorité, la représentation des minoritaires ne peut reposer que sur « *le bon vouloir des majoritaires qui peuvent à tout moment reconsidérer leur position* ». V. J.-M. MOULIN, *Le droit de l'ingénierie financière – Le financement du haut de bilan des sociétés*, Gualino – Lextenso éd. 2013, p. 432, n° 882.

690 D. BASTIAN, note sous CA Douai 2e ch. 24 mai 1962, *JCP G*, II, n° 12871.

691 Ibid.

692 P. MOUSSERON, *Les conventions sociétaires*, *op. cit.*, p. 376, n° 567.

693 V. en ce sens, H. HAJJAJI, « Pactes d'actionnaires et financements islamiques », *RDAI*, 2005, p. 556.

par lesquels ces derniers s'engagent à voter pour la nomination de tel actionnaire ou du représentant qui sera désigné par les minoritaires, ou encore se portent fort du vote de l'assemblée générale en faveur du candidat présenté par les minoritaires[694]. La mise en œuvre effective de telles clauses permet d'assurer aux minoritaires une représentation au sein de l'organe de direction de la société. Cependant, il est traditionnellement admis que la convention par laquelle un actionnaire s'obligerait purement et simplement à voter systématiquement pour les administrateurs que lui indiquerait un autre actionnaire est nulle, car celle-ci prive totalement l'actionnaire de son droit de vote[695]. De ce fait, la convention permettant aux minoritaires de s'assurer une représentation effective au sein des organes de gestion ne serait valable que si elle ne prive pas les actionnaires de leur droit de vote, et si elle n'est pas contraire à l'intérêt social[696]. Dans le cas où elle est valable, cette convention, ne mettant en œuvre qu'une obligation de faire, ne sera sanctionnée en cas de non-exécution par les majoritaires, que par des dommages et intérêts si celle-ci a causé un préjudice aux bénéficiaires de la convention. Une clause pénale assez conséquente semble dès lors nécessaire afin d'obliger les majoritaires à respecter leur engagement.

204. Création d'actions privilégiées au profit des minoritaires. Sur le fondement des articles L. 228-11 du code de commerce en droit français ou 778-1 du nouvel Acte uniforme pour ce qui est du droit OHADA, il peut être créé des actions privilégiées au profit de certains actionnaires. Il pourra ainsi être prévu dans les statuts que l'organe de direction sera composé d'au moins tel ou tel nombre d'actionnaires titulaires d'actions privilégiées regroupés dans une catégorie particulière d'actions [697]. Tout de même, il faut préciser qu'il appartient à l'assemblée générale de voter en toute liberté pour les candidats proposés par telle ou telle catégorie d'actionnaires au poste d'administrateur[698]. Il est en effet largement admis que les statuts d'une société anonyme puissent exiger que l'un ou plusieurs administrateurs remplissent des conditions particulières telles que l'appartenance à tel ou tel

---

[694] F.-D. POITRINAL, La révolution contractuelle du droit des sociétés, op. cit., p. 74, n° 113.

[695] J. MESTRE, D. VELARDOCCHIO et A.-S. MESTRE-CHAMI, *Lamy Sociétés Commerciales* 2015, p. 1628, n° 3474.

[696] V. *infra*, n° 301 et suiv.

[697] J.-M. MOULIN, *Le droit de l'ingénierie financière*, *op. cit.*, p. 433, n° 882 ; M. HENRY et G. BOUILLET-CORDONNIER, *Pactes d'actionnaires et privilèges statutaires*, *op. cit.*, p. 78, n° 150 ; J. MESTRE, D. VELARDOCCHIO et A.-S. MESTRE-CHAMI, *Lamy Sociétés Commerciales* 2015, p. 1628, n° 3474 ; J.-J. DAIGRE et M. SENTILLES-DUPONT, *Pactes d'actionnaires*, *op. cit.*, p. 54, n° 116 ; F.-D. POITRINAL, « Les limites des droits non financiers attachés aux actions de priorité », *art. préc.*, p. 52.

[698] R. MORTIER, « Caractéristiques des actions de préférence », in Les actions de préférences, *Actes pratiques et ingénierie sociétaire*, novembre 2012, n° 126, p. 3-30, spéc. p. 16.

groupe d'actionnaires[699]. Ces clauses de répartition devraient être valables dès lors qu'elles ne portent pas atteinte à la liberté de nomination et de révocation des administrateurs[700] et n'ont pas pour effet de supprimer la liberté de choix des actionnaires en leur imposant de voter pour un actionnaire déterminé sans que cette limitation ne soit justifiée par l'intérêt social mais instituée dans l'unique intérêt du groupe minoritaire[701].

205. Renforcement des conditions de prises de décisions au sein des organes de gestion. La seule présence au sein de l'organe de direction n'assure pas aux minoritaires une influence sur la gestion de la société. De ce fait, il peut être envisagé la modification des conditions légales de prises de décisions dans ces instances, de telle sorte qu'aucune décision ne soit prise sans l'accord des représentants des minoritaires. Il faut cependant distinguer la situation prévalant dans les sociétés par actions simplifiées de la société anonyme.

---

[699] J.-J. DAIGRE et M. SENTILLES-DUPONT, *Pactes d'actionnaires*, *op. cit.*, p. 54, n° 116 ; J. MESTRE, D. VELARDOCCHIO et A.-S. MESTRE-CHAMI, *Lamy Sociétés Commerciales* 2015, p. 1628, n° 3474. V. aussi CA Paris, 2e ch., 17 décembre 1954, *JCP CI* 1955, n° 55126 ; *Gaz. Pal.* 1955, I, p. 149, concl. avoc. gen. Lancien ; *Journal des sociétés* 1955, p. 338, note Plaisant.

[700] La clause de répartition des postes d'administrateurs ne devrait pas constituer une atteinte à la révocabilité *ad nutum* des administrateurs et figer la composition du conseil d'administration. V. M. HENRY et G. BOUILLET-CORDONNIER, *Pactes d'actionnaires et privilèges statutaires*, *op. cit.*, p. 78, n° 151 citant Cass. com. 19 novembre 1983, *Bull. Joly* 1984, p. 285.

[701] C'est ce qu'a décidé la Cour d'appel de Douai dans une affaire où une clause statutaire prévoyait la nomination de quatre (4) à douze (12) administrateurs, pris à égalité dans les deux groupes d'actionnaires qui composaient la société. L'assemblée générale ayant décidé de ne retenir que huit (8) administrateurs, sachant que l'un des deux groupes, celui minoritaire, n'était composé que de quatre actionnaires, il est apparu que « *la liberté de choix avait donc été délibérément supprimée* ». La Cour d'appel considéra de ce fait que « *s'il est loisible, en principe, d'insérer dans les statuts des clauses permettant d'instituer des discriminations pour la nomination des administrateurs et de prévoir des conditions d'âge, de connaissances et d'expérience ou d'intérêts spéciaux à protéger, notamment ceux de la minorité, ainsi que le nombre d'actions que chacun d'eux doit posséder, cette limitation ne saurait, sans violer la loi, aller au point de supprimer pratiquement la liberté des actionnaires de porter leur choix sur diverses personnes et de leur imposer en fait de voter pour un actionnaire déterminé alors surtout que cette limitation ne se justifie nullement par l'intérêt qu'a la société elle-même à l'équilibre de représentation entre deux ou plusieurs groupes, mais n'a manifestement pour seul but et pour seul résultat que de protéger, comme c'est le cas en l'espèce, uniquement les intérêts du seul groupe minoritaire ayant souscrit 40% du capital, avec la volonté clairement exprimée d'avoir dans la direction de la société le même poids que continuera d'y avoir le groupe majoritaire ayant souscrit 60% de ce même capital* ». V. CA Douai, 2e ch. 24 mai 1962, *JCP G* 1962, II, n° 12871, note D. Bastian ; *Dalloz* 1962, p. 688, note Dalsace. Cet arrêt a cependant été cassé pour absence de base légale mais relativement à une autre clause des statuts. V. Cass. com. 4 juin 1966, Bull. civ. III, n° 284.

Dans la SAS de droit OHADA ou de droit français, l'organisation de la gestion étant du domaine de la liberté statutaire, il est possible d'instituer au profit d'un ou de plusieurs membres du conseil d'administration ou du conseil de surveillance qui sera créé, un droit de veto leur permettant d'empêcher la prise de décision toutes les fois que celle-ci n'aurait pas leur accord[702]. Ainsi, il est dès lors possible de prévoir dans les statuts de la SAS que les actionnaires titulaires d'actions privilégiées et siégeant au sein des organes de gestion y auront un droit de veto lors de la prise de certaines décisions ou de toutes les délibérations[703]. Ce droit de veto peut consister en un renforcement soit du quorum – aucune décision ne sera valablement prise qu'en présence de telle ou telle catégorie d'actionnaires – soit de la majorité par l'institution d'une majorité forte ne permettant pas la prise de décision sans l'accord des administrateurs représentants les minoritaires. Cependant, cette liberté doit être utilisée avec précaution car un renforcement de la majorité risque d'entraîner des situations de blocage empêchant un bon fonctionnement de l'organe de gestion.

S'agissant de la société anonyme, l'organisation légale des modalités de prises de décisions au sein des différents organes qui composent la société rend la situation plus complexe. En effet, peut-on renforcer le quorum ou la majorité au sein du conseil d'administration afin qu'aucune ou certaines décisions particulières ne puissent être prises sans l'accord de certains administrateurs ? Quant au quorum, aussi bien le droit OHADA que français prévoit que le conseil d'administration ne délibère valablement que si la moitié au moins de ses membres est présente[704]. Cette disposition est impérative car sa violation est sanctionnée soit par la sanction du réputé non écrit[705], soit par la nullité de la délibération intervenue en contravention de cette règle[706]. Ainsi, aucun aménagement statutaire du quorum n'est envisageable[707]. Quant au renforcement de la majorité[708], les auteurs sont partagés sur la question. Certains auteurs émettent des doutes quant à la validité d'un tel mécanisme, considérant qu'un renforcement de la majorité incluant nécessairement le vote de tel administrateur représentant les titulaires d'actions de préférence revient à modifier la règle de quorum qui

---

702 V. en ce sens, J.-J. CAUSSAIN, « L'organisation contractuelle des pouvoirs dans la société par actions simplifiée (France) », *RDAI* 1996, p. 949, n° 27.

703 V. en ce sens R. MORTIER, « Caractéristiques des actions de préférence », *op. cit.*, p. 16.

704 V. article 454 de l'AUDSC révisé et article L. 225-37 du code de commerce.

705 Article L. 225-37 al. 1er du code de commerce.

706 Article 454 al. 3 de l'AUDSC révisé.

707 V. cependant, P. MOUSSERON, *Les conventions sociétaires*, *op. cit.*, p. 219, n° 297 : cet auteur considère que seul l'abaissement du quorum est inenvisageable, laissant ainsi la possibilité à un rehaussement du quorum.

708 Il faut noter que les articles 454 de l'AUDSC révisé et L. 225-37 ne prévoient qu'une possibilité de modification à la hausse de la majorité qu'ils fixent.

pourtant est impérative[709]. D'autres au contraire soutiennent la possibilité de renforcer la majorité au sein du conseil d'administration. Pour ces derniers, la « double majorité » ainsi instituée n'implique pas un rehaussement du quorum, car « *rien n'interdit au conseil de se réunir valablement hors la présence des administrateurs dont le vote est nécessaire pour adopter la délibération*[710] ». Ainsi, « *si la décision ne peut en définitive être prise, c'est bien faute de majorité, et non de quorum empêchant la réunion du conseil*[711] ». Il semblerait en effet que le rehaussement de la majorité soit possible à la lecture des articles 454 al. 2 de l'AUDSC révisé et de l'article L. 225-37 al. 2 du code de commerce. Cependant, comme observé à propos de la SAS, un renforcement excessif de la majorité, voire un droit de veto, risquerait d'entraîner des situations de blocage fréquentes dans le fonctionnement du conseil d'administration. Il sera dès lors conseillé de réserver cette possibilité à certaines décisions préalablement identifiées dans les statuts.

206. L'implication dans la gestion de la société, si elle peut être nécessaire à certains égards, n'est cependant pas sans conséquence pour les associés. Il convient à présent donc d'identifier les risques liés à une telle implication.

§II. Les risques liés à l'intervention dans les affaires sociales

207. La mise en jeu de la responsabilité de l'associé en cas d'intervention poussée dans la gestion sociale. Le droit d'intervention dans les affaires sociales, s'il peut permettre d'accroître significativement les droits politiques des associés, et par ricochet la possibilité de contrôler leurs investissements, comporte nécessairement des risques qui doivent être pris en compte. En effet, intervenir dans les affaires sociales implique dans une certaine mesure le partage du pouvoir de direction. Cependant, il a été démontré les liens qui pouvaient exister entre l'exercice d'un pouvoir et la

---

[709] V. A. GUENGANT, D. DAVODET, Ph. ENGEL et S. De VENDEUIL, « Actions de préférence : questions de praticiens », *JCP E* 2005, p. 1162. V. aussi R. KADDOUCH, « LBO : actions de préférence ou pactes d'actionnaires ? » *JCP E* 2006, p. 1072, n° 20 citant ANSA, Comité juridique, n° 05-002, 5 janvier 2005, p. 3. Cet auteur invoque l'atteinte au principe de hiérarchie des organes de la société anonyme ainsi que le principe délibératif pour rejeter la licéité du droit de veto.

[710] R. MORTIER, « Caractéristiques des actions de préférence », *op. cit.*, p. 17. V. aussi en ce sens P. MOUSSERON, *Les conventions sociétaires*, *op. cit.*, p. 220, n° 297.

[711] Ibid.

responsabilité qui peut en découler[712]. Dans le même sens, un auteur a pu affirmer que « *tout pouvoir a une contrepartie, qui est la mise en jeu de la responsabilité*[713] ». Ainsi, les associés qui par des aménagements auront exercé le pouvoir de direction pourront voir leur responsabilité engagée. En cela, le régime de responsabilité des dirigeants de droit pourra leur être appliqué lorsque la qualification de dirigeant de fait sera retenue. À cet effet, il faut d'abord que les personnes concernées puissent recevoir la qualification de dirigeant de fait (**A**). Lorsque les critères définissant cette qualité seront remplis, un certain nombre de conséquences en termes de responsabilité s'attachent aux dirigeants de fait visés (**B**).

A. Les critères de qualification de dirigeant de fait

208. Définition légale. En droit français, la notion de dirigeant de fait peut d'abord être appréhendée à travers les articles L. 241-9, L. 245-16 et L. 246-2 du code de commerce qui visent toute personne qui, directement ou par personne interposée aura, en fait, exercé la gestion d'une société sous le couvert ou au lieu et place de leurs représentants légaux. Ces articles visent notamment à assimiler les personnes répondant aux critères ainsi définis, aux représentants légaux de la société qui reçoivent dès lors la qualification de dirigeant de droit.

209. Critères jurisprudentiels. Les critères de la direction de fait ont plus précisément été dégagés par la jurisprudence qui considère que la qualité de dirigeant de fait « *est caractérisée par l'immixtion dans les fonctions déterminantes pour la direction générale de l'entreprise, impliquant une participation continue à cette direction et un contrôle effectif et constant de la marche de la société en cause*[714] ». Ainsi, pour que soit retenue la qualification de dirigeant de fait, il faut que soit caractérisé un acte positif de gestion, accompli en toute indépendance, témoignant d'une ingérence effective dans le fonctionnement de la société[715].

210. L'immixtion dans les fonctions déterminantes de la direction générale de l'entreprise. La notion d'immixtion dans les fonctions déterminantes de la direction générale de l'entreprise conduit à exclure de la qualification de dirigeant de fait, toutes les hypothèses dans lesquelles l'associé met seulement en œuvre son droit de contrôle et d'intervention lié à

[712] S. SCHILLER, Les limites de la liberté contractuelle en droit des sociétés – Les connexions radicales, op. cit.
[713] F.-D. POITRINAL, La révolution contractuelle en droit des sociétés, op. cit., p. 75, n° 114.
[714] CA Paris, 11 juin 1987, *Bull. Joly* 1987, p. 719.
[715] CA Versailles, 13e ch., 11 septembre 2008, n° RG : 07/8390.

ses titres sociaux. De ce fait, la seule position d'associé majoritaire ne saurait suffire pour présumer une ingérence constitutive d'une direction de fait[716]. Ainsi, le fait pour une société mère d'assumer le secrétariat juridique de sa filiale ou de négocier en son nom avec son banquier ne lui fait pas acquérir la qualité de dirigeant de fait, dès lors que son intervention n'a pas dépassé le contrôle inhérent à la structure de groupe, cette dernière supposant des interactions entre les deux entités[717].

211. L'exercice d'un véritable pouvoir de décision. Le dirigeant de fait doit exercer un véritable pouvoir de décision[718] dans l'entreprise. Ainsi, l'accroissement des prérogatives d'intervention dans les affaires sociales par des clauses statutaires ou extrastatutaires peut, lorsque l'associé participe réellement à la gestion, être constitutif d'une situation de direction de fait. Ce sera notamment le cas lorsqu'une clause d'autorisation préalable aura été stipulée en faveur d'un ou de plusieurs associés[719]. Si cette clause n'entraîne pas *de facto* la qualification de dirigeant de fait, il faut souligner néanmoins que cette qualification pourra être retenue assez facilement lorsque le domaine couvert par la clause est très étendu, conférant ainsi de fait un droit de veto au bénéficiaire sur toutes les décisions de gestion de la société[720]. Aussi, en présence d'une clause d'ingérence limitée, les bénéficiaires pourront recevoir la qualification de dirigeant de fait si cette clause a pour conséquence l'exercice par ces derniers du pouvoir de direction. À l'inverse de la clause d'autorisation préalable, la clause de consultation préalable sera moins dangereuse pour ses bénéficiaires puisque les débiteurs de l'obligation de consultation demeurent en principe libres dans la prise de décision finale. Certains auteurs ont considéré que la clause d'information renforcée pouvait également constituer un risque pour l'investisseur financier lorsque cette clause a pour effet de conférer un droit à une information quasi permanente entravant la liberté de gestion des dirigeants[721]. Cependant, ce risque est limité au vu des critères notamment d'acte positif de gestion exigés par la jurisprudence pour retenir la qualification de dirigeant de fait.

---

[716] M. COZIAN, A. VIANDIER et Fl. DEBOISSY, *Droit des sociétés*, *op. cit.*, p. 161, n° 283.
[717] Cass. com. 19 novembre 2013, n° 12-28.367, *Bull. Joly sociétés* 2014, p. 103, note N. Pelletier ; *BRDA* 23/2013, n° 4.
[718] N. DEDESSUS-LE-MOUSTIER, « La responsabilité du dirigeant de fait », *Rev. sociétés* 1997, p. 499.
[719] F.-D. POITRINAL, La révolution contractuelle du droit des sociétés – Dynamique et paradoxes, op. cit., p. 72, n° 109.
[720] S. CREPY et A. LEVASSEUR, « Approfondissement de certaines des principales stipulations contractuelles du management package LBO conclu entre l'investisseur financier majoritaire et les cadres dirigeants », *RLDC* juin 2014, n° 116, p. 8.
[721] Ibid.

212. En droit OHADA. Il faut noter que le législateur OHADA n'a pas défini le dirigeant de fait[722]. La doctrine retient pour sa part les mêmes critères que ceux retenus en droit français. C'est ainsi qu'un auteur retient que le dirigeant de fait « *est celui qui, sans aucun titre, accomplit des actes de gestion en lieu et place des dirigeants de droit*[723] ». Les critères ainsi retenus s'apparentent fortement à ceux sus évoqués pour le droit français. Il convient donc à présent d'appréhender les conséquences que peut avoir une telle qualification pour les associés qui auront posé des actes positifs de gestion de manière continue à la place des dirigeants de droit.

B. Les conséquences de la qualification de dirigeant de fait

213. Principe de responsabilité civile des dirigeants sociaux. Les législateurs français et/ou OHADA ont prévu la possibilité d'engager la responsabilité civile, pénale, ou fiscale du dirigeant de société. Ainsi, quelle que soit la forme de la société, les dirigeants sont responsables des violations des règles de constitution, de modification des statuts ou encore d'annulation de la société ou des actes et délibérations de celle-ci[724]. De manière spécifique, la responsabilité des dirigeants à l'égard des associés et de la société se distingue de celle pouvant être retenue à l'égard des tiers.

214. À l'égard de la société et des associés. Les dirigeants sont responsables individuellement ou solidairement, soit des infractions aux dispositions législatives ou règlementaires[725], soit de la violation des statuts, soit des fautes commises dans leur gestion. Cette dernière cause de responsabilité est la plus fréquente, étant observé que le législateur n'a pas défini la notion de faute de gestion, laissant ainsi le soin aux tribunaux de régler cette question.

215. À l'égard des tiers. La responsabilité des dirigeants ne peut être engagée que lorsque ceux-ci ont commis une faute séparable de leur fonction qui leur est imputable personnellement. En d'autres termes, les dirigeants

---

[722] V. en ce sens B. NJOYA NKAMGA, « Dirigeants sociaux », in *Encyclopédie de droit OHADA*, *op. cit.*, p. 648, n° 76.

[723] A. AKAM AKAM, « La responsabilité civile des dirigeants sociaux en droit OHADA », *RIDA* 2007/2, p. 120.

[724] V. article L. 210-8, alinéa 1 et 2 du code de commerce ou article 256 de l'AUDSC révisé.

[725] V. par exemple TGI Ouagadougou, 10 janvier 2000, *RBD* n° 42, 2e semestre 2002, *Ohadata* J- 05-248.

doivent avoir commis intentionnellement une faute d'une particulière gravité, incompatible avec l'exercice normal de leurs fonctions sociales[726].

216. Responsabilité fiscale et pénale. Selon l'article L. 267 du Livre des Procédures Fiscales français, « *lorsqu'un dirigeant d'une société, d'une personne morale ou de tout autre groupement, est responsable des manœuvres frauduleuses ou de l'inobservation grave et répétée des obligations fiscales qui ont rendu impossible le recouvrement des impositions et des pénalités dues par la société, la personne morale ou le groupement, ce dirigeant peut, s'il n'est pas déjà tenu au paiement des dettes sociales en application d'une autre disposition, être déclaré solidairement responsable du paiement de ces impositions et pénalités par le président du tribunal de grande instance* ». Cet article établit ainsi un principe de responsabilité fiscale à l'égard des dirigeants de société. Dans le même sens, le dirigeant peut engager sa responsabilité pénale en cas d'infraction soit spécifique au droit des sociétés[727], soit de droit commun[728].

217. Assimilation partielle du dirigeant de fait au dirigeant de droit en terme de responsabilité. S'agissant des deux derniers cas[729] de responsabilité des dirigeants sociaux, il faut noter que le législateur prend le soin d'une manière générale de viser aussi bien les dirigeants de droit que tous ceux qui ont en fait exercé la direction, l'administration ou la gestion desdites sociétés sous le couvert ou au lieu et place des représentants légaux. À défaut de prévision légale, la chambre criminelle de la Cour de cassation française procède de façon audacieuse à une assimilation de la situation du dirigeant de fait à celui du dirigeant de droit, notamment en matière d'abus de confiance, de fraude fiscale et d'escroquerie[730]. La chambre commerciale pour sa part, apparaît plus réticente à envisager une telle assimilation[731]. L'absence de base textuelle justifierait l'impossibilité d'assimiler le sort des dirigeants de fait à celui des dirigeants de droit. Il faudrait ainsi se borner à appliquer aux dirigeants de fait, les principes de la responsabilité de droit commun[732]. Ainsi, lorsque l'entreprise est *in bonis*, le dirigeant de fait engage sa responsabilité sur le fondement de l'article 1382 du code civil ou de l'article 1147 du même code lorsque le dirigeant tient ses fonctions d'une

---

726 Cass. com. 20 mai 2003, *RJDA* 8-9/03, n° 842, p. 717. concl. Viricelle ; Cass. com. 7 juillet 2004, *RJDA* 11/04, n° 1223.
727 Abus de biens sociaux, abus de pouvoirs ou de voix, distribution de dividendes fictifs, présentation de comptes infidèles, *etc*.
728 Vol, escroquerie, abus de confiance, faux, *etc*.
729 Responsabilité fiscale et pénale.
730 Cass. crim. 12 juillet 1994, *JCP E* 1995, II, p. 682, note Y. Reinhard et E. Joly-Sibuet.
731 N. DEDESSUS-LE-MOUSTIER, « La responsabilité du dirigeant de fait », *op. cit.*, n° 29.
732 Cass. com. 21 mars 1995, *Rev. sociétés* 1995, p. 501, note B. Saintourens ; Cass. com. 20 novembre 2007, n° 06-16.933.

procuration donnée par le dirigeant de droit[733]. Ce régime de responsabilité s'avère plus vaste que celui défini en droit commun des sociétés. Il le sera d'avantage si l'on considère le simple fait d'exercer la direction de la société sans en être régulièrement investi comme un fait délictueux. Il suffirait alors d'apporter la preuve du dommage, ainsi que du lien de causalité entre celui-ci et l'exercice fautif de la direction de la société, pour engager la responsabilité du dirigeant. Même si le régime de responsabilité manque d'uniformité, il y a lieu de constater que les victimes des agissements des dirigeants de fait ont à tirer profit des avantages du droit commun de la responsabilité. Les conséquences de la qualification de dirigeant de fait s'avèrent ainsi lourdes en terme de responsabilité des personnes visées, celles-ci ne pouvant bénéficier des avantages du statut des dirigeants de droits tels que l'exigence de paiement de rémunération due au titre de l'exercice des fonctions en lieu et place du dirigeant de droit[734].

218. Responsabilité du dirigeant de fait en cas de procédure collective. Lorsque la société connaît des difficultés et que celles-ci justifient l'ouverture d'une procédure collective, les dirigeants peuvent voir leur responsabilité engagée pour plusieurs raisons. Il en sera ainsi par exemple en cas de faute de gestion ayant contribué à une insuffisance d'actif. Selon l'article 183, alinéa 1er de l'Acte uniforme révisé portant organisation des procédures collectives d'apurement du passif (AUPC révisé), « *lorsque le redressement judiciaire ou la liquidation des biens fait apparaître une insuffisance d'actif, la juridiction compétente peut, en cas de faute de gestion ayant contribué à cette insuffisance d'actif, décider [...] que les dettes de la personne morale seront supportées en tout ou en partie [...] par tous les dirigeants ou certains d'entre eux* ». Il faut rappeler que l'article 180 du même Acte uniforme vise les « *dirigeants personnes physiques ou morales, de droit ou de fait, rémunérés ou non, et aux personnes physiques représentants permanents des personnes morales dirigeantes* ». Ainsi, le dirigeant de fait peut dès lors se voir condamné à combler le passif de la société, étant observé qu'il peut être condamné à supporter la totalité de l'insuffisance d'actif même s'il a commis **une seule** faute de gestion ayant contribué à cette insuffisance d'actif[735].

219. La qualification de dirigeant de fait, lorsqu'elle est retenue, engendre de lourdes conséquences pour les dirigeants en cause, que la société soit *in bonis* ou non, et cela quelle qu'en soit la forme sociale choisie. L'intervention dans les affaires sociales devra ainsi être mesurée au regard

---

733 V. Cass. com. 4 octobre 1976, Bull. civ. IV, n° 245, p. 210.

734 CA Paris, 19 janvier 1984, *BRDA* juillet 1984, p. 7.

735 Cass. com. 15 décembre 2009, n° 08-21.906, *RJDA* 9/10, n° 275 ; Cass. com. 31 mai 2011, n° 09-13.975, *RJDA* 8-9/11, n° 725.

de la responsabilité qu'encourt toute personne qualifiée de dirigeant de fait. Le contrôle d'une société, outre la mise en œuvre du droit à l'information et l'intervention dans la gestion sociale, peut se manifester dans le cadre la participation aux décisions collectives.

Section II. L'aménagement conventionnel du droit de participation aux décisions collectives

220. L'article 1844, alinéa 1er dispose que « *Tout associé a le droit de participer aux décisions collectives* ». Quant à l'AUDSC révisé, il est prévu à l'article 185 que « *Sauf disposition contraire du présent Acte uniforme, tout associé a le droit de participer au vote des décisions collectives* ». Ces dispositions, quoiqu'apparemment accessibles, ont retenu l'attention de la doctrine notamment quant au contenu à donner à ce droit de participation des associés aux décisions collectives. De la même manière, aussi bien la possibilité d'aménagement conventionnel de ce droit que l'efficacité de tels aménagements continuent de diviser la doctrine. Il conviendra dans un premier temps de préciser le contenu des aménagements relatifs au droit de participer aux décisions collectives (**§I**), avant d'aborder la question de l'efficacité de ces derniers (**§II**).

§I. Le contenu des aménagements relatifs au droit de participer aux décisions collectives

221. Les législateurs français et OHADA visent, l'un le droit de participer aux décisions collectives, l'autre le droit de participer au vote des décisions collectives. La participation aux décisions collectives implique en principe non seulement le droit d'assister aux assemblées dans lesquelles sont prises les décisions collectives, mais également le droit de participer par son vote à l'élaboration de telles décisions. Le législateur ainsi que la jurisprudence et une partie de la doctrine n'opèrent cependant pas cette distinction qui apparaît pourtant nécessaire. Ces deux droits recouvrent en effet deux réalités distinctes, car la participation aux assemblées ne suppose pas *ab initio* le droit de vote dans lesdites assemblées. Il conviendra d'examiner dans un premier temps l'aménagement du droit de participer aux assemblées (**A**), avant d'aborder la question de l'aménagement du droit de vote des associés (**B**).

A. L'aménagement du droit de participer aux assemblées

222. Le droit de participer aux assemblées apparaît être un droit fondamental pour tout associé, empêchant ainsi toute possibilité de suppression de ce droit. L'aménagement de ce droit ne sera admis que dans le sens de l'organisation de la mise en œuvre de celui-ci, telle que la possibilité pour un associé de se faire représenter aux assemblées d'associés. Il faudra préciser dans un premier temps le caractère fondamental du droit de participer aux assemblées pour tout associé (**1**) avant d'aborder le contenu même des aménagements possibles à ce droit (**2**).

1. Le droit fondamental de participer aux assemblées pour tout associé

223. Le droit de participer aux assemblées : un droit d'ordre public. En droit français, la majeure partie de la doctrine considère le droit de participer aux assemblées comme un droit d'ordre public[736]. Celui-ci serait posé par l'alinéa 1 de l'article 1844 du code civil qui se veut impératif, d'une part par les termes employés – « tout associé a le droit… » – et d'autre part par le fait que l'alinéa 4 du même article n'admet de dérogation que pour les deux alinéas. Il faut cependant noter que le législateur avait lui-même admis une dérogation à ce texte. En effet, l'ancien article L. 225-112 du code de commerce prévoyait la possibilité dans les statuts de société anonyme d'« *exiger un nombre minimal d'actions, sans que celui-ci puisse être supérieur à dix, pour ouvrir le droit de participer aux assemblées générales ordinaires* ». Cet article permettait ainsi aux statuts de sociétés anonymes de nier le droit de participer aux assemblées générales ordinaires à tout actionnaire qui n'aurait pas un nombre minimal d'actions. Cette faculté de « *restriction peu démocratique*[737] » a été supprimée par la loi NRE du 15 mai 2001, permettant ainsi d'affirmer que le droit de tout associé quelle qu'en soit la forme sociale, de participer aux assemblées est d'ordre public et ne peut donc de ce fait être supprimé.

La jurisprudence a très récemment validé cette position à propos de l'exclusion d'un associé de SAS suite à la perte de sa qualité de salarié. En effet, sur le fondement des articles 1844, alinéa 1 et 4, 1844-10, alinéa 2 du code civil, la Cour de cassation a considéré que la clause statutaire par laquelle « *l'associé objet de la procédure d'exclusion ne peut prendre part*

---

[736] J. MESTRE, D. VELARDOCCHIO et A.-S. MESTRE-CHAMI, *Lamy Sociétés Commerciales* 2015, p. 415, n° 836.
[737] Y. GUYON, Traité des contrats – Les sociétés, Aménagements statutaires et conventions entre associés, op. cit., p. 155, n° 83.

au vote de la résolution relative à son exclusion et les calculs (de quorum) et de majorité sont faits sans tenir compte des voix dont il dispose[738] », devrait être réputée non écrite. Par voie de conséquence, la décision d'exclusion prise sur le fondement d'une telle clause réputée non écrite est nulle, « *peu important que ce dernier ait été admis à prendre part au vote*[739] ». La Cour de cassation achève ainsi la consécration du droit de participation aux assemblées en tant que droit fondamental de l'associé.

La même constatation peut être faite en droit OHADA où l'alinéa 2 de l'ancien article 548 de l'AUDSC prévoyait que, « *les statuts peuvent exiger un nombre minimal d'actions, sans que celui-ci puisse être supérieur à dix, pour ouvrir le droit de participer aux assemblées générales ordinaires* ». Cet article ayant été supprimé lors de la réforme de l'Acte uniforme, peut-on affirmer désormais que tout associé dispose en droit OHADA d'un droit d'ordre public de participer aux assemblées. La réponse à cette question mérite une attention particulière. En effet, l'article 53 de l'AUDSC révisé prévoit que les titres sociaux confèrent à leur titulaire entre autres « *le droit de participer aux votes des décisions collectives des associés* ». De même, l'article 125 du même Acte uniforme pose le principe selon lequel « *sauf disposition contraire du présent Acte uniforme, tout associé a le droit de participer aux votes des décisions collectives* ». Il faut cependant noter qu'avant cette réforme, le même article 53 prévoyait que les titres sociaux conféraient à leurs titulaires « *le droit de participer et de voter aux décisions collectives des associés* ». Au regard du changement terminologique intervenu, faut-il en conclure que seul le droit de voter les décisions collectives est désormais reconnu aux associés, à l'exclusion d'un droit de participer aux assemblées ? Certainement pas, car la formule selon laquelle tout associé a le droit de participer aux votes des décisions collectives implique nécessairement celui de participer au préalable aux assemblées afin d'y exprimer son vote. De ce fait, il y a lieu de conclure qu'aussi bien le

[738] Cass. com., 6 mai 2014, n° 13-14.960, *Dalloz* 2014, p. 1485, note B. Dondero ; *Bull. Joly sociétés* 2014, p. 506, note R. Mortier. V. aussi Cass. com., 23 octobre 2007, n° 06-16.537, Bull. civ. IV, n° 225 ; *Dalloz* 2007, p. 2726, obs. A. Lienhard, 2008, p. 47, note Y. Paclot, p. 1563, chron. J. Paillusseau, et 2009, p. 323, obs. J.-C. Hallouin ; *Rev. sociétés* 2007, p. 814, note P. Le Cannu ; *RTD com.* 2007, p. 791, obs. P. Le Cannu et B. Dondero, et 2008, p. 566, obs. Cl. Champaud et D. Danet ; *JCP E* 2007, p. 2433, note A. Viandier, et 2008, p. 1280, obs. J.-J. Caussain, Fl. Deboissy et G. Wicker ; *Dr. sociétés* 2007, comm. 219, note H. Hovasse ; *Bull. Joly sociétés* 2008, p. 101, note D. Schmidt.
[739] Cass. com., 6 mai 2014, n° 13-14.960, arrêt préc.

droit français que OHADA[740] consacre un droit intangible pour tout associé de participer aux assemblées[741].

224. Restriction du droit de participer aux assemblées. Certains auteurs en droit français ont émis l'idée selon laquelle « *bien que constituant un droit fondamental de l'actionnaire, le droit de participer aux assemblées n'a pas une portée absolue*[742] », ouvrant ainsi droit à des possibilités de restrictions. Comme exemple de limitations légales, ces auteurs citent le cas des actionnaires titulaires d'actions à dividende prioritaire sans droit de vote qui ne peuvent jouir du droit de participer et de voter aux assemblées générales de la société[743]. Cependant, il y a lieu de remarquer que le législateur aménage lui-même la possibilité pour ces actionnaires de participer aux assemblées générales et même d'y exprimer un avis avant tout vote de celles-ci par le biais de leur mandataire[744]. De ce fait, leur situation est semblable à celle des copropriétaires d'actions ou de parts sociales. Il faut rappeler à cet égard, que la Cour de cassation a récemment censuré un arrêt d'appel qui avait retenu que « *dès lors qu'un mandataire commun a été désigné pour représenter l'indivision X... aux "assemblées générales" de la société, il n'y a pas lieu de dissocier artificiellement la discussion préalable des points soumis au vote et le vote lui-même, qui participent d'une seule démarche intellectuelle, en sorte que la présence des indivisaires eux-mêmes aux assemblées est nécessairement exclue par la désignation d'un mandataire commun pour représenter l'indivision*[745] ». Visant l'alinéa 1er de l'article 1844 du code civil, cet arrêt est cassé au motif « *qu'en statuant ainsi alors que les copropriétaires indivis de droits sociaux ont la qualité d'associé, la cour d'appel a violé le texte susvisé* ». De ce fait, il faut retenir que la qualité d'associé confère le droit de participer aux assemblées, et

---

[740] V. E. M. KAMTA FENDOP, « Associés », in *Encyclopédie de droit OHADA*, *op. cit.*, p. 370, n° 58.

[741] Un auteur a considéré que le droit de participer aux assemblées étant intangible, apparaît mieux protégé que le droit de vote, ce dernier pouvant faire l'objet d'aménagements. V. P. LEDOUX, *Le droit de vote des actionnaires*, *op. cit.*, p. 256, n° 300. V. cependant, l'article 541 de l'AUDSC révisé qui subordonne le droit de participer aux assemblées à l'inscription des actions au nom de l'actionnaire, au jour de l'assemblée générale dans les registres nominatifs tenus par la société. Cet article laisse la possibilité aux statuts de réserver ce droit à une inscription dans les registres de titres nominatifs au troisième jour ouvré précédant l'assemblée à zéro heure, heure locale.

[742] J. MESTRE, D. VELARDOCCHIO et A.-S. MESTRE-CHAMI, *Lamy Sociétés Commerciales* 2015, p. 1810, n° 3902.

[743] V. Article L. 228-35-3, alinéa 3 du code de commerce.

[744] V. Les alinéas 3 et 4 de l'article L. 228-35-6 du code de commerce.

[745] Cass. com., 21 janvier 2014, n° 13-10.151, *Dalloz* 2014, p. 275, obs. A. Lienhard ; *Lexbase Hebdo éd. Affaires* 2014, n° 371, note B. Saintourens.

« *l'indivisaire ne dispose pas d'un moindre droit qu'un autre associé*[746] ». De ce fait, « *si les statuts autorisent une représentation par un tiers (ou plus restrictivement par un conjoint), l'indivisaire ne devrait pas être privé de cette faculté*[747] ».

Aussi, quant aux limitations légales tenant à la situation des actions non libérées des versements exigibles et celle des actions non converties au nominatif, celles-ci pourraient se justifier par le simple fait que la qualité d'actionnaire des titulaires de telles actions soit remise en cause. Or, le droit de participer aux assemblées étant lié à la qualité d'associé, il apparaît justifié que, lorsque celle-ci est remise en cause, les droits afférents à cette qualité soient également remis en cause.

En définitive, « *dans l'ordre sociétaire, c'est la participation aux décisions sociales qui constitue, sur le terrain politique, la prérogative principale de l'associé*[748] ».

225. Contenu du droit de participation aux assemblées. Si la jurisprudence pose le principe intangible d'un droit pour tout associé de pouvoir participer aux décisions collectives, elle ne pose toutefois pas les contours de ce droit. La doctrine s'accorde à reconnaître certains éléments qui doivent obligatoirement faire partie du droit de participer aux décisions collectives[749]. En effet, ce droit implique que son titulaire soit convoqué aux différentes assemblées dans les conditions prévues par la loi ou les statuts. Également, avoir le droit de participer aux assemblées semble nécessairement lié au droit à l'information, qui est aussi l'un des droits fondamentaux attachés à la qualité d'associé[750]. Ce droit à l'information se conjugue avec un droit au débat pendant les assemblées, c'est-à-dire un droit de poser des questions et d'exprimer un avis avant et pendant les délibérations, cela afin de prévenir une atteinte à ses intérêts essentiels ou, le

---

[746] B. SAINTOURENS, « La participation aux décisions collectives du nu-propriétaire indivis de droits sociaux », note sous Cass. com., 21 janvier 2014, n° 13-10.151, *Lexbase Hebdo éd. Affaires* 2014, n° 371.

[747] Ibid.

[748] M. ROUSSILE, « Le droit de vote de l'associé, droit fondamental ? » *Dr. sociétés*, juillet 2014, p. 9.

[749] V. P. Le CANNU, « Tout associé a le droit de participer aux décisions collectives », in *Mélanges en l'honneur de Philippe MERLE*, Dalloz, 2013, p. 443, spéc. p. 452, n° 23.

[750] V. E. Du PONTAVICE et J. DUPICHOT, Traité de droit commercial, vol. II, Les sociétés, Montchrestien 1982, p. 768, n° 773. Pour ces auteurs, « permettre à un actionnaire de se faire représenter par toute personne de son choix, c'est ouvrir la porte à une catégorie de personnes qui n'y verront d'autre intérêt que celui d'exercer une véritable profession de représentants d'actionnaires dont l'objet serait de se procurer le plus de pouvoirs en blanc possible, pratique qu'on désire fort justement, sinon détruire entièrement, tout au moins limiter ». Ils ajoutent dans le même ordre d'idées qu'il s'agit là d'une « façon d'éviter un accès trop facile à des agitateurs ou à des maîtres-chanteurs dans les assemblées d'actionnaires ».

cas échéant, afin d'exercer une éventuelle action en justice pour la défense de ses droits[751]. Il apparaît ainsi que ce droit de participer aux décisions collectives, même dénué de tout droit de vote, est utile pour la défense des intérêts des associés. La solution retenue par la jurisprudence s'avère donc justifiée, permettant ainsi à toute personne ayant la qualité d'associé de pouvoir suivre l'évolution des affaires sociales. Il faut noter enfin qu'aussi bien en droit OHADA que français, le fait pour toute personne d'empêcher un actionnaire ou associé de participer aux assemblées est sanctionné pénalement[752]. En effet, l'article 891-3 de l'AUDSC révisé prévoit qu' « *encourent une sanction pénale, ceux qui, sciemment, ont empêché un actionnaire ou un associé de participer à une assemblée générale* ». Une incrimination similaire est prévue en droit français lorsqu'un actionnaire est empêché de participer à une assemblée d'actionnaires[753]. Dans le même ordre d'idées, il été jugé que le fait pour un gérant associé d'empêcher par des manœuvres déloyales les autres associés de participer à l'assemblée générale extraordinaire est une faute constitutive d'une cause légitime de révocation[754]. Il apparaît ainsi que la jurisprudence accorde une importance particulière au droit de l'associé de pouvoir effectivement participer aux décisions collectives. *Quid* des limitations conventionnelles du droit de participer aux assemblées ?

2. Le contenu de l'aménagement du droit de participer aux assemblées

226. Représentation de l'associé aux décisions collectives. Si le droit de participer aux décisions collectives est un droit fondamental « *soustrait à tout aménagement qui tendrait à le supprimer*[755] », certains associés pour des raisons qui leur sont propres, peuvent être empêchés de participer aux assemblées. Dans cette hypothèse, se pose alors la question de la possibilité

---

[751] L. GODON, La société par actions simplifiée, op. cit., p. 286, n° 382.

[752] V. en ce sens, E. M. KAMTA FENDOP, « Associés », in *Encyclopédie de droit OHADA*, *op. cit.*, p. 370, n° 58.

[753] Article L. 242-9, 1° du code de commerce.

[754] Cass. com. 7 juin 2011, n° 10-17792 : Dans cet arrêt, le gérant associé se heurtant à un refus d'augmentation du capital social avait refusé de communiquer les documents comptables réclamés à plusieurs reprises par les autres associés, les renvoyant à une consultation dans des locaux très éloignés du siège social. Il avait également décidé, sans consultation ni vote préalable des associés, de transférer le siège social dans une autre région. Qui plus est, il a convoqué l'un des associés « *à une adresse dont il ne pouvait ignorer qu'elle était erronée* », et un autre associé « *à une adresse autre que la sienne* ». De ce fait, la Cour de cassation conclut que le gérant ayant mis tout en œuvre pour se retrouver seul à l'assemblée extraordinaire, et voter ainsi sans obstacle l'augmentation de capital, a commis une faute justifiant la légitimité de sa révocation.

[755] L. GODON, La société par actions simplifiée, op. cit., p. 285, n° 382.

de mettre en œuvre le droit de participer aux décisions collectives par une personne autre que son titulaire. Pour la société, cette question mérite une attention particulière au regard de la sensibilité des informations qui seront à la disposition du représentant de l'associé empêché.

227. En droit OHADA, selon l'article 126 de l'AUDSC révisé, « *tout associé peut se faire représenter par un mandataire dans les conditions prévues par le présent Acte uniforme et, le cas échéant, par les statuts* ». Cet article pose un principe général selon lequel, le droit de participer aux assemblées peut être exercé par un mandataire choisi par l'associé. Le législateur laisse cependant la possibilité aux statuts d'aménager cette faculté de représentation. Toutefois, le mandat ne peut être donné qu'à un associé, sauf précision légale contraire. Il s'agit ici de veiller à ne pas autoriser toute personne à accéder aux assemblées en accordant la priorité aux associés. C'est la raison pour laquelle il est prévu pour l'organisation des décisions collectives dans les SARL que, « *sauf si les associés sont au nombre de deux (2), un associé peut se faire représenter par un autre associé. Il ne peut se faire représenter par une autre personne que si les statuts le permettent* ». La priorité est ainsi donnée à la représentation par un autre associé eu égard aux informations sensibles auxquelles le mandataire aura accès, et également à son éventuel influence sur le sens du vote des décisions collectives. Cette situation tranche cependant de celle prévalant dans la société anonyme où le principe est celui d'une représentation libre : « *Tout actionnaire peut se faire représenter par un mandataire de son choix*[756] ». Il s'agit pour le législateur de favoriser ou d'encourager la participation des actionnaires aux assemblées, la pratique ayant montré que le taux d'absentéisme dans ces types de société est relativement élevé. Dans l'ensemble, la législation OHADA en matière de représentation des associés pour l'exercice de leur droit de participation aux décisions collectives s'avère assez souple, renvoyant aux statuts l'organisation de cette faculté.

228. En droit français, le législateur a prévu dans la SARL la faculté pour tout associé de se faire représenter par son conjoint, à moins que la société ne soit composée que des deux époux. Aussi, à l'instar du droit OHADA, un associé ne peut se faire représenter par une personne autre qu'un associé que si les statuts le permettent. Dans la société anonyme, le droit français semble plus restrictif que le droit OHADA. En effet, l'article L. 225-106 du code de commerce pose le principe général selon lequel tout actionnaire peut se faire représenter soit par un autre actionnaire, soit par son conjoint marié ou pacsé. La représentation n'est libre que dans deux hypothèses : lorsque les actions de la société sont admises aux négociations sur un marché règlementé, ou lorsque celles-ci sont admises aux

---

[756] Article 538, alinéa 1 de l'AUDSC révisé.

négociations sur un système multilatéral de négociations soumis au règlement général de l'AMF, à la condition que les statuts le prévoient. Il s'agit d'un droit d'ordre public, ce qui implique le fait que les statuts ne puissent supprimer cette faculté de représentation ni prévoir que les assemblées ne seront composées que des seuls actionnaires présents[757].

229. Représentation des personnes morales. Il est traditionnellement admis que les personnes morales sont représentées dans les assemblées dans lesquelles elles ont la qualité d'associé par leurs représentants légaux[758]. Si cette faculté de représentation ne pose pas de difficulté majeure, il en a été autrement de la possibilité de désigner un représentant hormis les représentants légaux de la société. En effet, quant à la question de savoir si une personne morale pouvait déléguer toute personne aux fins de la représenter dans les assemblées d'une autre société, la Cour d'appel de Paris avait jugé que les personnes morales actionnaires d'une autre société ne pouvaient être représentées aux assemblées de cette dernière que par le représentant légal ou, à défaut, par un mandataire délégué ayant reçu de ce dernier un pouvoir régulier, à la condition d'être lui-même actionnaire de la société[759]. Cette solution sera rejetée par la Cour de cassation qui retient que « *toute personne morale, actionnaire d'une société anonyme, est représentée aux assemblées générales de celle-ci, soit par son représentant légal, soit par un fondé de pouvoir désigné à cet effet, conformément à la loi ou aux statuts, que ce dernier soit ou non lui-même actionnaire*[760] ». Ainsi, peu importe la qualité d'actionnaire ou pas du fondé de pouvoir de la personne morale, celui-ci pourra valablement la représenter dans les assemblées générales des sociétés dans lesquelles elle est actionnaire.

230. Clause de stage et droit de participer aux décisions collectives. La majorité des auteurs semblent s'accorder sur le fait que le droit de participer aux assemblées est un droit fondamental d'ordre public n'admettant de ce fait aucune limitation conventionnelle. Cependant, certains auteurs ont émis l'idée selon laquelle ce droit peut être suspendu temporairement, si cette suspension est conforme à l'intérêt social[761]. Cela

---

[757] V. en ce sens, J. MESTRE J. MESTRE, D. VELARDOCCHIO et A.-S. MESTRE-CHAMI, *Lamy Sociétés Commerciales* 2015, p. 1805, n° 3887.

[758] *Ibid.* n° 3878.

[759] CA Paris, 22 avril 1992, *Bull. Joly sociétés* 1993, p. 565, note A. Couret ; *JCP E* 1992, I, n° 172, obs. A. Viandier et J.-J. Caussain ; *Dr. sociétés* 1993, n° 145.

[760] Cass. crim. 26 mai 1994, n° 92-83.095, Bull. crim. n° 207 ; *Bull. Joly sociétés* 1994, p. 1076, note A. Couret ; *JCP E* 1995, II, n° 644, obs. H. Le Nabasque ; *Rev. sociétés* 1994, p. 774, note B. Bouloc ; *Dr. sociétés* 1994, n° 177 ; *RJ Com.* 1995, p. 333.

[761] M.-Ch. MONSALIER, L'aménagement contractuel du fonctionnement de la société anonyme, op. cit., p. 149, n° 368 ; J. MESTRE et J.-Ch. RODA, Les principales clauses des contrats d'affaires, op. cit., p. 1003, n° 1765 ; G. GOFFAUX-CALLEBAUT, Du contrat en droit des sociétés, op. cit., p. 184, n° 256.

pourrait être le fait d'une clause de stage qui a été définie comme « *la clause, statutaire ou plus rarement extrastatutaire qui subordonne l'accès aux assemblées générales, et donc la possibilité d'exercer le droit de vote, à la détention des actions depuis un certain délai conventionnellement fixé*[762] ». Cependant, au regard de l'article 1844, alinéa 1 du code civil et 125 de l'AUDSC révisé, il y a lieu de conclure que la clause de stage qui aurait pour effet d'empêcher l'accès d'un associé aux assemblées serait nulle en droit OHADA et réputée non écrite en droit français. S'agissant cependant des conventions de vote, dans la mesure où elles ne contraignent que le vote et donc n'empêchent pas les associés de venir à l'assemblée et d'exprimer leur point de vue, elles devraient être acceptées[763]. En dehors des prévisions légales, le droit de participer aux décisions collectives ne peut faire l'objet d'aménagement conventionnel[764]. Il serait ainsi possible d'affirmer que « *le droit de participer aux décisions sociales se présente donc comme une « figure matricielle », ce qui est dans une approche substantielle la caractéristique première d'un droit fondamental*[765] ». Qu'en est-il en cas de démembrement de propriété ?

231. Droit de participer aux assemblées en cas de copropriété d'action ou d'indivision. Aussi bien en droit OHADA que français, lorsque plusieurs associés sont copropriétaires d'actions ou de parts sociales indivises, ceux-ci sont représentés en principe dans les assemblées par un mandataire unique choisi parmi les indivisaires[766]. En cas de désaccord, ce mandataire est désigné par la juridiction compétente par l'indivisaire le plus diligent[767]. Cependant, ce principe admet des exceptions car le législateur laisse la faculté aux statuts de prévoir une autre méthode de représentation

---

[762] A. COURET, H. Le NABASQUE, M.-L. COQUELET, Th. GARNIER, et al. , *Droit financier*, Dalloz, 2008, p. 262, n° 463.

[763] V. en ce sens P. Le CANNU, « Tout associé a le droit de participer aux décisions collectives », *art. préc.*, p. 453, n° 26.

[764] O. BETOE BIE EVIE, Pour une promotion de la liberté contractuelle en droit OHADA, op. cit., p. 152, n° 186.

[765] M. ROUSSILE, « Le droit de vote de l'associé, droit fondamental ? » *art. préc.*, p. 8.

[766] Article 127 de l'AUDSC révisé, article 1844, alinéa 2 du code civil et L. 225-110, alinéa 2 du code de commerce.

[767] Il faut noter qu'en droit français, la jurisprudence considère que « en cas de désaccord entre les copropriétaires d'une part sociale indivise sur le choix du mandataire unique qui, selon l'article 1844 du code civil, doit les représenter, il ne peut être dérogé aux dispositions impératives de ce texte prévoyant la désignation du mandataire en justice ». La Cour de cassation refuse ainsi d'appliquer le nouvel article 815-3 du code civil prévoyant désormais le principe de la majorité et non de l'unanimité pour toutes les décisions d'administration. Ainsi, le désaccord d'un seul indivisaire permet le recours à une désignation judiciaire du mandataire unique. V. Cass. 1ère civ. 15 décembre 2010, n° 09-10.140, Bull. civ. I, n° 268, BRDA 2010, n° 24, Dr. sociétés 2011, comm. 45, note M.-L. Coquelet et comm. 48, note H. Hovasse ; Rev. sociétés 2011, p. 280, note L. Godon ; Bull. Joly sociétés 2011, p. 373, note F.-X. Lucas.

des indivisaires au sein des assemblées d'associés[768]. De ce fait, le mandataire unique pourra être choisi parmi les indivisaires ou en dehors d'eux[769].

232. En cas d'usufruit de parts sociales ou d'actions. L'usufruit de droit sociaux ou d'actions en tant que démembrement de la propriété de droits sociaux met en concurrence deux personnes : le nu-propriétaire et l'usufruitier[770]. Ces derniers devront se partager les droits et obligations attachés aux actions ou parts sociales. Cependant, les textes y afférents ne concernent que le droit de vote lié aux parts ou actions grevées d'usufruit, précision étant faite que ceux-ci sont supplétifs, admettant ainsi les aménagements statutaires[771]. La majorité de la doctrine pour sa part, considérant le nu-propriétaire comme étant seul associé de la société[772], attribue à celui-ci un droit de participer à toutes les assemblées générales, même celles dans lesquelles il n'aurait pas de voix délibérative[773]. Tel est le sens de la jurisprudence qui, en vertu de l'article 1844, alinéa 1er, du code civil, a considéré dans l'arrêt *de Gaste* qu'aucune dérogation n'est prévue

---

[768] V. en ce sens, O. BETOE BI EVIE, Pour une promotion de la liberté contractuelle en droit OHADA, op. cit., p. 156, n° 190.

[769] Y. GUYON, Traité des contrats – Les sociétés, Aménagements statutaires et conventions entre associés, op. cit., p. 188, n° 111.

[770] V. quant à la qualité d'associé de l'usufruitier, Cass. 3e civ. 29 novembre 2006, n° 05-17.709, *Bull. Joly sociétés* 2007, p. 515 ; *Dr. sociétés* 2007, n° 25, obs. F.-X. Lucas ; *JCP E* 2007, p. 2033, note Y. Paclot ; *Rev. sociétés* 2007, p. 319, note B. Dondero. V. aussi F.-X. LUCAS, « La qualité d'associé de l'usufruitier de parts sociales », *Bull. Joly sociétés* 2007, p. 923.

[771] L'article 128 de l'AUDSC révisé prévoit que « à défaut de clause contraire des statuts, si une action ou une part sociale est grevée d'un usufruit, le droit de vote appartient au nu-propriétaire, sauf pour les décisions concernant l'affectation des bénéfices où il est réservé à l'usufruitier ». La même disposition est prévue en droit français à l'alinéa 3 de l'article 1844 du code civil, sachant que l'alinéa 4 du même article dispose que les statuts peuvent y déroger.

[772] V. A. VIANDIER, *La notion d'associé*, préf. F. Terré, L.G.D.J., 1978, p. 241, n° 248 et suiv. ; A. CHARVERIAT, A. COURET et B. ZABALA, *Mémento sociétés commerciales* 2015, n° 2400 ; A. Le BAYON, « L'usufruit des parts sociales », *Rev. sociétés* 1973, p. 435 ; J. MESTRE, J. MESTRE, D. VELARDOCCHIO et A.-S. MESTRE-CHAMI, *Lamy Sociétés Commerciales* 2015, p. 116, n° 260 ; F. ZENATTI, obs. sous Cass. com. 4 janvier 1994, *RTD Civ.* 1994, p. 645. V. *contra* P. LEDOUX, *Le droit de vote des actionnaires*, *op. cit.*, p. 215, n° 249 ; J. DERUPPE, « Un associé méconnu : l'usufruitier de droits sociaux ? » *Bull. Joly sociétés* 1994, p. 1155 ; M. COZIAN, « Du nu-propriétaire ou de l'usufruitier, qui a la qualité d'associé ? » *JCP E* 1994, I, n° 374, p. 339.

[773] V. notamment, M. COZIAN, « Du nu-propriétaire ou de l'usufruitier, qui a la qualité d'associé ? » art. préc., p. 340 : « Les statuts ne peuvent donc refuser au nu-propriétaire le droit de participer aux décisions collectives. Même s'il ne vote pas, le nu-propriétaire, en sa qualité d'associé, doit être convoqué aux assemblées ; cela implique qu'il soit informé et qu'il puisse prendre la parole ». V. aussi en ce sens, J. MESTRE, J. MESTRE, D. VELARDOCCHIO et A.-S. MESTRE-CHAMI, Lamy Sociétés Commerciales 2015, p. 117, n° 261.

quant au droit des associés, et donc du nu-propriétaire, de participer aux décisions collectives[774]. Aussi, elle retient que le droit de participer aux décisions collectives du nu-propriétaire n'empêche pas les statuts de confier au seul usufruitier le droit de vote pour tout type de décision. En effet, pour la Cour de cassation, « *les statuts peuvent déroger à la règle selon laquelle si une part est grevée d'un usufruit, le droit de vote appartient au nu-propriétaire, à condition qu'il ne soit pas dérogé au droit du nu-propriétaire de participer aux décisions collectives*[775] ». Une distinction est dès lors faite entre le droit de participer aux décisions collectives et celui de voter[776]. Cette position sera confirmée ultérieurement par un autre arrêt de la Cour de cassation[777], reprenant quasiment les mêmes termes employés dans l'arrêt du 22 février 2005. Il semble ainsi désormais acquis que le nu-propriétaire a un droit intangible de participer aux décisions collectives quand bien même il ne pourrait les voter. Cette position est partagée par l'ANSA qui avait estimé qu'une « *répartition conventionnelle consistant à confier l'ensemble du droit de vote à l'usufruitier demeurait licite, pourvu que le nu-propriétaire puisse entrer en séance, voire participer aux débats*[778] ». Certains auteurs n'adhèrent pas totalement à cette solution car selon eux, le nu-propriétaire en tant qu'associé ne peut être privé de tout droit de vote « *sans même qu'un îlot incompressible de compétence lui soit réservé aux fins de voter les résolutions susceptibles de porter atteinte à la « substance » de ses droits sociaux*[779] ».

---

[774] Cass. com. 4 janvier 1994, n° 91-20.256, Bull. civ. IV, n° 10 ; *Bull. Joly sociétés* 1994, p. 279 ; *Dr. sociétés* 1994, n° 45, obs. T. Bonneau ; *Defrénois* 1994, p. 556, Obs. P. Le Cannu ; *JCP E* 1994, I, n° 363, p. 268, obs. A. Viandier et J.-J. Caussain ; *Rev. sociétés* 1994, p. 278, note M. Lecène-Marénaud ; *RTD Civ.* 1994, p. 644, obs. F. Zenati.

[775] Cass. com. 22 février 2005, n° 03-17.421, *BRDA* 2005, n° 6, p. 3 ; *Bull. Joly sociétés* 2005, p. 977 ; *JCP E* 2005, n° 968, p. 1067, note R. Kaddouch ; *Dr. & patrimoine* 2005, n° 137, p. 102, note D. Poracchia ; *Rev. sociétés* 2005, p. 353, note P. Le Cannu.

[776] V. en ce sens, Cass. 2e civ. 13 juillet 2005, n° 02-15.904, Bull. civ. II, n° 114, *BRDA* 2005, n° 17, p. 2 ; *Dalloz* 2005, p. 2952, chron. J.-C. Hallouin et E. Lamazerolles ; *Dr. & patrimoine* 2005, n° 143, p. 87, chron. D. Poracchia ; *RJDA* 2005, n° 11, *Bull. Joly sociétés* 2006, p. 217, note P. Le Cannu. Il faut noter que cette décision a été rendue après avis de la chambre commerciale de la Cour de cassation.

[777] Cass. com. 2 décembre 2008, n° 08-13.185, *BRDA* 2008, n° 24 ; *Dalloz* 2009, p. 12, obs. A. Lienhard ; *Bull. Joly. sociétés* 2009, p. 116, note T. Revet, *Dr. sociétés* mars 2009, comm. 46, note M.-L. Coquelet, *Banque et droit* 2009, n° 123, p. 49 ; *JCP E* 2009, p. 1450, note A. Rabreau ; *RDLA* 2009/37, n° 2221, note, N. Borga.

[778] Dossier ANSA, juin-juillet 2000, n° 3037, cité par A. LIENHARD, obs. sous Cass. com. 2 décembre 2008, préc.

[779] L. GODON, *La société par actions simplifiée*, *op. cit.*, p. 285, n° 381. V. aussi, L. GODON, « Un associé insolite : le nu-propriétaire de droits sociaux », *Rev. sociétés* 2010, p. 143 ; A. PIETRANCOSTA, « Usufruit en droit des sociétés », *Dr & patrimoine* mai 2005, p. 63, spéc. p. 72 ; Y. PACLOT, « Repenser l'attribution du droit de vote en cas de démembrement de droits sociaux », *JCP E* 2006, p. 297.

233. Il apparaît que le droit de participer aux assemblées est un droit fondamental reconnu à tout associé. Ce faisant, tout aménagement tendant à restreindre ce droit ne peut être admis. *Quid* de l'aménagement du droit de vote qui complète utilement le droit de participer aux assemblées ?

B. L'aménagement du droit de vote des associés

234. « *Le droit de vote est un attribut essentiel de l'action ; si son exercice peut être réglementé dans une certaine mesure par les statuts, il ne saurait en aucun cas être supprimé*[780] », ainsi en a décidé la jurisprudence depuis le siècle dernier. Qualifié de vache sacrée du droit des sociétés, le droit de vote a toujours été appréhendé comme l'une des prérogatives politiques les plus essentielles rattachées à la qualité d'associé[781]. Toutefois, le caractère « sacré » de ce droit n'a pas pour effet d'inhiber toute volonté d'aménagement de celui-ci[782]. Ces aménagements conventionnels s'ils sont admis, ne peuvent cependant pas aller jusqu'à une négation d'un tel droit[783]. Il convient dès lors de poser la limite à ces aménagements (**1**), avant d'aborder les possibilités qui s'offrent aux associés dans ce périmètre de liberté (**2**).

1. L'impossible suppression conventionnelle du droit de vote

235. Le droit de vote, un droit d'ordre public ? Si le droit de participer aux assemblées apparaît être un droit essentiel pour tout associé[784], il faut remarquer que ce droit doit être complété utilement par celui de voter dans les assemblées d'associés. Le droit de vote a été pendant longtemps considéré comme l'une des prérogatives essentielles inhérentes à la qualité d'associé, en ce sens qu'il permet de garantir les autres prérogatives, notamment celles pécuniaires[785]. Se fondant sur l'article 1844, alinéa 1er du

---

780 Cass. civ. 7 avril 1932, *Dalloz périodique* 1933, 1, p. 153, note P. Cordonnier.

781 L. GODON, La société par actions simplifiée, op. cit., p. 290, n° 386 ; M. GERMAIN et V. MAGNIER, *Traité de droit des affaires*, t. 2, *Les sociétés commerciales*, LGDJ 2011, 20e éd., n° 1606 ; O. BETOE BIE EVIE, Pour une promotion de la liberté contractuelle en droit OHADA, op. cit., p. 158, n° 193 ; R. KADDOUCH, « L'irréductible droit de vote de l'associé », *JCP E* 2008, p. 1549.

782 D. COHEN, « Les conventions de vote », in *Liber amicorum Christian LAROUMET*, Economica 2009, p. 95, spéc. p. 104, n° 19.

783 Ibid.

784 V. en ce sens, F. ANOUKAHA, A. CISSE, N. DIOUF, et al., *Sociétés commerciales et G.I.E.*, Bruylant 2002, p. 76, n° 120.

785 V. C. LEROY, *Le pacte d'actionnaires dans l'environnement sociétaire*, thèse Paris XII, 2010, p. 148, n° 322 ; A.-V. Le FUR, « « Concilier l'inconciliable » : réflexions sur le droit de vote de l'actionnaire », *Dalloz* 2008, p. 2017.

code civil sus évoqué, des auteurs ont cependant conclu à une consécration légale d'un droit de participation aux décisions collectives et d'un droit d'y voter[786]. La distinction entre le droit de participer aux décisions collectives et celui de voter serait artificielle, pour des raisons sémantiques, et il ne servirait à rien de participer si l'on ne peut voter[787]. À cet égard, un auteur a pu affirmer que cette distinction « *n'est guère fondée et relève de contorsions de cohérence à l'article 1844*[788] ». Toutefois, il faut réaffirmer ici la position de la jurisprudence en la matière, qui considère que le droit de participer n'implique pas nécessairement un droit de vote[789]. Il convient donc de maintenir précisément la distinction entre le droit de participer non aux décisions collectives mais aux assemblées d'associés, et le droit de voter dans ces assemblées. Ces deux droits forment alors le droit de participer aux décisions collectives.

Si le droit de participer aux assemblées doit être distingué du droit de vote, il faut cependant noter que ce dernier, s'il admet des aménagements, ne saurait en aucun cas être supprimé en dehors des cas prévus par le législateur. Le débat en la matière manque de clarté, le terme droit de vote étant un terme générique utilisé tantôt pour parler du droit de participer, tantôt du droit de suffrage accordé aux associés, tantôt de la liberté même de mise en œuvre de ce suffrage. Ni le législateur, ni la jurisprudence ne semblent prendre part au débat, les décisions jurisprudentielles contribuant parfois à alimenter la confusion. C'est ainsi que l'arrêt *Château d'Yquem*[790] a été interprété comme abandonnant la distinction entre droit de participer aux décisions collectives et droit de vote, le droit de vote étant reconnu comme d'ordre public donc exclu du champ des droits susceptibles d'être aménagés, voire supprimés. Dans le sillon de cet arrêt, la Cour de cassation a récemment considéré, à propos de la validité d'une clause d'exclusion insérée dans les statuts d'une SAS et interdisant l'associé visé de prendre part au vote, que celui-ci ne saurait être privé « *de son droit de participer à*

---

[786] V. F. FRULEUX, « Dissociation des droits de l'associé : le cas des sociétés d'exercice libéral », *JCP E* 2006, p. 303, n° 5 ; Y. PACLOT, « Repenser l'attribution du droit de vote en cas de démembrement des droits sociaux », *JCP E* 2006, p. 297, spéc. p. 299, n° 11 : pour cet auteur « *participer aux décisions collectives, c'est exercer son droit de décider* ».

[787] V. P. Le CANNU, « Tout associé a le droit de participer aux décisions collectives », *art. préc.*, p. 450, n° 19.

[788] E. NAUDIN, « La représentation des indivisaires dans l'exercice de leur droit de participer aux décisions collectives », *Bull. Joly sociétés* 2012, p. 178.

[789] V. Cass. com. 22 février 2005, n° 03-17.421 ; Cass. 2e civ. 13 juillet 2005, n° 02-15.904 ; Cass. com. 2 décembre 2008, n° 08-13.185, arrêts préc., note n° 775, 776, 777.

[790] Cass. com. 9 février 1999, n° 96-17661, *Bull. Joly sociétés* 1999, p. 566, note J.-J. Daigre ; *Rev. sociétés* 1999, p. 81, note P. Le Cannu ; *JCP E* 199, p. 724, note Y. Guyon ; *Dr. sociétés* 1999, n° 67, note Th. Bonneau ; *RTD Com.* 1999, p. 902, note Y. Reinhard ; *JCP G* 1999, II, 10168, note G. Blanc ; *RJ com.* 1999, p. 269, note J.-P. Dom ; *Defrénois* 1999, p. 625, note H. Hovasse ; *Dalloz Aff.* 1999, p. 563, obs. M. B. ; *Dalloz* 2000 somm. p. 231, obs. J.-C. Hallouin.

cette décision et de voter sur la proposition[791] ». La Cour considère ainsi au visa de l'article 1844 du code civil que « *tout associé a le droit de participer aux décisions collectives et de voter et que les statuts ne peuvent déroger à ces dispositions que dans les cas prévus par la loi* ». Cet arrêt a un retentissement particulier en ce qu'il intervient à propos d'une SAS, société dans laquelle devrait prévaloir la liberté contractuelle, et qu'il est rendu au visa de l'article 1844 du code civil, disposition relevant du droit commun des sociétés. Il ne serait donc pas erroné d'affirmer que le droit d'émettre un vote pour la prise des décisions collectives est un droit d'ordre public, ne pouvant de ce fait être supprimé. La Cour de cassation exerce en la matière un contrôle de rigueur. En effet, quand bien même l'associé visé par une clause lui interdisant de voter en cas de procédure d'exclusion participerait au vote, toute la clause serait néanmoins réputé non écrite, avec pour conséquence la nullité de la décision prise sur le fondement de cette clause[792]. De ce fait, « *il n'entre pas dans les pouvoirs du juge de se substituer aux organes de la société en ordonnant la modification d'une clause statutaire au motif que celle-ci serait contraire aux dispositions légales impératives applicables*[793] ». Comme l'affirme un auteur, « *l'intention est manifestement d'ériger plus largement une limite à la liberté statutaire et d'asseoir une conception classique du droit de vote, regardé comme un « attribut essentiel » de l'actionnaire quelles que soient les décisions collectives en cause*[794] ». Un principe semble désormais clairement posé : le droit de vote de l'associé ne peut être supprimé que dans les cas prévus par la loi[795].

236. Droit de vote et clause de stage. La majorité des auteurs s'accorde ainsi à dire que la clause de stage, en tant qu'elle subordonne l'exercice du

[791] Cass. com. 23 octobre 2007, n° 06-16537, *Bull. Joly sociétés* 2008, p. 101, note D. Schmidt ; *Rev. sociétés* 2007, p. 814, note P. Le Cannu ; *JCP E* 2007, n° 2433, note A. VIANDIER ; *JCP G* 2007, II, n° 10197, note D. Bureau ; *Dalloz* 2008, p. 47, note Y. Paclot ; *Dalloz* 2008, p. 1563, note J. Paillusseau ; *Dr. sociétés* 2007, n° 219, obs. H. Hovasse ; *JCP E* 2008, p. 1280, obs. J.-J. Caussain, Fl. Deboissy et G. Wicker ; *RTD fin.* 2007, p. 114 ; note D. Poracchia ; *RTD Com.* 2008, p. 566, obs. Cl. Champaud et D. Danet ; *RJDA* 2008, n° 50, rapp. B. Petit et note J.-P. Dom ; *Defrénois* 2008, p. 674, note D. Gibirila ; *RJ com.* 2008, p. 37, note M.-H. Monsérié-Bon ; *LPA* 22 janvier 2008, p. 13, note A. Albortchire.

[792] Cass. com. 9 juillet 2013, n° 11-27.235 et n° 12-21.238, *Bull. Joly sociétés* 2013, p. 636 ; *Dr. sociétés* 2013, n° 154, note R. Mortier ; *JCP E* 2013, p. 1516, note B. Dondero ; *Rev. sociétés* 2014, p. 40, note J.-J. Ansault ; *Lexbase Hebdo Edition Affaires*, n° 350, note B. Saintourens ; *Dalloz* 2013, p. 1833, obs. A. Lienhard, note F. Ait-Ahmed ; *Dalloz* 2014, p. 2734, obs. J.-C. Hallouin ; *RDLA* 2013, n° 4753, note A. Reygrobellet ; *Gaz. Pal.* 2013, n° 260, p. 22, note A.-F. Zattara-Gros et n° 241, p. 15, note L. Hebraud.

[793] Cass. com. 6 mai 2014, n° 13-14.960 ; *Dalloz* 2014, p. 1485, note B. Dondero ; *Bull. Joly sociétés* 2014, p. 506, note R. Mortier.

[794] L. GODON, La société par actions simplifiée, op. cit., p. 301, n° 396.

[795] V. en ce sens C. LEROY, Le pacte d'actionnaires dans l'environnement sociétaire, op. cit., p. 151, n° 328.

droit de vote à une condition d'ancienneté plus ou moins longue dans la société, n'est pas valable. En effet, quand bien même une telle clause permettrait d'éviter « *la formation d'une majorité de circonstances par des associés qui auraient acquis leurs titres à la veille d'une délibération des associés*[796] », il y a lieu de considérer que, parce qu'elle a pour effet de supprimer ne serait-ce que temporairement le droit de vote en dehors d'une habilitation légale, celle-ci ne peut valablement être admise[797].

237. En droit OHADA. Le droit OHADA semble sur ce point plus clair que le droit français. En effet, en disposant que « *sauf disposition contraire du présent Acte uniforme, tout associé a le droit de participer aux votes des décisions collectives* », le législateur OHADA affirme clairement que tout associé a le droit non seulement de prendre part aux assemblées d'associés, mais y a également un droit de suffrage. Comme déjà affirmé, avoir le droit de vote suppose que l'associé dispose du droit de participer activement ou passivement par le moyen de la représentation[798] aux différentes délibérations. L'impérativité de cette disposition ne faisant nul doute, il y a lieu d'affirmer que ce droit de vote ne peut être supprimé que dans les cas prévus par la loi[799]. En faisant le choix d'une telle formule, le législateur OHADA voudrait certainement éviter les tergiversations observées en droit français, en faisant du droit de participer aux assemblées et du droit d'y voter deux droits certes différents mais complémentaires[800].

238. Suppression légale du droit de vote. Il apparaît « *impossible qu'un actionnaire soit privé même temporairement, du droit de vote en dehors des prévisions légales*[801] ». Le législateur demeure ainsi seul légitime à pouvoir supprimer le droit de vote d'un associé. Cette suppression intervient en règle générale de manière exceptionnelle, par exemple à titre de sanction[802] ou dans certaines hypothèses de conflit d'intérêts[803]. Aussi, la loi permet aux associés de supprimer le droit de vote d'une catégorie d'associés par

---

[796] L. GODON, La société par actions simplifiée, op. cit., p. 297, n° 394.

[797] V. en ce sens, M. GERMAIN et V. MAGNIER, *Traité de droit des affaires*, tome 2, *Les sociétés commerciales*, *op. cit.*, n° 2152.

[798] V. en ce sens P. Le CANNU, « Tout associé a le droit de participer aux décisions collectives », *art. préc.*, p. 452, n° 22.

[799] V. en ce sens, F. ANOUKAHA, A. Cissé, N. DIOUF, et al., *Sociétés commerciales et G.I.E.*, op. cit., p. 76, n° 120.

[800] B. Le BARS, Droit des sociétés et de l'arbitrage international, Pratique en droit de l'OHADA, op. cit., p. 67, n° 143 ; F. ANOUKAHA, A. CISSÉ, N. DIOUF, et al., Sociétés commerciales et G.I.E., op. cit., p. 464, n° 1003.

[801] M. GERMAIN et V. MAGNIER, Traité de droit des affaires, tome 2, Les sociétés commerciales, op. cit., p. 424, n° 2152.

[802] V. notamment L. 225-10 du code de commerce ou l'article 354, alinéa 2 de l'AUDSC révisé.

[803] V. par exemple l'article 623 de l'AUDSC révisé.

l'émission d'actions de préférence. En effet, aussi bien en droit français que OHADA, le législateur prévoit la possibilité de créer « *des actions de préférence, avec ou sans droit de vote, assorties de droits particuliers de toute nature, à titre temporaire ou permanent*[804] ». Ainsi, il est permis d'aménager, de suspendre ou même de supprimer le droit de vote pour un délai déterminé ou déterminable. Le législateur encadre tout de même cette faculté de suppression du droit de vote car « *les actions de préférence sans droit de vote ne peuvent représenter plus de la moitié du capital social, et dans les sociétés dont les actions sont admises aux négociations sur une bourse des valeurs, plus du quart du capital social*[805] ». Cependant, la nullité en cas d'émission d'action sans droit de vote au-delà de ces limites reste facultative. En dehors de ces cas de suppression légale du droit de vote, aucune convention statutaire ou extrastatutaire ne peut écarter le droit de vote d'un associé[806].

239. Cependant, l'affirmation de l'impossible suppression du droit de vote de l'associé en dehors des cas prévus par le législateur condamne-t-elle toute possibilité d'aménagement de ce droit ?

2. L'admission des aménagements conventionnels de l'exercice du droit de vote

240. Il convient de poser d'abord le principe même d'admission des aménagements relatifs à l'exercice du droit de vote (**a**), avant d'envisager un essai de typologie de ceux-ci (**b**).

a. Principe d'admission des aménagements conventionnels à l'exercice du droit de vote

241. En droit français. Aussi contradictoire que cela puisse paraître, le droit de vote admet des aménagements dès lors que ces aménagements demeurent dans le cercle de liberté défini par la loi. La majeure partie de la doctrine reconnaît la validité des conventions relatives au droit de vote[807]. La

---

[804] Article 778-1 de l'AUDSC révisé. La même formule est retenue en droit français à l'article L. 228-11 du code de commerce.

[805] Ibid.

[806] V. en ce sens, A. COURET, A. CHARVERIAT et B. ZABALA, *Memento pratique Sociétés commerciales* 2015, éd. Francis Lefebvre, n° 47691.

[807] V. A. VIANDIER, « Après l'article de Michel Jeantin sur les conventions de vote », in *Dialogue avec Michel Jeantin, Prospectives du droit économique*, Dalloz 1999, p. 311, spéc. p. 312, n° 6 ; D. COHEN, « Les conventions de vote », *op. cit.*, p. 101, n° 17 ; B. MERCADAL, « Pour la validité des conventions de vote entre actionnaires », *RJDA* 10/1992,

jurisprudence a dans un premier temps validé ou non les aménagements conventionnels relatifs au droit de vote en fonction de la gravité de l'atteinte portée à ce droit. C'est ainsi que les conventions portant engagement perpétuel de vote ont été déclarées nulles, à l'inverse de celles qui étaient conclues de manière temporaire[808]. Malgré l'intervention du décret-loi du 31 août 1937 relativement à la nullité des clauses portant atteinte à la libre exercice du droit de vote, la jurisprudence continua à procéder à une casuistique en fonction de la gravité de l'atteinte portée au droit de vote[809]. Cette évolution jurisprudentielle se poursuivra dans un sens favorable aux engagements de vote après la réforme du 24 juillet 1966. Le législateur français confirmera cette évolution en reconnaissant les effets des conventions de vote notamment dans la définition de l'action de concert[810] et de la notion de contrôle[811]. Dans la même optique, la Cour d'appel de Paris dans l'arrêt Metaleurop a considéré qu'aucune disposition législative ou règlementaire ne prohibait en soi les conventions de vote[812]. Par conséquent, « *l'engagement [...] doit être déclaré licite dès lors qu'il est limité à l'opération concernée, qu'il est conforme à l'intérêt social et qu'il est exempt de toute idée de fraude* ». Il existe désormais une présomption de validité des aménagements relatifs au droit de vote. Ceux-ci ne pourraient être annulés que lorsqu'ils contreviendraient à une règle impérative ou seraient contraires à l'intérêt social. C'est ainsi que lorsque l'aménagement

---

p. 727 ; F-X. LUCAS, « L'exécution forcée des conventions de vote », *Bull. Joly sociétés* 2011, p. 625 : « *Il est aujourd'hui possible de s'en tenir à l'idée que le vote n'est pas cette prérogative intangible et sacrée que certains ont longtemps cru qu'il était, mais l'un des droits inhérents à l'état d'associé qu'aucun motif ne permet de sanctuariser par principe mais qui doit au contraire, comme tous les autres droits de l'associé, pouvoir être aménagé et diminué. Seul l'excès nuit en la matière car ce n'est qu'en présence d'une atteinte trop brutale à ce droit fondamental que surgiront des doutes sur la validité de la pratique considérée* ».

[808] CA Paris, 22 février 1933, *Journal des sociétés* 1934, p. 293, *Dalloz Hebdomadaire* 1933, p. 258 ; Cass. civ. 9 février 1937, *Dalloz périodique* 1937, I, p. 73, note A. Besson ; *Sirey* 1937, I, p. 127, note H. Rousseau.

[809] V. P. LEDOUX, Le droit de vote des actionnaires, op. cit., p. 347, n° 418.

[810] V. article L. 233-10 du code de commerce.

[811] V. article L. 233-3 du code de commerce.

[812] CA Paris, 30 juin 1995, *JCP E* 1996, II, p. 795, note J.-J. Daigre. En l'espèce une convention de vote par laquelle la société Metaleurop s'était engagée envers la société FDEC, dans le cadre d'un contrôle d'une société holding, à souscrire dans un délai déterminé à une augmentation de capital. S'étant heurtée au refus de la société Metaleurop à voter et à souscrire l'augmentation de capital, la société FDEC saisit le tribunal en vue de la convocation d'une nouvelle assemblée extraordinaire pour procéder à l'augmentation de capital initialement convenue. Devant la Cour d'appel de Paris, la société Metaleurop, condamnée en première instance, argue de la nullité de la convention de vote car elle serait contraire au principe d'inaliénabilité du droit de vote et aussi contraire à l'intérêt social. Pour elle, cette convention aurait pour « *seul objectif de permettre un changement de la majorité et du contrôle de la société tout en évitant (pour des raisons fiscales) d'avoir recours à une cession d'actions* ».

du droit de vote a pour effet de contrevenir au droit de participer aux assemblées dont jouit tout associé, il ne serait pas valable. En dehors de ces conditions, il faut retenir que le législateur sanctionne le fait de monnayer son droit de vote[813] et que, comme toute convention, les aménagements relatifs au droit de vote encourent la nullité pour fraude selon l'adage bien connu, « *fraus omnia corrompit* ». Le droit français, à l'instar de nombreux droits étrangers[814], admet ainsi de plus en plus les conventions relatives au vote des associés.

242. En droit OHADA. Partant de l'idée selon laquelle « *tout associé a le droit de participer aux votes des décisions collectives* », il est possible d'affirmer que le législateur consacre, outre le droit pour chaque associé de participer aux assemblées, celui de prendre part aux votes. Ainsi, rien ne semble interdire les aménagements qui, par exemple, consisteront à déterminer avant la réunion de l'assemblée, le sens du vote de certains associés. De ce fait, les conventions relatives aux votes des associés doivent être admises dès lors qu'elles respectent les conditions de validité de toute convention extrastatutaire, notamment le respect de l'ordre public sociétaire ainsi que la non-contrariété à l'intérêt social. Ce qui est clairement interdit par l'article 125 de l'Acte uniforme, c'est le fait de supprimer le droit de vote ou d'empêcher un associé de pouvoir exprimer librement son vote. C'est ainsi que la cession totale du droit de vote ou encore la soumission de celui-ci à l'agrément d'un tiers doit être rejetée[815]. Des conventions peuvent ainsi intervenir en vue d'aménager la mise en œuvre de ce droit[816].

---

[813] L'article L. 242-9-3° du code de commerce prévoit « un emprisonnement de deux ans et d'une amende de 9000 €… le fait de se faire accorder, garantir ou promettre des avantages pour voter dans un certain sens ou pour ne pas participer au vote, ainsi que le fait d'accorder, garantir ou promettre ces avantages ».

[814] V. B. MERCADAL, « Pour la validité des conventions de vote entre actionnaires », *art. préc.*, p. 727, citant entre autres les lois belge, brésilienne ou encore celles des États du Delaware ou de New York. V. aussi D. COHEN, « Les conventions de vote », *op. cit.*, p. 103, n° 18.

[815] D. VELARDOCCHIO-FLORES, Les accords extra-statutaires entre associés, op. cit., p. 110, n° 107.

[816] V. en ce sens en droit français, C. LEROY, *Le pacte d'actionnaires dans l'environnement sociétaire*, *op. cit.*, p. 152, n° 330. Pour cet auteur, les conventions relatives à l'exercice du droit de vote permettent d'éclairer « *l'actionnaire sur le sens à donner à son vote dès lors que ce dernier bénéficie de davantage d'informations et nourrit sa réflexion des remarques et interrogations éventuelles des autres actionnaires* » et ce avant la tenue de l'assemblée.

b. Essai de typologie des aménagements conventionnels relatifs à l'exercice du droit de vote

243. Diversité des aménagements conventionnels relatifs à l'exercice du droit de vote. Après l'affirmation de la possibilité d'aménagement de la mise en œuvre de cette « *prérogative de gouvernement emblématique*[817] » qu'est le droit de vote, il convient de remarquer que les conventions en la matière sont très diversifiées[818]. Il peut s'agir d'une part, d'accords contractuels, individuels ou collectifs, prenant la forme d'accord de courtoisie, d'engagement d'honneur, de parole de président ou d'autre part, d'accords sociétaires, faisant intervenir une entité juridique telle que les holdings. L'extrême diversité en la matière ainsi que l'opacité entourant ces aménagements nous conduit à ne pas envisager une typologie de ces aménagements fondée sur leur forme. Néanmoins, nous pourrons constater que la marge de liberté accordée aux associés dans l'aménagement du droit de vote varie selon le type de société : la liberté sera plus importante dans la SAS que dans les autres sociétés.

244. Dans la SAS. La liberté contractuelle est magnifiée dans la SAS notamment en matière de droit de vote. Le législateur, aussi bien en droit OHADA que français, a en effet décidé la mise à l'écart de l'ensemble des dispositions applicables aux assemblées générales de société anonyme à l'exception de certaines règles telles que celles relatives à l'augmentation, l'amortissement et la réduction du capital social[819]. Ainsi, « *pour le reste, c'est le règne de la liberté*[820] ».

245. Divergence entre droit français et droit OHADA en matière de proportionnalité des droits de vote au capital social. Il convient de noter une différence essentielle entre le droit français et le droit OHADA. Le législateur OHADA a choisi de maintenir dans le régime de la SAS, la formule selon laquelle « *chaque action donne droit à une voix au moins*[821] ». Cette règle de proportionnalité du droit de vote au capital social n'est pourtant pas retenue en droit français sauf lorsque la société fait appel au financement participatif[822]. Le droit de vote en droit français jouit alors d'un domaine de liberté plus élargi qu'en droit OHADA, de telle sorte que les

---

[817] L. GODON, La société par actions simplifiée, op. cit., p. 290, n° 386.

[818] Pour des exemples de typologie, V. P. LEDOUX, *Le droit de vote de l'actionnaire, op. cit.*, p. 346, n° 415 et suiv. ; M.-Ch. MONSALLIER, *L'aménagement contractuel du fonctionnement de la société anonyme, op. cit.*, p. 198, n° 483.

[819] Article L. 227-9 du code de commerce et 853-11 de l'AUDSC révisé.

[820] M. COZIAN, A. VIANDIER et Fl. DEBOISSY, *Droit des sociétés, op. cit.*, p. 512, n° 1002.

[821] Article 853-12 de l'AUDSC révisé.

[822] Article L. 227-2-1 du code de commerce.

statuts peuvent prévoir des règles de répartition du droit de vote entre les associés sans avoir à recourir aux actions privilégiées. En droit OHADA, la promotion de la liberté contractuelle par l'instauration de la SAS n'est donc pas aboutie, celle-ci devant encore composer avec certaines règles rigoureuses critiquées déjà dans le cadre de la société anonyme. Cette situation pourrait constituer un frein à l'expansion de ce nouveau type sociétaire qui pourtant devrait permettre d'attirer un grand nombre d'investisseurs en Afrique. Cette situation apparaît d'autant plus contradictoire que le législateur a lui-même décidé d'exclure du régime de la SAS les articles 543 et 751 consacrant la règle de la proportionnalité du droit de vote au capital[823]. Aussi, cette disposition pourrait créer des difficultés d'interprétation notamment au regard de la faculté de création des actions privilégiées sans droit de vote. Cette dernière faculté devrait-elle prendre le pas sur la nécessité de rattacher au moins un droit de vote à chaque action ? Aucune sanction n'est prévue par le législateur en cas de violation de l'article 853-12 de l'Acte uniforme. Faut-il en conclure que le législateur suggère par cet article seulement une clé de répartition des droits de vote à défaut de précision contraire par les statuts ? Ou encore faudrait-il en faire une lecture positive en considérant que cette formule vise à indiquer que dans cette société il est possible d'instituer un droit de vote double ou plural ? L'absence de cohérence dans une certaine mesure du régime de la SAS en droit OHADA dénoterait d'un tiraillement entre d'une part la volonté du législateur de consacrer une liberté contractuelle en droit des sociétés, et d'autre part une volonté de poser des limites claires à cette liberté. Il appartiendra en dernier recours à la Cour commune de justice et d'arbitrage de trancher la question en attendant la prochaine réforme de l'Acte uniforme.

246. Clause de plafonnement des voix. Hormis cette règle qui vise à garantir le principe d'égalité entre les associés[824], le régime de liberté statutaire reprend en principe ses droits. De ce fait, il serait possible de restreindre les droits de vote des associés. Cette restriction peut se faire par le biais notamment d'une clause de plafonnement de voix. Il s'agit d'une clause qui permet de limiter le nombre de voix dont dispose un associé, quel que soit le niveau de sa participation au capital social[825]. Par cette clause, il pourrait être stipulé que chaque associé dispose d'un certain nombre maximum de voix, quelle que soit sa participation au capital social[826]. Il s'agit par le plafonnement du droit de vote, « *de mettre tous les actionnaires*

---

[823] Article 853-3 de l'AUDSC révisé.

[824] M. GERMAIN et V. MAGNIER, Traité de droit des affaires, tome 2, Les sociétés commerciales, op. cit., p. 425, n° 2153.

[825] L. GODON, La société par actions simplifiée, op. cit., p. 297, n° 394.

[826] Pour des variantes de ce type de clause, V. M. HENRY et G. BOUILLET-CORDONNIER, *Pactes d'actionnaires et privilèges statutaires*, *op. cit.*, p. 72, n° 137.

sur un pied d'égalité, du moins de gommer l'influence excessive des actionnaires les plus importants, et d'éviter ainsi que la société ne soit contrôlée par un seul[827] ». Cette possibilité prévue dans la société anonyme, se révèle dans la SAS sous une forme plus libérale. En effet, les associés n'ont pas à imposer cette clause à toutes les actions[828] ou à toutes les actions sans distinction de catégorie, autres que les actions à dividende prioritaire sans droit de vote[829].

247. Droit de vote double, plural ou cumulatif. Le régime libéral de la SAS permet par des aménagements conventionnels d'obtenir un accroissement du droit de vote. Ainsi, les statuts de SAS peuvent prévoir des droits de vote double ou plural attribués à certaines catégories d'actions ou même à certains associés à titre personnel, dépendants de la nature de la décision à voter ou encore variables en fonction de certains critères définis comme l'ancienneté ou la nationalité[830]. Dans le même sens, les statuts pourront prévoir un droit de vote cumulatif permettant à leurs titulaires de cumuler ou concentrer leurs droits de vote sur une seule résolution[831]. Ainsi, lors d'une assemblée où est prévu le vote de deux résolutions, un associé titulaire de dix (10) actions donnant droit chacune à une voix aura vingt (20) voix qu'il pourra utiliser pour le vote de l'une ou de l'autre des résolutions. En l'absence de ce droit de vote cumulatif, cet associé aurait disposé de dix (10) voix lors de chaque vote, ce qui ne lui aurait peut-être pas permis d'influer sensiblement sur le résultat du vote.

248. Droit de veto. Cependant, quant à la possibilité de prévoir un droit de veto dans la SAS, certaines réserves ont été émises par la doctrine. En effet, il est légitime de se demander si le fait d'accorder un droit de veto à un associé n'a pas pour effet de « *ruiner le droit de vote des autres associés*[832] ». Ce droit de veto confère à son bénéficiaire « *nonobstant sa participation effective dans la société, le droit exorbitant de bloquer la prise de décisions du seul fait de son opposition au vote majoritaire*[833] ». Ainsi concrètement, lorsque le droit de veto est conféré pour toutes les décisions sans distinction, la mise en œuvre de ce droit a pour effet d'annihiler le droit de vote des autres associés qui, malgré leur vote majoritaire, ne pourront pas adopter les décisions concernées. Cette critique n'a pourtant pas empêcher sa

---

[827] P. LEDOUX, Le droit de vote des actionnaires, op. cit., p. 322, n° 384.
[828] Article 543 de l'AUDSC révisé.
[829] Article L. 225-125 du code de commerce.
[830] L. GODON, La société par actions simplifiée, op. cit., p. 295, n° 393.
[831] V. en ce sens, J. MESTRE, D. VELARDOCCHIO et A.-S. MESTRE-CHAMI, *Lamy Sociétés Commerciales 2015*, p. 1944, n° 4260.
[832] H. HOVASSE, « Le droit de veto », in Dossier spécial *Le droit de vote*, Dr. sociétés juillet 2014, p. 14, n° 11.
[833] L. GODON, La société par actions simplifiée, op. cit., p. 296, n° 393.

reconnaissance en droit français par l'ANSA qui considère que malgré l'attribution de ce droit de veto, tous les associés disposent toujours d'un droit de participer au vote des décisions collectives[834]. Aussi, certains auteurs, tout en admettant le principe de ce droit de veto[835], suggèrent que celui-ci soit limité à certaines décisions seulement, au risque de dénaturer la notion même de décisions collectives. Nous partageons cette opinion dans la mesure où la mise en œuvre d'un tel droit de veto alimentera nécessairement le contentieux en matière d'abus de droit de vote[836]. Enfin, dans l'optique d'éviter les aléas inhérents au vote dans les assemblées, des conventions de vote pourront compléter les statuts de la SAS afin d'introduire une certaine prévisibilité dans le fonctionnement de ces assemblées[837].

Il apparaît ainsi que le droit de vote dans la SAS admet des aménagements conventionnels aussi bien en droit OHADA que français quand bien même ce dernier se présenterait plus libéral en la matière.

249. Dans les sociétés autres que les SAS. D'une part, l'aménagement de l'exercice du vote par l'entremise d'un groupement sociétaire de type holding ou d'une société en participation est admis par la jurisprudence française. En effet, elle a dans un premier temps décider de la nullité des sociétés destinées à organiser l'exercice collectif du droit de vote des participants, excipant de la fictivité de tels groupements[838]. Ces derniers ne seraient en effet que des sociétés de façades, dont l'objectif unique était de permettre à leur membre de détenir la majorité des droits de vote au sein des assemblées générales des sociétés émettrices. Cette jurisprudence a ensuite été abandonnée, le tribunal de commerce de Paris considérant que « *s'il est vrai que la liberté de vote est un principe essentiel, quoique non écrit, du droit des sociétés, et que l'actionnaire ne peut valablement aliéner un droit qui n'est pas exclusivement conçu dans son seul intérêt, rien n'interdit de renoncer à cette liberté en renonçant personnellement à la qualité d'actionnaire, pour la remettre ouvertement à un être juridique distinct créé de concert avec d'autres actionnaires nourrissant les mêmes vues sur l'avenir de la société et souhaitant organiser et institutionnaliser cette*

---

[834] ANSA, comité juridique 7 octobre 2009, n° 09-056 (peut-on instaurer un droit de veto dans la SAS ?), cité par L. GODON, *La société par actions simplifiées, op. cit.*, p. 296, note 118.

[835] V. dans ce sens Ph. MERLE, « Le nouveau droit des sociétés de l'OHADA », in *Mélanges en l'honneur du Professeur Michel Germain*, L.G.D.J.-Lextenso éd., p. 565-579, spéc., p. 569.

[836] V. *infra*, n° 263 et suiv.

[837] V. en ce sens, L. GODON, *La société par actions simplifiée, op. cit.*, p. 298, n° 294 ; F.X. LUCAS, « L'exécution forcée des conventions de vote », *Bull. Joly sociétés* 2011, p. 625.

[838] Cass. com. 10 juin 1960, *Rev. sociétés* 1961, p. 34, note Autesserre ; *Dalloz* 1961, Somm. p. 18 ; CA Paris 21 novembre 1951, *Sirey* 1952, 2, p. 105, concl. Gegout.

communauté de vues dans leur intérêt collectif[839] ». La Cour d'appel de Paris confirmera cette tendance en considérant à son tour que « *la constitution d'une personne morale ayant pour objet d'acquérir et de gérer la majorité des titres représentant le capital d'une autre société n'est pas en elle-même une opération illicite*[840] ». Ainsi, les aménagements conventionnels consistants à définir la politique économique des membres d'une société holding doivent être admis dès lors que ces derniers conservent l'exercice de leur droit de vote dans la proportion des capitaux dont ils disposent dans la holding[841]. Ces aménagements demeurent ainsi valables car ils ne constituent point un transfert illicite du droit de vote, ce transfert intervenant par le biais de l'apport des titres sociaux à une autre société.

La jurisprudence OHADA ne s'est pas encore prononcée sur ce type de conventions. Nous pensons tout de même que celles-ci devraient être validées, rien en l'état actuel du droit positif ne faisant obstacle à ce que deux ou plusieurs associés apportent leurs titres sociaux à une autre société qui exercera les droits de vote dans la société d'origine.

250. « Syndicats de blocage ». Afin de rendre efficaces les aménagements relatifs au droit de vote, certains associés ont créé des syndicats dits de blocage. Ces syndicats consistent en la création par convention d'une assemblée syndicale composée d'associés, chargée de déterminer soit à la majorité soit à l'unanimité le sens du vote de ces derniers à l'assemblée générale. Ainsi, les associés membres de ce syndicat devraient lors de l'assemblée générale, se conformer au sens de la décision du syndicat, ou dans certaines hypothèses remettre ses titres au syndicat qui exercerait ses droits en tant que mandataire[842]. En général, des moyens de dissuasion sont mis en place afin d'obliger l'associé à se conformer au sens de la délibération syndicale. Pour ce faire, des pénalités privées sont prévues telles que la remise de chèques en blanc ou des dépôts de garantie entre les mains d'un tiers. Pour la jurisprudence et la majorité de la doctrine, cet aménagement conventionnel de l'exercice du vote ne peut être valable que si le sens de la délibération au sein du syndicat est pris à l'unanimité[843]. Dans cette hypothèse, chaque associé participant dispose d'un droit de veto

---

[839] Trib. Com. Paris, 1er août 1974, *Rev. sociétés* 1974, p. 685, note B. Oppetit ; *RJ com.* 1975, p. 80, note Y. Chartier ; *RTD Com.* 1975, p. 130, obs. R. Houin.

[840] CA Paris, 20 octobre 1980, *Gaz. Pal.* 1981, 1, p. 54, concl. Jeol ; *JCP* 1981, II, n° 19602, note F. Terre ; *Rev. sociétés* 1980, p. 779, note A. Viandier.

[841] CA Paris, 18 juin 1986, *Rev. sociétés*, 1986 p. 422, obs. Y. Guyon ; confirmé par Cass. com. 24 février 1987, *Bull. Joly* 1987, p. 213, note P. Le Cannu ; *Dalloz* 1987, p. 598, note J. Honorat.

[842] J. MESTRE, D. VELARDOCCHIO et A.-S. MESTRE-CHAMI, *Lamy Sociétés Commerciales* 2015, p. 418, n° 842.

[843] M.-Ch. MONSALLIER, L'aménagement contractuel du fonctionnement de la société anonyme, op. cit., p. 201, n° 494.

permettant ainsi de respecter la liberté de vote de chacun. Faute d'accord entre les participants, chaque associé recouvre une entière liberté quant au sens du vote. À l'inverse, lorsque la délibération est prise à la majorité, un associé pourra être contraint de voter dans un sens contraire à celui qu'il aurait adopté s'il n'était pas lié par la convention. De ce fait, la convention ne saurait être valable car portant atteinte au principe de libre exercice du droit de vote. Nous pensons pour notre part que la logique ayant prévalu à l'admission des sociétés holding devrait être ici aussi appliquée. Ainsi, les syndicats de blocage doivent par principe être admis, sauf pour les cas dans lesquels la constitution de tels groupements entraînerait une aliénation totale de la liberté de vote de l'associé.

251. Clause de plafonnement. Les associés de société anonyme ont également la faculté de plafonner le nombre de droit de vote que peut détenir un associé contrairement au principe de proportionnalité des voix à la quotité de capital détenue par chaque associé. Cependant, contrairement au régime libéral de ce type de clause dans la SAS, le législateur a prévu aussi bien en droit OHADA que français des limites à la clause de plafonnement, lui enlevant tout une partie de son intérêt. En effet, il est prévu en droit OHADA que lorsqu'une clause de plafonnement des voix est insérée dans les statuts, celle-ci devra être imposée à toutes les actions. Le législateur français pour sa part prévoit que cette clause soit imposée à toutes les actions autres que celles bénéficiant de dividende prioritaire sans droit de vote. Ainsi, il n'est pas possible d'insérer dans les statuts d'une société anonyme une clause de plafonnement qui serait imposée à quelques actions ou seulement à quelques associés.

252. Droit de vote double. À l'inverse des clauses de plafonnement se trouve la faculté ouverte aux associés de société anonyme d'accroître leur droit de vote. En effet, le législateur OHADA à la suite du droit français a prévu qu' « *un droit de vote double de celui conféré aux autres actions, eu égard à la quotité du capital social qu'elles représentent, peut être attribué, par les statuts (ou par une assemblée générale extraordinaire ultérieure), à toutes les actions entièrement libérées pour lesquelles il est justifié une inscription nominative depuis deux (2) ans au moins, au nom d'un actionnaire*[844] ». Cette faculté permet d'obtenir un actionnariat stable, surtout dans les sociétés cotées où la durée de détention des titres est plus ou moins courte. Il s'agit ici d'une prime à la fidélité accordée aux actionnaires ayant conservé leurs titres sous forme nominative pendant une durée minimale de

[844] Article 544 de l'AUDSC révisé. La même disposition est prévue en droit français à l'article L. 225-123 du code de commerce à la seule différence que l'expression « ou une assemblée générale extraordinaire ultérieure » a été supprimée par la loi n° 2014-384 du 29 mars 2014. En effet, cette expression apparaissait surabondante.

deux ans. Plusieurs arguments ont été avancés en droit français pour justifier la conservation de cette faculté alors que la question de sa suppression était réclamée. Entre autres, il était avancé d'une part le fait que ces droits de vote double permettaient « *d'accroître l'influence des actionnaires "historiques", comme contrepoids aux dirigeants qui disposent d'un avantage structurel en termes d'information et de décision sur la gestion de la société*[845] ». Cette faculté semble être très appréciée des grandes sociétés françaises[846] même si en pratique, le droit de vote double demeure décrié par un certain nombre d'associations d'investisseurs ou d'agences de conseil en vote[847].

253. Droit de vote plural. Quant à la faculté de conférer un droit de vote plural à certaines actions, celle-ci est interdite dans la société anonyme. En effet, l'article L. 225-122 du code de commerce, qui pose le principe de proportionnalité du droit de vote au capital détenu, admet que celui-ci puisse faire l'objet de dérogations parmi lesquelles se trouve la faculté de conférer un droit de vote double à une action. L'hypothèse du vote plural n'étant pas retenue, celle-ci semble bien condamnée. En droit OHADA, la même logique doit être retenue dans la mesure où le législateur, après avoir affirmé que le droit de vote attaché aux actions de capital ou de jouissance était proportionnel à la quotité du capital qu'elles représentent, ne prévoit que la faculté d'attribuer un droit de vote double aux actions sous conditions. Ainsi, ne prévoyant pas expressément le droit de vote plural et eu égard à l'impérativité qui entoure les règles gouvernant le fonctionnement de la société anonyme, il sera possible de ne pas retenir que le droit de vote plural est interdit dans la société anonyme de droit OHADA.

254. D'une manière générale, dès lors qu'une convention relative au droit de vote respecte l'ordre public sociétaire et ne contrarie pas l'intérêt social, celle-ci devrait être validée. Le respect de la liberté de vote de chaque associé n'est pas une condition autonome de ces conventions puisque lorsque cette liberté n'est pas respectée, il y a bien une contrariété à l'ordre public sociétaire. Il apparaît ainsi que les associés jouissent d'une liberté dans l'aménagement de la mise en œuvre de leur droit de vote. Toutefois, l'efficacité de ces aménagements devra être appréciée à l'aune de l'inexécution de ceux-ci ou de l'abus dans l'exécution.

---

[845] A. COURET, « Le retour du débat sur le droit de vote double », *JCP E* 2013, p. 1518, n° 5.
[846] En 2012, le droit de vote double était utilisé dans 52,5% des sociétés du CAC 40, 58 % de l'ensemble des sociétés du CAC 40 et du SBF 120, et dans 68 % des sociétés du SBF 250. V. *Panorama des pratiques de gouvernance des sociétés cotées françaises*, Ernst & Young, éd. 2012, cité par A. COURET, « Le retour du débat sur le droit de vote double », *art. préc.*, p. 1518.
[847] A. COURET, « Le retour du débat sur le droit de vote double », *art. préc.*, p. 1518, n° 8.

§II. L'efficacité des aménagements conventionnels relatifs à l'exercice du droit de vote

255. L'aménagement conventionnel du vote n'a d'intérêt que si les associés respectent scrupuleusement les termes de l'accord. En la matière, il a été observé que pendant longtemps, l'efficacité des conventions de vote a été sujette à caution car reposant sur la bonne volonté des participants ou sur des sanctions incertaines ou peu pertinentes[848]. Il a donc fallu trouver des sanctions adaptées permettant d'inciter fortement les associés à une exécution de la convention, ou à tout le moins de réparer convenablement le préjudice résultant de sa non-exécution (**A**). Aussi, la jurisprudence a construit un régime permettant de sanctionner tout abus dans l'exercice du droit de vote. Il y a lieu de s'interroger sur le sort de la convention de vote dès lors que l'abus sera retenu (**B**).

A. La sanction de l'inexécution de la convention relative au droit de vote

256. Inadéquation de la mise en jeu de responsabilité contractuelle de l'associé défaillant. La violation d'une convention de vote entraîne en principe la mise en cause de la responsabilité contractuelle de l'associé défaillant. Celle-ci se traduit par une allocation de dommages et intérêts, réparation jugée par la majorité des auteurs inadaptée au regard du préjudice subi. En effet, et comme le fait remarquer un auteur, « *la société n'est pas qu'intérêts financiers ; elle est enjeu de pouvoirs et d'influences, représentés précisément par l'expression des votes et l'existence de majorités et minorités. L'octroi de dommages-intérêts, par nature limité, ponctuel et uniquement financier, ne rend pas compte de cette réalité première de la vie des affaires et ne peut par conséquent porter remède efficace et pertinent à la violation d'une convention de vote : la sanction paraît donc inadéquate*[849] ». À cela s'ajoute la difficulté de faire la preuve d'un préjudice résultant de la violation du pacte[850], ainsi que celle non moins importante de l'évaluation du dommage réparable. Partant de ce constat, il apparaît ainsi nécessaire d'explorer d'autres sanctions à la violation d'une convention relative au droit de vote. De prime abord, il convient d'écarter la solution issue de la théorie du jugement valant acte (**1**). Le débat quant à l'admission

---

848 D. COHEN, « Les conventions de vote », *art. préc.*, p. 102, n° 20.

849 *Ibid.* p. 105, n° 22.

850 Il faut noter à cet égard que la Cour de cassation exclut le raisonnement consistant à déduire l'existence d'un préjudice réparable du simple constat de la violation de la convention de vote. V. Cass. com. 9 avril 2012, n° 98-22.851, *JCP G* 2003, II, 10067, note J.-M. Tengang.

de l'exécution en nature de la convention relative au vote mérite une attention particulière (**2**).

1. Le rejet de la théorie du jugement valant acte

257. Inadéquation de l'immixtion du juge dans l'exécution de la convention relative au vote. Selon cette théorie, une décision du juge remplacerait la délibération litigieuse obtenue grâce à la violation d'une convention de vote valable. Il faut rappeler que celle-ci a été écartée par la Cour de cassation qui a considéré que le juge ne peut se substituer aux organes légalement compétents et décider que sa décision vaut adoption de la résolution tendant à une augmentation de capital, qui n'a pu être votée faute de majorité qualifiée[851]. Cependant, dans ce même arrêt, la Cour a admis que le juge puisse désigner un mandataire judiciaire aux fins de voter à la place des minoritaires défaillants conformément à l'intérêt social. Il serait aussi possible, selon certains auteurs, de permettre au juge en cas de violation d'une convention relative au droit de vote, de désigner un mandataire judiciaire « *dont la mission consisterait précisément à assurer le respect de l'engagement de vote conforme à l'intérêt social*[852] ». Cependant, l'analogie semble ici difficilement acceptable, puisque si la désignation du mandataire judiciaire est possible dans le cas de l'abus de minorité, c'est bien parce que la résolution n'a pu être votée et qu'une autre assemblée sera convoquée à cet effet. Dans le cas de l'inexécution de la convention relative au droit de vote, l'analogie n'est possible que lorsque l'inexécution a eu pour effet d'empêcher le vote de la résolution en faveur de laquelle la convention avait été conclue. À l'inverse, lorsque la convention a pour effet d'empêcher la prise d'une décision, et qu'un associé, partie à la convention, vote en faveur de la résolution contrairement à ce qui était conventionnellement prévu, il semble difficile d'admettre la désignation d'un mandataire afin de faire respecter la convention. En effet, cela supposerait une annulation de la délibération en cause et la convocation d'une autre assemblée dans laquelle le mandataire désigné pourra intervenir à la place de l'associé défaillant. La seule violation de l'engagement de vote ne peut être une cause de nullité de la délibération sauf lorsque celle-ci est constitutive en outre d'abus de majorité ou de minorité. Il faut rappeler à cet effet que la jurisprudence considère que le vote émis en contradiction avec l'engagement souscrit demeure valable et ne saurait dès lors altérer la délibération de

---

[851] Cass. com. 9 mars 1993, n° n° 91-14.685, *Rev. sociétés* 1993, p. 403, note Ph. Merle ; *Dalloz* 1993, p. 363, note Y. Guyon ; *JCP E* 1993, II, p. 448, note A. Viandier ; *Bull. Joly sociétés* 1993, p. 537, chron. P. Le Cannu.

[852] D. COHEN, « Les conventions de vote », *art. préc.*, p. 106, n° 24.

l'assemblée[853]. Les parties à la convention de vote ne pourront dès lors qu'engager la responsabilité contractuelle de l'auteur de la violation sans pouvoir obtenir le résultat qui était prévu si toutes les parties respectaient leurs engagements. Cette solution s'avère ainsi partiellement acceptable.

2. Vers une acceptation de l'exécution en nature de la convention relative au vote

258. Plaidoyer pour une admission de l'exécution en nature. En principe, on considère que la convention de vote mettant en œuvre une obligation de faire, celle-ci ne peut se résoudre en cas d'inexécution que par des dommages et intérêts, l'exécution en nature ne pouvant ici être obtenue[854]. Pourtant, l'exécution forcée en nature a été considérée par certains auteurs comme « *la meilleure des solutions pour surmonter l'opposition d'une partie à un pacte d'actionnaires, l'exécution par équivalent sous forme de dommages et intérêts n'étant qu'un pis-aller qui risque ne pas satisfaire les attentes de l'associé qui entend imposer le respect du contrat*[855] ». Dans une affaire où l'associé majoritaire avait promis de vendre ses parts sociales à un cessionnaire, et face à son refus de voter en faveur de l'agrément de la cession, la Cour de cassation a approuvé la Cour d'appel d'avoir nommé un administrateur provisoire dont la mission était de réunir l'assemblée générale et de tenir pour favorable, quel qu'en soit son sens réel, le vote du débiteur récalcitrant[856]. Dans le même sens, la Cour d'appel de Paris a considéré dans l'arrêt Metaleurop que « *si aux termes de l'article 1142 du code civil, l'obligation de faire se résout en dommages-intérêts, en cas d'inexécution de la part du débiteur, il résulte des dispositions suivantes que le créancier a néanmoins le droit de réclamer l'exécution en nature chaque fois que cette exécution est possible*[857] ». Contraindre un associé qui s'est engagé dans une convention de vote à voter dans un sens déterminé consiste, non pas à lui dénier toute liberté de vote, mais à l'obliger à respecter le choix qu'il a pu librement faire. Quant aux modalités pour contraindre l'associé à exécuter le pacte, il y a lieu de distinguer la violation de la convention par refus de voter d'une part, et sa violation par l'adoption d'une délibération contraire d'autre part.

---

[853] CA Paris, 12 février 1991, *Bull. Joly sociétés*, 1991, p. 592.
[854] V. *infra*, n° 418 et suiv.
[855] F.-X. LUCAS, « L'exécution forcée en nature des conventions de vote », *Bull. Joly sociétés* 2011, p. 625, spéc. p. 627. V. aussi, M. JEANTIN, « Les conventions de vote », *RJ com.* 1990, p. 124.
[856] Cass. 3e civ. 19 février 1970, n° 68-13.866, Bull. civ. 1970, III, n° 123 ; *Gaz. Pal.* 12 mai 1970, p. 282 ; *RTD Civ.* 1970, p. 785, note G. Durry.
[857] CA Paris, 5e ch., 30 juin 1995, *JCP E* 1996, II, p. 797, note J.-J. Daigre.

259. En cas de violation de la convention par refus de voter. Dans cette situation, la possibilité d'obtenir l'exécution forcée en nature de la convention de vote semble *a priori* possible. En effet, se fondant sur l'article 1144 du code civil qui postule que « *le créancier peut aussi, en cas d'inexécution, être autorisé à faire exécuter lui-même l'obligation aux dépens du débiteur* », il serait envisageable de faire nommer un mandataire *ad hoc* avec pour mission de voter en lieu et place de l'associé défaillant, le mandataire n'ayant plus « *aucune marge d'appréciation puisqu'il serait tenu de voter dans le sens exprimé par la convention* [858]». Une telle solution, si elle était adoptée par la jurisprudence, permettrait d'éviter les calculs d'opportunité de certains associés préférant ne pas respecter leurs engagements, la sanction de ce non-respect étant hypothétique ou tout simplement dérisoire. Allant plus loin que la simple désignation d'un mandataire *ad hoc*, il a été émis l'idée selon laquelle la jurisprudence pourrait en faire l'économie et prendre un jugement valant vote. En effet, pour cet auteur, le jugement valant vote n'en serait pas vraiment un puisque « *l'associé a déjà scellé le sens de son vote* » dans la convention contrairement à la situation des associés minoritaires coupables d'abus de minorité qui eux n'ont pas encore exprimé leur vote, ce qui justifie la désignation du mandataire devant peser les intérêts en présence afin d'émettre son vote[859]. Si cette solution permet d'obtenir l'exécution de la convention de vote conformément à la volonté des parties, il y a lieu d'émettre une réserve quant à une atteinte trop importante de la liberté de vote de l'associé. Si l'on considère que la liberté de vote implique que l'associé soit libre de voter ou de ne pas voter et que cette liberté doit être préservée jusqu'au jour du vote, la conclusion d'une convention de vote ne saurait aliéner définitivement cette liberté de telle sorte que l'associé ne puisse plus décider de ne pas participer au vote de la résolution visée dans la convention.

260. En cas de violation de la convention par adoption d'une délibération contraire. L'exécution forcée en nature semble ici très difficilement soutenable. Celle-ci suppose de pouvoir remettre en cause la délibération adoptée sur le fondement de la violation d'une convention qui en principe ne lie que les associés qui y sont partie et n'engage point la société. La délibération n'intéressant pas seulement les associés parties à la convention, celle-ci semble difficilement acceptable eu égard au respect des droits des tiers étrangers à cette convention. Même lorsque tous les associés auraient participé à la convention, la nullité de la délibération n'en est pas moins évidente eu égard aux conditions restrictives de nullité des délibérations sociales aussi bien en droit OHADA que français. Aussi, d'un

---

[858] F.-X. LUCAS, « L'exécution forcée en nature des conventions de vote », *art. préc.*, p. 633.
[859] Ibid.

point de vue relevant purement de la politique juridique, admettre la nullité des délibérations pour violation des conventions de vote entraînerait une instabilité et une insécurité juridique dans la vie de la société eu égard à leur confidentialité. Il y a lieu également de rappeler que la Cour d'appel de Paris a considéré que le vote émis en contradiction avec l'engagement souscrit demeure valable et ne saurait dès lors altérer la délibération prise par l'assemblée[860].

Ainsi, en l'état actuel du droit positif, dès lors qu'une délibération est prise, même avec le vote émis en violation d'une convention, celle-ci ne peut être remise en cause. Il appartient aux associés victimes de cette violation de demander des dommages et intérêts ou de mettre en œuvre la clause pénale qu'ils auraient préalablement stipulée. Cette clause peut en outre constituer un moyen efficace permettant de prévenir l'inexécution de la convention de vote. Le montant retenu par la clause pénale devra être assez important pour constituer un moyen de pression suffisant pour tout associé qui envisagerait de ne pas respecter ses engagements. Toutefois, sur le fondement de l'article 1152 du code civil, ce montant peut être remis en cause par le juge lorsque que celui-ci s'avère excessif[861].

261. Inexécution de la convention relative au droit de vote et tiers. S'agissant des tiers à la convention relative au vote, il faut noter que la jurisprudence française considère que « *le tiers à un contrat peut invoquer, sur le fondement de la responsabilité délictuelle, un manquement contractuel dès lors que ce manquement lui a causé un dommage*[862] ». Ainsi, au mépris du principe de l'effet relatif des conventions, les tiers ont désormais la possibilité de se fonder sur l'inexécution de la convention relative au vote pour engager la responsabilité de l'associé défaillant. Cette possibilité devrait attirer l'attention des signataires de conventions relatives au vote qui, en cas d'inexécution, pourront non seulement être poursuivis sur le fondement contractuel par les parties à la convention, mais également sur le terrain délictuel notamment par la société ou les associés non engagés dans l'acte. Il faut rajouter à cette responsabilité celle pouvant découler de la mise en œuvre d'une action pour abus de droit de vote.

---

[860] CA Paris, 12 février 1991, *Bull. Joly sociétés*, 1991, p. 592.

[861] V. *infra*, n° 423.

[862] Cass. ass. plén. 6 octobre 2006, n° 05-13.255, Bull. civ. ass. plén. 2006, n° 9, p. 23 ; *Dalloz* 2006, p. 2825, note G. Viney ; *RTD Civ.* 2007, p. 115, obs. J. Mestre et B. Fages et p. 123, note P. Jourdain ; *RDC* 2007, p. 269, note D. Mazeaud.

B. L'exécution de la convention relative au vote et le risque de l'abus de droit de vote

262. À l'inverse des conséquences de l'inexécution d'une convention relative au droit de suffrage, le vote des associés lorsqu'il est contraire à l'intérêt social peut être constitutif d'un abus de droit de vote. Cette sanction issue d'une construction jurisprudentielle française a été reprise par le législateur OHADA aux articles 130 et 131 de l'AUDSC révisé. Il conviendra de préciser le régime de cette sanction (**1**) avant d'examiner les conséquences de celle-ci sur le sort de la convention sur laquelle se fonde le vote litigieux (**2**).

1. La construction jurisprudentielle et légale de l'abus de droit de vote

263. Notion d'abus de droit de vote. En droit français. Il n'existe aucune obligation pour un associé de participer aux assemblées ou même lorsqu'il y participe de voter. Cependant, comme cela a été justement remarqué, « *si par son absence ou par son vote d'opposition, il empêche l'adoption d'une décision essentielle pour la société, sa responsabilité personnelle pourrait être recherchée au titre d'un abus de minorité ou d'un abus de majorité*[863] ». La notion d'abus en droit des sociétés « *repose sur les concepts généraux d'abus de droit, de détournement de pouvoir, de bonne foi, de rupture intentionnelle d'égalité sans être véritablement réductible à l'une ou à l'autre de ces notions* [864]». On distingue traditionnellement l'abus de majorité, l'abus de minorité et l'abus d'égalité.

264. Abus de majorité. Pour la jurisprudence française, il y a abus de majorité lorsque la décision est prise « *contrairement à l'intérêt général et dans l'unique dessein de favoriser les membres de la majorité au détriment des membres de la minorité*[865] ». C'est dans ce sens que la décision majoritaire de dissolution anticipée d'une société viable, contrairement à l'intérêt social et dans l'unique but de permettre au majoritaire de se soustraire à son engagement de rachat des titres des minoritaires, a été jugée constitutive d'abus de majorité[866].

---

[863] L. GODON, La société par actions simplifiée, op. cit., p. 347, n° 455.

[864] M. BOIZARD, « L'abus de minorité », *Rev. sociétés* 1988, p. 365, spéc. p. 367, n° 3.

[865] Cass. com. 18 avril 1961, *JCP 1961*, II, 12164, obs. D. Bastian.

[866] Cass. com. 8 février 2011, n° 10-11.788, *Bull. Joly sociétés* 2011, p. 288, note F.-X. Lucas ; *RJDA* 5/2011, n° 427 ; *JCP E* 2011, p. 1367, note B. Dondero. V. aussi, Cass. 3e civ., 7 février 2012, n° 10-17.812, *Rev. sociétés* 2012, p. 622, note A.-L. Champetier de Ribes-Justeau. Pour un panorama des décisions admettant ou refusant l'abus de majorité, V. A.

265. Abus de minorité. S'agissant de l'abus de minorité, la jurisprudence retient que le minoritaire se rend coupable d'abus si son attitude a été contraire à l'intérêt général de la société, en ce qu'il aurait interdit la réalisation d'une opération essentielle pour celle-ci, dans l'unique dessein de favoriser ses propres intérêts au détriment des autres associés[867].

266. Abus d'égalité. Quant à l'abus d'égalité, la jurisprudence retient une définition très proche de l'abus de minorité[868]. En effet, la jurisprudence a considéré que le refus par l'un des deux associés, seuls membres d'une SARL, de voter la mise en réserve des bénéfices dont la société avait besoin pour financer un investissement important, vital pour la survie de la société, était constitutif d'abus d'égalité[869]. Ainsi, l'abus d'égalité serait contraire à l'intérêt général de la société en ce que ses associés auraient interdit la réalisation d'une opération essentielle pour celle-ci et dans l'unique dessein de favoriser leurs propres intérêts au détriment de ceux des autres[870].

267. Critères de l'abus de droit de vote. Il ressort des décisions jurisprudentielles que deux critères permettent de retenir l'abus de droit de vote d'une manière générale : la contrariété à l'intérêt social et la rupture de l'égalité entre les associés.

268. Sanction de l'abus de droit de vote. Quant à la sanction de l'abus, tandis que l'abus de majorité entraîne en principe l'annulation de la décision abusive et la possibilité d'obtenir des dommages et intérêts en cas de préjudice subi du fait de ce vote abusif, en présence d'un abus de minorité ou d'égalité, le juge ne pouvant substituer son appréciation à celle des minoritaires en rendant un jugement valant acte[871], il peut désigner un

---

CHARVERIAT, A. COURET et B. ZABALA, *Memento pratique sociétés commerciales* 2016, *op. cit.*, n° 47745.

[867] Cass. com. 9 mars 1993, *JCP E* 1993, II, p. 448, note A. Viandier ; *Bull. Joly sociétés* 1993, p. 537, note P. Le Cannu ; *Dalloz* 1993, p. 363, note Y. Guyon ; *Rev. dr. banc.* 1993, p. 132, obs. M. Germain et M.-A. Frison-Roche ; *Dr. sociétés* 1993, n° 95, obs. H. Le Nabasque ; *Rev. sociétés* 1993, p. 403, note Ph. Merle. V. Plus récemment, Cass. com., 31 janvier 2006, *Bull. Joly sociétés* 2006, p. 784 ; Cass. com. 20 mars 2007, n° 05-19.225, Dalloz, 2007, p. 952, note A. Lienhard ; *Bull. Joly sociétés* 2007, p. 745, note Schmidt, *JCP E* 2007, p. 1877, n° 3, obs. J.-J. Caussain, Fl. Deboissy et G. Wicker ; *Dr. sociétés* 2007, n° 87, obs. H. Lécuyer, *JCP E* 2007, p. 1755, note A. Viandier ; CA Paris, 5 septembre 2013, RJDA 1/14 ; Cass. com. 19 mars 2013, n° 12-16.910, *Rev. sociétés* 2014, p. 169, note A.-L. Champetier de Ribes-Justeau.

[868] V. Cass. 3e civ. 14 février 2007, *Bull. Joly sociétés* 2007, p. 882, note P. Le Cannu ; Cass. 1ère civ. 16 décembre 2009, n° 09-10209, *Bull. Joly sociétés* 2010, p. 462, note F.-X. Lucas ; *Dr. sociétés* 2010, n° 44, obs. H. Hovasse, *JCP E* 2010, p. 1145, n° 2, obs. Fl. Deboissy et G. Wicker.

[869] Cass. com. 16 juin 1998, *Bull. Joly sociétés* 1998, p. 1083, note P. Le Cannu.

[870] Cass. 3e civ. 14 février 2007, arrêt préc.

[871] V. *supra*, n° 257.

mandataire qui aura la mission de voter à la place des minoritaires en cause, conformément à l'intérêt social sans pour autant porter atteinte aux intérêts légitimes de ceux-ci[872]. Il faut noter qu'en cas de redressement judiciaire, le législateur français donne qualité à l'administrateur judiciaire, lorsque les capitaux propres n'ont pas été reconstitués dans les conditions légales prévues à cet effet, de demander en justice la désignation d'un mandataire chargé de convoquer l'assemblée compétente et de voter sur la reconstitution du capital en lieu et place du ou des associés ou actionnaires opposants, et cela lorsque le projet de plan prévoit une modification du capital en faveur d'une ou plusieurs personnes qui s'engagent à respecter le plan[873]. Il s'agit ici de permettre au mandataire désigné de voter le projet de plan contre la majorité des actionnaires ou contre ceux qui disposent d'une minorité de blocage, en privant ces derniers de leur droit de vote. Si ce régime a été construit en droit français au gré des décisions jurisprudentielles, il en va autrement en droit OHADA.

269. En droit OHADA, des définitions légales mais imprécises. Le législateur OHADA a consacré la définition de l'abus de majorité, de minorité et d'égalité conformément aux solutions retenues en droit français. Il a également prévu les sanctions applicables lorsque ces abus seront caractérisés. Ainsi, l'article 130 de l'AUDSC révisé retient qu'il y a abus de majorité « *lorsque les associés majoritaires ont voté une décision dans leur seul intérêt, contrairement aux intérêts des associés minoritaires sans que cette décision ne puisse être justifiée par l'intérêt de la société* ». Ainsi, les deux critères, à savoir le non-respect de l'intérêt social ainsi que la rupture de l'égalité entre les majoritaires et les minoritaires doivent être caractérisés. Aussi, « *il y a abus de minorité ou d'égalité lorsque, en exerçant leur vote, les associés minoritaires ou égalitaires s'opposent à ce que des décisions soient prises, alors qu'elles sont nécessitées par l'intérêt de la société et qu'ils ne peuvent justifier d'un intérêt légitime* [874]». Si la volonté d'encadrer l'abus de droit de vote en tant qu'elle vise à sécuriser les délibérations des assemblées est louable, il y a lieu de constater que ces définitions ne peuvent tarir les interrogations en la matière. En effet, s'agissant de la définition de l'abus de minorité et d'égalité retenue par le législateur, les notions de décisions nécessitées par l'intérêt social de la société et aussi d'intérêt légitime seront sujettes à de nombreuses discussions devant les tribunaux. Aussi, cette définition semble protéger excessivement les minoritaires, ce qui démontre que l'abus de minorité ou d'égalité ne pourra être retenu que de manière exceptionnelle. Il suffit pour les minoritaires de justifier d'un « intérêt légitime » afin de justifier leur refus de voter une décision pourtant

[872] Cass. com. 9 mars 1993, arrêt préc.
[873] V. article L. 631-9-1 du code de commerce.
[874] Article 131 de l'AUDSC révisé.

justifiée par l'intérêt de la société. L'arbitrage entre l'intérêt de la société et l'intérêt légitime des minoritaires constituera le lieu d'un contentieux difficile à résoudre. Doit-on considérer qu'il y a abus de minorité lorsque les minoritaires refuseront de voter pour une augmentation de capital nécessaire pour la société mais entraînant une dilution considérable de la participation des minoritaires ? Nous verrons que cette question peut être tranchée en considérant l'intérêt social comme une technique permettant de mettre en balance les intérêts présents dans la société afin de sélectionner l'intérêt qui doit prévaloir pour une situation bien donnée[875]. La sécurité juridique voulue par le législateur OHADA n'est que factice car le contentieux en la matière sera aussi abondant qu'en droit français.

270. Après avoir posé le régime de l'abus de droit de vote, il convient de s'interroger sur l'influence que peut avoir cette sanction sur la convention à l'origine du vote abusif.

2. Les conséquences de l'abus de droit de vote sur la convention relative au vote

271. Abus de droit de vote et nullité de la convention de vote. Si la question de l'efficacité des conventions relatives au vote entendue comme la possibilité de contraindre les parties à respecter leurs engagements est courante, la question de l'influence de la sanction du vote abusif issu de la mise en œuvre d'une convention de vote n'est quasiment pas abordée. Lorsqu'un abus de droit de vote est retenu, la jurisprudence admet dans certaines hypothèses la nullité de la décision issue de ce vote. *Quid* de la convention ayant guidé le vote de certains associés ? Il faut d'abord noter que la validité des aménagements conventionnels implique que ceux-ci ne soient pas contraires à l'intérêt social[876]. Il en est ainsi de la convention relative au droit de vote. Or, pour retenir l'abus de droit de vote, il faut caractériser nécessairement une attitude qui ne se recommande pas de l'intérêt social. De ce fait, lorsque l'abus de droit de vote est retenu par la jurisprudence, il y a certainement une atteinte à l'intérêt social. La nullité de la convention pourrait être ainsi envisagée si le vote émis est en conformité avec celle-ci. Si pour être valable la convention relative au vote ne doit pas heurter l'intérêt social, la mise en œuvre de celle-ci ne saurait non plus y porter atteinte. Ainsi, dès lors que la mise en œuvre d'une convention relative au vote contrarie l'intérêt social, celle-ci devrait en principe pouvoir être remise en cause sans préjudice de l'engagement de la responsabilité des associés concernés. En somme, la sanction de l'abus de droit de vote ne peut

---

[875] V. *infra*, n° 317 et suiv.
[876] Ibid.

entraîner *ipso facto* la remise en cause de la convention de vote dont la mise en œuvre a été la cause de cet abus. Mais, elle pourrait servir de fondement à une action visant la nullité de la convention pour atteinte à l'intérêt social, ce dernier constituant avec l'ordre public sociétaire les deux critères généraux de validité des aménagements conventionnels.

272. Conclusion de Chapitre. Les associés disposent d'un certain nombre de droits notamment extrapatrimoniaux leur permettant d'exercer efficacement un contrôle sur la gestion des dirigeants sociaux. L'importance de ce contrôle pour la société et la protection des intérêts des tiers expliquent la rigidité à laquelle se heurte tout aménagement conventionnel en la matière. C'est le cas du droit à l'information qui en principe ne peut être restreint. Dans le même sens, le droit de participer aux décisions collectives appartient à tout associé et aucun aménagement conventionnel ne saurait retirer ce droit à un associé pour quelles que raisons que ce soient. Néanmoins, le pouvoir de contrôle dans la société admet des aménagements à l'instar de l'exercice ou de la mise en œuvre du droit de vote, quand bien même l'efficacité de tels aménagements demeure incertaine.

273. Conclusion de Titre. L'organisation du pouvoir dans la société commerciale, malgré le caractère impératif que peut revêtir les attributs de ce pouvoir, admet le jeu de la liberté conventionnelle. En dépit des critiques de rigidité que l'on peut adresser à la législation sociétaire OHADA, celle-ci n'est pas moins flexible que le droit français qui a su s'adapter au gré des évolutions jurisprudentielles. Le droit des sociétés commerciales OHADA apparaît, à certains égards, plus réceptif à une expression de la liberté conventionnelle des acteurs sociétaires. Qu'il s'agisse du pouvoir de direction ou du pouvoir de contrôle partagés entre les dirigeants sociaux et les associés, des conventions sociétaires pourront intervenir en vue d'adapter le dispositif légal aux besoins de l'évolution économique. Il appartient aux acteurs du droit des affaires de s'emparer de ces espaces de liberté, car comme toute liberté, ceux-ci devraient être conquis. Il n'appartient pas aux législateurs de préciser expressément tous les domaines dans lesquels devra se manifester la liberté contractuelle des associés.

274. Conclusion de Partie. Il apparaît au terme de cette première partie que la rigidité tant décriée de la législation sociétaire n'est qu'apparente aussi bien en droit français que OHADA. Les aménagements conventionnels courants en France peuvent en grande partie être utilisés par les associés en droit OHADA. Il ne s'agit pas de nier le caractère impératif de la législation sociétaire au regard des besoins d'évolution et d'adaptabilité du monde des affaires. Ce caractère impératif s'est avéré nécessaire spécialement dans le cas du droit OHADA afin d'implanter un droit nouveau dans un espace économique qui était régi par une législation à bien des égards obsolète.

Mais, avec un peu d'audace et d'imagination fertile, les praticiens du droit des affaires pourront se frayer d'importants espaces de liberté afin de répondre au besoin de flexibilité de la législation sociétaire. Le législateur OHADA a montré le pas lors de la réforme de l'AUDSC en intégrant dans la législation sociétaire des modèles d'aménagements conventionnels. Si cette ouverture doit être saluée, il n'en demeure pas moins que le plus important demeure la sécurisation des aménagements conventionnels par l'élaboration d'un régime juridique adapté. En la matière, loin de concerner exclusivement le droit OHADA, le droit français est concerné par les mêmes préoccupations de validité et d'efficacité des aménagements conventionnels.

PARTIE II. LE RÉGIME JURIDIQUE INCERTAIN DES AMÉNAGEMENTS CONVENTIONNELS EN DROIT DES SOCIÉTÉS FRANÇAIS ET OHADA

275. Une convergence dans l'incertitude du régime juridique des aménagements conventionnels. La convergence des droits français et OHADA en terme de possibilité d'aménagement de la société commerciale se confirme également quant au régime juridique applicable à ces conventions. En effet, les solutions jurisprudentielles en la matière laissent apercevoir des incertitudes liées d'une part à l'appréciation de la régularité de tels aménagements conventionnels, et d'autre part à leur efficacité. Cette situation pourrait s'expliquer par le dédoublement des règles applicables, les aménagements conventionnels relevant aussi bien du droit des contrats que du droit des sociétés. Le droit des sociétés tend de plus en plus à secréter des règles qui lui sont propres tendant parfois à évincer les règles de droit commun des contrats. La spécificité du droit des affaires, eu égard au besoin de célérité et d'adaptabilité au contexte économique, implique la mise à l'écart de certaines règles du droit des contrats, mais aussi et surtout le besoin de création de nouveaux modes de règlement des litiges indépendants des juridictions de droit commun. Cette évolution liée au mouvement de contractualisation croissante du droit des sociétés s'observe aussi bien en droit français qu'en droit OHADA. Cependant, si cette évolution transparaît nettement en droit français, le droit OHADA est tiraillé par la volonté d'une part d'attirer les investissements aussi bien nationaux ou régionaux qu'internationaux par une législation souple et attractive, et d'autre part de sécuriser ces investissements par une législation assez rigide, protectrice des intérêts des investisseurs. Ce mouvement de balancier s'observe notamment à travers la réforme de l'AUDSC qui dans sa première version visait à asseoir une législation structurée et uniforme, offrant des gages de sécurité juridique aux investisseurs. Mais au regard des critiques aussi bien de la doctrine que des praticiens et professionnels du droit des affaires, le législateur OHADA a choisi lors de la réforme d'introduire une dose de souplesse dans la législation sociétaire. Cette réforme est salutaire même s'il reste encore des efforts à faire en la matière, car elle permet d'allier prévisibilité, sécurité juridique et souplesse législative. Néanmoins, il demeure d'importantes incertitudes quant à la régularité et à l'efficacité des aménagements conventionnels, remarque valable également en droit français. Nous examinerons ainsi successivement :

Titre I : L'incertitude liée à la régularité de la formation des aménagements conventionnels

Titre II : L'incertitude tenant à l'efficacité des aménagements conventionnels

Titre I. L'incertitude liée à la régularité de la formation des aménagements conventionnels

276. Les aménagements conventionnels qu'ils soient statutaires ou extrastatutaires doivent leur validité au respect des règles obligatoires de l'environnement sociétaire. Ces règles sont issues aussi bien du droit des sociétés que du droit des contrats et parfois de certaines législations particulières telles que la législation financière ou encore celle régissant la concurrence entre les acteurs économiques. Si la reconnaissance de principe des aménagements conventionnels, notamment extrastatutaires, n'est plus à démontrer aussi bien en droit français qu'en droit OHADA, leur validité n'apparaît pas aussi évidente à affirmer avant que ceux-ci ne soient soumis à l'appréciation d'un juge. En effet, outre les conditions de validité classique de toute convention, la jurisprudence a recours à des standards juridiques qui comme tels admettent difficilement la conceptualisation. Cette situation a pour effet d'accroître l'incertitude qui entoure la régularité de ces conventions. Dans le même ordre d'idée, les règles gouvernant la sanction de la violation des règles de formation des aménagements conventionnels sont très complexes. Plus précisément, le régime de la nullité en droit des sociétés constitue un véritable casse-tête aussi bien en droit français qu'en droit OHADA, et cela en dépit des réformes intervenues en la matière. Cette incertitude liée à la régularité de la formation des aménagements conventionnels incite de plus en plus au recours aux modes alternatifs de règles des litiges, d'autant plus que lorsque ceux-ci sont valablement constitués, leur efficacité demeure incertaine. Il conviendra dans un premier temps de présenter les conditions de validité des aménagements conventionnels (**Chapitre I**), avant d'aborder le régime de la sanction de la violation de ces règles (**Chapitre II**).

Chapitre I. Des conditions imprécises de validité des aménagements conventionnels en droit français et OHADA

277. Si le droit des sociétés OHADA s'inspire fortement du droit français, ce rapprochement est encore plus fort lorsque l'on compare les critères de validité des aménagements conventionnels, critères faisant nécessairement appel aux règles de droit commun des contrats. En effet, les aménagements conventionnels qu'ils soient statutaires ou extrastatutaires doivent leur validité d'abord au respect des règles du droit commun des contrats[877]. Ce dernier s'avère incontournable quand bien même la spécificité du droit des affaires nécessiterait quelques aménagements dans l'application de ces règles. Ainsi, les conventions statutaires et extrastatutaires nécessitent pour leur validité des consentements exempts de tout vice[878], une capacité à contracter, un objet certain et une cause licite. En la matière, la jurisprudence applique les solutions dégagées en droit commun des contrats[879]. Cependant, à la différence du droit français, il n'existe pas pour l'instant un droit uniforme en matière contractuelle dans la zone OHADA. Tout de même, la quasi-totalité des pays francophones membres de l'OHADA ont hérité des règles issues du code civil français de 1804[880]. De ce fait, l'appréciation de la validité des aménagements conventionnels au regard des conditions de validité de toute convention ne devrait pas différer de la jurisprudence française.

278. Au-delà du respect des conditions générales de validité des contrats, qu'il s'agisse du droit français ou OHADA, la validité des aménagements conventionnels ne répond à aucun critère précis préalablement défini par le législateur. Il faut dès lors se référer à la jurisprudence qui « *est parcellaire en raison du souhait généralement émis des parties à ces accords de ne pas*

---

[877] V. en ce sens P. MOUSSERON, *Les conventions sociétaires*, *op. cit.* p. 41, n° 54. V. aussi, J.-M. MOULIN, « Sociétés anonymes – Pactes d'actionnaires », *J-Cl. Commercial,* vol. 8, Fasc. 1486, n° 50.

[878] V. par exemple pour un cas de dol, Cass. com. 1er juillet 2013, n° 99-18.590. Le dol est ici en général retenu en cas de dissimulation d'informations essentielles pour le cocontractant. V. également CA Paris, 25 juin 1992, *Bull. Joly* 1992, p. 1226, note Bénac-Schmidt.

[879] V. En droit français, D. VELARDOCCHIO, *Les accords extra-statutaires entre associés*, *op. cit.*, p. 189, n° 203 et suiv.

[880] Seuls quelques pays à l'instar du Sénégal ou de la Guinée ont entrepris une réforme de ce code sans toutefois modifier les principes essentiels dégagés du code de 1804. V. code des obligations civiles et commerciales du Sénégal.

recourir aux tribunaux lors d'éventuelles contestations à raison même de l'incertitude qui entoure la validité de leurs engagements[881] ». Principalement, la validité des aménagements conventionnels est appréciée au regard du respect de ces derniers à l'ordre public sociétaire et de l'absence de contrariété à l'intérêt social. Or, ces deux critères de validité ont en commun leur imprécision, car ni le législateur, ni la jurisprudence, ni la doctrine ne donnent un contenu précis à ces deux notions. Cette remarque est valable non seulement en droit français, mais également en droit OHADA. Nous essayerons d'appréhender successivement l'ordre public sociétaire (**Section I**) et l'intérêt social (**Section II**) en tant que critères de validité des aménagements conventionnels en droit des sociétés.

Section I. L'ordre public sociétaire, critère de validité des aménagements conventionnels en droit français et OHADA

279. Ordre public et validité des aménagements conventionnels. « *Nul n'a jamais pu en définir le sens, chacun en vante l'obscurité et tout le monde s'en sert...* »[882], affirme un auteur qui dans sa thèse, recense une vingtaine de définitions de l'ordre public avant d'en donner la sienne[883]. « *C'est un casse-tête qui peut causer bien des migraines juridiques* [884]», affirme un autre auteur. Pourtant, cette notion est omniprésente dans tous les domaines du droit et a fait l'objet de plusieurs études d'éminents auteurs[885]. Cependant, la conclusion reste la même, l'ordre public est *« une notion particulièrement fuyante*[886] », insaisissable. La notion en elle-même est de nature à dissuader quiconque voudrait la saisir, la catégoriser ou même lui donner un contenu précis. Or, le juriste dans sa quête de clarté et de

---

[881] J.-M. MOULIN, « Sociétés anonymes – Pactes d'actionnaires », *J.-Cl. Commercial,* vol. 8, Fasc. 1486, n° 50.

[882] Ph. MALAURIE, Les contrats contraires à l'ordre public. Étude de droit civil comparé : France, Angleterre, U.R.S.S, thèse Paris 1951, éd. Matot-Braine, p. 3.

[883] Il définit l'ordre public comme « le bon fonctionnement des institutions indispensables à la collectivité ». Ph. MALAURIE, les contrats contraires à l'ordre public. Étude de droit civil comparé : France, Angleterre, U.R.S.S, op. cit., p. 69, n° 99.

[884] F. NIBOYET, *L'ordre public matrimonial*, préf. J. Revel, L.G.D.J., 2008, n° 2, p. 2.

[885] V. notamment P. CATALA, « À propos de l'ordre public », in *Mélanges offerts à Pierre DRAI – Le juge entre deux millénaires*, Dalloz, 2000, p. 511-522 ; B. FAUVARQUE-CAUSSON, « L'ordre public », in *Le code civil, un passé, un présent, un avenir*, Dalloz, 2004, p. 473-494.

[886] J. GHESTIN, *Traité de droit civil – La formation du contrat*, 3ème éd., L.G.D.J., 1993, p. 86, n° 104.

précision devra se départir de cette impression afin d'affronter cette notion « *protéiforme et omniprésente*[887] ».

La question de l'ordre public reste incontournable lorsque l'on veut aborder celle de la validité des aménagements conventionnels en droit des sociétés. Ces aménagements demeurent des contrats et comme tels, se heurtent à certaines limites qu'il faudra fixer. Certains auteurs considèrent l'ordre public comme une « *condition négative dans la validité du contrat*[888] ». Pour d'autres, « *la notion d'ordre public, [...] a, entre autres, pour but principal d'indiquer à ceux qui veulent accomplir un acte juridique ce qu'ils peuvent écarter et ce qu'ils ne peuvent pas. Un tel rôle implique forcément qu'on sache a priori ce qui en fait partie et ce qui y est étranger*[889] ». Il se pose dès lors la question du contenu de l'ordre public en tant que limite à la liberté contractuelle. Cependant, la quasi-totalité des auteurs aboutissent à la même conclusion selon laquelle, il n'existerait pas de contenu précis à donner à l'ordre public sociétaire. Ainsi, il y a lieu de constater une réelle incertitude quant à la notion même d'ordre public sociétaire en tant que critère de validité des aménagements conventionnels en droit des sociétés. Si le contenu de l'ordre public sociétaire est incertain, il existe toutefois un certain nombre de critères permettant de déterminer le caractère impératif des différentes normes censées constituer des limites aux aménagements conventionnels. Ces constatations sont valables aussi bien en droit français qu'en droit OHADA. Nous pourrons ainsi dans un premier temps relever l'incertitude de la notion d'ordre public sociétaire (**§I**), avant d'aborder la multiplicité des critères de détermination des règles impératives en droit des sociétés (**§II**).

§I. L'incertitude de la notion d'ordre public sociétaire

280. La notion d'ordre public est utilisée aussi bien en droit français qu'en droit OHADA sans qu'aucune de ces législations ne la définisse clairement. Elle doit être distinguée de certaines notions telles que celle d'intérêt général ou d'impérativité, les lois d'ordre public étant parfois assimilées à l'ordre public de façon général en raison de leur caractère impératif (**A**). Aussi, l'ordre public a pu être présenté comme l'ensemble des éléments essentiels du droit des sociétés, ce qu'il conviendra de préciser (**B**).

---

[887] B. FAUVARQUE-CAUSSON, « L'ordre public », *op. cit.*, p. 473, n° 1.
[888] *Ibid.*, p. 480, n° 12.
[889] J. HAUSER et J.-J. LEMOULAND, « Ordre public et bonnes mœurs », *Rép. Droit civil*, Dalloz, p. 5, n° 2.

A. L'ordre public, les règles impératives et l'intérêt général

281. Ordre public et impérativité. Très souvent l'ordre public a été assimilé aux lois impératives[890]. Il convient cependant de les distinguer car, même si elles se rapprochent, elles sont loin de renvoyer à la même réalité[891]. D'abord, considérant les sources de l'ordre public, cette notion ne saurait se résumer aux lois impératives, car elle proviendrait également de la jurisprudence et de la coutume ou même des conventions collectives[892]. Le législateur ne dispose donc pas du monopole de l'ordre public. Ensuite, cette confusion a plus ou moins été entretenue par le législateur qui n'a pas hésité à utiliser l'ordre public pour son aspect fonctionnel, non en référence à un contenu particulier, mais pour "élever un texte" à un certain niveau de la gradation du caractère obligatoire du texte[893]. En effet, le législateur qualifie d'ordre public les dispositions auxquelles il entend donner expressément un caractère impératif, par opposition au caractère supplétif qui permet aux parties de convenir différemment[894]. C'est en ce sens que le législateur OHADA avait déclaré d'ordre public toutes les dispositions de l'AUDSC dans sa version originelle, sauf celles dont le caractère supplétif était expressément affirmé[895]. Ainsi, « *ce qui n'était que l'effet principal de l'ordre public a pris la place de la notion elle-même*[896] ».

Lorsqu'une règle ou un principe est déclaré d'ordre public, l'effet immédiat est que cette règle s'impose aux particuliers qui ne peuvent en principe y déroger, ou même y renoncer si cette règle leur accorde un droit ou une protection particulière. Le fait de ne pas pouvoir déroger à une règle de droit est une manifestation évidente du caractère impératif de celle-ci[897].

---

[890] R. SAVATIER, *Cours de droit civil*, Tome 1, L.G.D.J., 1942, p. 23, n° 47. V. plus récemment, M. BUCHBERGER, « L'ordre public sociétaire », in *Mélanges en l'honneur du Professeur Michel Germain*, LexisNexis – Lextenso éd., 2015, p. 182, n° 2. Ce dernier auteur considère que « *l'ordre public sociétaire renvoie essentiellement à la question de la place de la liberté contractuelle en droit des sociétés* ».

[891] V. en ce sens, P. MOUSSERON, *Les conventions sociétaires*, *op. cit.*, p. 42, n° 56.

[892] J. GHESTIN, *Traité de droit civil*, *op. cit.*, p. 93 et suiv. Cet auteur ne distingue l'ordre public des lois impératives qu'en raison du fait qu'il peut avoir une source autre que la loi.

[893] V. J. HAUSER et J.-J-. LEMOULAND, « Ordre public et bonnes mœurs », *Rép. Droit civil*, Dalloz, p. 5, n° 4.

[894] V. en ce sens, J. GHESTIN, *Traité de droit civil*, *op. cit.*, p. 92, n° 110.

[895] Ancien article 2 de l'AUDSC.

[896] P. MAYER, « La sentence contraire à l'ordre public au fond », *Rev. arb.*, 1994. p. 618.

[897] V. en ce sens M. BUCHBERGER, « L'ordre public sociétaire », *op. cit.*, p. 182, n° 2. V. aussi la définition donnée par le vocabulaire CORNU du terme impératif : « *auquel la volonté individuelle ne peut déroger [...] ; se dit d'un texte législatif ou règlementaire dont les dispositions d'ordre public l'emportent sur toute volonté contraire que les particuliers auraient exprimée dans un acte juridique (ce caractère impératif n'étant qu'une conséquence, parmi tant d'autres, de l'ordre public, le mot impératif peut toujours être remplacé par l'ordre public, mais la réciproque n'est pas vraie)* ».

Le caractère impératif apparaît donc comme l'un des éléments qui peut servir à définir l'ordre public, sans pour autant réussir à englober toute la réalité qui se dégage de cette notion[898].

282. Ordre public et lois d'ordre public. La confusion viendrait également d'un amalgame entre « ordre public » et « lois d'ordre public », ces dernières pouvant en effet être assimilées aux lois impératives, c'est-à-dire celles qui ont vocation à s'imposer aux volontés individuelles. En cela, les lois impératives ou lois d'ordre public s'opposent aux lois supplétives qui, elles, peuvent être écartées par la volonté des parties. Concrètement, l'ordre public dépasse largement le cadre des normes impératives ou lois d'ordre public pour embrasser tout une **catégorie de règles, écrites ou non, qui traduisent un intérêt essentiel de la société à une époque donnée**. C'est ainsi que l'ordre public s'impose au législateur qui, s'il faillit à sa mission, est remplacé par le juge qui est tenu de retrouver les principes et règles que l'on peut qualifier d'ordre public. L'ordre public serait donc le rocher sur lequel se construit la société[899], non pas seulement la sanction d'une règle jugée obligatoire, mais la sanction de la violation d'un des principes élémentaires de la société. Ainsi précisée, cette notion apparaît tellement vaste et protéiforme qu'il est quasi impossible de faire un état de l'ordre public à un instant donné. Cependant, la question du contenu de ces éléments essentiels ou principes élémentaires ou règles fondamentales du droit des sociétés demeure entière.

283. L'intérêt général, un critère de l'ordre public. En France, lors des travaux préparatoires du code civil, l'ordre public a été considéré comme la loi qui est dans l'intérêt de tous ou qui concerne plus l'intérêt public que l'intérêt privé[900]. S'en est suivie une série de définitions plus ou moins satisfaisantes les unes que les autres. Plusieurs auteurs ont ainsi tenté de définir l'ordre public par référence à l'intérêt public ou l'intérêt général[901]. Ainsi, pour PLANIOL, « *une disposition est d'ordre public toutes les fois qu'elle est inspirée par des considérations d'intérêt général qui se trouveraient compromises si les particuliers étaient libres d'empêcher l'application de la loi*[902] ». Cependant, cette référence est malencontreuse vu

[898] L'impérativité serait ainsi un corollaire non indispensable de l'ordre public. V. B. FAUVARQUE-CAUSSON, « L'ordre public », *op. cit.*, p. 488, n° 21.
[899] F. HAGE-CHAHINE, Rapport général, in *L'ordre public*, Travaux de l'association Henry Capitant, journées libanaises, 1998, p. 21, n° 5.
[900] P. A. FENET, Naissance du code civil : la raison du législateur : travaux préparatoires du code civil, éd. Flammarion, 2004, p. 94.
[901] V. dans ce sens, G. RIPERT, Aspects juridiques du capitalisme moderne, 2ème éd., L. G.D.J., 1995, p. 222, n° 99 où il considère que « la caractéristique de l'ordre public est de défendre l'intérêt public ». V. également P. BERNARD, La notion d'ordre public en droit administratif, préf. G. Pequignot, L.G.D.J., 1962, p. 236.
[902] Cité par Ph. Malaurie, Les contrats contraires à l'ordre public, op. cit., p. 263.

que l'intérêt général n'est pas plus explicite que la notion même d'ordre public[903]. Certains auteurs préfèrent parler d'intérêt social, car cette notion présente une « *plus grande souplesse conceptuelle et éviterait de se prononcer sur la question éternelle de l'intérêt général par rapport aux intérêts privés*[904] ».

L'intérêt général a été néanmoins présenté comme un critère de l'ordre public[905]. En effet, l'ordre public entraîne nécessairement une hiérarchisation des intérêts en présence, en faisant primer l'un d'entre eux, « *vecteur d'une valeur jugée fondamentale*[906] » sur un autre. Ces intérêts peuvent être publics ou privés, l'essentiel étant que l'intérêt d'ordre public soit celui jugé supérieur en « *référence à une table des valeurs fondamentales, à un moment donné, dans un espace donné*[907] ». Il appartient donc, soit au législateur de fixer quels sont les intérêts qu'il juge supérieurs, soit à défaut au juge de trancher entre deux intérêts, celui qui paraît supérieur à l'autre. L'ordre public serait ainsi un élément permettant d'identifier l'intérêt ayant une valeur plus importante et d'en assurer la prévalence[908]. Cette idée de l'ordre public a été reprise récemment pour expliquer la préférence accordée souvent à la personne morale lorsqu'elle se trouve confrontée à ses associés[909]. La confrontation à l'intérêt général permet ainsi de retenir une hypothèse de base selon laquelle, l'ordre public serait une technique de sélection entre divers intérêts essentiels ou fondés sur des valeurs fondamentales de la société. La question se pose ici de savoir quelles peuvent être les valeurs fondamentales ou les éléments essentiels du droit des sociétés.

B. L'ordre public et la détermination des éléments essentiels du droit des sociétés

284. L'ordre public sociétaire et l'identification des éléments essentiels du droit des sociétés. L'ordre public sociétaire serait constitué d'un ensemble d'éléments sans lesquels on ne pourrait parler de société. Les associés disposent d'une liberté conventionnelle mais cette liberté se trouve limitée par les éléments qui sont de l'essence même de la société. Cette idée

---

903 V. en ce sens, J. HAUSER et J.-J. LEMOULAND, « Ordre public et bonnes mœurs », *Rép. Droit civil*, Dalloz, mars 2004, p. 5, n° 1.
904 Ibid.
905 M. MEKKI, L'intérêt général et le contrat – Contribution à une étude de la hiérarchisation des intérêts en droit privé, préf. J. Ghestin, L.G.D.J., 2004, p. 188, n° 292.
906 Ibid.
907 *Ibid.*, p. 198, n° 311.
908 *Ibid.*, p. 204, n° 325.
909 L. SCHRYVE, L'ordre public et le droit des sociétés, op. cit., p. 561 et suiv.

est empruntée à POTHIER, qui rajoute aux deux choses que l'on doit distinguer dans le contrat, c'est-à-dire celles qui sont de l'essence du contrat et celles qui lui sont accidentelles[910], les choses qui sont de la nature même du contrat[911]. Ainsi, dans un rapport contractuel, les choses qui sont de l'essence du contrat « *sont celles sans lesquelles ce contrat ne peut subsister. Faute de l'une de ces choses, ou il n'y a point du tout contrat, ou c'est une autre espèce de contrat*[912] ». Il s'agit de l'essence même du contrat, en d'autres termes des éléments irréductibles du contrat que l'on doit nécessairement retrouver quel que soit le type de contrat considéré.

Transposé en droit des sociétés, les éléments essentiels de la société sont ceux qui sont irréductibles, c'est-à-dire sans lesquels il n'y a pas de société. Ces éléments essentiels du droit des sociétés constitueraient ainsi une limite aux aménagements conventionnels parce que relevant de l'ordre public sociétaire. Certains auteurs[913] ont tenté d'identifier ces éléments qui

---

[910] Les choses accidentelles au contrat sont celles qui, n'étant pas de la nature du contrat, n'y sont renfermées que par la volonté des parties. C'est le cas du terme accordé par le vendeur à l'acheteur. V. R.-J. POTHIER, *Traité des obligations*, Dalloz 2011, p. 8, n° 8.

[911] Pour Pothier, les choses qui sont de la nature du contrat « sont celles qui, sans être de l'essence du contrat, font partie du contrat, quoique les parties contractantes ne s'en soient point expliquées, étant de la nature du contrat que ces choses y soient renfermées et sous-entendues ». Elles se situeraient entre les choses essentielles au contrat et celles accidentelles. Elles se distinguent des premières en ce que le contrat peut exister sans elles et que les parties peuvent l'exclure du champ contractuel. Elles diffèrent également des choses accidentelles puisqu'elles font partie du contrat sans pour autant avoir été convenues entre les parties. L'exemple type de ces choses qui sont de la nature du contrat serait la garantie contractée par le vendeur. Cette dernière n'est pas essentielle au contrat en ce que les parties peuvent l'écarter, et elle n'est pas non plus prévue par la volonté des parties. V. R.-J. POTHIER, Traité des obligations, op. cit., p. 7, n° 7.

[912] R.-J. POTHIER, *Traité des obligations*, *op. cit.*, p. 6, n° 6. Ainsi, dans un contrat de vente les choses essentielles sont la chose objet du contrat et le prix.

[913] Par exemple, dans sa thèse sur les limites à la liberté contractuelle en droit des sociétés, un auteur tente d'identifier l'ordre public sociétaire en tant que limite à cette liberté. Pour cet auteur, les aménagements conventionnels seraient valables si leurs effets sont conformes aux objectifs poursuivis par le droit des sociétés, et plus précisément si ces effets ne heurtent pas un élément essentiel du droit des sociétés. Il s'agit pour l'auteur non de rechercher le caractère obligatoire de certaines règles impératives mais de certains éléments essentiels du droit des sociétés dans son ensemble. L'auteur propose ainsi de déterminer les éléments essentiels ou fondamentaux non pas du contrat de société en raison de la grande diversité de formes sociales, mais de la société elle-même. Ces éléments essentiels seront constitués par les « connexions radicales ». Ainsi, « *en droit des sociétés, la façon la plus opératoire de procéder paraît être la détermination de ce qui est essentiel dans toute société non pas à partir des dispositions de cette matière, mais d'une sorte de lien naturel entre certaines règles existantes. Briser ce lien privera une règle existante d'effectivité ou lui donnera un effet pervers. Ce qui est impératif ce n'est pas l'un ou l'autre des termes du lien mais leur lien* ». L'auteur propose ainsi deux connexions radicales à savoir : d'une part le lien entre l'activité et la garantie et d'autre part le lien entre le pouvoir et la responsabilité. V. S. SCHILLER, *Les limites de la liberté contractuelle en droit des sociétés – Les connexions radicales*, *op. cit.*, p. 149, n° 301 et suiv.

caractériseraient chaque société, étant observé que seul le législateur peut instituer tel ou tel type de société. Les associés ne peuvent pas constituer une société *ex nihilo* en dehors des différentes sociétés existantes. Ils ne pourraient non plus faire un "mélange de différentes sociétés" pour en faire une société de type nouveau[914].

285. Illustration de l'élément essentiel en droit des sociétés. La société est caractérisée par un certain nombre d'éléments essentiels, éléments qui font que la société est "unique en son genre". Ces éléments permettent de distinguer la société des autres groupements, et au sein même du droit des sociétés de distinguer chaque type sociétaire. Ainsi, « *seront nuls les clauses statutaires et aménagements contractuels bouleversant l'équilibre d'une forme sociale au point de la dénaturer en une autre forme*[915] ». Un auteur a ainsi pu ainsi retenir différentes classifications des types sociétaires établis par le législateur[916].

Dans les classifications générales, il faudrait distinguer d'une part les sociétés à risque limité de celle à risque illimité, et d'autre part les sociétés par intérêts des sociétés par actions.

Dans la première catégorie, la caractéristique essentielle de la distinction repose sur la responsabilité limitée ou indéfinie des associés. Caractéristique propre à une catégorie de sociétés et déclarée d'ordre public par la jurisprudence[917], les associés ne sauraient aménager une société à risque limité pour qu'elle prenne l'allure ou l'apparence d'une société à risque illimité sous peine que l'aménagement en question ne tombe sous le coup de l'ordre public. Inversement, la responsabilité illimitée des sociétés de personnes est aussi d'ordre public, les associés ne pouvant restreindre leur responsabilité ni dans les statuts ni par des actes extrastatutaires. L'élément fondamental est ici le risque encouru par chaque associé.

Dans la seconde catégorie, « *toute société est soit une société par intérêts, soit une société par actions*[918] ». L'élément fondamental qui permet de distinguer les sociétés par intérêts des sociétés par actions réside en la libre négociabilité des titres. Après avoir distingué le « principe de négociabilité des actions » du « principe de libre négociabilité des actions »[919], l'auteur retient légitimement que ce dernier constitue un élément

---

914 V. en ce sens L. SCHRYVE, L'ordre public et le droit des sociétés, op. cit., n° 112.
915 Ibid.
916 Ibid.
917 Cass. com. 26 juin 1984, *Rev. sociétés,* 1985, p. 124.
918 L. SCHRYVE, L'ordre public et le droit des sociétés, op. cit., n° 161.
919 Il y a une confusion en doctrine et même en jurisprudence entre la libre négociabilité, (c'est-à-dire la liberté dont dispose chaque associé de céder ses actions sans avoir à requérir

essentiel des sociétés par actions, qui les distingue des sociétés par intérêts. Il s'agit d'un principe et comme tel peut admettre des exceptions, comme la possibilité offerte aux associés d'une SAS de prévoir une clause d'inaliénabilité dans les statuts[920]. Cependant, cette exception d'interprétation stricte, doit être limitée dans le temps[921] et représenter un intérêt réel et sérieux aussi bien pour les parties que pour la société[922].

Dans les classifications spéciales, la distinction est à faire entre d'une part les sociétés personnifiées des sociétés non personnifiées, et d'autre part les sociétés pouvant faire ou non offre au public de titres financiers. Dans la distinction entre société personnifiée et société non personnifiée, le critère essentiel ici est l'existence d'une personnalité juridique. De cette personnalité juridique découle un certain nombre de conséquences, notamment l'existence d'un patrimoine propre distinct de celui des membres qui composent la société. Ainsi, au regard de la jurisprudence[923], l'auteur retient que la distinction entre société personnifiée et société non personnifiée est d'ordre public.

La dernière distinction[924] concerne les sociétés pouvant ou non faire offre au public de titres financiers[925]. Le critère de distinction serait ici la

---

l'agrément de quelque organe de la société que ce soit), et la négociabilité (qui est un attribut technique de l'action). Seul le principe de libre négociabilité des actions est d'ordre public car il constitue un élément essentiel des sociétés par actions.

[920] V. article 853-17 de l'AUDSC révisé.

[921] L. 227-13 du code de commerce.

[922] V. CA Paris, 4 mai 1982, *Gaz. Pal.*, 1983, 1, p. 152.

[923] CA Paris, 8 octobre 1999, *Dalloz,* 2000, jur., p. 583 ; *Bull. Joly sociétés,* 2000, p. 93 ; *RJDA,* 2000, n° 176 ; arrêt confirmé par Cass. com. 29 octobre 2003, *RJDA,* 2004, n° 327.

[924] Il faut noter que l'auteur de cette classification identifie également un régime primaire impératif d'ordre public considéré commun à toutes les sociétés. Celui-ci serait applicable à l'ensemble des sociétés quelle que soit leur forme. Ce régime primaire impératif serait constitué d'abord de l'ensemble des règles essentielles pour les sociétés issues du code civil, et ensuite de celles hors le code civil.
Dans le régime primaire impératif issu du code civil, il faudrait tout d'abord exclure les règles supplétives soit du fait de leur statut soit du fait de leur champ d'application. Ensuite, le régime primaire impératif est constitué entre autre des dispositions qui appartiennent de plein droit à ce régime, du fait de la précision expresse de leur caractère impératif, ou de l'importance accordée par le législateur à ces dispositions.
Dans le régime primaire impératif hors le code civil, l'auteur tente d'identifier les règles qui paraissent essentielles, irréductibles en droit des sociétés. La société par actions simplifiée, dont le régime législatif est un *minima,* constitue l'instrument adéquat pour savoir ce que le législateur considère comme essentiel et "indérogeable" dans une société. C'est ainsi que par exemple les règles relatives à la représentation de la société sont impératives car essentielles pour la société. En définitive, il faut retenir que le régime primaire impératif du droit des sociétés doit être complété par le corpus d'ordre public issu des autres matières qui nécessairement rentrent en « collusion » avec le droit des sociétés. V. L. SCHRYVE, *L'ordre public et le droit des sociétés, op. cit.* n° 161.

[925] Cette distinction est issue de l'ordonnance n° 2009-80 du 22 janvier 2009.

faculté de solliciter des capitaux auprès d'une épargne plus ou moins anonyme. Ainsi, seules les sociétés autorisées légalement à faire offre au public de titres financiers peuvent réaliser certaines opérations précises[926]. Cette classification est d'ordre public de telle sorte qu'il appartient seulement au législateur de déterminer la liste des sociétés admises à faire offre au public de titres financiers. Il n'appartient donc pas aux associés de modifier conventionnellement cette répartition qui constitue un élément essentiel du droit des sociétés donc d'ordre public.

286. La recherche des « connexions radicales » en droit des sociétés. Aussi, dans la recherche des limites à la liberté contractuelle en droit des sociétés, un autre auteur a tenté d'identifier l'ordre public sociétaire en tant que limite à cette liberté. Pour celui-ci, les aménagements conventionnels doivent être valables si leurs effets sont conformes aux objectifs poursuivis par le droit des sociétés, et plus précisément si ces effets ne heurtent pas un élément essentiel du droit des sociétés. Il s'agit pour l'auteur non de rechercher le caractère obligatoire de certaines règles impératives mais de certains éléments essentiels du droit des sociétés dans son ensemble[927]. L'auteur propose ainsi de déterminer les éléments essentiels ou fondamentaux non pas du contrat de société, en raison de la grande diversité de formes sociales, mais de la société elle-même. Ces éléments essentiels seront constitués par les « connexions radicales ». Ainsi, « *en droit des sociétés, la façon la plus opératoire de procéder paraît être la détermination de ce qui est essentiel dans toute société non pas à partir des dispositions de cette matière, mais d'une sorte de lien naturel entre certaines règles existantes. Briser ce lien privera une règle existante d'effectivité ou lui donnera un effet pervers. Ce qui est impératif ce n'est pas l'un ou l'autre des termes du lien mais leur lien*[928] ». L'auteur propose ainsi deux connexions radicales à savoir d'une part le lien entre l'activité et la garantie, et d'autre part le lien entre le pouvoir et la responsabilité.

287. Cette illustration de l'identification des éléments essentiels du droit des sociétés montre bien la difficulté de relever l'ensemble des éléments essentiels du droit des sociétés, ensemble devant servir de rempart ou de limite à la liberté contractuelle. Ces éléments sont susceptibles de varier d'un auteur à un autre. Si certains éléments identifiés apparaissent effectivement comme des limites à la liberté contractuelle en ce que les aménagements conventionnels qui leur seront contraires devront subir la sanction de la nullité, il demeure une incertitude quant au contenu exact de cet ordre public

---

[926] En l'occurrence, les opérations définies à l'article L. 411-1 du code monétaire et financier.

[927] S. SCHILLER, Les limites de la liberté contractuelle en droit des sociétés – Les connexions radicales, op. cit., n° 295.

[928] *Ibid.*, n° 297.

sociétaire. Aussi, chargé de l'interprétation des règles de droit, le juge pourrait découvrir des éléments essentiels ou des connexions radicales en droit des sociétés afin d'invalider une convention sociétaire au nom de l'ordre public[929]. C'est la raison pour laquelle certains auteurs préfèrent limiter l'ordre public sociétaire aux règles impératives[930]. Des critères ont ainsi été dégagés pour permettre d'identifier les règles impératives.

§II. La multiplicité des critères de détermination des règles impératives en droit des sociétés

288. À défaut de pouvoir identifier avec clarté le contenu de la notion d'ordre public sociétaire[931], certains auteurs préfèrent considérer comme condition de validité des aménagements conventionnels, les règles d'ordre public ou encore règles impératives[932]. Ces dernières étant par hypothèse nombreuses et évoluant au gré des réformes législatives, il est apparu nécessaire d'établir des critères permettant de qualifier telle ou telle règle d'ordre public en référence à son caractère impératif. Ainsi, le caractère impératif d'une règle peut être révélé par la formulation même de la règle (**A**) ou par la sanction attachée à sa violation (**B**).

A. Le caractère impératif issu de la formulation de la règle

289. Le législateur utilise une méthode particulière dans la rédaction des textes de lois afin de leur imprimer un caractère impératif ou supplétif. Mais dans certaines situations, la formulation est imprécise quant au caractère impératif de la règle, de telle sorte qu'il faut déterminer des critères précis qui puissent permettre de révéler ce caractère. Il convient donc de distinguer selon que le texte prévoit son caractère impératif (**2**), des cas où le texte serait silencieux sur sa portée (**1**).

---

[929] V. en ce sens Ph. MALINVAUD, *Introduction au droit*, 12 éd., Litec, 2008, p. 363, n° 431 ; Ph. MALAURIE, *Les contrats contraires à l'ordre public*, *op. cit.*, p. 99, n° 134.

[930] V. par exemple M. BUCHBERGER, « L'ordre public sociétaire », *art. préc.*, p. 182.

[931] V. P. NGUIHE KANTE, « Le caractère d'ordre public du droit uniforme des sociétés commerciales en Afrique », *RTD Com.* 2010, p. 1, n° 4. Cet auteur souligne « *qu'il est difficile de déterminer les limites exactes de cet ordre public, lorsqu'il s'agit d'apprécier les cas développés en réaction à la rigidité excessive du droit des sociétés commerciales de l'OHADA* ».

[932] V. en ce sens Y. GUYON, Traité des contrats – Les sociétés, aménagements statutaires et conventions entre associés, op. cit., p. 309, n° 201.

1. Lorsque le texte ne prévoit pas son caractère impératif

290. Analyse formelle ou substantielle du texte. Lorsque le texte ne prévoit pas son caractère impératif, il convient de procéder à une analyse formelle de celui-ci. Si cette analyse formelle ne permet pas de dire si une règle est impérative ou supplétive, il faudrait alors procéder à une analyse de la substance même de la règle afin d'y déceler l'intention du législateur d'attacher une certaine importance ou non à telle ou telle règle.

291. Analyse formelle du texte. L'analyse formelle du texte consiste à se baser sur la tournure de la phrase utilisée. On a ici égard à des éléments de sémantique et de philologie[933]. Un auteur affirme dans ce sens que, « *la forme directe et l'emploi de l'indicatif présent ou futur sont des signes parmi tant d'autres, du caractère impératif de la loi*[934] ». De même, l'utilisation de certains verbes impliquant l'accomplissement d'une obligation serait signe d'impérativité. Ce serait par exemple le cas lorsque le législateur utilise l'indicatif des verbes devoir, obliger, falloir, (ne) pouvoir, défendre, interdire, prohiber, ordonner, commander, gouverner, enjoindre, prescrire, tenir, exiger, poursuivre, forcer ou contraindre. Cette formulation dénoterait du caractère d'ordre public du texte[935]. De ce fait, l'article L. 221-1 du code de commerce prévoyant dans son premier alinéa que « *les associés en nom collectif ont tous la qualité de commerçant et répondent indéfiniment et solidairement des dettes sociales* » ne peut être interprété que comme étant impératif. Les associés ne sauraient dès lors par convention, écarter cette qualité ou cette solidarité vis-à-vis des dettes sociales. Cette remarque est aussi valable pour le droit OHADA où le législateur retient une formule quasi similaire[936].

Cependant, ces procédés sont insatisfaisants car en général, la loi nécessite d'être rédigée sous forme de commandement[937]. La quasi-totalité des normes de droit positif est rédigée selon ce mode. Cette analyse n'est donc pas satisfaisante en elle-même mais elle peut au mieux révéler des indices d'impératif légal sociétaire.

---

[933] J.-L. BERGEL, *Méthodologie juridique*, PUF, 2001, p. 238.
[934] J.-L. BERGEL, *Méthodologie juridique*, *op. cit.*, p. 188. V. aussi G. CORNU, *Linguistique juridique*, Montchrestien 2000, p. 272, n° 67.
[935] G. CORNU, *Linguistique juridique*, *op. cit.*, p. 272, n° 66.
[936] V. article 270 de l'AUDSC révisé qui prévoit que « la société en nom collectif est celle dans laquelle tous les associés sont commerçants et répondent indéfiniment et solidairement des dettes sociales ».
[937] Ch. LEBEL, « Impératif juridique, dérogation et dispense : quelques observations », *Droits*, 1997, p. 33, n° 25.

292. Analyse substantielle du texte. Il s'agit ici de se « *rapporter à la raison profonde de la disposition visée, et mesurer son importance dans le fonctionnement de la société*[938] ». Il convient donc d'observer avec minutie les motifs du texte afin d'apprécier l'importance accordée par le législateur au texte et ainsi en tirer son caractère impératif ou supplétif. La règle impérative serait ainsi celle qui est la plus importante aux yeux du législateur[939]. Il ressort donc une appréciation subjective du caractère impératif du texte. Cependant, comment déterminer les règles qui semblent les plus importantes aux yeux du législateur ? Toutes les règles ne seraient-elles pas importantes pour le législateur ? La distinction entre règles importantes et règles moins importantes apparaît très difficile à mettre en œuvre.

Ce critère demeure donc un critère largement insuffisant pour déterminer avec certitude le caractère impératif d'un texte car trop incertain.

2. Lorsque le texte prévoit son caractère impératif

293. Une impérativité découlant de la formulation du texte. Cette situation est la plus confortable pour les juristes qui n'ont plus à se poser la question du caractère impératif ou non d'une règle. Ainsi, *« les textes dits « impératifs » ou « prohibitifs », selon qu'ils édictent un commandement positif ou une interdiction, s'imposent de manière absolue au respect de tous ceux auxquels ils s'adressent, parce qu'ils sont destinés à garantir un intérêt essentiel, de protection individuelle ou d'intérêt public*[940] ». C'est le cas lorsque le législateur lui-même énonce que les dispositions de la présente loi sont d'ordre public[941].

Le caractère impératif peut provenir aussi de certaines formules employées par le législateur telles que « à peine de nullité... » ou « toute clause contraire est réputée non écrite ». À l'inverse, d'autres textes peuvent prévoir leur caractère supplétif par des formules telles que « *sauf convention contraire*[942] » ou « *à défaut de stipulation contraire des statuts* ». Le

[938] P. Le CANNU et B. DONDERO, *Droit des sociétés*, *op. cit.*, p. 299, n° 463.

[939] P. LEGROS, « La nullité des décisions de sociétés », *Rev. sociétés,* 1991, p. 288, n° 32.

[940] J.-L. BERGEL, Méthodologie juridique, op. cit., p. 183.

[941] V. l'article 2 de l'Acte uniforme relatif au droit des sociétés coopératives qui énonce que « Les dispositions du présent Acte uniforme sont d'ordre public, sauf dans les cas où il autorise expressément les coopérateurs, soit à substituer les stipulations dont ils sont convenus ou les dispositions de droit interne des États Parties à celles du présent Acte uniforme, soit à compléter par leurs stipulations les dispositions du présent Acte uniforme ».

[942] Par exemple, l'article 278 de l'AUDSC révisé prévoit que « sauf convention contraire des statuts, la rémunération des gérants est fixée par les associés, à la majorité en nombre et en capital des associés ». Ainsi, cette disposition est a priori supplétive. Mais, à défaut de

caractère impératif est ainsi évincé, mais le texte demeure obligatoire car, si les parties ne conviennent pas d'une autre règle ou n'écartent pas l'application de celle-ci, alors la situation sera régie de droit par la règle supplétive[943]. En effet, le caractère impératif ne doit pas être confondu avec le caractère obligatoire d'une norme. Toutes les règles légales sont en principe obligatoires, mais elles ne sont pas forcément impératives. Les lois impératives ou d'ordre public n'admettent pas de dérogation alors que les lois supplétives peuvent être écartées par les parties. Par contre toute loi, qu'elle soit impérative ou supplétive, a un caractère obligatoire. Ce caractère intervient au moment de l'application de la norme, la règle supplétive revêtant « *effectivement un caractère obligatoire en ce sens que l'absence de volonté contraire des intéressés impose nécessairement son application*[944] ». De ce fait, les lois supplétives ne sont obligatoires qu'à défaut de convention contraire[945].

294. Critiques. D'une manière générale, ces critères d'identification ne sont pas satisfaisants pour plusieurs raisons. D'abord, plusieurs textes demeurent "muets" quant à leur caractère impératif ou supplétif. Ensuite, même étant précisé, il n'en demeure pas moins que ces textes restent tout de même susceptible d'interprétation. À cet effet, « *l'interprétation que les juges font des dispositions impératives est souvent difficile à anticiper, car ceux-ci n'hésitent pas à se détacher de la lettre du texte, sans que le raisonnement suivi soit toujours identique*[946] ». Une autre technique permettant de relever le caractère impératif d'un texte serait de se référer à la sanction assortie à celui-ci.

B. Le caractère impératif issu de la sanction de la règle

295. Le caractère impératif d'une loi peut être affirmé sur le mode d'une sanction[947]. La sanction manifesterait tout l'intérêt que le législateur porte à la règle considérée. Il faut tout de même réserver les cas où la technique de la sanction a été utilisée abusivement par le législateur pour imprimer un caractère impératif à des règles qui ne correspondaient à aucun intérêt

---

prévision contraire des statuts, le texte devient obligatoire de telle sorte que d'autres modalités de fixation de la rémunération du gérant ne puissent intervenir par exemple dans un acte extrastatutaire.

[943] J.-P. LEGROS, « La nullité des décisions des sociétés », *op. cit.*, p. 288, n° 32.

[944] C. PERES-DOURDOU, *La règle supplétive*, préf. G. Viney, L.G.D.J., 2004, p. 135, n° 147.

[945] R. CAPITANT, Introduction à l'étude de l'illicite – L'impératif juridique, Dalloz, 1928, p. 70.

[946] M. BUCHBERGER, « L'ordre public sociétaire », *art. préc.*, p. 192, n° 17.

[947] R. ENCINAS De MUNAGORRI et G. LHUILLIER, *Introduction au droit*, Flammarion, 2002, p. 205.

essentiel de la société. Nous évoquerons principalement deux types de sanctions à savoir les sanctions civiles (**1**) et les sanctions pénales (**2**).

1. Les sanctions civiles

296. La sanction de la nullité. Ce type de sanction serait un indice permettant de relever le caractère d'ordre public d'un texte. Un auteur a affirmé en ce sens qu'« *il y a nullité chaque fois que les auteurs d'un acte juridique [...] contreviennent à une règle ou à un principe général intéressant l'ordre public*[948] ». Selon cet auteur, « *par essence, l'ordre public n'est en cause sinon la sanction ne pourrait être que la nullité*[949] ». C'est ainsi que le législateur OHADA prévoit entre autres comme cause de nullité des actes, décisions ou délibérations ne modifiant pas les statuts de la société, la violation d'une disposition impérative de l'AUDSC révisé ou des textes régissant les contrats[950]. La sanction de la nullité apparaît ainsi comme un révélateur du caractère impératif d'un texte. Il faut dans ce domaine tenir compte non seulement des nullités textuelles – lorsque la sanction est prévue par le législateur – mais également, des nullités virtuelles. En effet, il appartient au juge de déterminer les différents cas de nullité. Cette détermination, si elle est facilitée en cas de nullités textuelles, apparaît délicate en l'absence de précision de la part du législateur. Le juge pourrait dans ce cas rechercher le fondement de la norme méconnue, la nullité n'étant retenue qu'en tant que sanction des règles particulièrement importantes[951]. La question qui se pose ici aussi serait celle de la détermination des règles particulièrement importantes pour le législateur. Cette sanction est parfois suppléée par celle du réputé non écrit.

297. La sanction du réputé non écrit. Le réputé non écrit est une fiction juridique qui permet de se comporter comme si la clause frappée par cette sanction n'avait jamais existé. Cette sanction a pour objet de tempérer la sanction de la nullité quant à ses effets, notamment s'agissant des nullités subséquentes. La clause réputée non écrite apparaît comme un révélateur particulièrement efficace du caractère impératif des règles en droit des sociétés. C'est en ce sens qu'un auteur a affirmé que la sanction du réputé non écrit révèle nécessairement la présence d'une règle d'ordre public en droit des sociétés[952]. Ainsi, « *s'agissant d'une fiction légale, ce procédé est*

---

[948] Ph. SIMLER, *La nullité partielle des actes juridiques*, L.G.D.J., 1969, p. 398, n° 326.
[949] Ibid.
[950] V. article 244 de l'AUDSC révisé. V. aussi en droit français, article L. 235-1 du code commerce.
[951] J.-P. LEGROS, « La nullité des décisions de sociétés », *art. préc.*, p. 288, n° 32.
[952] J. KULLMAN, « Remarques sur les clauses réputées non écrites », *Dalloz,* 1993, Chron. p. 59 et 63.

mis en place par un texte qui marque la volonté du législateur de faire respecter une norme d'ordre public[953] ». Le législateur montre ainsi sa volonté "d'effacer" la clause concernée et de voir appliquer les critères légaux. L'article 1844-10 du code civil français à son alinéa 2 prévoit que « *toute clause statutaire contraire à une disposition impérative du présent titre dont la violation n'est pas sanctionnée par la nullité de la société, est réputée non écrite* ». Ainsi, à défaut d'être nulle, la clause contraire à la disposition impérative sera considérée non écrite, ce qui dénote tout l'intérêt que le législateur porte à la règle considérée.

298. Outre les sanctions civiles, les sanctions pénales permettent elles aussi de révéler le caractère impératif des textes.

2. La sanction pénale

299. Un auteur a affirmé que « *la présence d'une sanction pénale est le guide infaillible qui permet de lever le doute et de classer la disposition en question parmi celles qui sont d'ordre public*[954] ». Le droit pénal destiné à maintenir l'ordre social a très longtemps été considéré comme le « bastion » des règles d'ordre public[955]. Il s'agit ici de protéger une valeur jugée fondamentale pour la société. Ainsi, malgré l'autonomie affirmée du droit pénal et du droit civil, la violation d'une disposition pénalement sanctionnée entraîne souvent la nullité de l'acte ou de la délibération qui lui est contraire. Un arrêt de la Cour d'appel de Montpellier[956] permet d'illustrer cette approche. Cette Cour, se prononçant sur la validité d'un cautionnement donné par une SARL pour garantir les dettes personnelles de son gérant, ayant constaté les éléments constitutifs de l'infraction d'abus de biens ou de crédit de la société incriminée par l'article 425 de la loi du 24 juillet 1966[957], a considéré que le cautionnement était frappé d'une nullité d'ordre public. Pour la Cour, l'article 51 de cette loi, qui prévoit la nullité des contrats par lesquels les gérants ou associés font cautionner leurs engagements envers les tiers, est impératif car la violation de cette disposition est réprimée par une sanction pénale. Un auteur dira à cet effet que « *le seul fait qu'il y ait eu infraction à l'article 425 de la loi du 24 juillet 1966 rend l'acte contraire à*

[953] Ibid.

[954] S. CIMAMONTI, « L'ordre public et le droit pénal », in *L'ordre public à la fin du XXe Siècle*, Dalloz 1996, p. 89.

[955] J.-L. BERGEL, Méthodologie juridique, op. cit., p. 188.

[956] CA Montpellier, 7 janvier 1980, *Rev. sociétés* 1980, p. 737, note Ch. Mouly ; V. *contra*, CA Paris, 10 mai 1984, *Bull. Joly,* 1984, p. 765.

[957] Article abrogé et remplacé par l'article L. 241-3 du code de commerce.

l'ordre public et permet, sur le fondement de l'article 6 du code civil, d'annuler le contrat qui est un élément constitutif de l'infraction[958] ».

Cependant, il semble n'exister aucun systématisme en la matière[959]. Cela pourrait s'expliquer par le fait que le législateur a utilisé les sanctions pénales en droit des sociétés, non pour maintenir un certain ordre social, mais pour inciter les dirigeants et associés au respect d'un certain formalisme[960]. Sur ce point, les injonctions de faire paraissent mieux adaptées[961]. Nous pouvons conclure avec un certain nombre d'auteurs que la sanction pénale n'est révélatrice de la présence d'ordre public que si elle vise à sanctionner la violation d'un intérêt général ou d'une valeur fondamentale de la société. Toutes les dispositions pénalement sanctionnées ne sont donc pas *de facto* impératives[962].

300. Il convient de retenir que l'ordre public sociétaire ne saurait constituer un critère efficace de validité des aménagements conventionnels eu égard à l'incertitude qui règne autour de cette notion. Quant aux règles impératives, il semble *« qu'il n'existe pas de critère objectif permettant d'affirmer définitivement ex ante, c'est-à-dire avant toute interprétation du juge, qu'un texte est d'ordre public*[963]». Ainsi, les lois d'ordre public, même si elles constituent certainement des limites à la liberté conventionnelle du fait de la quasi-impossibilité de les déterminer par avance, constituent un critère de validité imprécis et incertain. Toutefois, l'ordre public sociétaire en tant que standard juridique, offre au juge toute la latitude nécessaire à l'appréciation de la validité des aménagements conventionnels. Cette malléabilité des critères de validité s'observe également lorsque l'intérêt social est envisagé comme critère de validité des aménagements conventionnels.

---

[958] Ibid.

[959] L. SCHRYVE, *L'ordre public et le droit des sociétés*, *op. cit.*, n° 100 et suiv. L'auteur pose un syllogisme selon lequel, les dispositions dont l'inobservation est pénalement sanctionnée constituent des normes d'ordre public (majeure). Or, les actes ou délibérations contraires aux dispositions impératives du livre deuxième du code de commerce sont nulles (mineure). Il en conclut logiquement que la violation d'une disposition pénalement sanctionnée entraîne nécessairement la nullité de l'acte ou de la délibération qui lui est contraire. Cependant, si ce syllogisme est confirmé par les décisions des juridictions du fond (CA Montpellier, 7 janvier 1980, préc.), la Cour de cassation semble retenir le contraire (Cass. com. 3 janvier 1996, *JCP E* 1996, II, p. 808 ; *Bull Joly* 1996, p. 285 ; *RJDA* 1996, n° 512).

[960] L. SCHRYVE, L'ordre public et le droit des sociétés, op. cit., n° 106.

[961] V. *supra,* n° 189.

[962] V. en ce sens P. DIDIER et Ph. DIDIER, *Droit commercial*, Tome 2, *Les sociétés commerciales*, éd. Economica, 2011, p. 328, n° 409.

[963] L. SCHRYVE, L'ordre public et le droit des sociétés, op. cit., n° 110.

Section II. L'intérêt social, critère de validité des aménagements conventionnels en droit français et OHADA

301. L'intérêt social est après l'ordre public l'un des concepts utilisés tant par le législateur que par le juge sans que pour autant ce concept ne renvoie à un contenu plus ou moins défini[964]. En effet, le code de commerce[965] ou l'AUDSC[966] utilise la notion d'intérêt social sans en donner une définition. Il s'agit d'une notion difficile à appréhender, les auteurs étant tentés d'aborder la notion d'un point de vue fonctionnel, d'où le qualificatif par certains auteurs de « *l'indéfinissable intérêt social*[967] ». Pourtant, ce concept n'en perd pas moins son importance. Au contraire, qualifié par certains de « *boussole de la société*[968] » ou encore de « *notion fondamentale*[969] », l'intérêt social est un standard ou « *concept mou*[970] » qui permet au juge de s'assurer du bon fonctionnement de la société. Ainsi, les aménagements conventionnels ayant vocation à amender l'organisation légale de la société, clauses statutaires ou pactes extrastatutaires ne doivent pas contrarier l'intérêt social. Leur validité dépend en partie de leur conformité ou plus exactement de leur non-contrariété à ce standard juridique[971]. La sécurité juridique si chère aux juristes a conduit à des tentatives de définitions de cette notion. Mais au regard de la sensible "cacophonie" qui règne en la matière, il semblerait que « *le renvoi implicite mais nécessaire du Législateur vers le juge* » constitue « *un efficace vecteur d'infléchissement des règles de droit par le juge*[972] ». La flexibilité tant recherchée en droit trouve un terrain d'accomplissement dans l'usage de ces notions à contenu variable. Plus spécifiquement, en tant que critère de validité des aménagements conventionnels, l'intérêt social « *fournit l'essentiel du critérium du partage entre les conventions licites et les*

---

[964] V. en ce sens M. KONE, Le nouveau droit commercial des pays de la zone OHADA, op. cit., p. 157, n° 247 et suiv.

[965] V. notamment l'article L. 233-32-I du code de commerce.

[966] V. notamment l'article 131 de l'AUDSC révisé.

[967] F. LEJEUNE, « Cautionnement des SCI : le faux critère de l'intérêt social », *Dr. & patrimoine*, juin 1996, p. 60.

[968] A. PIRANOVA, « La boussole de la société. Intérêt commun, intérêt social, intérêt de l'entreprise ? » *Dalloz,* 1997, 24e cahier, Chron., p. 189-196 ; M. COZIAN, A. VIANDIER et Fl. DEBOISSY, *Droit des sociétés*, *op. cit.*, p. 234, n° 407. Pour ces derniers, « *l'intérêt social, c'est la boussole qui indique la conduite à suivre et qui permet de détecter les déviances et notamment l'abus du droit de vote* ».

[969] Cl. BAILLY-MASSON, « L'intérêt social, une notion fondamentale », *LPA,* 9 novembre 2000, n° 224, p. 6.

[970] B. SAINTOURENS, « La flexibilité en droit des sociétés », *art. préc.*, p. 457, n° 59.

[971] V. en ce sens, Y. GUYON, Traité des contrats. Les sociétés, aménagements statutaires et conventions entre associés, op. cit., p. 349, n° 230.

[972] B. SAINTOURENS, « La flexibilité en droit des sociétés », *art. préc.*, n° 73.

autres[973] ». Les aménagements conventionnels devront leur validité au respect de l'intérêt social.

302. Après avoir précisé dans un premier temps les différentes approches conceptuelles de la notion d'intérêt social (**§I**), il conviendra ensuite de montrer en quoi cette notion, quand bien même imprécise, constitue un critère de validité des aménagements conventionnels en droit des sociétés (**§II**).

§I. Approche conceptuelle de la notion d'intérêt social

303. La doctrine a toujours eu le souci d'enfermer la notion d'intérêt social dans un contenu assez précis pour des raisons de prévisibilité et de sécurité juridique. Mais, la flexibilité qu'offrent ces concepts mous du droit des sociétés ne remet pas forcément en cause cette sécurité. Après avoir présenté les différentes théories qui ont été développées en la matière (**A**), nous proposerons une approche fondée sur une redécouverte de la plasticité offerte par l'intérêt social (**B**).

A. Théories classiques de l'intérêt social

304. À l'instar du débat sur la nature de la société, la notion d'intérêt social a fait l'objet de vives controverses doctrinales en droit français[974]. En droit OHADA, les différents auteurs qui ont abordé la question de l'intérêt social se sont contentés de prendre position pour telle ou telle conception déjà élaborée en droit français[975]. Ces différentes conceptions de l'intérêt social peuvent être rangées principalement dans deux catégories : l'intérêt social en tant qu'intérêt propre d'une entité d'une part (**1**), et l'intérêt social en tant qu'intérêt des associés d'autre part (**2**).

---

[973] Ibid.

[974] V. notamment, D. SCHMIDT, « De l'intérêt social », *JCP E*, 1995, p. 361 ; M.-Ch. MONSALLIER, *L'aménagement contractuel du fonctionnement de la société anonyme*, *op. cit.*, p. 321 et suiv. ; A. COURET, « L'intérêt social », *Cah. Dr. Entr.*, 1996, p. 1 ; J.-P. BERTREL, « La position de la doctrine sur l'intérêt social », *Dr. & patrimoine*, 1997, p. 45.

[975] B. Y. MEUKE, « De l'intérêt social dans l'AUSGIE de l'OHADA », Ohadata D-06-24 ; Y. A. TAIROU, Préoccupations environnementales et droit de l'entreprise dans l'espace OHADA, l'Harmattan 2013, p. 43 ; M. KONE, Le nouveau droit commercial des pays de la zone OHADA, op. cit., p. 157, n° 247 et suiv.

1. Analyse contractualiste de l'intérêt social

305. Intérêt commun des associés. Fondé sur un retour à l'article 1833 du code civil, l'un des tenants de cette conception considère que « *la société est constituée dans l'intérêt commun des associés : elle n'est pas constituée en vue de satisfaire un autre intérêt que celui des associés qui ont seuls vocation à partager entre eux le bénéfice social*[976] ». Ainsi, toutes les décisions des dirigeants ainsi que tous les aménagements conventionnels de la société doivent avoir pour lanterne l'intérêt commun des associés, qui est la maximisation de leur profit. Un auteur a pu dans ce sens affirmer que, « *l'intérêt qui est commun à l'ensemble des associés, est de s'enrichir individuellement grâce au partage du profit social*[977] ». Cet intérêt se concevrait même en dépit de la viabilité de la société. L'intérêt des associés passe donc devant cette viabilité, ce qui implique qu'en cas de mésentente entre les associés, la rupture de la communauté d'intérêt devrait entraîner la disparition pure et simple de la société.

Aussi, la société doit fonctionner dans l'intérêt de tous les associés et non seulement de certains d'entre eux. Ceci pourrait également expliquer la prohibition des clauses léonines[978]. Est mis ici en exergue le principe d'égalité des associés qui découle directement de l'intérêt commun des associés.

Cette conception a été revisitée à l'occasion de l'émergence de la théorie du gouvernement d'entreprise en droit français. Il s'agit de redonner plus de pouvoir aux associés qui devront s'impliquer plus activement dans le fonctionnement de la société.

306. Critiques. Si cette conception permet une plus grande considération de l'intérêt des associés, elle ne rend pas compte de la totalité du phénomène sociétaire qui est certes initié par les associés, mais a vocation à s'amplifier, donc à accueillir d'autres intérêts qui sont à prendre également en compte. Quand bien même ces intérêts seraient inférieurs aux intérêts des associés, il convient nécessairement d'en tenir compte car ils participent à la réalisation des intérêts des associés. Enfin, il convient de remarquer que l'intérêt de la société et l'intérêt commun des associés ont chacun un champ d'application propre. Alors que l'intérêt commun des associés concerne les relations entre

---

[976] D. SCHMIDT, « De l'intérêt social », *JCP E*, 1995, p. 361, n° 38.
[977] M.-Ch. MONSALLIER, L'aménagement contractuel du fonctionnement de la société anonyme, op. cit., p. 321, n° 771.
[978] Article 1844-1, alinéa 2 du code civil ou article 54 de l'AUDSC.

associés, l'intérêt de la société viserait plutôt les interactions entre associés et personne morale[979].

307. À cette conception restreinte de l'intérêt social s'oppose une conception large qui vise à prendre en compte le plus grand nombre d'intérêts présents dans l'entreprise.

2. Analyse institutionnelle de l'intérêt social

308. Prise en compte de l'intérêt de la personne morale. Dans la construction de la notion de personnalité morale telle que mise en œuvre par la théorie de la réalité technique[980], il apparaît que le groupement, afin de revêtir le voile de la personnalité morale, doit d'une part être en mesure de dégager un intérêt qui soit distinct des intérêts individuels de ses membres, et d'autre part, être organisé de manière à pouvoir dégager une volonté collective qui puisse représenter et défendre cet intérêt[981]. Ainsi, poursuivant cette réflexion, l'intérêt social apparaît alors comme l'intérêt de la société, personne morale, donc un intérêt qui transcende celui des associés et actionnaires[982].

309. Critique. L'une des critiques que l'on a pu adresser à cette théorie est qu'elle ne nous dit pas comment la réunion de plusieurs intérêts individuels aboutit à terme à la « création » d'un intérêt qui soit distinct des intérêts des membres du groupement. En effet, le processus de formation de la personne morale met en œuvre la réunion de plusieurs intérêts censés être concordants. Si la société – personne morale – est créée par la réunion de plusieurs intérêts concordants, il semble aller de soi que l'intérêt de cette société soit, ne serait-ce qu'en partie, l'intérêt de ses fondateurs. Ainsi, on ne

---

[979] M.-Ch. MONSALLIER, L'aménagement contractuel du fonctionnement de la société anonyme, op. cit., p. 322, n° 773.

[980] V. N. BARUCHEL, *La personnalité morale en droit privé – Éléments pour une théorie*, préf. B. Petit, L.G.D.J., 2004, p. 35, n° 58 et suiv.

[981] G. WICKER, « La théorie de la personnalité morale depuis la thèse de Bruno Oppetit », in *Études à la mémoire du professeur Bruno OPPETIT*, Litec, 2009, p. 691. V. également N. BARUCHEL, *La personnalité morale en droit privé – Éléments pour une théorie*, *op. cit.*, p. 36, n° 59 et suiv. ; M.-Ch. MONSALLIER, *L'aménagement contractuel du fonctionnement de la société anonyme*, *op. cit.*, p. 318, n° 762, citant L. MICHOUD, *La théorie de la personnalité morale et son application au droit français*, 2e éd. 1998, L.G.D.J., p. 116 : « *Reconnaître le groupement comme licite c'est par là même reconnaître l'intérêt qu'il poursuit comme digne d'être protégé ; c'est par conséquent, reconnaître implicitement sa personnalité juridique. Mais pour cela deux conditions sont nécessaires...un intérêt distinct des intérêts individuels ; une organisation capable de dégager une volonté collective qui puisse représenter et défendre cet intérêt* ».

[982] M. COZIAN, A. VIANDIER et Fl. DEBOISSY, *Droit des sociétés*, *op. cit.*, p. 236, n° 409.

saurait concevoir la naissance d'un intérêt de la personne morale qui serait totalement distinct des intérêts des associés, ou qui tendrait même à nier les intérêts de ces derniers.

310. Intérêt social et intérêt de l'entreprise. Une nouvelle conception de l'intérêt social a pu voir le jour à la faveur du développement de la doctrine de l'entreprise[983]. L'intérêt social est ici considéré comme l'intérêt de l'entreprise. Il s'agit de reconnaître un intérêt qui soit propre à la personne morale mais dans une vision beaucoup plus économique. L'entreprise est communément définie comme « *un ensemble de moyens humains et matériels concourant, sous une direction économique, à la réalisation d'un objectif économique*[984] ». Il s'agit ainsi d'un organisme économique, point de rencontre de multiples intérêts[985]. Parmi ces intérêts on y retrouve ceux des associés, des dirigeants, des salariés, des fournisseurs, du fisc, *etc.* Ainsi, la société n'étant que le support juridique[986] de l'entreprise, son intérêt se confondrait avec celui de l'entreprise. La société apparaît ici comme une structure d'accueil d'une entreprise individuelle déjà existante ou d'une activité économique à créer[987]. Cet intérêt social servirait alors de protection à tous les intérêts en présence. Cette protection est accordée de manière impérative par le législateur, ce qui suppose au préalable que la société soit une entité indépendante et autonome. D'où la naissance de l'intérêt social, un intérêt propre d'une entité autonome et indépendante. Cette conception suppose également que soient pris en compte la pérennité de la société, sa stabilité, son fonctionnement adéquat, mais aussi les différents intérêts catégoriels de tous ceux qui concourent à l'atteinte de ces objectifs. L'arrêt *Fruehauf*[988] a été considéré comme la traduction

---

[983] V. Cl. CHAMPAUD, Manifeste pour la doctrine de l'entreprise : sortir de la crise du financialisme, Larcier, 2011.

[984] G. CORNU, *Vocabulaire juridique*, *op. cit.*, V° « Entreprise ».

[985] M.-Ch. MONSALLIER, L'aménagement contractuel du fonctionnement de la société anonyme, op. cit., p. 319, n° 764.

[986] Que ce support juridique soit institutionnel, c'est-à-dire organisé de manière impérative par le législateur, ou qu'il soit contractuel, c'est-à-dire organisé par la volonté des associés.

[987] J. PAILLUSSEAU, « La modernisation du droit des sociétés commerciales », Dalloz, 1996, chron. p.289. Il considère ainsi que « la société est une structure d'accueil de l'entreprise […] : ou bien la société a été spécialement constituée pour recevoir une entreprise individuelle qui existe et qui fonctionne, et elle est la structure d'accueil, l'organisation juridique de cette entreprise ; ou bien la société est créée pour exercer une activité économique […] et une entreprise naît et se développe, la société est l'organisation juridique de cette entreprise ».

[988] CA Paris, 22 mai 1965, *Fruehauf, JCP,* 1965, II, n° 14274 bis, Concl. Nepveu ; *RTD Com.,* 1965, p. 619, obs. Rodière ; *Rev. sociétés,* 1965, p. 288 ; *Dalloz,* 1968, p.147 et chron. p. 45, spéc. p. 50, note R. CONTIN, « L'arrêt Fruehauf et l'évolution du droit des sociétés » : « *Qu'est-ce alors que cet intérêt social si ce n'est celui des associés ? De manière implicite mais, à notre sens, extrêmement nette, l'arrêt de la Cour de Paris définit cet intérêt comme étant celui de l'entreprise* ».

jurisprudentielle de la perception de l'intérêt social comme assimilable à l'intérêt de l'entreprise[989].

En droit OHADA, l'intérêt social, défini comme l'intérêt de l'entreprise, permettrait de réaliser certains objectifs à savoir « *favoriser et accompagner l'essor économique sur le continent qui passe par la transparence, l'équilibre, l'efficacité, le renforcement de la protection de la société et de ses partenaires, le réajustement des pouvoirs dans l'entreprise et l'élargissement des droits d'information et d'intervention des actionnaires*[990] ». Ainsi, un auteur a pu considérer que « *le juge africain devrait adopter une conception large de la notion d'intérêt social, seule capable de prendre en compte les intérêts des associés, le patrimoine de la société et les intérêts des tiers qui contractent avec elle. L'intérêt social ici doit être identifié à celui de l'entreprise dans toutes ses composantes*[991] ». Quand bien même les différents partenaires de l'entreprise auront aussi intérêt à ce que celle-ci développe ses activités, assure sa stabilité et sa pérennité, il ne faudrait pas non plus sacrifier les intérêts des actionnaires qui ont une certaine légitimité originelle[992], et assurent en grande partie le financement de la société.

311. Intérêt social et intérêt général. Dans le même ordre d'idées, l'intérêt social a été considéré comme l'intérêt général commun de l'ensemble des acteurs intervenant dans l'entreprise ; intérêt qui serait d'assurer la prospérité et la continuité de l'entreprise[993]. Le recours à l'intérêt général commun ne peut qu'être regrettable car comme déjà observé, la notion d'intérêt général est à tout le moins aussi imprécise que celle d'intérêt social ou d'ordre public[994]. On ne peut d'ailleurs s'empêcher de s'interroger sur la possibilité de dégager un intérêt général qui serait commun à tous les acteurs de la société. Il est largement admis que les intérêts présents dans la

---

[989] V. Cependant, pour un refus de la demande de nomination d'un administrateur provisoire par des créanciers (Cass. com. 14 février 1989, *Rev. sociétés* 1989, p. 633, note D. Randoux) ou le refus de la constitution de partie civile des salariés dans une action pour abus de biens sociaux au motif que leur préjudice est indirect (Cass. crim. 27 novembre 1991, Bull. crim., n° 439, *Bull. Joly,* 1992, p. 405, note Streiff).

[990] B. Y. MEUKE, « De l'intérêt social dans l'AUSGIE de l'OHADA », *Ohadata* D-06-24.

[991] B. Y. MEUKE, art. préc. V. aussi en ce sens, M. KONE, *Le nouveau droit commercial des pays de la zone OHADA*, *op. cit.*, p. 158, n° 247.

[992] J.-P. BERTREL, « La position de la doctrine sur l'intérêt social », *art. préc.*, p. 45.

[993] Selon le rapport VIENOT de juillet 1995 sur le conseil d'administration des sociétés cotées, « L'intérêt social peut ainsi se définir comme l'intérêt supérieur de la personne morale elle-même, c'est-à-dire de l'entreprise considérée comme un agent économique autonome, poursuivant des fins propres, distinctes notamment de celles de ses actionnaires, de ses salariés, de ses créanciers dont le fisc, de ses fournisseurs et de ses clients, mais qui correspondent à leur intérêt général commun, qui est d'assurer la prospérité et la continuité de l'entreprise. » Rapport VIENOT, I, juillet 1995, p. 8.

[994] V. *supra,* n° 283.

société semblent contradictoires à certains égards. Certes, en assurant la prospérité économique et la continuité de l'entreprise, se trouvent ainsi garantis, non seulement la satisfaction des intérêts des actionnaires, celle également des dirigeants – dont les revenus sont parfois indexés sur le chiffre d'affaire réalisé – mais encore les intérêts des salariés qui sont assurés de maintenir leurs emplois et peuvent espérer une évolution de leur rémunération. Cependant, pour assurer une certaine pérennité de l'entreprise les dirigeants préfèreront, à la place de la distribution des dividendes, augmenter les réserves statutaires afin de pouvoir faire face à des dépenses d'investissement. Cette situation n'est pas sans créer des frictions entre dirigeants et actionnaires, ces derniers considérant que la société est constituée dans leur intérêt[995]. C'est dans ce sens qu'interviennent certaines critiques, selon lesquelles une telle conception serait une confiscation du pouvoir par une petite oligarchie de dirigeants[996]. Celle-ci verrait dans l'intérêt social le moyen de contrôler le fonctionnement de la société à leur guise et, si besoin en était, au détriment de l'intérêt des associés[997]. Cette conception tend à minimiser l'intérêt des associés qui sont pourtant à la base de la société et qui ont reçu du législateur le pouvoir de dissoudre la société par leur seule volonté[998]. Même si l'on arrive à dégager un intérêt général commun de l'entreprise, il faudrait que cet intérêt tienne principalement compte des intérêts des associés puisque, par hypothèse, il est commun à tous les acteurs de l'entreprise.

312. Il apparaît qu'aucune des différentes conceptions de l'intérêt social retenues n'est pleinement satisfaisante. Cette situation viendrait du fait que l'intérêt social, plus qu'une notion, relève plutôt du genre des notion-cadres ou standards juridiques qui renvoient à des critères plastiques permettant au juge d'infléchir la règle légale en fonction des différentes situations à lui présentées, au regard d'éléments légaux ou extralégaux tels que le contexte économique[999]. Conceptualiser l'intérêt social nécessite donc de tenir compte de cette nature.

---

[995] Reprenant ici les termes de l'article 1382 qui dispose que la société est constituée dans l'intérêt commun des associés.

[996] J.-J. DAIGRE, « Le gouvernement d'entreprise : feu de paille ou mouvement de fond », *Dr. & patrimoine*, 1996, p. 21.

[997] C'est le cas lorsque les dirigeants optent pour une mise en réserve systématique des bénéfices pendant un temps plus ou moins long afin d'assurer la pérennité de l'entreprise, mais privant du même coup les actionnaires de revenus.

[998] Article 1844-7-4° du code civil français et article 200-4° de l'AUDSC.

[999] C'est dans ce sens qu'il a été considéré que toute « *réflexion sur l'intérêt social est indissociable d'un contexte culturel donné* ». De ce fait, dans un contexte de décadence économique, les juges auront plutôt tendance à prendre en compte l'intérêt de l'entreprise. V. A. COURET, « L'intérêt social », *Cah. Dr. Entr.*, 1996, p. 2, n° 4.

B. Recherche d'une nouvelle conception de l'intérêt social

313. À la suite des deux grandes conceptions de l'intérêt social, un auteur a proposé une approche médiane. Toutefois, cette approche, à l'instar des deux autres, n'est pas satisfaisante car elle vise à définir l'intérêt social en tant que notion (**1**). Pourtant, l'intérêt social devrait être appréhendé en tant que technique ou mécanisme à la disposition du juge notamment dans l'appréciation de la validité des aménagements conventionnels (**2**).

1. L'insatisfaction d'une approche médiane de l'intérêt social

314. L'intérêt social et la théorie du juste milieu. Rejetant toute analyse absolutiste de la notion d'intérêt social, il a été proposé de faire un compromis entre les différentes thèses avancées. En effet, ces thèses étant le reflet de la conception de la notion même de société, il faudrait prendre en compte le côté polymorphe de la société. Celle-ci est à la fois un contrat et une institution. De ce fait, l'intérêt social ne peut être analysé que comme un concept mixte. À l'origine de la société se trouve la volonté des associés de créer une entreprise, ce qui leur accorde une certaine « légitimité naturelle[1000] ». La société constituée s'institutionnalise et devient une personne morale autonome, ce qui implique également de tenir compte de l'intérêt de cette institution. Ainsi, entre « *d'un côté la rémunération et la valorisation du capital (et les contraintes du court terme), et de l'autre, l'investissement susceptible de pérenniser l'entreprise (et les exigences du long terme), le bon sens impose de ne pas sacrifier l'une de ces deux dimensions au profit de l'autre, sous peine de s'exposer à d'inévitables contestations*[1001] ». Il faudrait alors trouver un juste milieu entre d'un côté « *l'individualisme libéral et l'autonomie de la volonté, de l'autre la prise en compte de l'intérêt général*[1002] ».

315. Critique. Cette analyse apparaît séduisante de prime abord, mais la réalité économique reprend très vite le dessus. En effet, comment arriver à trouver un juste milieu entre des intérêts qui apparaissent parfois contradictoires ? Qui doit faire cet arbitrage entre d'un côté l'intérêt des actionnaires et de l'autre celui de la société personne morale ou de l'entreprise ? L'auteur propose de laisser au juge le soin de déterminer cet équilibre car, aussi bien les actionnaires que les dirigeants sont seulement tenus de respecter cet intérêt social apparaissant comme un standard qui

[1000] J.-P. BERTREL, « La position de la doctrine sur l'intérêt social », *art. préc.*, p. 45.
[1001] *Ibid.* p. 46.
[1002] Ibid.

s'impose à eux[1003]. Cependant, laisser la tâche au juge de trancher entre les différents intérêts ne revient-il pas simplement à ne pas définir l'intérêt social ? Il apparaît difficile de savoir si telle convention statutaire ou extrastatutaire envisagée recueillera l'assentiment du juge qui statuera en fonction de la situation de l'entreprise et de l'environnement économique du moment.

316. L'intérêt social, loin d'être une notion avec un contenu que l'on pourrait appréhender et enfermer dans une définition unitaire, apparaît plutôt comme une notion-cadre dont on peut dessiner quelques contours sans pour autant en saisir toutes les applications pratiques. Il serait vain de tenter de donner une définition de l'intérêt social qui vaudrait pour toutes les situations où la notion serait applicable. Cette situation ne doit cependant pas poser de problème, car l'utilisation d'une telle notion participe de la flexibilité du droit des sociétés[1004] tant recherchée.

2. L'intérêt social, une technique de sélection entre divers intérêts

317. Un standard juridique de hiérarchisation des intérêts divergents. Il est apparu au regard des différentes conceptions de l'intérêt social sus présentées que celui-ci est très difficile à cerner. Pourtant cette absence de consensus sur la notion n'est pas de nature à altérer son contenu, ni l'utilisation qui en est faite par la jurisprudence. L'intérêt social, loin d'être une notion avec un contenu précis, serait plutôt une technique, un standard juridique[1005] ou un mécanisme permettant la hiérarchisation des divers intérêts en présence dans la société afin d'en déterminer l'intérêt supérieur. Cette détermination de l'intérêt supérieur variera en fonction des intérêts en cause ou encore de la situation économique de l'entreprise. Tous les autres intérêts, sans qu'ils soient niés, devraient se plier en face de cet intérêt supérieur.

Comme en droit de la famille[1006], l'intérêt social est semblable à l'intérêt de la famille[1007] qui n'est ni seulement l'intérêt de l'enfant, ni celui

---

[1003] Ibid.

[1004] B. SAINTOURENS, « La flexibilité en droit des sociétés », *art. préc.*, p. 457.

[1005] Le standard juridique désigne « une norme souple fondée sur un critère intentionnellement indéterminé, critère directif qu'il appartient au juge, en vertu du renvoi implicite de la loi, d'appliquer espèce par espèce, à la lumière de données extralégales ou même extrajuridiques… ». V. G. CORNU, Vocabulaire juridique, op. cit., V° « Standard ».

[1006] Cette approche avait déjà été initiée par G. SOUSI dans sa thèse intitulé, *L'intérêt social dans le droit français des sociétés commerciales*, Thèse, Lyon, 1974.

du couple, ni même un juste milieu entre ceux-ci. L'intérêt de la famille apparaît comme un mécanisme permettant au juge, lorsqu'il est amené à apprécier la validité de tel ou tel acte posé par un membre de la famille ou lorsque qu'il doit trancher un différend opposant plusieurs membres de la famille, de choisir un référentiel qui sera l'intérêt supérieur. Lorsque l'acte posé sera conforme, ou plutôt lorsqu'il ne sera pas contraire, à cet intérêt supérieur, alors celui-ci sera valable. Au contraire, lorsque l'acte posé est en contradiction avec l'intérêt jugé supérieur, même s'il est conforme à un autre intérêt jugé légitime, cet acte sera annulable du fait de sa contrariété à l'intérêt de la famille.

Transposé en droit des sociétés, l'intérêt social permet au juge de choisir parmi l'intérêt de l'entreprise, celui des associés, de la société en tant que personne morale… celui qui doit être considéré comme l'intérêt de référence, l'intérêt primordial ou encore l'intérêt supérieur. Cet intérêt sera choisi parmi les intérêts déjà identifiés et bien connus que sont l'intérêt de l'entreprise, celui des associés, celui de la personne morale, *etc.* Ainsi, à partir de cette hiérarchisation, tous les aménagements conventionnels ou tous les actes posés au nom de la société ne peuvent contrarier cet intérêt ; à défaut ils encourront l'annulation.

318. Un choix factuel de l'intérêt de référence. L'intérêt social ne se confond donc pas avec l'intérêt de l'entreprise ni avec celui des actionnaires, encore moins avec celui de la personne morale. Il permet de savoir, en cas de concurrence entre plusieurs intérêts, quel intérêt privilégier. D'un côté, lorsque l'acte en cause mettra la survie de la société en jeu ou aura tendance à porter atteinte à son intégrité juridique ou patrimoniale, alors le juge considèrera que l'intérêt primordial commandé par l'intérêt social est celui de l'entreprise entendue comme une entité économique. De l'autre côté, lorsque l'acte, sans être contraire à l'intérêt de l'entreprise, portera atteinte à l'égalité entre les actionnaires, alors l'intérêt social commandera le choix de l'intérêt de l'ensemble des actionnaires comme référence, ce qui permettra de sanctionner les abus de majorité, de minorité ou même d'égalité[1008].

L'intérêt social apparaît ainsi comme une sélection savamment faite entre les différents intérêts qui ont été identifiés jusque-là comme étant l'intérêt social. Certes, dans cette sélection, l'intérêt de l'organisme économique sera dans bien des cas privilégié, mais ce dernier intérêt ne saurait représenter toute la réalité à laquelle renvoie le concept d'intérêt social.

[1007] V. sur cette notion, V. FRAISSINIER, « L'intérêt de la famille : une « notion standard » à contenu variable », *LPA,* 28 décembre 2007, n° 260, p. 4.
[1008] V. *supra,* n° 267.

Un auteur a proposé une définition duale de la notion d'intérêt social : d'une part l'intérêt des actionnaires entendu comme le but poursuivi par le groupement sociétaire, et d'autre part la communauté d'intérêts existant entre eux, c'est-à-dire le lien unissant les actionnaires, chacun ayant droit à sa juste part de l'enrichissement social[1009]. Cependant, il apparaît qu'entre le but poursuivi par le groupement sociétaire et la communauté d'intérêts unissant les actionnaires, il y a un intérêt qui doive prévaloir sur l'autre, ne serait-ce que dans un schéma temporel. Avant de se soucier d'un partage égalitaire de la richesse entre les actionnaires, il faudrait d'abord qu'il y ait enrichissement social, ce qui est le but ou la cause objective ou « *causa proxima* » de toute société[1010]. L'intérêt de l'entreprise apparaît ainsi comme la cause du contrat de société. Toutes les fois où l'intérêt social commanderait de choisir comme intérêt de référence l'intérêt de l'organisme économique, l'intérêt social se confondrait avec la cause objective du contrat de société, qui est la réalisation de bénéfices ou d'économies. Cette réalisation ne peut se faire que par le respect de l'objet social qui est l'exercice d'une activité économique. Ainsi, il apparaît normal que l'intérêt social dicte le choix de la survie de cette activité économique lorsque celle-ci est menacée[1011]. Par contre, lorsque l'intérêt social commande le choix de l'intérêt des actionnaires, il s'identifierait à la cause subjective du contrat de société, c'est-à-dire à l'intérêt qu'ont les actionnaires au partage de la richesse sociale ou au profit des économies réalisées par l'organisme économique. Il n'y a donc pas a priori de contenu fixe de l'intérêt social que l'on pourrait déterminer à un instant donné, et qui serait valable durant toute la vie de la société.

319. Cette conception non uniforme de l'intérêt social, loin de prôner une recherche de juste milieu[1012], est une mise en œuvre du mécanisme offert par l'intérêt social. À l'instar de l'ordre public, qui n'est pas en soi une règle précise et déterminée que le juge utiliserait pour confronter tous les actes intervenant dans la société afin d'en examiner la validité, l'intérêt social est ce mécanisme qui permet au juge de choisir l'intérêt de référence qui doit prévaloir dans une situation donnée. Ainsi, l'intérêt social pourrait jouer pleinement son rôle de standard juridique, ou de notion à contenu variable, ou encore de concept mou. C'est pour cette raison que la meilleure manière d'appréhender cette notion, c'est de l'envisager dans une perspective fonctionnelle.

[1009] D. SCHMIDT, « Les conflits d'intérêts dans la société anonyme », *op. cit.*, p. 190, n° 192.

[1010] Sur l'identification de l'intérêt social à la cause objective ou subjective, V. M. A. MOUTHIEU épouse NJANDEU, *L'intérêt social en droit des sociétés*, L'Harmattan, 2012, p. 155 et suiv.

[1011] V. par exemple Cass. com. 23 septembre 2014, n° 13-17.347, *Rev. sociétés* 2014, p. 714, note A. Viandier, *Dalloz* 2015, 140, note D. Robine.

[1012] I. VEZINET, « La position des juges sur l'intérêt social », *art. préc.*, p. 50.

§II. Approche fonctionnelle de la notion d'intérêt social

320. Quelle que soit la conception retenue, la notion d'intérêt social joue un rôle très important de police en matière de droit des sociétés. En ce sens, tous les aménagements conventionnels qui seront contraires à l'intérêt social, devraient pouvoir être remis en cause. L'intérêt social peut être considéré comme un critère général de validité des aménagements conventionnels, qu'ils soient statutaires ou même extrastatutaires[1013]. De ce fait, ces conventions doivent leur validité au respect strict de l'intérêt social (**A**). Aussi, la mise en œuvre de ces conventions devrait aussi respecter l'intérêt social, car une convention qui à l'origine serait conforme à l'intérêt social, pourrait être remise en cause si sa mise en œuvre venait à contrarier cet intérêt (**B**).

A. L'intérêt social, un critère général de validité des aménagements conventionnels

321. L'intérêt social a été à maintes reprises utilisé comme critère général de validité des aménagements conventionnels. Il s'agira ici de démontrer, à l'aide de quelques illustrations, que l'intérêt social en tant que technique de sélection des divers intérêts présents dans la société, constitue un critère efficace permettant au juge de valider ou d'invalider ces aménagements. Les clauses de préemption (**1**) et les conventions de vote (**2**), conventions d'utilisation assez courante, seront utilisées à cet effet.

1. L'intérêt social et la validité des clauses de préemption

322. Rappel du principe de la libre négociabilité des actions. Dans les sociétés anonymes, les actionnaires sont en principe libres de céder à tout moment leurs actions sans restrictions. Cependant, la jurisprudence[1014] a admis la licéité des clauses de préemption, que celles-ci soient insérées dans les statuts ou dans des pactes extrastatutaires. Ces clauses visent à obliger les parties à cet accord de soumettre, en cas de cession de titre, les actions en

---

[1013] Y. GUYON, Traité des contrats – Les sociétés, aménagements statutaires et conventions entre associés, op. cit., n° 230 ; A. COURET, « L'intérêt social », art. préc., n° 3.

[1014] Pour les clauses statutaires de préemption, TGI Dijon, 8 mars 1977, *Rev. sociétés,* 1977, p. 279, note D. Randoux ; CA Paris, 14 mars 1990, *Bull. Joly*, 1990, p. 325, note Le Cannu ; Cass. com., 15 février 1994, n° 92-17.212, *Bull. Joly*, 1994, p. 508, note D. Velardocchio. Pour la validité des conventions extrastatutaires de préemption, V. Cass. com. 12 mai 1975, *Rev. sociétés* 1976, p. 337, note J. Hémard ; Cass. com. 7 mars 1989, n° 87-17.212, *JCP G* 1989, II, 15617, note Y. Reinhard ; Cass. com. 7 janvier 2004, n° 00-11.692, *Bull. Joly sociétés*, 2004, p. 544, note P. Le Cannu.

priorité à l'achat aux bénéficiaires de la clause, qui peuvent s'en porter acquéreurs en proportion de leur participation dans le capital[1015]. Si ceux-ci ne mettent pas en œuvre leur droit de préemption, le cessionnaire peut alors procéder à ladite cession en toute liberté[1016]. En cela, ce type de clause limite la liberté conventionnelle en matière de cession de titres sociaux[1017].

323. Validité des clauses de préemption et intérêt social. Il convient ici de rappeler que ni le législateur français ni son homologue OHADA n'a fixé des conditions de validité des clauses de préemption. Certains auteurs ont posé un certain nombre de conditions à la validité de ce type de clause. Pour être valables, celles-ci doivent d'abord être limitées dans le temps[1018]. Ensuite, elles doivent établir ou permettre d'établir avec précision les conditions de prix[1019] de la cession. Enfin, elles doivent garantir aux cessionnaires la possibilité de céder leurs titres en cas de non-exercice du droit de préemption[1020]. Cependant, au regard de la jurisprudence, il semble qu'il faille s'en tenir au respect de l'ordre public sociétaire et à la non-contrariété à l'intérêt social[1021] lorsqu'est envisagée la validité des clauses de préemption.

En réalité, l'exigence d'une limite temporelle vise à faire prévaloir l'intérêt de l'organisme économique sur l'intérêt de l'actionnaire cessionnaire. En effet, l'intérêt de ce dernier est d'obtenir la plus grande rémunération de ses titres sociaux ou son retrait de la société. Or, l'intérêt de l'organisme économique voudrait en principe une certaine stabilité de l'actionnariat et donc du capital social, et aussi une stabilité du pouvoir au sein de la société[1022]. Il n'est plus à démontrer que l'insertion d'une clause de préemption dans les statuts permet de contrôler les personnes qui entrent ou sortent de la vie sociétaire. Ce contrôle peut être un facteur non négligeable de stabilité du pouvoir au sein de la société, et peut aussi favoriser le bon

---

[1015] V. *supra*, n° 75 et suiv. *Adde*, P. MOUSSERON, *Les conventions sociétaires*, *op. cit.*, p. 353, n° 530 et suiv. ; J. MESTRE, J.-CH. RODA, *Les principales clauses des contrats d'affaires*, *op. cit.*, p. 808, n° 1424.

[1016] J.-M. MOULIN, « Pactes d'actionnaires », *J.-Cl. commercial*, Fasc. 1486, p. 7, n° 21.

[1017] V. *supra*, n° 76 et suiv.

[1018] La limitation de la durée des clauses de préemption serait justifiée par le fait que la société ayant une durée limitée à 99 ans, toutes les conventions dont l'objet aurait un rapport avec la société, devraient avoir une durée inférieure ou égale à celle de la société. V. en ce sens, M.-B. SALGADO, « Le régime des clauses de préemption dans les sociétés anonymes », *Dr. sociétés*, mars 2003, p. 6, n° 10.

[1019] M.-B. SALGADO, « Le régime des clauses de préemption dans les sociétés anonymes », *art. préc.*, p. 6, n° 11.

[1020] Ibid.

[1021] V. *supra*, n° 87 et suiv. V. aussi en ce sens, J.-M. MOULIN, *Le droit de l'ingénierie financière. Le droit du financement du haut du bilan des sociétés*, 4e éd., Gualino, 2013, p. 447, n° 902.

[1022] V. TGI Dijon, 8 mars 1977, *Rev. sociétés*, 1977, p. 279, note D. Randoux.

fonctionnement des organes sociétaires[1023]. La clause de préemption a ainsi pour objet non seulement de protéger la société contre des intrusions extérieures mais aussi de maintenir l'équilibre existant dans la répartition du capital social.

L'intérêt social, loin de privilégier une certaine conception de la société, permet de choisir entre les intérêts en présence, ceux de l'entreprise et ceux des actionnaires ensemble ou pris individuellement, l'intérêt supérieur[1024]. Dans le cas des clauses de préemption, la priorité est donnée à l'intérêt de l'entreprise en tant qu'organisme économique, l'intérêt social ayant ici une nature fonctionnelle[1025] car visant le bon fonctionnement de la structure sociétaire. Mais, l'intérêt du cessionnaire n'est tout de même pas définitivement écarté car, lorsque l'intérêt de l'entreprise au maintien de la préemption ne serait pas ou plus vérifié, l'actionnaire se verrait délié de son engagement et pourrait ainsi céder ses titres à la personne de son choix, fût-ce à un tiers.

L'intérêt social, à l'instar de l'ordre public, apparaît ici comme un mécanisme de hiérarchisation et même de sélection entre divers intérêts qui peuvent rentrer en conflit. Dans ce sens, comparant l'intérêt social à l'intérêt de la famille, un auteur a pu constater que « *l'intérêt de la famille [...], est celui qui dans la multiplicité des intérêts discordants des membres du groupe familial, occupe hiérarchiquement le premier rang : ainsi pour dégager l'intérêt de la famille, il faut nécessairement faire un choix entre*

1023 Ibid.

1024 C'est dans ce sens qu'est nul le cautionnement consenti par une société civile en garantie de la dette d'un associé, dès lors qu'il compromet l'existence de la société. La Cour de cassation considère en effet que « *n'est pas valide la sûreté accordée par une société civile en garantie de la dette d'un associé dès lors qu'étant de nature à compromettre l'existence même de la société, elle est contraire à l'intérêt social ; qu'il en est ainsi même dans le cas où un tel acte entre dans son objet statutaire* ». L'intérêt social permet ici à la Cour de mettre en balance deux intérêts, à savoir celui de l'associé à bénéficier du cautionnement de sa dette personnelle par la société et l'intérêt de la société en tant qu'organisme économique qui ne tirait aucun avantage de cet engagement, celui-ci mettant d'ailleurs en jeu son existence. V. Cass. com. 23 septembre 2014, n° 13-17.347, *Rev. sociétés* 2014, p. 714, note A. Viandier ; *Dalloz* 2015, p. 140, note D. Robine. V. cependant à propos d'une SARL, Cass. com. 12 mai 2015, n° 13-28.504 et 14-11.028, *BRDA* 31 mai 2015, n° 10, p. 3 : « *serait-elle établie, la contrariété à l'intérêt social de la sûreté souscrite par une société à responsabilité limitée en garantie de la dette d'un tiers n'est pas, par elle-même, une cause de nullité de cet engagement* ». Cette solution s'explique par le fait que dans la SARL, selon l'article L. 223-18 du code de commerce, la société est engagée même par les actes du gérant qui ne relèvent pas de l'objet social. Il s'agit ici de protéger les tiers dont le gage général est limité s'agissant ici d'une société à risque limité. Ainsi, la Cour n'affirme pas clairement sa position sur une contrariété éventuelle de l'acte à l'intérêt social. Ce dernier conduirait d'ailleurs au choix de la protection de l'intérêt du tiers comme intérêt de référence.

1025 M.-Ch. MONSALLIER, L'aménagement contractuel du fonctionnement de la société anonyme, op. cit., p. 323 et suiv.

divers intérêts légitimes[1026] ». Ainsi, entre les intérêts des actionnaires, ceux des salariés, de l'entreprise elle-même, des fournisseurs…, l'intérêt social permet au juge lorsqu'il est amené à apprécier la validité d'une convention statutaire ou extrastatutaire, de choisir l'intérêt de référence qui doit être protégé tout en ne sacrifiant pas pour autant tous les autres intérêts. Ce choix ne peut se faire que par une hiérarchisation des différents intérêts en cause. Ainsi, amené à statuer sur la validité d'une clause de préemption au regard de l'intérêt social, le juge devrait procéder à une hiérarchisation, entre autres, des intérêts de l'actionnaire cédant et de celui de la société. Lorsque l'intérêt de la société à la limitation de la libre négociabilité sera justifié, alors le juge pourra valider la clause et obliger ainsi l'actionnaire à offrir en priorité les actions à la vente aux bénéficiaires. Dans le cas contraire, c'est-à-dire lorsque la société ne manifeste pas ou plus d'intérêt à ce que la cession se concrétise, alors le juge pourra délier le cédant de son engagement et lui permettre ainsi de valider la cession faite à des tiers en dépit de l'existence de la clause de préemption.

Cependant, dans la majeure partie des cas, lorsque le juge est amené à examiner une clause de préemption, la cession a déjà eu lieu et il s'agira alors de statuer sur la validité de la clause afin de valider ensuite ladite cession. Mais, si le juge parvient à la conclusion que la clause ne contrarie pas l'intérêt social et qu'elle est de ce fait justifiée et valide, alors la cession ne serait plus valable. Se pose alors le problème de la sanction de la cession des titres objet d'une clause de préemption à un tiers, sans offre préalable aux bénéficiaires[1027]. Les solutions en la matière divergent selon que l'on applique le droit OHADA ou le droit français. En rappel, en droit OHADA, lorsque la clause sera stipulée dans les statuts, la cession réalisée en violation de celle-ci sera nulle[1028]. En revanche, lorsqu'il s'agit d'une clause extrastatutaire, la nullité de la cession litigieuse ne peut intervenir que lorsqu'il « *est démontré que l'un des bénéficiaires en avait connaissance ou ne pouvait en ignorer l'existence*[1029] ». En droit français, en l'absence de disposition légale en la matière, la Cour de cassation a retenu que la cession intervenue en violation d'une clause de préemption ne peut être annulée qu'en cas de collusion frauduleuse, c'est-à-dire lorsque le tiers connaissait non seulement l'existence de la clause, mais également la volonté du bénéficiaire de s'en prévaloir[1030]. L'exigence d'une double condition,

---

[1026] G. SOUSI, *L'intérêt social dans le droit français des sociétés commerciales*, *op. cit.*, p. 8, n° 8, citant une décision CA Poitiers, 19 décembre 1968, *JCP*, 1969, II, 15802, note 506.
[1027] V. *supra*, n° 189.
[1028] Article 771-3, al. 1er de l'AUDSC révisé.
[1029] Article 771-3, al. 2 de l'AUDSC révisé.
[1030] Cass. ch. mixte, 26 mai 2006, n° 03-19.376, Bull. ch. mixte 2006, n° 4, p. 13, *Dalloz*, 2006, p. 1841, note P.-Y. Gautier et D. Mainguy, *JCP E*, 2006, II, 2378, note P. Delebecque ; *Bull. Joly sociétés* 2006, p. 1072, note H. Le Nabasque. V. aussi, Cass. 3e civ., 31 janvier

qualifiée de « *probatio diabolica*[1031] », apparaît très compliquée, ce qui n'est pas de nature à faciliter la demande de la nullité de la cession et subséquemment, la possibilité pour le bénéficiaire de la clause évincé de se substituer à l'acquéreur.

Cependant, si l'on considère que la clause de préemption n'est valable que si elle respecte l'intérêt social, alors la nullité d'une telle clause pourrait plus facilement être admise lorsque celle-ci porterait atteinte à l'intérêt de la société ou à l'ordre public sociétaire. Il faudrait dans ce cas prouver que la violation de la clause a ou aura des conséquences sur le fonctionnement de la société, sur la stabilité du capital social, *etc*. Cette preuve apparaît plus facile à démontrer que la condition de la preuve de la connaissance de l'intention du bénéficiaire de se prévaloir de la clause. La flexibilité qu'offre ici l'intérêt social permet de tempérer la rigueur en la matière.

324. Il apparaît ainsi que l'intérêt social constitue un critère de validité des conventions de préemption, critère confirmé dans l'appréciation de la validité des conventions de vote.

2. La validité des conventions de vote au regard de l'intérêt social

325. Validité de principe des conventions de vote. En général, plusieurs conditions sont retenues pour la validité des conventions de vote[1032] : la convention ne doit pas emporter de façon irrévocable aliénation de la liberté de vote de celui qui s'oblige[1033] ; elle doit être conforme à l'intérêt social[1034] ou, à tout le moins, ne pas lui être contraire ; et enfin elle doit être exempte de toute idée de fraude[1035] et limitée dans son objet et dans sa durée[1036] . C'est ce qui ressort de l'arrêt Metaleurop rendu par la Cour

---

2007, n° 05-21071, *Dalloz,* 2007, p. 1698, note D. Mainguy ou encore Cass. 3e civ., 14 février 2007, n° 05-21814, *RDC,* 2007, p. 701, note D. Mazeaud ; Cass. 3e civ., 24 juin 1998, n° 96-16711, inédit ; Cass. 3e civ., 10 février 1999, n° 95-19217, Bull. civ. 1999, III, n° 37, p. 25, *JCP G,* 1999, II, 10191, note Y. Dagorne-Labbe.

[1031] J. MESTRE, J.-CH. RODA, Les principales clauses des contrats d'affaires, op. cit., p. 813, n° 1433.

[1032] A. CONSTANTIN, « Réflexions sur la validité des conventions de vote », *art. préc.*, n° 12.

[1033] Ibid.

[1034] D. POROCCHIA, « Le rôle de l'intérêt social dans la société par actions simplifiée », *Rev. sociétés* 2000, p. 223.

[1035] Cass. com. 10 juin 1960, Bull. com., III, n° 227.

[1036] M. COZIAN, A. VIANDIER et Fl. DEBOISSY, *Droit des sociétés*, *op. cit.*, p. 383, n° 706 ; A. CONSTANTIN, « Réflexions sur la validité des conventions de vote », *op. cit.*, n° 13 ; A. VIANDIER, « Après l'article de Michel JEANTIN sur les conventions de vote entre

d'appel de Paris du 30 juin 1995 où elle a considéré que « *l'engagement*[1037] *[...] doit être déclaré licite dès lors qu'il est limité à l'opération concernée, qu'il est conforme à l'intérêt social et qu'il est exempt de toute idée de fraude* ».

La validité des conventions de vote au regard de l'intérêt social est en général retenue par la jurisprudence lorsque la convention est destinée à faciliter la bonne exploitation de la société[1038], ou lorsqu'elle est l'une des pièces maîtresses du montage permettant le renflouement de celle-ci[1039] ou sa restructuration[1040]. À l'inverse, lorsque la convention est contraire à l'intérêt de la société, les tribunaux n'hésitent pas à la déclarer nulle, car portant atteinte soit au bon fonctionnement, soit à la survie de la société.

326. Intérêt social, convention de vote et notion de contrôle de société. Dans le cadre de la définition de la notion de contrôle en droit des sociétés, le législateur français a consacré l'intérêt social comme condition de validité des conventions de vote. L'article L. 233-3, I, 2° du code de commerce dispose en effet que : « *Une société est considérée, pour l'application des sections 2 et 4 du présent chapitre, comme en contrôlant une autre : [...] Lorsqu'elle dispose seule de la majorité des droits de vote dans cette société en vertu d'un accord conclu avec d'autres associés ou actionnaires et qui n'est pas contraire à l'intérêt social* ». Cet article véhicule deux idées essentielles. D'une part, il admet les conventions de vote, et d'autre part il pose comme condition de validité de cette convention

---

actionnaires », in *Prospectives du droit économique – Dialogue avec Michel JEANTIN* 1999, p. 128 et suiv. ; G. PARLEANI, « Les pactes d'actionnaires », *Rev. sociétés,* 1991, p. 1, n° 44.

[1037] En l'espèce, il s'agissait d'une convention de vote par laquelle la société Metaleurop s'était engagée envers la société FDEC, dans le cadre d'un contrôle d'une société holding, à souscrire dans un délai déterminé une augmentation de capital. S'étant heurté au refus de la société Metaleurop à voter et à souscrire l'augmentation de capital, la société FDEC saisit le tribunal dans l'optique de la convocation d'une nouvelle assemblée extraordinaire en vue de procéder à l'augmentation de capital initialement convenue. Devant la Cour d'appel de Paris, la société Metaleurop condamné en première instance argue de la nullité de la convention de vote car elle serait contraire au principe d'inaliénabilité du droit de vote et à l'intérêt social. Pour elle, cette convention aurait pour « *seul objectif de permettre un changement de la majorité et du contrôle de la société tout en évitant (pour des raisons fiscales) d'avoir recours à une cession d'actions* ». CA Paris, 5e ch. C, Sté Metaleurop c/ Sté Financière Delot et Cie, 30 juin 1995, *JCP E,* 1996, II, 795, note J.-J. Daigre.

[1038] Cass. com., 2 juillet 1985, Cohen-Skalli et al. c/. SA Lustucru et al., *Dalloz,* 1990, p. 314, note J. Bonnard ; *Bull. Joly,* 1989, p. 815, note P. Le Cannu.

[1039] CA Paris, 5e ch. C, 30 juin 1995, préc.

[1040] CA Amiens, 1ère ch., 4 avril 1951, Fleury et autres c. Ateliers Melin et Edouard Melin, *JCP,* 1952, II, n° 7124, obs. D. B. cité par A. CONSTANTIN, « Réflexions sur la validité des conventions de vote », *art.* préc., p. 263, n° 18.

de vote le respect de l'intérêt social[1041]. Cependant, le législateur s'est gardé de renfermer la notion d'intérêt social dans une définition qui peut s'avérer bien trop étroite ou trop large. La politique législative consiste ici à laisser le soin au juge de définir l'intérêt social devant servir de critère de validité de la convention de vote.

Ainsi, lorsque la convention de vote aura pour objet l'aménagement de la société dans le seul but d'améliorer le fonctionnement de celle-ci, la condition de respect de l'intérêt social serait respectée. Reprenant ici la distinction faite par un auteur entre l'intérêt social de nature fonctionnelle et celle de nature bicéphale[1042], il faudrait admettre que, plus généralement, en considération de la finalité ou de l'objet d'une convention de vote, celle-ci sera valable si elle aboutit à améliorer le fonctionnement interne des organes de la société, ou encore si elle s'inscrit dans la satisfaction d'une finalité économique[1043]. Dans ces situations, l'intérêt social guiderait le choix de l'intérêt de l'organisme économique comme intérêt de référence.

327. Particularité du droit OHADA en matière de validité des conventions de vote. En droit OHADA, l'article 175 de l'AUDSC révisé prévoit également qu' « *une personne physique est présumée détenir le contrôle d'une société : [...] lorsqu'elle dispose de plus de la moitié des droits de vote d'une société en vertu d'un accord ou d'accords conclus avec d'autres associés de cette société* ». Il faut remarquer ici aussi que le législateur OHADA ne prévoit pas expressément une législation propre aux conventions de vote. Implicitement, à travers cet article, l'idée de la possibilité de conclure ce type de convention est sous-entendue. Cependant, à la différence du législateur français, cet article ne soumet pas la validité de ces conventions de vote au respect de l'intérêt social. La réforme de cet Acte uniforme n'a pas enregistré de modification en la matière. Cependant, cette imprécision textuelle ne devrait pas empêcher le juge OHADA d'invalider une convention de vote qui serait contraire à l'intérêt social ; l'intérêt social devant correspondre à l'un des intérêts présents dans la société en fonction des situations de fait soumis à l'appréciation du juge.

328. Conformité ou neutralité de la convention vis-à-vis de l'intérêt social. Une des questions qui s'est posée en doctrine était de savoir si la convention de vote devait être conforme à l'intérêt social ou si elle devait

[1041] N. RONTCHEVSKY, « L'utilisation de la notion d'intérêt social en droit des sociétés, en droit pénal et en droit boursier », *Bull. Joly Bourse*, 1er juillet 2010, n° 4, p. 355.
[1042] M.-Ch. MONSALLIER, L'aménagement contractuel du fonctionnement de la société anonyme, op. cit., p. 335, n° 805.
[1043] Ibid.

être neutre, c'est-à-dire ne pas lui être contraire. Pour certains auteurs[1044], la condition de respect de l'intérêt social postule une certaine neutralité à son égard. Autrement dit, il n'est pas obligé que la convention en cause soit conforme à l'intérêt social, mais à tout le moins, elle ne doit pas lui être contraire. Au regard de la rédaction de l'article L. 233-3, alinéa 2 du code de commerce, il semblerait que l'exigence se porte sur la non-contrariété de la convention à l'intérêt social et non de sa conformité. Dans l'arrêt Metaleurop[1045], pour appuyer sa demande de nullité de la convention de vote, la société Metaleurop faisait valoir que son engagement de voter l'augmentation de capital était contraire à l'intérêt social, car cet engagement avait été pris en dehors de toute stratégie de développement de cette société (la filiale) et ne visait qu'un changement de la majorité et du contrôle de la société tout en évitant d'avoir recours à une cession d'action. Il faut remarquer que cette argumentation pour le moins ambiguë ne dit pas en quoi l'engagement pris était contraire à l'intérêt social. Comme l'affirme un auteur, « *en quoi un engagement implicite de voter une augmentation de capital et un engagement exprès d'y souscrire seraient-ils contraires à l'intérêt social d'une société ?*[1046] ». Tout au contraire, l'augmentation de capital étant censée participer au développement de la société, l'engagement de vote apparaît plutôt comme conforme à l'intérêt social entendu ici comme l'intérêt de l'unité économique dont le bon fonctionnement nécessite cette opération.

Cependant, certains auteurs limitent le rôle de l'intérêt social en tant que critère de validité des conventions de vote, estimant que « *ce n'est pas la convention de vote en elle-même qui est susceptible de nuire aux associés ou à la société, mais la situation de fait résultant de l'exécution de celle-ci, c'est-à-dire le vote exercé sur la base de cet engagement, et plus précisément encore la décision sociale obtenue au terme de ce vote*[1047] ». Il faudrait tout de même remarquer que la convention de vote a pour objet l'aménagement du fonctionnement de la société, et en ce sens lorsque son objet est contraire à l'intérêt social, la convention devrait pouvoir être remise en cause. De même, lorsque la décision votée en vertu d'une convention de vote s'avère contraire à l'intérêt social, alors cette décision doit être remise

[1044] Pour M. VIANDIER, « Ce qui importe, c'est que l'accord ne soit pas spécifiquement dirigé contre l'intérêt social : il n'est pas indispensable d'attester la conformité à cet intérêt social, l'accord peut être neutre au regard de l'intérêt social, sans perdre sa validité », in « Observations sur les conventions de vote », JCP 1986, I, 15405, p. 182. M. JEANTIN quant à lui affirme qu' « en tout état de cause, il n'est pas exigé la preuve de la conformité à l'intérêt social : la neutralité par rapport à l'intérêt social suffit », in « Les conventions de vote », RJ Com., 1990, p. 129.

[1045] CA Paris, 5e Ch. C, 30 juin 1995, préc.

[1046] Ibid.

[1047] A. CONSTANTIN, « Réflexions sur les conventions de vote », *art. préc.*, p. 265, n° 19.

en cause. Ainsi, aussi bien la convention elle-même que sa mise en œuvre doivent respecter scrupuleusement l'intérêt social sous peine d'encourir la sanction du juge[1048].

329. L'intérêt social apparaît comme un critère de validité des aménagements conventionnels en droit des sociétés. L'appréciation de la non-contrariété de ces aménagements à l'intérêt social ne s'arrête pas à leur formation mais se poursuit dans leur mise en œuvre.

B. L'intérêt social, critère de validité de la mise en œuvre des aménagements conventionnels

330. Mise en œuvre des aménagements conventionnels et intérêt social. L'intérêt social, au-delà de constituer un critère général de validité des conventions sociétaires, permet d'apprécier la régularité de leur mise en œuvre. En effet, la convention de vote se traduit par la mise en œuvre d'une prérogative fondamentale de l'associé qu'est le droit de vote. Or, la mise en œuvre du droit de vote, que ce dernier soit guidé par une convention ou non, ne doit pas être constitutive d'abus[1049]. La qualification d'une décision, majoritaire ou minoritaire, d'abusive ne peut se faire que lorsqu'elle est contraire à l'intérêt social, et qu'elle entraîne une rupture d'égalité entre les associés[1050]. L'intérêt social permet ici au juge d'intervenir lorsque la mise en œuvre de la convention de vote porte ou risque de porter atteinte à l'intérêt de référence.

331. Rupture d'égalité entre associés. L'intérêt social permet de sanctionner les ruptures d'égalité entre les associés ainsi que toutes les situations d'abus que peut engendrer la mise en œuvre d'un aménagement conventionnel.

L'article 130, alinéa 2 de l'AUDSC révisé prévoit qu'il y a abus de majorité « *lorsque les associés majoritaires ont voté une décision dans leur seul intérêt, contrairement aux intérêts des associés minoritaires, et que cette décision ne puisse être justifiée par l'intérêt de la société* ». De même, il y a abus de minorité « *lorsque, en exerçant leur vote, les associés minoritaires s'opposent à ce que des décisions soient prises, alors qu'elles sont nécessitées par l'intérêt social et qu'ils ne peuvent justifier d'un intérêt*

[1048] Y. GUYON, *Traité des contrats - Les sociétés, Aménagements statutaires et conventions entre associés*, *op. cit.*, p. 420, n° 289. Pour cet auteur, en fonction de l'évolution de l'environnement social, une convention peut devenir « *contraire à l'intérêt social alors qu'elle y était conforme à l'origine* ».

[1049] V. *infra*, n° 331.

[1050] Ibid.

légitime ». On peut remarquer à travers ces deux définitions que, même lorsque la mise en œuvre du droit de vote entraîne une rupture de l'égalité entre les associés, l'abus de majorité ou de minorité ne peut être retenu. L'abus n'apparaîtra que lorsque cette rupture d'égalité ne peut être justifiée par l'intérêt social. Certains auteurs ont ici considéré que l'intérêt social était le révélateur de la rupture d'égalité[1051]. Ainsi, « *l'intérêt social fait fonction de clignotant indiquant une rupture d'égalité : les magistrats interviennent pour rétablir l'égalité et le clignotant s'éteindra de lui-même, tout comme la notion de violation de l'intérêt social disparaît lorsque cesse l'abus* [1052]». C'est seulement parce que la rupture d'égalité ne peut être justifiée par l'intérêt social, entendu ici comme l'absence de toute utilité sociale, que la décision entraînant cette rupture sera déclarée abusive.

Lorsque le droit de vote est issu d'une convention de vote, cette dernière doit être mise en œuvre dans le strict respect de l'intérêt social[1053]. Les titulaires de ce droit ne peuvent voter dans leur seul intérêt, sans tenir compte de l'intérêt de la société. Cela pourrait s'expliquer par le fait que le droit de vote apparaît comme une prérogative finalisée[1054], et peut de ce fait être considéré comme un pouvoir et non un droit subjectif. La finalité assignée à cette prérogative est de voter des décisions devant permettre à la société de réaliser son objet social d'une part, et d'autre part, d'atteindre son but qui est de réaliser des bénéfices ou des économies devant profiter aux associés. Ainsi, si par convention certains associés décident de ne pas voter une augmentation de capital, pourtant nécessaire à la survie de la société, alors la mise en œuvre de cette convention pourrait être remise en cause se fondant sur la méconnaissance de l'intérêt social. L'intérêt social permet d'atteindre, outre la convention elle-même, le vote qui en résulte. Ce droit de vote ayant pour finalité la protection de l'intérêt social, lorsque la convention de vote est mise en œuvre en dehors de la finalité qui lui est assignée, alors il y a abus de majorité, de minorité ou même d'égalité[1055]. Cet abus serait ainsi plutôt un abus de pouvoir qu'un abus de droit[1056]. La convention de vote en soi est valide si elle respecte les conditions de validité de tout contrat, mais

---

[1051] G. SOUSI, L'intérêt social dans le droit français des sociétés commerciales, op. cit., p. 353, n° 364.

[1052] Ibid.

[1053] V. contra, P. LEDOUX, Le droit de vote des actionnaires, préf. Ph. Merle, L.G.D.J., 2002, p. 156, n° 175. Pour cet auteur « l'exercice du droit de vote ne saurait se voir assigner pour finalité la satisfaction de l'intérêt supérieur de l'entreprise ».

[1054] E. GAILLARD, *Le pouvoir en droit privé*, Economica, 1985, p. 150, n° 235. V. *contra*, A. CONSTANTIN, « Réflexions sur la validité des conventions de vote », *art. préc.*, p. 257 et suiv.

[1055] R. KADDOUCH, Le droit de vote des associés, op. cit., p. 100 et suiv.

[1056] S. PRAT, Les pactes d'actionnaires relatifs au transfert de valeurs mobilières, op. cit., p. 216, n° 350 ; V. aussi E. GAILLARD, Le pouvoir en droit privé, op. cit., p. 57, n° 82 et suiv.

la mise en œuvre de la convention entraîne des conséquences qui portent atteinte à l'intérêt social d'où sa remise en cause.

332. Intérêt social et caractérisation de l'abus. Le juge saisi d'un abus de majorité ou de minorité doit effectuer un sérieux travail d'identification de l'intérêt social et de hiérarchisation des intérêts en cause. En effet, l'article 131, alinéa 2 de l'AUDSC révisé prévoit que l'abus de minorité n'est caractérisé que lorsque l'opposition des minoritaires à la prise de la décision pourtant nécessitée par l'intérêt social, n'est pas justifiée par un intérêt légitime. Cette rédaction suscite quelques interrogations : quel intérêt légitime pourraient invoquer les associés minoritaires pour justifier leur refus de voter la décision nécessitée par l'intérêt social ? Ce pourrait être dans le cas où les minoritaires n'auraient pas reçu l'information détaillée sur la nécessité de la décision pour la société[1057]. En effet, lorsque les associés n'ont pas été correctement mis dans les conditions leur permettant d'apprécier les conséquences pour la société de leur refus de voter, il ne saurait leur être reproché de voter contre la décision afin de protéger leurs intérêts[1058]. En cas d'augmentation de capital qui entraînerait la dilution de la participation des minoritaires, si ces derniers ne reçoivent pas toutes les informations sur l'importance de cette augmentation pour la société, alors ils ne peuvent se voir reprocher un abus de minorité s'ils votent contre cette décision. En ce sens, un auteur a pu affirmer que « *prendre une décision en connaissance de cause est la condition sine qua non du plein exercice de la vie sociale*[1059] ».

La Cour d'appel de Paris[1060] a dans ce sens retenu qu'il ne saurait y avoir d'abus de minorité, dès lors que les associés minoritaires n'ont pas

---

[1057] R. KADDOUCH, *Le droit de vote des associés*, *op. cit. Adde*, Cass. com. 27 mai 1997, *BRDA,* novembre 1997, p. 4 ; M. CABRILLAC, « De quelques handicaps dans la construction de la théorie de l'abus de minorité », in *Mélanges offerts à André COLOMER*, Litec, 1993, p. 109.

[1058] La Cour d'appel de Limoges a dans ce sens annulé une résolution modifiant la répartition des droits de vote des associés d'une SAS, alors que l'ordre du jour ne comportait aucune question ni aucun projet de résolution relatifs à cette résolution rajoutée en cours d'assemblée. La CA a ici considéré que « *Le droit d'information des associés est un principe général du droit des sociétés qui impose de donner connaissance aux associés des sujets sur lesquels ils seront amenés à voter des résolutions lors de la réunion de l'assemblée de telle sorte qu'ils soient en mesure d'apprécier la portée de leur vote et d'exprimer un choix éclairé de leur part* ». V. M. GERMAIN et P.-L. PERIN, « Confirmation du droit à l'information des associés de SAS », note sous CA Limoges, ch. civ., 28 mars 2012, n° 10/00576 SAS Groupe R., *Bull. Joly sociétés,* 2012, p. 623.

[1059] J.-P. LEGROS, « La nullité des décisions de sociétés », *Rev. sociétés,* 1991, p. 275, n° 36.

[1060] CA Paris, 26 juin 1990, *Rev. sociétés* 1990, p. 613, note Boizard ; *JCP E*, 1990, II, n° 21589, note M. GERMAIN ; V. aussi pour un cas où l'associé n'est pas mis dans les dispositions de pouvoir participer utilement à l'AGE pour voter les décisions essentielles pour

reçu l'information suffisante afin d'effectuer un vote éclairé. Ainsi, elle conclut qu' « *une opération d'une ampleur aussi exceptionnelle que celle qui était soumise à l'approbation des actionnaires nécessitait une information plus précise sur ses buts et sur ses méthodes de réalisation* ». Dans le même sens, un auteur affirme que « *le conseil d'administration ou la gérance sont libres d'entourer leur proposition d'une certaine opacité ; mais demandant ainsi un chèque en blanc, ils renoncent par le fait même à se prévaloir d'un abus de minorité. La rétention de l'information ne peut que conférer au vote des minoritaires le caractère discrétionnaire qu'il n'a pas intrinsèquement*[1061] ». Cette décision a été confirmée par un arrêt récent de la Cour de cassation qui a retenu que « *[...] Attendu qu'en statuant ainsi, alors que les actionnaires devant se prononcer sur une augmentation de capital d'une société dont les capitaux propres sont devenus inférieurs à la moitié du capital, doivent disposer des informations leur permettant de se prononcer en connaissance de cause sur les motifs, l'importance et l'utilité de cette opération au regard des perspectives d'avenir de la société et qu'en absence d'une telle information, ils ne commettent pas d'abus en refusant d'adopter la résolution proposée, la Cour d'appel a violé le texte susvisé*[1062] ».

Dans cette décision, l'abus de minorité a été écarté bien que la décision prise soit contraire à l'intérêt de la société. On pourrait par extension penser que les juges se prononcent en faveur de l'intérêt des actionnaires. Cependant, il faut remarquer que le juge ne cherche à privilégier ni l'intérêt de l'entreprise, ni celui de l'associé. L'intérêt social commande de choisir l'intérêt qui doit prévaloir en fonction des éléments de fait présentés au juge. Dans cet arrêt, le défaut d'information suffisante de l'actionnaire minoritaire entraîne une inversion de la hiérarchie des intérêts dans la société. L'intérêt de cet actionnaire à une information complète vient supplanter l'intérêt de la société à une augmentation de capital, même si celle-ci est déterminante pour la poursuite de l'exploitation de l'activité. L'intérêt social en tant que technique de sélection de l'intérêt de référence dans la société ne met en avant aucun des intérêts de la société dans toutes les situations. Cette analyse pourrait également s'appliquer lorsque le vote de l'actionnaire minoritaire serait la mise en œuvre d'une convention de vote. Si par exemple, il y avait eu plusieurs associés représentant ensemble 46%

---

la survie de la société, TRHC Dakar, 27 octobre 2004, n° 2301, *Ohadata* J-05-103, note W. J. Ngoue.

[1061] M. CABRILLAC, « De quelques handicaps dans la construction de la théorie de l'abus de minorité », *art. préc.*, p. 114, n° 14.

[1062] Cass. com. 20 mars 2007, n° 05-19.225, SA Hexagone hospitalisation Île-de-France c/ Sté La Roseraie clinique hôpital, *JCP E* 2007, 1755, note A. VIANDIER ; *Dr. sociétés,* 2007, n° 5, p. 17, note H. Lecuyer. V. aussi Cass. com. 27 mars 1997, n° 95-15.690, *Bull. Joly sociétés,* 1997, p. 765, note G. B.

du capital social comme dans le cas précité[1063], en présence d'une convention de vote conclue entre ces derniers selon laquelle ils voteraient tous dans un sens donné, en l'absence d'information suffisante, le refus de voter l'augmentation de capital essentielle à la survie de la société ne permettrait, ni de remettre en cause la décision de refus, ni la convention de vote elle-même. Mais, dès lors qu'ils auraient tous reçu les informations leur permettant de se prononcer en connaissance de cause sur les motifs, l'importance et l'utilité de l'opération, s'ils votent contre la décision d'augmentation du capital, alors le vote négatif pourrait être remis en cause pour contrariété à l'intérêt social, sans que la convention de vote soit atteinte. La convention de vote en soi serait valide mais la mise en œuvre contrarie l'intérêt social, donc la décision issue de cette mise en œuvre doit être remise en cause. L'intérêt social ici commande le choix de l'intérêt de l'organisme économique comme intérêt de référence puisque les associés ont reçu les informations nécessaires à une prise éclairée de leur décision.

333. Conclusion de Chapitre. Quand bien même l'ordre public et l'intérêt social constitueraient des conditions imprécises de validité des aménagements conventionnels aussi bien en droit français qu'OHADA, il s'agit de standards, et en tant que tels, il faut bien se garder de les enfermer dans une définition qui pourrait s'avérer bien trop étroite. La présence de ces standards dans le droit des sociétés permet d'ailleurs une certaine flexibilité, une adaptabilité du droit à cet environnement économique mouvant et hétérogène[1064]. Ainsi, les aménagements conventionnels statutaires ou extrastatutaires doivent, pour être valables, ne contrarier ni l'ordre public sociétaire ni l'intérêt social. Cet intérêt social n'est ni l'intérêt de l'entreprise en tant qu'organisme économique autonome, ni celui de ses propriétaires, ni même une synthèse de ces intérêts. L'intérêt social a toujours été une technique, un mécanisme qui permet de choisir un intérêt de référence dans la société afin de le confronter à une décision ou un comportement. Cet intérêt de référence peut ainsi varier en fonction de l'environnement économique propre à la société, ou externe à celle-ci. Ces deux critères constituent des « paravents » contre toutes les dérives que peut engendrer une imagination trop débordante des praticiens du droit des affaires, toujours en quête de flexibilité. La question qui se pose à présent est celle de la sanction encourue en cas de non-respect des conditions de validité des aménagements conventionnels.

[1063] Cass. com. 20 mars 2007, n° 05-19.225, préc.

[1064] V. dans ce sens, Y. GUYON, Traité des contrats – Les sociétés, Aménagements statutaires et conventions entre associés, op. cit., p. 420, n° 289.

Chapitre II. La sanction complexe de la violation des règles de formation des aménagements conventionnels

334. En droit commun des contrats, la nullité s'impose comme la sanction par excellence de la violation des règles de formation d'un acte juridique[1065]. Le droit des sociétés français ou OHADA manifeste une certaine méfiance vis-à-vis de cette sanction qui a pour principal effet d'anéantir un acte juridique en principe avec un effet rétroactif[1066]. Cela s'explique assez aisément par le fait que la nullité d'une société ou même d'un acte pris par les organes sociaux entraînent des conséquences qui vont parfois au-delà de la remise en cause des intérêts des seuls associés. Cette situation implique le fait que les causes de nullité en droit des sociétés soient très encadrées. Le droit des sociétés français ou OHADA, par l'instauration de mécanismes dérogatoires du droit commun, invite à une régularisation de la nullité lorsqu'elle vient surtout à frapper la société ou les actes modifiant les statuts. S'agissant particulièrement des aménagements extrastatutaires, étant par principe régis par le droit commun des contrats, ceux-ci ne pourront pas bénéficier de la souplesse du régime de nullité prévue par la législation sociétaire. Toutefois, dans l'espace OHADA, aucune législation uniforme n'existant en matière contractuelle, ces derniers seront soumis à des régimes différents selon la législation du pays auquel ils sont rattachés. L'impératif de sécurité juridique qui a prévalu à l'adoption des Actes uniformes sur le droit des sociétés commerciales devrait également conduire à une uniformisation des règles en matière contractuelle. Aussi, le mouvement de contractualisation du droit des sociétés OHADA, qui a conduit le législateur à reconnaître la validité des aménagements extrastatutaires, nécessite une accélération du processus d'élaboration de l'Acte uniforme sur le droit des contrats.

335. Le droit des sociétés OHADA tel qu'il ressort de la réforme a permis une évolution sensible du régime des nullités en droit des sociétés.

1065 V. en ce sens, M. FABRE-MAGNAN, *Droit des obligations, 1 – Contrat et engagement unilatéral*, éd. PUF., 2012, p. 461 ; A. BENABENT, *Droit des obligations*, L.G.D.J. – Lextenso, 14e éd., 2014, p. 159, n° 200.

1066 P. Le CANNU, « La canalisation des nullités subséquentes en droit des sociétés », in *Mélanges Pierre BEZARD, le juge et le droit de l'économie*, Montchrestien, 2002, p. 113-125, spéc. p. 113, n° 1 ; J. MOURY, « Les nullités « en cascade » en droit des sociétés », *Rev. sociétés*, 2013, p. 599.

Les textes en la matière sont désormais plus clairs et le régime plus unitaire. En droit français, malgré les différentes interventions législatives en la matière, il est à noter que les textes en matière de nullité sont particulièrement sibyllins et manquent de clarté[1067]. Le droit OHADA semble une fois de plus prendre le pas sur le droit français par une clarification des règles en la matière, quand bien même des efforts restent à fournir[1068]. Dans l'ensemble, l'esprit de ces deux législations converge malgré quelques divergences apparues lors de la réforme de l'AUSDC. Si les causes de nullité sont dans l'ensemble similaires dans les deux systèmes juridiques, à l'exception de quelques nouveautés introduites lors de la réforme de l'Acte uniforme, la mise en œuvre nécessitant l'application de règles de droit civil marquera certaines divergences. Ce mouvement sera perceptible aussi bien à l'égard des aménagements statutaires qu'extrastatutaires, les deux régimes de nullité étant par ailleurs différents. Nous essayerons de faire ressortir ces points de convergence et de divergence à travers l'étude d'une part des causes de nullité des aménagements conventionnels (**Section I**) et d'autre part de la mise en œuvre de l'action en nullité (**Section II**).

Section I. Les causes de nullité des aménagements conventionnels

336. Avant la réforme de l'AUDSC, la nullité des aménagements conventionnels en droit des sociétés était calquée sur le droit français. Depuis la réforme, le régime des nullités en droit des sociétés OHADA tend à se distinguer du droit français et semble offrir plus de clarté en la matière. La nullité de la société[1069] est clairement distinguée de la nullité des actes, décisions et délibérations modifiant les statuts[1070], qui elle-même se distingue des autres actes, décisions et délibérations ne modifiant pas les statuts[1071]. S'agissant spécialement de la nullité des actes, décisions ou délibérations modifiant les statuts, le droit OHADA a vu l'apparition d'une nouvelle cause de nullité. Cette catégorie d'actes peut désormais encourir la nullité en cas de violation d'une clause des statuts jugée essentielle par la juridiction. Aussi, l'absence d'une règlementation uniforme en matière contractuelle et spécialement l'absence de mise à jour des codes civils des États parties, à l'exception de certains pays comme le Sénégal, implique un

---

1067 M. COZIAN, A. VIANDIER, Fl. DEBOISSY, *Droit des sociétés*, *op. cit.*, p. 256, n° 453.

1068 V. K. FADIKA, « La clarification du régime des nullités », in « Droit des sociétés commerciales OHADA rénové : un atout pour les investisseurs en Afrique », *Droit & patrimoine*, septembre 2014, p. 89-93.

1069 Article 242 de l'AUDSC révisé.

1070 Article 243 de l'AUDSC révisé.

1071 Article 244 de l'AUDSC révisé.

régime disparate de la nullité des aménagements extrastatutaires. Il conviendra donc de mettre en lumière ces divergences en abordant successivement le régime de la nullité des aménagements statutaires (**§I**) et extrastatutaires (**§II**).

§1. La nullité des aménagements conventionnels statutaires

337. La nullité des aménagements conventionnels telle qu'elle ressort de l'AUDSC révisé diffère sensiblement des règles retenues en droit français. La clarification voulue par le législateur OHADA en la matière permet en effet de distinguer d'une part la nullité des actes, décisions ou délibérations modifiant les statuts, et d'autre part, celle de la société elle-même. En droit français, la nullité de la société et celle des actes modifiant les statuts font l'objet d'un régime unitaire issu l'article L. 235-1 du code de commerce. Nous pourrons ainsi aborder dans un premier temps l'assimilation des causes de nullité des clauses statutaires à celle de la société en droit français (**A**), avant d'aborder l'érection d'une nullité autonome des clauses statutaires en droit OHADA (**B**).

A. L'assimilation des causes de nullité des clauses statutaires à celle de la société en droit français

338. Avant l'acquisition de la personnalité morale, les statuts de la société sont régis par le droit commun des contrats. À compter de l'immatriculation, la nullité des clauses statutaires est régie par les règles de droit commun des sociétés issues du code civil ou de celles spéciales issues du code de commerce. Alors que la nullité des actes modifiant les statuts fait l'objet d'une règlementation assez précise, la sanction du réputé non écrit semble être retenu pour les clauses statutaires, ce qui pose la question de la possibilité de prononcer la nullité de ces clauses. Nous présenterons ainsi dans un premier temps le régime de la nullité des actes modifiant les statuts (**1**), avant de nous interroger sur l'application de la sanction de la nullité aux clauses statutaires (**2**).

1. La nullité des actes modifiant les statuts de la société

339. Cantonnement des causes de nullité des actes modifiant les statuts. En droit français, la nullité des actes modifiant les statuts est régie par l'article L. 235-1 du code de commerce qui prévoit que « *la nullité d'une* *société ou d'un acte modifiant les statuts ne peut résulter que d'une disposition expresse du présent livre ou des lois qui régissent la nullité des contrats* ». Deux causes de nullité peuvent ainsi être retenues : la nullité fondée sur une disposition expresse du Livre II du code de commerce (**a**) et la nullité fondée sur les lois qui régissent la nullité des contrats (**b**).

a. La nullité fondée sur une disposition du Livre II du code de commerce

340. La nullité fondée sur une « disposition expresse du présent Livre ». Cette première cause de nullité ne pose pas de problème particulier. Lorsque la nullité est prévue dans le texte, il suffit de constater la violation de celui-ci pour que le juge puisse la prononcer. À titre d'illustration, l'article L. 225-121, alinéa 1er du code de commerce prévoit que les dispositions prises en violation des articles L. 225-96, L. 225-97 et L. 225-98 sont nulles. Ainsi, lorsqu'un acte modifiant les statuts est pris par un organe autre que l'assemblée générale extraordinaire, ou pris contrairement aux conditions de quorum et de majorité indiquées à l'article L. 225-96, celui-ci serait annulable[1072]. Il faut cependant tenir compte de la distinction faite entre les nullités obligatoires et celles facultatives[1073].

Le législateur a en effet prévu, dans certains cas seulement, une faculté pour le juge de prononcer la nullité de la disposition prise en violation d'un texte prévoyant cette sanction[1074]. Le juge aurait dans ce cas, non pas une compétence liée, mais un pouvoir discrétionnaire quant au prononcé de la sanction. C'est notamment le cas de l'article L. 225-149-3, alinéa 3 du code de commerce qui dispose que « *peuvent être annulées les décisions prises en violation de l'article L. 233-32 [...]* ». L'expression « *peuvent être annulées* » ouvre ici une faculté au juge qui, même en cas de violation de l'article L. 233-32 du code de commerce dont la nullité est suggérée par ailleurs par le législateur, statuera en fonction de l'opportunité et de l'efficacité d'une telle sanction[1075]. Les cas de nullités facultatives s'avèrent limités, la jurisprudence ne retenant en général la nullité qu'en cas de preuve d'un grief par l'associé invoquant la nullité pour violation de la

---

[1072] V. CA Metz, 5 janvier 1977, *Rev. sociétés,* 1977, p. 488, note B. Bouloc.

[1073] V. P. RUBELLIN, « Les nullités facultatives », in *Études offertes au doyen Philippe SIMLER*, éd. Litec & Dalloz, 2004, p. 679-728.

[1074] Pour cette distinction voir, J. HONORAT, « Sociétés - Nullités », *Encyclopédie Dalloz*, p. 15.

[1075] J. MESTRE, D. VELARDOCCHIO et A.-S. MESTRE-CHAMI, *Lamy Sociétés Commerciales* 2015, p. 1340, n° 2754.

disposition impérative[1076]. En somme, la nullité des actes modifiant les statuts au regard des règles du droit des sociétés correspond au régime des nullités textuelles, en ce sens qu'en l'absence de prévision expresse de cette sanction par le texte, celle-ci ne saurait être retenue[1077].

b. La nullité fondée sur les lois régissant la nullité des contrats

341. Causes de nullité de droit des contrats. La seconde cause de nullité renvoie à toutes les causes du droit commun des contrats. En droit des contrats, la nullité sanctionne un vice dans la formation du contrat. Si l'on s'en tient aux termes de l'article 1108 du code civil, la nullité pourra être retenue en cas de consentement vicié, d'incapacité, d'objet indéterminé, impossible ou illicite, et enfin en cas d'absence ou d'illicéité de la cause[1078].

342. Exception en cas de vice de consentement. S'agissant du cas de vice du consentement d'un associé, le législateur a prévu une exception concernant les SARL et les sociétés par actions. Ces dernières ne peuvent être annulées du seul fait d'un vice du consentement à moins que ce vice n'ait concerné tous les associés fondateurs, ce qui sera en l'occurrence très rare en pratique[1079]. *Quid* de l'absence de consentement ? La Cour de cassation semble assimiler le défaut de consentement au vice du consentement. Elle a refusé ainsi de prononcer la nullité d'une société retenant que « *selon l'article 360 de la loi du 24* juillet *1966, en ce qui concerne les sociétés à responsabilité limitée, la nullité de la société ne peut résulter ni d'un vice de consentement ni de l'incapacité, à moins que celle-ci n'atteigne tous les associés fondateurs ; qu'ayant constaté que le défaut de*

[1076] V. Cass. ch. mixte, 16 décembre 2005, n° 04-10. 986, *Bull. Joly sociétés,* 2006, p. 536, note L. Grosclaude ; *Dalloz* 2006, p. 146, obs. A. Lienhard ; *Dr. sociétés,* 2006, comm. 36, obs. F.-X. Lucas ; *JCP E* 2006, p. 420, concl. Avocat gén. M. Domingo et p. 1170, obs. J.-J. Caussain, Fl. Deboissy et G. Wicker.

[1077] V. CA Rennes 11 mars 1970, *Bull. Joly sociétés,* 1971, p. 231 ; CA Paris, 3e Ch. A, 21 mars 2000, *Bull. Joly sociétés,* 2000, p. 960, note P. Le Cannu ; CA Paris, 1re Ch. C, 4 mai 2000, *Dr. sociétés,* 2000, n° 160, note D. Vidal. Toutefois, il faut cependant noter que la Cour de cassation a annulé une assemblée générale extraordinaire d'une SA pour refus d'admission d'un actionnaire, et cela malgré l'absence d'une disposition expresse Livre II du code de commerce sur les nullités. On aurait pu penser que la Cour de cassation s'affranchit de la limitation posée par L. 235-1 du code de commerce, mais à la lecture de l'arrêt, il ressort que l'annulation est fondée sur la fraude. V. Cass. com. 6 juillet 1983, n° 82, *Rev. sociétés,* 1984, p. 76, note Y. Guyon.

[1078] V. en ce sens, M. COZIAN, A. VIANDIER et Fl. DEBOISSY, *Droit des sociétés*, *op. cit.*, p. 257, n° 456. *Adde*, L. BORNHAUSER-MITRANI, « La violation d'une clause statutaire », *LPA,* 8 avril 1998, n° 42, p. 11.

[1079] V. J. MESTRE, D. VELARDOCCHIO et A.-S. MESTRE-CHAMI, *Lamy Sociétés Commerciales* 2015, p. 1336, n° 2738.

consentement au pacte social était limité à M. Michel Y... de sorte que cette cause de nullité n'atteignait pas les autres associés fondateurs, c'est par une exacte application du texte susvisé que la Cour d'appel a refusé de prononcer la nullité de la société[1080] ». De ce fait, ni l'absence de consentement ni le vice de consentement ne peut fonder l'annulation d'une SARL ou d'une société par actions à moins que ce vice n'atteigne tous les associés.

Certains auteurs considèrent cependant que les vices de consentement ou d'incapacité peuvent provoquer l'annulation d'un acte modifiant les statuts « *dès lors qu'ils peuvent être invoqués par un seul des associés ou actionnaires*[1081] ». Ce raisonnement est fondé sur un ensemble de décisions jurisprudentielles qui ont refusé de retenir la sanction de la nullité, les vices d'erreur[1082], de dol[1083] ou de violence[1084] n'étant pas en l'espèce caractérisés. La seule décision positive citée[1085] retient l'erreur, mais il semble que cette solution soit conforme au texte de l'article L. 235-1 du code de commerce puisque l'erreur semble ici toucher l'ensemble des associés. En l'absence de décision de la Cour de cassation en la matière, il y a lieu de retenir que, s'agissant des SARL et sociétés par actions, les vices de consentement ne sauraient être retenus comme cause de nullité des actes modifiant les statuts. D'autres fondements doivent dès lors être recherchés à l'instar de l'abus de majorité[1086] ou de la fraude[1087].

Dans le même sens, l'incapacité d'un associé ne saurait constituer une source de nullité d'une SARL ou d'une société de capitaux, à moins que l'incapacité n'atteigne tous les associés fondateurs. Celle-ci ne peut donc concerner que les sociétés constituées sous forme de SNC ou de SCS.

343. Nullité pour fraude. En application du droit commun des contrats, la fraude pourrait constituer une source de nullité d'un acte modifiant les statuts[1088]. Il pourrait s'agir de la fraude à la loi définie comme « *le fait de se placer artificiellement en dehors du domaine d'une disposition*

1080 Cass. com. 20 juin 1989, n° 86-17.377.

1081 J. MESTRE, D. VELARDOCCHIO et A.-S. MESTRE-CHAMI, *Lamy Sociétés Commerciales* 2015, p. 1341, n° 2757.

1082 Cass. com. 27 janvier 1982, n° 80-11.064, *Rev. sociétés,* 1982, p. 825, note B. Bouloc.

1083 CA Paris, 3e Ch. A, 15 juin 1999, *RJDA* 1999, n° 1093 ; Cass. com. 3 novembre 2004, n° 00-20.248, *RJDA,* 2005, n° 401 ; *Bull. Joly sociétés,* 2005, p. 737.

1084 CA Paris, 19 mars 1981, *JCP G,* 1982, n° 19720, concl. Jeol et obs. Y. Guyon.

1085 TGI Metz, 20 avril 1982, *Bull. Joly,* 1982, p. 789, n° 341.

1086 V. *infra,* n° 344.

1087 V. *infra,* n° 343.

1088 M. COZIAN, A. VIANDIER et Fl. DEBOISSY, *Droit des sociétés, op. cit.*, p. 257, n° 457.

impérative[1089] ». Aussi, la nullité peut être retenue en cas de fraude aux droits des tiers[1090] ou même de la fraude aux droits d'un associé. La fraude a ainsi été retenue dans une espèce où une augmentation de capital a été décidée en pleine période estivale avec un bref délai de souscription dans le seul but de payer la dette des associés majoritaires. Ces derniers, contrairement aux minoritaires, avaient des créances sur la société, créances qui devaient par compensation servir à l'opération. La Cour d'appel de Paris statuant sur la validité de l'opération a retenu que « *l'augmentation de capital votée par l'assemblée générale extraordinaire [...] est irrégulière comme entachée de fraude ; qu'il y a lieu en conséquence de confirmer le jugement déféré en ce qu'il a annulé l'augmentation de capital ainsi que tous les actes s'y rapportant*[1091] ».

344. Abus de majorité. Dans le même sens, certains auteurs ont considéré que l'abus de majorité devrait pouvoir servir de fondement à la nullité des actes modifiant les statuts, car cet abus viole les règles qui régissent la nullité des contrats et les conditions de validité du contrat de société en particulier pour contrariété à l'intérêt commun des associés[1092]. C'est ainsi que la nullité de la décision de mise en réserve systématique des bénéfices peut être prononcée lorsque celle-ci n'est pas justifiée par des besoins particuliers d'investissement, cette décision ne profitant qu'aux majoritaires par ailleurs salariés de la société. Dans cette situation, la nullité de la décision est fondée sur la fraude aux droits des associés minoritaires[1093].

345. La nullité des actes modifiant les statuts, soumise au même régime que la nullité de la société elle-même, s'avère ainsi très encadrée. La remarque est aussi valable pour les clauses statutaires.

[1089] Ibid.

[1090] Par exemple, l'augmentation du capital pour permettre à un associé de faire un apport d'un bien afin de le soustraire du gage général de ses créanciers.

[1091] CA Paris 25 novembre 2008, n° 06-18.340, 3e ch. A, SAS Alliance designers c/ SA Sozan holding, *RJDA*, 2009, n° 236.

[1092] P. et Ph. DIDIER, *Droit commercial*, Tome 2 *Les sociétés commerciales*, Economica 2011, p. 328, n° 409 ; M. COZIAN, A. VIANDIER et Fl. DEBOISSY, *Droit des sociétés*, *op. cit.*, p. 258, n° 457.

[1093] V. Cass. com., 22 avril 1976, *Rev. sociétés*, 1976, p. 479, note D. Schmidt ; Cass. com., 1er juillet 2003, *Bull. Joly sociétés*, 2003, p. 1137, note A. Constantin ; Cass. 3e civ., 7 février 2012, n° 10-17. 812, *Rev. sociétés*, 2012, p. 622, note A.-L. Champetier de Ribes-Justeau.

2. La nullité des clauses statutaires

346. Le choix du réputé non écrit. Le code de commerce ne traitant pas spécialement de l'invalidation des clauses statutaires, la question s'est posée de savoir si l'on pouvait appliquer le droit commun des sociétés. L'alinéa 2 de l'article 1844-10 du code civil prévoit en effet que « *toute clause statutaire contraire à une disposition impérative du présent titre, dont la violation n'est pas sanctionnée par la nullité de la société, est réputée non écrite* ». Cette disposition devrait en principe pouvoir s'appliquer aux sociétés commerciales par le renvoi qui est fait par l'article 1834 du code civil[1094]. La sanction prévue par ce texte n'est pas envisagée par le code de commerce légitimant ainsi une telle application[1095].

Ainsi, en application de l'alinéa 1 de l'article 1844-10 du code civil, en cas de contrariété à une disposition impérative du titre neuvième du Livre III de ce code, il faudrait d'abord rechercher si cette violation est sanctionnée par la nullité de la société. À défaut, la clause statutaire sera réputée non écrite. La sanction de la nullité des clauses statutaires est ainsi écartée au profit de la sanction plus efficace du réputé non écrit. Cette dernière, ne visant que la clause statutaire illicite, permet de préserver la personnalité juridique de la société dont la nullité est très encadrée.

L'application de l'alinéa 2 de l'article 1844-10 du code civil aux sociétés commerciales a été confirmée dans une décision rendue par la chambre commerciale de la Cour de cassation dans une espèce relative aux franchises participatives[1096]. Des faits, il ressort que les sociétés Lioser et ITM Entreprises ont conclu pour une durée de dix ans un contrat d'enseigne au profit de la première. La société ITM région parisienne, filiale à 99% de la société ITM Entreprises, a dans la foulée acquis en nue-propriété 34% des actions de la société Lioser. De fait, celle-ci détenait ainsi une minorité de blocage permettant à la société mère d'avoir un regard sur les décisions de gestion. Avant la date d'échéance du contrat d'enseigne, la société Lioser, par le biais de son dirigeant, fit part au franchiseur sa décision de non-renouvellement du contrat. Cette dernière demanda alors la nullité de cette décision se fondant sur l'article 34 des statuts donnant compétence à

[1094] V. en ce sens, A. CONSTANTIN, « L'emprise du droit de la concurrence sur le contrat de société : défiance et illustration », note sous Cass. com. 30 mai 2012, n° 11-18.024, *Dalloz* 2012, p. 2717.

[1095] V. en ce sens, J. MESTRE, D. VELARDOCCHIO et A-S. MESTRE-CHAMI, *Lamy Sociétés Commerciales* 2015, p. 1338, n° 2749 ; *Memento Sociétés commerciales* 2016, n° 89840.

[1096] La franchise participative désigne « la prise d'une participation par le franchiseur dans le capital de la société franchisée ». V. B. DONDERO, « Coup dur pour la franchise participative ! » note sous Cass. com. 30 mai 2012, n° 11-18.024, *JCP E*, 2012, p. 1641.

l'assemblée générale pour décider le retrait ou le changement d'enseigne sous lequel est exploité le fonds de commerce. La société Lioser en défense, demanda la nullité de la clause statutaire querellée.

La Cour d'appel d'Orléans constatant que la disposition statutaire en cause ne contrevenant ni à la liberté du commerce, ni à la prohibition des ententes anti-concurrentielles ou des engagements perpétuels, et quand bien même la société ITM Entreprises pourrait par le biais de sa filiale « *imposer la poursuite sans fin du contrat de franchise* », cette disposition ne saurait encourir la nullité. La société Lioser forme alors un pourvoi devant la Cour de cassation qui, au visa de l'article 1844-10, alinéa 2 du code civil et des principes de la liberté contractuelle et de la liberté de la concurrence, rejette l'argumentation des juges du fond[1097]. Elle retient « *qu'en statuant ainsi, sans rechercher, ainsi qu'elle y était invitée, si cette disposition statutaire, considérée non pas seulement en elle-même, mais au regard des circonstances constituées par la minorité de blocage dont disposait la société ITM région parisienne et compte tenu de la dépendance de cette dernière envers la société ITM Entreprises dont elle était la filiale à 99 %, n'avait pas pour objet ou pour effet de porter atteinte à la liberté contractuelle et de la concurrence, la Cour d'appel a privé sa décision de base légale au regard des textes et principes susvisés* ». La Cour de cassation confirme ici l'application de l'alinéa 2 de l'article 1844-10 du code civil au-delà du seul cadre des sociétés civiles, la société LIOSER dont les statuts sont en cause ici étant constituée sous la forme d'une société anonyme.

Toutefois, la Cour de cassation se contentant de reprocher à la Cour d'appel de ne pas avoir recherché si la clause statutaire querellée, au regard des circonstances de l'espèce, ne portait pas atteinte aux principes de liberté contractuelle et de concurrence, ne tranche pas elle-même la question de la nullité de ladite clause. Peut-on conclure à la nullité de cette dernière, ou la sanction du réputé non écrit devrait-elle trouver lieu à s'appliquer ? Il appartient à la Cour de renvoi d'apporter des réponses à cette question qui s'avère très épineuse. Un des commentateurs de cette décision considère que la clause pourrait être invalidée sur le fondement de la violation de l'article 1833 du code civil, notamment pour illicéité de l'objet de la société ou atteinte à l'intérêt commun des associés[1098]. L'illicéité de l'objet viendrait du fait que la clause viole l'ordre public concurrentiel. Quant à l'atteinte à l'intérêt commun des associés, elle serait le fait que la clause institue de fait

---

[1097] Cass. com. 30 mai 2012, n° 11-18.024, *Bull. Joly sociétés* 2012, p. 715, note Th. Favario ; *JCP E* 2012, p. 1641, note B. Dondero ; *Dalloz* 2012, p. 2717, note A. Constantin.

[1098] A. CONSTANTIN, « L'emprise du droit de la concurrence sur le contrat de société : défiance et illustration », note sous Cass. com. 30 mai 2012, n° 11-18.024, *Dalloz,* 2012, p. 2717.

une minorité de blocage dans le seul intérêt de l'associé minoritaire. Cependant, quand bien même ces fondements seraient retenus, ce qui n'est pas d'une évidence absolue, ceux-ci auraient pour effet d'entraîner la nullité de la société et non de la clause seulement, comme le prévoit l'alinéa 1er de l'article 1844-10 du code civil. Une telle violation de l'article 1833 rentrerait dans le champ des nullités textuelles de la société. Toutefois, le seul fondement de la violation de l'ordre public devrait pouvoir servir à annuler la seule clause illicite. Aussi, la nullité aurait pu être retenue si l'assemblée avait été convoquée et s'était heurtée à un vote négatif de la société ITM région parisienne. La nullité serait ici la conséquence d'un abus de minorité si celui-ci était retenu.

347. Nullité en cas de violation du principe de libre révocation du gérant. Dans la SARL, la jurisprudence a admis la nullité de la clause statutaire prévoyant au profit du gérant une indemnité en cas de révocation pour quelque motif que ce soit, lorsque l'indemnité est de nature à dissuader les associés de prononcer une telle décision[1099]. La nullité est fondée ici sur la violation du principe d'ordre public de libre révocation du gérant[1100]. Dans le même esprit, est nulle la clause statutaire prévoyant que les gérants sont révocables à l'unanimité puisque, lorsque le gérant est associé, celui-ci participe au vote et de ce fait la clause aura pour effet de rendre ce dernier irrévocable sauf en cas de perte de la qualité d'associé[1101].

348. Nullité en cas d'atteinte au droit de vote de l'usufruitier. La Cour de cassation va plus loin en retenant la nullité de la clause statutaire qui stipule que le droit de vote aux assemblées tant ordinaires qu'extraordinaires ou spéciales appartient au seul nu-propriétaire : « *qu'ayant retenu que la clause litigieuse, en ne permettant pas à l'usufruitier de voter les décisions concernant les bénéfices, subordonnait à la seule volonté des nu-propriétaires le droit d'user de la chose grevée d'usufruit et d'en percevoir les fruits, alors que l'article 578 du code civil attache à l'usufruit ces prérogatives essentielles, la cour d'appel a, par ce seul motif, légalement*

[1099] La jurisprudence en la matière est constante. V. Cass. com. 2 juin 1987, n° 85-16.467, Bull. civ. IV, n° 131, *Bull. Joly sociétés* 1987, p. 501, note P. Le Cannu. V. plus récemment Cass. com. 6 novembre 2012, n° 11-20.582, *Dalloz* 2012, p. 2655, obs. A. Lienhard, *RLDA* 2013/79, p. 10, n° 4429, note Th. Favario. *Dr. sociétés,* février 2013, p. 31, note D. Gallois-Cochet. Cette dernière décision valide la décision de la Cour d'appel d'Amiens qui avait retenu « *qu'est nulle toute stipulation allouant au gérant d'une SARL, en cas de révocation, une indemnité qui, par son montant, est de nature à dissuader les associés de prononcer celle-ci* ».

[1100] V. en ce sens, D. GALLOIS-COCHET, « Nullité de l'indemnité conventionnelle de révocation, stipulée au profit du gérant de SARL », note sous Cass. com. 6 novembre 2012, n° 11-20.582, préc.

[1101] CA Paris, 3e Ch. A, 10 octobre 2006, *BRDA* 2006 n° 23, p. 2 ; *RJDA* 2007, n°168.

justifié sa décision[1102] ». Cette décision pourrait surprendre, d'autant plus que l'article L. 225-110 du code de commerce qui prévoit la répartition du droit de vote entre usufruitier et nu-propriétaire admet la clause statutaire contraire. Comment la violation d'une disposition censée être supplétive peut-elle engendrer la nullité de la clause statutaire ? La justification de l'annulation doit être recherchée dans le fait qu'en supprimant le droit de vote de l'usufruitier, la clause porte une atteinte incompatible avec les prérogatives attachées à ce droit.

349. Principe de la nullité en cas de violation d'une règle d'ordre public. En somme, la nullité des clauses statutaires pourra être retenue lorsqu'est constatée la violation d'une règle d'ordre public sociétaire. La sanction de la nullité se révèle ainsi un corollaire indispensable de cet ordre public. Ce dernier *« joue principalement et traditionnellement le rôle de critère de la nullité. Il constitue la limite de la liberté contractuelle. Là où il commence, là s'arrête le règne du principe d'autonomie. Il y a nullité chaque fois que les auteurs d'un acte juridique dépassent cette limite, c'est-à-dire contreviennent à une règle ou un principe général intéressant l'ordre public*[1103] ». Enfin, quant à l'étendue de la nullité de la clause statutaire, celle-ci ne pourra entraîner la nullité de la société que dans les cas expressément prévus par le législateur. Ensuite, il ne pourrait s'agir que de nullité partielle, c'est-à-dire que la nullité devrait se cantonner à la clause illicite. Il s'agit ici d'une nullité partielle qui s'apparente très fortement à la sanction du réputé non écrit. Qu'en est-il en droit OHADA ?

B. L'érection d'une nullité autonome des clauses statutaires en droit OHADA

350. Les causes de nullité des actes, décisions et délibérations modifiant les statuts, ont été élargies à la faveur de la réforme de l'AUDSC. Le fait pour le législateur OHADA de viser les actes, décisions ou délibérations modifiant les statuts, permet de viser tout type d'acte, dès l'instant que celui-ci a pour finalité la modification des statuts. Il faudrait ajouter à ces actes, les délibérations au cours desquelles ceux-ci seront adoptés. Cependant, cette réforme ne tarira pas les débats en matière de nullité au regard des termes imprécis utilisés par le législateur. Les juridictions nationales et en dernier ressort la CCJA seront mis à contribution afin de peaufiner précisément la notion de violation de clause statutaire jugée essentielle. Nous aborderons dans un premier temps la question de la nullité des actes, décisions ou

[1102] Cass. com. 31 mars 2004, n° 03-16.694, *RJDA* 2004, n° 711.
[1103] Ph. SIMLER, La nullité partielle des actes juridiques, op. cit., p. 398, n° 326.

délibérations modifiant les statuts (**1**), avant d'évoquer le sort réservé aux clauses statutaires illicites (**2**).

1. La nullité des actes, décisions ou délibérations modifiant les statuts

351. Élargissement des causes de nullité. La réforme de l'AUDSC a permis au législateur de distinguer la nullité des sociétés, dont le régime s'apparente à celui retenu en droit français, de la nullité des actes, décisions ou délibérations modifiant les statuts. Si en droit français, la nullité des actes modifiant les statuts est soumise aux mêmes règles que celles qui gouvernent la nullité de la société elle-même, le législateur OHADA a prévu un régime particulier propre à la nullité des actes, décisions et délibérations modifiant les statuts.

À la différence de la nullité des sociétés[1104] qui ne peut résulter que d'une disposition expresse de l'AUDSC révisé ou des textes régissant la nullité des contrats, le régime de la nullité des actes, décisions ou délibérations modificatives des statuts, a été étendu à la faveur de la réforme de l'Acte uniforme. En effet, la nullité de cette catégorie d'actes ne pourra résulter que d'une disposition expresse de l'AUDSC révisé, des textes régissant la nullité des contrats en général et enfin de la violation d'une clause des statuts jugée essentielle par la juridiction compétente. Ce nouveau texte entraîne de fait un élargissement du champ de la nullité des clauses statutaires. En effet, en plus de la nullité fondée sur les dispositions expresses de l'AUDSC révisé ainsi que de celles régissant la nullité des contrats en général, le juge pourra retenir la nullité d'un acte modifiant les statuts lorsqu'il constatera une violation d'une clause statutaire qu'il jugera essentielle. Si les deux premières causes de nullité n'appellent pas de remarques particulières car étant similaires aux causes de nullité de la société elle-même, la nouvelle option ouverte par le législateur dans le domaine de la nullité des actes, décisions ou délibérations modifiant les statuts, suscite un intérêt particulier. Il faut d'ores et déjà préciser que cette cause de nullité fondée sur la violation d'une clause statutaire jugée essentielle par la juridiction compétente n'existe pas dans la législation française.

352. Un caractère essentiel de la clause statutaire à déterminer par le juge. De prime abord, il convient de noter qu'il appartient au juge amené à statuer sur la nullité d'un acte, d'une décision ou d'une délibération modifiant les statuts, d'apprécier le caractère essentiel des clauses des statuts

[1104] V. pour une étude générale sur la nullité de la société, A. FENEON, *Droit des sociétés en Afrique (OHADA)*, L.G.D.J. – Lextenso éd., 2015, p. 624, n° 1593 et suiv.

dont la violation est en cause[1105]. Dans son rôle d'interprétation, il sera ainsi amené à déterminer les clauses statutaires qui devraient revêtir le sceau de l'impérativité de telle sorte que leur violation déclenchera la sanction de la nullité. Cette formulation aura pour effet d'impliquer d'avantage le juge dans le fonctionnement sociétaire, celui-ci devant déterminer les clauses statutaires essentielles ou non. Il y a donc à craindre un risque d'arbitraire, la nullité de ces actes étant étroitement liée à l'appréciation qu'aura le juge de la clause dont la violation est en cause.

353. Notion de « clause des statuts jugée essentielle ». La formule de la violation d'une clause des statuts jugée essentielle par la juridiction compétente mérite une attention particulière. En effet, la violation de toute clause statutaire n'est pas susceptible d'entraîner la nullité de l'acte, de la décision ou de la délibération modifiant les statuts. Pour qu'il en soit ainsi, il faudrait que la violation porte sur une clause qui serait jugée essentielle par le juge. Quels sont les critères qui peuvent être retenus afin de qualifier une clause statutaire d'essentielle, dont la violation entraînerait la sanction de la nullité ? Le législateur n'ayant prévu aucun critère, il appartiendra aux juridictions d'apprécier au cas par cas l'importance que peut avoir telle ou telle clause statutaire pour la société ou pour l'ensemble des associés. Deux approches peuvent ici être envisagées.

Une approche restrictive consisterait à considérer qu'une clause statutaire sera jugée essentielle si elle reprend une disposition impérative de l'Acte uniforme qui n'est pas sanctionnée par la nullité[1106]. Cette approche s'apparenterait à celle retenue par la jurisprudence française à propos de la nullité en cas de violation d'une clause statutaire[1107].

[1105] V. en ce sens, Ph. MERLE, « Le nouveau droit des sociétés de l'OHADA », in *Mélanges en l'honneur du Professeur Michel Germain*, LexisNexis – L.G.D.J.-Lextenso éd., 2015, p. 565-579, spéc. p. 573.

[1106] Lorsque la disposition impérative de l'AUDSC est déjà visée par la nullité, il s'agira d'une nullité expresse dont le fondement serait le premier tiret de l'article 243 de l'AUDSC révisé.

[1107] La jurisprudence française considère que les actes ou délibérations pris par les organes d'une société commerciale peuvent être annulés en cas de violation des statuts, lorsque ces derniers font « *usage de la faculté, ouverte par une disposition impérative, d'aménager conventionnellement la règle posée par celle-ci* », V. Cass. com. 18 mai 2010, n° 09-14.855, Sté Française de gastronomie c/ Sté Larzul, *Rev. sociétés*, 2010, p. 374, note P. Le Cannu ; *JCP E* 2011, p. 24, obs. Fl. Deboissy et G. Wicker ; *Dalloz,* 2010, p. 2405, note F. Marmoz ; *RLDA,* septembre 2010, n° 52, p. 18, note Ch. Lebel ; *Dr. sociétés* août 2010, n° 8-9, p. 10, note M.-L. Coquelet ; *RTD Civ.* 2010, p. 553, obs. B. Fages ; *Bull. Joly sociétés* 2010, p. 651, note H. Le Nabasque. V. aussi, Cass. com. 19 mars 2013, n°12-15.283, *Rev. sociétés* 2014, p. 51, note P. Le Cannu ; *RTD Com.*, 2013, p. 530, note M.-H. Monsérié-Bon ; *Gaz. Pal.*, 28 juin 2013, n° 179-180, p. 31-33 ; *Bull. Joly sociétés,* 2013, p. 402, note F.-X. Lucas. V. plus

Une autre approche plus large consisterait à tenir compte de toutes les dispositions statutaires dont le contenu ne serait pas envisagé par l'AUDSC, qui dans leur formulation se veulent essentielles pour les associés dans leurs relations entre eux ou pour le fonctionnement même de la société. Il s'agira ici pour le juge de scruter chaque disposition statutaire afin d'y déceler un caractère impératif, indépendamment de la reprise d'une disposition légale impérative. Cette approche consiste à instituer un système de nullité virtuelle facultative, en ce sens qu'il appartient au juge de déterminer les cas dans lesquelles la nullité pourra être admise, celle-ci ne relevant que de sa seule appréciation.

En toute hypothèse, il s'agira pour le juge de déterminer les clauses statutaires dont la dérogation n'est pas admise. Ainsi en règle générale, le caractère essentiel de la clause statutaire sera déterminé en fonction de l'impérativité de celle-ci. La notion d' « essentiel » renverrait ainsi à celle d'impératif. À l'instar des dispositions légales dont la détermination du caractère impératif incombe au juge en dehors de toute prévision expresse, il appartiendra ici au juge de déterminer les clauses qui lui paraissent impératives[1108]. Seule la violation de ces dernières entraînerait alors la nullité de l'acte, de la décision ou de la délibération modificative des statuts. Si tel s'avère être le sens de la jurisprudence de la CCJA, l'expression de la violation d'une clause statutaire impérative aurait été préférable à la notion de clause statutaire jugée essentielle, la notion d'essentiel ne renvoyant à aucun contenu juridique plus ou moins précis.

354. La souplesse du régime des nullités. Le législateur OHADA, dans la volonté de limiter autant que possible les nullités en droit des sociétés, a ouvert une faculté pour le juge pouvant même d'office « *fixer un délai pour permettre de couvrir la nullité* ». Celui-ci ne peut prononcer la nullité moins de deux (2) mois après la date de l'exploit introductif d'instance[1109]. Aussi, dans le même sens, si une assemblée est convoquée régulièrement afin de couvrir la nullité, le juge est invité à accorder « *le délai nécessaire pour que les associés puissent prendre une décision*[1110] ». Le législateur s'évertue ainsi à permettre la régularisation de la nullité, celle-ci pouvant avoir des conséquences néfastes sur l'existence de la personnalité juridique de la société.

---

récemment, Cass. com., 10 févr. 2015, n° 13-25.588, *Bull. Joly sociétés,* 2015, p. 238, note J.-Ch. Pagnucco ; *Dr. sociétés,* avril 2015, comm. 67, note D. Gallois-Cochet.

[1108] L. SCHRYVE, L'ordre public et le droit des sociétés, op. cit., n° 110.

[1109] Article 247, alinéa 1er de l'AUDSC révisé.

[1110] Article 247, alinéa 2 de l'AUDSC révisé.

355. Si la distinction des causes de nullité de la société de celle visant les actes, décisions ou délibérations modifiant les statuts, était opportune car apportant plus de clarté en la matière, la nouvelle cause fondée sur la violation des clauses statutaires jugées essentielles s'avère très imprécise et ne cessera d'alimenter le contentieux en la matière. Les clauses statutaires n'échapperont pas à ce type de contentieux.

2. La nullité des clauses statutaires

356. Application de la sanction du réputé non écrit aux clauses statutaires illicites. Comme en droit français, l'article 243 de l'AUDSC révisé ne vise que les actes, décisions et délibérations modifiant les statuts. Quant aux clauses statutaires, celles-ci sont particulièrement visées par l'article 2 de l'AUDSC révisé. Contrairement au droit français, il n'y a pas lieu de se demander si la sanction prévue par ce dernier article s'applique aux sociétés commerciales puisque celui-ci constitue précisément le droit commun de ce type de société.

Cette disposition prévoit que « *les statuts de la société commerciale et du groupement d'intérêt économique ne peuvent déroger aux dispositions du présent Acte uniforme sauf dans les cas où celui-ci autorise expressément l'associé unique ou les associés, soit à substituer des clauses statutaires aux dispositions du présent Acte uniforme, soit à compléter par des clauses statutaires les dispositions du présent Acte uniforme* ». Ainsi, le législateur affirme le principe de l'impérativité des dispositions de l'AUDSC révisé : aucune dérogation à la législation sociétaire par les statuts n'est admise. Exceptionnellement, la dérogation ne serait admise que lorsque l'Acte uniforme invite et cela d'une manière expresse les statuts à y déroger par substitution ou par complétion[1111].

En cas de dérogation non prévue par l'AUDSC révisé, le législateur OHADA opte pour la sanction du réputé non écrit. En effet, « *est réputée non écrite toute clause statutaire contraire à une disposition du présent Acte uniforme*[1112] ». Le choix de cette sanction s'explique assez aisément, d'une part par la volonté de faire prévaloir la législation sociétaire sur les clauses statutaires, et d'autre part par la volonté d'éviter autant que possible la sanction de la nullité. Le réputé non écrit permet ainsi de faire fi de la clause illicite et de la remplacer par la disposition de l'AUDSC révisé applicable en l'espèce.

[1111] Ph. MERLE, « Le nouveau droit des sociétés de l'OHADA », *op. cit.*, p. 573.

[1112] Alinéa 2 de l'article 2 de l'AUDSC révisé.

357. Possible cas de nullité des clauses statutaires illicites. L'article 2 de l'AUDSC révisé inhibe-t-il pour autant toute possibilité de sanctionner par la nullité une clause statutaire illicite ? Comme en droit français, la violation de l'ordre public sociétaire devrait logiquement entraîner la sanction de la nullité[1113]. Ainsi, pourra être annulée la clause statutaire contraire au principe de hiérarchie des organes sociaux, quand bien même ce principe ne serait pas expressément affirmé par l'Acte uniforme. Cependant, contrairement au droit français, lorsque les principes d'ordre public sont contenus dans l'AUDSC révisé, alors leur sanction serait incontestablement le réputé non écrit. En effet, la sanction prévue par l'alinéa 2 de l'article 2 de l'AUDSC vise toutes les situations de violation des dispositions de l'Acte uniforme, exception faite des dispositions expressément supplétives. La sanction de la nullité devrait aussi pouvoir être retenue en cas de contradiction d'une clause statutaire à l'intérêt social[1114].

358. Au final, le législateur établit une sorte de hiérarchie des normes sociétaires dans laquelle les dispositions de l'Acte uniforme seraient au sommet de la pyramide, suivies des clauses statutaires dont la violation par des pactes extrastatutaires n'est pas admise.

§2. La nullité des aménagements extrastatutaires

359. L'article 2-1 de l'AUDSC révisé consacrant les conventions extrastatutaires en droit OHADA prévoit que « *sous réserve du respect des dispositions du présent Acte uniforme auxquelles il ne peut être dérogé et des clauses statutaires, les associés peuvent conclure des conventions extra-statutaires en vue notamment d'organiser, selon les modalités qu'ils ont librement arrêtées [...]* ». Ainsi, la violation d'une disposition impérative de l'AUDSC révisé ou la contrariété aux clauses statutaires pourraient constituer des causes de nullité des conventions extrastatutaires. Si la première cause de nullité ici retenue ne pose pas en soi de difficulté, le nécessaire respect des clauses statutaires par les aménagements

---

[1113] La majorité des auteurs considère que la violation de l'ordre public sociétaire, que celui-ci se manifeste à travers des dispositions impératives ou à travers les principes généraux du droit des sociétés, est sanctionnée par la nullité, ce dernier étant d'ailleurs un critère permettant de déterminer cet ordre public. V. notamment M.-Ch. MONSALLIER, *L'aménagement conventionnel de la société anonyme*, *op. cit.*, p. 355, n° 855 et suiv. Adde, J.-L. BERGEL, *Méthodologie juridique*, *op. cit.*, p. 188.

[1114] V. par exemple pour la clause d'inaliénabilité, W. DROSS, *Clausier – Dictionnaire des clauses ordinaires et extraordinaires des contrats de droit privé interne*, *op. cit.*, p. 308 ; Th. FAVARIO, « La clause statutaire d'inaliénabilité », *Bull. Joly sociétés* 2010, p. 100 ; Y. GUYON, *Traité des contrats, Les sociétés, Aménagements statutaires et conventions entre associés*, *op. cit.*, p. 187, n° 110.

extrastatutaires suscite un débat nourri. La doctrine française admet assez largement l'idée d'une primauté des statuts sur les conventions extrastatutaires[1115]. Le législateur OHADA a consacré cette primauté, dans une volonté d'encadrer la liberté des associés. Ainsi, nous envisagerons successivement la nullité des aménagements statutaires à l'aune du respect des règles impératives (**A**) et des clauses statutaires (**B**).

A. Le nécessaire respect des règles impératives

360. Respect des règles de droit commun des contrats. Contrairement à la nullité des aménagements statutaires, la nullité des conventions extrastatutaires de droit français ou OHADA obéit au régime de nullité de droit commun des contrats[1116]. Ainsi, la convention extrastatutaire pourra être annulée en cas de défaut ou de vice de consentement d'une des parties à la convention[1117]. La même sanction trouvera matière à s'appliquer lorsqu'en cas de signature d'un pacte d'actionnaires, une des sociétés partie au pacte aura dissimulé l'existence d'un protocole signé avec un autre groupe d'actionnaires, protocole qui s'il était révélé rendrait le pacte moins avantageux, de sorte que l'autre partie n'aurait pas signé le pacte. Telle est la position de la chambre commerciale de la Cour de cassation qui retient ici une réticence dolosive entraînant la nullité du pacte d'actionnaires[1118].

361. Respect des dispositions impératives du droit des sociétés. Hormis le régime de nullité des contrats en général, la violation de l'ordre public sociétaire, comprenant aussi bien les dispositions impératives que les principes fondamentaux du droit des sociétés tels que le principe de liberté du droit de vote, de libre révocabilité des dirigeants sociaux ou de la prohibition des pactes léonins, peut entraîner la nullité des conventions

---

[1115] V. notamment Y. GUYON, *Traité des contrats, Les sociétés, Aménagements statutaires et conventions entre associés, op. cit.*, p. 310, n° 202 ; J.-P. STORCK, « Pacte ou clause : la confrontation des conditions de validité », *art. préc*., p. 8.

[1116] Y. GUYON, Traité des contrats – Les sociétés, Aménagements statutaires et conventions entre associés, op. cit., p. 311, n° 202 ; G. GOFFAUX-CALLEBAUT, Du contrat en droit des sociétés, Essai sur le contrat instrument d'adaptation du droit des sociétés, op. cit., p. 239, n. 332 ; J. BONNARD, « L'influence des principes généraux du droit des contrats en matière de pactes d'associés », in Prospectives du droit économique – Dialogues avec Michel JEANTIN, op. cit., p. 139 ; S. SCHILLER, « Pactes, statuts, règlement intérieur, quelle hiérarchie ? » Rev. sociétés 2011, p. 331, spéc. n° 11 ; B. FAYE et J. NYEMB, « La consécration de nouveaux outils d'ingénierie juridique », in « Droit des sociétés commerciales OHADA rénové : un atout pour les investissements en Afrique », op. cit., p. 47-93, spéc. p. 69 ; J.-J. ANSAULT, « Les pactes extrastatutaires sous la surveillance de l'ordre public sociétaire », in Mélanges en l'honneur du Professeur Michel Germain, op. cit., p. 1-23, spéc. p. 2.

[1117] A. FENEON, Droit des sociétés en Afrique (OHADA), op. cit., p. 664, n° 1700.

[1118] Cass. com. 1er juillet 2003, n° 99-18.590, *RJDA,* 2004, p. 526, n° 574.

extrastatutaires. Ainsi, constitue une clause léonine prohibée, la convention extrastatutaire par laquelle un associé abandonne tous ses droits dans les bénéfices en contrepartie d'une redevance mensuelle forfaitaire indexée sur la moyenne arithmétique du prix de vente de certains articles d'un fonds de commerce. La Cour de cassation a en effet considéré qu'une telle convention « *avait pour effet d'assurer en toute circonstance à son bénéficiaire la certitude d'un profit quand bien même la société générerait des pertes qui seraient entièrement à la charge de l'autre associé*[1119] ». De ce fait, elle valide la nullité de ladite convention prononcée par la Cour d'appel. Cette nullité doit être relevée, qu'il s'agisse d'une clause statutaire ou extrastatutaire[1120].

Aussi, ces conventions peuvent être annulées lorsqu'elles sont utilisées par les associés « *pour dissimuler des accords qui rendraient le contrat de société nul*[1121] ». Toutefois, les causes de nullité des sociétés étant restrictivement circonscrites par le législateur, ce type de nullité des conventions extrastatutaires devrait être rare. Dans le même sens, une convention extrastatutaire « *ne peut contenir une clause qui serait réputée non écrite si elle était statutaire*[1122] ». De ce fait, au regard de l'alinéa 1er de l'article 1844 du code civil, devrait être réputée non écrite la convention extrastatutaire par laquelle un associé est empêché de participer aux décisions collectives. C'est dans ce sens qu'un auteur a pu affirmer qu'« *il ne servirait à rien d'édicter des règles d'ordre public, dans l'intérêt des associés minoritaires et des créanciers sociaux, si les associés pouvaient faire indirectement, c'est-à-dire par des stipulations extra-statutaires, ce que la loi leur interdit de faire directement, c'est-à-dire dans les statuts*[1123] ».

362. Respect des règles impératives du droit de la concurrence. Les accords extrastatutaires étant très fréquents dans les rapports entre associés de groupes de sociétés, ceux-ci peuvent dans une certaine mesure porter atteinte au libre jeu de la concurrence. De ce fait, l'article L. 420-1 du code

---

[1119] Cass. com. 18 octobre 1994, n° 92-18.188, Bull. civ. 1994, IV, n° 300, p. 243 ; *Rev. sociétés* 1995, p. 44, note P. Didier ; *RTD Com.* 1995, p. 789, obs. Cl. Champaud et D. Danet ; *Bull. Joly sociétés* 1995, p. 157, note P. Le Cannu ; *Defrénois* 1994, p. 1550, obs. H. Hovasse ; *Dr. sociétés* 1994, n° 205, obs. H. Le Nabasque.

[1120] V. en ce sens, F. PASQUALINI, « Les conventions extra-statutaires, outils de modulation de la rémunération des associés », *Rev. sociétés* 2010, p. 79 ; C. LEROY, *Le pacte d'actionnaires dans l'environnement sociétaire, op. cit.*, p. 256, n° 537. V. aussi, CA Paris, 22 octobre 1996, *Dalloz Aff.* 1997, p. 258 ; *Bull. Joly sociétés* 1997, p. 15, note P. Le Cannu ; *Dr. sociétés* 1997, n° 50, obs. Th. Bonneau.

[1121] D. VELARDOCCHIO, Les accords extra-statutaires entre associés, op. cit., p. 206, n° 231.

[1122] *Ibid.* p. 206, n° 232.

[1123] Y. GUYON, Traité des contrats – Les sociétés, Aménagements statutaires et conventions entre associés, op. cit., p. 289, n° 200.

de commerce prévoit que « *sont prohibées, lorsqu'elles ont pour objet ou peuvent avoir pour effet d'empêcher, de restreindre ou de fausser le jeu de la concurrence sur un marché, les actions concertées, conventions, ententes expresses ou tacites ou coalitions...* ». Ainsi, lorsque par exemple un accord de gestion de filiale commune aura pour effet de fausser le jeu de la concurrence, cet accord serait nul sauf exception résultant d'un règlement d'exemption[1124]. La même remarque est valable pour les conventions extrastatutaires qui constitueraient un abus de position dominante au sens de l'article L. 420-2 du code de commerce. Les conventions extrastatutaires doivent ainsi respecter non seulement les règles de droit commun des contrats mais également certaines règles spéciales entrant dans l'environnement sociétaire.

363. Non-respect des règles de droit boursier dans les sociétés cotées. Le droit boursier s'est intéressé aux accords extrastatutaires pour trois raisons principales : le risque d'atteinte au libre jeu de la compétition sur les marchés financiers, les actionnaires étant tenus de respecter les obligations contenues dans les pactes auxquels ils sont partie ; le risque d'empiètement de l'égalité des actionnaires dans leur processus décisionnel du fait de l'effet relatif attaché aux pactes ; et enfin le risque de contournement des règles du marché dû au fait que le pacte d'actionnaires permet de répartir le contrôle entre plusieurs actionnaires[1125]. Le droit boursier va donc dans un premier temps reconnaître une validité de principe des pactes d'actionnaires, avant de poser des obligations spécifiques aux signataires de ces pactes. Ainsi, il est prévu à l'article L. 233-11 du code de commerce que « *toute clause d'une convention prévoyant des conditions préférentielles de cession ou d'acquisition d'actions admises aux négociations sur un marché réglementé et portant sur au moins 0,5 % du capital ou des droits de vote de la société qui a émis ces actions doit être transmise dans un délai de cinq jours de bourse à compter de la signature de la convention ou de l'avenant introduisant la clause concernée, à la société et à l'Autorité des marchés financiers* ». Il convient de noter une légère différence d'avec la législation ancienne qui prévoyait la transmission de toute convention comportant des conditions préférentielles de cession ou d'acquisition d'actions. Depuis la loi NRE du 15 mai 2001, cette obligation d'information ne concerne plus que les clauses et non plus les conventions toutes entières, que ces clauses soient conclues entre actionnaires ou non, et portant sur au moins 0,5% du capital ou des droits de vote d'une société, ce qui limite considérablement le champ d'application de cette obligation.

[1124] V. article L. 420-4, II du code de commerce.

[1125] M. HENRY et G. BOUILLET-CORDONNIER, *Pactes d'actionnaires et privilèges statutaires*, *op. cit.*, p. 203, n° 419.

Seule nous intéresse ici la sanction applicable en cas de non transmission de l'information à la société ou à l'AMF. En effet, il est prévu à l'alinéa 2 de l'article L. 233-11 du code de commerce qu' « *à défaut de transmission, les effets de cette clause sont suspendus, et les parties déliées de leurs engagements, en période d'offre publique* ». Les clauses ne sont donc pas nulles, mais leurs effets sont suspendus pendant toute la période d'offre publique. L'impératif de bon fonctionnement du marché[1126] permet en ce sens de remettre en cause la liberté contractuelle des actionnaires, sans pour autant avoir une influence sur la validité des clauses concernées. Outre la mise en jeu de la responsabilité de l'actionnaire fautif, des sanctions pénales peuvent également être prononcées, si le non-respect du pacte a eu pour objet d'entraver le fonctionnement du marché[1127] ou d'attenter à l'égalité des investisseurs et à leurs intérêts[1128]. Il apparaît donc que le droit boursier pose un certain nombre de restrictions quant à l'effectivité même des pactes d'actionnaires, sans pour autant porter une atteinte à leur validité[1129].

La même observation est valable en matière d'offre publique d'acquisition. En effet, il est prévu à l'article 231-5 du règlement général de l'AMF que *« dès le dépôt du projet d'offre, toute clause d'accord conclue par les personnes concernées « par l'offre », ou leurs actionnaires, susceptible d'avoir une incidence sur l'appréciation de l'offre ou son issue, sous réserve de l'appréciation de sa validité par les tribunaux, doit être portée à la connaissance des personnes concernées « par l'offre », de l'AMF et du public. Si, à raison notamment de la date de conclusion de l'accord, la clause n'a pu être mentionnée dans la ou les notes d'information, les signataires publient, dès la conclusion de l'accord et selon les modalités prévues « à l'article 221-3 », un communiqué précisant la teneur de ladite clause.* ». Ainsi, cet article réserve la connaissance de l'appréciation des conditions de validité des pactes d'actionnaires aux tribunaux, mais l'AMF pourra déclarer irrecevable le projet d'OPA qui ne respecterait pas le principe selon lequel tout projet d'OPA doit pouvoir donner lieu à compétition, du fait du non-respect de l'obligation de révélation de la clause contenue dans le pacte[1130]. Le droit boursier, s'il ne remet pas en cause l'existence du pacte, attente fortement à son efficacité[1131].

[1126] O. DEXANT - De BAILLANCOURT, *Les pactes d'actionnaires dans les sociétés cotées*, préf. H. Synvet, Dalloz, 2012, p. 24, n° 20.
[1127] Article L. 465-2 du code monétaire et financier.
[1128] Article L. 621-15 du code monétaire et financier.
[1129] D. OHL, « Les pactes d'actionnaires à l'épreuve du droit boursier », *Dalloz* 2011, p. 323.
[1130] S. SCHILLER, « Pactes d'actionnaires (clauses statutaires et pactes extrastatutaires) », *Rép. droit des sociétés*, *Dalloz*, n° 8.
[1131] D. OHL, « Les pactes d'actionnaires à l'épreuve du droit boursier », *art. préc.*, p. 323.

364. Le respect des dispositions impératives devrait être complété par celui des clauses statutaires.

B. Le nécessaire respect des clauses statutaires

365. Affirmation de la primauté des clauses statutaires sur les pactes extrastatutaires. En droit des sociétés, au regard de l'importance accordée par le législateur à telle ou telle catégorie de normes, celles-ci peuvent faire l'objet d'une hiérarchisation. En effet, aussi bien en droit français que OHADA, le législateur accorde une place de choix aux dispositions légales qui, en principe, se situeraient au sommet de la hiérarchie des normes sociétaires. En droit OHADA particulièrement, la lecture croisée des articles 2 et 2-1 de l'AUDSC révisé permet de retenir une primauté des dispositions de l'Acte uniforme sur les statuts et les conventions extrastatutaires. Alors que les statuts ne sauraient déroger ni même compléter les dispositions légales en dehors d'une permission expresse du législateur OHADA, les conventions extrastatutaires doivent leur validité au respect des dispositions légales et des clauses statutaires. De ce fait, la liberté aussi bien statutaire qu'extrastatutaire ne peut se manifester que dans le cadre défini par le législateur OHADA. Il s'agit pour celui-ci de sécuriser les aménagements conventionnels en droit des sociétés, même si on pourrait y voir une limitation à la liberté contractuelle. S'agissant précisément du respect des clauses statutaires par les conventions extrastatutaires, le législateur OHADA a consacré ici une solution déjà connue dans la jurisprudence[1132] et bien ancrée dans la doctrine française[1133]. C'est ainsi que « *peuvent figurer dans une convention extra-statutaire les clauses qui, n'empiétant pas sur le domaine réservé des statuts, ne contredisent ni la loi, ni les statuts*[1134] ».

[1132] V. notamment Cass. com. 2 juin 1997, n° 86-10.108, *Rev. sociétés* 1988, p. 233, note J. Mestre ; Cass. civ. 14 janvier 1971, *Dalloz* 1972, p. 412 ; Cass. civ. 9 décembre 1980, Bull. civ. I, p. 253, n° 321 ; Cass. com. 15 février 1994, n° 92-12.330 et 92-12.991, *Bull. Joly* 1994, p. 508, note D. Velardocchio ; Cass. 1ère civ. 13 février 2001, *RTD Civ.* 2002, p. 92, obs. J. Mestre et B. Fages ; Cass. com. 7 janvier 2004, n° 00-11.692, *Bull. Joly sociétés* 2004, p. 544, note P. Le Cannu.

[1133] Y. GUYON, Traité des contrats – Les sociétés, Aménagements statutaires et conventions entre associés, op. cit., n° 13 ; D. VELARDOCCHIO, Les accords extra-statutaires entre associés, op. cit., p. 216, n° 250 et suiv., S. SCHILLER, « Pactes, statuts, règlement intérieur, quelle hiérarchie ? » Rev. sociétés 2011, p. 331-338 ; M.-Ch. MONSALLIER, L'aménagement contractuel du fonctionnement de la société anonyme, op. cit., p. 40, n° 83 et suiv. ; F. PASQUALINI, « La validité des pactes d'actionnaires », in Mélanges en l'honneur de Philippe Malaurie : Liber amicorum, Defrénois 2005, p. 353, spéc. n° 9 ; J.-J. ANSAULT, « Les pactes extrastatutaires sous la surveillance de l'ordre public sociétaire », art. préc., p. 1-23, spéc. p. 2.

[1134] J.-P. STORCK, « La validité des conventions extra-statutaires », *Dalloz* 1989, p. 267, n° 15.

366. Non-respect du domaine des statuts. La « suprématie des statuts » sur les conventions extrastatutaires se manifeste d'abord par le fait que ces dernières ne doivent leur validité qu'au respect strict du domaine réservé aux statuts. Elles ne peuvent contenir des dispositions qui sont réservées par la loi aux statuts[1135]. Certains auteurs y voient un monopole statutaire[1136] ou un « impérialisme statutaire[1137] », ce qui empêche qu'un certain nombre de clauses puissent figurer dans une convention extrastatutaire[1138]. Ainsi en est-il par exemple de l'article L. 210-2 du code de commerce qui prévoit que « *la forme, la durée qui ne peut excéder quatre-vingt-dix-neuf ans, la dénomination sociale, le siège social, l'objet social et le montant du capital social sont déterminés par les statuts de la société* ». De ce fait, les éléments cités dans cet article ne sauraient figurer sur un acte autre que les statuts de la société. De la même manière, en droit OHADA, les articles 13, 14, 19 et 23 de l'AUDSC révisé par exemple visent à fixer un domaine qui serait exclusivement réservé aux statuts. Aussi, seuls les statuts pourraient accueillir une clause d'agrément aussi bien en droit OHADA que français[1139]. En effet, le législateur ne visant que les clauses statutaires quant à la possibilité de prévoir des clauses d'agrément, certains auteurs en ont conclu à un domaine réservé des statuts[1140]. Il en est de même de l'attribution du droit de vote double aux actions entièrement libérées justifiant d'une inscription nominative depuis deux ans au moins au nom du même actionnaire[1141]. Le législateur délègue ainsi aux statuts la détermination de certains points précis. Cette situation est particulièrement remarquable dans la SAS où le législateur renvoie en général aux statuts la détermination des règles de fonctionnement de la société[1142].

Au-delà de la délimitation légale, les tribunaux participent également à fixer le domaine des statuts. De ce fait, elle « *amplifie le domaine réservé aux statuts en le grossissant d'hypothèses non visées par la loi, en imposant une localisation statutaire à des clauses qu'elle juge trop importantes pour le fonctionnement de la société pour qu'elles puissent être insérées dans un*

1135 V. en ce sens, P. MOUSSERON, *Les conventions sociétaires*, *op. cit.*, p. 44, n° 57.

1136 J.-P. STORCK, « Pacte ou clause : la confrontation des conditions de validité », *art. préc.*, p. 12.

1137 D. VELARDOCCHIO, Les accords extra-statutaires entre associés, op. cit., p. 216, n° 250.

1138 J.-P. STORCK, « Pacte ou clause : la confrontation des conditions de validité », *art. préc.*, p. 12.

1139 V. *supra* n° 59.

1140 V. par exemple, M.-H. MONSERIE-BON, « Le contrôle des mouvements d'associés », in *Pacte d'associé ou clause statutaire : quel choix pour l'entreprise sociétaire*, *op. cit.*, p. 77 ; M. JEANTIN, « Les clauses de préemption statutaires entre les actionnaires », *JCP E* 1991, p. 202.

1141 Articles L. 225-123 du code de commerce et 544 de l'AUDSC révisé.

1142 V. par exemple, articles 853-7, 853-11, 852-17 de l'AUDSC révisé.

document adjoint aux statuts[1143] ». Ainsi, il a été jugé que la clause d'exclusion ne peut en aucun cas figurer dans un pacte d'actionnaires, contrairement aux statuts. De ce fait, la clause d'exclusion qui serait prévue dans un pacte d'actionnaires pourra être annulée, car ayant empiété sur le domaine des statuts[1144]. Ces remarques concernant le droit français sont aussi valables en droit OHADA malgré l'absence de jurisprudence en la matière.

367. Modification des statuts par une convention extrastatutaire. Dans le même ordre d'idée, une convention extrastatutaire ne saurait amender valablement les statuts. En effet, la modification des statuts obéit à un régime précis défini par le législateur français et OHADA. Il existerait de ce fait une sorte de hiérarchie normative en droit des sociétés entrainant le fait que le contenu obligatoire des statuts ne peut être remplacé par les énonciations d'un acte extrastatutaire[1145]. De ce fait, quand bien même une convention extrastatutaire serait acceptée par tous les associés, celle-ci ne saurait contenir une mention réservée aux statuts et ainsi prétendre suppléer les statuts. C'est la solution retenue par la jurisprudence qui considère que « *la modification apportée aux statuts par l'insertion d'un alinéa approuvé par l'unanimité des associés, mais en dehors de toute assemblée extraordinaire est sans valeur*[1146] ». Il faut noter cependant un récent arrêt de la Cour de cassation qui a retenu qu'une convention conclue par tous les associés d'une SARL pouvait valablement déroger aux statuts[1147].

En l'espèce, trois associés d'une SARL, détenteurs de la totalité des parts sociales, avaient dans un protocole d'accord autorisé le gérant démissionnaire à constituer une autre entreprise dans le même secteur d'activité. Ce dernier ayant de ce fait créé une entreprise concurrente, la validité du protocole fût remise en cause par la SARL. Considérant que pour être valable, le protocole nécessitait la convocation d'une assemblée générale extraordinaire pour modifier les statuts de la SARL, cette dernière

---

[1143] D. VELARDOCCHIO-FLORES, Les accords extra-statutaires entre associés, op. cit., p. 218, n° 254

[1144] J.-P. STORCK, « Pacte ou clause : la confrontation des conditions de validité », *op.cit.*, p. 13 ; J.-P. STORCK, « La validité des conventions extra-statutaires », *Dalloz* 1989, p. 267 ; Y. GUYON, *Traité des contrats – Les sociétés, Aménagements statutaires et conventions entre associés, op. cit.*, p. 87, n° 49 ; S. SCHILLER, « Pacte d'actionnaires », *Rép. Dalloz Sociétés*, n° 89 ; D. VELARDOCCHIO-FLORES, *Les accords extra-statutaires entre associés, op. cit.*, p. 218, n° 254 ;

[1145] D. VELARDOCCHIO-FLORES, Les accords extra-statutaires entre associés, op. cit., p. 218, n° 253.

[1146] CA Amiens, 7 mai 1963, *RTD. Com.* 1963, p. 859, obs. Houin.

[1147] Cass. com. 12 mai 2015, n° 14-13.744, *BRDA* 12/15, inf. 1 ; *JCP E* 9 juillet 2015, n° 28, p. 16, note B. Dondero. Il faut rappeler que la Cour de cassation avait déjà approuvé une Cour d'appel qui avait validé une « modification de fait des statuts » d'une société civile. V. Cass. 1ère civ. 22 novembre 1994, *Bull. Joly sociétés* 1995, p. 169, note B. Saintourens.

assigne la nouvelle entreprise concurrente alors aux fins de cessation de l'activité illicite. La Cour d'appel retient la nullité du protocole d'accord car, quand bien même signé par l'ensemble des associés en autorisant le gérant démissionnaire à constituer une entreprise concurrente en violation des statuts et de l'intérêt social, celui-ci ne saurait valoir ni modification des statuts ni dérogation ponctuelle à ces derniers. Aussi, selon la Cour, cette nullité se justifie car aucune ratification de protocole quant à la levée de l'interdiction de concurrence n'était intervenue en assemblée ou au terme d'une consultation écrite organisée dans les formes réglementaires. Cette décision est cassée au visa des articles 1134 du code civil et L. 235-1 du code de commerce. La Cour de cassation retient que « *les associés d'une société à responsabilité limitée peuvent déroger à une clause des statuts et s'en affranchir par l'établissement d'actes postérieurs, valables dès lors que tous les associés y consentent*[1148] ». La Cour de cassation valide ici la possibilité de dérogation ponctuelle des statuts de SARL par une convention signée par l'ensemble des associés. Au-delà du fait que cette décision permette de s'affranchir ponctuellement du formalisme sociétaire décrié par les praticiens, celle-ci n'en est cependant pas moins critiquable dans la mesure où la modification des statuts ne saurait intervenir en dehors du cadre établi par le législateur[1149]. Quand bien même l'accord extrastatutaire serait conclu entre tous les associés, admettre la modification des statuts par cet accord revient à remettre en cause la sécurité juridique offerte aux tiers qui peuvent légitimement s'en remettre aux dispositions statutaires qui sont publiées.

368. Contrariété aux statuts. Dans la lignée de cette jurisprudence, certains auteurs contestent la primauté statutaire, s'appuyant sur le fait que la contrariété d'une convention extrastatutaire aux statuts ne saurait entraîner la sanction de la nullité[1150]. Cette contrariété ne serait pas une condition de nullité, l'article 1844-10 du code de commerce marquant « *la réticence du droit des sociétés à l'égard des causes de nullité implicites*[1151] ». Aussi, les conventions extrastatutaires étant des règles spéciales, elles devraient prendre le pas sur les statuts qui contiennent souvent des règles générales. Également, les conventions extrastatutaires étant en général postérieures aux statuts, « *la priorité dans l'interprétation [...] semble devoir bénéficier aux dispositions les plus récentes supposées constituer le dernier état de volonté des parties en vigueur*[1152] ». Il faudrait ainsi procéder à une interprétation des

---

[1148] Cass. com. 12 mai 2015, n° 14-13.744.
[1149] V. Les nuances apportées à la solution de la Cour de cassation, B. DONDERO, « L'unanimité des associés peut-elle tout ? » note sous Cass. com. 12 mai 2015, n° 14-13.744, *JCP E* 9 juillet 2015, n° 28, p. 16.
[1150] P. MOUSSERON, Les conventions sociétaires, op. cit., p. 44, n° 57.
[1151] Ibid.
[1152] Ibid.

différentes règles applicables à chaque cas d'espèce pour déterminer la règle qui doit prévaloir, afin de privilégier l'intention des parties. De même, les conventions extrastatutaires devront primer les clauses statutaires lorsqu'elles contiendront une clause expresse affirmant cette primauté[1153].

Toutefois, il convient d'observer que les statuts constituent la charte fondamentale de la société, celle-ci faisant l'objet d'une publicité qui la rend opposable non seulement dans l'ordre interne mais également à l'égard des tiers. Il ne saurait être admis qu'une convention extrastatutaire puisse contrarier les dispositions des statuts[1154], constituant de fait une modification non autorisée des statuts[1155]. En cas de silence des statuts sur un point précis, une convention extrastatutaire pourrait intervenir dans ce domaine[1156]. Des conventions extrastatutaires peuvent également intervenir dans le but de préciser les dispositions statutaires sans pour autant les contrarier.

En droit OHADA, la question de la contradiction des statuts par des conventions extrastatutaires est réglée par l'article 2-1 de l'AUDSC révisé qui vise expressément le respect des statuts et des dispositions de l'Acte uniforme. De ce fait, en cas de contradiction, les conventions extrastatutaires devraient pouvoir être annulées.

Il ressort de cette étude que les causes de nullité des aménagements conventionnels sont diverses et divergent parfois selon que l'on se trouve en droit français ou OHADA. Toutefois, les principes qui gouvernent les règles en la matière convergent du fait de l'origine même de la législation OHADA. Si la réforme de l'AUDSC révisé permet d'innover et de clarifier le régime de la nullité en droit des sociétés, la mise en œuvre de cette nullité, du fait de l'application des règles de droit civil et surtout de procédure civile, laisse apercevoir des disparités, non seulement entre le droit français et le droit OHADA mais également entre les pays membres de cet espace unifié.

Section II. La mise en œuvre de l'action en nullité des aménagements conventionnels

369. En droit français et OHADA, la mise en œuvre de la nullité des sociétés et corrélativement celle des actes, décisions ou délibérations modifiant les statuts est soumise à un régime strict dont le but ultime est

---

[1153] Ibid.

[1154] V. en ce sens, J.-P. STORCK, « Pacte d'associé ou clause statutaire : quels choix pour l'entreprise sociétaire ? », *op. cit.*, p. 14.

[1155] V. toutefois Cass. com. 12 mai 2015, n° 14-13.744, préc.

[1156] V. en ce sens S. PRAT, Les pactes d'actionnaires relatifs au transfert de valeurs mobilières, op. cit., p. 221, n° 359.

d'empêcher autant que possible cette nullité. À l'inverse, les aménagements extrastatutaires, étant soumis par principe au droit des contrats, seront régis par un régime distinct écartant ainsi les règles relatives aux facultés de régularisation ou de prescription abrégées. Cette dynamique s'observe aussi bien quant à l'exercice de l'action en nullité (**§1**) que dans les effets de la nullité (**§2**).

§1. L'exercice de l'action en nullité des aménagements conventionnels

370. Le régime de droit commun des nullités applicables aux aménagements extrastatutaires[1157], en raison des exigences propres du droit des sociétés, a été écarté par la législation française et OHADA en ce qui concerne la nullité des actes, décisions ou délibérations modifiant les statuts. Toutefois, cette mise à l'écart n'est pas absolue car certains principes de droit commun ont été importés en droit des sociétés à l'instar de la distinction entre nullité absolue et nullité relative[1158]. Nous aborderons ainsi dans un premier temps le régime spécifique gouvernant l'exercice de l'action en nullité des aménagements statutaires (**A**) avant d'aborder l'application du droit commun des nullités aux aménagements extrastatutaires (**B**).

A. Le régime spécifique de la nullité des aménagements statutaires

371. Le régime de la nullité des aménagements statutaires répond à la volonté des législateurs français et OHADA d'éviter autant que faire se peut cette sanction dont les effets pourraient s'avérer néfastes pour la société ou les tiers. Cette nullité étant en principe judiciaire[1159], nous nous intéresserons de ce fait dans un premier temps à la question des titulaires de l'action en nullité (**1**), avant d'aborder les règles gouvernant le prononcé de la nullité (**2**).

[1157] V. en ce sens D. VELARDOCCHIO, *Les accords extra-statutaires entre associés, op. cit.*, p. 227, n° 268.

[1158] V. sur cette question, V. MAUGERI, « Distinction nullité absolue / nullité relative : la Cour de cassation opte pour la modernité », *RLDC,* décembre 2008, p. 12-13.

[1159] La nullité ne peut résulter que d'une décision de justice et de ce fait, le contrat demeure obligatoire entre les parties tant qu'il n'a pas été annulé. V. Cass. 1ère civ. 15 juin 2004, n° 00-16.392, Bull. civ. I, n° 172 ; *RTD Civ.* 2004, p. 508, obs. J. Mestre et B. Fages.

1. Les titulaires de l'action en nullité des aménagements statutaires

372. Application de la distinction entre nullité absolue et nullité relative. En dehors des cas où le législateur réserve certaines actions à des personnes bien précises, le titulaire de l'action variera en fonction de la nature de la nullité[1160]. En effet, « *il convient de se reporter à la distinction des nullités absolues ou relatives en distinguant selon que la délibération est affectée d'un vice de portée générale, auquel cas l'action en nullité est ouverte à tout intéressé, ou selon que la nullité a pour objet la protection des intérêts particuliers auquel cas la nullité ne peut être invoquée que par la personne ou le groupe de personnes dont la loi assure la protection*[1161] ». C'est dans ce sens que la Cour de cassation a dénié la qualité du gérant non associé pour demander l'annulation d'une assemblée générale irrégulière faute d'avoir été préalablement convoquée[1162]. Elle retient ici une nullité relative ne pouvant être demandée que par les associés, étant seuls fondés à invoquer la violation des dispositions régissant la convocation aux assemblées générales. Il faut noter que la recevabilité de l'action en nullité nécessite la preuve d'un intérêt à agir. Celle-ci s'avère indispensable à la recevabilité de toute action en justice[1163]. Cependant, l'intérêt à agir semble se déduire, en ce qui concerne les actions en nullité relative, du droit d'action dont dispose la personne protégée. Par contre, lorsqu'il s'agit d'une action en nullité absolue, l'exigence de l'intérêt à agir se justifie puisque l'action est ouverte dans cette hypothèse à tout intéressé, ce dernier devant justifier de son intérêt à l'action[1164].

[1160] V. en ce sens L. GODON, *La société par actions simplifiée*, *op. cit.*, p. 344, n° 447 ; M. COZIAN, A. VIANDIER et Fl. DEBOISSY, *Droit des sociétés*, *op. cit.*, p. 260, n° 462 ; J. MESTRE, D. VELARDOCCHIO et A.-S. MESTRE-CHAMI, *Lamy sociétés commerciales* 2015, p. 1356, n° 2781.

[1161] M. COZIAN, A. VIANDIER et Fl. DEBOISSY, *Droit des sociétés*, *op. cit.*, p. 260, n° 462. Cette distinction est actée en jurisprudence depuis l'arrêt Cass. com. 17 janvier 1989, Bull. civ. IV, n° 29, p. 18 ; *Dalloz* 1989, IR 39 ; *Bull. Joly* 1989, p. 247, note P. Le Cannu ; *Defrénois* 1989, p. 1268, obs. J. Honorat. La Cour retient que « *Attendu qu'est ouverte à toute personne justifiant d'un intérêt légitime l'action tendant à faire déclarer la nullité d'un acte ou d'une délibération d'une société commerciale affecté d'un vice de portée générale, tandis que la nullité ayant pour objet la protection d'intérêts particuliers ne peut être invoquée que par la personne ou le groupe de personnes dont la loi assure la protection* ».

[1162] Cass. com. 17 décembre 2002, n° 98-21.918, *RTD Com.* 2003, p. 322, obs. Cl. Champaud et D. Danet ; *Rev. sociétés* 2003, p. 493, note Barbièri ; *Bull. Joly sociétés* 2003, p. 307, note P. Le Cannu.

[1163] V. en ce sens, J. MESTRE, D. VELARDOCCHIO et A.-S. MESTRE-CHAMI, *Lamy Sociétés Commerciales* 2015, p. 1356, n° 2782.

[1164] V. en ce sens, J.-J. ANSAULT, « Le contrôle de l'intérêt à agir en nullité des délibérations sociales », *Rev. sociétés* 2012, p. 7, n° 6 et suiv.

373. En cas de copropriété d'action. Chaque copropriétaire indivis est recevable à agir en nullité quand bien même celui-ci aurait été représenté à l'assemblée ayant adopté la décision querellée par le mandataire unique de l'indivision[1165]. Cette solution se justifie par le fait qu'il est couramment admis en jurisprudence que l'associé ayant participé à l'adoption d'une décision peut en demander ultérieurement la nullité[1166], sauf si celui-ci est le responsable exclusif de la nullité, ce qui constituerait un obstacle à l'action en nullité[1167].

374. Obstacles à l'action en nullité. Les obstacles à l'action en nullité des aménagements statutaires seront ceux traditionnellement admis en procédure civile, notamment l'absence d'intérêt à agir, l'autorité de la chose jugée en cas d'identité de cause et de plaideurs[1168], la nouveauté de la demande en nullité formulée pour la première fois en appel ou encore en cas de prescription de l'action. Sur ce dernier point, il faut noter que l'action en nullité se prescrit aussi bien en droit français qu'OHADA dans un délai de trois (3) ans.

Cependant, quant au point de départ du délai de prescription, le droit OHADA distingue d'une part, l'action en nullité de la société dont le délai de prescription triennal court à compter de l'immatriculation de la société ou de la publication de l'acte modifiant les statuts sauf si la nullité est fondée sur l'illicéité de l'objet social et sous réserve du cas de forclusion en matière de vice de consentement ou d'incapacité d'un associé[1169]. D'autre part, le délai de prescription de l'action en nullité des actes, décisions ou délibérations, que ceux-ci modifient ou non les statuts, court à compter du jour où la nullité est encourue avec les mêmes réserves précédemment

---

[1165] CA Pau, 2e ch. 3 avril 2012, *RJDA* 2012, n° 1089.

[1166] V. pour des décisions ayant accepté la nullité de décisions votées par l'associé qui en demandait la nullité, Cass. com. 8 novembre 2011, n° 10-24.438, *JCP E* 2012, p. 1422, note Ph. Delebecque et Ph. Simler ; *RTD Com.* 2012, p. 358, note M.-H. Monsérié-Bon et L. Grosclaude ; *Rev. sociétés* 2012, p. 238, note A. Viandier ; *Bull. Joly sociétés* 2012, p. 297, note F.-X. Lucas ; *Dalloz* 2012, p. 415, note E. SCHLUMBERGER ; Cass. 3e civ. 12 septembre 2012, n° 11-17.948, Bull. civ III, n° 121, *Dr. sociétés* 2012, n° 178, obs. R. Mortier ; *Bull. Joly sociétés* 2012, p. 831, note D. Poracchia ; *RTD civ.* p. 754, note P. Crocq.

[1167] CA Paris, 15e ch. A, 21 mars 2000, *Dr. sociétés* 2001, n° 15, obs. D. Vidal ; *Bull. Joly sociétés* 2001, p. 197, note J.-F. Barbièri. La Cour de cassation a jugé dans le même sens à propos d'un associé de société civile qui demandait la nullité des assemblées tenues en son absence, que cet associé s'étant cantonné dans une « *attitude d'opposition systématique* » en décidant de ne pas participer aux décisions collectives, celui-ci ne pouvait être admis à demander cette nullité. Cass. com. 21 juin 2011, n° 10-21.928, *Dalloz* 2011, p. 1755, obs. A. Lienhard.

[1168] Il faut réserver le cas où une nouvelle action en nullité est introduite par le même associé sur un autre fondement ou lorsqu'un autre associé demande la nullité sur le même fondement. V. par exemple Cass. com. 8 mars 1967, n° 63-13.780, Bull. civ. III, n° 106.

[1169] Article 251, alinéa 1 de l'AUDSC révisé.

formulées[1170]. C'est ce dernier point de départ de la prescription qui est retenu en droit français à l'alinéa 1er de l'article L. 235-9 du code de commerce s'agissant de la nullité de la société ou d'actes et délibérations postérieurs à sa constitution. Ainsi, sauf cas de dissimulation[1171], l'action en nullité se prescrit à compter du jour où la cause de nullité existe[1172].

375. Exception de nullité. Si l'action en nullité est soumise à un délai de prescription, l'exception de nullité demeure, conformément au droit commun de la nullité, perpétuelle[1173]. Ainsi, celui à qui est réclamée l'exécution d'une clause statutaire nulle, peut invoquer à tout moment l'exception de nullité. Cependant, l'exception de nullité ne peut être invoquée que pour faire échec à une demande d'exécution d'un acte juridique et non pour contrer par exemple une demande de constatation de la validité d'une assemblée d'associés[1174]. Dans le même sens, l'exécution ou le simple commencement d'exécution exclut la possibilité d'invoquer l'exception de nullité[1175].

376. Inefficacité des clauses d'autorisation ou d'information préalable. À l'instar des articles 168 de l'AUDSC révisé et L. 225-253 du code de commerce qui réputent non écrites les clauses statutaires subordonnant l'exercice de l'action sociale à l'avis préalable ou à l'autorisation de l'assemblée générale, ou comportant par avance renonciation à l'exercice de cette action, la recevabilité de l'action en nullité ne peut être subordonnée à l'obtention d'une autorisation préalable d'un organe social[1176]. Il en est de même de la clause statutaire ou extrastatutaire

---

[1170] La jurisprudence retient à cet effet que « *le point de départ de l'action en nullité ne peut que courir du jour de la découverte de la cause de nullité* ». Elle écarte ainsi la date de la prise de l'acte litigieux pour retenir celle à partir de laquelle la cause de nullité a été découverte. V. CA Ouagadougou, 3 avril 2009, arrêt n° 016/09, *Ohadata* J-10-206.

[1171] Cass. com. 24 septembre 2013, n° 12-24.917, *Rev. sociétés* 2014, p. 33, note E. Schlumberger ; *Bull. Joly sociétés* 2013, p. 798, note S. Messaï-Bahri. Le demandeur en nullité qui invoque la dissimulation afin d'obtenir le report du point de départ de la prescription devra prouver non seulement qu'il y a eu dissimulation à son égard, mais aussi qu'il y a eu volonté de dissimulation car « *il ne peut y avoir de dissimulation sans volonté de dissimulation* ». V. dans le même sens, Cass. com. 21 janvier 2014, n° 12-29.452, *RJDA* 2014, n° 353 ; *Dalloz* 2014, p. 274.

[1172] V. en ce sens Cass. com. 8 juillet 2014, n° 13-17.244, *RJDA* 2014, n° 769.

[1173] V. A. BENABENT, *Droit des obligations*, L.G.D.J. 24e éd. 2014, p. 169, n° 211.

[1174] Cass. com. 15 mai 2012, n° 11-13.240, Bull. civ. IV, n° 102, *RJDA* 2012, n° 1071 ; *RTD Civ.* 2012, p. 527, obs. B. Fages.

[1175] V. Cass. com. 15 janvier 2013, n° 11-28.244, Bull. civ. IV, n° 12, *Dalloz* 2013, p. 539, note B. Dondero ; *RLDA* 2013/81, n° 4515, note B. Dondero, *Bull. Joly sociétés* 2013, p. 197, note H. Le Nabasque ; *Rev. sociétés* 2013, p. 494, note J.-J. Ansault. Adde, Cass. com. 8 avril 2014, n° 13-18.120, *RJDA* 2014, n° 633.

[1176] V. en ce sens, D. VELARDOCCHIO, *Les accords extra-statutaires entre associés*, *op. cit.*, p. 235, n° 278.

subordonnant l'exercice du droit d'agir en nullité à un préavis tendant à retarder la mise en œuvre d'une telle action[1177].

2. Le prononcé de la nullité des aménagements statutaires

377. Obstacles au prononcé de la nullité. Le prononcé de la nullité des aménagements statutaires par le juge est guidé par la volonté du législateur d'éviter autant que possible cette sanction. Les deux systèmes juridiques sur ce point convergent parfaitement.

378. Extinction de l'action et faculté de régularisation. L'article 246 de l'AUDSC révisé prévoit que « *l'action en nullité est éteinte lorsque la cause de nullité a cessé d'exister le jour où la juridiction compétente statue sur le fond en première instance, sauf si cette nullité est fondée sur le caractère illicite de l'objet social* ». La même formule est retenue en droit français à l'article L. 235-3 du code de commerce et 1844-11 du code civil. Ainsi, le législateur offre la possibilité d'éviter la sanction par la régularisation de l'acte entaché d'une cause de nullité. Outre le cas de la nullité fondée sur l'illicéité de l'objet social, cette faculté n'a qu'une limite temporelle : le jour où la juridiction compétente statue sur le fond en première instance. De ce fait, jusqu'à cette date demeure une faculté de régularisation aussi bien des nullités de forme que de fond, relatives ou absolues[1178]. Cette limite est aménagée par le législateur. En effet, le juge saisi d'une action en nullité ne peut la prononcer moins de deux mois après la date de l'exploit introductif d'instance[1179]. Aussi, le juge saisi peut, même d'office, fixer un délai pour permettre de couvrir la nullité. Dans le même sens, lorsqu'une assemblée avait déjà été régulièrement convoquée afin de couvrir la nullité, le juge est invité à accorder un délai nécessaire pour que les associés puissent prendre la décision[1180]. Tout est ainsi mis en œuvre pour éviter le prononcé de la nullité qui ne pourra intervenir qu'à défaut de toutes ces possibilités de régularisation.

379. Nullité fondée sur un vice du consentement ou l'incapacité d'un associé. Les législateurs français et OHADA prévoient qu'en cas de nullité fondée sur un vice de consentement ou l'incapacité d'un associé, s'il existe une possibilité de régularisation, « *toute personne y ayant intérêt peut mettre en demeure l'associé incapable ou dont le consentement a été vicié de*

[1177] Ibid.

[1178] V. en ce sens, J. MESTRE, D. VELARDOCCHIO et A.-S. MESTRE-CHAMI, *Lamy Sociétés Commerciales* 2015, p. 1364, n° 2796.

[1179] Article 247 de l'AUDSC révisé et L. 235-4 du code de commerce.

[1180] Ibid.

régulariser ou d'agir en nullité dans un délai de six (6) mois à peine de forclusion[1181] ». Il s'agit ici d'une « *action interpellatoire*[1182] » qui permet à toute personne intéressée de mettre en demeure celui qui est susceptible de régulariser, soit de procéder à cette régularisation, soit d'agir en nullité. Ainsi, l'associé incapable ou dont le consentement a été vicié est invité fortement à procéder à la régularisation, ou à défaut à agir en nullité dans un délai de six mois. Passé ce délai, aucune action en nullité fondée sur les mêmes causes ne saurait être reçue. Qui plus est, dans le même délai, la société ou un associé peut soumettre à la juridiction saisie toute mesure tendant à supprimer l'intérêt à agir du demandeur, notamment en rachetant les titres sociaux de l'associé incapable ou dont le consentement a été vicié. Dans cette situation, la juridiction saisie dispose de deux options : elle peut d'une part prononcer quand même la nullité malgré les propositions faites, ou choisir de rendre obligatoires ces propositions « *si celles-ci ont été préalablement adoptées par la société aux conditions prévues pour la modification des statuts*[1183] ». Enfin, pour éviter des situations de blocages, il est prévu que l'associé, dont le rachat des titres sociaux est demandé, ne prenne pas part au vote et que ses parts ou actions ne soient pas pris en compte dans le calcul du quorum et de la majorité. Sur ce dernier point le législateur OHADA adopte une solution radicale en supprimant le droit de vote de l'associé dont le rachat des titres sociaux est demandé. La formule retenue par le législateur français semble plus douce, même si elle aboutit au même résultat. Il est prévu à l'alinéa 2 de l'article L. 235-6 du code de commerce que « *le vote de l'associé dont le rachat des droits est demandé est sans influence sur la décision de la société* », ce qui laisse à ce dernier la possibilité de prendre part au vote.

380. Nullité fondée sur la violation des règles de publicité. S'agissant des nullités fondées sur la violation des règles de publicité, il convient de rappeler que celles-ci ne concernent que les sociétés en commandite simple et en nom collectif[1184]. Aussi, ces nullités sont facultatives en ce que la juridiction conserve la faculté de ne pas les prononcer lorsqu'aucune fraude n'est constatée. Outre ces mesures permettant de limiter la nullité, le législateur français et OHADA a prévu la faculté pour toute personne intéressée, de mettre en demeure la société de procéder à la régularisation dans un délai de trente (30) jours à compter de la mise en demeure[1185]. À défaut de régularisation par la société dans ce délai, toute personne intéressée peut demander la désignation d'un mandataire chargé d'accomplir

---

[1181] Article 248 de l'AUDSC révisé.
[1182] F. TERRE, Ph. SIMLER et Y. LEQUETTE, *Droit civil – Les obligations*, éd. Dalloz 2013, p. 454, note de bas de page 3.
[1183] Article 249 de l'AUDSC révisé.
[1184] Articles 245 de l'AUDSC révisé et L. 235-2 du code de commerce.
[1185] Articles 250 de l'AUDSC révisé, L. 235-7 et R. 235-2 du code de commerce.

la formalité par la juridiction compétente statuant à bref délai[1186]. Tout est ainsi mis en œuvre pour éviter le prononcé de la nullité qui sera dans cette situation toujours évité.

Enfin, lorsqu'en dépit de toutes ces facultés de régularisation, le juge retient la nullité, la tierce opposition n'est recevable que pendant un délai de six (6) mois à compter de la publication de la décision[1187].

381. Il apparaît ainsi que les deux systèmes juridiques étudiés contiennent un ensemble de mesures permettant d'éviter autant que possible la sanction de la nullité. Celle-ci ne sera prononcée que dans des cas extrêmement rares. Cela s'explique par le fait que la nullité pourra affecter le fonctionnement de la société qui est pourtant le creuset d'intérêts très divers. Les aménagements extrastatutaires, pour leur part, étant régis par le droit commun des sociétés, ne bénéficieront pas de cette logique d'évitement de la nullité.

B. L'application des règles de droit commun à la nullité des aménagements extrastatutaires

382. La nullité des aménagements extrastatutaires est soumise au régime de nullité des contrats en général. Ainsi, les règles ci-dessus exposées quant aux titulaires de l'action en nullité ou quant aux obstacles à l'exercice de l'action ne s'appliquent pas aux aménagements extrastatutaires. Sur ce point également, il existe d'une manière générale une convergence entre les droits français et OHADA. Nous envisagerons succinctement la question des titulaires de l'action en nullité (**1**) avant d'aborder les obstacles à la mise en œuvre d'une telle action (**2**).

1. Les titulaires de l'action en nullité des aménagements extrastatutaires

383. Nullité absolue – nullité relative. À l'instar de la nullité des aménagements statutaires, la question de la titularité de l'action dépend de la nature de la nullité[1188]. En effet, en présence d'une nullité absolue, c'est-à-dire lorsque l'aménagement extrastatutaire est affecté d'un vice de portée générale, l'action en nullité appartient à tout intéressé. La nullité peut dans ce cas être demandée par toute personne pouvant faire valoir un intérêt

---

[1186] Ibid.
[1187] Articles 252 de l'AUDSC révisé et R. 253-3 du code de commerce.
[1188] D. VELARDOCCHIO, Les accords extra-statutaires entre associés, op. cit., p. 229,n° 270.

légitime au succès de sa prétention[1189]. Ainsi, les parties au contrat, leurs créanciers dans la mesure où leur droit de créance se trouve menacé par l'aménagement en cause, les tiers dont les droits personnels se trouvent contrariés par l'acte litigieux, le ministère public ou le juge même d'office peuvent agir en nullité absolue[1190]. S'agissant du juge, celui-ci ne peut s'autosaisir en vue de prononcer la nullité de l'acte litigieux, mais dès lors que celui-ci lui est soumis pour une raison quelconque, il peut en prononcer la nullité d'office[1191].

À l'inverse, lorsque la nullité a pour objet la protection des intérêts particuliers, la nullité ne peut être invoquée que par les personnes ou le groupe de personnes dont la loi assure la protection. C'est ainsi qu'en cas de vice de consentement, l'action en nullité est ouverte à la victime de ce vice. Les tiers ne sont donc pas par principe admis à agir, ceux-ci étant protégés par l'effet relatif des conventions qui entraîne l'inopposabilité de celles-ci aux tiers.

2. Les obstacles à l'action en nullité des aménagements extrastatutaires

384. Application des règles de droit commun. Les obstacles à l'action en nullité seront d'abord ceux retenus en procédure civile tels que le défaut d'intérêt à agir, la nouveauté d'une demande en nullité formée pour la première fois en appel, *etc*. En ce sens, aucune différence de régime n'est à relever entre la nullité des aménagements statutaires et ceux extrastatutaires. Cependant, s'agissant de la prescription de l'action en nullité, alors qu'en présence d'un aménagement statutaire s'appliquera une prescription abrégée de trois (3) ans, l'action en nullité d'un aménagement extrastatutaire répondra aux mêmes délais de prescription que ceux retenus en droit commun des contrats.

385. Diversité des délais de prescription. **En droit français**. Depuis la réforme de la prescription en droit français[1192], le délai de prescription est désormais de cinq (5) ans qu'il s'agisse d'une nullité absolue ou d'une nullité relative[1193]. Si les délais ont été harmonisés, il demeure une différence entre ces deux nullités, notamment quant au point de départ de ce délai. En effet, d'une part la prescription de l'action en nullité relative court à compter

[1189] *Ibid.*, p. 231, n° 273.
[1190] Ibid.
[1191] Ibid.
[1192] Loi n° 2008-561 du 17 juin 2008 portant réforme de la prescription en matière civile.
[1193] Application des articles 1304 et 2224 du code civil.

du jour où l'action peut être intentée, c'est-à-dire du jour où l'acte est passé. Exceptionnellement, la prescription de l'action en nullité d'un acte annulable pour vice de consentement ne court, dans le cas de la violence, que du jour où celle-ci a cessé, et dans le cas de l'erreur ou du dol, du jour où ces vices ont été découverts. Aussi, en cas de nullité pour incapacité, la prescription ne court contre les mineurs que du jour de leur majorité ou de leur émancipation. À l'égard des actes faits par un majeur protégé, le délai de prescription ne court que du jour où il en a eu connaissance, alors qu'il était en situation de les refaire valablement. Enfin, le délai ne court contre les héritiers de la personne en tutelle ou en curatelle que du jour du décès, s'il n'a commencé à courir auparavant.

D'autre part, l'action en nullité absolue ne court qu'à compter du jour où le titulaire d'un droit a connu, ou aurait dû connaître, les faits lui permettant de l'exercer[1194]. Enfin, il convient de préciser que depuis la réforme de la prescription, une action en nullité ne peut être introduite plus de vingt (20) ans après la naissance de l'acte. C'est ce qui ressort de l'article 2232 du code civil qui dispose que « *le report du point de départ, la suspension ou l'interruption de la prescription ne peut avoir pour effet de porter le délai de la prescription extinctive au-delà de vingt ans du jour de la naissance du droit* ».

386. Disparité des délais de prescription dans l'espace OHADA. Il n'existe pour l'instant aucune réglementation uniforme en matière contractuelle dans l'espace OHADA. De ce fait, les délais de prescription de l'action en nullité varieront en fonction des pays où l'action est intentée. Par exemple, au Sénégal, l'article 87 du code des obligations civiles et commerciales prévoit que « *l'action en nullité relative se prescrit par deux ans du jour de la formation du contrat. Ce délai court cependant dans les cas d'incapacité ou de violence du jour où elles ont cessé, dans le cas d'erreur ou de dol, du jour où le vice a été découvert* ». Quant à la nullité absolue, celle-ci est soumise à la prescription décennale de droit commun[1195] par renvoi de l'article 85 du même code. Dans les pays ayant conservé le code civil de 1804 après les indépendances, à l'instar du Burkina Faso, le délai de prescription en matière de nullité relative est de dix (10) ans[1196], alors que les actions en nullités absolues sont soumises à la prescription trentenaire de droit commun[1197]. Cette disparité de régime n'est pas

[1194] Article 2224 du code civil.
[1195] Article 222 du code des obligations civiles et commerciales du Sénégal.
[1196] Article 1304 du code civil burkinabè.
[1197] Article 2262 du code civil burkinabè.

souhaitable, d'où la nécessité de l'élaboration d'un Acte uniforme en matière contractuelle[1198].

387. « ***Quae temporalia sunt ad agendum, perpetua sunt ad excipiendum***[1199] ». Si l'action en nullité est enfermée dans des délais de prescription, que ce soit en droit français ou OHADA, l'exception de nullité pourra toujours être invoquée comme moyen de défense à condition que le contrat ne soit pas encore exécuté[1200].

388. Inefficacité des clauses prohibitives. Outre les obstacles liés à la prescription de l'action, il convient de noter qu'à l'instar de la nullité des aménagements statutaires, aucune clause ne saurait subordonner l'exercice de l'action en nullité à l'obtention d'une autorisation préalable quelconque, voire retarder l'exercice d'une telle action[1201]. Une telle clause constituerait « *une renonciation à l'action en nullité sans connaissance du vice éventuel qui la justifierait*[1202] ».

§2. Les effets de la nullité des aménagements conventionnels

389. Lorsque la nullité d'un aménagement conventionnel statutaire ou extrastatutaire est prononcée, celui-ci ne peut plus produire aucun effet juridique. La convention est censée n'avoir jamais existé. Il s'agit ici d'une application de l'adage « *Quod nullum est, nullum producit effectum* » : ce qui est nul ne produit aucun effet[1203]. Cependant, outre la privation d'effet juridique à l'acte nul, lorsque celui-ci avait fait l'objet d'une exécution ne serait-ce que partielle, se posera alors la question des effets de la nullité sur les actes « subséquents ». Cette question devra être envisagée tant au regard de la nullité des aménagements statutaires (**A**), que de celle des aménagements extrastatutaires (**B**).

[1198] Il faut noter qu'un avant-projet d'Acte uniforme sur le droit des contrats a été élaboré par UNIDROIT à la demande de l'OHADA et discuté à l'occasion du colloque sur « L'harmonisation du droit OHADA des contrats » tenu à Ouagadougou (Burkina Faso) du 15 au 17 novembre 2007. Mais les discussions n'ont toujours pas permis pour l'instant l'adoption d'une réglementation uniforme en la matière.

[1199] Ce qui est temporaire quant à l'action, est perpétuel quant à l'exception.

[1200] V. A. BENABENT, Droit des obligations, *op. cit.*, p. 169, n° 211.

[1201] V. en ce sens, D. VELARDOCCHIO, Les accords extra-statutaires entre associés, op. cit., p. 235, n° 278.

[1202] Ibid.

[1203] V. A. BENABENT, *Droit des obligations*, *op. cit.*, p. 178, n° 221.

A. Les effets de la nullité des aménagements statutaires

390. Contrairement à la nullité de la société dont le caractère rétroactif a été inhibé par le législateur au regard de ses effets dévastateurs[1204], le « *souffle de l'annulation*[1205] » des actes modifiant les statuts viendra balayer les actes dits « *subséquents* » ou postérieurs. Ainsi, par exemple, la nullité d'une clause statutaire d'exclusion entraînera en principe non seulement la nullité de la décision d'exclusion d'un associé gérant de SARL, mais également celle des assemblées tenues hors de la présence de l'associé exclu, puisque celui-ci n'a pu valablement être convoqué, de même que des décisions prises lors de ces assemblées telles que la nomination d'un nouveau gérant, *etc.* Les conséquences de la nullité de ces actes dits « subséquents » pourront s'avérer contraires à l'intérêt social, d'où la nécessité de les limiter autant que faire se peut. Si dans certaines hypothèses, la nullité des actes « subséquents » pourra être évitée, dans d'autres au contraire, des solutions devront être trouvées afin de cantonner les conséquences de ces nullités. Nous pourrons ainsi envisager dans un premier temps, les remèdes indirects à la nullité des actes « subséquents » (**1**), avant d'aborder les remèdes directs à cette nullité (**2**).

1. Les remèdes indirects à la nullité des actes « subséquents »

391. Empêcher la survenance de la nullité. Les remèdes indirects sont l'ensemble des moyens qui peuvent être mis en œuvre afin d'éviter la nullité des actes pris dans le sillage de l'acte annulable. La volonté de limiter l'effet rétroactif de la nullité de la société n'a pas été retenue de manière générale pour les actes modifiant les statuts. Pourtant, il est largement admis que la rétroactivité des nullités, « *accusée d'être source d'insécurité juridique en droit commun, en particulier quand elle implique des tiers, [...] devient [...] "dévastatrice" en droit des sociétés*[1206] ». De ce fait, « *le remède le plus efficace serait de limiter en amont, le recours à la nullité ou à n'importe quelle sanction susceptible de provoquer une nullité rétroactive*[1207] ». La nullité des actes « subséquents », n'étant pas une nullité de plein droit, nécessite d'être prononcée par le juge. Ce dernier disposerait en la matière

---

[1204] Article 1844-15 du code civil.

[1205] J. MOURY, « Les nullités « en cascade » en droit des sociétés », *Rev. sociétés* 2013, p. 599, n° 1.

[1206] I. PARACHKENOVA, « La rétroactivité des sanctions en droit des sociétés », *JCP E* 2013, p. 1511, n° 1.

[1207] *Ibid.* n° 4.

d'un pouvoir d'appréciation[1208], le régime de cette nullité s'apparentant ainsi à celle de la nullité facultative[1209]. Or, en présence d'une nullité facultative, le juge dispose d'une compétence discrétionnaire quant au prononcé de cette sanction. À cet effet, il devra statuer au regard non seulement de l'opportunité d'une telle sanction, mais également de l'étendue des conséquences que celle-ci peut entraîner. Il s'agit pour le juge d'user de son pouvoir d'appréciation en prenant en compte « *la disproportion des conséquences et du trouble initial*[1210] », car « *la défense du droit – à laquelle les juristes sont nécessairement attachés – ne doit pas aboutir à créer des situations encore plus préjudiciables*[1211] ».

Certains auteurs ont fait valoir aussi comme remède, la réduction du délai de prescription en considérant que « *la prescription commence à courir à compter de l'acte initial, et non de chacun des actes dérivés – quoiqu'ils aient été accomplis irrégulièrement*[1212] ». Effectivement, si le point de départ du délai de prescription était fixé au jour de l'acte initial et non de chacun des actes dérivés, la possibilité de retenir la nullité de ces actes dérivés serait réduite. Cependant, il convient d'observer qu'il est très largement admis que la prescription ne court point contre celui qui ne peut agir. De ce fait, « *la prescription de l'action en nullité d'un acte ne saurait en effet courir alors que cet acte n'existe pas encore*[1213] ». Le point de départ de la prescription ne saurait ainsi être remonté au jour de l'acte initial.

392. Il semble au final très difficile d'éviter la nullité des actes « subséquents », conséquence de la nullité d'une clause statutaire. Il convient dès lors de rechercher les moyens qui permettent de limiter les effets de la nullité.

2. Les remèdes directs à la nullité des actes « subséquents »

393. Confirmation ou renonciation. Les remèdes directs à la nullité des actes « subséquents » consistent à la conclusion d'accords avec les éventuels

[1208] P. Le CANNU, « La canalisation des nullités subséquentes en droit des sociétés », in *Mélanges Pierre BEZARD – Le juge et le droit de l'économie*, Montchrestien 2002, p. 113-125, spéc. p. 119, n° 13.
[1209] V. en ce sens, J. MOURY, « Les nullités « en cascade » en droit des sociétés », *art. préc.*, p. 599, n° 14.
[1210] P. Le CANNU, « La canalisation des nullités subséquentes en droit des sociétés », *art. préc.*, p. 119, n° 13.
[1211] *Ibid.*, p. 117, n° 16.
[1212] *Ibid.*, p. 117, n° 10.
[1213] J. MOURY, « Les nullités « en cascade » en droit des sociétés », *op. cit.*, p. 599, n° 37.

titulaires de cette action afin d'obtenir la confirmation[1214], la renonciation ou la ratification des actes annulables. Il s'agit de privilégier les accords transactionnels sur les solutions judiciaires qui aboutissent au prononcé de la nullité de ces actes. La confirmation est l'acte par lequel une personne renonce unilatéralement à se prévaloir de la nullité d'un acte juridique. Elle peut être expresse ou tacite[1215], mais la confirmation n'est possible qu'en cas de nullités relatives et ne peut intervenir que lorsque la cause de la nullité est connue. Elle ne peut donc provenir d'une clause de renonciation à tout recours judiciaire avant même la connaissance par le titulaire de l'action de la cause de nullité. En somme, la confirmation requiert la réunion de trois conditions à savoir, la connaissance du vice, l'intention de la réparer et la régularité même de la confirmation[1216]. Il s'agira concrètement d'obtenir de l'associé titulaire de l'action en nullité qu'il renonce à se prévaloir d'une telle action. La confirmation ne régularise donc pas l'acte illicite mais consiste à une renonciation au droit d'invoquer la nullité[1217]. Elle rend l'acte confirmé opposable au confirmant[1218]. Enfin, la confirmation a un effet relatif et de ce fait, elle ne vaut qu'à l'égard de celui qui l'invoque[1219]. Ainsi, si d'autres associés peuvent se prévaloir de la même cause de nullité, il conviendrait d'obtenir de leur part une confirmation de l'acte. En cela, la détermination de toutes les personnes que la loi a entendu protéger pourrait rendre difficile la mise en œuvre de la confirmation[1220].

394. Régularisation. « *On parle de régularisation lorsque l'élément qui manquait à la validité du contrat est fourni par la suite ou lorsque le vice qui infectait le contrat est supprimé*[1221] ». Elle consiste à purger le vice qui infectait un acte afin de le valider à l'égard de tous et dès l'origine[1222]. Il pourrait s'agir par exemple de la suppression d'une clause nulle par l'adoption d'une nouvelle clause statutaire cette fois ci en respectant les règles d'adoption prévues à cet effet. Le législateur français et OHADA

[1214] V. G. COUTURIER, *La confirmation des actes nuls*, préf. J. Flour, L.G.D.J. 1972. Cet auteur considère que la confirmation est une renonciation au droit d'invoquer la nullité ce qui lui confère un caractère abdicatif. La confirmation serait donc une forme particulière de renonciation. V. spéc. p. 13, n° 16 et suiv.

[1215] Elle peut résulter par exemple de l'exécution volontaire d'un acte en connaissance du vice qui l'affecte. V. article 1338, alinéa 2 du code civil.

[1216] V. M. FABRE-MAGNAN, Droit des obligations, 1 – Contrat et engagement unilatéral, op. cit., p. 479.

[1217] G. COUTURIER, *La confirmation des actes nuls*, *op. cit.*, p. 11, n° 13 ; J.-P. LEGROS, « Comment éviter la nullité d'une délibération sociale ? » *LPA*, 2 avril 2002, n° 66, p. 7.

[1218] G. COUTURIER, La confirmation des actes nuls, op. cit., p. 12, n° 15.

[1219] V. en ce sens, M. FABRE-MAGNAN, Droit des obligations, 1 – Contrat et engagement unilatéral, op. cit., p. 480.

[1220] V. en ce sens, J.-P. LEGROS, « Comment éviter la nullité d'une délibération sociale ? » *LPA*, 2 avril 2002, n° 66, p. 7.

[1221] A. BENABENT, *Droit des obligations*, *op. cit.*, p. 171, n° 212.

[1222] Ibid.

incite largement à la régularisation aussi bien des actes constitutifs que des actes ultérieurs modifiant les statuts[1223].

395. Il apparaît ainsi que ces mécanismes permettent d'éviter la nullité des aménagements statutaires, permettant ainsi d'éviter du même coup la question irritante de la nullité des actes « subséquents ». Les mêmes préoccupations peuvent être envisagées au regard des effets de la nullité des aménagements extrastatutaires.

B. Les effets de la nullité des aménagements extrastatutaires

396. S'agissant de l'exercice de l'action en nullité, les effets de la nullité des aménagements extrastatutaires seront en principe régis par le droit commun des contrats, aussi bien en droit français qu'en droit OHADA. Avant d'aborder la question de la nullité des actes subséquents (**2**), il convient de se pencher d'abord sur l'étendue de la nullité (**1**).

1. L'étendue de la nullité des aménagements extrastatutaires

397. Étendue de la nullité : principe de la nullité intégrale de l'aménagement extrastatutaire. Les conséquences de la nullité des aménagements extrastatutaires seront empruntées au régime de droit commun des obligations, les règles prévues par la législation sociétaire ne leur étant pas applicables. Ainsi, lorsqu'un aménagement extrastatutaire est vicié, il l'est en principe dans son ensemble. La réticence dolosive, lorsqu'elle est retenue, entraîne ainsi la nullité du pacte d'actionnaires[1224]. De même, les accessoires à l'aménagement conventionnels devraient subir le même sort si la nullité était retenue. C'est ainsi que la nullité d'une promesse de porte fort pourra être demandée en cas de nullité d'une promesse de cession d'actions si celles-ci sont indissociables, l'une étant par exemple la cause de l'autre[1225].

398. Possibilité de retenir la nullité partielle. Si la nullité de l'entièreté de l'aménagement extrastatutaire constitue le principe, il est traditionnellement admis que la nullité partielle pourra être retenue si la clause irrégulière ne constitue pas une condition impulsive et

---

[1223] V. articles L. 210-7 et L. 235-3 du code de commerce et 246 de l'AUDSC révisé.

[1224] Cass. com. 1er juillet 2003, n° 99-18.590, *RJDA* 2004, p. 526, n° 574.

[1225] La jurisprudence considère ainsi que « lorsque dans l'intention des parties, toutes les stipulations d'un contrat sont intimement liées entre elles et que les unes sont la cause déterminante des autres, la nullité des clauses illicites invalide les clauses licites », V. Cass. 1ère civ. 2 juillet 1958, Bull. civ. I, n° 352, p. 284.

déterminante[1226] dans l'intention des parties. Dans cette hypothèse, la nullité de la clause ne saurait déteindre sur l'ensemble de l'accord qui reste valable. À défaut, lorsque la clause illicite est inséparable du reste de l'accord, alors l'irrégularité de la clause entrainera la nullité de l'ensemble de l'accord. Ainsi, la nullité partielle n'est envisageable que « *si, amputé de sa partie irrégulière, le contrat reste conforme à ce que les parties avaient voulu*[1227] ».

Aussi, en plus de l'importance de la clause irrégulière dans l'équilibre de l'accord global, la nullité partielle sera retenue afin d'assurer une efficacité de la sanction[1228]. En effet, en vertu de l'adage *Utile per inutile non vitiatur*, « *la nullité doit être restreinte à ce qui est strictement nécessaire à la suppression de l'illégalité*[1229] ». Ainsi, la sanction de la nullité devrait viser seulement à supprimer ce qui est prohibé, et ne pas dépasser cet objectif. De ce fait, « *si donc dans un acte une clause, une condition, une charge..., est illicite ou immorale, seule cette disposition doit, en principe, être annulée : le but de la prohibition est ainsi atteint*[1230] ». En somme, le juge devra tenir compte de l'importance de la clause irrégulière dans l'intention des parties, ainsi que de l'efficacité de la sanction[1231].

2. La nullité des actes « subséquents » aux aménagements extrastatutaires

399. Divisibilité des actes en cause. À l'instar de la nullité de la clause sans laquelle les parties n'auraient pas contracté ou auraient contracté autrement, lorsque l'aménagement extrastatutaire fait partie d'un groupe de contrats ou d'un ensemble d'opérations juridiques complexes, sa nullité pourrait entraîner celle de l'ensemble du montage. La nullité de l'ensemble du montage sera retenue s'il apparaît que tous les éléments de cet ensemble forment un tout indivisible.

Il en est de même lorsque des actes sont pris en exécution d'un aménagement extrastatutaire nul. Si la nullité des actes externes à la société pris en exécution d'un accord extrastatutaire semble envisageable, celle des

---

[1226] V. J. GHESTIN, G. LOISEAU et Y.-M. SERINET, *Traité de droit civil – La formation du contrat* Tome 2 : *L'objet et la cause – Les nullités*, 4e éd. L.G.D.J., 2013, p. 1259, n° 2587.
[1227] D. VELARDOCCHIO, Les accords extra-statutaires entre associés, op. cit., p. 238, n° 284.
[1228] *Ibid.*, p. 240, n° 287.
[1229] J. GHESTIN, G. LOISEAU et Y.-M. SERINET, Traité de droit civil – La formation du contrat Tome 2 : L'objet et la cause – Les nullités, op. cit., p. 1309, n° 2626.
[1230] Ph. SIMLER, La nullité partielle des actes juridiques, op. cit., p. 29, n° 28.
[1231] V. en ce sens, D. VELARDOCCHIO, *Les accords extra-statutaires entre associés, op. cit.*, p. 240, n° 287.

actes et délibérations de la société apparaît difficile à admettre. En effet, les causes de nullité de ces actes sont très strictement encadrées aussi bien en droit français que OHADA. Pourtant, on pourrait penser que l'acte ou la délibération prise en exécution de la convention invalidée constitue la cause de cette dernière, et de ce fait la nullité pourrait être retenue sur le fondement de l'absence de cause en tant que violation des lois qui régissent les contrats. Il semble toutefois difficilement acceptable que la nullité par exemple d'un engagement de vote, puisse entraîner la nullité de la délibération adoptée conformément à l'engagement. Le lien de cause à effet entre les deux actes semble très distant pour que la nullité de l'engagement, qui en principe n'a pas d'influence sur le fonctionnement sociétaire, puisse entraîner la nullité de la décision d'un organe social. Il s'agirait à défaut d'une entorse au principe de l'effet relatif des contrats[1232].

Enfin, s'agissant de la nullité des aménagements statutaires, il est prévu aussi bien en droit français que OHADA que « *ni la société, ni les associés ne peuvent se prévaloir d'une nullité à l'égard des tiers de bonne foi*[1233] ». Cette disposition ne s'applique pas aux aménagements extrastatutaires, de telle sorte que les tiers pourront se voir opposer la nullité de tels accords.

400. Conclusion de Chapitre. Les causes de nullité, de même que la mise en œuvre de l'action en nullité, varient selon qu'il s'agit d'un aménagement statutaire ou extrastatutaire. Ces divergences viennent du fait que ces derniers sont régis par le droit commun des contrats alors que des règles spéciales ont été aménagées pour éviter et encadrer au mieux la nullité et les effets de cette sanction dans l'environnement sociétaire. Ces divergences s'observent également en droit français et en droit OHADA, ces deux systèmes juridiques présentant tout de même quelques différences. Toutefois, il apparaît que dans ces deux systèmes juridiques, le régime de la nullité, par la diversité des règles applicables et les diverses facultés de régularisation ou de neutralisation des effets de la nullité, s'avèrent complexes. Il convient tout de même de noter que d'importants efforts de clarification du régime de nullité ont été faits par le législateur OHADA.

401. Conclusion du Titre. L'incertitude liée à la régularité de la formation des aménagements conventionnels s'observe tant en droit français qu'en droit OHADA. Celle-ci est due d'une manière générale à l'usage de

---

[1232] V. cependant D. VELARDOCCHIO, Les accords extra-statutaires entre associés, op. cit., p. 242, n° 291.

[1233] Articles L. 235-12, alinéa 1er du code de commerce et 255, alinéa 1er de l'AUDSC révisé. Toutefois, la nullité pour vice de consentement ou incapacité est opposable même aux tiers de bonne foi, par l'incapable et ses représentants légaux, ou par l'associé dont le consentement a été vicié.

standards juridiques tel que l'ordre public et l'intérêt social dans l'appréciation de la validité des aménagements conventionnels. Aussi, le régime de la sanction de la nullité en droit des sociétés, en dépit des efforts observés en droit OHADA, reste à l'instar du droit français des sociétés très complexe. Passée l'étape de la formation, l'efficacité des aménagements conventionnels au stade de leur exécution dépend en grande partie de la bonne foi des parties à ces accords du fait de l'absence de sanctions adaptées en cas d'inexécution.

Titre II. L'incertitude tenant à l'efficacité des aménagements conventionnels

402. Les aménagements conventionnels doivent leur efficacité, d'une part au régime qui leur est applicable en cas d'inexécution de la part d'une partie, et d'autre part, au mode de résolution des différends liés à leur exécution. Ces deux points font intervenir des règles de droit des contrats et de droit des procédures civiles. Si le régime juridique de l'inexécution des conventions en droit français, malgré l'insatisfaction générale qui s'en dégage, est unitaire, il n'en va pas de même du droit OHADA. En l'absence de réglementation uniforme ou même harmonisée en droit des contrats sur le continent, devront être appliquées les règles nationales en la matière. Or, celles-ci ont de commun une absence d'évolution ou une évolution à droit constant, par rapport au droit des contrats hérités de l'ancien colon français. Les règles en matière de sanctions en cas d'inexécution contractuelle ou en matière de rayonnement interne ou extérieure des aménagements conventionnels souffriront ainsi des mêmes critiques que l'on peut adresser à la législation française. Les parties à ces aménagements conventionnels seront ainsi amener à prévoir des règles afin de pallier les lacunes législatives en la matière. Aussi, l'inadaptation du traitement judiciaire du contentieux sociétaire au besoin de rapidité et d'adaptabilité du monde des affaires pousse les associés, soit à aménager le dispositif légal en matière de pouvoir juridictionnel, soit à éviter la justice étatique par le recours à des modes conventionnels de résolution des différends. Cette dernière option sera notamment privilégiée dans l'espace OHADA au regard de la méfiance des acteurs économiques vis-à-vis de l'appareil judiciaire étatique. Il conviendra ainsi d'examiner dans un premier temps les difficultés liées à l'exécution des aménagements conventionnels en droit français et OHADA (**Chapitre I**), avant d'aborder la question de l'efficacité des aménagements conventionnels dans la résolution des différends en droit des sociétés (**Chapitre II**).

Chapitre I. Les difficultés liées à l'exécution des aménagements conventionnels en droit français et OHADA

403. Principe de l'effet relatif des conventions. Dès lors que la régularité d'un aménagement conventionnel est affirmée, celui-ci devrait pouvoir être exécuté conformément aux prévisions contractuelles. L'efficacité d'une convention sociétaire réside dans l'effectivité de sa mise en œuvre. À l'égard des parties, la convention est soumise au principe de l'effet relatif.

Ce principe suppose d'une part l'effet obligatoire de la convention à l'égard des parties. De ce fait, seules ces dernières sont tenues par les obligations qui y sont issues, et sont seules admises à en réclamer le bénéfice[1234]. Cet effet obligatoire ne sera effectif que si chaque partie obtient de l'autre l'exécution de ses obligations conformément aux stipulations conventionnelles. À défaut, il conviendra de trouver la sanction adéquate qui permettra au mieux d'obtenir la réparation adéquate du préjudice résultant de l'inexécution contractuelle. En la matière, l'essentiel des sanctions d'une telle inexécution s'avère insatisfaisant, l'exécution par équivalent étant en général la règle retenue. Ce constat est partagé par les droits français et OHADA, ce dernier système juridique n'ayant pas de particularité notable en la matière du fait de l'absence d'une règlementation uniforme sur le droit des contrats.

D'autre part, le principe de l'effet relatif suppose que les conventions n'engageant que les parties, celles-ci ne sauraient ni profiter ni nuire aux tiers. Toutefois, les règles classiques du droit des obligations sont adaptées dans certains cas pour tenir compte de la spécificité du droit des affaires. C'est le cas notamment lorsque des tiers sont admis à se prévaloir de stipulations contractuelles, parfois même à l'encontre d'autres tiers. Se pose ici la question du rayonnement extérieur des aménagements conventionnels. À ces distinctions s'ajoutent la nécessité de prendre en compte la localisation des aménagements conventionnels. Les règles varieront selon que ceux-ci sont stipulés dans les statuts ou dans des pactes extrastatutaires. La divergence des règles applicables et l'évolution de la jurisprudence notamment française en la matière porte atteinte à l'efficacité des

[1234] M. FABRE-MAGNAN, Droit des obligations. 1 – Contrat et engagement unilatéral, op. cit., p. 527.

aménagements conventionnels. Il conviendra ainsi d'envisager successivement l'efficacité limitée des aménagements conventionnels entre les parties (**Section I**) et à l'égard des tiers (**Section II**).

Section I. L'efficacité limitée des aménagements conventionnels entre les parties

404. L'efficacité des aménagements conventionnels entre les parties suppose que ces derniers soient exécutés conformément aux engagements pris par chacune des parties. L'une des meilleures garanties de cette exécution réside dans l'efficacité de la sanction retenue en cas de violation des obligations contenues dans ces conventions. Les interventions législatives en la matière étant rares ou à tout le moins inadaptées qu'il s'agisse du droit français ou OHADA, la jurisprudence a été mise à contribution afin de déterminer la sanction adéquate à la violation des aménagements conventionnels. Aussi, les sanctions retenues « *n'assurant qu'imparfaitement leur rôle dissuasif*[1235] », les parties ont souvent recours à des sanctions conventionnelles dont l'effectivité n'est pas toujours certaine. Il conviendra ainsi dans un premier temps de constater l'inadaptation des sanctions légales en cas de violation d'un aménagement conventionnel (**§I**), avant d'aborder l'efficacité incertaine des sanctions conventionnelles (**§II**).

§I. L'inadaptation des sanctions légales en cas de violation

405. « **La règle a beau être excellente et clairement énoncée, elle est inutile si elle n'est pas appliquée**[1236] ». La sanction d'un aménagement conventionnel variera en fonction non seulement de la nature statutaire ou extrastatutaire de cet aménagement, mais également de la nature même de l'acte pris en violation de l'aménagement considéré. La meilleure sanction dans cette situation serait de « neutraliser » l'acte intervenu en violation de la convention statutaire ou extrastatutaire. Or, il a déjà été observé la méfiance des législateurs français et OHADA quant à la nullité en droit des sociétés surtout lorsque celle-ci touche à la société elle-même ou aux statuts[1237]. Il faudrait alors se tourner vers le droit commun, ou à défaut de nullité,

---

[1235] J.-M. MOULIN, Le droit de l'ingénierie financière – Le droit du financement du haut du bilan des sociétés, op. cit., p. 456.

[1236] G. RIPERT, *Aspects juridiques du capitalisme moderne*, L.G.D.J., 2e éd. 1951, p. 243, n° 107.

[1237] V. *supra*, n° 334 et suiv.

d'autres sanctions assez dissuasives devront être trouvées afin d'assurer l'efficacité des aménagements conventionnels. Il conviendra ainsi d'examiner dans un premier temps la sanction de la violation des aménagements statutaires (**A**) avant d'aborder la sanction de la violation des aménagements extrastatutaires (**B**).

A. La sanction de la violation des aménagements statutaires

406. La nullité demeure la meilleure sanction permettant d'assurer la pleine efficacité des aménagements statutaires. Toutefois, les hypothèses où cette sanction sera effectivement retenue sont très limitées. Celle-ci pourra être retenu en cas de nullité expresse, c'est-à-dire lorsque le législateur prévoit expressément que la violation de cette disposition sera sanctionnée par la nullité[1238]. C'est ainsi qu'en cas de violation d'une clause d'agrément statutaire, la sanction de la nullité pourra être retenue conformément aux articles L. 228-23 du code de commerce et 771-1-1 de l'AUDSC révisé. Cette nullité textuelle prévue par le législateur permet d'assurer l'efficacité des clauses statutaires d'agrément. Dans le même sens, et seulement en droit OHADA, la nullité pourra être retenue en cas de violation d'une clause statutaire de préemption[1239]. La sanction de la nullité permet ici de sécuriser les accords statutaires afin de protéger non seulement les associés, mais également les tiers qui peuvent légitimement compter sur le respect des clauses statutaires. Outre les cas de nullités expresses, se pose la question du sort des actes ou décisions pris en violation d'une clause statutaire. La sanction d'une telle violation diffère selon le système juridique considéré. Nous aborderons ainsi successivement la sanction de la violation des aménagements statutaires en droit français (**1**) et en droit OHADA (**2**).

[1238] V. en ce sens, J.-M. MOULIN, Le droit de l'ingénierie sociétaire – Le droit du financement du haut de bilan des sociétés, op. cit., p. 456, n° 915.

[1239] Article 771-3, alinéa 1er de l'AUDSC révisé. Cette nullité a cependant été retenue par la jurisprudence française malgré l'absence de nullité textuelle en la matière, en cas de preuve de collusion frauduleuse, c'est-à-dire lorsque la preuve est rapportée que le tiers connaissait non seulement l'existence de la clause, mais également la volonté du bénéficiaire de s'en prévaloir. V. Cass. ch. mixte, 26 mai 2006, n° 03-19.376, Bull. ch. mixte 2006, n° 4, p. 13, *Dalloz* 2006, p. 1841, note P.-Y. Gautier et D. Mainguy, *JCP E* 2006, II, 2378, note P. Delebecque ; *Bull. Joly sociétés,* 2006, p. 1072, note H. Le Nabasque. V. aussi, Cass. 3e civ. 31 janvier 2007, n° 05-21071, *Dalloz,* 2007, p. 1698, note D. Mainguy ; Cass. 3e civ. 14 février 2007, n° 05-21814, *RDC* 2007, p. 701, note D. Mazeaud ; Cass. com. 11 mars 2014, n° 13-10.366, *Rev. sociétés,* 2014, p. 384, note B. Saintourens, *Dalloz,* 2014, p. 719, obs. A. Lienhard ; *RDC* 2014, p. 688, note L. Sautonie-Laguionie ; Cass. 3e civ., 24 juin 1998, n° 96-16711, inédit ; Cass. 3e civ., 10 février 1999, n° 95-19217, Bull. civ. 1999, III, n° 37, p. 25, *JCP G* 1999, II, 10191, note Y. Dagorne-Labbe.

1. La sanction de la violation des aménagements statutaires en droit français.

407. Principe : « Le non-respect des stipulations contenues dans les statuts [...] n'est pas sanctionné par la nullité ». L'article L. 235-1 du code de commerce prévoit que la violation des dispositions impératives de la loi et de celles régissant les contrats pourrait entraîner la nullité des délibérations ou actes pris par les organes sociaux. Il convient de préciser que cette sanction ne vise que les actes internes à la société. Certains auteurs ont ainsi considéré que la violation des clauses statutaires devrait pouvoir entraîner la sanction de la nullité sur le fondement de la violation des lois régissant les contrats. Conformément aux termes de l'article 1134 du code civil, les statuts ont entre les parties la même force que la loi et donc, la violation d'une disposition impérative des statuts doit être autant génératrice de nullité que celle de la loi elle-même[1240].

La jurisprudence a semblé adopter cette position consistant à sanctionner par la nullité la violation des dispositions impératives des statuts entendus comme la loi des associés[1241] même si certaines décisions ont récemment retenu la solution contraire[1242].

Une partie de la doctrine avait de son côté rejeté la notion même de « *disposition impérative des statuts*[1243] ». Il a donc fallu une prise de position claire de la chambre commerciale de la Cour de cassation pour trancher définitivement ces divergences doctrinales et jurisprudentielles[1244]. Rendue à

[1240] Y. GUYON, Traité des contrats – Les sociétés, Aménagements statutaires et conventions entre associés, op. cit., p. 163, n° 88.

[1241] V. notamment, Cass. com. 6 mai 1974, n° 73-10.598, *Dalloz* 1975, II, p. 102, note Y. Guyon ; *Rev. sociétés* 1975, p. 81, note J. Hémard ; Cass. com. 20 novembre 1990, n° 89-18.156, *Dr. sociétés* 1991, n° 17.

[1242] V. Cass. 3e civ. 19 juillet 2000, n° 98-17.258, *Dr. sociétés* 2000, n° 170, note Th. Bonneau ; *RTD Com.* 2000, p. 963, obs. M.-H. Monsérié-Bon ; *Bull. Joly sociétés* 2001, p. 70, note L. Grosclaude ; Cass. 3e civ. 11 octobre 2000, n° 99-11.430, *Bull. Joly sociétés* 2001, p. 72, note L. Grosclaude ; Cass. com. 14 juin 2005, n° 02-18.864, *Bull. Joly sociétés,* 2005, p. 1412, note P. Le Cannu ; *Dalloz,* 2005, p. 1777, obs. A. Lienhard.

[1243] V. L. BORNHAUSER-MITRANI, « La violation d'une clause statutaire », *LPA* 8 avril 1998, p. 11. Cet auteur rejette cette notion de disposition impérative des statuts car entre autres, les statuts ne sauraient dans leur intégralité être qualifiés de disposition impérative puisque certaines dispositions statutaires ne sont que la reprise de disposition légale supplétive. Ainsi, l'introduction statutaire d'une disposition légale n'ayant nullement pour effet d'en modifier la nature, alors si l'ensemble des statuts devrait être qualifié de Loi, cela serait constitutif d'une fraude à la loi. Il suffirait ainsi d'inclure une disposition légale non impérative dans les statuts pour que celle-ci devienne impérative contrairement à la volonté même du législateur.

[1244] Cass. com. 18 mai 2010, n° 09-14.855, Sté Française de gastronomie c/ Sté Larzul, *Rev. sociétés*, 2010, p. 374, note P. Le Cannu ; *JCP E* 2011, p. 24, obs. Fl. Deboissy et G. Wicker ;

propos d'une SAS, la solution posée par la Cour de cassation a vocation à s'appliquer à toutes les sociétés mêmes civiles[1245].

En l'espèce, les statuts d'une SAS complétés par le règlement intérieur avaient institué un conseil d'administration dont la composition devrait refléter la parité des associés dans la répartition du capital social. Or, malgré la démission d'un administrateur et son non-remplacement à titre provisoire comme le prévoyait les statuts, le conseil d'administration s'est réuni à deux reprises. L'actionnaire sous représenté demanda alors l'annulation de la seconde réunion ainsi que des procès-verbaux des deux réunions. La Cour de cassation, par un motif de pur droit, rejette le pourvoi formé contre l'arrêt d'appel ayant refusé de sanctionner par la nullité la violation des statuts et du règlement intérieur en ces termes : « *attendu qu'il résulte de l'article L. 235-1, alinéa 2, du code de commerce que la nullité des actes ou délibérations pris par les organes d'une société commerciale ne peut résulter que de la violation d'une disposition impérative du livre II du même code ou des lois qui régissent les contrats ; que sous réserve des cas dans lesquels il a été fait usage de la faculté, ouverte par une disposition impérative, d'aménager conventionnellement la règle posée par celle-ci, le non-respect des stipulations contenues dans les statuts ou dans le règlement intérieur n'est pas sanctionné par la nullité* ». La Cour de cassation pose ici un principe qui a le mérite de la clarté : le non-respect d'une stipulation des statuts ou du règlement intérieur n'est pas sanctionné par la nullité. La Cour retient une interprétation restrictive de l'article L. 235-1 du code de commerce conformément à la volonté législative de limiter les causes de nullité dans la société. Ainsi, ni les clauses des statuts ni le contenu des règlements intérieurs, ne faisant parties des dispositions impératives du Livre II du code de commerce ou du droit des contrats, leur violation ne saurait fonder l'annulation des actes concernés. L'argument tendant à voir dans les statuts la loi impérative des associés est ici définitivement écarté par la Cour de cassation. De même, elle rejette la notion de « *disposition impérative des statuts* » et par là même celle de « *disposition impérative du règlement intérieur* », confortant ainsi « *le confinement du domaine de la nullité en*

Dalloz 2010, p. 2405, note F. Marmoz ; *RLDA* septembre 2010,n° 52, p. 18, note Ch. Lebel ; *Dr. sociétés* août 2010, n° 8-9, p. 10, note M.-L. Coquelet ; *RTD Civ.* 2010, p. 553, obs. B. Fages ; *Bull. Joly sociétés* 2010, p. 651, note H. Le Nabasque.

[1245] V. Cass. com. 19 mars 2013, n°12-15.283, *Rev. sociétés,* 2014, p. 51, note P. Le Cannu ; *RTD Com.* 2013, p. 530, note M.-H. Monsérié-Bon ; *Gaz. Pal.* 28 juin 2013, n° 179-180, p. 31-33 ; *Bull. Joly sociétés* 2013, p. 402, note F.-X. Lucas. V. à propos de la violation des statuts d'un GIE, Cass. com. 6 mai 2014, n° 13-11.427, *Dalloz,* 2014, p. 1151. V. plus récemment, Cass. com., 10 février 2015, n° 13-25.588, *Bull. Joly sociétés,* 2015, p. 238, note J.-Ch. Pagnucco ; *Dr. sociétés,* avril 2015, comm. 67, note D. Gallois-Cochet.

droit des sociétés au seul cas où « l'impérativité » de la règle violée puise sa source dans la loi[1246] ».

408. Critique. Si cette décision permet de fixer un principe quant à la sanction de la violation des clauses statutaires, elle n'amoindrit pas moins l'efficacité des statuts. En effet, la Cour de cassation consacre ici ce que certains auteurs ont qualifié d'une « *violation bien tranquille*[1247] » des statuts. En cas de violation des clauses statutaires, le principe est désormais fixé : la nullité ne saurait être retenue sauf lorsqu'il a été fait usage de la faculté ouverte par une disposition impérative d'aménager conventionnellement la règle posée par celle-ci. Ainsi, « *en cas de non-respect de la clause (statutaire), le fait accompli l'emporte*[1248] ». Les associés sont invités à rechercher d'autres sanctions susceptibles de garantir le respect des stipulations statutaires. Cette situation fragilise nécessairement des sociétés telles que les SAS dont « *l'architecture sociétaire reposent justement sur le socle de la liberté statutaire sans véritable cadre légal impératif*[1249] ». L'éventuel engagement de la responsabilité de l'auteur de la violation d'une clause ou encore sa révocation ne saurait suffire à garantir une efficacité certaine à ces clauses. Toutefois, la Cour de cassation consciente de la portée d'une telle solution et soucieuse d'assurer un certain respect des clauses statutaires a posé un tempérament à celui-ci.

409. Tempérament : « Sous réserve des cas dans lesquels il a été fait usage de la faculté, ouverte par une disposition impérative, d'aménager conventionnellement la règle posée par celle-ci ». La violation d'une clause statutaire pourra être exceptionnellement retenue lorsque celle-ci constitue un aménagement conventionnel d'une règle légale impérative[1250]. Ainsi, ce n'est pas tant le caractère impératif de la clause statutaire en cause qui est sanctionnée, mais plutôt l'impérativité de la disposition prévoyant un tel aménagement. Cette solution s'apparente à celle retenue en cas de violation d'une disposition règlementaire. En effet, selon la chambre mixte de la Cour de cassation, la violation des dispositions règlementaires ne saurait être sanctionnée par la nullité que si elles sont le complément

---

[1246] M.-L. COQUELET, « Nullité des délibérations sociales : oui mais sous conditions ! » note sous Cass. com. 18 mai 2010, préc. *Dr. sociétés* 2010, n° 156.

[1247] P. Le CANNU, « Une violation bien tranquille (nullités et statuts de société) », note sous Cass. com. 19 mars 2013, n° 12-15.283, préc., *Rev. sociétés* 2014, p. 51.

[1248] Ibid.

[1249] L. GODON, La société par actions simplifiée, op. cit., p. 342, n° 445.

[1250] V. pour une application récente de ce tempérament à une décision d'associés de société civile ne respectant pas les règles de majorité, Cass. 3e civ. 8 juillet 2015, n° 13-14.348. Cette décision a été jugée nulle car la règle de majorité retenue par les statuts n'est qu'un aménagement de la règle impérative de l'unanimité prévue par l'article 1836 du code civil.

indissociable de la disposition légale impérative[1251]. Ainsi, « *l'impérativité sanctionnée est alors une impérativité d'emprunt en raison du rattachement objectif de la disposition règlementaire méconnue à une disposition légale impérative au sens de l'article L. 235-1 du code de commerce. La violer c'est violer la loi avec laquelle elle fait corps et dont elle a pour objet de préciser les conditions d'application*[1252] ». De la même manière, la clause statutaire lorsqu'elle fait corps avec la loi qui permet cet aménagement, retire de celle-ci son caractère impératif de telle sorte que la violation d'une telle clause entraînera la sanction de la nullité[1253].

Si la réserve posée par la Cour est la bienvenue, il convient de remarquer que celle-ci n'est pas exempte de toute critique. En effet, l'affirmation du caractère impératif d'une règle légale dépendant de l'interprétation du juge, il s'avère difficile de prévoir les aménagements statutaires dont la violation entraînerait la sanction de la nullité. Dans le même sens, un commentateur de la décision a affirmé que *« le caractère sibyllin, voire hétérodoxe, de la formule ne permet donc pas d'identifier clairement les situations en pratiques visées*[1254] ». L'application de la solution posée par la Cour peut conduire à certaines situations critiquables à l'image de cette décision ayant refusée de prononcer la nullité d'une opération de coup d'accordéon décidée dans une SARL par l'un des associés ne détenant pas à lui seul la majorité requise pour la modification des statuts, alors même que cette opération a eu pour principal effet d'évincer l'autre associé de la société[1255]. Quand bien même en l'espèce, la décision serait juridiquement fondée puisque la violation de l'article L. 223-30 du code de commerce applicable à la SARL n'est pas sanctionnée par la nullité, la solution de la Cour n'en est pas moins troublante par les suites que peuvent en tirer des associés peu scrupuleux[1256].

[1251] Cass. ch. mixte, 16 décembre 2005, n° 04-10.986, *Rev. sociétés* 2006, p. 327, note B. Saintourens ; *JCP E* 2006, p. 2035, n° 9, obs. J.-J. CAUSSAIN, Fl. Deboissy et G. Wicker ; *Dr. sociétés* 2006, n° 36, note F.-X. Lucas ; *RTD Com.* 2006, p. 148, note M.-H. Monsérié-Bon et L. Grosclaude ; *Dr. & patrimoine* juin 2006, p. 105, obs. D. Poracchia ; *Dalloz* 2007, p. 324, note J.-C. Hallouin et E. Lamazerolles.

[1252] M.-L. COQUELET, « Nullité des délibérations sociales : oui mais sous conditions ! » note sous Cass. com. 18 mai 2010, préc. *Dr. sociétés* 2010, n° 156.

[1253] V. en ce sens, L. GODON, *La société par actions simplifiée*, *op. cit.*, p. 341, n° 443.

[1254] M.-L. COQUELET, « Nullité des délibérations sociales : oui mais sous conditions ! » note sous Cass. com. 18 mai 2010, préc. *Dr. sociétés* 2010, n° 156.

[1255] Cass. com. 30 mai 2012, n° 11-16.272, *Bull. Joly sociétés* 2012, p. 615, note A. Gaudemet ; *Dr. sociétés* 2012, n° 140, note M. Roussille ; *Dalloz* 2012, p. 1478, obs. A. Lienhard et p. 1581, note B. Dondero.

[1256] V. en ce sens, B. DONDERO, « Caractère restrictif des nullités en droit des sociétés ... et trouble », note sous Cass. com. 30 mai 2012, *Dalloz* 2012, p. 1581.

410. En somme, la solution retenue par la Cour, en dépit de ce tempérament qui ne saurait constituer un élargissement du domaine des nullités, porte une atteinte à l'efficacité des clauses statutaires. La nullité pourra toutefois être retenue lorsque la violation de la clause statutaire constitue une fraude[1257] ou encore un abus de majorité[1258]. Dans la décision précitée[1259], l'abus de majorité aurait pu être avancé par l'associé minoritaire, l'opération ayant été décidée au détriment de ses intérêts et dans l'unique intérêt de l'associé majoritaire qui devient l'associé unique aux termes de celle-ci. Toutefois, une telle argumentation aboutirait difficilement au prononcé de la nullité puisque la contrariété à l'intérêt général de la société serait difficile à rapporter, la réduction du capital social à zéro étant motivé par les pertes[1260]. La sanction retenue en droit OHADA semble au regard du droit français plus heureuse.

2. La sanction de la violation d'un aménagement statutaire en droit OHADA

411. Efficacité renforcée des clauses statutaires en droit OHADA. Depuis la récente réforme de l'AUDSC, la violation des statuts constitue désormais une cause de nullité des actes sociaux que ceux-ci modifient ou non les statuts. Plus précisément, les actes, décisions ou délibérations modifiant ou non les statuts pourront être annulés en cas de « *violation d'une clause des statuts jugée essentielle par la juridiction compétente*[1261] ». Le législateur dans un souci de respect des clauses statutaires choisit d'intégrer ces dernières dans « *le bloc de légalité* » des actes sociaux. Toutefois, la violation de toutes les clauses statutaires ne sera pas sanctionnée par la nullité. En effet, le législateur réserve cette sanction à la violation des clauses statutaires « *jugée essentielle par la juridiction compétente* ». Ainsi, seule la violation des clauses statutaires qui seront jugées essentielles soit au regard du fonctionnement de la société, soit au regard de la nécessaire protection des intérêts des associés, pourra être sanctionnée par la nullité. Cette réforme accroit d'une manière certaine l'efficacité des aménagements

[1257] Encore faudrait-il pouvoir apporter la preuve de la fraude, ce qui n'est pas très aisée. V. Cass. com. 11 mars 2014, n°13-10.366, *Rev. sociétés* 2014, p. 384, note B. Saintourens ; *RDC* 2014, p. 688, note L. Sautonie-Laguionie ; *Dalloz* 2014, p. 719, obs. A. Lienhard ; *Dr. sociétés* 2014 comm. 82, note D. Gallois-Cochet ; *JCP E* 2014, 1224, note B. Dondero.

[1258] V. en ce sens, J.-M. MOULIN, Le droit de l'ingénierie financière – Le droit du financement du haut de bilan des sociétés, op. cit., p. 457, n° 917.

[1259] Cass. com. 30 mai 2012, n° 11-16.272, préc.

[1260] La Cour de cassation définit l'abus de majorité comme la résolution prise « contrairement à l'intérêt général de la société et dans l'unique dessein de favoriser les membres de la majorité au détriment de ceux de la minorité », V. Cass. com. 18 avril 1961, JCP 1961, 12164, note D. B.

[1261] Articles 243 et 244 de l'AUDSC révisé.

conventionnels statutaires dont le respect devra en principe s'imposer à tous. Toutefois, il est à déplorer l'insécurité juridique qui naît de l'appréciation des clauses statutaires en cause par le juge. En effet, seule la juridiction compétente pourra affirmer *ad litem* l'efficacité d'un aménagement conventionnel statutaire dont la violation sera sanctionnée par la nullité. L'effet dissuasif de la sanction de la nullité n'est ici que partiel.

412. Cas particulier des clauses statutaires de SAS. S'agissant du dernier type sociétaire retenu par le législateur OHADA, le législateur prend le soin de prévoir des cas de nullités textuelles afin de donner une efficacité maximale aux statuts des SAS dont le régime relève essentiellement de la liberté statutaire. Alors qu'en droit français, la nullité ne tend à sanctionner que les violations des dispositions légales impératives, le législateur OHADA choisit expressément de sanctionner par la nullité la violation d'un certain nombre de clauses statutaires qu'il juge important. Ainsi, le législateur confère lui-même à ces clauses un caractère impératif. C'est le cas notamment de l'article 853-11 de l'AUDSC révisé qui prévoit que « *les statuts déterminent les décisions qui doivent être prises collectivement par les associés dans les formes et conditions qu'ils stipulent. Les décisions prises en violation des clauses statutaires sont nulles* ». Cet article affirme clairement le caractère impératif des clauses statutaires fixant non seulement les décisions qui sont du ressort de l'assemblée des associés, mais également les formes et conditions de prise de ces décisions. La sanction en cas de violation, non de l'article en lui-même mais de la clause statutaire, est sans appel la nullité de la décision. Ce choix tranche du droit français où est prévue la même faculté de désignation par les statuts des décisions qui doivent être prises collectivement par les associés ainsi que les formes et conditions d'adoption. À la différence du droit OHADA, le législateur français a prévu que « *les décisions prises en violation des dispositions du présent article peuvent être annulées à la demande de tout intéressé*[1262] ». Ainsi, d'une part en principe seule la violation des dispositions de l'article en question peut faire l'objet de la sanction de la nullité et non la violation des clauses statutaires visées. D'autre part, la sanction de la nullité demeure ici facultative. La clarté de la solution posée par le législateur OHADA fait ici défaut. Ainsi, si les statuts prévoient une certaine majorité pour la prise des décisions collectives et que cette majorité n'est pas respectée, la décision ainsi adoptée est-elle annulable ? En principe, si l'on considère que les statuts aménagent l'article L. 227-9 du code de commerce qui se veut impératif, alors la violation de ladite clause entrainera la sanction de la nullité.

[1262] Article L. 227-9, alinéa 4 du code de commerce.

L'une des rares applications positives de l'arrêt *Larzul* a en effet retenu la nullité d'une cession d'actions réalisée en violation des règles de majorité prévues par une clause statutaire. En l'espèce une SARL était composée de trois associés ; à l'issue d'une assemblée générale à laquelle n'a participé que deux des associés, l'un a cédé ses parts à l'autre. Le troisième associé qui était absent de l'assemblée générale a demandé en justice la nullité de la cession, car l'agrément à la cession a été accordé par une décision prise seulement à une majorité de 63% du capital social, alors que les statuts prévoyaient en l'espèce une majorité représentant les trois-quarts du capital. Cette demande est rejetée par les juges du fond car aucune règle légale n'imposait une majorité qualifiée pour la cession entre associés d'une SARL. Il ne peut donc y avoir violation d'une clause statutaire aménageant une disposition légale impérative. La Cour de cassation alors saisie rejeta l'argumentation des juges du fond en considérant que « *le non-respect des stipulations contenues dans les statuts ou dans le règlement intérieur n'est pas sanctionné par la nullité sauf lorsqu'il a été fait usage de la faculté, ouverte par une disposition impérative, d'aménager conventionnellement la règle posée par celle-ci et que la possibilité donnée aux associés de société à responsabilité limitée de limiter la cessibilité des parts sociales entre eux relève des dispositions impératives des articles L. 223-14 et L. 223-16 du code de commerce, la cour d'appel a violé les textes susvisés*[1263] ». La Cour de cassation reprend ainsi l'attendu de principe de l'arrêt *Larzul* pour donner une application positive de l'exception qu'elle avait posée. Elle considère ainsi que la clause statutaire prévoyant une majorité de trois-quarts des parts sociales n'est qu'un aménagement de l'article L. 223-16 du code de commerce renvoyant à l'article L. 223-14 du même code, ce dernier étant impératif[1264]. De ce fait, la violation de cette clause statutaire constitue une violation indirecte mais nécessaire des articles L. 223-14 et L. 223-16 du code de commerce. Ladite clause emprunte par renvoi à l'article L. 223-14 son impérativité, ce qui aurait dû conduire les juges du fond à retenir la sanction de la nullité. Au-delà d'une telle application positive de l'arrêt Larzul, cette solution sera rare dans les faits vu « *l'étroitesse de ses conditions d'application*[1265] ». L'intervention du législateur OHADA ne peut donc être que salutaire.

413. En somme, comparé au droit français, les aménagements conventionnels statutaires de droit OHADA jouissent d'une meilleure

[1263] Cass. com., 10 février 2015, n° 13-25.588, *Bull. Joly sociétés* 2015, p. 238, note J.-Ch. Pagnucco ; *Dr. sociétés* avril 2015, comm. 67, note D. Gallois-Cochet

[1264] L'article L. 223-14 prévoit en effet que « Toute clause contraire aux dispositions du présent article est réputée non écrite ».

[1265] J.-Ch. PAGNUCCO, « La nullité d'une cession de parts de SARL suite à la violation d'une clause statutaire d'agrément », note sous, Cass. com. 10 février 2015, n° 13-25.588, *Bull. Joly sociétés* 2015, p. 238.

efficacité, la nullité pouvant être retenue en dehors des cas où ceux-ci ne font qu'aménager une règle légale impérative. La volonté contractuelle est ici respectée quand bien même il appartient au juge saisi d'une éventuelle violation de choisir la sanction de la nullité ou de la rejeter. Finalement, le législateur OHADA parvient à trouver un certain équilibre entre sécurité juridique et efficacité des conventions statutaires d'une part, et limitation de l'étendue des nullités d'autre part. Les prochaines réformes du droit des sociétés français pourraient s'inspirer de la législation OHADA sur ce point afin de rénover le régime des nullités qui demeure toujours la source d'un contentieux important.

B. La sanction de la violation des aménagements extrastatutaires

414. Le recours à des aménagements extrastatutaires n'a d'intérêt que si les parties sont assurées d'en obtenir une exécution conforme à leurs attentes légitimes. En effet, un aménagement extrastatutaire ne peut être efficace « *que si les parties peuvent avoir la garantie que non seulement il sera exécuté, mais que dans l'hypothèse où une des parties serait défaillante ou violerait délibérément l'un de ses engagements, son cocontractant pourra obtenir que le contrevenant se conforme aux engagements contractualisés*[1266] ». Comment assurer le respect de la parole donnée ? Tel est le challenge qui se pose aux associés mais également aux juges en face de la violation d'un pacte d'actionnaires extrastatutaire. À l'instar de la violation des aménagements statutaires, le moyen le plus efficace d'assurer le respect de ces aménagements extrastatutaires s'avère être la nullité de ce qui a été fait en contradiction aux dispositions du pacte. Cette sanction de la nullité sera pleinement efficace si celle-ci est accompagnée d'une substitution de la partie victime de la violation au tiers complice de celle-ci, notamment en matière de cession d'actions ou de parts sociales. Toutefois, l'exécution en nature des aménagements extrastatutaires est rarement admise en jurisprudence, les juges préférant se cantonner à l'indemnisation de la victime de la violation, toute chose étant de nature à fragiliser les conventions sociétaires[1267]. Nous aborderons ainsi dans un premier temps

---

[1266] Cl. ZARIFIAN, « À la recherche de l'efficacité perdue des pactes de préférence extra-statutaires », *Gaz. Pal.* 27 mai 2004, p. 4.

[1267] V. en ce sens L. SAUTONIE-LAGUIONIE, « Cession de droits sociaux au mépris d'une clause statutaire de préemption : analogie avec le pacte de préférence, hélas... », note sous Cass. com. 11 mars 2014, n° 13-10.366, *RDC* 2014, p. 688. Pour cet auteur, « *Des dommages et intérêts ne peuvent rétablir les droits de l'associé lésé car telle n'est pas leur fonction, ce qui confirme encore une fois qu'il ne suffit pas qu'une sanction existe pour que la violation d'un droit soit effectivement et efficacement sanctionnée ; la forme de la sanction importe aussi, et la sanction en nature mérite d'être préféré* ».

l'inadéquation d'une exécution par équivalent des aménagements extrastatutaires (**1**) avant d'examiner le recours difficile à l'exécution forcée des aménagements extrastatutaires (**2**).

1. L'inadéquation d'une exécution par équivalent des aménagements extrastatutaires

415. Le principe de la sanction pécuniaire en cas de violation d'un aménagement extrastatutaire. L'application du droit commun des obligations a conduit la jurisprudence à retenir le principe de la sanction pécuniaire en cas d'inexécution d'un aménagement extrastatutaire. En effet, selon l'article 1142 du code civil, « *toute obligation de faire ou de ne pas faire se résout en dommages et intérêts en cas d'inexécution de la part du débiteur* ». Les aménagements extrastatutaires étant par principe soumis au droit commun des obligations, l'inexécution des obligations qui y sont issues sera ainsi naturellement sanctionnée par l'allocation de dommages et intérêts à la partie victime de la violation du pacte[1268]. Cette sanction pécuniaire ne saurait correspondre aux attentes légitimes de la partie victime, si la convention avait été exécutée correctement[1269]. Qualifiée justement de « *tare congénitale des conventions extra-statutaires*[1270] », cette sanction « *est une véritable prime à la non-exécution de certains pactes d'actionnaires*[1271] ». En effet, la mise en balance d'une éventuelle condamnation à des dommages et intérêts et d'un gain certain présent pencherait en général en faveur de la violation des obligations contractuelles[1272]. Pourtant, « *la logique contractuelle, telle qu'elle est issue du principe consensualiste, veut que si l'on valide les conventions entre associés, il faut les assortir de sanctions efficaces en cas d'inexécution par une des parties contractantes, et ceci au nom de la sécurité et de la liberté contractuelle. En effet, si une obligation n'est assortie d'aucune sanction*

[1268] J. MESTRE, D. VELARDOCCHIO et A.-S. MESTRE-CHAMI, Lamy Sociétés Commerciales 2015, p. 1977, n° 4340. Pour ces auteurs, « La sanction naturelle de la violation du pacte est la condamnation du responsable à des dommages-intérêts au profit des signataires victimes ».

[1269] V. en ce sens L. SAUTONIE-LAGUIONIE, « Cession de droits sociaux au mépris d'une clause statutaire de préemption : analogie avec le pacte de préférence, hélas... », *art. préc.* ; E. LAMAZEROLLES, « L'efficacité des stipulations, le régime de l'exécution », in *Pacte d'associé ou clause statutaire : quel choix pour l'entreprise sociétaire ? op. cit.*, p. 25.

[1270] J.-P. BERTREL, « Liberté contractuelle et sociétés », *RTD Com.* 1996, p. 595.

[1271] Ibid.

[1272] V. en ce sens, D. VELARDOCCHIO-FLORES, Les accords extra-statutaires entre associés, op. cit., p. 271, n° 334. Pour cet auteur, « les enjeux économiques de ces conventions sont souvent tels que les parties préfèrent verser des dommages-intérêts même conséquents, plutôt que se plier à leurs obligations contractuelles ».

efficace, la reconnaissance de sa validité ne présente qu'un intérêt théorique[1273] ».

En droit OHADA, les mêmes remarques peuvent être retenues, le législateur s'étant gardé de légiférer en la matière. En l'absence d'Acte uniforme en matière contractuelle, il faut donc se référer aux droits nationaux qui pour la plupart appliquant le code civil français hérité de la colonisation auront le même système de sanction de l'inexécution des obligations de faire ou de ne pas faire que celui retenu en droit français. Le principe de cette sanction pécuniaire n'est cependant pas adapté à la réparation du préjudice qui peut naître de la violation d'un aménagement conventionnel. Ainsi, « *cette sanction est à l'évidence inadaptée en pratique. La partie lésée aura vraisemblablement tendance à préférer que l'auteur de la violation soit condamné à exécuter la clause en question, plutôt que de récupérer une somme en numéraire qui, au surplus, ne sera peut-être perçue que bien après le prononcé de la décision judiciaire, voire jamais, si l'auteur de la violation est insolvable ou s'arrange à le devenir*[1274] ». Il aurait fallu compléter la reconnaissance de la validité des pactes extrastatutaires par des règles précises en matière de violation, ce qui aurait conféré plus d'efficacité à ces derniers.

Outre le principe même de la sanction pécuniaire en cas de violation d'un aménagement extrastatutaire, se pose le problème de la fixation du quantum des dommages et intérêts[1275]. En effet, comment évaluer par exemple le préjudice résultant la violation d'un pacte extrastatutaire prévoyant une obligation d'information à la charge d'une des parties ou la violation d'une convention de préemption entraînant une diminution de sa participation ? Le premier obstacle à la condamnation à des dommages et intérêts consiste à apporter la preuve du préjudice lié à la violation de l'aménagement extrastatutaire. En présence d'un pacte de préemption, il convient de rappeler[1276] que la jurisprudence refuse l'octroi de dommages et intérêts en l'absence de preuve du préjudice résultant de la violation du pacte[1277]. Pourtant, cette exigence semble excessive au regard de la rédaction

---

[1273] G. GOFFAUX-CALLEBAUT, Du contrat en droit des sociétés – essai sur le contrat instrument d'adaptation du droit des sociétés, op. cit., p. 301, n° 427.

[1274] Cl. ZARIFIAN, « À la recherche de l'efficacité perdue des pactes de préférence extra-statutaires », *art. préc.*, p. 4.

[1275] V. en ce sens, G. GOFFAUX-CALLEBAUT, Du contrat en droit des sociétés – essai sur le contrat instrument d'adaptation du droit des sociétés, op. cit., p. 304, n° 431.

[1276] V. *supra*, n° 94.

[1277] Cass. com. 9 avril 2002, n° 98-22.851, *JCP E* 2003, p. 1390, note J.-M. Tengang. En l'espèce, la Cour de cassation a approuvé les juges du fond en ce qu'ils ont refusé l'octroi de dommages et intérêts en guise de sanction de la violation d'un pacte de préemption, les bénéficiaires de la préemption n'ayant pas rapporté la preuve qu'à la période considérée ils cherchaient à acquérir une participation plus importante dans la société, ceux-ci cherchant

de l'article 1142 du code civil qui n'assortit l'octroi de dommages et intérêts à aucune condition, sauf à la constatation de l'inexécution contractuelle. En présence d'une obligation de ne pas faire, l'article 1145 du code civil prévoit que « *celui qui y contrevient doit des dommages et intérêts par le seul fait de la contravention* ». Ainsi, la seule violation d'une obligation de ne pas faire issue d'un aménagement extrastatutaire devrait entraîner l'allocation de dommages et intérêts sans nulle besoin de rapporter la preuve d'un préjudice[1278]. Cette solution interroge toutefois quant à l'évaluation du préjudice par le tribunal. En effet, en l'absence de clause pénale comment le juge va-t-il fixer le montant des dommages-intérêts alors que le préjudice n'est pas établi devant lui ? À cet égard, il faut noter que la jurisprudence française n'est pas hostile par principe aux dommages et intérêts punitifs qu'elle considère non contraire en soi à l'ordre public[1279], mais elle maintient l'exigence du respect du principe de réparation intégrale[1280] du préjudice ce qui suppose que « *la réparation corresponde au préjudice sans être en deçà et sans aller au-delà*[1281] ».

416. Exception de la nullité en cas de collusion frauduleuse. Le principe de la réparation pécuniaire de la violation des aménagements extrastatutaires n'est pas absolu. En effet, il faut noter qu'en droit OHADA, s'agissant spécialement des clauses d'inaliénabilité extrastatutaire, l'article 765-2 de l'AUDSC révisé prévoit que « *toute cession d'actions réalisée en violation de cette clause est nulle dès lors qu'il est démontré que l'un des cessionnaires en avait connaissance ou ne pouvait en ignorer l'existence* ». Le législateur permet ainsi de sanctionner par la nullité, la cession qui serait intervenue en violation de la clause d'inaliénabilité. Cette sanction pourrait apparaître comme une atteinte aux droits des tiers et à la sécurité juridique[1282]. Toutefois, celle-ci ne sera envisageable que lorsque le tiers sera de mauvaise foi, c'est-à-dire lorsque ce dernier avait connaissance ou ne

---

d'ailleurs à vendre leurs actions, qu'en plus ils n'établissaient pas qu'ils étaient en mesure à cette époque d'acheter les actions du cédant au prix fixé dans la convention ni même à un prix fixé à dire d'expert.

[1278] V. à propos de la sanction de la violation d'une clause de non-concurrence, Cass. 1ère civ. 31 mai 2007, n° 05-19.978, *Dalloz* 2007, p. 2784, note C. Lisanti. Il faut noter que la même question se pose s'agissant de la fixation des dommages et intérêts résultants de la violation d'une clause statutaire de préemption, V. B. SAINTOURENS, « Violation d'une clause statutaire de préemption et nullité de la cession », note sous, Cass. com. 11 mars 2014, n° 13-10.366, *Rev. sociétés* 2014, p. 384.

[1279] Cass. 1ère civ. 1er décembre 2010, n° 09-13.303, *Dalloz* 2011, p. 423, obs. I. Gallmeister, note F.X. Licari ; *RTD Civ.* 2011, p. 122, obs. B. Fages et p. 317, obs. P. Rémy-Corlay.

[1280] Encore appelé principe de « l'équivalence entre dommage et réparation », V. J. GHESTIN, *Traité de droit civil. Les effets de la responsabilité*, L.G.D.J. 2011, 2e éd. par G. VINEY et P. JOURDAIN, p. 154, n° 57.

[1281] P. MOUSSERON, « Un peu plus d'orthodoxie pour les accords de parité capitalistique », note nous Cass. com. 24 mai 2011, n° 10-24.869, *Bull. Joly sociétés* 2011, p. 808.

[1282] H. MOUBSIT, « Les clauses d'inaliénabilité en droit des sociétés », *art. préc.*, p. 94.

pouvait ignorer l'existence de la clause d'inaliénabilité. La sanction de la nullité de la cession s'avère ici exceptionnelle en ce que la seule violation de la clause n'est pas susceptible de la provoquer. La même sanction est retenue en cas de violation d'une clause de préemption stipulée dans un aménagement extrastatutaire. En effet, l'article 771-3 de l'AUDSC révisé prévoit que « *dans les cas où une clause de préemption est stipulée dans les conventions de l'article 2-1 ci-dessus*[1283]*, toute cession d'actions réalisée en violation du droit de préemption est nulle dès lors qu'il est démontré que l'un des bénéficiaires en avait connaissance ou ne pouvait en ignorer l'existence* ». Ainsi, la nullité ne saurait être retenue qu'exceptionnellement en cas de collusion frauduleuse entre le tiers acquéreur et le bénéficiaire du droit de préemption.

417. Double condition de la nullité en droit français. Le droit français se distingue à cet égard du droit OHADA. En effet, en l'absence de disposition légale, la jurisprudence retient une double condition au prononcé de la nullité de l'acte intervenu en violation de l'aménagement extrastatutaire. Outre, la connaissance par le tiers de l'existence du pacte, la victime doit apporter la preuve de la connaissance par le tiers de l'intention du bénéficiaire du pacte de s'en prévaloir[1284]. Cette exigence est plus sévère que la condition retenue par le législateur OHADA. En effet, pour démontrer la collusion frauduleuse, la partie qui recherche la nullité devra être en mesure « *de fournir au juge des éléments de fait, que les auteurs de la violation auront certainement pris soin de garder secret*[1285] ». De ce fait, la sanction de la nullité sera très rare en pratique, et même lorsque celle-ci est retenue, notamment pour violation d'une clause de contrôle de l'actionnariat, elle n'aura pas un grand intérêt si « *elle ne permet pas l'exécution forcée de la stipulation du pacte violée au profit de la partie lésée, par substitution de cette dernière au tiers* ». Une chose est d'obtenir la nullité de ce qui a été fait en violation de l'aménagement extrastatutaire, une autre consiste à en obtenir l'exécution forcée.

[1283] L'article 2-1 de l'AUDSC révisé vise les conventions extrastatutaires.

[1284] V. notamment Cass. com., 7 mars 1989, *Bull. civ.* IV, p. 52 ; *Dalloz* 1989, II, p. 231, concl. M. Jéol ; *JCP G* 1989, II, n° 21316, concl. M. Jéol, note Y. Reinhard ; *Rev. sociétés,* 1989, p. 478, note L. Faugérolas ; *Defrénois* 1989, p. 1271, obs. J. Honorat ; *RTD Civ.* 1990, p. 70, obs. J. Mestre. V. aussi Cass. com., 26 avr. 1994 ; *Bull. Joly sociétés*, 1994, p. 813, note P. Le Cannu ; Cass. com. 7 janvier 2004, n° 00-11-692, *Bull. Joly sociétés* 2004, p. 544, note P. Le Cannu.

[1285] Cl. ZARIFIAN, « À la recherche de l'efficacité perdue des pactes de préférences extrastatutaires », *art. préc.*, p. 4.

2. Le difficile recours à l'exécution forcée des aménagements extrastatutaires

418. Réticence traditionnelle de la jurisprudence vis-à-vis de l'exécution forcée des aménagements extrastatutaires. « *Parce que toute obligation puise sa puissance dans sa vocation à être respectée, l'exécution forcée apparaîtra comme une sanction parfaite*[1286] ». Pourtant, l'exécution forcée a été longtemps rejetée en droit parce que celle-ci ne se concevait pas sans une pression ou une violence sur la personne du débiteur. C'est là toute la substance de l'adage « *Nemo praecise potest cogi ad factum quia sine vi et impressione id fieri non potest*[1287] ». La traduction de cet adage se retrouve à l'article 1142 du code civil selon lequel « *toute obligation de faire ou de ne pas faire se résout en dommages et intérêts en cas d'inexécution de la part du débiteur* ». L'interprétation de cet article a souvent conduit à élargir son champ d'application en posant le principe de la réparation par l'allocation de dommages et intérêts en lieu et place de l'exécution forcée. Pourtant, comme le relève certains auteurs, « *ce texte vise seulement à éviter une mesure de contrainte, une atteinte grave à la liberté individuelle*[1288] ». Aussi, ce texte devrait être interprété au regard des articles 1143, 1144 et 1184 du code civil qui ne s'opposent aucunement à l'exécution forcée. Dans ce sens, l'alinéa 2 de l'article 1184 du code civil dispose que « *la partie envers laquelle l'engagement n'a point été exécuté, a le choix ou de forcer l'autre à l'exécution de la convention lorsqu'elle est possible, ou d'en demander la résolution avec dommages et intérêts* ». Ainsi, en cas d'inexécution de ses obligations par l'une des parties, le législateur offre une option à l'autre partie. Celle-ci peut soit poursuivre l'exécution forcée de la convention, soit demander des dommages et intérêts à la partie adverse. L'application distributive des articles 1142 et 1184 du code civil respectivement à la sanction des obligations de faire ou de ne pas faire et à celle des obligations de donner ne saurait emporter la conviction[1289]. La majorité de la doctrine a toujours ainsi clamée la subsidiarité de l'article 1142 du code civil par

---

[1286] A. MIGNON-COLOMBET, L'exécution forcée en droit des sociétés, op. cit., p. 1, n° 1.

[1287] Nul ne peut être contraint de faire quelque chose, sans que cela ne se réalise par une pression ou une violence. V. H. ROLAND et L. BOYER, *Adages du droit français*, *op. cit.*, n° 260, p. 510.

[1288] E. BROCHIER, « L'exécution en nature des pactes entre actionnaires : observations d'un praticien », *RDC* 2005, p. 125. V. aussi, E. LAMAZEROLLES, « L'efficacité des stipulations, le régime de l'exécution », in *Pactes d'associé ou clause statutaire : quels choix pour l'entreprise sociétaire ? op. cit.*, p. 25-42, spéc. p. 42 ; N. MOLFESSIS, « Force obligatoire et exécution : un droit à l'exécution en nature ? », *RDC* 2005, p. 37 ; W. JEANDIDIER, « L'exécution forcée des obligations de faire », *RTD Civ.* 2006, p. 99.

[1289] V. en ce sens, Cl. ZARIFIAN, « À la recherche de l'efficacité perdue des pactes de préférences extrastatutaires », *art. préc.*, p. 4.

rapport à l'article 1184 qui se veut plus général[1290]. Ainsi, « *la sanction constitutive d'une allocation de dommages et intérêts n'aurait qu'une vocation subsidiaire à s'appliquer, soit parce que la partie lésée le demande spécifiquement, soit parce que l'exécution en nature est impossible*[1291] ». Cependant, la jurisprudence a très longtemps refusé l'exécution forcée des obligations de faire, sacrifiant ainsi l'efficacité des aménagements extrastatutaires[1292]. C'est dans ce sens que la Cour d'appel de Paris a pu juger que « *la convention de préemption violée par un actionnaire n'institue qu'une obligation de faire et une créance de nature personnelle, en sorte que le bénéficiaire de ce droit, en application de l'article 1142 du code civil, ne dispose que d'un droit à dommages et intérêts, et seulement à l'encontre de la partie au pacte d'actionnaires, débitrice de cette obligation de faire, sans pouvoir solliciter ni l'annulation de la cession, ni l'exécution forcée de la cession à son profit*[1293] ». Or, « *il n'y a rien de moins préjudiciable qu'un droit virtuel à raison de l'impossibilité d'en assurer la correcte exécution*[1294] ».

La protection des intérêts du tiers contractant semble avoir guidé le choix de la sanction des dommages et intérêts. Appliquant ainsi l'article 1165 du code civil, le tiers à qui la convention de préemption ne saurait profiter, ne doit pas non plus voir son droit remis en cause du fait de cette même convention. Le principe de l'effet relatif du contrat prendrait ainsi le pas sur celui de la force obligatoire des conventions. Aussi, cette solution s'expliquerait par le fait que la convention de préemption met en œuvre une créance personnelle dont l'exécution ne peut certainement se poursuivre en nature.

Toutefois, ces justifications n'ont pourtant pas empêchée la jurisprudence de retenir la condamnation à l'exécution forcée, celle-ci tendant à devenir d'ailleurs le principe en la matière. Ainsi, la Cour d'appel de Paris a pu juger que le créancier d'une obligation de faire a le droit d'en réclamer l'exécution chaque fois que celle-ci est possible[1295]. De même, elle

---

[1290] V. cependant A. MIGNON-COLOMBET, *L'exécution en droit des sociétés*, *op. cit.*, p. 179 et suiv. Cet auteur considère que l'exécution forcée devrait constituer une sanction exceptionnelle des obligations extrastatutaires car une telle sanction porterait atteinte aux principes généraux du droit des sociétés tels que la liberté de vote et l'intangibilité des délibérations sociales. Cela n'empêche toutefois pas de « *regretter la faible efficacité des pactes relatifs aux cessions de droits sociaux puisque leur exécution forcée n'est pas, en principe, incompatible avec les principes gouvernant le fonctionnement de la société* ».

[1291] Ibid.

[1292] V. Cass. 1ère civ. 4 mai 1957, Bull. civ. I, n° 197 ; Cass. com., 7 mars 1989, arrêt précité ; Cass. 3e civ. 30 avril 1997, *RJDA* 1997, n° 761.

[1293] CA Paris, 12 avril 2002, juris-data n° 2002-175601.

[1294] J.-M. MOULIN, « Pactes d'actionnaires », in *Rep. sociétés*, Fasc. 1486, n° 89.

[1295] CA Paris, 30 juin 1995, *JCP E* 1996, II, 795, note J.-J. Daigre.

a pu considérer que l'exécution forcée était possible en l'absence d'impossibilité matérielle, juridique ou morale faisant obstacle à cette sanction[1296]. Également, à propos d'une clause de sortie conjointe, la Cour d'appel de Versailles a pu retenir que « *la clause par laquelle les majoritaires s'engagent à faire en sorte que les minoritaires puissent à leur convenance céder prioritairement tout ou partie des titres qu'ils détiennent s'analyse en une obligation de faire susceptible d'exécution forcée dès lors qu'il n'est pas établi que cette obligation se heurterait à une impossibilité matérielle, juridique ou morale*[1297] ». Cette évolution constatée au niveau des juridictions du fond, n'avait pas encore reçu l'approbation de la Cour de cassation. Celle-ci entérinera cette solution dans une décision relative à une demande d'exécution forcée d'un pacte de préférence. Par cette décision, elle admit la possibilité d'une exécution forcée du pacte en cas de violation, et notamment la substitution forcée du bénéficiaire du pacte au détriment du tiers dès lors qu'est rapportée la preuve d'une collusion frauduleuse. L'exécution forcée pourrait ainsi être reçue dès lors que le bénéficiaire de la préemption rapporte la preuve de la connaissance du tiers et de l'existence du pacte, et de son intention de s'en prévaloir. Cette décision a été confirmée par d'autres décisions ultérieures affirmant ainsi le principe de l'exécution forcée des obligations issues des aménagements extrastatutaires dès lors que d'une part, aucune impossibilité juridique ni morale ne fait obstacle à ce principe, et d'autre part que soit rapportée la preuve d'une collusion frauduleuse[1298].

Si les aménagements conventionnels relatifs au contrôle de l'actionnariat seront susceptibles de faire l'objet d'une exécution forcée, ceux ayant trait à l'organisation des pouvoirs à l'instar des conventions de vote se heurteront à la condition de l'impossibilité matérielle, juridique ou morale. En effet, il apparaît juridiquement impossible de convoquer à nouveau une assemblée générale à l'effet de contraindre un associé qui n'avait pas respecté la convention de vote à laquelle il est partie à voter dans

---

[1296] CA Paris, 21 décembre 2001, *Dr. sociétés* 2002, comm. 137, note J. Monnet et D. Vidal ; *Bull. Joly sociétés* 2002, p. 509, note H. Le Nabasque ; *Rev. sociétés* 2002, p. 89, note Y. Guyon.

[1297] CA Versailles, 14 octobre 2004, *Rev. sociétés* 2005, p. 472, note I. Urbain-Parléani. V. également CA Versailles, 12e ch. 25 juin 2013, n° RG 12/01016, *RJDA* 11/13, n° 904. Cette dernière décision retient l'exécution forcée d'un pacte de préemption au profit du cédant, le bénéficiaire après avoir exercé son droit d'acquérir les actions sans aucune condition ni réserve, ayant voulu se rétracter. La rétractation a alors été réputée sans effet car la cession était devenue parfaite en son principe et en ses conditions, de tel sorte que le cédant était fondé à en demander l'exécution forcée sur le fondement de l'article 1844, alinéa 2 du code civil.

[1298] Cass. 3e civ. 14 février 2007, *Dr. sociétés* 2007, comm. 63, obs. H. Lécuyer ; *Dalloz* 2007, p. 2966, obs. S. Amrani-Mekki et B. Fauvarque-Cosson ; *RDC* 2007, p. 701, obs. D. Mazeaud ;

le sens de ladite convention[1299]. Une telle solution supposerait d'ailleurs que soit admise l'annulation de la délibération adoptée en violation d'un aménagement extrastatutaire, ce à quoi se refusent pour l'instant les juges du fond[1300]. Seule sa responsabilité pourra être engagée avec éventuellement l'octroi d'une réparation par équivalent aux autres associés parties à la convention.

Ainsi, à défaut de remplir ces deux conditions, la seconde alternative prévue par l'article 1184 du code civil et encadrée par l'article 1142 du même code devrait trouver à s'appliquer. De ce fait, en cas d'impossibilité matérielle, juridique ou morale de procéder à l'exécution forcée, notamment lorsque celle-ci entraînerait une atteinte à la liberté individuelle du débiteur de l'obligation, le créancier devrait solliciter des dommages et intérêts conformément à l'article 1142 du code civil. Certes, l'étroitesse des conditions d'admission de l'exécution forcée rendra rare cette sanction, mais il n'en demeure pas moins que le dépassement des solutions traditionnelles centrées sur l'article 1142 du code civil contribuera à renforcer l'effectivité des droits résultants des aménagements extrastatutaires, d'autant plus que le recours à cet article « *n'est souvent qu'un argument dilatoire pour s'opposer à toute mesure d'exécution*[1301] ».

419. Dans l'attente d'un Acte uniforme sur le droit des contrats. La même évolution sera en principe observée si l'avant-projet d'Acte uniforme sur le droit des contrats devenait une réalité[1302]. Ce dernier, élaboré au regard non seulement des principes UNIDROIT mais également des spécificités africaines où le respect de la parole donnée constitue une donnée sociologique non négligeable, retient le principe de l'exécution forcée tout en maintenant d'une manière générale le droit à des dommages et intérêts[1303]. En effet, l'article 7/9 de cet avant-projet[1304] prévoit que « *à*

[1299] V. en ce sens, D. VELARDOCCHIO-FLORES, *Les accords extra-statutaires entre associés*, *op. cit.*, p. 277, n° 344 ; E. LAMAZEROLLES, « L'efficacité des stipulations, le régime de l'exécution », in *Pacte d'associé ou clause statutaire : quel choix pour l'entreprise sociétaire ? op. cit.*, spéc. p. 39.

[1300] V. Trib. com. Paris, 12 février 1991, *Bull. Joly sociétés* 1991, p. 592.

[1301] E. LAMAZEROLLES, « L'efficacité des stipulations, le régime de l'exécution », in *Pacte d'associé ou clause statutaire : quel choix pour l'entreprise sociétaire ? op. cit.*, p. 25-42, spéc. p. 42.

[1302] L'avant-projet d'Acte uniforme a été élaboré par le Professeur Marcel FONTAINE sous l'égide de l'institut UNIDROIT à la demande Secrétariat permanent de l'OHADA. Celui-ci a été transmis aux Commissions nationales de l'OHADA pour examen au cours de l'année 2005, mais le processus semble bloqué puisque jusqu'au dernier conseil des ministres en date du 10,11 et 12 juin 2015 à YAMOUSSOKRO (Côte d'Ivoire), aucun projet n'a été adopté dans le sens de l'adoption d'un tel Acte uniforme.

[1303] V. P. MEYER, « L'avant-projet d'Acte uniforme OHADA sur le droit des contrats : innovations et débats », *RDAI,* 2008, p. 291-317, spéc. p. 292.

défaut par le débiteur de s'acquitter d'une obligation autre que de somme d'argent le créancier peut en exiger l'exécution ». Cette solution n'est écartée que lorsque l'exécution est impossible en droit ou en fait, lorsque celle-ci exige des efforts ou des dépenses déraisonnables ou encore lorsqu'elle présente un caractère strictement personnel. Aussi, l'exécution forcée est exclue lorsque le créancier peut raisonnablement en obtenir l'exécution d'une autre façon, ou n'exige pas l'exécution dans un délai raisonnable à partir du moment où il a eu, ou aurait dû avoir connaissance de l'inexécution. Cet article pose ainsi clairement le droit pour le créancier d'une obligation d'en obtenir l'exécution forcée en cas d'inexécution de la part du débiteur sauf les cas limitativement énumérés. L'adoption d'une telle disposition contribuerait certainement à renforcer l'effectivité des obligations issues des aménagements extrastatutaires et des contrats d'une manière générale. Il faut noter que l'article 7/10 rajoute que ce droit à l'exécution comprend « *le droit à la réparation ou au remplacement de l'objet, ainsi qu'à tout autre moyen de remédier à une exécution défectueuse* ». Tous les moyens sont ainsi mis en œuvre afin d'obtenir l'exécution des obligations contractuelles, renforçant ainsi la force obligatoire des conventions. Ce droit à l'exécution forcée n'est pas exclusif d'une demande de dommages et intérêts. L'adoption d'un droit uniforme en matière contractuelle viendrait compléter utilement le droit des sociétés qui est innervé de conventions de toute nature.

420. Les innovations du projet d'ordonnance de réforme du droit français des contrats. À la suite des avant-projets CATALA et TERRÉ de réforme du droit des obligations, le gouvernement français a été habilité par une loi du 16 février 2015 à reformer le droit des contrats et le régime général et de la preuve des obligations par ordonnance[1305]. Ce projet de réforme vise notamment à rationaliser le domaine de l'inexécution du contrat en rassemblant en un seul article, les remèdes à l'inexécution contractuelle. En effet, l'article 1217 du projet de réforme prévoit que, la partie envers laquelle l'engagement n'a pas été exécuté ou l'a été imparfaitement peut, soit suspendre l'exécution de sa propre obligation, soit poursuivre l'exécution forcée en nature de l'engagement ou solliciter une réduction du prix, soit encore provoquer la résolution du contrat ou enfin demander réparation des conséquences de l'inexécution. À ces options, s'ajoute la possibilité de demander des dommages et intérêts, l'alinéa 2 de cet article prévoyant que : « *les remèdes qui ne sont pas incompatibles peuvent être*

[1304] Celui-ci est disponible sur le site internet de l'institut UNIDROIT à l'adresse http://www.unidroit.org/french/legalcooperation/OHADA%20act-f.pdf

[1305] Pour un aperçu général de l'évolution de la réforme, V. H. BOUCARD, « La réforme, de la doctrine à l'ordonnance », in *La réforme des obligations en France, 5e journées franco-allemandes*, sous la dir. R. Schulze, G. Wicker, G. Mäsch et D. Mazeaud, Société de Législation Comparée, 2015, p. 27-38.

cumulés ; les dommages et intérêts peuvent s'ajouter à tous les autres remèdes ». Ainsi, même si le projet de réforme n'entend pas spécialement établir une hiérarchisation entre les remèdes proposés, l'exécution forcée en nature de l'engagement de la partie défaillante intègre désormais les solutions de principe à envisager en cas d'inexécution contractuelle. Ce remède n'est plus soumis à la qualification de l'obligation inexécutée, l'article ne distinguant pas entre les obligations de donner, de faire ou de ne pas faire[1306]. Toutefois, l'exécution forcée en nature sera exclue en cas d'impossibilité notamment matérielle ou juridique. Il en sera de même lorsque le coût de l'exécution forcée en nature sera déraisonnable. Il faut cependant regretter l'imprécision de ce texte, le législateur n'ayant prévu aucun critère d'appréciation de ce caractère raisonnable[1307]. L'aboutissement de ce projet de réforme devrait permettre d'accroître l'efficacité des aménagements extrastatutaires. En la matière, il existe une convergence entre les projets de réforme du droit des contrats français et OHADA.

En attendant que ces projets aboutissent, les solutions retenues jusque-là, malgré les évolutions observées en la matière n'offrent pas une pleine effectivité aux aménagements extrastatutaires. La possibilité d'obtenir l'exécution forcée restant conditionnée par la bonne ou mauvaise foi du tiers dont la protection des droits devra être garantie par les tribunaux. La seule réparation qui demeure accessible est l'allocation de dommages et intérêts, qui ne saurait constituer une réparation adéquate. Cette situation conduit les associés à se tourner vers des sanctions conventionnelles.

§II. L'efficacité incertaine des sanctions conventionnelles

421. Au regard de l'inefficacité des sanctions légales en cas de violation du contenu des aménagements conventionnels, les sanctions conventionnelles leurs seront préférées. Ces sanctions conventionnelles, manifestation évidente d'une liberté conventionnelle débridée, connaissent cependant certaines limites qu'il conviendra de relever. Celles-ci

---

[1306] V. en ce sens, H. BOUCARD, « Le nouveau régime de l'inexécution contractuelle », in *La réforme des obligations en France, 5e journées franco-allemandes, op. cit.*, p. 153-170, spéc. p. 160, n° 10. Il faut noter que cette distinction disparaît avec la nouvelle définition posée par l'article 1101 du projet qui prévoit que « *un contrat est un accord de volontés entre deux ou plusieurs personnes destiné à créer des effets de droit* ». L'actuel article 1101 du code civil prévoit pour sa part que « *le contrat est une convention par laquelle une ou plusieurs personnes s'obligent, envers une ou plusieurs autres, à donner, à faire ou à ne pas faire quelque chose* ».

[1307] V. en ce sens, N. DISSAUX et Ch. JAMIN, *Projet de réforme du droit des contrats, du régime général et de la preuve des obligations, commentaire article par article*, Dalloz, 2015, p. 127 ; H. BOUCARD, « Le nouveau régime de l'inexécution contractuelle », *op. cit.*, spéc. p. 161, n° 10.

comprennent aussi bien les sanctions pécuniaires (**A**) qu'extra pécuniaires (**B**).

A. Les sanctions pécuniaires

422. Efficacité des clauses pénales. Les sanctions pécuniaires sont pour l'essentiel constituées par les clauses pénales. Celles-ci connaissent une double acception. La première qualifiée de *lato sensu*, consiste à voir en la clause pénale, la convention par laquelle « *les parties évaluent forfaitairement et d'avance l'indemnité à laquelle donnera lieu l'inexécution de l'obligation contractée*[1308] ». Celle-ci peut être envisagée comme une clause d'indemnisation forfaitaire telle que prévue à l'article 1152 du code civil. Cet article vise le cas où « *la convention porte que celui qui manquera de l'exécuter payera une certaine somme à titre de dommages-intérêts* ». Cette acception diffère de celle considérant la clause pénale comme « *la clause comminatoire en vertu de laquelle un contractant s'engage en cas d'inexécution de son obligation principale (ou en cas de retard dans l'exécution) à verser à l'autre à titre de dommages-intérêts une somme forfaitaire – en général très supérieur au montant du préjudice réel subi par le créancier (et appelée peine stipulée) – qui en principe ne peut être ni modérée ni augmentée par le juge, sauf si elle est manifestement excessive ou dérisoire*[1309] ». Ainsi, seule la clause présentant un caractère comminatoire pourra recevoir réellement la qualification de clause pénale[1310]. En effet, l'article 1226 du code civil définit la clause pénale comme « *celle par laquelle une personne, pour assurer l'exécution d'une convention, s'engage à quelque chose en cas d'inexécution* ». Ainsi, le montant prévu a pour finalité « *l'exécution d'une convention* » et non l'indemnisation du préjudice résultant de l'inexécution d'une obligation. En matière d'aménagement conventionnel de la société commerciale, seule cette deuxième acception correspond réellement à la volonté des parties de contraindre l'une d'elle à l'exécution de ses obligations et non à l'évaluation conventionnelle du préjudice éventuel. L'évaluation d'un tel préjudice à

[1308] Cass. 1ère civ. 10 octobre 1995, n° 93-16.869, Bull. civ. I, n° 347, *Dalloz* 1996, p. 486, note B. Fillion-Dufouleur ; *JCP G* 1996, I, p. 3914, n° 9, obs. B. Millau et *JCP G* 1996, II, 22580, note G. Paisant. V. aussi Cass. 3e civ, 21 mai 2008, n° 07-12.848, *RDC* 2008, p. 1257, obs. J.-B. Seube.

[1309] G. CORNU, *Vocabulaire juridique*, *op. cit.*, V° « Clause pénale ».

[1310] V. en ce sens, M. FABRE-MAGNAN, Droit des obligations. 1 – Contrat et engagement unilatéral, op. cit., p. 697.

l'avance s'avère en effet quasiment impossible et « *stratégiquement désastreuse*[1311] ».

423. Clause pénale et pouvoir modérateur du juge. L'efficacité de la clause pénale en tant que moyen ou garantie de l'exécution efficiente d'un aménagement conventionnel dépend étroitement du montant de stipulé en cas d'inexécution[1312]. Le montant élevé de l'indemnité permettrait ainsi d'affirmer le caractère comminatoire de la clause pénale. Toutefois, ce caractère comminatoire de la clause n'empêche pas que le juge puisse porter un regard sur le montant stipulé par les parties. La Cour de cassation a en ce sens retenu que « *si la peine stipulée peut se concevoir aussi bien comme un moyen de contraindre les parties à l'exécution que comme une évaluation conventionnelle anticipée d'un préjudice futur, elle n'en peut pas moins, dans l'un et l'autre cas, être réduite par le juge*[1313] ». Cette faculté de modération trouve son fondement à l'alinéa 2 de l'article 1152 du code civil selon lequel « *le juge peut, même d'office, modérer ou augmenter la peine si elle est manifestement excessive ou dérisoire* ». Celle-ci se justifie par les excès auxquels peuvent conduire la pratique de ces clauses, d'où la faculté d'en obtenir la nullité en cas de vice de consentement ou par application du droit des clauses abusives. La faculté d'intervention du juge dans le champ contractuel est d'ordre public car « *toute stipulation contraire sera réputée non écrite*[1314] ». Dans le cadre de la mise en œuvre d'un tel pouvoir modérateur, le juge devrait tenir compte en principe du but de la clause pour apprécier son caractère excessif ou dérisoire[1315]. Ainsi, lorsque la clause stipulée a un but indemnitaire, l'écart conséquent entre le préjudice et la peine prévue justifierait l'intervention du juge. En revanche, lorsque celle-ci est stipulée en vue de contraindre le débiteur à s'exécuter, l'intervention du juge devrait se faire plus rare compte tenu du fait que « *c'est précisément la démesure entre le préjudice et la peine qui permet à cette disposition de remplir son office*[1316] ». Aussi, lorsqu'il y a eu un début d'exécution, le montant stipulé peut même d'office être diminué par le juge à proportion de

---

[1311] S. PRAT, Les pactes d'actionnaires relatifs au transfert de valeurs mobilières, op. cit., p. 304, n° 475.

[1312] V. en ce sens, M. FABRE-MAGNAN, Droit des obligations. 1 – Contrat et engagement unilatéral, op. cit., p. 696 ; S. PRAT, Les pactes d'actionnaires relatifs au transfert de valeurs mobilières, op. cit., p. 304, n° 477 ; G. GOFFAUX-CALLEBAUT, Du contrat en droit des sociétés – Essai sur le contrat instrument d'adaptation du droit des sociétés, op. cit. p. 305, n° 432.

[1313] Cass. com. 27 mars 1990, *Dalloz* 1990, p. 390, note E. S. De La Marnièrre ; *RTD Civ.* 1990, p. note J. Mestre.

[1314] Article 1152 du code civil.

[1315] S. PRAT, Les pactes d'actionnaires relatifs au transfert de valeurs mobilières, op. cit., p. 305, n° 478.

[1316] *Ibid.* n° 479.

l'intérêt que l'exécution partielle a procuré au créancier. Cette règle est d'ordre public[1317].

424. Enfin, la nullité de la clause pénale ne saurait entrainer celle de l'obligation principale[1318]. L'existence d'une telle clause s'avère intéressante étant observée que le créancier de l'obligation non exécutée n'a pas à apporter la preuve de l'existence ou du montant du préjudice. Également, il peut poursuivre l'exécution en nature de l'obligation principale, cette dernière étant exclusive de l'application de la clause, sauf lorsque le montant était stipulé pour le cas de retard dans l'exécution[1319]. Ainsi, en dépit de la faculté de modération reconnue au juge, la clause pénale sans être excessive, pourra constituer un moyen dissuasif permettant d'obtenir l'exécution diligente des aménagements conventionnels. Il existe également des sanctions extra pécuniaires permettant d'atteindre ce but.

B. Les sanctions extra pécuniaires

425. Inefficacité des sanctions extra pécuniaires. Les sanctions conventionnelles peuvent se traduire par la résolution conventionnelle de l'aménagement extrastatutaire. Cependant, celle-ci ne sera pas envisagée car elle ne constitue pas véritablement un moyen d'assurer l'exécution effective des conventions sociétaires même si elle peut apparaître importante à certains égards. La pratique a mis en place des sanctions conventionnelles qui visent à assurer l'effectivité de ces aménagements à l'instar des cessions en blanc ou de l'intervention d'un tiers administrateur ou séquestre des titres. Toutefois, il y a lieu de remarquer qu'il apparaît très difficile d'assurer l'effectivité des aménagements conventionnels, les créanciers devant pour la plupart se résoudre à accepter une exécution par équivalent.

426. Cession en blanc. Afin de garantir l'exécution effective de leurs conventions, notamment celles instituant un droit de préemption, les parties ont souvent recours à la pratique des cessions en blanc. Ces dernières sont de véritables actes de cession de droits sociaux permettant à leur bénéficiaire d'obtenir un ordre de mouvement des titres visés. Il s'agit de cessions en blanc dans la mesure où la date de la cession est laissée « *en blanc* » afin que le bénéficiaire puisse la compléter à son gré, l'acte de cession ne nécessitant plus que la formalité de l'enregistrement pour être parfait[1320]. Ces pratiques

---

[1317] Article 1231 du code civil.
[1318] Article 1227 du code civil.
[1319] Articles 1228 et 1229 du code civil.
[1320] V. Th. BERNARD, « La prévention de l'inexécution du pacte de préférence », *Defrénois* 2008, p. 1907 ; J.-M. MOULIN, *Le droit de l'ingénierie financière – Le droit du financement du haut de bilan des sociétés*, *op. cit.*, p. 463, n° 928.

sont en principe valides si au moins le prix ou les conditions de sa détermination est prévu dans l'acte de cession et si elles sont utilisées dans le cadre strictement prévu par les parties[1321]. À défaut, la cession en blanc peut être annulée pour indétermination du prix[1322] ou pour abus de blanc-seing de la part de son détenteur[1323].

Ces cessions en blanc permettent en théorie d'empêcher le contractant de céder ses titres à un tiers en violation d'une convention de préemption. Toutefois, les auteurs reconnaissent qu'en pratique, celles-ci ne peuvent empêcher un associé de mauvaise foi de céder ses titres à un tiers et de faire procéder à l'enregistrement de la cession avant même que le bénéficiaire ne s'en rende compte et décider de compléter l'acte de cession pour en jouir[1324]. Aussi, la date n'étant pas par hypothèse précisée sur l'acte de cession, le cédant peut à tout moment revenir sur son engagement[1325]. De ce fait, ces cessions en blanc se révèlent inefficace en ce qu'elles ne permettent pas d'obtenir le respect des engagements stipulés dans un aménagement extrastatutaire.

427. Compte nominatif administré conjoint. La gestion des titres détenus par les parties à une convention extrastatutaire peut être confiée à un mandataire commun qui aura la charge d'administrer lesdits titres conformément aux stipulations du pacte. Le recours à un tiers administrateur se justifie notamment dans les sociétés dont les titres ne sont pas admis à négociation sur un marché règlementé. En effet, dans ces dernières les titres étant inscrits uniquement et directement dans le registre de la société qui en assure elle-même la gestion administrative, ce registre sera indirectement géré par les actionnaires majoritaires. De ce fait, les minoritaires peuvent craindre par exemple une violation d'une clause de préemption stipulée à leur profit, ces derniers n'ayant aucun moyen d'empêcher l'inscription en compte des titres cédés[1326]. Ainsi, le fait de confier la gestion du compte administré commun à un tiers avec pour mandat de n'accomplir que les opérations de transferts sur les titres administrés qu'au vu d'un ordre signé par tous les mandants, permet de contrôler les mouvements sur les titres

---

[1321] V. Th. BERNARD, « La prévention de l'inexécution du pacte de préférence », *op. cit.*, p. 1907.

[1322] V. CA Versailles, 26 février 1988, *Bull. Joly sociétés* 1988, p. 355, note P. Le Cannu ; CA Paris 11 mai 1993, *RTD Com.* 1994, p. 65, note Y. Reinhard.

[1323] Cass. crim. 11 juillet 1988, n° 87-83.840, *Bull. Joly sociétés* 1988, p. 662, note P. Le Cannu ; *Rev. sociétés* 1989, p. 70, note B. Bouloc.

[1324] V. en ce sens Th. BERNARD, « La prévention de l'inexécution du pacte de préférence », *op. cit.*, p. 1907.

[1325] V. en ce sens, J.-M. MOULIN, Le droit de l'ingénierie financière – Le droit du financement du haut de bilan des sociétés, op. cit., p. 463, n° 928.

[1326] V. en ce sens Th. BERNARD, « La prévention de l'inexécution du pacte de préférence », *op. cit.*, p. 1907.

concernés. Le tiers administrateur sera ainsi chargé en cas de cession de titres, de vérifier la régularité de l'opération notamment au regard du pacte qui lie les titulaires des titres administrés. Il procède ainsi à l'enregistrement de la cession sous sa responsabilité en tant que mandataire[1327]. Ainsi, les cessions irrégulières au regard du contenu du pacte ne seront pas retranscrites dans les livres de la société de telle sorte que la cession sera inopposable à celle-ci. Le tiers ne pourra donc pas se prévaloir de la qualité d'associé avec toutes les prérogatives y attachées, tant que celle-ci ne lui sera pas reconnue en justice. Toutefois, malgré les attraits que peut présenter un tel mécanisme, l'existence d'un compte administré conjoint ne saurait empêcher le tiers cessionnaire de bonne foi d'obtenir l'inscription en compte de ses titres par la validation judiciaire de la cession.

428. Séquestre. Le compte nominatif administré conjoint pourra être utilement complété par une mesure de séquestre des titres de tous les associés concernés par le pacte dont l'exécution effective est recherchée. Il s'agit ici de « *remettre physiquement le registre des mouvements de titres et des comptes d'actionnaires à un tiers, celui-ci ayant pour mission de procéder à l'enregistrement des mouvements de titres selon les termes et procédures définies par la convention de séquestre*[1328] ». Ce tiers pourra être le mandataire chargé de la gestion du compte administré conjoint. Ainsi, en cas de cession intervenue sans l'accord du séquestre, celle-ci serait inopposable à la société[1329]. Cependant, à l'instar du compte nominatif administré conjoint, le tiers de bonne foi pourra arguer de l'inopposabilité du séquestre à son égard afin d'exiger l'accomplissement des formalités de transfert des titres à son profit.

Il apparaît ainsi que le respect des obligations issues d'un aménagement extrastatutaire s'avère difficile, aucun des moyens ici envisagé ne permettant d'obtenir l'exécution de celles-ci. Il faut dès lors s'en remettre à la loyauté des parties à ces aménagements. D'une manière générale, entre les parties la réparation de la violation des engagements statutaires ou extrastatutaires sera très en deçà des attentes des parties. Les sanctions légales sont inadaptées et aucune assurance d'effectivité n'existe quant aux sanctions conventionnelles. Le même constat pourra être fait à propos de l'efficacité des aménagements conventionnels à l'égard des tiers.

[1327] Article 1992 du code civil.

[1328] J.-M. MOULIN, Le droit de l'ingénierie financière – Le droit du financement du haut de bilan des sociétés, op. cit., p. 463, n° 930.

[1329] S. PRAT, Les pactes d'actionnaires relatifs au transfert de valeurs mobilières, op. cit., p. 319, n° 507 ; J.-M. MOULIN, Le droit de l'ingénierie financière – Le droit du financement du haut de bilan des sociétés, op. cit., p. 463, n° 930.

Section II. L'efficacité limitée des aménagements conventionnels à l'égard des tiers

429. L'efficacité des aménagements conventionnels passe entre autre par leur opposabilité et leur transmissibilité aux tiers[1330]. Sous-tendue par le principe général de relativité des actes juridiques, l'opposabilité peut s'entendre comme une « *force de rayonnement, d'irradiation, de propagation* » qui « *confère [...] aux éléments de l'ordre juridique l'autorité nécessaire à leur reconnaissance, à leur affirmation et à leur respect hors du cercle de ceux qui y sont, ou qui s'y sont, activement ou passivement assujettis*[1331] ». Si les aménagements statutaires permettent d'atteindre cet objectif de rayonnement aussi bien interne qu'externe, les aménagements extrastatutaires sont tiraillés entre d'une part la confidentialité qui les gouverne et d'autre part, la volonté des parties de faire rayonner ces accords à l'égard des tiers. De même, la transmission des aménagements statutaires sera plus aisée que celle des aménagements extrastatutaires dont il faudra prévoir une organisation spécifique. Il convient d'aborder en premier lieu la question de l'opposabilité des aménagements conventionnels (**§I**) avant d'examiner celle de leur transmission (**§II**).

§I. Une efficacité limitée en termes d'opposabilité des aménagements conventionnels au tiers

430. Traiter de l'opposabilité des aménagements conventionnels suppose au préalable d'apporter quelques précisions. Il convient en effet de distinguer l'opposabilité des aménagements conventionnels en tant qu'acte juridique ou en tant que situation juridique. À l'égard des parties, si les aménagements conventionnels leurs sont opposables en tant qu'acte juridique, ceux-ci sont opposables aux tiers en tant que situation juridique. De ce fait, seules les parties sont admises à réclamer l'exécution des obligations résultant de ces aménagements. Le rôle des tiers se cantonne au respect de la situation juridique créée par l'aménagement conventionnel. Cependant, certaines décisions tendent à remettre en cause ces principes en admettant l'opposabilité des aménagements conventionnels aux tiers ou permettant à ces derniers d'exiger l'exécution à leur profit de stipulations contractuelles. Il convient d'examiner d'abord la situation de l'opposabilité des aménagements conventionnels aux tiers (**A**), avant d'aborder la question de cette opposabilité par les tiers (**B**).

[1330] A. GAUDEMET, « L'opposabilité et la transmission des obligations », in *Pacte d'associé ou clause statutaire : quels choix pour l'entreprise sociétaire ? op. cit.*, p. 17-24, spéc. p. 17.

[1331] D. MARTIN, préf. *in* J. DUCLOS, *L'opposabilité (essai d'une théorie générale)*, L.G.D.J., 1984.

A. L'opposabilité des aménagements conventionnels aux tiers

431. Il s'agit ici de la faculté pour les parties à un aménagement conventionnel de se prévaloir de celui-ci à l'égard des tiers. Les règles en la matière seront différentes selon qu'il s'agisse d'opposer des aménagements statutaires (**1**) extrastatutaires aux tiers (**2**).

1. Opposabilité aux tiers des aménagements statutaires

432. Opposabilité de principe des aménagements statutaires au tiers. Par principe, à l'égard des associés, les statuts constituent une convention qui leur est pleinement opposable en tant qu'acte juridique, qu'il s'agisse d'une part des associés fondateurs ou de ceux ayant acquis des parts ou actions à la suite d'une cession de titres[1332] ou à l'occasion d'une augmentation de capital postérieure, ou d'autre part, des statuts originaires ou des clauses qui y seront insérées par une décision de l'assemblée des associés dans les conditions prévues pour la modification de ceux-ci[1333]. À leur égard, les statuts demeurent un contrat qui déploie tous ses effets obligatoires conformément à l'article 1134 et 1165 du code civil[1334]. Quant à la société elle-même, elle est tenue par le contrat social qui fixe les règles d'organisation et de fonctionnement de celle-ci[1335]. C'est ainsi, qu'a été jugé irrecevable la demande en justice d'une société contre un associé du fait du non-respect de la procédure de conciliation obligatoire préalable à la saisine prévue dans les statuts[1336]. Outre cet effet obligatoire à l'égard des associés

---

[1332] V. CA Paris, 11 mai 2010, *Bull. Joly sociétés* 2010, p. 718, note B. Saintourens. V. aussi en ce sens P. MOUSSERON, *Les conventions sociétaires*, *op. cit.*, p. 50, n° 65 ; Ph. BRUNSWICK, « SAS et capital investissement : vers la fin des pactes d'actionnaires extra-statutaires ? » *Dalloz* 2000, p. 595.

[1333] V. pour l'application d'une clause statutaire de non concurrence à un ancien associé salarié d'une société coopérative de production qui arguait de l'inopposabilité de celle-ci à son égard, car n'ayant pas ratifié les statuts, CA Paris, 11 mai 1999, 1re ch., *RJDA* 10/99, n° 1079, p. 866.

[1334] Cette affirmation peut paraitre banale mais elle n'en est pas moins importante eu égard aux contentieux récurrents quant à la mise en œuvre de telle ou telle clause statutaire, certains associés cherchant à se délier des engagements pris dans le pacte d'origine. V. en ce sens L. GODON, *La société par actions simplifiée*, *op. cit.*, p. 67, n° 79 et la jurisprudence citée.

[1335] Ph. BRUNSWICK, « SAS et capital investissement : vers la fin des pactes d'actionnaires extra-statutaires ? » *art. préc.*, p. 595.

[1336] Cass. com. 15 juin 2010, n° 09-16.323, *Rev. sociétés* 2011, p. 235, note. J.-J. Barbièri ; *JCP E* 2010, p. 1878, note J.-P. Legros. La même solution avait été retenue à propos d'une clause de conciliation préalable insérée dans un contrat de cession d'actions. V. Cass. ch. mixte, 14 février 2003, n° 00-19.423, Bull. civ. ch. mixte 2003, n° 1 ; *Dalloz* 2003, p. 1386, note P. Ancel et M. Cottin ; *Ibid.* p. 2480, obs. T. Clay; *RTD Civ.* 2003 p. 294, obs. J. Mestre et B. Fages ; *Ibid.* 2003 p. 349, obs. R. Perrot ; *JCP G* 2003. I. 134, n° 4, obs. J.-J. Caussain, Fl. Deboissy et G. Wicker ; *JCP G* 2003. I. 142, n° 13 à 19, obs. G. Virassamy ; *JCP G* 2003.

et de la société, deux situations sont à distinguer lorsque se pose la question de l'opposabilité des clauses statutaires aux tiers.

D'une part, lorsque les statuts n'ont pas fait l'objet de formalité de publicité[1337], ils ne lient que les associés et sont inopposables par principe aux tiers sauf mauvaise foi de leur part. Ce serait le cas lorsqu'un tiers interfèrera de manière illégitime dans l'exécution des obligations résultant des statuts non publiés, ou lorsqu'il se rend complice d'une violation des clauses statutaires conformément au droit commun des obligations. Le tiers pourrait dans ce cas se voir condamner à réparer le dommage causé par la violation des statuts. Le régime de l'opposabilité des clauses statutaires serait en ce sens similaire à celui des aménagements extrastatutaires.

D'autre part, lorsque les statuts sont régulièrement publiés, ils sont par principe opposables aux tiers[1338]. C'est cette publicité-opposabilité qui confère la personnalité morale à la société. Celle-ci permet au contrat de société qui ne pouvait en principe manifester ses effets qu'entre les associés, de rayonner à l'extérieur[1339]. À l'opposé, s'agissant des sociétés en participation, l'existence de cette société n'est pas opposable aux tiers qui sont étrangers au pacte social. L'absence de publicité rend inopposable l'organisation sociétaire de telle sorte que le contrat social ne lie que les associés de la société en participation[1340].

433. Exception. Toutefois, ce principe de l'opposabilité des statuts admet quelques exceptions. En effet, quant aux pouvoirs des dirigeants, il est communément admis aussi bien en droit OHADA que français que les clauses limitatives de ces pouvoirs sont inopposables au tiers bien que les

---

I. 164, n° 9, obs. Ch. Seraglini ; *LPA* 2003, n° 51, p. 13, note L. Berheim ; *Procédures* 2003, comm. n° 96, obs. H. Croze ; *Rev. arb.* 2003, p. 403, note Ch. Jarrosson ; *RJDA* 2003/5, n° 556.

[1337] Il pourrait s'agir dans ce cas de société en participation ou de société créée de fait en fonction de la volonté ou non des associés de procéder à une telle publicité.

[1338] V. en ce sens, M. HENRY & G. BOUILLET-CORDONNIER, *Pactes d'actionnaires et privilèges statutaires*, *op. cit.*, p. 113, n° 217.

[1339] V. en ce sens, G. WICKER, « La théorie de la personnalité morale depuis la thèse de Bruno OPPETIT », in *Études à la mémoire du Professeur Bruno OPPETIT*, Litec 2009, p. 691-731, n° 20 et suiv. ; J. DUCLOS, *L'opposabilité (essai d'une théorie générale)*, *op. cit.*, p. 273, n° 241. V. aussi Fl. DEBOISSY, « Le contrat de société », in *Le contrat*, Travaux de l'association Henri Capitant, tome LV, société de législation comparée, 2005, p. 119, n° 12 ; cette dernière considère que « *la personne morale, loin d'être une personne animée d'une volonté (...) propre, permet simplement de rendre opposable aux tiers les énonciations figurant dans l'acte constitutif* ».

[1340] V. en ce sens, M. COZIAN, A. VIANDIER et Fl. DEBOISSY, *Droit des sociétés*, *op. cit.*, p. 663, n° 1335.

statuts soient publiés[1341]. Le législateur entend par là éviter que le tiers contractant soit toujours obligé de recourir aux statuts afin de s'assurer que le représentant de la société dispose du pouvoir d'accomplir l'acte envisagé. Il faut noter à cet égard qu'en droit OHADA, le législateur prend le soin de viser expressément les tiers de bonne foi de telle sorte que les clauses statutaires leur seront opposables dès lorsqu'ils avaient connaissance ou ne pouvant ignorer l'existence de celles-ci, sans toutefois que la simple publication des statuts suffisent à présumer cette connaissance[1342]. *A contrario*, les clauses statutaires limitatives des pouvoirs des dirigeants sont opposables aux tiers dont la mauvaise foi serait établie.

Quant aux dirigeants visés principalement par ces clauses, quand bien même n'étant pas parties au contrat de société, ceux-ci sont tenus par les clauses statutaires organisant le fonctionnement de la société[1343]. Ils doivent de ce fait respecter les clauses limitant leurs pouvoirs sous peine de révocation ou d'engagement de leur responsabilité à l'égard de la société en cas de préjudice subi par celle-ci[1344]. Toutefois, les dirigeants ne peuvent être tenus par les clauses stipulant des obligations étrangères à leurs fonctions sauf si ceux-ci ont par ailleurs la qualité d'associé ou ont expressément accepté celles-ci. Il en va ainsi de la clause de non concurrence qui ne peut être opposée à un gérant non associé nommé en cours de vie sociale, s'il n'est pas démontré qu'il l'a expressément acceptée[1345]. À cet égard, la simple signature du procès-verbal de nomination par le gérant non associé accompagnée de la mention « *bon pour acceptation des fonctions de gérant* » ne suffit pas à lui rendre opposable la clause statutaire de non concurrence[1346]. Cette obligation de non concurrence ne fait pas à proprement parler partie des fonctions du dirigeant « *puisque précisément*

[1341] Article 121 de l'AUDSC révisé. En droit français, il n'existe pas une telle règle générale mais le même principe est énoncé pour chaque type sociétaire (Article L. 221-5, alinéa 3 pour la SNC ; L. 223-18, alinéa 6 pour la SARL ; L. 225-64, alinéa 3 pour la SA ; L. 227-6 pour la SAS).

[1342] L'article 122 de l'AUDSC révisé prévoit par exemple que « La société est engagée par les actes des organes de gestion, de direction et d'administration qui ne relève pas de l'objet social, à moins qu'elle ne prouve que le tiers savait que l'acte dépassait cet objet ou qu'il ne pouvait l'ignorer compte tenu des circonstances, sans que la seule publication des statuts suffise à constituer cette preuve ».

[1343] V. cependant P. MOUSSERON, *Les conventions sociétaires*, *op. cit.*, p. 50, n° 65. Pour cet auteur, les statuts ne devraient être opposables aux dirigeants non associés que lorsque ceux-ci sont l'annexe d'un contrat de mandat signé par ces derniers. En l'absence de contrat de mandat, les statuts ne leurs seront opposables qu'en termes de responsabilité.

[1344] Article L. 223-22 du code de commerce

[1345] Cass. com. 12 décembre 1996, *RJDA* 2/97, n° 209 ; Cass. com. 10 juillet 2012, n° 11-20.268, *Rev. sociétés* 2013, p. 219, note M. Roussille ; *Dr. sociétés* 2013, n° 2, p. 21, note M. Renaud ; *Bull. Joly sociétés* 2013, p. 31, note J.-F. Barbièri ; *Rev. sociétés* 2012, p. 630, note S. Prévost ; *RJDA* 12/12, n° 1076.

[1346] Cass. com. 10 juillet 2012, n° 11-20.268, préc.

l'interdiction vise les actes que l'intéressé peut entendre accomplir en dehors de ses fonctions, soit sur son temps libre, soit après la cessation de son mandat[1347] ».

2. Opposabilité aux tiers des aménagements extrastatutaires

434. Inopposabilité de principe des aménagements extrastatutaires aux tiers. En principe, en application de l'article 1165 du code civil, les aménagements conventionnels extrastatutaires ne peuvent ni profiter ni nuire aux tiers[1348]. Aucune obligation contractuelle ne peut donc résulter de ces aménagements à la charge des tiers. C'est ainsi que la clause de préemption liant deux sociétés ne peut être imposée aux associés de l'une ou de l'autre des sociétés, seule étant engagée les sociétés en tant que personne morale sauf à nier l'effet relatif des conventions ou la personnalité morale des sociétés signataires[1349]. Il s'agit là de l'une des plus grandes faiblesses des aménagements extrastatutaires qui bénéficient en contre partie de la confidentialité qui les entoure. Peut-on concilier confidentialité et opposabilité au tiers ? Il est très difficile d'y parvenir en ce sens que « *l'opposabilité aux tiers suppose d'informer ceux-ci, d'une manière ou d'une autre, de l'existence et du contenu de la clause convenue ; ce qui est opposé à l'idée de confidentialité*[1350] ». Il faut donc se résoudre à choisir entre la confidentialité et l'opposabilité aux tiers. De ce fait, en cas de violation d'une obligation contractuelle, seules les parties devraient être poursuivies en réparation du dommage causé du fait de cette violation. Cette affirmation n'est pourtant pas absolue.

435. Exception en cas de complicité de violation de contrat ou d'interférence illégitime et dommageable dans l'exécution du contrat. Les aménagements extrastatutaires constituent des faits juridiques qui comme tels s'imposent aux tiers. La Cour de cassation reteint à ce propos que « *si en principe les conventions n'ont d'effet qu'à l'égard des parties, elles constituent des faits juridiques dont peuvent être déduites des conséquences de droit à l'égard des tiers*[1351] ». Elle admet également dans

---

[1347] M. ROUSSILLE, « Inopposabilité des dispositions statutaires au gérant non associé », note sous Cass. com. 10 juillet 2012, n° 11-20.268, *Rev. sociétés* 2013, p. 219.

[1348] V. en ce sens J.-M. MOULIN, *Le droit de l'ingénierie sociétaire – Le droit du financement du haut de bilan des sociétés*, *op. cit.*, p. 458, n° 919 ; D. PORACCHIA, H. LECUYER et A. RAYNOUARD, « Relativité et opposabilité des pactes extrastatutaires », in Pactes et opérations de M&A, *Dr. & patrimoine* 2009, p. 64-68.

[1349] CA Paris, 4 décembre 2007, Dr. sociétés 2008, comm. 69, note M.-L. Coquelet ; *Bull. Joly sociétés* 2008, p. 313, note B. Fages ; *Rev. sociétés* 2008, p. 330, note D. Poracchia.

[1350] A. GAUDEMET, « L'opposabilité et la transmission des obligations », *art. préc.*, spéc. p. 22.

[1351] Cass. com. 31 mars 2009, n° 08-15.655, *Bull. Joly sociétés* 2009, p. 686, note C. Boillot.

certaines circonstances que le tiers puisse être poursuivi lorsque celui-ci s'est rendu complice de la violation du contrat[1352]. La condamnation du tiers pour complicité à la violation du contrat se justifierait ainsi lorsque le tiers « *interfère de façon illégitime et dommageable dans son exécution*[1353] ». Il s'agit ici de sanctionner la mauvaise foi du tiers en retenant sa responsabilité délictuelle à l'égard du créancier de l'obligation inexécutée au moins en partie par sa faute[1354]. Le tiers, n'étant pas débiteur des obligations issues de l'aménagement extrastatutaire, verra sa responsabilité engagée parce que l'existence de ce dernier s'impose à lui de telle sorte qu'il commet une faute en agissant comme si celui-ci n'existait pas.

Cette sanction a été retenue par la Cour d'appel de Versailles[1355] dans une affaire où un tiers avait incité des actionnaires à violer le pacte permettant la stabilisation de la majorité en leur promettant une indemnisation en cas de poursuites judiciaires du fait de la violation du pacte. Sa responsabilité fût retenue, cette incitation à la violation du pacte rentrant dans le cadre d'une stratégie de déstabilisation de la société afin de se faire agréer comme nouvel actionnaire et prendre progressivement le contrôle de celle-ci. Certains auteurs ont retenu que le tiers ici n'est plus un simple complice de la violation du pacte mais « *l'auteur qui a œuvré activement pour la violation du pacte*[1356] ». Toutefois, le tiers ne peut être condamné en tant qu'auteur de la violation, n'étant pas par principe partie au pacte. Il ne peut qu'être complice de la violation du pacte qui sera forcément le fait d'une des parties au pacte.

436. Responsabilité du tiers pour divulgation fautive du pacte. La Cour d'appel de Paris a également retenu la responsabilité délictuelle d'une société pour divulgation fautive d'un pacte d'actionnaires auquel elle n'était pas partie[1357]. En l'espèce, un pacte d'actionnaires est signé entre une holding et ses actionnaires stipulant notamment une obligation de non concurrence couvrant non seulement les activités de la holding mais

---

[1352] V. pour la violation d'une obligation contractuelle de confidentialité, Cass. 1ère civ. 17 octobre 2000, n° 97-22.498, *JCP G* 2001, p. 1427, obs. G. Viney. Adde, CA Versailles, 29 juin 2000, *JCP E* 2001, p. 181, note A. Couret ; *Bull. Joly sociétés* 2000, p. 1149, note P. Le Cannu, *Dalloz Aff.* 2000, p. 384, note A. Lienhard ; Cass. com. 4 décembre 2007, n° 04-17.449, *Bull. Joly sociétés* 2008, p. 274, note D. Poracchia.

[1353] M. FABRE-MAGNAN, Droit des obligations, 1 – Contrat et engagement unilatéral, op. cit., p. 529.

[1354] D. PORACCHIA, H. LECUYER et A. RAYNOUARD, « Relativité et opposabilité des pactes extrastatutaires », *op. cit.* p. 66.

[1355] CA Versailles, 12e ch. 2e sect., 29 juin 2000, *JCP E* 2001, p. 181, note A. Couret ; *Bull. Joly sociétés* 2000, p. 1149, note P. Le Cannu.

[1356] A. COURET, « Responsabilité encourues à l'occasion de la violation d'un pacte d'actionnaires », note sous CA Versailles, 12e ch. 2e sect., 29 juin 2000, *JCP E* 2001, p. 181.

[1357] CA Paris, 3 juin 2014, *Bull. Joly sociétés* 2014, p. 702, note S. Messaï-Bahri.

également celles de ses filiales. Il y était également stipulé une clause de confidentialité selon laquelle « *chacune des Parties s'interdit de divulguer le contenu ainsi que les suites du pacte à tout Tiers, sans l'accord préalable et écrit des autres Parties, sauf ses conseils ou à un candidat acquéreur (...) ou dans le cas où cette divulgation serait nécessaire en vue de contraindre l'une des Parties à exécuter ses engagements en raison de son refus de le faire* ». Pourtant, à l'occasion d'un conflit entre l'un des actionnaires signataires du pacte et une des filiales de la holding, cette dernière a révélé l'existence du pacte à sa filiale qui à son tour l'a transmis à l'un de ses partenaires. L'actionnaire demanda alors la réparation du préjudice lié à la divulgation du pacte au tiers par la filiale, mais également la divulgation du pacte à la filiale par la holding contrairement aux stipulations contractuelles. Ces deux dernières arguaient de la conformité de la divulgation aux termes de la clause sus citée, celle-ci étant intervenue en raison de la violation de l'obligation de non concurrence dont était tenue l'actionnaire. Constatant que la divulgation du pacte n'était pas intervenue en vue de contraindre l'actionnaire en cause d'exécuter ses engagements en raison de son refus de le faire, la Cour d'appel de Paris retient la responsabilité délictuelle de la filiale pour divulgation fautive ainsi que la responsabilité contractuelle de la holding pour violation de la clause de confidentialité. Ainsi, quand bien même le tiers serait étranger au pacte d'actionnaires, celui-ci demeure à son égard un *res inter alios acta* et lui est opposable, de telle sorte qu'il doit s'abstenir de tout fait ou acte pouvant interférer dans son exécution.

437. Opposabilité des aménagements extrastatutaires et société. À défaut de pouvoir assurer une opposabilité des aménagements extrastatutaires aux tiers, la pratique a imaginé certains mécanismes en vue de rendre leurs accords opposables à la société de telle sorte que cette dernière garantisse leur exécution[1358]. Ainsi, d'abord l'aménagement extrastatutaire peut être rendu opposable à la société lorsque celle-ci y participe en tant que partie en signant l'accord. Elle devient ainsi partie au pacte et s'engagerait ainsi à le respecter et à le faire respecter[1359]. Si en tant que partie elle a l'obligation de respecter les obligations qui y sont issues, rien n'est moins sûr quant à l'obligation de faire respecter le pacte par les tiers. Aussi, cette participation au pacte risque de constituer une source de responsabilité supplémentaire sans que l'intérêt de cette participation ne soit véritablement prouvé, le pacte n'intéressant principalement que les

[1358] V. B. DONDERO, « Le pacte d'actionnaires signé par la société », *Rev. sociétés* 2011, p. 535 ; Ph. BRUNSWICK, « SAS et capital investissement : vers la fin des pactes d'actionnaires extra-statutaires ? » *art. préc.*, p. 595.

[1359] Ph. BRUNSWICK, « SAS et capital investissement : vers la fin des pactes d'actionnaires extra-statutaires ? » *art. préc.*, p. 595.

actionnaires qui y sont parties[1360]. Ensuite, une deuxième solution consiste à faire référence à l'existence et au contenu du pacte dans les statuts en prévoyant une clause selon laquelle la société s'engagerait à la respecter ou la faire respecter[1361]. Enfin, la dernière solution consiste à signifier le pacte à la société[1362]. Toutefois, toutes ces méthodes sont décriées par certains auteurs du fait de leurs inconvénients non seulement pour la société mais également pour les dirigeants sociaux et les parties à ces aménagements[1363]. En rendant par exemple opposable à la société une clause extrastatutaire, les associés espèrent par exemple qu'en cas de cession d'actions intervenue en violation de la clause, la société refusera d'inscrire en compte le tiers acquéreur. Cependant, il n'est pas certain que le fait de rendre l'aménagement extrastatutaire opposable à la société puisse suffire à créer des obligations à sa charge[1364]. Aussi, une société peut-elle par exemple refuser de donner effet à une décision sociale acquise en violation d'une convention extrastatutaire de vote ? Cela semble difficile à admettre d'autant plus qu'en principe, même la violation des clauses statutaires ne saurait entraîner la nullité des délibérations sociales[1365]. Même en cas de notification de l'aménagement extrastatutaire à la société, celle-ci aurait pour seul effet de rendre cet accord opposable à la société et donc ne suffirait pas à créer des obligations à sa charge, cette solution n'impliquant d'ailleurs aucune démarche positive de la part des représentants sociaux[1366]. Tout au plus, la notification à la société permettrait d'engager la responsabilité de cette dernière sans que l'objectif de départ qui est de permettre d'obtenir que ce qui a été convenu soit exécutée le soit effectivement.

[1360] V. en ce sens, B. DONDERO, « Le pacte d'actionnaires signé par la société », *art. préc.*, p. 535, n° 7.

[1361] Ph. BRUNSWICK, « SAS et capital investissement : vers la fin des pactes d'actionnaires extra-statutaires ? » *art. préc.*, p. 595.

[1362] Ibid.

[1363] V. B. DONDERO, « Le pacte d'actionnaires signé par la société », *art. préc.*, p. 535, n° 6 et suiv.

[1364] V. en ce sens, A. GAUDEMET, « L'opposabilité et la transmission des obligations », *art. préc.*, spéc. p. 23 ; B. DONDERO, « Le pacte d'actionnaires signé par la société », *art. préc.*, p. 535, n° 29.

[1365] V. Cass. com. 18 mai 2010, n° 09-14.855, Sté Française de gastronomie c/ Sté Larzul, *Rev. sociétés*, 2010, p. 374, note P. Le Cannu ; *JCP E* 2011, p. 24, obs. Fl. Deboissy et G. Wicker ; *Dalloz* 2010, p. 2405, note F. Marmoz ; *RLDA* septembre 2010, n° 52, p. 18, note Ch. Lebel ; *Dr. sociétés* août 2010, n° 8-9, p. 10, note M.-L. Coquelet ; *RTD Civ.* 2010, p. 553, obs. B. Fages ; *Bull. Joly sociétés* 2010, p. 651, note H. Le Nabasque. V. aussi, Cass. com. 19 mars 2013, n°12-15.283, *Rev. sociétés* 2014, p. 51, note P. Le Cannu ; *RTD Com.* 2013, p. 530, note M.-H. Monsérié-Bon ; *Gaz. Pal.* 28 juin 2013, n° 179-180, p. 31-33 ; *Bull. Joly sociétés* 2013, p. 402, note F.-X. Lucas. V. plus récemment, Cass. com., 10 février 2015, n° 13-25.588, *Bull. Joly sociétés* 2015, p. 238, note J.-Ch. Pagnucco ; *Dr. sociétés* avril 2015, comm. 67, note D. Gallois-Cochet.

[1366] V. en ce sens, A. GAUDEMET, « L'opposabilité et la transmission des obligations », *art. préc.*, spéc. p. 23.

438. Si l'opposabilité des aménagements conventionnels au tiers permet dans une certaine mesure d'éviter de nuire au tiers ou de demander réparation lorsque le tiers contrarie l'exécution de ces accords, l'opposabilité par les tiers permet à ceux-ci de profiter des stipulations contractuelles contrairement au principe civiliste de la relativité et de l'opposabilité des conventions.

B. L'opposabilité des aménagements conventionnels par les tiers

439. L'opposabilité des aménagements conventionnels par les tiers constitue l'un des domaines qui tend à limiter sérieusement le principe de la relativité des conventions. En effet, en principe l'opposabilité des conventions implique le fait que seule une des parties puisse exiger de ses cocontractants l'exécution des obligations convenues. Les tiers ne sont donc pas admis à réclamer l'exécution des obligations conventionnelles sauf s'ils justifient d'une stipulation pour autrui[1367]. La jurisprudence a toutefois admis qu'un tiers puisse se prévaloir d'une inexécution contractuelle afin d'engager la responsabilité délictuelle du contractant défaillant[1368]. Cette responsabilité ne nécessite pas la preuve d'une faute de la partie défaillante, l'inexécution contractuelle suffisant à constituer cette faute ouvrant droit à réparation. Appliquée au droit des sociétés, cette solution pourrait dans une moindre mesure contribuer à l'efficacité des aménagements conventionnels surtout extrastatutaires, car outre la responsabilité contractuelle du contractant défaillant, sa responsabilité délictuelle pourrait également être mise en jeu par les tiers.

Plus précisément en droit des sociétés, le principe classique de l'opposabilité des aménagements conventionnels a été remis en en cause dans la possibilité offerte d'une part aux salariés d'invoquer l'application à leur profit des conditions de licenciement prévues dans les statuts ou même dans les pactes extrastatutaires **(1)** ; et d'autre part la possibilité pour la société d'exiger des dirigeants le respect des obligations contractées par eux dans un pacte d'actionnaires **(2)**. Nous examinerons successivement ces deux hypothèses.

[1367] Article 1165 du code civil.

[1368] Cass. ass. Plén. 6 octobre 2006, n° 05-13.255, Bull. civ. ass. Plén. n° 9, *Dalloz* 2006, p. 2825, note G. Viney ; *JCP G* 2006, II, 10181, note Billiau ; *RTD Civ.* 2007, p. 123, obs. P. Jourdain ; *Bull. Joly sociétés* 2008, p. 493, note S. Messaï-Bahri.

1. L'opposabilité des aménagements conventionnels par les salariés

440. Opposabilité des aménagements statutaires par les salariés. Il arrive que des clauses statutaires aménagent le licenciement des salariés généralement dans un sens qui leur est favorable[1369]. La question se pose est celle de savoir si les salariés en tant tiers au contrat social sont en droit de se prévaloir de ses clauses. La Cour de cassation a retenu que les salariés étaient en droit de se prévaloir de la clause des statuts soumettant les licenciements à l'autorisation préalable des associés[1370]. En l'espèce, le salarié avait été licencié par le directeur général sans avoir recueilli au préalable l'autorisation des associés tel que prévu dans les statuts. Le licenciement ayant été déclaré sans cause réelle et sérieuse, la société fit valoir en appel le fait que cette « *disposition statutaire était uniquement destinée à régir les rapports entre les associés et les directeurs généraux de la société, susceptibles de voir leur responsabilité engagée s'ils prenaient certaines décisions sans l'autorisation préalable des associés, et ne traduisait aucune volonté de s'obliger à l'égard des salariés de la société* ». Elle en concluait dès lors que celle-ci était inopposable au salarié qui demeure un tiers au contrat social, celui-ci ne pouvant ainsi se prévaloir de la clause querellée à son profit. La chambre sociale de la Cour de cassation rejeta le pourvoi de la société au motif que « *cette clause instituait une procédure de fond dont pouvait se prévaloir le salarié et que son inobservation rendait le licenciement sans cause réelle et sérieuse* ». Cette solution pourrait s'expliquer par le fait que si les clauses limitatives de pouvoirs des dirigeants sociaux sont inopposables aux tiers – la société ne pouvant se fonder sur de telles limitations pour se soustraire des obligations contractées par les dirigeants en violation de ces limitations – les tiers peuvent à leur tour les opposer à la société afin de contester la validité d'un acte. De ce fait, le salarié en tant que tiers au contrat de société peut opposer à celle-ci la clause limitant les pouvoirs de licenciement du dirigeant social[1371]. La publication des statuts les rend par principe opposable aux tiers. Mais le législateur écarte cette opposabilité aux tiers dans le seul objectif de la protection de ces derniers. De ce fait, il apparaît juridiquement fondé que les tiers puissent opposer à la société les clauses statutaires stipulant des garanties en leur faveur.

[1369] V. G. AUZERO, « Les aménagements statutaires et extra-statutaires au droit du licenciement », in *Pacte d'associé ou clause statutaire : quel choix pour l'entreprise sociétaire ? op. cit.*, p. 61-73.

[1370] Cass. soc. 15 février 2012, n° 10-27.685, *RTD Com.* 2012, p. 345, obs. A. Constantin ; *Dr sociétés* 2012, p. 96, obs. R. Mortier, *Bull. Joly sociétés* 2012, p. 507, note G. Auzero.

[1371] V. en ce sens G. AUZERO, « Les aménagements statutaires et extra-statutaires au droit du licenciement », *art. préc.*, p. 65.

441. Opposabilité des aménagements extrastatutaires par les salariés Si les clauses statutaires aménageant les conditions de licenciement peuvent être opposées par les salariés à la société, il apparaît contestable que la même solution soit retenue à propos des clauses extrastatutaires. Pourtant, la chambre sociale de la Cour de cassation semble ne pas faire de distinction en la matière. En effet, à l'instar des clauses statutaires, elle a retenu que « *dès lors qu'un pacte d'actionnaires prévoit que le licenciement de certains de ses salariés doit être autorisé par le conseil de surveillance à une majorité déterminée de ses membres, les salariés concernés sont en droit de se prévaloir de cette clause, dont le non-respect rend leur licenciement sans cause réelle et sérieuse*[1372] ». En l'espèce, une entreprise de généalogie successorale avait embauché un clerc généalogiste en 1998. Les deux principaux associés signent en 2003 un pacte d'associés stipulant entre autre que toute décision de licenciement d'un cadre supérieur devrait au préalable être autorisée par le conseil de surveillance à la majorité des deux tiers de ses membres. Quelques mois plus tard, l'entreprise est confiée en location-gérance à une SAS à conseil de surveillance et directoire. En 2004, le clerc généalogiste est licencié pour faute grave. Celui-ci conteste son licenciement au motif que la procédure instituée dans le pacte d'actionnaire n'a pas été respectée. Il obtient gain de cause devant la Cour d'Appel qui condamne la SAS à lui payer d'une part des dommages et intérêts pour licenciement sans cause réelle et sérieuse et d'autre part une indemnité de préavis et de congés payés afférents, en plus d'une indemnité pour non-respect de la procédure de licenciement. La SAS se pourvoit dès lors en cassation en arguant du fait que le pacte d'actionnaires ne régit que les seuls rapports des actionnaires signataires du pacte, le salarié étant un tiers à celui-ci qui est d'ailleurs sans relation avec son contrat de travail. La Cour de cassation rejette cette argumentation en retenant que le salarié était en droit de se prévaloir d'une telle clause dont le non-respect rend leur licenciement sans cause réelle et sérieuse.

Cette solution apparaît contestable car elle institue un droit pour un tiers de se prévaloir de l'exécution ou de l'inexécution d'une convention à l'encontre d'un autre tiers[1373]. Le salarié étant par principe tiers au contrat, celui-ci ne peut opposer l'inexécution contractuelle aux parties contractantes sauf lorsque celle-ci lui cause un préjudice conformément à la jurisprudence assimilant responsabilité contractuelle et délictuelle[1374]. Cette dernière

---

[1372] Cass. soc. 18 mars 2009, n° 07-45.212, *Bull. Joly sociétés* 2009, p. 786, note A. Constantin ; *RTD Com.* 2009, p. 576, obs. P. Le Cannu et B. Dondero.

[1373] V. en ce sens A. CONSTANTIN, « L'opposabilité du pacte d'actionnaires par les tiers », note sous Cass. soc. 18 mars 2009, n° 07-45.212, *Bull. Joly sociétés* 2009, p. 786 ; G. AUZERO, « Les aménagements statutaires et extra-statutaires au droit du licenciement », *art. préc.*, p. 68.

[1374] V. Cass. ass. Plén. 6 octobre 2006, n° 05-13.255, préc.

exception n'est pas ici applicable puisque la société employeur, n'étant pas elle-même partie au pacte, ne peut se voir reprocher un manquement contractuel[1375]. Aussi, il ne saurait être fait cas ici de stipulation pour autrui même implicite au profit du salarié, car « *à supposer même que l'on reconnaisse l'existence en l'espèce d'une telle stipulation implicite, le salarié « bénéficiaire » n'aurait pas eu de droit que contre une des parties au pacte d'actionnaires et non, comme cela a été jugé, contre la société qui est son employeur et qui, [...] n'est pas partie au pacte*[1376] ». Cette solution affaiblit l'effet relatif des aménagements statutaires dont, non seulement la violation n'est pas sanctionnée convenablement, mais également peuvent être opposés par des tiers.

2. Opposabilité des aménagements conventionnels par la société

442. Opposabilité des aménagements extrastatutaires par la société. En principe, la société étant un tiers par rapport aux aménagements extrastatutaires conclus entre certains de ses associés, celle-ci ne peut se prévaloir de l'inexécution d'une telle convention pour engager la responsabilité des associés défaillants[1377]. Pourtant, l'application de la jurisprudence assimilant responsabilité délictuelle et responsabilité contractuelle[1378] aura pour conséquence l'élargissement du domaine de rayonnement des actes notamment extrastatutaires. En effet, La Cour de cassation retient désormais qu'une société peut opposer un pacte d'actionnaires auquel elle n'est pas partie à un de ses anciens dirigeants en cas de violation par ce dernier de la clause d'exclusivité qui le liait à d'autres

---

[1375] V. en ce sens A. CONSTANTIN, « L'opposabilité du pacte d'actionnaires par les tiers », *art. préc.*, p. 786.

[1376] Ibid.

[1377] La chambre commerciale de la Cour de cassation jugeait traditionnellement « qu'un tiers ne peut, sur le fondement de la responsabilité délictuelle, se prévaloir de l'inexécution d'un contrat qu'à la condition que cette inexécution constitue un manquement à son égard du devoir général de ne pas nuire à autrui ». V. Cass. com. 5 avril 2005, n° 03-19.370, Bull. civ. 2005, IV, n° 81, p. 85 ; RDC 2005, p. 687, note D. Mazeaud. Il faut rappeler à cet effet qu'il y avait une divergence entre les solutions retenues par la chambre civile et la chambre commerciale, la première admettant plus facilement la possibilité pour un tiers de se prévaloir d'un manquement contractuel pour engager la responsabilité délictuelle d'une partie au contrat. V. notamment Cass. 1ère civ. 18 juillet 2000, n° 99-12135, Bull. civ. I, n° 221, p. 144 ; RTD Civ. 2001, p. 146, obs. P. Jourdain ; Contrats, conc. consom. 2000, comm. 275, obs. L. Leveneur. Cette divergence ne s'estompera qu'avec la décision de l'assemblée plénière entérinant la solution qui était retenue par la chambre civile. V. Cass. ass. Plén. 6 octobre 2006, n° 05-13.255, préc.

[1378] Cass. ass. Plén. 6 octobre 2006, n° 05-13.255, préc.

actionnaires[1379]. En l'espèce, le président et directeur commercial d'une SAS et par ailleurs actionnaire de celle-ci avait conclu un pacte d'actionnaires comportant une clause d'exclusivité. À la suite de la révocation de son mandat de président et de son licenciement en tant que directeur commercial, la SAS l'a assigné en réparation du préjudice résultant de la violation de la clause d'exclusivité. Cette demande est rejetée par les juges du fond qui se fondent sur l'impossibilité pour la société non signataire du pacte d'actionnaires de s'en prévaloir. Cette décision sera censurée par la Cour de cassation sur le fondement d'une fausse application de l'article 1165 du code civil et d'un refus d'application de l'article 1382 du même code. Elle retient ainsi que la société peut se prévaloir de la violation d'un pacte d'actionnaire auquel elle n'est pas partie dès lors celle-ci lui a causé un préjudice. Ainsi, par rapport aux tiers, le principe de l'opposabilité des conventions ne sauraient constituer un obstacle à une action en responsabilité délictuelle sur le fondement d'un manquement contractuel. L'aménagement extrastatutaire constitue pour le tiers un fait juridique qui ne doit point porter atteinte à ses intérêts.

443. En somme le principe d'inopposabilité des conventions aux tiers en tant qu'acte juridique tend à être remis en cause par la jurisprudence. Cela porte nécessairement un coup à l'efficacité des aménagements conventionnels dont les parties sont dans l'incertitude quant au domaine d'application de leurs conventions. Si l'opposabilité des aménagements conventionnels s'intéresse au champ d'application personnel de ces derniers, la question de leur transmission se rattache plutôt à leur champ d'application temporel.

§II. Une efficacité limitée en termes de transmission des aménagements conventionnels aux tiers

444. La notion de transmission n'est pas totalement étrangère à celle d'opposabilité en ce sens qu'elle permet de rendre opposable les droits et obligations d'une convention à des personnes qui à l'origine n'était pas partie à celle-ci. Si la transmission des stipulations statutaires se fera en principe de plein droit (**A**), celle des aménagements extrastatutaires devra nécessairement être prévue dans la convention (**B**).

[1379] Cass. com. 18 décembre 2007, n° 05-19.397, *Bull. Joly sociétés* 2008, p. 493, note S. Messaï-Bahri.

A. Une transmission de plein droit des aménagements statutaires

445. Transmission facilitée des aménagements statutaires. Qu'il s'agisse du droit français ou OHADA, la transmission des aménagements statutaires ne pose en principe aucun problème particulier. Lorsque les aménagements conventionnels ont pour support les statuts de la société, ceux-ci sont en principe transmis activement et passivement aux ayants causes à titre particulier ou à titre universel des associés. En effet, quel qu'en soit le mode d'acquisition de la qualité d'associé, les associés sont censés adhérer aux statuts dans toutes leurs dispositions au moment de l'acquisition des droits sociaux[1380]. Ainsi, ils sont en droit de jouir de tous les droits qui résultent des stipulations statutaires. De même, ils sont tenus des obligations résultant des clauses statutaires quand bien même celles-ci auraient été insérées avant leur arrivée dans la société. De ce fait, le nouvel acquéreur de droits sociaux sera tenu par la clause de non concurrence stipulée dans les statuts originaires. Aussi, l'acquisition d'actions de préférence a pour effet de transférer les droits attachés à ces actions au nouvel acquéreur à titre universel ou à titre particulier sauf disposition contraire des statuts[1381]. La transmission des engagements statutaires est ici facilitée par rapport à celle des aménagements extrastatutaires.

B. Une nécessaire organisation de la transmission des aménagements extrastatutaires

446. Contrairement aux aménagements statutaires, la transmission des aménagements extrastatutaires dépendra de la qualité du tiers. Celle-ci variera selon qu'il s'agit d'ayants causes à titre universel (**1**) ou particulier (**2**).

1. La transmission des aménagements extrastatutaires aux ayants causes à titre universel

447. Ayants causes à titre universel. Principe. S'agissant de la transmission des aménagements extrastatutaires aux ayants causes à titre universel, du fait de la transmission universelle qui s'opère, les droits et obligations leur sont transmis activement et passivement. Ces ayants causes à titre universel deviennent ainsi créanciers ou débiteurs des obligations nées

[1380] V. en ce sens, A. GAUDEMET, « L'opposabilité et la transmission des obligations », *art. préc.*, spéc. p. 17.
[1381] *Ibid.* p. 18.

de ces conventions. Ils perdent ainsi leur qualité de tiers, pour devenir des parties au contrat initial.

448. Exception. La transmission de principe des engagements extrastatutaires sera exclue lorsque les parties auront prévu dans leur accord que celui-ci prendra fin par exemple par le décès ou en cas de disparition de la personnalité morale de l'une des parties. Il s'agit ici d'une application de l'article 1122 du code civil qui prévoit qu' « *On est censé avoir stipulé pour soi et pour ses héritiers et ayants cause, à moins que le contraire ne soit exprimé ou ne résulte de la nature de la convention* ». Il en sera de même lorsque l'accord a été conclu *intuitu personae*, celui-ci prenant fin par la disparition de la personnalité juridique du contractant dont la personnalité était déterminante de l'accord[1382].

2. La transmission des aménagements conventionnels aux ayants causes à titre particulier

449. Principe. Contrairement aux ayants causes à titre universel et en vertu du principe de l'effet relatif des conventions, les accords extrastatutaires ne sont pas transmis automatiquement aux ayants causes à titre particulier[1383]. Ainsi, lorsqu'un associé, partie à un accord extrastatutaire cède ses droits sociaux, le cessionnaire ne peut par principe jouir des droits issus de cet accord auquel il est étranger. De même, les parties à cet accord ne pourront pas réclamer l'exécution de celui-ci au cessionnaire de l'une d'entre elles[1384]. Ainsi, lorsqu'une partie à un pacte d'actionnaires contenant une clause d'anti dilution par laquelle elle s'engageait en cas d'augmentation de capital à maintenir le pourcentage de participation détenu par le bénéficiaire de la clause en lui cédant le nombre de titre nécessaires pour un prix déterminé, le cessionnaire n'est aucunement tenu de cette clause de telle sorte qu'elle pourrait augmenter sa participation dans la société sans être tenue de céder quelque titre que ce soit au bénéficiaire de la clause. La Cour d'appel de Versailles avait toutefois retenue « *qu'en cédant à sa filiale la quasi-totalité de ses droits sociaux, la société lui avait nécessairement cédé le contenu du pacte extrastatutaire, qui constituait l'accessoire des droits sociaux cédés*[1385] ». Ainsi, pour la Cour

---

[1382] V. en ce sens, A. GAUDEMET, « L'opposabilité et la transmission des obligations », *art. préc.*, spéc. p. 18.

[1383] V. B. Dondero, « Les pactes d'actionnaires et les mutations de la société », *Dr. & patrimoine*, novembre 2009. p. 69, spéc. p. 71.

[1384] V. en ce sens, A. GAUDEMET, « L'opposabilité et la transmission des obligations », *art. préc.*, spéc. p. 19.

[1385] CA Versailles, 27 juillet 2010, n°10/00559, *Dalloz* 2010, p. 1998 ; *Rev. sociétés* 2011, p. 90, note A. Couret ; *RTD Civ.* 2010, p. 781, obs. B. Fages ; *RTD Com.* 2010, p. 730, obs.

d'appel, il y aurait une transmission de plein droit des accords extrastatutaires aux tiers cessionnaires, ces accords constituant « *l'accessoire des droits sociaux cédé* ». Même si la cassation de l'arrêt n'intervient pas sur ce point précis, la Cour de cassation retient que cette motivation de la Cour d'appel est erronée[1386]. Le pacte d'actionnaire ne saurait donc être transmis de plein droit au cessionnaire sur le fondement de l'accessoire. Il appartient ainsi aux parties d'organiser la transmission des aménagements extrastatutaires.

450. Aménagements possibles. Les parties pourront recourir à une promesse de porte-fort de ratification par laquelle les parties s'engagent à faire ratifier l'aménagement extrastatutaire par le cessionnaire de leurs droits sociaux. Dans le même sens, les parties pourront recourir à une clause de ratification conditionnant toute cession des titres détenues par les parties à la ratification préalable du pacte par le cessionnaire pressenti[1387]. Une telle promesse de porte-fort ou clause de ratification vise à « *maintenir le cessionnaire des droits sociaux dans les chaussures du cédant*[1388] ». En ratifiant l'aménagement extrastatutaire, le cessionnaire devient une partie à celui-ci et serait dès lors tenue des obligations qui y sont stipulées. Toutefois, l'efficacité d'un tel mécanisme n'est pas assurée, étant donné qu'en cas de non ratification de l'accord extrastatutaire par le cessionnaire, le cédant ne serait tenu que de devoir indemniser les autres parties du préjudice qu'elles subissent du fait de l'inexécution de l'accord. Il s'avère ainsi que la transmission des engagements extrastatutaires aux ayants causes à titre particuliers est incertaine et nécessite une organisation particulière des parties à ces accords.

À l'égard des tiers, les aménagements statutaires apparaissent plus efficaces en termes d'opposabilité et de transmission. Il est à noter en la matière une convergence entre les droits français et OHADA. Celle-ci se justifie par l'absence d'une législation propre à la zone OHADA en matière contractuelle. Le code civil rendu applicable dans les anciennes colonies françaises avant les indépendances continue dans la plupart des pays notamment francophones de recevoir application.

Cl. Champaud et D. Danet ; *RTD com.* 2011, p. 134, obs. B. Dondero et P. Le Cannu ; *Bull. Joly sociétés* 2011, p. 986, note P. Mousseron.

[1386] Cass. com. 24 mai 2011, n° 10-24.869, *Rev. sociétés* 2011, p. 482, note A. Gaudemet ; *Dr. sociétés* 2011, comm. 168, note R. Mortier ; *Bull. Joly sociétés* 2011, p. 808, note P. Mousseron ; *RDC* 2011, p. 1170, note S. Carval ; *Dalloz* 2011, p. 2315, note G. Helleringer ; *RTD com.* 2011, p. 587, note P. Le Cannu et B. Dondero.

[1387] V. A. GAUDEMET, « Efficacité des pactes d'actionnaires : retour aux principes », note sous Cass. com. 24 mai 2011, n° 10-24.869, *Rev. sociétés* 2011, p. 482.

[1388] V. en ce sens, A. GAUDEMET, « L'opposabilité et la transmission des obligations », *art. préc.*, spéc. p. 19.

451. Conclusion de Chapitre. L'exécution des aménagements conventionnels restent en général tributaire de la bonne foi des parties. Or, en la matière, la recherche de la rentabilité financière sera préférée à la loyauté contractuelle. Il sera ici recommandé une application généreuse de l'article 1184 du code civil qui prévoit la faculté d'obtenir l'exécution forcée des obligations dès lors que celle-ci ne se heurte pas à une impossibilité juridique ou matérielle. En termes d'opposabilité ou de transmission, les aménagements statutaires semblent plus efficaces mais les accords extrastatutaires seront préférés en raison de leur confidentialité. Cette dernière qualité conduira le plus souvent en cas de différends entre les parties à recourir à des modes alternatifs de règlement des litiges. La convergence entre le droit français et le droit OHADA semble s'estomper lorsqu'est envisagé le contentieux de ces aménagements conventionnels.

Chapitre II. L'efficacité des aménagements conventionnels dans la résolution des différends en droit des sociétés

452. Les aménagements conventionnels, outils de prévention ou de résolution des différends. Les aménagements conventionnels, qu'ils soient relatifs au pouvoir ou au capital social, permettent tous d'une certaine manière d'éviter les situations conflictuelles dans la société. Ainsi en est-il par exemple des clauses d'exclusion, de retrait ou encore de sortie conjointe[1389]. Ils permettent aux associés d'anticiper les éventuels conflits pouvant entraîner les dysfonctionnements sociaux et, dans le pire des cas, la disparition de la personnalité morale. De ce fait, les aménagements conventionnels peuvent être perçus comme des outils de prévention des contentieux dans la société. Toutefois, quels que soient les efforts de prévision des associés, ces aménagements conventionnels ne sauraient empêcher la survenance de différends dans la société. Dans le même sens, ces aménagements peuvent à certains égards constituer eux-mêmes une source de différends en cas de remise en cause de leur validité ou de la survenance de difficulté dans leur exécution.

453. Développement des modes alternatifs de résolution des différends. Si traditionnellement la résolution des conflits au sein de la société était fortement judiciarisée[1390], de nos jours les modes alternatifs de règlement des différends, notamment l'arbitrage, la médiation ou encore la conciliation, tendent à se développer en droit des affaires. Cela pourrait s'expliquer entre autre par la faible indépendance, la corruption, les capacités professionnelles douteuses des juges mal payés, rajouté à la misère financière et documentaire des tribunaux, l'excessive lenteur du déroulement des procédures, l'excès de formalisme, l'inexécution des décisions de justice

---

[1389] V. *supra,* n° 41 et suiv.

[1390] Il faut toutefois noter que la majeure partie des pays africains connaissaient des mécanismes de prévention ou de règlement des conflits pouvant être assimilés de nos jours aux modes alternatifs de règlement de conflits. C'est le cas par exemple de « l'arbre à palabre » qui est une « véritable juridiction de la parole » dont l'objet était non seulement de trancher un litige mais surtout de trouver des moyens de conciliation des positions des différents protagonistes. La recherche de compromis acceptable par tous constitue le fil d'Ariane de ce mode de résolution des différends dans les sociétés traditionnelles africaines. Pour un approfondissement des mécanismes traditionnels de résolution des litiges en Afrique, V. O. BETOE BI EVIE, *Pour une promotion de la liberté contractuelle en droit OHADA des sociétés*, *op. cit.*, p. 333 et suiv.

associée à la faible réceptivité aux aspirations du milieu environnant, l'éloignement des populations et la trop grande proximité du pouvoir politique[1391]. Ce constat de l'état du service public de la justice aussi bien en France que dans les pays membres de l'OHADA[1392] constitue particulièrement un handicap pour la résolution des litiges commerciaux qui s'accommodent peu de la lenteur, de la publicité et de l'inefficacité d'une manière générale de la justice étatique. Ces différends sont de plus en plus résolus par des tiers organisés dans des organismes institutionnels à l'instar des centres de médiation et d'arbitrage de Paris ou de Ouagadougou. Pour ne prendre que l'exemple du centre d'arbitrage, de médiation et de conciliation de Ouagadougou (CAMC-O)[1393], en huit années de fonctionnement effectif, celui-ci a enregistré trois cents quatre-vingt (380) dossiers pour un montant cumulé de litiges de deux cents cinquante-neuf milliards trois cent soixante-dix-huit millions huit cent quatre-vingt-un mille cent sept (259 378 881 107) Francs CFA[1394]. Ces centres se multiplient dans tous les pays de la zone OHADA, ce qui prouve l'engouement pour ce système de résolution des litiges[1395].

454. Contractualisation croissante de la résolution des différends en droit des sociétés. Les aménagements conventionnels sont le lieu privilégié

[1391] V. J. Du BOIS DE GAUDUSSON, « Les dysfonctionnements du service public de la justice en Afrique francophone », in *Quel service public de la justice en Afrique francophone*, sous la dir. F. HOURQUEBIE, Bruylant, 2013, p. 8.

[1392] Il y a lieu de remarquer que les dysfonctionnements de la justice étatique ne sont pas propres aux pays dits du Sud, mais dans ces derniers « *les difficultés rencontrées sont en quelque sorte affectées d'un coefficient multiplicateur, extraordinairement élevé, en raison notamment des insuffisances des structures et des moyens, de l'incompréhension par une grande partie de la population de la justice et du droit qu'elle applique, des pressions du pouvoir politique et d'une « société civile » très prégnante* ». V. J. Du BOIS DE GAUDUSSON, « Les dysfonctionnements du service public de la justice en Afrique francophone », *art. préc.*, p. 7. *Adde*, A. FOKO, « La rationalisation du domaine de l'arbitrage – (Une étude à la lumière des droits français et de l'OHADA) », *Penant* 2014, n° 889, p. 425, n° 1. Pour ce dernier auteur, « *l'insécurité ambiante était la conséquence notamment de l'insuffisance de la formation des magistrats, des auxiliaires de justice et arbitres, notamment en matière économique et financière, d'une part, et, d'autre part, de la modicité des moyens humains et matériels dont diverses juridictions étaient dotées ». Cette situation avait pour conséquence des « décisions contestables et contestées, décisions mises en délibéré pour de très longues périodes, méconnaissance des règles de procédure et de déontologie, accueil des moyens dilatoires les plus critiquables, renvois à répétition de nature à décourager les demandeurs de bonne foi, exécution de décision difficile, voire parfois impossible* ».

[1393] http://www.camco.bf/Statistiques

[1394] Soit environ trois cent quatre-vingt-quinze millions neuf cent quatre-vingt-dix-huit mille deux cent quatre-vingt-douze euros (395.998.292€).

[1395] Nous pouvons relever notamment outre le CAMC-O, l'existence du centre d'arbitrage et/ou de médiation et de conciliation au Bénin (CAMéC), au Cameroun (GICAM), à Conakry (CAC), au Congo Brazzaville (CAC), en Côte d'Ivoire (CACI), à Dakar (CAM-D), au Mali (CECAM), et en République Démocratique du Congo (CENACOM).

pour favoriser la construction de ce système alternatif de prévention et de résolution des litiges adapté aux besoins des associés et de la société. Il est de nos jours rare de conventions sociétaires qui ne prévoient une clause d'arbitrage, de médiation ou de conciliation préalable à toute saisine d'un juge étatique. Il s'agit d'une conséquence logique du phénomène de contractualisation du droit des affaires. Le droit OHADA s'est quelque peu émancipé du droit français par l'adoption d'un Acte uniforme relatif au droit de l'arbitrage (AUA)[1396]. Quant à la médiation et à la conciliation, celles-ci sont en général régies par des textes nationaux[1397]. Lorsque les parties sont obligées de régler leurs différends devant la justice étatique, elles ont la faculté d'aménager les règles gouvernant l'instance judiciaire malgré l'existence d'un ordre public assez significatif en la matière. Avant de nous intéresser à l'efficacité de ces modes conventionnels de résolution des différends (**Section II**), nous pourrons d'abord présenter les possibilités d'aménagement conventionnel du recours à la justice étatique (**Section I**).

Section I. Les possibilités d'aménagement conventionnel du recours à la justice étatique

455. Lorsque survient un différend à l'occasion de l'exécution d'un aménagement conventionnel ou dans le fonctionnement de la société commerciale, il revient en principe au juge étatique de statuer sur le problème posé pour y apporter la solution de droit qui convient. Or, la justice étatique est critiquée notamment pour le fait que les parties ont souvent l'impression que la solution judiciaire leur est totalement étrangère[1398]. De ce fait, les parties pourront légitimement chercher soit à écarter l'action en justice, soit à l'adapter afin qu'elle corresponde le mieux à leurs besoins. Les associés, parties à un aménagement conventionnel statutaire ou extrastatutaire, préfèreront éviter un procès qui aura certainement une publicité négative pour la société avec éventuellement l'obligation parfois de dévoiler certains secrets d'affaires. Certains aménagements conventionnels peuvent être utilisés à cet effet[1399]. Mais lorsque le procès devient inévitable, les parties disposent également de moyens d'adapter l'action en justice afin que celle-ci réponde mieux à leurs besoins. Ainsi, certaines conventions

---

[1396] Ce mode de résolution des conflits n'était pas inconnu en Afrique. V. en ce sens, A. FOKO, « La rationalisation du domaine de l'arbitrage – (Une étude à la lumière des droits français et de l'OHADA) », *art. préc.*, p. 425, n° 3.

[1397] V. par exemple la loi n° 52-2012/AN du 17 décembre 2012 portant médiation en matière civile et commerciale au Burkina Faso.

[1398] V. en ce sens, L. CADIET, « Clauses relatives aux litiges », in *Jurisclasseur contrats – Distribution*, Fasc. 190, p. 6, n° 9.

[1399] V. *infra*, n° 459.

auront pour effet d'aménager l'action en justice (**§I**), tandis que d'autres viseront l'aménagement de l'instance judicaire (**§II**).

§I. Les possibilités d'aménagement conventionnel de l'action en justice

456. Le droit d'agir en justice fait partie de ces droits que l'on peut qualifier de fondamentaux aussi bien en droit OHADA que français[1400]. L'effectivité de la garantie d'un procès équitable[1401] reconnue dans la quasi-totalité des codes de procédure civile dépend étroitement et préalablement de l'existence d'un droit à agir en justice. Il est admis de nos jours la possibilité d'aménagement conventionnel d'une part de l'action en justice (**A**), et d'autre part des règles gouvernant l'instance judiciaire (**B**).

A. L'aménagement conventionnel du droit d'agir en justice

457. Malgré toutes les réserves que l'on peut émettre à l'idée d'un aménagement conventionnel du droit d'agir en justice (**1**), il y a lieu de valider une telle possibilité (**2**).

1. Les réticences à l'aménagement conventionnel du droit d'agir en justice

458. Le droit d'agir en justice, un droit fondamental. La qualification du droit d'agir en justice de droit fondamental laisse penser que ce droit est insusceptible d'aménagement conventionnel. En effet, s'agissant d'une liberté publique, le droit d'agir en justice « *pourrait bien constituer une chose hors du commerce des particuliers*[1402] ». Ces derniers ne seraient donc pas autorisés à faire œuvre conventionnelle en la matière. Aussi, la qualification de service public de la justice invite à considérer comme d'ordre public toutes les règles d'organisation et de fonctionnement, en

---

[1400] V. Ph. GRIGNON, « L'obligation de ne pas agir en justice », in *Mélanges Christian MOULY*, Litec 1998, p. 115-130, spéc. p. 115, n° 1 ; L. CADIET, « Clauses relatives aux litiges », *op. cit.*, p. 5, n° 6 ; M. BANDRAC, « L'action en justice, droit fondamental », *in Nouveaux juges, nouveaux pouvoirs ? : Mélanges en l'honneur de Roger PERROT*, Dalloz 1996, p. 1.

[1401] Pour ne citer que celle-ci, la garantie à un procès équitable est notamment reconnue par l'article 6, §1er de la Convention européenne des droits de l'homme et l'article 7 de la Charte africaine des droits de l'Homme et des Peuples.

[1402] L. CADIET, « Clauses relatives aux litiges », *op. cit.*, p. 5, n° 6.

particulier le libre accès à la justice. Cet ordre public tend ainsi à nier toute possible intervention de la volonté individuelle en la matière.

Pourtant, le législateur accorde une place importante à la volonté contractuelle dans l'organisation du procès civil. En témoigne l'article 1er du code de procédure civile français qui prévoit que « *Seules les parties introduisent l'instance, hors les cas où la loi en dispose autrement. Elles ont la liberté d'y mettre fin avant qu'elle ne s'éteigne par l'effet du jugement ou en vertu de la loi* ». L'initiative de l'action en justice ainsi que l'évolution de celle-ci relève donc *a priori* du ressort de la volonté individuelle. Certains auteurs ont en ce sens considéré que l'action en justice est « *la chose des parties qui, seules introduisent l'instance, ont la liberté d'y mettre fin avant qu'elle ne s'éteigne par l'effet du jugement ou en vertu de la loi*[1403] ». À l'instar du droit de vote, droit fondamental de l'associé qui ne peut être supprimé, le droit d'agir en justice peut tolérer des aménagements sans que ceux-ci ne remettent totalement en cause ce droit.

2. La validation de l'aménagement conventionnel du droit d'agir en justice

459. Limitation possible du droit d'agir en justice. « *Ce n'est pas parce que la clause a pour objet d'aménager le traitement judiciaire du litige, qu'elle est nulle*[1404] ». Plusieurs auteurs ont validé la possibilité d'aménagement conventionnel du droit d'agir en justice[1405]. Aussi bien en droit OHADA que français, les modes alternatifs de règlement des différends sont validés tant par le législateur que par la jurisprudence[1406]. Ces modes de résolution conventionnelle des litiges telle que la conciliation ou la médiation, permettent aux parties à une convention d'instaurer une véritable obligation de ne pas agir en justice. Ceux-ci constituent une obligation provisoire de ne pas agir en justice en ce sens qu'en cas d'échec de la résolution amiable, chaque partie recouvre la plénitude de son droit d'obtenir un règlement juridictionnel du litige. Il est donc envisageable que les associés prévoient, dans une clause statutaire ou extrastatutaire, que les parties s'abstiendront de tout recours devant une justice étatique avant un règlement amiable de tout litige qui pourrait survenir dans l'exécution de leur convention. Une telle clause a pour effet d'imposer aux parties d'une part, une obligation de ne pas faire qui se traduit par la renonciation

---

[1403] *Ibid.* n° 5.

[1404] Ibid.

[1405] V. notamment Ph. GRIGNON, « L'obligation de ne pas agir en justice », préc. et L. CADIET, « Clauses relatives aux litiges », préc.

[1406] V. *infra*, n° 472 et suiv.

temporaire à toute action judiciaire, mais également d'autre part, une obligation de faire qui consiste à envisager un règlement amiable du litige qui viendrait à naître. Cette obligation de faire est une obligation de moyen, les parties n'étant aucunement tenues de trouver un accord amiable à leur différend.

460. Réserves à la validation de l'aménagement conventionnel du droit d'agir en justice. Lorsqu'une convention vise à imposer une obligation de ne pas agir en justice, celle-ci ne peut être que limitée. En effet, en tant que droit fondamental garanti par la majeure partie des instruments internationaux relatifs aux droits humains, le droit d'agir en justice ne saurait faire l'objet d'une renonciation définitive, générale et absolue[1407]. De ce fait, « *si une personne ne saurait de manière générale, s'engager à ne pas recourir à la justice pour assurer la défense de ses prérogatives, une renonciation spéciale par laquelle cette personne s'interdirait de recourir à la justice pour la défense de tel droit en particulier ne semble pas condamnable*[1408] ». Cela suppose que la renonciation, à l'instar de toute clause imposant une obligation de ne pas faire, soit limitée dans le temps et dans son objet. C'est ainsi que lorsqu'une telle obligation est prévue, « *les parties devront, à peine de nullité de la clause, déterminer le domaine de l'abstention, relativiser son contenu et prévoir sa durée*[1409] ».

461. Efficacité de l'aménagement conventionnel du droit d'agir en justice. L'efficacité d'un tel aménagement dépend étroitement de la sanction qui sera réservée à l'inexécution de celui-ci. En principe, l'efficacité de la clause imposant une obligation de ne pas recourir à la justice devra être garantie par la recevabilité de la fin de non-recevoir de l'action en justice introduite en mépris de ladite clause. C'est dans ce sens que la chambre mixte de la Cour de cassation a considéré qu'il « *résulte des articles 122 et 124 du Nouveau code de procédure civile que les fins de non-recevoir ne sont pas limitativement énumérées ; que, licite, la clause d'un contrat instituant une procédure de conciliation obligatoire et préalable à la saisine du juge, dont la mise en œuvre suspend jusqu'à son issue le cours de la prescription, constitue une fin de non-recevoir qui s'impose au juge si les parties l'invoquent*[1410] ». Ainsi, les parties peuvent valablement prévoir une

---

[1407] V. en ce sens Ph. GRIGNON, « L'obligation de ne pas agir en justice », *op. cit.*, p. 126, n° 18 ; J. M. MOUSSERON, *Technique contractuelle*, éd. Francis Lefebvre 2010, 4e éd. par P. MOUSSERON, J. RAYNARD et J.-B. SEUBE, p. 654, n° 1624.

[1408] L. CADIET, « Clauses relatives aux litiges », *op. cit.*, p. 5, n° 6.

[1409] Ph. GRIGNON, « L'obligation de ne pas agir en justice », *art. préc.*, p. 129, n° 24.

[1410] Cass. ch. mixte, 14 février 2003, Bull. ch. mixte n° 1, *Dalloz* 2003, p. 1386, note P. Ancel et M. Cottin ; *RTD Civ.* 2003, p. 394, obs. J. Mestre et B. Fages ; *RDC* 2003, p. 186, obs. L. Cadiet et P. Lagarde.

renonciation temporaire au droit d'agir en justice. La même faculté leur sera ouverte relativement aux règles gouvernant l'action en justice.

B. L'aménagement conventionnel des règles gouvernant l'action en justice

462. L'action en justice est strictement règlementée par le législateur, l'organisation du service public de la justice relevant par principe de l'intérêt général. La possibilité d'aménagement conventionnel de l'action en justice dépendra du caractère d'intérêt privé ou d'ordre public des règles gouvernant notamment la prescription de l'action ou la compétence des juridictions. L'examen de l'aménagement conventionnel des règles de prescription **(1)** précèdera celui des règles de compétence des juridictions **(2)**.

1. L'aménagement conventionnel des règles de prescription

463. En droit français. L'article 2219 du code civil définit la prescription extinctive comme « *un mode d'extinction d'un droit résultant de l'inaction de son titulaire pendant un certain laps de temps* ». Elle n'a pas pour effet de faire disparaître le droit mais vise plutôt à empêcher le titulaire d'une créance d'agir en justice afin d'obtenir le paiement de celle-ci. La maîtrise de la prescription permet ainsi de stipuler une obligation de ne pas agir en justice après un certain délai. Celle-ci peut s'avérer intéressante pour des parties à une convention qui n'entendent pas laisser peser sur elles indéfiniment l'éventualité d'un procès. La question qui se pose est alors de savoir si les règles de prescription telles que posées par le législateur peuvent faire l'objet d'aménagements conventionnels ? Il convient de rappeler que la prescription ne pouvant être invoquée d'office par le juge et ne jouant pas automatiquement[1411], celle-ci se rattacherait à l'intérêt privé[1412]. Pour autant, les règles gouvernant la prescription en matière civile visent également une meilleure administration de la justice en évitant l'ouverture d'une procédure judiciaire au moment où du fait de l'écoulement du temps, les preuves des différentes allégations seraient difficilement rapportables. Il apparaît dès lors légitime de se demander si des parties à une convention peuvent renoncer, allonger ou encore abréger les délais de prescriptions légales.

[1411] L'article 2247 du code civil prévoit que « *les juges ne peuvent suppléer d'office le moyen résultant de la prescription* ». Cette disposition est également prévue à l'article 2223 du code civil du Burkina Faso ou encore à l'article 221, alinéa 2 du code des obligations civiles et commerciales du Sénégal.

[1412] L. CADIET, « Clauses relatives aux litiges », *op. cit.*, p. 19, n° 39.

S'agissant de la renonciation au droit de prescrire, l'article 2250 dispose que « *seule une prescription acquise est susceptible de renonciation* ». Cette renonciation peut en outre être expresse ou tacite. Quant à la possibilité d'allonger ou d'abréger conventionnellement le délai de prescription, il est désormais prévu en droit français que « *la durée de la prescription peut être abrégée ou allongée par accord des parties*[1413] ». Le législateur accorde ainsi une place importante à la volonté individuelle dans l'aménagement des règles gouvernant la prescription. La liberté contractuelle étend également son domaine pour embrasser les causes de suspension ou d'interruption de la prescription prévues par la loi[1414].

Toutefois, cette possibilité d'allonger ou d'abréger le délai de prescription connait des limites temporelles et matérielles. En effet, le délai de prescription ne peut être réduit à moins d'un an ou étendu à plus de dix ans[1415]. Il s'agit ici de fixer un délai plancher et plafond afin d'éviter que la faculté d'abréger le délai légal ne supprime toute possibilité matérielle d'action pour le créancier ou au contraire, que l'allongement de ce délai ne fasse peser indéfiniment sur le débiteur l'éventualité d'un procès. De même, l'aménagement conventionnel de la prescription ne saurait s'étendre « *aux actions en paiement ou en répétition des salaires, arrérages de rente, pensions alimentaires, loyers, fermages, charges locatives, intérêts des sommes prêtées et, généralement aux actions en paiement de tout ce qui est payable par années ou à des termes périodiques plus courts*[1416] ». Cette limite se comprend au regard de la nature des créances visées.

464. En droit OHADA. Dans la plupart des États parties au traité OHADA, les règles en matière de prescription héritées de la colonisation ont très peu évolué. Même dans les pays qui ont entrepris une réforme de leur code civil à l'instar du Sénégal, le régime général de la prescription est similaire à celui qui était applicable en France avant l'intervention de la loi n° 2008-561 du 17 juin 2008 portant réforme de la prescription en matière civile. Ainsi, par exemple au Burkina Faso, l'article 2220 du code civil prévoit que : « *On ne peut d'avance renoncer à la prescription ; on peut renoncer à la prescription acquise* ». Dans le même sens, l'article 220 du code des obligations civiles et commerciales du Sénégal prévoit que « *Le débiteur ne peut renoncer par avance à la prescription extinctrice. Il peut renoncer à s'en prévaloir même tacitement lorsque le temps fixé est expiré* ». Ainsi, dans ces États, les clauses de renonciation au droit de prescrire sont nulles. Elles ne peuvent être valables que lorsque la prescription est acquise.

1413 Article 2254, alinéa 1er du code civil.
1414 Article 2254, alinéa 2 du code civil.
1415 Article 2254, alinéa 1er du code civil.
1416 Article 2254, alinéa 3 du code civil.

Aussi, devraient être déclarées nulles les clauses qui ont pour effet d'allonger considérablement le délai de prescription de telle sorte qu'elles s'apparenteraient à une renonciation partielle au bénéfice de la prescription. L'admission de telles clauses permettrait de contourner l'interdiction de renonciation posée par le législateur. A l'inverse, et tel que prévu désormais par le législateur OHADA, les clauses ayant pour effet d'abréger le délai de prescription devraient être validées dans la mesure où elles sont favorables au débiteur qui sera libéré plus rapidement. Toutefois, celles-ci ne pourront pas abréger le délai de prescription de manière à nier à terme le droit d'agir en justice.

Dans l'ensemble, il existe de réelles possibilités d'aménagement des règles de prescription du droit d'agir en justice, même si le droit français accorde plus de place à la volonté individuelle que les droits des États membres du Traité OHADA. Ces possibilités pourront également être observées à l'égard des règles de compétence des juridictions.

2. L'aménagement conventionnel des règles de compétence des juridictions

465. Interdiction de principe des aménagements conventionnels de la compétence des juridictions. En droit français, la compétence d'attribution en matière de société commerciale est réglée par l'article L. 721-3 du code de commerce. Au regard de cet article, les tribunaux de commerce sont compétents pour connaître des contestations relatives aux sociétés commerciales. La Cour de cassation a élargi cette compétence aux contestations nées à l'occasion d'une cession de titres d'une société commerciale. Une grande partie des aménagements conventionnels relatifs au capital social relèvera donc de la compétence des juridictions consulaires. D'une manière générale, les tribunaux de commerce seront compétents pour tout litige se rattachant par « *un lien direct à la gestion de sociétés commerciales*[1417] ». A l'instar des règles de prescription, l'interrogation se porte sur la possibilité pour les parties à une convention d'aménager les règles de compétence d'attribution ou territoriale.

Les règles de compétence sont en principe fixées par la loi, et relèvent de mesures d'administration de la justice. Elles sont donc en principe des

[1417] Cass. com., 27 octobre 2009, n° 08-20.384, *Dalloz* 2009, p. 2679, note X. Delpech ; *Rev. sociétés* 2010, p. 30, note B. Saintourens ; *RTD Com.* 2009, p. 766, obs. P. Le Cannu et B. Dondero.

règles d'ordre public[1418]. Ainsi, les clauses visant l'aménagement conventionnel de la compétence des tribunaux sont en principe nulles. Celles-ci ne peuvent donc modifier ni l'ordre ou le degré de juridiction, ni la nature de la juridiction normalement compétente[1419].

Toutefois, si les parties ne peuvent modifier d'avance les règles de compétence *rationae materiae*, le législateur leur permet, lorsque le litige est déjà né, de « *convenir que leur différend sera jugé par une juridiction bien que celle-ci soit incompétente en raison du montant de la demande*[1420] ». Dans le même sens et sous la même condition, les parties, pour les droits dont elles ont la libre disposition, peuvent « *convenir en vertu d'un accord exprès que leur différend sera jugé sans appel même si le montant de la demande est supérieur au taux du dernier ressort* ». Il ressort de ces textes que la possibilité d'aménagement conventionnel des règles de compétence matérielle n'est admise qu'à titre exceptionnel et seulement lorsque le litige est déjà né.

Quant aux clauses de compétence territoriale, celles-ci sont en principe réputées non écrites, qu'elles dérogent directement ou indirectement à la compétence légale. L'article 48 du code de procédure civile prévoit en effet que « *Toute clause qui, directement ou indirectement, déroge aux règles de compétence territoriale est réputée non écrite* ». Toutefois, cette sanction n'est pas absolue car elle est écartée par le législateur lorsqu'elle a « *été convenue entre des personnes ayant toutes contracté en qualité de commerçant et qu'elle n'ait été spécifiée de façon très apparente dans l'engagement de la partie à qui elle est opposée* ». Ainsi, à moins d'avoir été stipulée de manière très apparente dans un aménagement conventionnel impliquant des associés ayant tous la qualité de commerçant et intervenant en cette qualité, la clause dérogeant à la compétence territoriale sera réputée non écrite. Celle-ci serait à l'inverse valable dans un pacte d'actionnaires impliquant des associés d'une société en nom collectif[1421].

L'AUDSC ne traitant pas des règles de compétence des juridictions, celles-ci relèvent de la souveraineté de chaque État. L'article 51, alinéa 2 du code de procédure civile du Burkina Faso par exemple pose les mêmes principes que ceux affirmés en droit français. Cet article prévoit que « *Toute clause qui, directement ou indirectement, déroge aux règles de compétence territoriale est réputée non écrite, à moins qu'elle n'ait été convenue entre des personnes ayant toutes contracté en qualité de commerçants et qu'elle*

[1418] V. en ce sens, L. CADIET, « Clauses relatives aux litiges », *op. cit.*, p. 21, n° 46. Adde, J. M. MOUSSERON, *Technique contractuelle*, *op. cit.*, p. 687, n° 1690.
[1419] L. CADIET, « Clauses relatives aux litiges », *op. cit.*, p. 22, n° 49 et 50.
[1420] Article 41 du code de procédure civile.
[1421] V. en ce sens, P. MOUSSERON, *Les conventions sociétaires*, *op. cit.*, p. 408, n° 632.

n'ait été spécifiée de façon très apparente dans l'engagement de la partie à qui elle est opposée ». Ainsi, les clauses dérogatoires des règles de compétence territoriale des juridictions burkinabè sont par principe réputées non écrites. Cette sanction n'est écartée que lorsque les deux conditions posées par le législateur sont remplies, à savoir avoir contracté en qualité de commerçant et faire figurer la clause de manière très apparente dans l'engagement de la partie à qui elle est opposée.

Les restrictions à l'aménagement conventionnel des règles de compétence des juridictions en droit français et OHADA sont aussi perceptibles à l'égard de l'aménagement de l'instance judiciaire.

§II. Les possibilités d'aménagement conventionnel de l'instance judiciaire

466. L'instance judiciaire est en principe régie par des règles d'ordre public. Toutefois, les parties ne sont pas totalement dépossédées de la faculté d'aménager le contenu du procès. Celles-ci peuvent en effet cantonner soit l'interprétation du litige (**A**), soit l'étendue de la solution qui sera retenue par le juge (**B**).

A. Le cantonnement de l'interprétation du litige par les parties

467. Intérêts du cantonnement du pouvoir d'interprétation du juge. Le procès est en principe la chose des parties. Toutefois, les parties se retrouvent parfois étrangères au procès qu'elles ont engagé, du fait des qualifications juridiques opérées nécessairement par le juge. De ce fait, certains instruments contractuels pourront être utiles aux parties dans l'optique d'influer sur l'interprétation par le juge des termes de leur différend. À cet effet, les auteurs sont unanimes sur la nécessité de prévoir dans les statuts ou dans les pactes d'actionnaires, des clauses permettant en cas de litige, d'appréhender les intentions qui animaient les parties lors de la conclusion de leur accord[1422].

[1422] V. en ce sens, M. COZIAN, A. VIANDIER, Fl. DEBOISSY, Droit des sociétés, op. cit., p. 109, n° 200 ; P. MOUSSERON, Les conventions sociétaires, op. cit., p. 53, n° 69 ; J-M. MOULIN, Le droit de l'ingénierie juridique et financière – Le droit du financement du haut de bilan des sociétés, op. cit., p. 466, n° 931 ; L. GODON, La société par actions simplifiée, op. cit., p. 61, n° 70.

468. Préambule. Il n'est pas rare que les statuts de société soient précédés d'un préambule. Celui-ci « *est au contrat des sociétés ce que l'exposé des motifs est à la loi*[1423] ». En effet, le préambule constitue un véritable guide d'interprétation de la volonté des associés susceptible, le cas échéant, de contribuer à l'explication de clauses obscures ou difficilement conciliables entre elles. Ce document contractuel n'est pas réservé exclusivement à l'éclaircissement des clauses statutaires, mais il peut également et d'une manière utile accompagner tout pacte d'actionnaires extrastatutaire. Lorsque le juge est confronté à un litige relatif à la validité ou à l'exécution d'un aménagement conventionnel, il se doit de rechercher la volonté commune des parties. Or, les clauses de ces conventions se révèlent parfois obscures ou inconciliables entre elles. De ce fait, l'existence d'un document contractuel précisant les intentions des parties pourrait guider le juge dans cette interprétation. La volonté individuelle vient ici au secours de l'institution judiciaire. Ce préambule peut prendre la forme d'un lexique ou d'un véritable « exposé des motifs », l'intérêt étant qu'en cas de difficultés d'interprétation des clauses qu'il accompagne, celui-ci puisse cantonner le pouvoir d'interprétation du juge.

469. Autres clauses d'interprétation. À l'instar du préambule, le règlement intérieur ou encore les lettres d'intentions peuvent servir de guide d'interprétation à la disposition du juge. Aussi, les parties ont parfois recours à des clauses de définition ou encore à des intitulés des différentes clauses permettant de geler l'interprétation du juge. S'il est incontestable que les juges du fond disposent d'un pouvoir souverain d'appréciation des faits et d'interprétation des conventions qui leur sont soumises, ce pouvoir d'interprétation devrait s'estomper lorsque les intentions des parties ont été cristallisées dans un document contractuel.

470. Il apparaît ainsi que les parties peuvent d'une certaine manière cantonner d'avance l'interprétation du juge. Cette faculté pourra être mise en œuvre également afin de cantonner l'issue d'un éventuel procès.

B. L'aménagement conventionnel de l'issue de l'instance judiciaire

471. Clauses de remboursement des frais de procès. Si les parties ne peuvent par principe pas influer sur l'application du droit faite par le juge, elles peuvent néanmoins aménager les conséquences pécuniaires de l'instance judiciaire. En principe, chaque partie supporte un certain nombre de frais liés à la procédure judiciaire qualifiés de frais irrépétibles. Mais le

[1423] M. COZIAN, A. VIANDIER, Fl. DEBOISSY, *Droit des sociétés*, *op. cit.*, p. 109, n° 200.

juge a la possibilité de condamner l'une des parties à payer à l'autre les frais qu'elle a dû engager et qui ne sont pas compris dans les dépens. Ces frais étant souvent sous-évalués par les juridictions, les clauses de remboursement de procès permettent de mettre « *à la charge du débiteur l'obligation de payer au créancier une somme forfaitaire à titre d'indemnité dès lors que celui-ci est contraint à un recouvrement judiciaire ou à une procédure d'exécution*[1424] ». Il s'agit par ces clauses, de tempérer le pouvoir considérable d'appréciation du juge qui, pour condamner l'une des parties à payer à l'autre les frais engagés, « *tient compte de l'équité ou de la situation économique de la partie condamnée*[1425] ». Ces clauses sont en principe valables, la question se reportant sur la possibilité pour le juge d'avoir un regard sur le montant de l'indemnité conventionnelle prévue. La Cour de cassation a considéré que de telles clauses n'étaient pas soumises au pouvoir régulateur du juge, celles-ci ne revêtant pas le caractère d'une clause pénale[1426]. Cette solution apparaît justifiée dans la mesure où la clause ne vise pas à sanctionner directement l'inexécution d'une obligation. Toutefois, de telles clauses ne sauraient être admises lorsque le montant fixé est de nature à dissuader une partie d'agir en justice. Serait dès lors atteint le droit fondamental d'agir en justice.

Il apparaît ainsi que malgré la traditionnelle rigidité qui entoure les règles gouvernant l'instance civile, il existe des possibilités concrètes pour les parties d'aménager celles-ci afin de se réapproprier la résolution de leur différend. En dépit de ces possibilités qui sont peu ou pas exploitées, les parties préfèrent de plus en plus se tourner vers les modes alternatifs de règlement des différends.

Section II. L'efficacité des modes conventionnels de règlement des différends

472. Il a été très justement relevé que « *les parties, surtout lorsqu'il s'agit d'entreprises, veulent garder la main haute sur le litige, qu'elles « gèrent » comme elles le feraient d'une affaire commerciale ou financière. Elles n'abandonnent plus aussi facilement leur différend aux seuls spécialistes du droit et souhaitent éviter tout aléa inhérent à tout procès ; les arrangements présentent toujours l'avantage de procurer aux parties la certitude de la solution*[1427] ». Cette constatation permet de justifier aisément

[1424] L. CADIET, « Clauses relatives aux litiges », *op. cit.*, p. 35, n° 77.
[1425] Article 700, alinéa 2 du code de procédure civile.
[1426] Cass. 1ère civ. 16 janvier 1985, Bull. civ. I, n° 25.
[1427] Ch. JARROSSON, « Les modes alternatifs de règlement des conflits. Présentation générale », *RIDC* avril-juin 1997, vol. 49, n°2, p. 325-345, spéc. n° 5.

l'intérêt croissant, aussi bien en France que dans les États membres du Traité OHADA, pour les modes alternatifs de règlement des différends. L'arbitrage tend à perdre ce qualificatif de mode alternatif à la justice étatique du fait d'une tendance à la juridictionnalisation et à l'institutionnalisation. La médiation et la conciliation constituent ainsi l'essentiel des modes pacifiques et réellement alternatifs de résolution des différends. Nous aborderons successivement l'arbitrage d'une part (**§I**), la médiation et la conciliation d'autre part en tant que modes conventionnels de règlement des différends (**§II**).

§I. le recours à l'arbitrage comme mode conventionnel de règlement des différends

473. Notion d'arbitrage en droit des sociétés. Les liens entre l'arbitrage et la société ne sont plus à démontrer[1428]. L'article L. 723-1 du code de commerce prévoit en effet que les parties peuvent décider, au moment où elles contractent, de soumettre à l'arbitrage les contestations relatives notamment aux sociétés commerciales. De ce fait, il est très courant que des conventions statutaires ou extrastatutaires contiennent des conventions d'arbitrage[1429] permettant de résoudre les différends entre associés ou entre les associés et la société. La convention d'arbitrage peut prendre deux formes en fonction du moment de conclusion de l'accord[1430] : celle d'une clause compromissoire lorsque les parties à un contrat – les statuts par exemple – décident de soumettre les éventuels différends à naître à l'arbitrage, ou à l'inverse celle d'un compromis d'arbitrage lorsqu'un litige est déjà né[1431]. La validité intrinsèque de la convention d'arbitrage en droit français ou OHADA relève de prime abord des conditions de validité de tout contrat, à savoir l'intégrité du consentement, la licéité de l'objet et de la cause de la convention, et la capacité des parties à contracter notamment la régularité du pouvoir de représentation des dirigeants des personnes

[1428] V. D. COHEN, *Arbitrage et société*, L.G.D.J. Coll. Bib. Dr. privé, 1993.

[1429] V. en ce sens, J. MESTRE et J.-Ch. RODA, *Les principales clauses des contrats d'affaires*, *op. cit.*, V° « Clause compromissoire », p. 188, n° 305.

[1430] L'article 1442 du code de procédure civile française retient que « La convention d'arbitrage prend la forme d'une clause compromissoire ou d'un compromis. La clause compromissoire est la convention par laquelle les parties à un ou plusieurs contrats s'engagent à soumettre à l'arbitrage les litiges qui pourraient naître relativement à ce ou à ces contrats. Le compromis est la convention par laquelle les parties à un litige né soumettent celui-ci à l'arbitrage ».

[1431] Certains auteurs considèrent que le recours à la clause compromissoire est plus efficace car les parties après la naissance d'un différend ne seront plus dans les meilleures dispositions pour conclure un compromis d'arbitrage. V. notamment O. BETOE BI EVIE, *Pour une promotion de la liberté contractuelle en droit OHADA des sociétés*, *op. cit.*, p. 346, n° 400.

morales[1432]. Aussi, d'un point de vue formel la convention d'arbitrage devra être faite par écrit ou par tout autre moyen permettant d'en administrer la preuve[1433]. Cette exigence s'explique aisément par le fait que nul ne peut être contraint à délaisser la justice étatique pour recourir à l'arbitrage. Il sied donc de justifier de la volonté manifeste des parties à y recourir. Si la volonté des parties a une influence certaine sur l'organisation de l'instance arbitrale (**§I**), cette influence est limitée quant à l'issue de cette instance (**§II**).

A. L'influence certaine de la volonté des parties dans l'organisation de l'instance arbitrale

474. « *L'arbitrage fascine : [...] il entretient chez l'homme le sentiment, ou tout au moins l'illusion, qu'il peut constituer entre ses mains un instrument au service de sa volonté de puissance et un moyen de se soustraire ainsi à la norme commune*[1434] ». L'arbitrage constitue une sorte de justice privée, basée essentiellement sur la volonté individuelle. « *Le lien entre contrat et arbitrage tombe tellement sous le sens que chercher à l'établir peut paraître superflu* », affirmera un auteur[1435]. L'organisation de l'instance arbitrale repose en grande partie sur le contenu de la convention d'arbitrage. Il conviendra d'abord d'examiner la question de l'arbitrabilité des litiges en droit français et OHADA (**1**) avant d'aborder la question de l'organisation de l'instance arbitrale proprement dite (**2**).

1. L'arbitrabilité des différends en droit français et OHADA

475. Définition. L'arbitrabilité peut être définie comme « *l'aptitude d'un litige à être tranché par voie d'arbitrage* »[1436]. La convention d'arbitrage est régie en droit OHADA par le Traité OHADA mais également par l'Acte uniforme relatif au droit de l'arbitrage (AUA). En droit français, elle est essentiellement régie par le code civil, le code de commerce et le code de procédure civile. Il conviendra d'examiner d'une part les parties qui peuvent recourir à l'arbitrage (**a**), et d'autre part les matières arbitrables (**b**).

[1432] Article 1108 du code civil.

[1433] Article 1443 du code de procédure civile français et article 3 de l'AUA.

[1434] B. OPPETIT, *Théorie de l'arbitrage*, PUF 1998, p. 9.

[1435] S. OUSMANOU, « Arbitrabilité », in *Encyclopédie du droit OHADA*, *op. cit.*, p. 229, n° 15.

[1436] S. OUSMANOU, « Arbitrabilité », in *Encyclopédie du droit OHADA*, *op. cit.*, p. 226, n° 1. *Adde*, P. LEVEL, « L'arbitrabilité », *Rev. Arb.* 1992, p. 213 ; Ch. JARROSON, « Arbitrabilité : Présentation méthodologique », *RJ Com.* 1996, p. 4 ; J.-M. TCHAKOUA, « L'arbitrabilité des litiges dans l'espace OHADA », *Penant* 2001, p. 5.

a. Les parties à la convention d'arbitrage

476. L'exception des personnes morales de droit public. En principe, toutes les personnes physiques ou morales peuvent compromettre, c'est-à-dire qu'elles peuvent recourir à l'arbitrage pour le règlement de leurs différends. Traditionnellement, les personnes morales de droit public étaient exclues de cette possibilité de recourir à la justice arbitrale. Cette exclusion était justifiée par « *la souveraineté que l'ordre public attache aux actes de tout organisme public*[1437] ». Aussi, il paraissait inconcevable qu'un État puisse s'en remettre à des personnes privées pour régler son différend[1438]. Depuis l'avènement de l'AUA, les personnes morales de droit public sont désormais admises à compromettre. L'article 2 de cet Acte uniforme dispose en effet que « *Les États et les autres collectivités publiques territoriales ainsi que les Établissements publics peuvent également être parties à un arbitrage, sans pouvoir invoquer leur propre droit pour contester l'arbitrabilité d'un litige, leur capacité à compromettre ou la validité de la convention d'arbitrage* ». Sont ici visées non seulement les personnes morales de droit public de l'espace OHADA, mais également celles des États tiers dès lors que l'arbitrage est soumis à cet Acte uniforme[1439]. Ce serait le cas lorsque « *le siège du tribunal arbitral se trouve dans l'un des États parties*[1440] ». L'arbitrabilité des litiges impliquant une personne morale de droit public s'explique notamment par le fait que ces dernières sont devenues des acteurs du droit des affaires, spécialement la possibilité offerte aux établissements publics à caractère industriel et commercial de revêtir la forme d'une société commerciale. Aussi, pour les investisseurs étrangers, il est très délicat pour ces derniers de se défendre devant les juridictions d'un État avec lequel ils seraient en conflit[1441]. L'arbitrage apparaît ainsi comme la solution idoine permettant de préserver les intérêts de ces litigants particuliers. De ce fait, il serait infondé de soustraire les différends impliquant une personne morale de droit public à la justice arbitrale.

[1437] A. FENEON, « Un nouveau droit de l'arbitrage en Afrique (De l'apport de l'Acte uniforme dans l'espace OHADA) », *Penant* 2000, n° 833, p. 126-136, spéc. p. 135.

[1438] V. en ce sens, O. CUPERLIER, « Arbitrage OHADA et personnes publiques », *Ohadata* D-13-65.

[1439] V. dans ce sens P. MEYER, Commentaires sous l'article 2 de l'AUA, in *OHADA, Traité et Actes uniformes commentés et annotés*, Juriscope 2014, p. 144 et 145.

[1440] Article 1er AUA. Il convient de noter que le rattachement au siège du tribunal arbitral est ici un rattachement territorial au regard de la formulation de cette disposition avec notamment l'emploi du verbe « se trouve ». La Cour d'Appel d'Abidjan a en ce sens retenu que « *lorsque le siège du Tribunal se trouve hors des États-parties les dispositions de l'Acte uniforme [relatif au droit de l'arbitrage] ne sont pas applicable* ». CA Abidjan, 19 novembre 2002, arrêt n° 1157, Société Ivoire COMMODITIES c/ société NAMACO, *Ohadata* J-03-300.

[1441] V. en ce sens, O. CUPERLIER, « Arbitrage OHADA et personnes publiques », *Ohadata* D-13-65.

Le droit français se distingue du droit OHADA en ce qu'il conserve la distinction traditionnelle entre arbitrage interne et arbitrage international[1442]. L'article 1504 du code de procédure civile retient la formule selon laquelle « *est international l'arbitrage qui met en cause des intérêts du commerce international* ». S'il existe une faveur quant à l'arbitrage international impliquant une personne morale de droit public[1443], l'arbitrage interne leur est par principe interdit. L'article 2060, alinéa 1er du code civil prévoit en effet qu'« *on ne peut compromettre [...] sur les contestations intéressant les collectivités publiques et les établissements publics et plus généralement dans toutes les matières qui intéressent l'ordre public* ». Cette interdiction serait justifiée par la volonté de préserver les intérêts publics pris en charge par les personnes publiques, intérêts qui ne sauraient être laissés à l'appréciation d'une juridiction privée. Elle permet également de conserver l'exclusivité de la compétence des tribunaux administratifs en la matière.

Toutefois, cette interdiction connaît des exceptions. L'alinéa 2 de l'article 2060 du code civil prévoit la possibilité pour les établissements publics à caractère industriel et commercial de compromettre sur autorisation du pouvoir règlementaire[1444]. Dans le même sens, l'article L. 311-6 du code de justice administrative prévoit des cas spécifiques dans lesquels il est possible de recourir à l'arbitrage. Enfin, l'article 128 du code des marchés publics prévoit que « *Conformément à l'article 69 de la loi du 17 avril 1906 portant fixation du budget général des dépenses et des recettes de l'exercice 1906, l'État, les collectivités territoriales ou les établissements publics locaux peuvent, pour la liquidation de leurs dépenses de travaux et de fournitures, recourir à l'arbitrage tel qu'il est réglé par le livre IV du Nouveau code de procédure civile* ».

b. Les matières arbitrables

477. Notion de droits disponibles. L'alinéa 1er de l'article 2 de l'AUA dispose que « *Toute personne physique ou morale a le droit de recourir à l'arbitrage sur les droits dont elle a la libre disposition* ». Ainsi, seuls les

---

[1442] V. B. Le BARS, « Arbitrer un litige de droit des sociétés en droit OHADA : bref aperçu et exemples », *Bull. Joly sociétés* 2009, p. 1036.

[1443] La Cour de cassation dans l'arrêt *Galakis* a considéré que la prohibition de compromettre édictée en droit interne n'était pas applicable « *à un contrat international passé pour les besoins et dans des conditions conformes aux usages du commerce maritime* ». Cass. 1ère civ. 2 mai 1966, *Rev. crit. DIP* 1967, p. 553, note B. B. Goldman ; *JDI* 1966, p. 648, note P. Level ; *Dalloz* 1966, II, p. 575, note J. Robert ; *Rev. arb.* 1966, p. 99 ; *JCP* 1966, II, 14798, note Ligneau.

[1444] V. par exemple à propos des entreprises EDF et GDF qui ont été autorisées à compromettre par le décret n° 2002-56 du 8 janvier 2002, Journal Officiel 15 janvier 2002.

droits dont les personnes ne peuvent disposer librement ne sont pas susceptibles de faire l'objet d'une convention d'arbitrage. Les matières qui peuvent faire l'objet d'une convention d'arbitrage dépassent ainsi largement le seul domaine commercial traditionnel pour englober toutes les matières à l'exception de celles dont les parties n'auraient pas la libre disposition de leur droit. Toutefois, il faut ici déplorer l'absence de précision de la notion de droits disponibles par le législateur OHADA[1445]. Le droit français a sur ce point le mérite de la précision en prévoyant à l'article 2060 du code civil que : « *On ne peut compromettre sur les questions d'état et de capacité des personnes, sur celles relatives au divorce et à la séparation de corps ou sur les contestations intéressant les collectivités publiques et les établissements publics et plus généralement dans toutes les matières qui intéressent l'ordre public* ». Cette énumération permet d'avoir une idée de ce que pourrait recouvrir la notion de droits disponibles.

Cependant, un litige opposant un salarié à son employeur à propos de son contrat de travail peut-il faire l'objet d'une convention d'arbitrage par conclusion d'un compromis ou insertion d'une clause d'arbitrage dans le contrat de travail ? À cette interrogation, la Cour d'appel d'Abidjan a jugé fondée la demande de deux salariés tendant à la désignation d'un arbitre afin de statuer sur des indemnités à leur allouer du fait de leur cessation d'activité[1446]. Cette décision rendue alors que l'AUA était en vigueur ne prend pas le soin de le viser. Une première interprétation conduit à considérer cette décision comme critiquable dans la mesure où l'on pourrait penser que la législation du travail est d'ordre public et relève de la compétence exclusive des juridictions du travail de chaque pays[1447]. De ce fait, les litiges relatifs au droit du travail ne sont pas du domaine des droits disponibles et seraient de ce fait exclus des litiges arbitrables. Une deuxième interprétation consiste à retenir que les litiges relatifs à l'exécution ou à la résiliation sont arbitrables car « *la libre disposition des droits, si elle n'est pas totale en droit du travail, ne devrait pas empêcher le travailleur – sans cependant l'y obliger – à recourir à l'arbitrage une fois que le litige est né*[1448] ». Cette deuxième interprétation est similaire à la possibilité reconnue par la jurisprudence française de soumettre les différends relatifs aux conséquences financières des droits extrapatrimoniaux à l'arbitrage[1449]. Au

[1445] V. en ce sens, P. MEYER, *Droit de l'arbitrage dans l'espace OHADA*, Bruylant 2002, coll. Droit uniforme africain, p. 101 ; S. OUSMANOU, « Arbitrabilité », in *Encyclopédie du droit OHADA*, *op. cit.*, p. 234, n° 41.

[1446] CA Abidjan, 2 juillet 2003, n° 1435, *Ohadata* J-04-177, obs. J. Issa-Sayegh.

[1447] V. en ce sens, J. ISSA-SAYEGH, obs. sous CA Abidjan, 2 juillet 2003, n° 1435, préc.

[1448] P. MEYER, Commentaires sous l'article 2 de l'AUA, in OHADA, *Traité et Actes uniformes commentés et annotés*, *op. cit.*, p. 144.

[1449] Cass. 2e civ. 25 janvier 1963, *Rev. arb.* 1963, p. 83 ; *JCP* 1964, II, 13472 ; Cass. 2e civ. 7 novembre 1974, *Rev. arb.* 1975, p. 302, note Loquin. D'une manière implicite, V. Cass. 1ère

regard de l'article 1411- 4 du code du travail, les litiges relatifs aux droits du salariés sont indisponibles car relevant de la compétence exclusive des juridictions prud'homales. Mais à compter de la rupture du contrat de travail, l'indisponibilité cesse et le salarié recouvre la possibilité de recourir à l'arbitrage pour régler les conséquences de la cessation du contrat de travail[1450]. L'absence de précision par le législateur OHADA entrainera certainement une divergence d'appréciation de la notion de droits disponibles auprès des juridictions nationales.

À l'article 2 de l'AUA, il convient de rappeler que l'article 21 du traité OHADA vise « toute partie à un contrat » ou encore « tout différend d'ordre contractuel ». Ainsi, sont exclus du champ *rationae materiae* de l'arbitrage OHADA tous les litiges d'ordre délictuel ou quasi-délictuel[1451].

En somme, si l'on peut se réjouir de l'élargissement du domaine de la convention d'arbitrage à des matières autres que commerciale, l'absence de définition de la notion de droits disponibles risque de constituer un handicap pour l'arbitrage OHADA en ce sens que « *certains litiges seraient arbitrables dans certains États et inarbitrables dans d'autres*[1452] ».

2. L'organisation proprement dite de l'instance arbitrale

478. Contrairement à la justice étatique où les litigants ne sauraient choisir les magistrats qui connaîtront de leur litige, la convention d'arbitrage fait la part belle à la volonté individuelle en offrant la possibilité aux parties de choisir les membres du tribunal arbitral. Le législateur n'intervient que pour combler les lacunes de la désignation des arbitres. Aussi, il appartient aux parties de fixer les règles qui seront utilisées par ces arbitres en vue de trancher le différend. Ces règles sont de deux ordres : le règlement de la procédure arbitrale et les règles de droit applicables au fond du litige. Nous envisagerons dans un premier temps la possibilité de désignation des arbitres par les parties (**a**) avant de nous intéresser au choix des règles d'administration de l'instance arbitrale (**b**).

---

civ. 8 février 2000, n° 97-19.920, *Dalloz* 2000, IR 72 ; *JCP* 2000, I, 245, obs. Ph. Simler ; *Defrénois* 2000, p. 1179, obs. Cl. Champenois ; *Dr. fam.* 2000, n° 40, note B. Beigner.

[1450] V. en ce sens L.-F. PIGNARRE, « Convention d'arbitrage », in *Rép. de droit civil*, Dalloz octobre 2014, p. 11, n° 68.

[1451] V. en ce sens, O. BETOE BI EVIE, Pour une promotion de la liberté contractuelle en droit OHADA des sociétés, op. cit., p. 350, n° 404.

[1452] P. MEYER, Commentaires sous l'article 2 de l'AUA, in *OHADA, Traité et Actes uniformes commentés et annotés, op. cit.*, p. 144.

a. La prééminence de la volonté des parties dans la constitution de la juridiction arbitrale

479. Maîtrise de la constitution du tribunal arbitral. En droit français et OHADA, les parties demeurent par principe libres dans la composition du tribunal arbitral. En effet, l'article 5 de l'AUA prévoit que « *Les arbitres sont nommés, révoqués ou remplacés conformément à la convention des parties* ». La même règle est prévue en droit français à l'article 1444 du code de procédure civile qui dispose que « La convention d'arbitrage désigne, le cas échéant par référence à un règlement d'arbitrage, le ou les arbitres, ou prévoit les modalités de leur désignation ». Les parties à la convention d'arbitrage peuvent ainsi, soit procéder elles-mêmes à la désignation des arbitres ou au moins prévoir les modalités de désignation de ceux-ci, soit se référer à une loi ou à un règlement d'arbitrage pour le choix des arbitres. Lorsqu'elles choisissent la première option, les parties sont en principe libres quant à la personnalité des arbitres. Toutefois, la liberté contractuelle est ici encadrée par le législateur.

480. Règle de l'imparité du tribunal arbitral. Aussi bien en droit français que OHADA se trouve consacrée la règle de l'imparité du tribunal arbitral. L'article 1451 du code de procédure civile pose le principe selon lequel « *le tribunal arbitral est composé d'un ou de plusieurs arbitres en nombre impair* ». À défaut, il appartient aux parties ou à défaut au tribunal compétent en la matière de désigner un nouvel arbitre en vue d'aboutir à une imparité parfaite. Cette règle se justifie par le souci d'éviter le blocage éventuel des délibérations. L'intervention de la justice étatique dans le choix des arbitres vise ici uniquement à pallier les lacunes de la convention d'arbitrage.

481. Nombre d'arbitres composant le tribunal arbitral. Le droit OHADA offre, et cela de manière impérative, deux options aux parties à la convention d'arbitrage : un tribunal arbitral constitué d'un ou de trois arbitres[1453]. Le droit français pour sa part, outre l'exigence de l'imparité du tribunal, prévoit que celui-ci est composé d'un ou de plusieurs arbitres. La limitation du choix du nombre d'arbitres par le législateur OHADA est ici incompréhensible mais surtout pourrait être source de blocage, notamment en cas d'arbitrage multipartite. Celle-ci se conciliera par ailleurs difficilement avec le principe de l'égalité des parties notamment dans la désignation du tribunal arbitral[1454].

[1453] Article 8, alinéa 1er de l'AUA.
[1454] Article 9 de l'AUA.

482. Personnalité des arbitres. Il est prévu aussi bien en droit français que OHADA que les arbitres doivent impérativement être des personnes physiques. Ainsi, lorsqu'un organisme d'arbitrage est désigné, ce dernier ne peut avoir la qualité d'arbitre qui sera réservée aux personnes physiques désignées par le règlement d'arbitrage. Les personnes désignées doivent jouir de leurs droits civils, être indépendantes et impartiales vis-à-vis des parties. La Cour de cassation a considéré à ce propos que l'indépendance et l'impartialité « *sont de l'essence même de la fonction arbitrale* », le juge de fond devant relever « *toute circonstance de nature à affecter le jugement de celui-ci et à provoquer dans l'esprit des parties un doute raisonnable sur ces qualités*[1455] ». La dépendance de l'arbitre pourra notamment être retenue si, parallèlement aux opérations d'arbitrage, celui-ci poursuit une mission personnelle et rémunérée de conseil et d'assistance technique à une des parties[1456].

483. La liberté conventionnelle dans le choix des arbitres est également perceptible à propos du choix des règles qui gouverneront l'instance arbitrale.

b. La prééminence de la volonté des parties dans le choix des règles applicables au litige

484. Le choix de la procédure arbitrale. Les droits français et OHADA laissent la liberté aux parties de déterminer les règles applicables à la procédure arbitrale. L'article 14 de l'AUA prévoit à cet effet que « *les parties peuvent directement ou par référence à un règlement d'arbitrage régler la procédure d'arbitrage ; elles peuvent aussi soumettre celle-ci à la loi de procédure de leur choix* ». Ainsi, elles peuvent choisir de constituer leur propre « code de procédure arbitrale », étant observé qu'un tel choix risque d'être contre-productif en cas d'oubli ou d'incohérence entre les règles prévues[1457]. Les parties ont également la possibilité de se référer à un règlement d'arbitrage qui en principe définit minutieusement la procédure arbitrale. Enfin, les parties pourront se référer à une loi étatique afin de régler la question de la procédure arbitrale. Toutefois, il convient de noter que le choix de la loi étatique de plusieurs États risque d'aboutir à « *un*

[1455] Cass. 1ère civ. 16 mars 1999, n° 96-12.748, *Dalloz* 1999, p. 499, note P. Courbe ; *RTD Com*. 1999, p. 850.

[1456] J.-M. TCHAKOUA, « Arbitrage selon l'Acte uniforme relatif au droit de l'arbitrage », in *Encyclopédie de droit OHADA*, *op. cit.*, p. 247, n° 47.

[1457] V. en ce sens, J.-M. TCHAKOUA, « Arbitrage selon l'Acte uniforme relatif au droit de l'arbitrage », in *Encyclopédie de droit OHADA*, *op. cit.*, p. 262, n° 108.

cocktail indigeste » de normes procédurales[1458]. La liberté quant au choix de la procédure arbitrale connaît quelques aménagements.

485. Aménagements au choix de la procédure arbitrale. À défaut de convention entre les parties quant à la procédure arbitrale, cette dernière est déterminée par le tribunal arbitral. La règle est valable aussi bien en droit français que OHADA[1459]. Ces derniers disposent à cet effet d'un choix aussi large que celui reconnu aux parties. Aussi, la liberté reconnue aux parties est limitée en ce sens que celles-ci ne sauraient établir une procédure arbitrale qui éluderait les principes ou directeurs fondamentaux du procès tels que le respect du principe du contradictoire et des droits de la défense ou encore l'égalité des parties[1460]. Quant au délai de l'instance arbitrale, elle est en principe du ressort de la convention d'arbitrage. A défaut de précision par les parties, celle-ci ne peut excéder six (6) mois à compter du jour où le dernier des arbitres l'a acceptée[1461]. Ce délai de six (6) mois ou le délai prévu par les parties peut être prorogé soit de commun accord entre les parties, soit par la juridiction compétente à la demande de l'une des parties ou du tribunal arbitral.

486. Le choix du droit applicable au fond du litige. La question de l'étendue du choix du droit applicable au fond du litige se subdivise d'une part en la possibilité pour les parties de choisir entre l'arbitrage en droit et l'amiable composition, et d'autre part en la possibilité de choisir le droit qui sera utilisé par le tribunal arbitral pour trancher le litige.

En droit OHADA, lorsque les parties choisissent l'arbitrage en droit, ils ont la possibilité de désigner les règles de droit applicables au fond de leur litige. Ce choix couvre non seulement les lois étatiques mais également certaines règles transnationales telles que la *lex mercatoria*. Le droit français retient une formule un peu équivoque selon laquelle « *Le tribunal arbitral tranche le litige conformément aux règles de droit* », sans aucune précision des personnes qui doivent choisir les règles de droit applicables. Cela suppose que, s'agissant d'un arbitrage interne, les parties et l'arbitre n'ont d'autre choix que d'appliquer les règles françaises qui sont applicables au litige. En droit OHADA, le doute est permis quant à l'étendue du choix laissé aux parties. Pourront-elles choisir une loi d'un État non partie au traité OHADA ? La réponse est sans doute positive s'agissant d'un litige

---

[1458] *Ibid.* p. 263, n° 111.

[1459] L'article 1464 du code de procédure civile prévoit en effet que « À moins que les parties n'en soient convenues autrement, le tribunal arbitral détermine la procédure arbitrale sans être tenu de suivre les règles établies pour les tribunaux étatiques ». La même disposition est retenue à l'article 14 de l'AUA.

[1460] Article 1464, alinéa 2 du code de procédure civile.

[1461] Article 1463 du code de procédure civile et article 12 de l'AUA.

international avec des rattachements en dehors de l'espace OHADA. Le cas échéant, les parties pourront choisir entre les différentes lois des États parties au traité. Aussi, à défaut de choix des règles applicables au fond du litige par les parties, ce choix incombe au tribunal arbitral qui pourra se référer pour ce choix notamment aux usages du commerce international. Cette dernière précision de l'AUA permet de conforter la pensée selon laquelle la question du choix du droit applicable ne se posera véritablement que lorsqu'il s'agira d'un arbitrage international. Il convient de préciser que les parties ne pourront pas éluder les règles d'ordre public de la loi choisie ou du lieu du siège du tribunal arbitral. Il en est de même des règles d'ordre public international qui devront s'appliquer sous peine de refus de l'*exequatur* et même d'annulation de la sentence arbitrale.

487. Recours à l'amiable composition. Les parties peuvent également choisir de recourir à l'amiable composition[1462]. Il s'agit concrètement pour les parties de permettre aux arbitres choisis de trancher le litige en équité, et par là d'éluder l'application des règles de droit traditionnelles. Pour la CCJA, l'amiable composition se définit « *de manière négative comme le pouvoir des arbitres de ne pas s'en tenir à l'application des règles de droit, ce qui permet aussi bien de les ignorer que de s'en écarter en tant que leur sentiment de l'équité l'exige*[1463] ». Une définition semblable est retenue par la Cour d'appel de Paris qui retient que l'amiable composition peut être définie comme « *une renonciation conventionnelle aux effets et aux bénéfices de la règle de droit, les parties perdant la prérogative d'en exiger la stricte application et les arbitres, corrélativement le pouvoir de modifier ou de modérer les conséquences des stipulations contractuelles dès lors que l'équité ou l'intérêt commun bien compris des parties l'exige*[1464] ». Si l'amiable composition peut paraître de prime abord intéressante pour les parties en ce qu'elle leur permet de s'affranchir de la rigidité des règles légales en retenant une solution équitable permettant la poursuite sans heurt des relations d'affaires, il y a lieu de retenir que celle-ci étant fondée sur le sens de l'équité, elle dépend de la personnalité des arbitres. Aussi, l'amiable composition peut dans certains cas apparaître comme « *une incursion de l'imprévisibilité, de l'aléatoire et une sorte de subjectivité*[1465] », toute chose justifiant la méfiance vis-à-vis de cette forme d'arbitrage. Enfin, le recours à l'amiable composition n'exclut pas la faculté pour les arbitres de se référer

[1462] Article 1478 du code de procédure civile et article 15, alinéa 2 de l'AUA.
[1463] CCJA, 19 juillet 2007, n° 028/2007, *Ohadata* J-09-104, note B. Diallo.
[1464] CA Paris, 28 novembre 1996, *Rev. Arb.* 1997, p. 380.
[1465] B. DIALLO, note sous CCJA, 19 juillet 2007, n° 028/2007, préc.

aux règles de droit, ceux-ci n'étant donc pas obligés de statuer en amiable compositeur[1466].

Les parties maîtrisent ainsi par principe aussi bien la constitution du tribunal arbitral que le déroulement de l'instance arbitrale. L'influence de la volonté des parties tend à s'estomper à compter du moment où les arbitres tranchent le litige.

B. L'influence limitée de la volonté des parties sur le sort de l'instance arbitrale

488. S'il est indéniable que les parties conservent une influence quant à l'issue de l'instance arbitrale, notamment par la faculté de transiger ou de décider d'un commun accord de saisir la justice étatique, les arbitres à compter de l'acceptation de leur mission deviennent les maîtres du déroulement de cette procédure. En effet, ils sont investis d'une mission juridictionnelle, l'instance arbitrale devant permettre de trancher *in fine* le litige qui oppose les parties. Cette fonction juridictionnelle de l'arbitrage le distingue des autres modes alternatifs ou conventionnels de règlement des différends. Il appartient ainsi aux arbitres de trancher le litige en rendant une sentence arbitrale dont l'exécution pourra être poursuivie. Nous aborderons ainsi dans un premier temps l'élaboration de la sentence arbitrale par les arbitres (**1**) avant d'aborder l'exécution de la sentence arbitrale par les parties (**2**).

1. L'élaboration de la sentence par le tribunal arbitral

489. Modalités d'adoption de la sentence arbitrale. Après la phase des débats en principe contradictoires, le tribunal fixe la date du délibéré au cours duquel il tranchera le litige conformément à la volonté des parties, soit au regard des règles de droit applicables, soit en amiable compositeur. Tous les arbitres sont censés prendre part au délibéré et participer à l'élaboration de la décision arbitrale. En principe, les parties ne peuvent dès lors influer sur le sort de l'instance en formant de nouvelles demandes ou en produisant de nouvelles pièces si ce n'est à la demande du tribunal arbitral. Une telle demande devra être expresse et écrite en droit OHADA[1467]. Dans ce dernier cas, le tribunal arbitral devra veiller au respect du principe du contradictoire

---

[1466] CCJA, 19 juin 2003, n° 010/2003, *Ohadata* J-04-108.
[1467] Article 17, alinéa 3 de l'AUA.

par la communication des pièces à toutes les parties. À défaut, la sentence rendue est annulable pour violation du principe du contradictoire[1468].

Le droit OHADA se distingue du droit français en ce que les modalités d'adoption de la sentence arbitrale sont par principe du ressort de la volonté des parties[1469]. En effet, il leur appartient de fixer le quorum auquel la sentence devra être adoptée. Celles-ci peuvent ainsi exiger l'unanimité, étant observé qu'une telle règle risque de rendre difficile la prise de décision par le tribunal lorsque celui-ci est composé de trois arbitres. A défaut de prévision par les parties, le législateur OHADA prévoit que la sentence est rendue à la majorité des voix lorsque le tribunal est composé de trois arbitres. C'est cette dernière option qui est retenue en droit français à l'article 1480 du code de procédure civile selon lequel « *la sentence arbitrale est rendue à la majorité des voix* ». La sentence ainsi rendue devra être motivée par le tribunal à peine de nullité[1470], quand bien même les arbitres auraient reçu la mission de statuer en amiable composition.

490. Effet de la sentence arbitrale. Qu'il s'agisse du droit français ou OHADA, la sentence arbitrale bénéficie de l'autorité de la chose jugée relativement à la contestation qu'elle tranche. De ce fait, la même cause ne peut être portée devant une juridiction étatique ou arbitrale. La sentence arbitrale s'apparente ainsi à une décision judicaire proprement dite.

491. Si le tribunal arbitral peut accorder l'exécution provisoire de sa décision[1471], l'exécution de la sentence arbitrale pose un certain nombre de questions qui tendent à remettre en cause l'efficacité de l'arbitrage en tant que mode alternatif de résolution des différends.

2. L'exécution de la sentence arbitrale par les parties

492. Obstacles à l'exécution de la sentence arbitrale. En droit OHADA, le législateur a considérablement réduit les voies de recours contre la sentence arbitrale dans l'optique de rendre la procédure plus simple, rapide et moderne[1472]. En effet, ni l'opposition, ni l'appel, ni le pourvoi en cassation ne sont admis contre la sentence arbitrale[1473]. À l'inverse, en droit français, la sentence arbitrale est susceptible d'appel si les parties l'ont

---

1468 CA du Centre (Cameroun), 6 février 2008, arrêt n° 52/civ, *Ohadata* J-10-249.
1469 Article 19 de l'AUA.
1470 Article 1482 du code de procédure civile et articles 20 et 26 de l'AUA.
1471 Article 1484 du code de procédure civile et 24 de l'AUA.
1472 V. en ce sens, J.-M. TCHAKOUA, « Arbitrage selon l'Acte uniforme relatif au droit de l'arbitrage », in *Encyclopédie de droit OHADA*, *op. cit.*, p. 284, n° 191.
1473 Article 25, alinéa 1er de l'AUA.

prévu. Cette possibilité risque d'alourdir la procédure arbitrale en retardant l'exécution de la sentence. Hormis cette discordance entre les deux systèmes juridiques, la sentence arbitrale pourra faire l'objet d'un recours en tierce opposition, en révision ou encore d'un recours en annulation dans les conditions définies par la législation française et OHADA. Toutes ces voies de recours constituent des obstacles à l'exécution de la sentence, quand bien même celles-ci permettraient de s'assurer de la légalité de la décision rendue par le tribunal arbitral. Ces recours, à l'instar de la tierce opposition, permettent également de protéger les tiers au cas où la sentence préjudicie à leur droit.

À défaut de recours, la sentence arbitrale devra être exécutée par la partie qui a succombé à l'instance arbitrale. Toutefois, l'exécution forcée de la sentence arbitrale ne sera possible qu'après une procédure d'*exequatur* (**a**). Aussi, l'exécution de certaines sentences arbitrales nécessite une attention particulière notamment lorsqu'elles impliquent une personne morale de droit public (**b**).

a. La nécessité de l'exequatur de la sentence arbitrale

493. Absence de force exécutoire de la sentence arbitrale. Contrairement aux décisions rendues par la justice étatique, la sentence arbitrale n'est pas revêtue de la formule exécutoire. De ce fait, son exécution dépend de la collaboration de la partie qui a succombé à l'instance arbitrale. Lorsque celle-ci s'exécute spontanément, l'autre partie n'a pas besoin de requérir l'apposition de la formule exécutoire sur la sentence arbitrale. Cependant, dans la majorité des cas, la procédure de l'*exequatur* sera nécessaire afin de contraindre l'autre partie à exécuter la sentence arbitrale. L'article 30 de l'AUA prévoit que « *la sentence arbitrale n'est susceptible d'exécution forcée qu'en vertu d'une décision d'exequatur rendue par le juge compétent dans l'État partie* ». La même formule est retenue en droit français à l'article 1487 du code de procédure civile, étant observé que l'ordonnance d'*exequatur* est rendue par le Tribunal de grande instance dans le ressort duquel cette sentence a été rendue.

494. Conditions de l'*exequatur* de la sentence arbitrale. Quant à la procédure d'*exequatur*, ni le droit français ni le droit OHADA ne la règlemente à proprement parler. Deux conditions peuvent toutefois être retenues. D'abord, la partie qui demande l'*exequatur* devra établir l'existence matérielle de la sentence arbitrale ainsi que de la convention d'arbitrage[1474]. Ensuite, le juge ne peut accorder l'*exequatur* lorsque la

[1474] Article 1487, alinéa 3 du code de procédure civile et article 31 de l'AUA.

sentence est manifestement contraire à une règle d'ordre public[1475]. En droit OHADA, il s'agira d'apprécier la régularité de la sentence vis-à-vis de l'ordre public international des États parties et non de leur propre ordre public interne. La juridiction étatique amenée à statuer sur la demande d'*exequatur* n'a pas à apprécier la validité de la convention d'arbitrage. Il appartient aux parties d'en contester la validité par un recours en annulation de la sentence pour nullité de la convention[1476]. La décision accordant l'*exequatur* n'est susceptible d'aucun recours direct. Toutefois, les législateurs français et OHADA ont prévu que le recours en annulation de la sentence emportait de plein droit recours contre la décision ayant accordé l'*exequatur*[1477].

495. Revêtue de la formule exécutoire, la sentence arbitrale peut ainsi faire l'objet d'une exécution forcée au besoin avec le concours de la puissance publique. Il existe néanmoins quelques difficultés quant à l'exécution des sentences arbitrales impliquant les personnes morales de droit public.

b. Les difficultés d'exécution des sentences impliquant les personnes morales de droit public

496. Exécution des sentences arbitrales et immunité d'exécution des personnes morales de droit public. Si la faculté reconnue désormais aux personnes morales de droit public de compromettre valablement sans pouvoir invoquer leur droit interne pour s'opposer à la mise en œuvre d'une convention d'arbitrage est à saluer, il n'en demeure pas moins que des difficultés subsistent lorsqu'il s'agit d'exécuter une sentence arbitrale contre ces mêmes personnes. Si la conclusion d'une convention d'arbitrage vaut renonciation de l'immunité de juridiction, elle ne vaut cependant pas renonciation à l'immunité d'exécution dont jouissent les personnes morales de droit public[1478]. Cette problématique n'est pas propre à l'arbitrage car l'exécution des décisions de justice condamnant l'État ou les collectivités publiques ou territoriales relève de l'exploit, notamment dans les pays africains.

En droit OHADA, la question se pose notamment au regard de l'article 30, alinéa 1er de l'Acte uniforme portant organisation des procédures simplifiées de recouvrement et des voies d'exécution (AUPSRVE). Cet

---

1475 Article 1488, alinéa 1er du code de procédure civile et article 31, alinéa 3 de l'AUA.
1476 Article 26 de l'AUA.
1477 Article 1499 du code de procédure civile et article 32 de l'AUA.
1478 V. en ce sens, O. CUPERLIER, « Arbitrage OHADA et personnes publiques », *art. préc.*

article prévoit en effet que « *l'exécution forcée et les mesures conservatoires ne sont pas applicables aux personnes qui bénéficient d'une immunité d'exécution* ». Le législateur OHADA, ne précisant pas la notion de personnes bénéficiant d'une immunité d'exécution, renvoie aux législations nationales pour fixer la liste de ces personnes[1479]. En général, sont visés par les législations nationales, l'État, les collectivités territoriales et les établissements publics[1480]. En ce sens, se fondant sur cet article 30 de l'AUPSVRE, la CCJA a considéré qu'une entreprise publique, Togo Telecom, qui avait été condamnée par la Cour d'appel de Lomé à payer diverses sommes au profit d'anciens salariés, pouvait bénéficier d'une immunité d'exécution[1481]. Elle a ainsi ordonné la mainlevée des saisies pratiquées sur ses comptes bancaires.

La même formule est retenue en droit français à l'article L. 111-1 du code des procédures civiles d'exécution. Mais contrairement au droit OHADA, une cohérence se dégage dans le fait d'exclure de l'arbitrage interne les personnes morales de droit public, exception faite des établissements publics à caractère industriel et commercial qui peuvent solliciter une autorisation administrative à cet effet[1482].

Ces dispositions ont pour effet d'empêcher toute mesure d'exécution contre les personnes morales de droit public qui pourtant sont admises à compromettre. Il existe ici une contradiction même « *entre l'admission du recours à l'arbitrage, justice conventionnelle dont la portée puise dans l'article 1134 C. civ [sic], et l'affirmation de l'immunité d'exécution des personnes morales de droit public*[1483] ». Pourquoi reconnaître la faculté aux personnes morales de droit public de compromettre si les sentences arbitrales ne peuvent être exécutées contre ces mêmes personnes ? L'impossibilité d'obtenir l'exécution forcée des décisions contre l'administration serait fondée sur le fait que c'est cette dernière qui dispose de la force publique. Cet argument ne saurait toutefois prospérer. En effet, il est possible de considérer que lorsque des établissements publics fonctionnent selon les mêmes règles que les entreprises privées, ils « *ont renoncé à se prévaloir de*

1479 V. en ce sens, N. DIOUF, commentaire sous l'article 30 de l'AUPSRVE, in *OHADA, Traité et Actes uniformes commentés et annotés*, *op. cit.*, p. 1009.

1480 V. notamment l'article 194, alinéa 2 du code des obligations civiles et commerciales du Sénégal qui prévoit que : « Il n'y a pas d'exécution forcée contre l'État, les collectivités locales, les établissements publics et les sociétés nationales ni contre les sociétés d'économie mixte dont l'objet exclusif est l'exploitation d'une concession de service public (Loi n° 85-08 du 15 février 1985) ».

1481 CCJA, 7 juillet 2005, arrêt n° 43/2005, *Penant*, 2007, n° 860, p. 305, note F. M. Sawadogo.

1482 V. *supra*, n° 476 et article 2060, alinéa 2 du code civil.

1483 S. OUSMANOU, « Arbitrabilité », in *Encyclopédie du droit OHADA*, *op. cit.*, p. 229, n° 13.

leur droit d'invoquer le bénéfice de l'immunité d'exécution[1484] ». D'un point de vue purement contractuel, il y a lieu de considérer que le principe de la force obligatoire qui s'attache à la convention d'arbitrage implique l'obligation d'exécuter de bonne foi la sentence qui n'est que le résultat de la mise en œuvre d'une telle convention[1485].

497. Difficultés d'exécution tempérée en France. L'immunité d'exécution dont bénéficient les établissements publics en France est tempérée par les mesures prises afin d'assurer l'exécution diligente des décisions de justice. Reprenant les dispositions de l'article 1er de la loi n° 80-539 du 16 juillet 1980, l'article L. 911-9 du code de la justice administrative prévoit des délais brefs de paiement, en général deux mois. Cet article prévoit notamment que « *lorsqu'une décision juridictionnelle passée en force de chose jugée a condamné une collectivité locale ou un établissement public au paiement d'une somme d'argent dont le montant est fixé par la décision elle-même, cette somme doit être mandatée ou ordonnancée dans un délai de deux mois à compter de la notification de la décision de justice. À défaut de mandatement ou d'ordonnancement dans ce délai, le représentant de l'État dans le département ou l'autorité de tutelle procède au mandatement d'office. En cas d'insuffisance de crédits, le représentant de l'État dans le département ou l'autorité de tutelle adresse à la collectivité ou à l'établissement une mise en demeure de créer les ressources nécessaires ; si l'organe délibérant de la collectivité ou de l'établissement n'a pas dégagé ou créé ces ressources, le représentant de l'État dans le département ou l'autorité de tutelle y pourvoit et procède, s'il y a lieu, au mandatement d'office* ». Tout est ainsi mis en œuvre afin de faciliter l'exécution diligente des sentences condamnant les personnes morales de droit public. Aussi, il faut noter que la jurisprudence française considère que la personne morale de droit public, partie à une convention d'arbitrage, renonce par l'effet de celle-ci à son immunité d'exécution. La Cour d'appel de Rouen a en ce sens considéré « *qu'en souscrivant à des clauses compromissoires, sans lesquelles à l'évidence les marchés n'auraient pas été conclus, puis en s'y soumettant, l'État tunisien a ainsi accepté les règles du droit commun du commerce international ; qu'il a, par là même, renoncé à son immunité de juridiction et, les conventions devant s'exécuter de bonne foi, à son immunité d'exécution*[1486] ». La Cour de cassation a dans le même sens jugé que la participation à un arbitrage régi par un règlement, stipulant que les parties

---

[1484] Ibid.
[1485] V. en ce sens, G. KENFACK DOUAJNI, « L'exécution forcée contre les personnes morales de droit public dans l'OHADA », *Revue camerounaise de l'arbitrage*, n° 18, juillet – septembre 2002, p. 3.
[1486] CA Rouen, 20 juin 1996, *Rev. arb.* 1997, p. 263, note E. Gaillard.

s'engagent à exécuter sans délai la sentence à intervenir, valait renonciation à l'immunité d'exécution[1487].

Les États parties au traité OHADA devraient s'en inspirer pour favoriser l'exécution des sentences arbitrales, toute chose permettant d'établir un rapport de confiance avec les investisseurs aussi bien internes qu'internationaux[1488]. La possibilité d'ordonner l'exécution forcée contre les établissements publics revêtant la forme d'entreprise privée devrait être reconnue d'autant plus que l'article 1-1 de l'Acte uniforme portant organisation des procédures collectives d'apurement du passif révisé soumet les entreprises publiques ayant la forme d'une personne morale de droit privé aux procédures collectives. Ainsi, « *si les procédures collectives, y compris la procédure d'élimination de l'entreprise, sont applicables aux entreprises publiques revêtant une forme de droit privé, à plus forte raison en serait-il ainsi des saisies et des voies d'exécution, qui ont une portée moins étendue que les procédures collectives*[1489] ».

Il s'avère ainsi que la possibilité offerte aux associés de soumettre leurs litiges à l'arbitrage, avec une large part laissée à la volonté individuelle, pourrait s'avérer inefficace si ceux-ci ne peuvent obtenir utilement l'exécution des sentences arbitrales rendues à leur profit. Cette raison tend à faire préférer les procédures moins juridictionnelles telles que la conciliation et la médiation.

§II. Le recours à la médiation ou à la conciliation comme modes alternatifs de règlement des différends

498. Avant d'évoquer les avantages proprement dits de la médiation et de la conciliation en tant que modes de résolution amiable des différends sociétaires (**A**), il convient au préalable d'apporter quelques précisions notionnelles (**B**).

[1487] V. Cass. com. 9 juillet 1992, Côte d'Ivoire c/ Beyrard, *Rev. arb.*, 1994, p. 133, note Ph. Thery ; Cass. 1ère civ., 6 juillet 2000, Creighton Ltd c/ Ministère des finances de l'État du *Quatar*, *Rev. arb.*, 2001, p. 130, note Ph. Leboulanger.

[1488] V. en ce sens, F. M. SAWADOGO, « L'immunité d'exécution des personnes morales de droit public dans l'espace OHADA, (A propos de l'arrêt de la CCJA du 7 juillet 2005, affaire Aziablévi YOYO et autres contre Société TOGO TELECOM) », *Revue camerounaise de l'arbitrage*, février 2010, p. 136.

[1489] F. M. SAWADOGO, « L'immunité d'exécution des personnes morales de droit public dans l'espace OHADA », *art. préc.*

A. Notion de médiation et de conciliation

499. Essai de définition. La médiation et la conciliation conventionnelles sont définies en droit français comme « *tout processus structuré, par lequel deux ou plusieurs parties tentent de parvenir à un accord, en dehors de toute procédure judiciaire en vue de la résolution amiable de leurs différends, avec l'aide d'un tiers choisi par elles qui accomplit sa mission avec impartialité, compétence et diligence*[1490] ». Sur le plan international, l'article 1.3 de la loi-type de la CNUDCI[1491] retient que : « *Aux fins de la présente Loi, le terme « conciliation » désigne une procédure, qu'elle porte le nom de conciliation, de médiation ou un nom équivalent, dans laquelle les parties demandent à une tierce personne (le « conciliateur ») de les aider dans leurs efforts pour parvenir à un règlement amiable d'un litige découlant d'un rapport juridique, contractuel ou autre, ou lié à un tel rapport* ». Le droit OHADA pour sa part recommande le recours à la médiation ou la conciliation dans certaines hypothèses[1492], sans pour autant qu'il y ait des dispositions propres aux modes amiables de résolution des différends.

500. Inutilité de la distinction entre médiation et conciliation. Certains auteurs distinguent la médiation de la conciliation notamment en ce que le médiateur, contrairement au conciliateur, ne donne pas un avis aux parties sur la solution du litige mais a pour mission de faciliter les négociations entre les parties qui doivent trouver elles-mêmes la solution à leur différend[1493]. Toutefois, il convient de noter que ces deux termes sont employés indistinctement aussi bien par la directive européenne du 28 mai 2008 que par la loi-type de la CNUDCI sur la conciliation internationale. Ces deux notions semblent en effet inextricablement liées[1494]. Il convient de retenir que « *la distinction est sans utilité en matière conventionnelle car, dès lors qu'est prévue l'intervention d'un tiers, aucune conséquence juridique ne peut être tirée de l'emploi dans un contrat du mot conciliation plutôt que de celui de médiation*[1495] ». Aussi, la médiation et la conciliation ont le même objet, à savoir la résolution d'un différend sans avoir à

[1490] Article 1530 du code de procédure civile.
[1491] Loi-type de la CNUDCI du 24 juin 2012 sur la conciliation commerciale internationale.
[1492] V. notamment les articles 12, 26 et 33 de l'AUPSRVE qui visent la conciliation sans pour autant la définir ni en donner la procédure.
[1493] V. S. GUINCHARD, X. LAGARDE, et al., Droit processuel, droit commun et droit comparé du procès équitable, Dalloz 2009, p. 1188, n° 585.
[1494] P. IDOUX, « La place actuelle de la médiation dans le règlement non juridictionnel des différends », in *La médiation – Aspects transversaux*, sous la dir. A.-M. TOURNEPICHE et J.-P. MARGUENAUD, Litec, 2010, coll. « colloque et débats », p. 19-38, spéc. p. 21.
[1495] Ch. JAROSSON, « L'intérêt de la médiation pour la résolution des litiges entre entreprises », in *Mélanges en l'honneur de Philippe MERLE*, Dalloz, 2013, p. 365-376, spéc. p. 367, n° 4.

l'imposer aux protagonistes[1496]. Cet objet permet de distinguer nettement ces modes de résolution de la justice étatique devant laquelle les parties ont l'impression de se voir imposer une solution judiciaire qu'elles ne peuvent négocier. À travers ces modes de résolution amiable, il s'agit de rechercher une solution concertée, en principe provenant des parties elles-mêmes, qui sauvegarderait l'essentiel des intérêts de chaque partie. Il ne s'agit cependant pas d'appliquer la « *théorie du juste milieu* » à la manière des jugements dits de Salomon, « *qui aboutirait à une solution molle ne donnant pas tort à celui qui est fautif et pas vraiment satisfaction à celui qui aurait triomphé en justice*[1497] ». Il s'agit au contraire de trouver une solution concertée à un litige de telle sorte que chaque partie fasse nécessairement des concessions sans pour autant perdre totalement son intérêt dans les rapports qu'elle entretenait avec l'autre partie. Ainsi, « *il ne s'agit pas de couper la poire en deux ; en effet, la solution n'est pas nécessairement recherchée à mi-chemin entre les positions respectives des parties : le juste milieu n'est pas juste au milieu*[1498] ». Ainsi présentés, nous pouvons à présent montrer les avantages de ces modes de résolution amiable des différends notamment en matière sociétaire.

B. Les avantages de l'usage de la médiation et de la conciliation dans la résolution des différends en matière sociétaire

501. Entre justice étatique, arbitrage, médiation et conciliation. Si le législateur OHADA a manifesté un grand intérêt pour l'arbitrage comme mode alternatif de règlement des litiges, il y a lieu de constater que la médiation et la conciliation sont de plus en plus utilisées par les acteurs du droit des affaires[1499]. L'arbitrage, en tant que mode juridictionnel de règlement des litiges, n'a d'intérêt vis-à-vis de la justice étatique que la maîtrise de l'organisation de la procédure arbitrale par les parties. Dans une instance arbitrale, quand bien même celle-ci serait fondée sur un accord conventionnel, les parties sont en situation d'opposition de la même manière qu'elles le sont au cours d'une instance judiciaire[1500]. De même, la nécessité de trancher le litige conformément à l'application stricte des règles de droit, hormis une éventuelle amiable composition, témoigne de la rigidité de la

[1496] V. en ce sens, O. BETOE BI EVIE, Pour une promotion de la liberté contractuelle en droit OHADA des sociétés, op. cit., p. 354, n° 406.
[1497] Ch. JARROSSON, « L'intérêt de la médiation pour la résolution des litiges entre entreprises », *op. cit.*, p. 370, n° 12.
[1498] Ibid.
[1499] V. *supra*, n° 453.
[1500] V. en ce sens A. FENEON, « Le projet de loi sur la médiation au Burkina Faso : prémice d'un droit africain de la médiation », *Penant*, n° 881, 2012, p. 425, n° 2.

procédure arbitrale par rapport à d'autres modes de résolution des différends tels que la médiation ou la conciliation. À l'inverse, la médiation peut être schématisée « *comme un plan, limité par un repère orthonormé, où l'abscisse et l'ordonnée représentent chacune l'intérêt d'une partie, partant d'un point commun, le zéro, qui marque la solution la plus défavorable à chacune d'elles. Ainsi, chaque solution possible sera analysée en fonction de sa place sur le plan et donc en fonction du point auquel elle correspond en abscisse et en ordonnée et qui permettra de l'évaluer au regard des intérêts de chacune des parties*[1501] ». L'article 2, alinéa 2 de la loi n° 052-2012/AN portant médiation en matière civile et commerciale au Burkina Faso prévoit que « *Le médiateur ne peut imposer aux parties sa solution, mais a pour mission de les aider à trouver un accord transactionnel* ». Ainsi, il ne s'agit pas pour le médiateur de trancher un litige mais de trouver les voies et moyens pour que les parties puissent trouver la meilleure solution qui leur convient.

502. Absence de formalisme. La médiation et la conciliation sont débarrassées du formalisme qui entoure la justice étatique et l'arbitrage. C'est ainsi que les médiateurs ou conciliateurs ne sont pas tenus par principe, sauf convention contraire des parties, des différents principes directeurs du procès civil ou de l'arbitrage. Précisément, le médiateur n'est pas obligé de tenir une procédure contradictoire en ce sens qu'il peut choisir de rencontrer chaque partie séparément ou conjointement. Aussi, il n'est point tenu de révéler à l'une des parties les informations qu'il aurait reçues de l'autre[1502]. La liberté qui entoure ces modes de résolution des différends permet aux parties de choisir les règles adéquates pour leurs échanges avec le médiateur ou le conciliateur. Cette tendance s'observe même lorsque la médiation est réalisée dans un cadre institutionnel. En ce sens, l'article 2 du Règlement de médiation du centre d'arbitrage, de médiation et de conciliation de Ouagadougou prévoit que « *les parties peuvent, avec l'assistance du centre, adapter les dispositions du Règlement à leur besoin pour parvenir à une entente qui leur convient* ». Aussi, l'article 3 de la loi portant médiation civile et commerciale au Burkina Faso prévoit qu'il appartient aux parties de

---

[1501] Ch. JARROSSON, « L'intérêt de la médiation pour la résolution des litiges entre entreprises », *art. préc.*, p. 371, n° 13.

[1502] V. en ce sens, A. FENEON, « Le projet de loi sur la médiation au Burkina Faso : prémice d'un droit africain de la médiation », *op. cit.*, p. 428, n° 10. V. également dans ce sens, l'article 6-3 du Règlement du centre d'arbitrage et de médiation de Ouagadougou : « *Lorsque le médiateur reçoit d'une partie des informations concernant le différend, il peut les révéler à l'autre partie afin qu'elle soit en mesure de lui présenter toute explication qu'elle juge utile. Toutefois, lorsqu'une partie fournit une information au médiateur sous la condition expresse qu'elle demeure confidentielle, le conciliateur ne doit pas la dévoiler à l'autre* ». Il n'existe donc aucune obligation de communication des informations fournies par l'une des parties à l'autre. Il s'agit d'une faculté qui est ouverte au médiateur notamment dans le but de la compréhension de l'intégralité du litige pour une meilleure résolution.

fixer librement la durée de la médiation. Les parties, de même que le conciliateur, ne sont donc pas enfermés dans un délai qui risque de les obliger à trouver une solution inadaptée à leur différend. Cette durée sera ainsi fonction de la nature du différend et des intérêts en présence.

Enfin, la médiation et la conciliation ont l'avantage de permettre une exécution diligente de l'accord transactionnel, ce dernier étant l'émanation de leur propre négociation volontaire. Il a été observé à ce propos que, s'agissant des médiations réalisées sous l'égide du centre d'arbitrage, de médiation et de conciliation de Ouagadougou, « *99% des accords de médiation signés sont exécutés volontairement*[1503] ». À cela s'ajoute, pour le cas particulier du Burkina Faso, que les accords transactionnels ont l'autorité de la chose jugée en dernier ressort[1504]. L'accord transactionnel acquiert force exécutoire soit par homologation, soit par son dépôt d'un commun accord entre les parties au rang des minutes d'un notaire[1505]. Cette dernière précision donne tout son avantage à ce mode amiable de résolution puisque les parties ne sont pas tenues de passer devant le juge pour rendre exécutoire leur accord transactionnel. Toutefois, le recours au juge sera nécessaire lorsqu'une partie manifestera des réticences au dépôt chez un notaire de l'accord transactionnel. Ce recours sera introduit par requête auprès du président du Tribunal de grande instance ou du Tribunal de commerce en fonction de la nature civile ou commerciale de la matière. Ce dernier ne peut refuser l'homologation que lorsque l'accord transactionnel est contraire à une règle d'ordre public[1506].

Il s'avère que la médiation et la conciliation constituent de véritables modes de règlement conventionnel des différends. Ce mode de résolution est adapté la contractualisation du droit des affaires, les parties aux aménagements conventionnels, surtout extrastatutaires, n'ayant aucun intérêt à divulguer le contenu de leurs accords à travers un procès. Aussi, la relative prévisibilité de la solution, qui sera retenue à l'issue de la procédure, permet de maintenir une relation de confiance entre les parties. Dans ce sens, « *la médiation, contrairement à la procédure judiciaire, peut contribuer à la création d'un climat économique stable tout en préservant les relations entre les parties*[1507] ». Toutefois, il convient de rappeler que s'agissant d'un mode

---

[1503] A. FENEON, « Le projet de loi sur la médiation au Burkina Faso : prémice d'un droit africain de la médiation », *op. cit.*, p. 439, n° 44.
[1504] Article 19 de la loi n° 052-2012/AN portant médiation en matière civile et commerciale au Burkina Faso.
[1505] Ibid.
[1506] Article 21, alinéa 2 de la loi n° 052-2012/AN portant médiation en matière civile et commerciale au Burkina Faso.
[1507] A. FENEON, « Le projet de loi sur la médiation au Burkina Faso : prémice d'un droit africain de la médiation », *art. préc.*, p. 426, n° 4.

conventionnel de résolution des différends, la procédure pourra aboutir à un accord de non-conciliation en cas de divergences profondes, impliquant un recours nécessaire à la justice étatique ou à l'arbitrage. Mais lorsque la médiation aboutit à la signature d'un accord transactionnel, les parties pourront continuer sereinement leur collaboration.

503. Conclusion de Chapitre. Il ressort de cette étude que les parties disposent d'une certaine marge de manœuvre quant à l'aménagement conventionnel du recours à la justice étatique. Toutefois, la rigidité de l'institution judiciaire demeure trop importante, ce qui explique en partie le développement des modes alternatifs de règlement des différends. La même remarque est valable pour l'arbitrage qui tend de nos jours à se « *juridictionnaliser* », remettant ainsi en cause le caractère d'alternative à la justice étatique de ce mode de résolution. En somme, aussi bien en droit français qu'en droit OHADA, la maîtrise du règlement des différends, que ceux-ci soient liés à l'exécution d'un aménagement conventionnel ou au fonctionnement sociétaire, demeure en grande partie du domaine de la liberté des parties. Il leur appartient de se saisir des espaces de liberté qui leur sont offerts par le législateur, et cela dans le respect des règles d'ordre public[1508].

504. Conclusion de Titre. L'efficacité des aménagements conventionnels souffre aussi bien en droit français qu'en droit OHADA des difficultés liées à une sanction adéquate de l'inexécution de ces conventions, que celles-ci soient statutaires ou extrastatutaires. Les réformes entreprises dans ces deux législations augurent une meilleure prise en compte de la volonté des parties par la généralisation de l'exécution forcée en nature. L'adoption d'un Acte uniforme en droit des contrats permettra de sécuriser les aménagements conventionnels et d'accroître leur efficacité. Le législateur OHADA pourra à cet effet se référer à la réforme du droit français des obligations, mais il devra également prendre en compte certaines valeurs propres au contexte africain tel que le respect de la parole donnée.

505. Conclusion de Partie. Nous avons pu mettre en lumière les espaces de liberté dont bénéficient les associés dans l'aménagement conventionnel de la société commerciale en droit français et OHADA. Le régime juridique de ces aménagements conventionnels est toutefois loin d'être satisfaisant. Tiraillé entre la nécessité d'offrir des espaces de liberté aux associés et l'obligation de protection des tiers et des investissements, les législateurs peinent à construire un régime juridique adapté aux besoins du droit des

[1508] En ce sens, TOCQUEVILLE affirmait que « […] la liberté est une chose que les chefs du peuple promettent mais ne donnent jamais. Pour l'obtenir et la garder, le peuple ne doit compter que sur ses propres efforts ; et si lui-même n'a pas le goût de la chose, le mal est sans remède ». V. A. De TOCQUEVILLE, Œuvres complètes, vol. VIII, Gallimard 1866, p. 322.

affaires. La jurisprudence pour sa part, par le recours aux règles de droit commun des obligations, tentent de faire le tri entre les conventions valables et celles qui ne le seraient pas. Si l'attractivité économique passera par une libéralisation de la législation sociétaire, cet attrait ne sera effectif que si les aménagements conventionnels bénéficient d'un régime d'exécution permettant le respect de la volonté des parties. Dans le même sens, les modes alternatifs de résolutions des différends devront être mieux encadrés et encouragés, afin notamment de permettre une exécution diligente des décisions issues de ces substituts du pouvoir judiciaire.

CONCLUSION GÉNÉRALE

506. Des critiques adressées au droit des sociétés commerciales. Après quelques années d'application du nouveau droit des sociétés commerciales OHADA, certains auteurs étaient un peu sceptiques quant à la capacité d'adaptation de ce droit à l'évolution des activités économiques sur le continent. Ils avançaient notamment le fait que « *les modalités d'adaptation de ces règles applicables aux sociétés commerciales souffr[ai]ent d'une rigidité qui risque de conduire à un manque de réactivité, alors que les marchés et opérateurs internationaux sont en constante évolution*[1509] ». Ces critiques étaient en partie justifiées par le caractère hautement impératif des dispositions de l'AUDSC. En témoigne, entre autres, l'impossibilité de créer des organes nouveaux dans une société commerciale autres que ceux prévus expressément par le législateur, confirmée par la jurisprudence. Cette situation pouvait s'expliquer par la volonté législative d'implanter ce nouveau droit dans le paysage OHADA, en obligeant les acteurs économiques à se conformer à la nouvelle réglementation. Mais, dès lors que le paysage économique s'y est adapté, plus rien ne justifie un tel enfermement des acteurs économiques dans un carcan législatif qui a pour principal effet de décourager les investissements aussi bien nationaux, régionaux, qu'internationaux.

507. Le dépassement de la rigidité apparente du droit des sociétés. L'évolution du droit des affaires en France montre une adaptation des acteurs économiques à la rigidité d'antan de ce droit. Même si de nos jours, la demande d'une simplification des règles de droit économique à travers une libéralisation maximale de la législation sociétaire demeure accentuée, il y a lieu de remarquer que de nombreux espaces de liberté existent au profit des associés. Cette étude a notamment permis de faire le point sur les domaines dans lesquels la liberté conventionnelle pouvait s'épanouir. En partant des aménagements conventionnels courants aussi bien en droit français que OHADA, il s'avère que le droit des sociétés commerciales dans son ensemble, loin de la rigidité traditionnelle, manifeste d'une certaine dose de flexibilité.

508. L'exploration du domaine de la liberté conventionnelle en droit des sociétés. La flexibilité du droit des sociétés commerciales se manifeste en droit français et OHADA d'abord dans la possibilité offerte aux associés de contrôler les mouvements du capital social. En effet, l'un des domaines

---

[1509] B. Le BARS et B. MARTOR, « Management et financement de la société anonyme de droit OHADA », *Cah. Dr. Entr.*, 2004, p. 12-20.

où se manifeste la liberté conventionnelle se trouve être la cession des titres sociaux. Alliant les mécanismes de droit des sociétés et de droit des contrats, les associés peuvent recourir à des aménagements conventionnels afin d'interdire l'un des leurs de céder ou au contraire de conserver ses actions en fonction des besoins notamment de stabilité de l'actionnariat dans la société concernée. Pour ce faire, les clauses d'inaliénabilité sont un instrument adéquat afin de contrôler les mouvements de sortie de la société. En la matière, il faut relever que le droit OHADA, par sa précision, offre une sécurité juridique aux associés qui souhaiteront recourir à ce type de clause[1510]. À l'inverse, les associés peuvent, parce que l'un d'entre eux ne remplit plus les conditions pour poursuivre l'aventure commune, souhaiter supprimer la liberté de conserver ses titres sociaux. À cet effet, « *l'excommunication*[1511] » de l'associé devenu indésirable sera possible en présence d'une clause d'exclusion. Si celle-ci ne peut être stipulée dans un aménagement extrastatutaire, elle pourra l'être dans une clause statutaire. Également, les clauses d'agrément ou de préemption, statutaires ou extrastatutaires témoignent de la possibilité offerte aux associés de gérer au mieux, selon leurs convenances, la question du choix des partenaires sociaux.

Ensuite, l'organisation du pouvoir de direction ou de contrôle constitue le second domaine où se manifeste la flexibilité du droit des sociétés commerciales. D'une part, l'organisation du pouvoir de direction semble, hormis le cas particulier de la SAS, échapper à la volonté des associés. La liberté conventionnelle se heurte ici à une organisation impérative de la répartition des pouvoirs dans la société par le législateur français ou OHADA. Elle se manifeste notamment par l'imposition de l'organe de représentation de la société, les associés ne pouvant lui substituer un autre organe. Aussi, d'une manière générale, chaque organe de direction prévu par le législateur bénéficie d'un domaine de compétence qui lui est propre, ce qui se traduit par le principe de spécialité des organes sociaux. Cette mainmise du législateur français et OHADA sur l'organisation du pouvoir de direction n'est pour autant pas absolue. En effet, si certains aménagements conventionnels sont exclus parce qu'ils entraînent un transfert du pouvoir de direction au profit d'une personne non habilitée à cet effet, le pouvoir de direction peut faire l'objet de délégation. Aussi, il convient de distinguer la titularité du pouvoir de direction de son exercice. Seule la titularité du pouvoir de direction est exclue du champ des aménagements conventionnels. Ainsi, les conventions de *management* ne sauraient dès lors être admises que

---

[1510] V. *supra*, n° 17.

[1511] V. pour un rapprochement entre l'excommunication du droit canonique et l'exclusion d'un associé, P. MOUSSERON, *Les conventions sociétaires*, *op. cit.*, p. 283, n° 404.

si, et seulement si, elles n'entraînent pas le transfert de la titularité du pouvoir de direction.

D'autre part, si la possibilité d'organisation du pouvoir de contrôle des associés a été considérée comme signe d'un renouveau contractuel en droit des sociétés[1512], il faut noter que la liberté conventionnelle connaît des limites certaines en la matière. Les associés disposent de droits fondamentaux qui ne pourront être supprimés voire même restreints que lorsque cette possibilité est prévue par le législateur. Il en est ainsi du droit à l'information ou encore du droit de participer aux assemblées. Ce dernier doit être distingué du droit de vote qui peut faire l'objet de conventions dans la mesure où celles-ci préservent la liberté de vote des associés parties à ces conventions.

Le droit des sociétés commerciales OHADA a ainsi emprunté la voie de la contractualisation du droit des sociétés à l'instar du droit français duquel il est inspiré en grande partie.

509. Le nécessaire encadrement juridique du domaine de la liberté conventionnelle en droit des sociétés. Peu d'aménagements conventionnels, qu'ils soient statutaires ou extrastatutaires, bénéficient d'un régime juridique précis. Si cela permet un développement conséquent de la liberté contractuelle en droit des sociétés, il n'en demeure pas moins que le manque de prévisibilité des solutions en cas de contestation nuit à l'efficacité de ces conventions sociétaires. La jurisprudence, en l'absence de réglementation précise a recours à des standards juridiques tels que l'ordre public sociétaire ou l'intérêt social, afin d'apprécier la validité de ces aménagements conventionnels. Faut-il enfermer ces critères de validité dans des définitions légales pour plus de prévisibilité et de sécurité juridique ? Nous ne le pensons pas. En tant que standards juridiques, la malléabilité de ces critères permet non seulement de laisser s'épanouir la liberté contractuelle, mais également de faire le tri entre les conventions qui portent atteintes aux principes essentiels ou fondamentaux du droit des sociétés et les autres. À l'inverse de ces notions cadres, les expressions telles que « *clauses jugées essentielles par la juridiction compétente* » utilisées par le législateur OHADA en tant que cause de nullité des aménagements extrastatutaires devraient faire l'objet de plus de précision, car elles impliquent nécessairement une casuistique fondée uniquement sur l'appréciation des tribunaux.

[1512] G. GOFFAUX-CALLEBAUT, Du contrat en droit des sociétés – Essai sur le contrat instrument d'adaptation du droit des sociétés, op. cit., p. 117, n° 156.

Quant à l'efficacité des aménagements conventionnels, aussi bien en droit français que OHADA, celle-ci reste tributaire en grande partie des solutions consacrées en droit commun des contrats. Qu'il s'agisse de l'opposabilité, de la transmissibilité ou encore de l'irritante question de l'exécution forcée en nature envisagée comme moyen efficace en cas d'inexécution, la réforme du droit des contrats aussi bien en France que dans l'espace OHADA devrait apporter plus d'efficacité aux aménagements conventionnels notamment extrastatutaires. Si cette réforme est en passe d'être adoptée en France après tant d'années de discussions, l'aboutissement du projet d'Acte uniforme relatif au droit des contrats demeure pour l'instant incertain. Pourtant, cet Acte uniforme est nécessaire afin de sécuriser les conventions sociétaires qui ne peuvent s'accommoder des solutions issues de codes civils en grande partie inchangés depuis leur transposition dans les anciennes colonies francophones.

Enfin, le mouvement de contractualisation du droit des sociétés s'étend jusqu'au mode de résolution des différends. En effet, les exigences de rapidité, de confidentialité et surtout d'adaptabilité des règles de droit aux activités économiques, impliquent le développement de modes amiables de résolution des différends malgré la possibilité d'aménager quelque peu les règles de procédure civile. Les Etats membres de l'OHADA ont pris en compte cette nécessité d'une part par l'adoption de l'Acte uniforme relatif au droit de l'arbitrage, et d'autre part, par la création et la promotion de centres nationaux d'arbitrages et de médiation.

510. La nécessaire complémentarité entre la liberté contractuelle et l'ordre public économique. En somme, le mouvement de contractualisation ne cesse de s'étendre en droit des sociétés français et OHADA. Cette étude a permis de relever dans l'ensemble une convergence de ces deux systèmes de droit. Le modèle économique OHADA s'est construit sur les traces du droit français, duquel il continue de s'inspirer. En témoigne récemment la consécration de la SAS d'inspiration française dans l'environnement juridique OHADA. Mais, à certains égards, le droit OHADA évolue plus vite que le droit français, eu égard notamment au dynamisme d'un secteur économique en pleine croissance face à une économie française et européenne en perte de souffle. Le législateur OHADA en prenant la mesure de cette évolution, adopte des solutions nouvelles et pour le moins originales à l'instar de la consécration expresse des pactes d'actionnaires dans ce système législatif. Les solutions aux problèmes posés par ces aménagements conventionnels, qui en France sont jurisprudentielles, sont consacrées par le législateur OHADA, garantissant ainsi une certaine sécurité juridique.

Allier la prévisibilité, et partant de là, la sécurité juridique, à la liberté contractuelle, telle est la préoccupation commune des législateurs français et

OHADA en quête d'une attractivité économique interne et internationale. En la matière, il n'y a pas forcément contradiction entre liberté contractuelle et ordre public économique. Et comme le dit si bien J.-J. ROUSSEAU, « *il n'y a [...] point de liberté sans Lois, [...] : dans l'état même de nature, l'homme n'est libre qu'à la faveur de la loi naturelle qui commande à tous*[1513] ».

[1513] J.-J. ROUSSEAU, *Lettres écrites de la montagne*, Partie II, Lettre VIII, in *Œuvres complètes*, vol. III, Bibliothèque de la Pléiade, Gallimard, 1964, p. 182.

BIBLIOGRAPHIE

I. Droit français

A. Traités et ouvrages généraux

ALARY-HOUIN (C.), Droit des entreprises en difficultés, L.G.D.J., 2013.
BENABENT (A.), Droit des obligations, L.G.D.J. – Lextenso, 14e éd., 2014.
CHARVERIAT (A.), **COURET** (A.), et **ZABALA** (B.), Memento Sociétés commerciales 2016, éd. Francis Lefebvre, 2015, 46e éd.
COURET (A.), **Le NABASQUE** (H.), **COQUELET** (M.-L.), *et al.*, Droit financier, 2e éd. Dalloz, 2012.
COZIAN (M.), **VIANDIER** (A.) et **DEBOISSY** (Fl.), Droit des sociétés, 28e éd., LexisNexis, 2015.
DIDIER (P.) et **DIDIER** (Ph.), Droit commercial, Tome 2, Les sociétés commerciales, éd. ECONOMICA, 2011.
FABRE-MAGNAN (M.), Droit des obligations, 1 – Contrat et engagement unilatéral, 3e éd. PUF., 2012.
GERMAIN (M.) et **MAGNIER** (V.), Traité de droit des affaires, Tome 2. Les sociétés commerciales, 21e éd., L.G.D.J., 2014.
GHESTIN (J.), **LOISEAU** (G.) et **SERINET** (Y.-M.), Traité de droit civil – La formation du contrat Tome 2 : L'objet et la cause – Les nullités, 4e éd., L.G.D.J. – Lextenso, 2013.
GHESTIN (J.), Traité de droit civil. Les effets de la responsabilité, L.G.D.J., 2011, 3e éd. par G. VINEY et P. JOURDAIN.
GUYON (Y.), Droit des affaires, Tome 1, Droit commercial général et Sociétés, 12e éd., Economica, 2003.
HAURIOU (M.), Principes de droit public, préf. O. Beaud, Dalloz, 2010.
JACQUEMONT (A.), Droit des entreprises en difficultés, 9e éd., LexisNexis, 2015.
JEANTIN (M.), Droit des sociétés, 3e éd., Montchrestien, 1994.
JUGLART (M.), **IPPOLITO** (B.), **Du PONTAVICE** (E.), *et al.*, *Traité de droit commercial*, vol. 2, *Les sociétés*, 2, Société de capitaux, sociétés anonymes et commandites par actions, sociétés à responsabilité limitée, 3e éd., Montchrestien, 1982.
Le CANNU (P.), **DONDERO** (B.), Droit des sociétés, 6e éd., L.G.D.J. – Lextenso, 2015.
MALAURIE (Ph.), **AYNÈS** (L.) et **GAUTIER** (P.-Y.), Les contrats spéciaux, 7e éd., L.G.D.J. – Lextenso, 2014.
MALAURIE (Ph.), **AYNES** (L.), et **STOFFEL-MUNCK** (Ph.), Droit des obligations, 7e éd., L.G.D.J. – Lextenso, 2015.
MALINVAUD (Ph.), Introduction à l'étude du droit, 15e éd., LexisNexis, 2015.
MERLE (Ph.), **FAUCHON** (A.), Droit commercial – Sociétés commerciales, 19e éd., Dalloz, 2015.
MESTRE (J.), **VELARDOCCHIO** (D.), **MESTRE-CHAMI** (A.-S.), Lamy Sociétés Commerciales, 2015.
POTHIER (R. J.), Traité des obligations, préf. J.-L. Halpérin, Dalloz, 2011.
SAVATIER (R.), Cours de droit civil, Tome 1, 2e éd., L.G.D.J., 1942.
SOLUS (H.) et **PERROT** (R.), Droit Judiciaire Privé, tome I, Sirey, 1961.
TERRÉ (F.), **SIMLER** (Ph.) et **LEQUETTE** (Y.), Droit civil, Les obligations, 11e éd., Dalloz, 2013.

B. Thèses, monographies et ouvrages spéciaux

BAHANS (J.-M.), Théorie générale de l'acte juridique et droit économique, ANRT, 2003.

BARUCHEL (N.), La personnalité morale en droit privé – Éléments pour une théorie, préf. B. Petit, L.G.D.J., 2004.

BERGEL (J.-L.), Méthodologie juridique, PUF, 2001.

BERNARD (P.), La notion d'ordre public en droit administratif, préf. G. Pequignot, L.G.D.J., 1962.

CAILLAUD (B.), L'exclusion d'un associé dans les sociétés, préf. J. Derruppé, Sirey, 1966.

CAPITANT (R.), Introduction à l'étude de l'illicite – L'impératif juridique, Dalloz, 1928.

CERATI-GAUTHIER (A.), La société en procédure collective et son associé : entre indépendance et influence, préf. J. Mestre, PUAM, 2002.

COHEN (D.), Arbitrage et société, préf. B. Oppetit, L.G.D.J., 1993.

CHAMPAUD (Cl.),

- Le pouvoir de concentration de la société par actions, préf. Y. Loussouarn, Sirey, 1962.
- Manifeste pour la doctrine de l'entreprise : sortir de la crise du financialisme, Larcier, 2011.

CORNU (G.), Linguistique juridique, 3e éd., Montchrestien, 2005.

COUTURIER (G.), Droit des sociétés et droit des entreprises en difficulté, préf. J.-Ph. Haehl, L.G.D.J., 2013.

COUTURIER (G.), La confirmation des actes nuls, préf. J. Flour, L.G.D.J., 1972.

DAIGRE (J.-J.) et **SENTILLES-DUPONT** (M.), Pactes d'actionnaires, Joly éd. 1995.

MATTEI De BEAUFORT (V.), Les OPA en Europe, préf. P. Arlman, éd. Economica, 2001.

DEXANT - de BAILLANCOURT (O.), Les pactes d'actionnaires dans les sociétés cotées, préf. H. Synvet, Dalloz, 2012.

DOM (J.-Ph.), Les montages en droit des sociétés, préf. P. Le Cannu, Joly éd., 1998.

DUCLOS (J.), L'opposabilité (essai d'une théorie générale), préf. D. Martin, L.G.D.J., 1984.

FARJAT (G.), L'ordre public économique, préf. B. Goldman, L.D.G.J., 1963.

FENET (P.-A.), Naissance du Code civil : la raison du législateur : travaux préparatoires du Code civil, préf. G. Canivet, éd. Flammarion, 2004.

FERRIER (N.), La délégation de pouvoir, technique d'organisation de l'entreprise, préf. Ph. Pétel, Litec, 2005.

GAILLARD (E.), Le pouvoir en droit privé, Economica, 1985.

GERMAIN (M.) et **PERIN** (P-L.), SAS – La société par actions simplifiée, 4e éd., Joly éd., 2010.

GIBIRILA (D.), Les dirigeants de société – Statut juridique, social et fiscal, préf. J.-P. Marty, Litec, 1995.

GODON (L.), La société par actions simplifiée, L.G.D.J. – Lextenso éd., 2014.

GOFFAUX-CALLEBAUT (G.), Du contrat en droit des sociétés – Essai sur le contrat en tant qu'instrument d'adaptation du droit des sociétés, préf. J.-P. Gastaud, éd. L'Harmattan, 2008.

GOUNOT (E.), Le principe de l'autonomie de la volonté en Droit privé : contribution à l'étude critique de l'individualisme juridique, Thèse Dijon, 1912.

GUYON (Y.), Traité des contrats – Les sociétés, Aménagements statutaires et conventions entre associés, L.G.D.J., 2002.

HENRY (M.) et **BOUILLET-CORDONNIER** (G.), Pactes d'actionnaires et privilèges statutaires, EFE, 2003.

LEDOUX (P.), Le droit de vote de l'actionnaire, préf. Ph. Merle, L.G.D.J., 2002.

LEROY (C.), Le pacte d'actionnaire dans l'environnement sociétaire, Thèse Université Paris-Est, 2010.

MALAURIE (Ph.), Les contrats contraires à l'ordre public. Étude de droit civil comparé : France, Angleterre, U.R.S.S, éd. Matot-Braine, 1953.

MARINI (Ph.), La modernisation du droit des sociétés, Rapport au Premier ministre, La documentation française, 1996.
MARMOZ (F.), La délégation de pouvoir, préf. Y. Reinhard, Litec, 2000.
MEKKI (M.), L'intérêt général et le contrat – Contribution à une étude de la hiérarchisation des intérêts en droit privé, préf. J. Ghestin, L.G.D.J., 2004.
Memento Expert – Cessions de parts et actions 2015-2016, éd. Francis Lefebvre, 2014.
MICHOUD (L.), La théorie de la personnalité morale et son application au droit français, 2e éd., L.G.D.J., 1998.
MIGNON-COLOMBET (A.), L'exécution forcée en droit des sociétés, préf. Y. Guyon, Economica, 2004.
MONSALLIER (M.-Ch.), L'aménagement contractuel du fonctionnement de la société anonyme, préf. A. Viandier, L.G.D.J., 1998.
MOUBSIT (H.), La représentation en droit des sociétés, L'Harmattan, coll. Logiques juridiques, 2013.
MOULIN (J.-M.), Le droit de l'ingénierie financière – Le droit du financement du haut de bilan des sociétés, 4e éd., Gualino – Lextenso, 2013.
MOUSSERON (J. M.), Technique contractuelle, éd. Francis Lefebvre 2010, 4e éd. par P. Mousseron, J. Raynard et J.-B. Seube.
MOUSSERON (P.), Les conventions sociétaires, 2e éd., L.G.D.J., 2014.
NIBOYET (F.), L'ordre public matrimonial, préf. J. Revel, L.G.D.J., 2008.
PAGNUCCO (J.-Ch.), L'action sociale *ut singuli* et *ut universi* en droit des groupements, préf. Fl. Deboissy, Fondation Varenne – L.G.D.J., 2006.
PERES-DOURDOU (C.), La règle supplétive, préf. G. Viney, L.G.D.J., 2004.
PIETTE (G.), La correction du contrat, préf. M. Menjucq, PUAM, 2004.
PERIN (P.-L.), La société par actions simplifiée – L'organisation des pouvoirs, préf. M. Germain, éd. Joly, 2000.
POITRINAL (F.-D.), La révolution contractuelle du droit des sociétés : Dynamiques et paradoxes, Revue Banque Edition 2003.
PRAT (S.), Les pactes d'actionnaires relatifs au transfert de valeurs mobilières, préf. A. Viandier, Litec, 1992.
RAFFRAY (R.), La transmission universelle de patrimoine des personnes morales, préf. Fl. Deboissy, Dalloz, 2011.
RAIMBOURG (Ph.), **BOIZARD** (M.), *et al.*, Ingénierie financière, fiscale et juridique, Dalloz, 2015.
RAYNAUD (B.), La stipulation d'indisponibilité, préf. Y. Chaput, Presses Universitaires de Clermont-Ferrand, L.G.D.J., 2003.
RIPERT (G.), Aspects juridiques du capitalisme moderne, 2e éd., L.G.D.J., 1995.
SCHILLER (S.), Les limites de la liberté contractuelle en droit des sociétés – Les connexions radicales, préf. F. Terré, L.G.D.J., 2002.
SCHMIDT (D.), Les droits de la minorité dans la société anonyme, préf. J.-M. Bischoff, Sirey, 1970.
SCHRYVE (L.), L'ordre public et le droit des sociétés, Thèse Lille 2, 2009.
SIKORA (J.), L'exclusion des membres des groupements de droit privé, Thèse Strasbourg, 2007.
SIMLER (Ph.), La nullité partielle des actes juridiques, L.G.D.J., 1969.
SOUSI (G.), L'intérêt social dans le droit français des sociétés commerciales, Thèse, Lyon, 1974.
TAMBOISE (A.), La stabilité du contrôle dans les sociétés par actions, Thèse, Lille, 1929.
TANDEAU de MARSAC (V.), Guide pratique des entreprises familiales, Eyrolles, 2011.
VELARDOCCHIO-FLORES (D.), Les accords extra-statutaires entre associés, préf. J. Mestre, PUAM, 1993.
VIANDIER (A.) et **CHARVERIAT** (A.), Sociétés et loi NRE : Mode d'emploi après un an d'application, 2e éd., F. Lefebvre, 2002.

VIANDIER (A.), La notion d'associé, préf. F. Terré, L.G.D.J., 1978.
WICKER (G.), Les fictions juridiques, contributions à l'analyse de l'acte juridique, préf. J. Amiel-Donat, L.G.D.J., 1996.

C. Articles, chroniques et fascicules

ANSAULT (J.-J.),

- « Le contrôle de l'intérêt à agir en nullité des délibérations sociales », *Rev. sociétés,* 2012, p. 7.
- « Les clauses statutaires d'exclusion à l'aune de la liberté contractuelle », *Journal des sociétés*, 12/2012, n° 104, p. 28.

AUBRY (H.), « La responsabilité des dirigeants dans la SAS », *Rev. sociétés,* 2005, p. 793.
AUZERO (G.), « Les aménagements statutaires et extra-statutaires au droit du licenciement », in Pacte d'associé ou clause statutaire : quel choix pour l'entreprise sociétaire ? Actes du colloque national DJCE tenu les 8 et 9 février 2013 à la Faculté de droit de Bordeaux, LexisNexis, 2013, p. 61-73.
BAILLY-MASSON (Cl.), « L'intérêt social, une notion fondamentale », *LPA,* 9 novembre 2000, n° 224, p. 6.
BANDRAC (M.), « L'action en justice, droit fondamental », *in Nouveaux juges, nouveaux pouvoirs ? : Mélanges en l'honneur de Roger PERROT*, Dalloz 1996, p. 1.
BÉRARD (P.-Y.), « Les fusions à l'épreuve de l'intuitu personae », *RTD com*., 2007, p. 279.
BERNARD (Th.), « La prévention de l'inexécution du pacte de préférence », *Defrénois,* 2008, p. 1907.
BERR (Cl.) « La place de la notion de contrôle en droit des sociétés », in *Mélanges en l'honneur de D. BASTIAN*, éd. Librairies techniques, 1974, p. 1-22.
BERT (D.), « Substitution du bénéficiaire d'un pacte de préférence dans les droits du tiers acquéreur », *JCP G,* 2007, II, 10143.
BERTREL (J.-P.),

- « Fusions-acquisitions : une clause d'agrément est-elle applicable en cas de fusion ou scission ? », *Dr. & patrimoine*, avril 2003, p. 33.
- « La position de la doctrine sur l'intérêt social », *Dr. & patrimoine,* 1997, p. 45.
- « Le débat sur la nature de la société », in *Droit et vie des affaires, Études à la mémoire d'Alain SAYAG*, Litec, 1997, p. 131-145.
- « Liberté contractuelle et sociétés, Essai d'une théorie du « juste milieu » en droit des sociétés », *RTD Com*., 1996, p. 595.

BIENVENU-PERROT (A.), « Des censeurs du XIXe siècle au gouvernement d'entreprise du XXIe siècle », *RTD Com*., 2003, p. 449.
BISSARA (Ph.),

- « Études sur l'avenir du droit des sociétés », *Rev. sociétés*, 2000, p. 1.
- « L'inadaptation du droit français des sociétés aux besoins des entreprises et les aléas des solutions », *Rev. sociétés*, 1990, p. 553.
- « Le président "dissocié" », *Revue A.N.S.A*., septembre 2001, n° 18.

BOIZARD (M.), « L'abus de minorité », *Rev. sociétés* 1988, p. 365.
BOLARD (G.), « Administrateur provisoire et mandat ad hoc : du fait au droit », *JCP E,* 1995, I, p. 479.
BORNHAUSER-MITRANI (L.), « La violation d'une clause statutaire », *LPA,* 8 avril 1998, n° 42, p. 11.
BOUBLI (B.), « La délégation de pouvoir depuis la loi du 6 Décembre 1976 », *Dr. sociétés,* 1977, p. 82.
BOUCARD (H.),

- « La réforme, de la doctrine à l'ordonnance », in *La réforme des obligations en France, 5e journées franco-allemandes*, sous la dir. R. Schulze, G. Wicker, G. Mäsch et D. Mazeaud, Société de Législation Comparée, 2015, p. 27-38.
- « Le nouveau régime de l'inexécution contractuelle », in *La réforme des obligations en France, 5e journées franco-allemandes,* sous la dir. R. Schulze, G. Wicker, G. Mäsch et D. Mazeaud, Société de Législation Comparée, 2015, p. 153-170

BROCHIER (E.), « L'exécution en nature des pactes entre actionnaires : observations d'un praticien », *RDC,* 2005, p. 125.

BROUD (F.) et **USUNIER** (S.), « La validité des lettres de licenciement au sein des SAS », *JCP E,* 2010, p. 1205.

BRUNSWICK (Ph.), « SAS et capital investissement : vers la fin des pactes d'actionnaires extra-statutaires ? », *Dalloz,* 2000, p. 595.

BUCHBERGER (M.), « L'ordre public sociétaire », in *Mélanges en l'honneur du Professeur Michel Germain,* LexisNexis – Lextenso éd., 2015, p. 181-200.

BULLE (J.-F.), « Les délégations de pouvoirs », *JCP E* 1999, p. 1136.

BUREAU (D.), « L'altération des types sociétaires », in *Mélanges offerts à Paul DIDIER,* Études de Droit Privé, Economica, 2008, p. 57-79.

CABRILLAC (M.), « De quelques handicaps dans la construction de la théorie de l'abus de minorité », in *Mélanges offerts à André COLOMER,* Litec, 1993, p. 109-117.

CANNARD (R.), « Les pactes visant à prendre et/ou conserver le pouvoir dans les sociétés anonymes non cotées », *Cah. Dr. Entr.*, 1/1992, p. 4.

CATALA (P.), « À propos de l'ordre public », in *Mélanges offerts à Pierre DRAI – Le juge entre deux millénaires, Dalloz,* 2000, p. 511-522.

CAUSSAIN (J.-J.), « L'organisation contractuelle du pouvoir dans la société par actions simplifiée », *RDAI,* 1996, p. 939.

CAVERIVIERE (M.) et **DEBENE** (M.), « Sociétés privatisées et stratégies actionnariales », *Rev. sociétés,* 1989, p. 589.

CHAMPAUD (Cl.), « Le contrat de société existe-t-il encore ? » in *Le Droit contemporain des contrats,* Travaux de la Faculté des Sciences juridiques de Rennes, Economica, 1987, p. 125.

CHARTIER (Y.), « Les clauses de préférence et de préemption en cas de cession à des tiers », in « La stabilité du pouvoir et du capital dans les sociétés par actions », *RJ Com.,* 1990, n° spéc. p. 77.

CHAZAL (J.-P.), **REINHARD** (Y.), « Liberté contractuelle, représentation et direction des SAS », *RTD. Com.*, 2002, p. 688.

CHERCHOULY-SICARD (F.), « Les pactes de préemption », *RJ Com.,* 1990, p. 49.

CHESNE (G.), « L'exercice *ut singuli* de l'action sociale dans la société anonyme », *RTD Com.*, 1962, p. 347.

CIMAMONTI (S.), « L'ordre public et le droit pénal », in *L'ordre public à la fin du XXe siècle,* Dalloz, 1996, p. 89.

CLAVREUL (C.), « Sieyès et la genèse de la représentation moderne », in *Droits* n° 6, La représentation.

CŒURET (A.), « La délégation de pouvoir et la décision de licencier », *Semaine sociale Lamy,* 15 septembre 2008, n° 1366.

COHEN (D.), « Les conventions de vote », in *Liber amicorum Christian LAROUMET,* Economica, 2009.

COHEN (F.) et **RABAIN** (T.), « Délégation de pouvoirs et représentations légales dans les SAS. Confusions jurisprudentielles », *RTDF,* 2010, n° 2, p. 72.

CONSTANTIN (A.),
- « L'emprise du droit de la concurrence sur le contrat de société : défiance et illustration », *Dalloz,* 2012, p. 2717.
- « L'application des clauses d'agrément en cas de fusion ou de scission : le poids des mots, le choc des principes », *Bull. Joly sociétés,* juillet 2003, p. 742, n° 160.

- « L'opposabilité du pacte d'actionnaire par les tiers », *Bull. Joly sociétés*, 2009, p. 786.

COQUELET (M.-L.), « Nullité des délibérations sociales : oui mais sous conditions ! », *Dr. sociétés*, 2010, n° 156.

COURET (A.) et **DONDERO** (B.), « La délégation du pouvoir de licencier dans une SAS, un mandat comme un autre ? » *JCP E*, décembre 2010, p. 2049.

COURET (A.),

- « De l'inaliénabilité des actions de SA », *Bull. Joly sociétés*, 2008, p. 125.
- « L'intérêt social », *Cah. Dr. Entr.*, 1996, p. 1.
- « La compétence de la direction pour décider de l'exclusion d'un associé », *Rev. sociétés*, 2012, p. 435.
- « Le retour du débat sur le droit de vote double », *JCP E*, 2013, p. 1518.
- « Responsabilité encourues à l'occasion de la violation d'un pacte d'actionnaires », *JCP E*, 2001, p. 181.

COZIAN (M.), « Du nu-propriétaire ou de l'usufruitier, qui a la qualité d'associé ? » *JCP E* 1994, I, n° 374, p. 339.

CREPY (S.) et **LEVASSEUR** (A.), « Approfondissement de certaines des principales stipulations contractuelles du management package LBO conclu entre l'investisseur financier majoritaire et les cadres dirigeants », *RLDC*, juin 2014, n° 116, p. 8.

DAIGRE (J.-J.),

- « Le gouvernement d'entreprise : feu de paille ou mouvement de fond », *Dr. & Patrimoine*, 1996, p. 21.
- « Pacte d'actionnaires et capital-risque – Typologie et appréciation », *Bull. Joly sociétés*, 1993, p. 157.
- « Entreprises en difficulté » – « Redressement judiciaire (Personnes morales et dirigeants », *Rép. sociétés, Dalloz*, mise à jour juin 2011.

DALMASSO (T.) et **BOURCEREAU** (A.), « Mandats de gestion et délégations de pouvoirs, une nécessaire distinction », *JCP E*, 2010, p. 1590.

DEBOISSY (Fl.), « Le contrat de société », in *Le contrat*, Travaux de l'association Henri Capitant, tome LV, Société de Législation Comparée, 2005, p. 119.

DEDESSUS-LE-MOUSTIER (N.), « La responsabilité du dirigeant de fait », *Rev. sociétés*, 1997, p. 499.

DELGA (J.), « De l'inexistence juridique de l'administrateur indépendant en France aux risques encourus », *Cah. Dr. Entr.*, 2005, n° 5, p. 41.

DERRUPPE (J.), « Un associé méconnu : l'usufruitier de droits sociaux ? » *Bull. Joly sociétés*, 1994, p. 1155.

DJEHAVE (Y.), « Des noyaux durs aux groupes d'actionnaires stables », *Rev. Banque*, 1993, n° 543, p. 26.

DOM (J.-Ph.), « Principales conditions d'existence et de validité d'une convention de direction », *Rev. sociétés*, 2011, p. 424.

DONDERO (B.),

- « Caractère restrictif des nullités en droit des sociétés ... et trouble », *Dalloz*, 2012, p. 1581.
- « Coup dur pour la franchise participative ! », *JCP E*, 2012, p. 1641.
- « Le pacte d'actionnaire signé par la société », *Rev. sociétés*, 2011, p. 535.
- « Les pactes d'actionnaires et les mutations de la société », *Dr. & patrimoine*, novembre 2009, p. 69.
- « L'unanimité des associés peut-elle tout ? », *JCP E* 9 juillet 2015, n° 28, p. 16.

DUBERTRET (M.), « L'*intuitus personae* dans les fusions », *Rev. sociétés*, 2006, p. 721.

DURAND-LEPINE (G.), « L'exclusion des actionnaires dans les sociétés non cotées », *LPA*, 1995, n° 88, p. 7.

ENGEL (Ph.) et RUAULT-DUBOIS (O.),

- « Dérives jurisprudentielles sur le détenteur du pouvoir de licencier dans une SAS », *BRDA* 4/10, n° 20.
- « SAS et licenciements : les juges du fond en délicatesse avec le droit des sociétés », *Option finance,* 15 février 2010, n° 1064.

ESCARRA (J.), « Les restrictions conventionnelles de la transmissibilité des actions », *Annales de droit commercial, étranger et international,* 1911, n° 5-6, p. 73.

ESPESSON-VERGEAT (B.), « Le clair-obscur de la clause d'agrément dans les opérations de fusion », *LPA,* 8 janvier 2004, n° 6, p. 15.

FAGES (B.), « Promesse unilatérale de vente ou d'achat de droits sociaux. La Chambre commerciale refuse de sanctionner comme il se doit la rétractation du promettant. Dommage ! », *Dalloz,* 2012, p. 22.

MARTIN (D.), **FAUGEROLAS** (F.), « Les pactes d'actionnaires », *JCP G*, 1989, I, 3412.

FAUVARQUE-CAUSSON (B.), « L'ordre public », in *Le code civil, un passé, un présent, un avenir*, Dalloz, 2004, p. 473-494.

FAVARIO (Th.),

- « Regards civilistes sur le contrat de société », *Rev. sociétés,* 2008, p. 53.
- « La clause statutaire d'inaliénabilité », *Bull. Joly sociétés*, janvier 2010, n° 1, p. 100.

FERRY (Cl.), « Validité des clauses d'inaliénabilité portant sur des actions », *JCP E,* 2010, p. 1327.

FRAISSINIER (V.), « L'intérêt de la famille : une « notion standard » à contenu variable », *LPA,* 28 décembre 2007, p. 4.

FRULEUX (F.), « Dissociation des droits de l'associé : le cas des sociétés d'exercice libéral », *JCP E,* 2006, p. 303.

GALLOIS-COCHET (D.), « Nullité de l'indemnité conventionnelle de révocation, stipulée au profit du gérant de SARL », *Dr. sociétés,* février 2013, p. 31.

GAUDEMET (A.),

- « Efficacité des pactes d'actionnaires : retour aux principes », *Rev. sociétés,* 2011, p. 482.
- « Promesse unilatérale de contrat : pitié aussi pour le droit des sociétés ! », *Dalloz,* 2012, p. 130.

GOFFAUX-CALLEBAUT (G.), « La définition de l'intérêt social : Retour sur la notion après les évolutions législatives récentes », *RTD Com.*, 2004 p. 35.

GERMAIN (M.) et **PERIN** (P.-L.),

- « Confirmation du droit à l'information des associés de SAS », *Bull. Joly sociétés,* 2012, p. 623.
- « L'exclusion statutaire des associés de SAS », *Bull. Joly sociétés,* 2010, p. 1016.

GHESTIN (J.),

- « La notion de contrat », *Dalloz,* 1990, p. 147.
- « L'ordre public, notion à contenu variable en droit privé français », in *Les notions à contenu variable en droit,* Bruylant, 1984, p. 82.

GINESTET (C.), « Pactes de préférence et droit des sociétés », *Dr. & patrimoine,* 2006, n° 144, p. 62.

GODON (L.), « Un associé insolite : le nu-propriétaire de droits sociaux », *Rev. sociétés,* 2010, p. 143.

GRANOTIER (J.), « L'exclusion d'un associé : vers de nouveaux équilibres ? » *JCP G,* 2012, p. 1067.

GRILLET-PONTON (D.), « La méconnaissance d'une règle impérative de la loi, cause de nullité des actes et délibérations des organes de la société », *Rev. sociétés,* 1984, p. 269.
GRIGNON (Ph.), « L'obligation de ne pas agir en justice », in *Mélanges Christian MOULY*, Litec, 1998, p. 115-130.
GROHENS (J.-C.), « La délégation administrative de compétence », *Dalloz,* 1958, Chron. XXVIII, p. 197.
GUENGANT (A.), **DAVODET** (D.), **PENGEL** (Ph.) et **De VENDEUIL** (S.), « Actions de préférence : questions de praticiens », *JCP E,* 2005, p. 1162.
GUYON (Y.),
- « L'inaliénabilité en droit commercial », in *Études à la mémoire d'Alain SAYAG*, Litec, 1997, p. 268.
- « Les missions des administrateurs provisoires de sociétés », in *mélanges en l'honneur de Daniel BASTIAN*, Litec, 1974, p. 103-115.

HAJJAJI (H.), « Pactes d'actionnaires et financements islamiques », *RDAI*, 2005, p. 556.
HAUSER (J.), « L'ordre public et les bonnes mœurs », in *Les concepts contractuels français à l'heure des principes du droit européen des contrats*, sous la dir. P. Remy-Corlay et D. Fenouillet, Dalloz, 2003, p. 105.
HAUSER (J.) et **LEMOULAND** (J.-J.), « Ordre public et bonnes mœurs », *Rép. civil*, Dalloz, mise à jour avril 2015.
HONORAT (J.), « Nullités », *Rép. Sociétés,* Dalloz, mise à jour juin 2015.
HOVASSE (H.), « Le droit de veto », in Dossier spécial *Le droit de vote*, *Dr. sociétés*, juillet 2014, p. 14.
JARROSSON (Ch.),
- « Les modes alternatifs de règlement des conflits. Présentation générale », *RIDC* avril-juin 1997, vol. 49, n°2, p. 325-345.
- « Arbitrabilité : Présentation méthodologique », *RJ Com.*, 1996, p. 4.
- « L'intérêt de la médiation pour la résolution des litiges entre entreprises », in *Mélanges en l'honneur de Philippe MERLE*, Dalloz, 2013, p. 365-376.

JEANDIDIER (W.), « L'exécution forcée des obligations de faire », *RTD civ.*, 2006, p. 99.
JEANTIN (M.),
- « Clauses d'agrément et fusion de sociétés commerciales », *Dr. sociétés* 1988, n° 5, p. 2.
- « Les associés de la SAS », *Rev. sociétés,* 1994, p. 223.
- « Les clauses de préemption statutaires entre les actionnaires », *JCP E,* 1991, p. 202.
- « Les conventions de vote », *RJ com.*, 1990, p. 124.

JEULAND (E.) et **MANIN** (F.), « Injonction de faire », *Rép. sociétés*, Dalloz, mise à jour juin 2013.
JOLIVET (G.), « Les délégations de pouvoirs au sein des SAS », *JCP G,* 2010, n° 367, p. 682.
JULLIOT De La MORENDIERE (L.), L'ordre public en droit privé interne, in Études de droit civil à la mémoire de Henri Capitant, Dalloz 1939, p. 381-401.
KADDOUCH (R.),
- « L'irréductible droit de vote de l'associé », *JCP E,* 2008, p. 1549.
- « LBO : actions de préférence ou pactes d'actionnaires ? » *JCP E,* 2006, p. 1072.

KULLMAN (J.), « Remarques sur les clauses réputées non écrites », *Dalloz,* 1993, Chron. p. 59.
LACOMBE (B.), « Haro sur les conventions de management fees », *LPA*, 23 mai 2014, n° 103, p. 4.
LAMAZEROLLES (E.), « L'efficacité des stipulations, le régime de l'exécution », in Pacte d'associé ou clause statutaire : quel choix pour l'entreprise sociétaire ? Actes du colloque national DJCE tenu les 8 et 9 février 2013 à la Faculté de droit de Bordeaux, LexisNexis, 2013, p. 25-42.

LARCENA (A.) et **ELINEAU** (A.), « Pratique des délégations de pouvoirs : règles et évolutions récentes de cet outil de répartition des pouvoirs et responsabilités », *Dr. sociétés,* 2012, p. 8.

Le BAYON (A.), « L'usufruit des parts sociales », *Rev. sociétés,* 1973, p. 435.

Le CANNU (P.),

- « Contrat de management et double rémunération », *Bull. Joly sociétés*, 2011, p. 960.
- « La délégation de pouvoirs dans la SAS (et au-delà) », *Rev. sociétés,* 2011, p. 34.
- « La fusion n'est pas une cession », *Bull. Joly sociétés,* janvier 2009, n° 1, p. 28.
- « Tout associé a le droit de participer aux décisions collectives », in *Mélanges en l'honneur de Philippe MERLE*, Dalloz, 2013.
- « Un nouveau lieu de savoir-faire contractuel : la société par actions simplifiée », *Defrénois* 1994, p. 1345.
- « Une violation bien tranquille (nullités et statuts de société) », *Rev. sociétés,* 2014, p. 51.
- « La canalisation des nullités subséquentes en droit des sociétés », in *Mélanges Pierre BEZARD, le juge et le droit de l'économie*, Montchrestien, 2002, p. 113-125.

Le FUR (A.-V.), « Concilier l'inconciliable » : réflexions sur le droit de vote de l'actionnaire », *Dalloz,* 2008, p. 2017.

Le NABASQUE (H.),

- « Agrément de cessions d'actions et exclusions d'actionnaires », *RJDA* 3/1995, p. 200.
- « Le droit civil des affaires. Rôle et place des mécanismes fondamentaux du droit civil en droit des affaires : Le développement du devoir de loyauté en droit des sociétés », *RTD Com.*, 1999 p. 273
- « Sanction de la violation d'un pacte de préférence : la substitution peut désormais être ordonnée par le juge », *Bull. Joly sociétés,* 2006, p. 1074.

LEBEL (Ch.), « Impératif juridique, dérogation et dispense : quelques observations », *Droits,* 1997, p. 33.

LEBESCOND (A.), « Les conséquences d'une cession d'actions de SAS intervenue en violation d'une clause statutaire d'agrément », *Lettre Juridique Lexbase*, 10 avril 2008, n° 100.

LEBLOND (J.), « Les pouvoirs respectifs de l'Assemblée générale du Conseil d'administration, du Président directeur général et du Directeur général adjoint dans la doctrine institutionnelle », *Gaz. Pal.,* 1957, doct. p. 29.

LECOURT (B.), « Administration provisoire », *Rép. Sociétés, Dalloz, mis à jour janvier 2013.*

LEGROS (J.-P.),

- « Comment éviter la nullité d'une délibération sociale ? » *LPA*, 2 avril 2002, n° 66, p. 7.
- « La nullités des décisions de sociétés », *Rev. sociétés* 1991, p. 275.

LIENHARD (A.), « Sanction du non-respect des clauses d'agrément en cas de fusion-absorption », *Dalloz,* 2006, p. 654.

LEJEUNE (F.) « Cautionnement des SCI : le faux critère de l'intérêt social », *Dr. & patrimoine*, juin 1996, p. 60.

LEPORT (A.) et **GUYOT** (H.), « Polémiques autour du pouvoir de licencier dans la société par actions simplifiée », *JCP S,* février 2010, p. 1067.

LUCAS (F-X.),

- « L'exécution forcée des conventions de vote », *Bull. Joly sociétés,* 2011, p. 625.
- « L'acquisition du pouvoir dans les sociétés en France », in *Le pouvoir dans les sociétés*, Travaux de l'association Henry Capitant, Tome LXII, 2012, éd. BRUYLANT, 2014, p. 139.
- « La qualité d'associé de l'usufruitier de parts sociales », *Bull. Joly sociétés,* 2007, p. 923.

- « La SAS décapitée », *Bull. Joly sociétés,* 2010, p. 615.
- « Le principe du contradictoire en droit des sociétés », in *Libertés et droits fondamentaux*, sous la dir. de R. CABRILLAC, *et al.*, 12e éd., Dalloz, 2006, p. 707.

MALECKI (C.), « Le remaniement du régime des clauses d'agrément par l'ordonnance n° 2004-604 du 24 juin 2004 », *Dalloz,* 2004, p. 2775.

MARMOZ (F.), « De la validité des conventions de gestion », *Dalloz,* 2011, p. 57.

MARTIN (D.), « L'exclusion d'un actionnaire », *RJ com.*, 1990, n° spéc. p. 108.

MATHIEU (I.), « Qui peut signer une lettre de licenciement dans une SAS ? » *JCP S,* 2009, p. 1573.

MAUGERI (V.), « Distinction nullité absolue / nullité relative : la Cour de cassation opte pour la modernité », *RLDC,* décembre 2008, p. 12-13.

MAY (J.-Cl.), « La société : contrat ou institution ? » in *Contrat ou institution : un enjeu de société,* L.G.D.J., 2004, p. 122.

MAYER (P.), « La sentence contraire à l'ordre public au fond », *Rev. arb.,* 1994. p. 618.

MERCADAL (B.), « Pour la validité des conventions de vote entre actionnaires », *RJDA,* 10/1992, p. 727.

MERLE (Ph.), « Contrat de management et organisation des pouvoirs dans la société anonyme », *Dalloz,* 1975, Chron. p. 245.

MESTRE (J.), « Responsabilité pour violation d'un pacte de préférence : la Cour de cassation condamne la substitution de contractants », *RTD Civ.,* 1997, p. 673.

MOLFESSIS (N.), « Force obligatoire et exécution : un droit à l'exécution en nature ? », *RDC,* 2005, p. 37.

MOLIERAC (J.), « Des clauses d'égalisation, d'agrément, de préemption de conservation de l'actif social, de continuation de la société avec les héritiers du défunt et du juste prix », *Rev. sociétés,* 1949, p. 241.

MONSERIE-BON (M.-H.), « Le contrôle des mouvements d'associés », in Pacte d'associé ou clause statutaire : quel choix pour l'entreprise sociétaire, Actes du colloque national DJCE tenu les 8 et 9 février 2013 à la Faculté de Droit de Bordeaux, LexisNexis 2013, p. 75-84.

MORTIER (R.),
- « De l'exacte sanction d'un pacte d'actionnaires », *Dr. sociétés,* octobre 2011, n° 10, comm. 168.
- « Croisade contre la promesse unilatérale de vente : la Chambre commerciale suit la Troisième ! », *Dr. sociétés,* décembre 2011, n° 12, comm. 211.
- « Caractéristiques des actions de préférence », in « Les actions de préférences », *Actes pratiques et ingénierie sociétaire,* novembre 2012, n° 126, p. 3-30.
- « Consécration par la Cour de cassation de la violation du contrat par le tiers estimateur », *JCP E,* 2009, p. 1632.
- « L'absolutisme jurisprudentiel de l'article 1843-4 du code civil », *Dr. sociétés,* 2/2008, p. 15.
- « L'indisponibilité généralisée au service des sociétés », *Actes pratiques et ingénierie sociétaire,* mars-avril 2008, p. 1.

MORVAN (P.), « Nullité en droit du travail et délégation de pouvoir dans la SAS », *JCP S,* 2010, p. 1239.

MOUBSIT (H.), « Les clauses d'inaliénabilité en droit des sociétés », *RLDA,* octobre 2013, n° 86, p. 91-94.

MOULIN (J.-M.) et **COLLIOT** (S.), « La vie des délégations de pouvoirs dans l'entreprise », *Bull. Joly sociétés,* 2012, p. 745.

MOULIN (J.-M.), « Sociétés anonymes – Pactes d'actionnaires », in *J-Cl. Commercial,* vol. 8, Fasc. 1486, mise à jour 20 mars 2015.

MOURY (J.),
- « La liberté du tiers estimateur de l'article 1843-4 du Code civil en dépit de la présence d'une clause statutaire d'évaluation des droits sociaux », *Rev. sociétés,* 2008, p. 341.

- « Les nullités « en cascade » en droit des sociétés », *Rev. sociétés,* 2013, p. 599.

MOUSSERON (P.), « Un peu plus d'orthodoxie pour les accords de parité capitalistique », *Bull. Joly sociétés,* 2011, p. 808.

NAUDIN (E.), « La représentation des indivisaires dans l'exercice de leur droit de participer aux décisions collectives », *Bull. Joly sociétés* 2012, p. 178.

OHL (D.), « Les pactes d'actionnaires à l'épreuve du droit boursier », *Dalloz,* 2011, p. 323.

PACLOT (Y.),

- « L'influence des rapports "à la française" », *Cah. Dr. Entr.*, 2005, n° 5, p. 31.
- « Repenser l'attribution du droit de vote en cas de démembrement de droits sociaux », *JCP E,* 2006, p. 297.

PAGNUCCO (J.-Ch.), « La nullité d'une cession de parts de SARL suite à la violation d'une clause statutaire d'agrément », *Bull. Joly sociétés,* 2015, p. 238.

PAILLUSSEAU (J.),

- « La modernisation du droit des sociétés commerciales « Une reconception du droit des sociétés commerciales » », *Dalloz*, 1996, Chron. p. 287.
- « Le droit moderne et la personnalité morale », *RTD Civ*., 1993, p. 705.
- « Les fondements du droit moderne des sociétés », *JCP G*, 1984, I, p. 3148.

PARACHKENOVA (I.), « La rétroactivité des sanctions en droit des sociétés », *JCP E,* 2013, p. 1511.

PARLEANI (G.), « Les pactes d'actionnaires », *Rev. sociétés,* 1991, p. 1.

PASQUALINI (F.),

- « La validité des pactes d'actionnaires », in *Mélanges en l'honneur de Philippe Malaurie : Liber amicorum*, Defrénois, 2005, p. 353.
- « Les conventions extra-statutaires, outils de modulation de la rémunération des associés », *Rev. sociétés,* 2010, p. 79.

PIETRANCOSTA (A.), « Usufruit en droit des sociétés », *Dr & patrimoine,* mai 2005, p. 63.

PIRANOVA (A.), « La boussole de la société. Intérêt commun, intérêt social, intérêt de l'entreprise ? », *Dalloz,* 1997, p. 189.

POITRINAL (F.-D.), « Les limites des droits non financiers attachés aux actions de priorité », *Banque,* 1998, p. 51.

PORACCHIA (D.), « À propos de la représentation de la SAS », *Journal des sociétés,* avril 2009, p. 20.

PORACCHIA (D.), **LECUYER** (H.) et **RAYNOUARD** (A.), « Relativité et opposabilité des pactes extrastatutaires, in Pactes et opérations de M&A », *Dr. & patrimoine* 2009, p. 64-68.

PORTIER (P.), « Gouvernance d'entreprise et relations actionnaires dirigeants : vers de nouveaux paradigmes », in *Études à la mémoire de Fernand Charles JEANTET,* LexisNexis 2010, p. 423.

REINHARD (Y.), « Les clauses de préférence et de préemption en cas de cession entre actionnaires », in *La stabilité du pouvoir et du capital dans les sociétés par actions*, *RJ Com.*, 1990, n° spéc, p. 88.

RIMARZ (A.), « L'exercice périlleux d'une lettre de licenciement dans une SAS », *Semaine sociale Lamy*, 14 décembre 2009, n° 1425.

ROBE (J.-Ph.), « Des délégations de pouvoirs dans les SAS », *Semaine sociale Lamy*, 22 février 2010, n° 1434, p. 12-15.

RONTCHEVSKY (N.), « L'utilisation de la notion d'intérêt social en droit des sociétés, en droit pénal et en droit boursier », *Bull. Joly Bourse*, 1er juillet 2010, p. 355.

ROUILLER (N.), « La prise de pouvoir dans les sociétés commerciales en Suisse », in *Le pouvoir dans les sociétés*, Travaux de l'association Henry Capitant, tome LXII, 2012.

ROUSSEAU (S.), **TCHOTOURIAN** (I.), « L'"intérêt social" en droit des sociétés », *Rev. sociétés,* 2010, p. 735.

ROUSSILLE (M.),

- « Le droit de vote de l'associé, droit fondamental ? » *Dr. sociétés*, juillet 2014, p. 9.

- « Clause d'agrément et fusion absorption d'un actionnaire », *Dr. sociétés*, n° 10, octobre 2011, comm. 171.
- « Inopposabilité des dispositions statutaires au gérant non associé », *Rev. sociétés,* 2013, p. 219.

RUBELLIN (P.), « Les nullités facultatives », in *Études offertes au doyen Philippe SIMLER*, Litec – Dalloz, 2004, p. 679-728.

SAINTOURENS (B.)

- « Les organes de direction de la société anonyme après la loi relative aux nouvelles régulations économiques », *Rev. sociétés*, 2001, p. 515.
- « L'étendue des pouvoirs de l'administrateur provisoire d'une société », *Bull. Joly sociétés,* 2007, p. 1057.
- « La flexibilité du droit des sociétés », *RTD. Com.,* 1987, p. 457.
- « La participation aux décisions collectives du nu-propriétaire indivis de droits sociaux », *Lexbase Hebdo éd. Affaires,* 2014, n° 371.
- « Les réformes du droit des sociétés par la loi relative aux nouvelles régulations économiques », *Defrénois* 30 décembre 2001, n° 24, p. 1465.
- « Violation d'une clause statutaire de préemption et nullité de la cession », *Rev. sociétés,* 2014, p. 384.
- « Révocation d'un dirigeant de SAS : attractivité et danger de la liberté contractuelle », *Bull. Joly so*ciétés, juin 2011, n° 6, p. 536.
- « Démission du gérant et agrément d'un associé : rigidités du droit des sociétés », *Bull. Joly sociétés,* septembre 2009, n° 9, p. 773.

SALGADO (M.-B.), « Le régime des clauses de préemption dans les pactes d'actionnaires des sociétés anonymes », *Dr. sociétés,* mars 2003, p. 5.

SALOMON (R.), « Non-application d'une clause de préemption à l'apport de titres », *RJDA* 2010, chron., p. 324.

SAUTONIE-LAGUIONIE (L.), « Cession de droits sociaux au mépris d'une clause statutaire de préemption : analogie avec le pacte de préférence, hélas… », *RDC,* 2014, p. 688.

SCHILLER (S.),

- « La cour de cassation a-t-elle révolutionné les conventions d'inaliénabilité en droit des sociétés ? », *Rev. sociétés,* 2008, p. 322.
- « Pactes d'actionnaires (clauses statutaires et pactes extrastatutaires) », *Rép. sociétés, Dalloz,* mise à jour janvier 2015.
- « Pactes, statuts, règlement intérieur, quelle hiérarchie ? » *Rev. sociétés,* 2011, p. 331.
- « L'arrêt de la chambre mixte du 18 Novembre 2010 : fumée blanche ou fumée noire ? » *Dr. sociétés*, janvier 2011, p. 14.

SCHMIDT (D.), « De l'intérêt social », *JCP E*, 1995, p. 361.

SCHÜTZ (R.-N.), « Inaliénabilité », *Rép. civil, Dalloz*, mise à jour juin 2014.

STORCK (J.-P.),

- « La continuation d'une société par l'élimination d'un associé », *Rev. sociétés,* 1982, p. 242.
- « La validité des conventions extra-statutaires », *Dalloz,* 1989, p. 267.

STORCK (M.), « La règlementation des conventions de vote », RJ Com. 1991, p. 97.

SULTAN (J.), « La SAS à l'épreuve de la rigidité du droit », *Les cahiers du DRH 2010,* n° 163, dossier actualités 163-5.

TSCHIBENDE (L.-D. M.), « Renouveau de la gouvernance d'entreprise », *Journal des sociétés*, juin 2014, p. 10.

URBAIN-PARLÉANI (I.), « La fusion-absorption à l'épreuve des clauses d'agrément ; le cas particulier de la transmission des droits sociaux détenus dans le capital d'une société-tierce », in *Mélanges en l'honneur de Yves Guyon. Aspects actuels du droit des affaires,* Dalloz, 2003, p. 1061.

VATINET (R.),

- « Administration provisoire », *J-Cl. sociétés Traité*, Fasc. 43-10, mise à jour 22 novembre 2010.
- « La réparation du préjudice subi par la faute des dirigeants sociaux, devant les juridictions civiles », *Rev. sociétés,* 2003, p. 247.

VERNAC (S.), « Les statuts de la SAS et le droit du travail », *Droit ouvrier,* 2010, p. 181.
VEZINET (I.), « La position des juges sur l'intérêt social », *Dr. & patrimoine*, 1997, p. 50.
VIANDIER (A.),

- « Après l'article de Michel Jeantin sur les conventions de vote », in *Dialogue avec Michel Jeantin, Prospectives du droit économique*, Dalloz, 1999, p. 311.
- « Observations sur les conventions de vote », JCP, 1986, I, 15405, p. 182.

VIDAL (D.), *et al.*, « La délégation de pouvoir dans les sociétés anonymes », *Actes pratiques* 2000, n° 50, p. 5.
WICKER (G.), « La théorie de la personnalité morale depuis la thèse de Bruno OPPETIT », in *Études à la mémoire du Professeur Bruno OPPETIT*, Litec, 2009, p. 691-731.
ZARIFIAN (Cl.), « À la recherche de l'efficacité perdue des pactes de préférence extra-statutaires », *Gaz. Pal.*, 27 mai 2004, p. 4.

D. Travaux collectifs et dictionnaires

Contrat ou Institution : un enjeu de société, L.G.D.J., 2004, sous la coord. B. Basdevant-Gaudemet.
CORNU (G.), Vocabulaire juridique, 10ème éd., PUF, 2014.
DROSS (W.), Clausier – Dictionnaire des clauses ordinaires et extraordinaires des contrats de droit privé interne, 2e éd., Litec, 2011.
MESTRE (J.), **RODA** (J.-Ch.), Les principales clauses des contrats d'affaires, éd. Lextenso, 2011 (sous la dir.).
ROLAND (H.) et **BOYER** (L.), Adages du droit français, 4e éd., Litec, 1999.

E. Arrêts et notes de jurisprudence

1. Décisions de première instance

- **Trib. com. Paris, 1er août 1974**, *Rev. sociétés,* 1974, p. 685, note B. Oppetit ; *RJ com.*, 1975, p. 80, note Y. Chartier ; *RTD com.*, 1975, p. 130, obs. R. Houin.
- **Trib. com. Dijon, 8 mars 1977**, SA Entreprise Masson et SARL Munier c/ SA Peretti et Cie, *Rev. sociétés,* 1977, p. 279 note Randoux, *Dalloz*, 1977, jur. p. 482, note Bousquet.
- **TGI Dijon, 8 mars 1977**, *Rev. sociétés,* 1977, p. 279, note D. Randoux.
- **TGI Metz, 20 avril 1982**, *Bull. Joly,* 1982, p. 789, n° 341.
- **TGI Angers, 20 mai 1986**, M. COINTREAU et autres c/ P. COINTREAU et autres, *Bull. Joly,* 1986, p. 675.
- **Trib. com. Paris, 12 février 1991**, *Bull. Joly sociétés,* 1991, p. 592.
- **Trib. com. Paris, 25 Juin 2007**, *RJDA,* 11/07, n° 1106 ; *Dalloz,* 2007, p. 2171 ; *Bull. Joly sociétés,* 2007, p. 1203, note F.-X. Lucas ; *Banque et Droit,* 2007, p. 70, obs. M. Storck.

2. Décisions d'appel

- **CA Paris, 22 février 1933**, *Journal des sociétés,* 1934, p. 293, *Dalloz Hebdomadaire* 1933, p. 258.
- **CA Paris, 7 mai 1937**, *JCP,* 1937, II, p. 292.
- **CA Amiens, 1ère Ch., 4 avril 1951**, Fleury et autres c. Ateliers Melin et Édouard Melin, *JCP,* 1952, II, n° 7124, obs. D. B.
- **CA Paris, 21 novembre 1951**, *Sirey,* 1952, 2, p. 105, concl. Gegout.
- **CA Paris, 2e ch., 17 décembre 1954**, *JCP CI,* 1955, n° 55126 ; *Gaz. Pal.* 1955, I, p. 149, concl. avoc. gen. Lancien ; *Journal des sociétés* 1955, p. 338, note Plaisant.
- **CA Douai, 2e ch. 24 mai 1962**, *JCP G,* 1962, II, n° 12871, note D. Bastian ; *Dalloz* 1962, p. 688, note Dalsace.
- **CA Amiens, 7 mai 1963**, *RTD. com.,* 1963, p. 859, obs. Houin.
- **CA Paris, 22 mai 1965**, Fruehauf, *JCP,* 1965, II, n° 14274 bis, Concl. Nepveu ; *RTD Com.,* 1965, p. 619, obs. Rodière; *Rev. sociétés,* 1965, p. 288 ; *Dalloz,* 1968, p.147 et Chron. p. 45, note R. Contin.
- CA Nancy, 8 décembre 1965, *Dalloz,* 1966, p. 687.
- **CA Poitiers, 19 décembre 1968**, *JCP,* 1969, II, 15802, note 506.
- **CA Rennes, 11 mars 1970**, *Bull. Joly sociétés,* 1971, p. 231.
- **CA Metz, 5 janvier 1977**, *Rev. sociétés,* 1977, p. 488, note B. Bouloc.
- **CA Montpellier, 7 janvier 1980**, *Rev. sociétés,* 1980, p. 737, note Ch. Mouly.
- **CA Paris, 20 octobre 1980**, *Gaz. Pal.*, 1981, 1, p. 54, concl. Jeol ; *JCP,* 1981, II, n° 19602, note F. Terre ; *Rev. sociétés,* 1980, p. 779, note A. Viandier.
- **CA Paris, 19 mars 1981**, *JCP G,* 1982, n° 19720, concl. Jeol et obs. Y. Guyon.
- **CA Paris, 4 mai 1982**, *Gaz. Pal.*, 1983, p. 152, note A.P.S.
- **CA Aix en Provence, 28 septembre 1982**, *Rev. sociétés,* 1983, p. 773, note J. Mestre.
- **CA Paris, 19 janvier 1984**, *BRDA,* juillet 1984, p. 7.
- **CA Paris, 10 mai 1984**, *Bull. Joly,* 1984, p. 765.
- **CA Paris, 18 juin 1986**, *Rev. sociétés*, 1986 p. 422, obs. Y. Guyon.
- **CA Paris, 11 juin 1987**, *Bull. Joly,* 1987, p. 719.
- **CA Versailles, 26 février 1988**, *Bull. Joly sociétés,* 1988, p. 355, note P. Le Cannu.
- **CA Paris, 1re ch. A, 14 mars 1990**, SA Chargeurs et autres c/ TVES et autres, *Bull. Joly sociétés,* 1990, p. 353, note P. Le Cannu ; *RTD com.,* 1990, p. 413, obs. Reinhard.
- **CA Paris, 26 juin 1990**, *Rev. soc*iétés, 1990, p. 613, note Boizard ; *JCP E,* 1990, II, n° 21589, note M. Germain.
- **CA Rouen, 18 octobre 1990**, n° 90-1732, Habasque c/ Deschamps et a.
- **CA Paris, 12 février 1991**, *Bull. Joly sociétés*, 1991, p. 592.
- **CA Paris, 22 avril 1992**, *Bull. Joly sociétés,* 1993, p. 565, note A. Couret ; *JCP E* 1992, I, n° 172, obs. A. Viandier et J.-J. Caussain ; *Dr. sociétés,* 1993, n° 145.
- **CA Paris, 25 juin 1992**, *Bull. Joly,* 1992, p. 1226, note Bénac-Schmidt.
- **CA Paris, 1ère ch. 15 septembre 1992**, *Dr. sociétés,* 1993, n° 98, obs. H. Le Nabasque.
- **CA Paris, 11 mai 1993**, *RTD com.*, 1994, p. 65, note Y. Reinhard.
- **CA Paris, 5e Ch. C, 30 juin 1995**, Sté Metaleurop c/ Sté Financière Delot et Cie, *JCP E,* 1996, II, 795, note J.-J. Daigre.
- **CA Rouen, 20 juin 1996**, *Rev. arb.*, 1997, p. 263, note E. Gaillard.
- **CA Paris, 22 octobre 1996**, *Dalloz Aff.,* 1997, p. 258 ; *Bull. Joly sociétés,* 1997, p. 15, note P. Le Cannu ; *Dr. sociétés,* 1997, n° 50, obs. Th. Bonneau.
- **CA Paris, 11 mai 1999**, *RJDA,* 10/99, n° 1079, p. 866.
- CA Paris, 3e Ch. A, 15 juin 1999, *RJDA,* 1999, n° 1093

- **CA Paris, 8 octobre 1999**, *Dalloz,* 2000, jur., p. 583, *Bull. Joly,* 2000, p. 93, *RJDA,* 2000, n° 176.
- **CA Paris, 15e ch. A, 21 mars 2000**, *Dr. sociétés,* 2001, n° 15, obs. D. Vidal ; *Bull. Joly sociétés,* 2001, p. 197, note J.-F. Barbièri.
- **CA Paris, 3e Ch. A, 21 mars 2000**, *Bull. Joly sociétés,* 2000, p. 960, note P. Le Cannu.
- **CA Paris, 1re Ch. C, 4 mai 2000**, *Dr. sociétés,* 2000, n° 160, note D. Vidal.
- **CA Versailles, 12e ch. 2e sect., 29 juin 2000**, *JCP E* 2001, p. 181, note A. Couret ; *Bull. Joly sociétés,* 2000, p. 1149, note P. Le Cannu.
- **CA Versailles, 29 juin 2000**, *JCP E,* 2001, p. 181, note A. Couret ; *Bull. Joly sociétés,* 2000, p. 1149, note P. Le Cannu, *Dalloz Aff.*, 2000, p. 384, note A. Lienhard.
- **CA Paris, 21 décembre 2001**, *Dr. sociétés,* 2002, comm. 137, note J. Monnet et D. Vidal ; *Bull. Joly,* 2002, p. 509, note H. Le Nabasque ; *Rev. sociétés,* 2002, p. 89, note Y. Guyon.
- **CA Poitiers, 2e ch., 12 novembre 2002**, Becquet c/Brizard, *RJDA,* 2003, n° 966.
- **CA Chambéry, ch. com., 26 novembre 2002**, Sté Cofiralpt c/ Banque de Vizille, *Dr. sociétés,* 2003, comm. 150, Obs. H. Hovasse ; *Dalloz,* 2003, p. 1216, note B. Espesson-Vergeat.
- **CA Paris, 3e Ch. 29 novembre 2002**, *Bull. Joly,* 2003, p. 554, note P. Scholler.
- **CA Paris, 14 novembre 2003, n° 03-2210**, *RTD. com.,* 2004, p. 102, obs. Cl. Champaud et D. Danet.
- **CA Aix en Provence, 5 décembre 2003**, *Bull. Joly sociétés,* 2004, p. 1077, note A. Cerati-Gauthier.
- **CA Versailles, 14 octobre 2004**, *Rev. sociétés,* 2005, p. 472, note I. Urbain-Parléani.
- **CA Paris, 3e ch. B., 9 février 2006**, SA EUROFOG c/ SAS IXSEA, *Rev. sociétés,* 2006, p. 431, note I. Urbain-Parléani ; *Dalloz,* 2006, p. 654, obs. A. Lienhard.
- **CA Paris, 3e Ch. A, 10 octobre 2006**, *BRDA,* 2006 n° 23, p. 2 ; *RJDA,* 2007, n° 168.
- CA Paris, 4e Ch. A, 21 mars 2007, n° 06/17919.
- **CA Paris, 3e Ch., sect. A, 27 mars 2007**, n° 05/19892, *Bull. Joly sociétés*, 2007, p. 1002, note F.-X. Lucas.
- **CA Paris, 3e Ch. A, 12 juin 2007**, n° 07/05264, *Bull. Joly sociétés,* 2007, p. 1341.
- **CA Paris, 3e ch. A, 4 décembre 2007**, SA Mongoual c/ SAS Montaigne Jean Goujon, *Bull. Joly sociétés*, 2008, p. 307, note B. Fages ; *RJDA* 2008, n° 422.
- **CA Paris, 4 décembre 2007**, *Dr. sociétés,* 2008, comm. 69, note M.-L. Coquelet ; *Bull. Joly sociétés,* 2008, p. 313, note B. Fages ; *Rev. sociétés,* 2008, p. 330, note D. Poracchia.
- **CA Versailles 14e Ch., 25 juin 2008**, RG n° 0801978, n° 08/02436, SASU Castorama, *Bull. Joly sociétés,* 2010, p. 39, note A. Couret ; *RDT fin.,* 2008, n° 8, p. 121, note D. Poracchia ; *Rev. sociétés,* 2008, p. 912, note I. Urbain-Parléani.
- **CA Paris, 3e ch. A, 1er juillet 2008**, *Rev. sociétés,* 2008, p. 786, note D. Poracchia ; *RJDA* 2008, n° 1029 ; *Dalloz* 2008, p. 2428.
- CA Versailles, 13e ch., 11 septembre 2008, n° RG : 07/8390.
- CA Paris, 6 novembre 2008, *RJDA,* 2/2009, n° 109.
- **CA Paris, 25 novembre 2008**, n° 06-18.340, 3e ch. A, SAS Alliance designers c/ SA Sozan holding, *RJDA,* 2009, n° 236.
- **CA Paris, pôle 6, 2e ch., 3 décembre 2009**, n° 09-5422, Pellerin c/ SAS ED, *Dr. sociétés,* mai 2010, p. 25 comm. 91, note D. Gallois-Cochet, *Bull. Joly sociétés*, 2010, p. 338, note M. Germain et P.-L. Périn ; *Rev. sociétés*, 2010, p. 226, obs. A. Lienhard, *RTD fin.,* janvier 2010, p. 112, note D. Poracchia.

- **CA Paris, pôle 6, 2e ch., 10 décembre 2009**, n° 09-4775, Levy Renssen c/ SAS Lehwood Montparnasse.
- CA Montpellier 2e ch., 5 janvier 2010, *JCP E,* 2010, 1203.
- **CA Nimes, 2e Ch., sect. B, 4 mars 2010**, *Dr. sociétés,* 12/2010, comm. 228, note M. Roussille.
- **CA Paris, 11 mai 2010**, *Bull. Joly sociétés,* 2010, p. 718, note B. Saintourens.
- **CA Versailles, 27 juillet 2010**, n°10/00559, *Dalloz,* 2010, p. 1998 ; *Rev. sociétés,* 2011, p. 90, note A. Couret ; *RTD civ.*, 2010, p. 781, obs. B. Fages ; *RTD com.*, 2010, p. 730, obs. Cl. Champaud et D. Danet ; *RTD com.*, 2011, p. 134, obs. B. Dondero et P. Le Cannu ; *Bull. Joly sociétés,* 2011, p. 986, note P. Mousseron.
- **CA Paris, pôle 6, 10e ch., 31 août 2010**, Adjalle c/ Osiatis Systems, *Dr. sociétés,* décembre 2010, p. 25, note D. Gallois-Cochet.
- **CA Grenoble, 6 janvier 2011**, Le Bobinnec c/ SCA Scapar, *RJDA,* avril 2011, n° 316.
- **CA Paris, 14 février 2012**, n° 11/14683, *RJDA* juin 2012, n° 600.
- **CA Limoges, 28 mars 2012**, n° 10-00576 (SAS groupe Rambaud), *Bull. Joly sociétés,* 2012, p. 623, note M. Germain et P.-L. Périn.
- CA Pau, 2e ch. 3 avril 2012, *RJDA,* 2012, n° 1089.
- **CA Versailles, 12e ch. 25 juin 2013**, n° RG 12/01016, *RJDA,* 11/13, n° 904.
- CA Paris, 4 juillet 2013, RG n°11/06318.
- CA Paris, 5 septembre 2013, *RJDA* 1/14.
- **CA Paris, 3 juin 2014**, *Bull. Joly sociétés,* 2014, p. 702, note S. Messaï-Bahri.

3. Décisions de cassation

- **Cass. civ., 7 avril 1932**, *Dalloz périodique,* 1933, 1, p. 153, note P. Cordonnier.
- **Cass. civ., 9 février 1937**, *Dalloz périodique,* 1937, I, p. 73, note A. Besson ; *Sirey,* 1937, I, p. 127, note H. Rousseau.
- **Cass. civ., 4 juin 1946**, *JCP G,* 1946, II, p. 3518, note Bastian; *Sirey,* 1947, 1, p. 153, note Barbry.
- **Cass. com., 7 mars 1956**, *JCP G,* 1956, II, p. 9356, note D. B.
- Cass. 1re civ. 4 mai 1957, Bull. civ., I, n° 197.
- **Cass. 1re civ., 2 juillet 1958**, Bull. civ., I, n° 352, p. 284.
- **Cass. com., 10 juin 1960**, Bull. com., III, n° 227, *Rev. sociétés,* 1961, p. 34, note Autesserre ; *Dalloz,* 1961, somm. p. 18.
- **Cass. com., 18 avril 1961**, *JCP, 1961*, II, 12164, obs. D. Bastian.
- **Cass. 2e civ., 5 avril 1962**, Bull. civ., II, n° 381, p. 271.
- Cass. 1re civ., 17 mars 1964, Bull. civ., I, n° 163.
- **Cass. com., 11 juin 1965**, n° 63-10.240, Bull. civ., 1965, III, n° 361, *Dalloz,* 1965, p. 782 ; *RTD com.,* 1965, p. 681, obs. Houin.
- **Cass. com., 4 juin 1966**, Bull. civ. III, n° 284.
- **Cass. com., 8 mars 1967**, n° 63-13.780, Bull. civ. III, n° 106.
- **Cass. com., 22 octobre 1969**, n° 67-10.189, Bull. civ., IV, n° 307; *JCP G,* 1970, II, n° 197, obs. J. Paillusseau.
- **Cass. com., 21 janvier 1970**, n° 68-11.085, Bull. civ., IV, n° 28, *JCP G,* 1970, II, 16541, note B. Oppetit ; *Rev. sociétés,* 1970, p. 292, note J. G.
- **Cass. 3e civ. 19 février 1970**, n° 68-13.866, Bull. civ., 1970, III, n° 123 ; *Gaz. Pal.*, 12 mai 1970, p. 282 ; *RTD civ.,* 1970, p. 785, note G. Durry.
- Cass. civ., 14 janvier 1971, *Dalloz,* 1972, p. 412.
- **Cass. com., 28 février 1972**, Bull. civ. IV., n° 73, p. 68.

- **Cass. com. 6 juin 1972**, *Dalloz,* 1973, p. 213, note Bousquet ; *Rev. sociétés,* 1973, p. 310, note B. Bouloc.
- **Cass. 1ère civ., 3 juillet 1973**, n° 72-10.001, Bull. civ., I, n° 228.
- Cass. 1ère civ., 9 février 1974, Bull. civ., I, n° 222.
- **Cass. com., 6 mai 1974**, n° 73-10.598, *Dalloz,* 1975, II, p. 102, note Y. Guyon ; *Rev. sociétés,* 1975, p. 81, note J. Hémard.
- **Cass. com., 12 mai 1975**, *Rev. sociétés,* 1976, p. 337, note J. Hémard.
- **Cass. com., 10 mars 1976**, n° 74-14.680, Bull. civ., IV, n° 95, *JCP G,* 1976, II, 18406, note Rabut, *Rev. sociétés,* 1976, p. 332, note J. H.
- **Cass. com., 22 avril 1976**, *Rev. sociétés,* 1976, p. 479, note D. Schmidt.
- Cass. 2e civ., 17 juillet 1976, Bull. civ., II, n° 251.
- **Cass. com., 4 octobre 1976**, Bull. civ., IV, n° 245, p. 210.
- **Cass. civ., 9 décembre 1980**, Bull. civ. I, p. 253, n° 321.
- **Cass. com., 27 janvier 1982**, n° 80-11.064, *Rev. sociétés,* 1982, p. 825, note B. Bouloc.
- **Cass. com., 8 février 1982**, *Bull. Joly* 1982, p. 970 ; CA Paris, 21 décembre 1983, *Dr. sociétés,* 1984, n° 74, note M. Germain ; *Bull. Joly,* 1984, §113, p. 303.
- **Cass. civ., 26 octobre 1982**, Bull. civ. III, n° 208, *Gaz. Pal.,* 1983, II, p. 661, note E.S. de la Marnière.
- **Cass. com., 6 juillet 1983**, n° 82, *Rev. sociétés,* 1984, p. 76, note Y. Guyon.
- **Cass. com., 26 avril 1984**, *Rev. sociétés,* 1985, p. 415, obs. J. Mestre.
- **Cass. com., 26 juin 1984**, *Rev. sociétés,* 1985, p. 124.
- **Cass. com., 2 juillet 1985**, Cohen-Skalli et al. c/. SA Lustucru *et al.*, *Dalloz,* 1990, p. 314, note J. Bonnard ; *Bull. Joly* 1989, p. 815, note P. Le Cannu.
- **Cass. com., 3 juin 1986**, n° 85-12.657, Bull. civ. IV, n° 115, p. 98 ; *Dalloz,* 1987, p. 95, note J.-J. Daigre ; *Rev. sociétés,* 1987, p. 52, note Y. Reinhard.
- **Cass. 1ère civ., 22 juillet 1986**, Bull. civ., I, n° 224, *JCP G,* 1986, IV, p. 311.
- **Cass. com., 24 février 1987**, *Bull. Joly* 1987, p. 213, note P. Le Cannu ; *Dalloz,* 1987, p. 598, note J. Honorat.
- **Cass. com., 2 juin 1987**, n° 85-16.467, Bull. civ. IV, n° 131, *Bull. Joly sociétés,* 1987, p. 501, note P. Le Cannu.
- **Cass. com., 4 novembre 1987**, n° 86-10.027, *JCP G* 1988, II, 21050, note A. Viandier.
- **Cass. crim., 11 juillet 1988**, n° 87-83.840, *Bull. Joly sociétés,* 1988, p. 662, note P. Le Cannu ; *Rev. sociétés,* 1989, p. 70, note B. Bouloc.
- **Cons. const., 7 janvier 1989**, *Rev. sociétés,* 1988, p. 229, note Y. Guyon.
- **Cass. com., 17 janvier 1989**, Bull. civ., IV, n° 29, p. 18 ; *Dalloz,* 1989, IR 39 ; *Bull. Joly,* 1989, p. 247, note P. Le Cannu ; *Defrénois,* 1989, p. 1268, obs. J. Honorat.
- **Cass. com., 14 février 1989**, *Rev. sociétés,* 1989, p. 633, note D. Randoux.
- **Cass. com., 7 mars 1989**, *Bull. civ.* IV, p. 52 ; *Dalloz* 1989, II, p. 231, concl. M. Jéol ; *JCP G,* 1989, II, n° 21316, concl. M. Jéol, note Y. Reinhard ; *Rev. sociétés,* 1989, p. 478, note L. Faugérolas ; *Defrénois* 1989, p. 1271, obs. J. Honorat ; *RTD civ.*, 1990, p. 70, obs. J. Mestre.
- Cass. com., 20 juin 1989, n° 86-17.377.
- **Cass. com., 27 juin 1989**, n° 88-17.654, Bull. civ., IV, n° 209 ; *Dalloz,* 1990, p. 314, note J. Bonnard ; *Bull. Joly,* 1989, p. 815, note P. Le Cannu ; *Defrénois,* 1990, p. 1223, obs. J. Honorat.
- **Cass. com., 27 mars 1990**, *Dalloz,* 1990, p. 390, note E. S. De La Marnière ; *RTD Civ.*, 1990, p. note J. Mestre.
- **Cass. com., 20 novembre 1990**, n° 89-18.156, *Dr. sociétés* 1991, n° 17.
- **Cass. crim., 27 novembre 1991**, Bull. crim., n° 439, *Bull. Joly,* 1992, p. 405, note Streiff.

- **Cass. com., 7 juillet 1992**, *JCP G,* 1993, II, p. 3652, n° 16, obs. A. Viandier et J.-J. Caussain ; *Rev. sociétés,* 1993, p. 109.
- **Cass. com., 9 juillet 1992**, Côte d'Ivoire c/ Beyrard, *Rev. arb.*, 1994, p. 133, note Ph. Thery.
- **Cass. com., 9 mars 1993**, *JCP E,* 1993, II, p. 448, note A. Viandier ; *Bull. Joly sociétés,* 1993, p. 537, note P. Le Cannu ; *Dalloz,* 1993, p. 363, note Y. Guyon ; *Rev. dr. banc.*, 1993, p. 132, obs. M. Germain et M.-A. Frison-Roche ; *Dr. sociétés,* 1993, n° 95, obs. H. Le Nabasque ; *Rev. sociétés,* 1993, p. 403, note Ph. Merle.
- **Cass. 1ère civ., 16 juin 1993**, n° 91-15.649, *Bull. Joly,* 1993, p. 909, note G. Gourlay ; *Dr. sociétés,* 1993, n° 156, obs. T. Bonneau ; *RTD Com.,* 1994, p. 71, n° 4, obs. E. Alfandari et M. Jeantin ; *Rev. sociétés,* 1994, p. 295, note Y. Chartier.
- **Cass. com., 14 décembre 1993**, *JCP E,* II, p. 573, note M.-J. Campana et J.-M. Calendini.
- **Cass. com., 4 janvier 1994**, n° 91-20.256, Bull. civ., IV, n° 10 ; *Bull. Joly sociétés,* 1994, p. 279 ; *Dr. sociétés,* 1994, n° 45, obs. Th. Bonneau ; *Defrénois* 1994, p. 556, obs. P. Le Cannu ; *JCP E,* 1994, I, n° 363, p. 268, obs. A. Viandier et J.-J. Caussain ; *Rev. sociétés* 1994, p. 278, note M. Lecène-Marénaud ; *RTD civ.*, 1994, p. 644, obs. F. Zenati.
- **Cass. com., 15 février 1994**, n° 92-12.330 et 92-12.991, *Bull. Joly,* 1994, p. 508, note D. Velardocchio.
- **Cass. com., 26 avril 1994** ; *Bull. Joly sociétés,* 1994, p. 813, note P. Le Cannu.
- **Cass. crim., 26 mai 1994**, n° 92-83.095, Bull. crim. n° 207 ; *Bull. Joly sociétés,* 1994, p. 1076, note A. Couret ; *JCP E* 1995, II, n° 644, obs. H. Le Nabasque ; *Rev. sociétés,* 1994, p. 774, note B. Bouloc ; *Dr. sociétés,* 1994, n° 177 ; *RJ Com.*, 1995, p. 333.
- **Cass. crim., 12 juillet 1994**, *JCP E* 1995, II, p. 682, note Y. Reinhard et E. Joly-Sibuet.
- **Cass. com., 18 octobre 1994**, n° 92-18.188, Bull. civ., 1994, IV, n° 300, p. 243 ; *Rev. sociétés,* 1995, p. 44, note P. Didier ; *RTD com.,* 1995, p. 789, obs. Cl. Champaud et D. Danet ; *Bull. Joly sociétés,* 1995, p. 157, note P. Le Cannu ; *Defrénois,* 1994, p. 1550, obs. H. Hovasse ; *Dr. sociétés,* 1994, n° 205, obs. H. Le Nabasque.
- **Cass. 1re civ., 22 novembre 1994**, *Bull. Joly sociétés,* 1995, p. 169, note B. Saintourens.
- **Cass. com., 13 décembre 1994**, n° 93-11.569 et 93-12.349, Bull. civ., IV, n° 384 ; *Dalloz,* 1995, IR p. 19 ; *Rev. sociétés* 1995, p. 298, note D. Randoux ; *Bull. Joly,* 1995, p. 152, note P. Le Cannu ; *JCP E* 1995, II, p. 705, note Y. Paclot ; *RTD civ.,* 1995, p. 644, obs. P.-Y. Gautier.
- **Cass. com., 31 janvier 1995**, n° 91-20.735, Bull. civ., IV, n° 31, *Dalloz,* 1995, p. 426, note G. ; *JCP G,* 1995, II, 22460, note Y. Guyon ; *Rev. sociétés,* 1995, p. 320, note H. Le Nabasque ; *Rev. Proc. Coll.,* 1995, p. 163, obs. B. Soinne.
- **Cass. com., 14 février 1995**, *Bull. Joly,* 1995, p. 443, note J.-J. Daigre.
- **Cass. com., 21 mars 1995**, *Rev. sociétés,* 1995, p. 501, note B. Saintourens.
- **Cass. com., 4 juillet 1995**, n° 93-17.969, *Dalloz,* 1996, p. 186, note J-C. Hallouin ; *Rev. sociétés,* 1995, p. 504, note P. Le Cannu ; *RTD civ.,* 1996, p. 413, obs. P.-Y. Gautier ; *RTD com.,* 1996, p. 69 et 71, obs. Y. Reinhard et B. Petit ; *JCP E,* 1995, II, p. 750 note Y. Guyon ; *Bull. Joly sociétés,* 1995, p. 968, note J.-F. Barbièri.
- **Cass. 1re civ., 10 octobre 1995**, n° 93-16.869, Bull. civ., I, n° 347, *Dalloz,* 1996, p. 486, note B. Fillion-Dufouleur ; *JCP G,* 1996, I, p. 3914, n° 9, obs. B. Millau ; *JCP G,* 1996, II, 22580, note G. Paisant.
- Cass. com., 10 octobre 1995, n° 93-15.553.

- **Cass. com., 19 décembre 1995**, n° 92-20.116, Bull. civ. IV, n° 307 ; *Dalloz Aff.* 1996, chron., p. 153 ; *RJDA,* 1996, n° 431 ; *Rev. sociétés,* 1996, p. 347, note Le Tourneau.
- **Cass. com., 3 janvier 1996**, *JCP E,* 1996, II, p. 808 ; *Bull Joly,* 1996, p. 285 ; *RJDA,* 1996, n° 512.
- **Cass. com., 6 mai 1996**, Bull. civ., IV, p. 111, n° 127; *Dalloz,* 1996, somm. 346, note J.-C. Hallouin.
- **Cass. 1ère civ., 3 juillet 1996**, n° 94-14.800, *Dalloz,* 1997, p. 500, note P. Reigne ; *RTD civ.*, 1996, p. 901, obs. J. Mestre ; *RTD com.*, 1997, p. 308, obs. B. Bouloc.
- **Cass. com., 22 octobre 1996**, n° 93-18.632, *Dalloz,* 1997, p. 121, note A. Seriaux ; *GAJC,* 12 éd. 2008, n° 157 ; *RTD civ.,* 1997, p. 418, obs. J. Mestre ; *RTD civ.,* 1998, p. 213, obs. N. Molfessis ; *RTD com.,* 1997, p. 319, obs. B. Bouloc.
- **Cass. com., 10 novembre 1996**, *Bull. Joly,* 1997, p. 334, note P. Scholler ; *Dr. sociétés,* 1997, comm. 43 et 80, obs. Y. Chaput ; *Rev. sociétés,* 1997, p. 343, note Y. Guyon.
- **Cass. com., 26 novembre 1996**, n° 94-15.403, *Dr. sociétés,* 2/1997, p. 8, note Th. Bonneau ; *Defrénois* 1997, p. 660.
- Cass. com., 12 décembre 1996, *RJDA,* 2/97, n° 209.
- **Cass. com., 21 janvier 1997**, SARL Le Cristal c/ Consorts Groc, *Rev. sociétés,* 1997, p. 349, note D. Bureau ; *Dr. sociétés,* 1997, n° 55, obs. Th. Bonneau.
- **Cass. com., 27 mars 1997**, n° 95-15.690, *Bull. Joly sociétés,* 1997, p. 765, note G. B.
- Cass. 3e civ., 30 avril 1997, *RJDA,* 1997, n° 761.
- **Cass. com., 2 juin 1997**, n° 86-10.108, *Rev. sociétés,* 1988, p. 233, note J. Mestre.
- **Cass. com., 21 octobre 1997**, n° 95-21.156, Bull. civ., IV, n° 280, *Rev. sociétés,* 1998, p. 99, note B. Saintourens, *Dalloz Aff.*, 1997, p. 1474, note M. Boizard ; *RTD com.,* 1998, p. 169, obs. Cl. Champaud et D. Danet ; *Dr. sociétés,* 1998, n° 1, obs. Th. Bonneau, *JCP G,* 1998, II, n° 10047, note D. Velardocchio, *LPA,* 5 juin 1998, p. 17, note Grynbaum.
- **Cass. com., 16 juin 1998**, *Bull. Joly sociétés,* 1998, p. 1083, note P. Le Cannu.
- **Cass. com., 9 février 1999**, n° 96-17661, Bull. civ., 1999, IV, n° 44 ; *Bull. Joly sociétés* 1999, p. 566, note J.-J. Daigre ; *Rev. sociétés,* 1999, p. 81, note P. Le Cannu ; *JCP E,* 1999, p. 724, note Y. Guyon ; *Dr. sociétés,* 1999, n° 67, note Th. Bonneau ; *RTD com.,* 1999, p. 902, note Y. Reinhard ; *JCP G,* 1999, II, 10168, note G. Blanc ; *RJ com.,* 1999, p. 269, note J.-Ph. Dom ; *Defrénois* 1999, p. 625, note H. Hovasse ; *Dalloz Aff.,* 1999, p. 563, obs. M. B. ; *Dalloz,* 2000, somm. p. 231, obs. J.-C. Hallouin.
- **Cass. 3e civ., 10 février 1999**, n° 95-19217, Bull. civ., 1999, III, n° 37, p. 25, *JCP G,* 1999, II, 10191, note Y. Dagorne-Labbe.
- **Cass. 1ère civ., 6 juillet 2000**, Creighton Ltd c/ Ministère des finances de l'État du Quatar, *Rev. arb.*, 2001, p. 130, note Ph. Leboulanger.
- **Cass. 1re civ., 18 juillet 2000**, n° 99-12.135, Bull. civ., I, n° 221, p. 144 ; *RTD civ.*, 2001, p. 146, obs. P. Jourdain ; *Contrats, conc. consom.*, 2000, comm. 275, obs. L. Leveneur.
- **Cass. 3e civ., 19 juillet 2000**, n° 98-17.258, *Dr. sociétés,* 2000, n° 170, note Th. Bonneau ; *RTD com.*, 2000, p. 963, obs. M.-H. Monsérié-Bon ; *Bull. Joly sociétés,* 2001, p. 70, note L. Grosclaude.
- **Cass. 3e civ., 11 octobre 2000**, n° 99-11.430, *Bull. Joly sociétés,* 2001, p. 72, note L. Grosclaude.
- **Cass. 1re civ., 17 octobre 2000**, n° 97-22.498, *JCP G,* 2001, p. 1427, obs. G. Viney.
- **Cass. crim., 12 décembre 2000**, *Rev. sociétés,* 2001, p. 323, note A. Constantin.
- **Cass. 1re civ., 13 février 2001**, *RTD civ.,* 2002, p. 92, obs. J. Mestre et B. Fages.

- **CA Paris, 27 mars 2001**, *Bull. Joly sociétés,* 2002, p. 89, note H. Le Nabasque, *Dr. sociétés,* 01/2002, p. 32, comm. 14, note F.-X. Lucas.
- **Cass. com., 22 mai 2001**, n° 96-17.049, *Defrénois* 2001, p. 1200, obs. J. Honorat.
- **Cass. 1re civ., 6 juin 2001**, n° 98-20.673, Carrier c/ Sté Assurance universelle, *RJDA,* 1/02, n° 25.
- **Cass. com., 9 avril 2002**, n° 98-22.851, *JCP E,* 2003, p. 1390, note J.-M. Tengang.
- **Cass. com., 2 juillet 2002**, n° 98-23.324, Bull. civ., 2002, IV, n° 112 ; *Bull. Joly,* 2002, p. 967, n° 215, note A. Couret ; *Dalloz,* 2002, p. 2263, obs. A. Lienhard ; *JCP E,* 2002, p. 1639, obs. J.-J. Caussain, Fl. Deboissy et G. Wicker ; *JCP E,* 2002, p. 1844, note B. Dondero ; *Dr. sociétés,* 2002, n° 179, note J. Monnet ; *RTD com.,* 2002, p. 288, note J.-P. Chazal et Y. Reinhard, *Dr. & patrimoine,* décembre 2002, p. 92, obs. D. Poracchia.
- **Cass. com., 17 décembre 2002**, n° 98-21.918, *RTD com.,* 2003, p. 322, obs. Cl. Champaud et D. Danet ; *Rev. sociétés,* 2003, p. 493, note Barbièri ; *Bull. Joly sociétés,* 2003, p. 307, note P. Le Cannu.
- **Cass. 3e civ., 15 janvier 2003**, n° 01-03700, *JCP E,* 2004, p. 418, obs. P. Mousseron.
- **Cass. ch. mixte, 14 février 2003**, n° 00-19.423, Bull. civ. ch. mixte 2003, n° 1 ; *Dalloz,* 2003, p. 1386, note P. Ancel et M. Cottin ; *RTD civ.*, 2003 p. 294, obs. J. Mestre et B. Fages ; *JCP G,* 2003, I, 134, n° 4, obs. J.-J. Caussain, Fl. Deboissy et G. Wicker ; *JCP G,* 2003, I, 142, n° 13 à 19, obs. G. Virassamy ; *JCP G,* 2003, I, 164, n° 9, obs. Ch. Seraglini ; *LPA* 2003, n° 51, p. 13, note L. Berheim ; *Procédures,* 2003, comm. n° 96, obs. H. Croze ; *Rev. arb.* 2003, p. 403, note Ch. Jarrosson ; *RJDA,* 2003/5, n° 556.
- **Cass. com., 6 mai 2003**, n° 01-12.567, Bull. civ., IV, n° 70; *Dalloz,* 2003, AJ. p. 1438, obs. A. Lienhard ; *Dalloz,* 2004, p. 273, obs. J.-C. Hallouin ; *JCP E,* 2003, II, 1327, note D. Cohen; *JCP E* 2003, 1203, n° 8, obs. J.-J. Caussain, Fl. Deboissy et G. Wicker ; *JCP G* 2003, II, 10181, note B. Thullier.
- **Cass. com., 20 mai 2003**, *RJDA,* 8-9/03, n° 842, p. 717. concl. Viricelle.
- **Cass. com., 1er juillet 2003**, *Bull. Joly sociétés,* 2003, p. 1137, note A. Constantin.
- Cass. com., 29 octobre 2003, *RJDA,* 2004, n° 327.
- **Cass. com., 13 novembre 2003**, n° 99-17.784, Sté Système U Centrale régionale Est c/ Pinck.
- **Cass. com., 7 janvier 2004**, n° 00-11.692, *Bull. Joly sociétés*, 2004, p. 544, note P. Le Cannu.
- **Cass. com., 30 janvier 2004**, n° 01-13.216, *Dr. sociétés,* 2005, comm. 24, obs. H. Hovasse ; *Bull. Joly sociétés,* 2005, p. 391, note D. Vidal ; *Rev. sociétés,* 2005, p. 631, note J.-F. Barbièri ; *RTD com.,* 2005, p. 119, obs. P. Le Cannu.
- **Cass. com., 31 mars 2004**, n° 03-16.694, *RJDA,* 2004, n° 711.
- **Cass. 1re civ., 15 juin 2004**, n° 00-16.392, Bull. civ., I, n° 172 ; *RTD civ.,* 2004, p. 508, obs. J. Mestre et B. Fages.
- **Cass. com., 3 novembre 2004**, n° 00-20.248, *RJDA,* 2005, n° 401 ; *Bull. Joly sociétés,* 2005, p. 737.
- **Cass. com., 13 décembre 2004**, n° 93-11.569 et 93-12.349, Bull. civ., IV, n° 384, *JCP E,* 1995, II, n° 705, note Paclot, *Bull. Joly sociétés,* 1995, p. 152, note Le Cannu.
- **Cass. com., 14 décembre 2004**, n° 00-20.287, Chupin c/ Vouloir, *RJDA,* 2005, n° 387.
- **Cass. com., 25 janvier 2005**, *Rev. sociétés,* 2005, p. 828, note B. Lecourt, *RJDA,* 6/2005, n° 704.
- **Cass. com., 22 février 2005**, n° 03-17.421, *BRDA,* 2005, n° 6, p. 3 ; *Bull. Joly sociétés,* 2005, p. 977 ; *JCP E,* 2005, n° 968, p. 1067, note R. Kaddouch ; *Dr. &*

patrimoine, 2005, n° 137, p. 102, note D. Poracchia ; *Rev. sociétés,* 2005, p. 353, note P. Le Cannu.

- **Cass. com., 8 mars 2005**, n° 02-17.692, *Dalloz,* 2005, p. 839, obs. A. Lienhard ; *JCP E,* 2005, p. 1171, obs. J.-J. Caussain, Fl. Deboissy et G. Wicker.
- **Cass. com., 5 avril 2005**, n° 03-19.370, Bull. civ., 2005, IV, n° 81, p. 85 ; *RDC,* 2005, p. 687, note D. Mazeaud.
- **Cass. com., 31 mai 2005**, n°03-10.955, Sté All Suites Hôtel c/Sté Sage Gestion, *RJDA,* 2005, p. 971, n° 1116.
- **Cass. com., 14 juin 2005**, n° 02-18.864, *Bull. Joly,* 2005, p. 1412, note P. Le Cannu ; *Dalloz,* 2005, p. 1777, obs. A. Lienhard.
- **Cass. 2e civ., 13 juillet 2005**, n° 02-15.904, Bull. civ., II, n° 114, *BRDA,* 2005, n° 17, p. 2 ; *Dalloz,* 2005, p. 2952, chron. J.-C. Hallouin et E. Lamazerolles ; *Dr. & patrimoine* 2005, n° 143, p. 87, chron. D. Poracchia ; *RJDA,* 2005, n° 11, *Bull. Joly sociétés,* 2006, p. 217, note P. Le Cannu.
- **Cass. com., 11 octobre 2005**, n° 02-13.520, Bull. civ., 2005, IV, n° 210 ; *Dr. sociétés,* 2005, comm. 219, obs. H. Hovasse ; *Bull. Joly sociétés,* 2005, p. 498, note D. Vidal ; *Dalloz,* 2005, p. 2743, note A. Lienhard ; *JCP E,* 2005, p. 1834 obs. J.J. Caussain, Fl. Deboissy et G. Wicker ; *Rev. sociétés,* 2006, p. 79, note J.-P. Mattout ; *RTD com.,* 2006, p. 133, obs. P. Le Cannu ; *RJ com.,* 2006 p. 36, note M.-H. Monsérié-Bon.
- **Cass. ch. mixte, 16 décembre 2005**, n° 04-10. 986, *Rev. sociétés,* 2006, p. 327, note B. Saintourens ; *Bull. Joly sociétés,* 2006, p. 536, note L. Grosclaude ; *Dalloz,* 2006, p. 146, obs. A. Lienhard ; *Dr. sociétés,* 2006, comm. 36, obs. F.-X. Lucas ; *JCP E,* 2006, p. 420, concl. Avocat gén. M. Domingo et p. 1170, obs. J.-J. Caussain, Fl. Deboissy et G. Wicker ; *RTD com.,* 2006, p. 148, note M.-H. Monsérié-Bon et L. Grosclaude ; *Dr. & patrimoine,* juin 2006, p. 105, obs. D. Poracchia ; *Dalloz,* 2007, p. 324, note J.-C. Hallouin et E. Lamazerolles.
- **Cass. com., 31 janvier 2006**, *Bull. Joly sociétés,* 2006, p. 784.
- **Cass. com., 10 mai 2006**, n° 05-16.909, *RDC,* 2006, p. 1186, note F.-X. Lucas ; *Rev. sociétés,* 2007, p. 70, note L. Godon.
- **Cass. ch. mixte, 26 mai 2006**, n° 03-19.376, Bull. ch. Mixte, 2006, n° 4, p. 13, *Dalloz,* 2006, p. 1841, note P.-Y. Gautier et D. Mainguy, *JCP E,* 2006, II, 2378, note P. Delebecque ; *Bull. Joly,* 2006, p. 1072, note H. Le Nabasque.
- **Cass. com., 3 octobre 2006**, n° 05-12.410, *JCP E,* 2006, p. 2596.
- **Cass. com., 3 octobre 2006**, n° 05-13.052, *Bull. Joly sociétés,* 2007, p. 250 obs. P. Le Cannu.
- **Cass. Ass. plén., 6 octobre 2006**, n° 05-13.255, Bull. civ. Ass. plén., 2006, n° 9, p. 23 ; *Dalloz,* 2006, p. 2825, note G. Viney ; *RTD civ.,* 2007, p. 115, obs. J. Mestre et B. Fages et p. 123, note P. Jourdain ; *RDC,* 2007, p. 269, note D. Mazeaud ; *Bull. Joly sociétés,* 2008, p. 493, note S. Messaï-Bahri ; *JCP G,* 2006, II, 10181, note Billiau.
- **Cass. com. 7 novembre 2006**, Bull. civ. 2006, IV, n° 219.
- **Cass. 3e civ., 29 novembre 2006**, n° 05-17.709, *Bull. Joly sociétés* 2007, p. 515 ; *Dr. sociétés,* 2007, n° 25, obs. F.-X. Lucas ; *JCP E,* 2007, p. 2033, note Y. Paclot ; *Rev. sociétés,* 2007, p. 319, note B. Dondero.
- **Cass. com., 19 décembre 2006**, n° 05-10.198, *Dr. & patr*imoine, 2007, n° 159, p. 81, obs. D. Poracchia.
- **Cass. 3e civ., 31 janvier 2007**, n° 05-21071, *Dalloz,* 2007, p. 1698, note D. Mainguy.
- **Cass. com. 6 février 2007**, *Dr. sociétés,* 2007, comm. 4, obs. H. Hovasse ; *RJDA,* 2007, n° 732 ; *JCP G,* 2007, IV, p. 1540 ; *JCP E,* 2007, p. 1392.
- **Cass. com., 13 février 2007**, n° 06-11.289, *JCP G,* 2007, n° 98, obs. Th. Le Bars ; *RTD civ.,* 2007, p. 332, obs. J. Mestre et B. Fages.

- **Cass. 3e civ., 14 février 2007**, n° 05-21.814, Bull. civ., III, n° 25, *JCP G,* 2007, II, 10143, note D. Bert ; *RDC,* 2007, p. 701, note D. Mazeaud, *RTD civ.*, 2007, p. 366, obs. P.-Y. Gautier ; *Dr. sociétés,* 2007, comm. 63, obs. H. Lécuyer ; *Dalloz,* 2007, p. 2966, obs. S. Amrani-Mekki et B. Fauvarque-Cosson ; *Bull. Joly sociétés,* 2007, p. 882, note P. Le Cannu.
- **Cass. com., 20 mars 2007**, n° 05-19.225, *Bull. Joly sociétés,* 2007, p. 745, n° 199, note D. Schmidt ; *Dr. sociétés,* 2007, comm. n° 87, obs. H. Lécuyer ; *JCP E,* 2007, 1755, note A. Viandier.
- **Cass. 3e civ., 3 mai 2007**, n° 05-18.486, *Dr. sociétés,* 2007, comm. 127, obs. H. Lécuyer ; *JCP G* 2007, IV, p. 2142 ; *Dalloz,* 2007, p. 1435 ; *Bull. Joly sociétés,* 2007, p. 1057, note B. Saintourens.
- **Cass. 1re civ., 31 mai 2007**, n° 05-19.978, *Dalloz,* 2007, p. 2784, note C. Lisanti.
- **Cass. com., 23 octobre 2007**, n° 06-16.537, *Bull. Joly sociétés,* 2008, p. 101, note D. Schmidt ; *Rev. sociétés,* 2007, p. 814, note P. Le Cannu ; *JCP E,* 2007, n° 2433, note A. Viandier ; *JCP G,* 2007, II, n° 10197, note D. Bureau ; *Dalloz,* 2008, p. 47, note Y. Paclot ; *Dalloz,* 2008, p. 1563, note J. Paillusseau ; *Dr. sociétés,* 2007, n° 219, obs. H. Hovasse ; *JCP E,* 2008, p. 1280, obs. J.-J. Caussain, Fl. Deboissy et G. Wicker ; *RTD fin.*, 2007, p. 114 ; note D. Poracchia ; *RTD com.*, 2008, p. 566, obs. Cl. Champaud et D. Danet ; *RJDA,* 2008, n° 50, rapp. B. Petit et note J.-P. Dom ; *Defrénois,* 2008, p. 674, note D. Gibirila ; *RJ com.*, 2008, p. 37, note M.-H. Monsérié-Bon ; *LPA,* 22 janvier 2008, p. 13, note A. Albortchire.
- Cass. com., 20 novembre 2007, n° 06-16.933.
- **Cass. com., 4 décembre 2007**, n° 04-17.449, *Bull. Joly sociétés,* 2008, p. 274, note D. Poracchia.
- **Cass. com., 4 décembre 2007**, n° 06-13.912, *Dalloz,* 2008, p. 1237, obs. R. Salomon ; *Dr. sociétés,* 2/2008, p. 15, note R. Mortier ; *JCP E,* 2008, p. 1159, note H. Hovasse, *Rev. sociétés* 2008, p. 341, obs. J. Moury ; *Bull. Joly sociétés,* 2008, p. 216, obs. F.-X. Lucas.
- **Cass. com., 18 décembre 2007**, n° 05-19.397, *Bull. Joly sociétés,* 2008, p. 493, note S. Messaï-Bahri.
- **Cass. com., 29 janvier 2008**, n° 07-10.797, *RJDA,* 5/08, n° 546.
- **Cass. com., 12 février 2008**, n° 06-20966, *Dr. sociétés,* 2008, n° 74, obs. R. Mortier.
- **Cass. com., 8 avril 2008**, n° 06-18362, SA Lamy c/ SA Séché, *JCP E,* 2008, n° 28-29, p. 30, note S. Schiller ; *Dr. sociétés,* 2008, n° 6, p. 28-30, note H. Hovasse ; *Bull. Joly sociétés,* 2008, n° 7, p. 585-591, note D. Poracchia.
- **Cass. 3e civ., 21 mai 2008**, n° 07-12.848, *RDC,* 2008, p. 1257, obs. J.-B. Seube.
- **Cass. com., 2 décembre 2008**, n° 08-13.185, *BRDA,* 2008, n° 24 ; *Dalloz,* 2009, p. 12, obs. A. Lienhard ; *Bull. Joly sociétés,* 2009, p. 116, note Th. Revet ; *Dr. sociétés,* mars 2009, comm. 46, note M.-L. coquelet, *Banque et droit,* 2009, n° 123, p. 49 ; *JCP E,* 2009, p. 1450, note A. Rabreau ; *RDLA,* 2009/37, n° 2221, note N. Borga.
- **Cass. soc., 18 mars 2009**, n° 07-45.212, *Bull. Joly sociétés,* 2009, p. 786, note A. Constantin ; *RTD com.*, 2009, p. 576, obs. P. Le Cannu et B. Dondero.
- **Cass. com., 31 mars 2009**, n° 08-15.655, *Bull. Joly sociétés,* 2009, p. 686, note C. Boillot.
- **Cass. com., 5 mai 2009**, n° 08-17.465, Bull. civ., IV, n° 61 ; *JCP E,* 2009, p. 1632, note R. Mortier, *Dalloz,* 2009, p. 2195, obs. B. Dondero, *Rev. sociétés,* 2009, p. 503, note J. Moury ; *Bull. Joly sociétés,* 2009, p. 728, obs. A. Couret.
- **Cass. civ., 2e, 9 juillet 2009**, n° 08-15.085, *Bull. Joly sociétés,* 2009, p. 1091, note N. Ferrier.
- **Cass. com., 15 décembre 2009**, n° 08-21.037, Bull. civ., IV, 2009, n° 173 ; *RJDA,* 2010, n° 377 ; *Bull. Joly sociétés,* 2010, p. 486, note D. Poracchia ; *Dalloz,* 2010,

AJ 148, obs. A. Lienhard ; *RTD com.,* 2010, p. 140, obs. Cl. Champaud et D. Danet, *JCP E,* 2010, n° 1089.

- **Cass. com., 15 décembre 2009**, n° 08-21.906, *RJDA,* 9/10, n° 275.
- **Cass. 1ère civ., 16 décembre 2009**, n° 09-10209, *Bull. Joly sociétés,* 2010, p. 462, note F.-X. Lucas ; *Dr. sociétés,* 2010, n° 44, obs. H. Hovasse, *JCP E,* 2010, p. 1145, n° 2, obs. Fl. Deboissy et G. Wicker.
- **Cass. crim., 16 décembre 2009**, n° 09-88.305, *Dr. sociétés,* 2010, n° 78, obs. R. Salomon ; *JCP E,* 2010, p. 1993, obs. Fl. Deboissy et G. Wicker.
- **Cass. com., 16 février 2010**, n° 09-11.668, *Dalloz,* 2010, p. 581 ; *Bull. Joly sociétés,* 2010, p. 624, note p. Mousseron.
- **Cass. com., 30 mars 2010, n° 08-17.841**, Bull. civ., 2010, IV, n° 69 ; *Dalloz,* 2010, p. 1678, obs. A. Lienhard, note B. Dondero ; *Rev. sociétés,* 2010, p. 304, note P. Le Cannu ; *RTD com.,* 2010, p. 377, obs. P. Le Cannu et B. Dondero ; *Bull. Joly sociétés,* 2010, p. 533, note R. Raffray ; *JCP E,* 2010, p. 1416, note A. Couret.
- **Cass. com., 18 mai 2010**, n° 09-14.855, Sté Française de gastronomie c/ Sté Larzul, *Rev. sociétés,* 2010, p. 374, note P. Le Cannu ; *JCP E,* 2011, p. 24, obs. Fl. Deboissy et G. Wicker ; *Dalloz,* 2010, p. 2405, note F. Marmoz ; *RLDA,* septembre 2010, n° 52, p. 18, note Ch. Lebel ; *Dr. sociétés,* août 2010, n° 8-9, p. 10, note M.-L. Coquelet ; *RTD civ.,* 2010, p. 553, obs. B. Fages ; *Bull. Joly sociétés,* 2010, p. 651, note H. Le Nabasque.
- **Cass. com., 15 juin 2010**, n° 09-16.323, *Rev. sociétés,* 2011, p. 235, note. J.-J. Barbièri ; *JCP E,* 2010, p. 1878, note J.-P. Legros.
- **Cass. com., 13 juillet 2010**, n° 09-16.156, *Dr. sociétés,* 11/2010, n° 200, note H. H. ; *RTD com.,* 2010, p. 727, obs. Cl. Champaud et D. Danet ; *Dalloz,* 2010, p. 2880, note B. Dondero.
- **Cass. ch. mixte, 19 novembre 2010**, n° 10-10.095 et n° 10-30.215, *JCP E,* 2010, p. 2049, note A. Couret et B. Dondero.
- **Cass. 1re civ., 1er décembre 2010**, n° 09-13.303, *Dalloz,* 2011, p. 423, obs. I. Gallmeister, note F. X. Licari ; *RTD civ.,* 2011, p. 122, obs. B. Fages et p. 317, obs. P. Rémy-Corlay.
- **Cass. com., 14 décembre 2010**, n° 09-71.712, *Dr. sociétés,* 2011, n° 52, note D. Gallois-Cochet ; *Dalloz,* 2011, p. 75, obs. A. Lienhard ; *Dalloz,* 2011, p. 2765, obs. J.-C. Hallouin ; *Bull. Joly sociétés,* 2011, p. 171, note D. Poracchia.
- **Cass. 1ère civ., 15 décembre 2010**, n° 09-10.140, Bull. civ. I, n° 268, *BRDA* 2010, n° 24, *Dr. sociétés,* 2011, comm. 45, note M.-L. Coquelet et comm. 48, note H. Hovasse ; *Rev. sociétés,* 2011, p. 280, note L. Godon ; *Bull. Joly sociétés,* 2011, p. 373, note F.-X. Lucas.
- **Cass. com., 8 février 2011**, n° 10-11.788, *Bull. Joly sociétés,* 2011, p. 288, note F.-X. Lucas ; *RJDA,* 5/2011, n° 427 ; *JCP E,* 2011, p. 1367, note B. Dondero.
- **Cass. com., 24 mai 2011**, n° 10-24.869, *Rev. sociétés,* 2011, p. 482, note A. Gaudemet ; *Dr. sociétés,* 2011, comm. 168, note R. Mortier ; *Bull. Joly sociétés,* 2011, p. 808, note P. Mousseron ; *RDC,* 2011, p. 1170, note S. Carval ; *Dalloz,* 2011, p. 2315, note G. Helleringer ; *RTD com.,* 2011, p. 587, note P. Le Cannu et B. Dondero.
- **Cass. com., 31 mai 2011**, n° 09-13.975, *RJDA,* 8-9/11, n° 725.
- Cass. com., 7 juin 2011, n° 10-17792.
- **Cass. com., 21 juin 2011**, n° 10-20.878, *RTDF,* 2011, n° 4, p. 233.
- **Cass. com., 21 juin 2011**, n° 10-21.928, *Dalloz,* 2011, p. 1755, obs. A. Lienhard.
- **Cass. com., 8 novembre 2011**, n° 10-24.438, *JCP E,* 2012, p. 1422, note Ph. Delebecque et Ph. Simler ; *RTD com.,* 2012, p. 358, note M.-H. Monsérié-Bon et L. Grosclaude ; *Rev. sociétés,* 2012, p. 238, note A. Viandier ; *Bull. Joly sociétés,* 2012, p. 297, note F.-X. Lucas ; *Dalloz,* 2012, p. 415, note E. Schlumberger.

- **Cass. com., 17 janvier 2012**, n° 10-24.811, *Bull. Joly sociétés,* 2012, p. 293, note D. Poracchia ; *Rev. sociétés,* 2012, p. 627, note V. Thomas.
- **Cass. 3e civ., 7 février 2012**, n° 10-17.812, *Rev. sociétés,* 2012, p. 622, note A.-L. Champetier de Ribes-Justeau.
- **Cass. soc., 15 février 2012**, n° 10-27.685, *RTD com.*, 2012, p. 345, obs. A. Constantin ; *Dr sociétés,* 2012, p. 96, obs. R. Mortier, *Bull. Joly sociétés*, 2012, p. 507, note G. Auzero ; *RJDA,* 2012, n° 501.
- **Cass. com., 20 mars 2012**, n° 11-10.855, *Dalloz,* 2012, p. 875, note A. Lienhard ; *Dalloz,* 2012, p. 1584, note M. Laroche ; *JCP E,* 2012, n° 1310, note R. Mortier ; *RTD com.,* 2012, p. 348, obs. A. Constantin *;* *Rev. sociétés,* 2012, p. 435, note A. Couret.
- **Cass. com., 9 avril 2012**, n° 98-22.851, *JCP G,* 2003, II, 10067, note J.-M. Tengang.
- **Cass. com., 15 mai 2012**, n° 11-13.240, Bull. civ., IV, n° 102, *RJDA,* 2012, n° 1071; *RTD civ.,* 2012, p. 527, obs. B. Fages.
- **Cass. com., 30 mai 2012**, n° 11-16.272, *Bull. Joly sociétés,* 2012, p. 615, note A. Gaudemet ; *Dr. sociétés,* 2012, n° 140, note M. Roussille ; *Dalloz,* 2012, p. 1478, obs. A. Lienhard et p. 1581, note B. Dondero.
- **Cass. com., 30 mai 2012**, n° 11-18.024, *Bull. Joly sociétés,* 2012, p. 715, note Th. Favario ; *JCP E,* 2012, p. 1641, note B. Dondero ; *Dalloz,* 2012, p. 2717, note A. Constantin.
- **Cass. com., 10 juillet 2012**, n° 11-20.268, *Rev. sociétés,* 2013, p. 219, note M. Roussille ; *Dr. sociétés,* 2013, n° 2, p. 21, note M. Renaud ; *Bull. Joly sociétés,* 2013, p. 31, note J.-F. Barbièri ; *Rev. sociétés,* 2012, p. 630, note S. Prévost ; *RJDA,* 12/12, n° 1076.
- **Cass. 3e civ., 12 septembre 2012**, n° 11-17.948, Bull. civ., III, n° 121, *Dr. sociétés,* 2012, n° 178, obs. R. Mortier ; *Bull. Joly sociétés,* 2012, p. 831, note D. Poracchia ; *RTD civ.,* p. 754, note P. Crocq.
- **Cass. com., 23 octobre 2012**, n° 11-23.376, *RJDA,* 2013, n° 122.
- **Cass. com., 6 novembre 2012**, n° 11-20.582, *Dalloz,* 2012, p. 2655, obs. A. Lienhard, *RLDA,* 2013/79, p. 10, n° 4429, note Th. Favario ; *Dr. sociétés,* février 2013, p. 31, note D. Gallois-Cochet.
- **Cass. com., 15 janvier 2013**, n° 11-28.244, Bull. civ., IV, n° 12, *Dalloz,* 2013, p. 539, note B. Dondero; *RLDA,* 2013/81, n° 4515, note B. Dondero, *Bull. Joly sociétés,* 2013, p. 197, note H. Le Nabasque; *Rev. sociétés,* 2013, p. 494, note J.-J. Ansault.
- **Cass. com., 19 mars 2013**, n° 12-16.910, *Rev. sociétés,* 2014, p. 169, note A.-L. Champetier de Ribes-Justeau.
- **Cass. com. 19 mars 2013**, n° 12-15.283, *Rev. sociétés,* 2014, p. 51, note P. Le Cannu ; *RTD com.*, 2013, p. 530, note M.-H. Monsérié-Bon ; *Gaz. Pal.*, 28 juin 2013, n° 179-180, p. 31-33 ; *Bull. Joly sociétés,* 2013, p. 402, note F.-X. Lucas.
- **Cass. com., 9 juillet 2013**, n° 11-27.235 et n° 12-21.238, *Bull. Joly sociétés* 2013, p. 636 ; *Dr. sociétés,* 2013, n° 154, note R. Mortier ; *JCP E,* 2013, p. 1516, note B. Dondero ; *Rev. sociétés,* 2014, p. 40, note J.-J. Ansault ; *Lexbase Hebdo éd. Affaires*, n° 350, note B. Saintourens ; *Dalloz* 2013, p. 1833, obs. A. Lienhard, note F. Ait-Ahmed ; *Dalloz,* 2014, p. 2734, obs. J.-C. Hallouin ; *RDLA,* 2013, n° 4753, note A. Reygrobellet ; *Gaz. Pal.*, 2013, n° 260, p. 22, note A.-F. Zattara-Gros et n° 241, p. 15, note L. Hebraud.
- **Cass. com., 24 septembre 2013**, n° 12-24.917, *Rev. sociétés,* 2014, p. 33, note E. Schlumberger ; *Bull. Joly sociétés,* 2013, p. 798, note S. Messaï-Bahri.
- **Cass. com., 22 octobre 2013**, n° 12-24.658, SNC L'Oréal produits de luxe c/ Avazeri ; *Dr. sociétés*, janvier 2014, comm. 7, note D. Gallois-Cochet ; *Bull. Joly sociétés*, 31 janvier 2014, p. 32, note F.-X. Lucas.

- **Cass. com., 19 novembre 2013**, n° 12-28.367, *Bull. Joly sociétés,* 2014, p. 103, note N. Pelletier ; *BRDA,* 23/2013, n° 4.
- **Cass. com., 21 janvier 2014, n° 12-29.452**, *RJDA,* 2014, n° 353 ; *Dalloz,* 2014, p. 274.
- **Cass. com., 21 janvier 2014, n° 13-10.151**, *Dalloz,* 2014, p. 275, obs. A. Lienhard ; *Lexbase Hebdo éd. Affaires,* 2014, n° 371, note B. Saintourens.
- **Cass. com., 11 mars 2014**, n° 13-10.366, *Rev. sociétés,* 2014, p. 384, note B. Saintourens ; *RDC,* 2014, p. 688, note L. Sautonie-Laguionie ; *Dalloz,* 2014, p. 719, obs. A. Lienhard ; *Dr. sociétés,* 2014 comm. 82, note D. Gallois-Cochet ; *JCP E,* 2014, 1224, note B. Dondero.
- **Cass. com., 8 avril 2014**, n° 13-18.120, *RJDA* 2014, n° 633.
- **Cass. com., 6 mai 2014**, n° 13-11.427, *Dalloz* 2014, p. 1151.
- **Cass. com., 6 mai 2014**, n° 13-14.960, *Dalloz,* 2014, p. 1485, note B. Dondero ; *Bull. Joly sociétés,* 2014, p. 506, note R. Mortier.
- **Cass. com., 8 juillet 2014**, n° 13-17.244, *RJDA* 2014, n° 769.
- **Cass. com., 23 septembre 2014**, n° 13-17.347, *Rev. sociétés,* 2014, p. 714, note A. Viandier, *Dalloz,* 2015, p. 140, note D. Robine.
- **Cass. com., 10 février 2015**, n° 13-25.588, *Bull. Joly sociétés,* 2015, p. 238, note J.-Ch. Pagnucco ; *Dr. sociétés,* avril 2015, comm. 67, note D. Gallois-Cochet.
- Cass. soc., 17 mars 2015, n° 13-20.452.
- **Cass. com., 12 mai 2015**, n° 14-13.744, *BRDA* 12/15, inf. 1 ; *JCP E,* 9 juillet 2015, n° 28, p. 16, note B. Dondero.
- **Cass. com., 12 mai 2015**, n° 13-28.504 et 14-11.028, *BRDA,* 31 mai 2015, n° 10, p. 3.
- Cass. com., 30 juin 2015, n° 13-28.146.
- Cass. 3e civ. 8 juillet 2015, n° 13-14.348.

II. Droit OHADA

A. Traités et ouvrages généraux

ANOUKAHA (F.), **CISSE** (A.), **DIOUF** (N.), *et al., Sociétés commerciales et G.I.E.*, Bruylant, 2002.

FENEON (A.), *Droit des sociétés en Afrique (OHADA)*, L.G.D.J. – Lextenso éd., 2015.

ISSA-SAYEGH (J.) **et LOHOUES-OBLE** (J.), *OHADA – Harmonisation du droit des affaires*, Bruylant, 2002.

Le BARS (B.), Droit des sociétés et de l'arbitrage international, Pratique en droit de l'OHADA, Joly éd., 2011.

MARTOR (B.), **PILKINGTON** (N.), **SELLERS** (D.), *et al. Le droit uniforme africain des affaires issu de l'OHADA*. 2e éd. Litec, 2009.

MEYER (P.), *OHADA – Droit de l'arbitrage*, Bruylant, 2002.

OHADA – Traité et actes uniformes commentés et annotés, sous la coord. J. ISSA-SAYEGH, P.-G. POUGOUE et F.-M. SAWADOGO, 4e éd., Juriscope, 2014.

SAWADOGO (F. M.), OHADA – Droit des entreprises en difficulté, Bruylant, 2002.

TOE (J. Y.), Droit des sociétés commerciales et du groupement d'intérêt économique (dans l'espace OHADA), Coll. Précis de droit Burkinabè, PADEG, 2007.

B. Thèses et ouvrages spéciaux

AMBOULOU (H. D.), Le droit de l'arbitrage et des institutions de médiation dans l'espace OHADA, l'Harmattan, 2015.
BETOE BI EVIE (O.), Pour une promotion de la liberté contractuelle en droit OHADA des sociétés, Thèse Aix-Marseille, 2014.
EVELAMENOU (S. K.), *Le concordat préventif en droit OHADA*, Thèse Université de Lomé, Université Paris-Est Val-De-Marne, 2012.
KONE (M.), Le nouveau droit commercial des pays de la zone OHADA Comparaisons avec le droit français, préf. B. Saintourens, L.G.D.J., 2003.
KOTO-TCHEKA (A. B.), *Le règlement préventif dans l'espace OHADA*, Thèse Université Montpellier I, Université Omar Bongo, 2012.
MOULOUL (A.), *Le régime juridique des sociétés commerciales dans l'espace OHADA : l'exemple du Niger*, préf. Ph. Delebecque, L.G.D.J., 2005.
MOUTHIEU épouse NJANDEU (M.-A.), *L'intérêt social en droit des sociétés*, préf. P.-G. Pougoué, L'Harmattan, 2012.
TAIROU (Y.-A.), Préoccupations environnementales et droit de l'entreprise dans l'espace OHADA, l'Harmattan, 2013.

C. Articles, chroniques et fascicules (Les références Ohadata sont accessibles depuis le site internet de l'OHADA à l'adresse, www.ohada.com)

AKAM AKAM (A.), « La responsabilité civile des dirigeants sociaux en droit OHADA », *RIDA* 2007/2, p. 120.
BADJI (P. S. A.), « La protection des tiers par l'acte uniforme relatif au droit des sociétés commerciales et du GIE », *RRJ*, 2013-1, p. 405-443.
BOROUMAND (A) et **VANDERSTRAETE** (L), « L'accroissement du pouvoir décisionnel de l'actionnaire minoritaire d'une société anonyme de droit OHADA par le renforcement des conditions de majorité des assemblées générales dans un pacte extrastatutaire (et autres alternatives) », *Ohadata* D-15-08.
BOUREL (P.), « A propos de l'OHADA : libres opinions sur l'harmonisation du droit des affaires en Afrique », *Dalloz,* 2007, p. 969.
CUPERLIER (O), « Arbitrage OHADA et personnes publiques », *Ohadata* D-13-65.
DECKON (F. K.), « Réflexions sur les conflits de compétence entre la CCJA et les autres juridictions communautaires de l'espace OHADA », *Ohadata* D-11-69.
DELABRIERE (A.) et **FENEON** (A.), « La constitution du Tribunal arbitral et le statut de l'arbitre dans l'Acte uniforme OHADA », *Penant*, 2000, n° 833, p. 155 ; *Ohadata* D-12-70.
DIALLO (B.), « La répartition des compétences dans un litige où s'entrechoquent et se mêlent les matières juridiques harmonisées et les matières juridiques non harmonisées », *Ohadata* D-12-05.
DIALLO (M.), **KONATE** (I.), **MEUKE** (B.), "Gestion de crise en OHADA: Anticipation conventionnelle et statutaire – Gestion négociée et règlement des conflits internes », *Ohadata* D-09-43.
DIOUF (M.), « Réflexions sur l'administrateur provisoire de société en droit sénégalais », *Bull. d'information de la Cour Suprême*, n° 1-2, décembre 2010, p. 133, *Ohadata* D-12-67.
FADIKA (K.) « La clarification du régime des nullités », in « Droit des sociétés commerciales OHADA rénové : un atout pour les investisseurs en Afrique », *Droit & patrimoine*, septembre 2014, p. 89-93.
FENEON (A.),

- « La mésentente entre associés dans les sociétés anonymes OHADA – Prévention et modes de règlement », *Penant,* 2004, n° 848, p. 265-279.
- « Le projet de loi sur la médiation au Burkina Faso : prémice d'un droit africain de la médiation », *Penant*, 2012, n° 881, p. 425.
- « Historique de l'habilitation des personnes de droit public à compromettre dans l'espace OHADA », *Revue camerounaise de droit de l'arbitrage*, n° spéc., février 2010, p. 105 ; *Ohadata* D-11-39.
- « Un nouveau droit de l'arbitrage en Afrique – (De l'apport de l'Acte Uniforme sur l'arbitrage dans l'espace OHADA), *Penant*, 2000, n° 833, p. 126-136.

FEVILIYE-DAWEY (C. I.), « Le dessaisissement d'une Cour suprême au profit de la Cour commune de justice et d'arbitrage, Observations sur l'Arrêt de la Cour Commune de Justice et d'Arbitrage (CCJA) n° 004/2007 du 1er février 2007, Affaire Mambo Serge c/société SAGA-CI », *Ohadata* D-10-10.

FOKO (A), « La rationalisation du domaine de l'arbitrage – (Une étude à la lumière des droits français et de l'OHADA) », *Penant,* 2014, n° 889, p. 425.

Du BOIS DE GAUDUSSON (J.), « Les dysfonctionnements du service public de la justice en Afrique francophone », in *Quel service public de la justice en Afrique francophone*, sous la dir. F. Hourquebie, Bruylant 2013, p. 7.

HOUNKPE (J.-C.), « Pactes d'actionnaires et prévention des conflits dans la société anonyme de l'espace OHADA », *Ohadata* D-11-100.

ISSA-SAYEGH (J.),

- « Le caractère d'ordre public des dispositions de l'acte uniforme relatif au droit des sociétés commerciales et du groupement d'intérêt économique (AUSCGIE) », *Penant*, 2010, n° 869, p. 393.
- « Réflexions sur l'émission d'obligation convertibles en actions en droit Ohada », *Ohadata* D-03-08 ;
- « Présentation des dispositions sur les formalités de constitution de société commerciales », *Ohadata* D-06-12 ;
- « Présentation des dispositions sur le fonctionnement de la société commerciale », *Ohadata* D-06-13 ;
- « Droit des sociétés commerciales OHADA : Droit commun et régime particulier », *Ohadata* D-03-09.

KAMGA (J.), « Dirigeants sociaux », in *Encyclopédie du droit OHADA*, Lamy 2011.

KAMTA FENDOP (E.-M.), « Associés », in *Encyclopédie du droit OHADA*, Lamy 2011.

KENFACK DOUAJNI (G.), « L'exécution forcée contre les personnes morales de droit public dans l'espace OHADA », *Revue camerounaise de l'arbitrage*, n° 18, juillet – septembre 2002, p. 3 ; *Ohadata* D-08-48.

Le BARS (B.), « Arbitrer un litige de droit des sociétés en droit OHADA : bref aperçu et exemples », *Bull. Joly sociétés,* 2009, p. 1036.

Le BARS (B.) et **MARTOR** (B.), « Management et financement de la société anonyme de droit OHADA », *Cah. Dr. Entr.*, 2004, p. 12-20.

MARTOR (B.) et **FEHRI** (J. F.), « Panorama de la réforme du droit des sociétés OHADA », *JCP E,* 27 février 2014, n° 9-10, p. 1099.

MBAYE (K.), « L'histoire et les objectifs de l'OHADA », *LPA,* 13 octobre 2004, n° 205, p. 4.

MEMAN née **THIERO** (F.), « La société unipersonnelle dans le droit des sociétés de l'OHADA : une œuvre à parfaire », *Ohadata* D-07-18.

MERLE (Ph.), « Le nouveau droit des sociétés de l'OHADA », in *Mélanges en l'honneur du Professeur Michel Germain,* L.G.D.J.-Lextenso éd., 2015, p. 565-579.

MEUKE (B. Y.),

- « De l'intérêt social dans l'AUSGIE de l'OHADA », *Ohadata* D-06-24.

- « De la validité en OHADA d'un pacte d'actionnaires précédant les statuts et la constitution de la société », *Ohadata* D-11-99.

MEYER (P.), « L'avant-projet d'acte uniforme OHADA sur le droit des contrats : innovations et débats », *RDAI,* 2008, p. 291-317.

MODI KOKO BEBEY (H.-D.), « La réforme du droit des sociétés commerciales de l'OHADA », *Rev. sociétés,* 2002, p. 255.

NGUIHE KANTE (P.), « Le caractère d'ordre public du droit uniforme des sociétés commerciales en Afrique », *RTD Com.*, 2010, p. 1.

NGWE (M.-A.) et **KAKOU** (S. P.), « Le dirigeant social dans l'acte uniforme révisé », *Penant,* avril-juin 2014, n° 887, p. 161-195.

NKOU MVONDO (P.), « La crise de la justice de l'État en Afrique Noire Francophone – Étude des causes du "divorce" entre la justice et les justiciables », *Penant,* 1997, n° 824, p. 208-228.

OUSMANOU (S.), « Arbitrabilité », in *Encyclopédie du droit OHADA,* Lamy 2011.

PAILLUSSEAU (J.),

- « L'acte uniforme sur le droit des sociétés », *LPA,* 13 octobre 2004, n° 205, p. 19 ; *Ohadata* D-04-17.
- « Le droit de l'OHADA : un droit très important et original », *Cah. Dr. Entr.,* 2004, p. 1-5.

SAWADOGO (F. M.),

- « Présentation de l'OHADA : les organes de l'OHADA et les actes uniformes », *Ohadata* D-06-32.
- « L'immunité d'exécution des personnes morales de droit public dans l'espace OHADA », Revue camerounaise de l'arbitrage, n° spéc., février 2010, p. 136, *Ohadata,* D-11-43.
- « La prise en compte du droit comparé dans l'œuvre d'unification de l'OHADA », *RIDC,* 2008, p. 307-347.
- « Le droit OHADA de l'arbitrage : principes essentiels et perspectives d'application », in *Mélanges en l'honneur de Yves GUYON : Aspects actuels du droit des affaires,* Dalloz, 2003, p. 963-983.

TCHAKOUA (J.-M.), « L'arbitrabilité des litiges dans l'espace OHADA », *Penant* 2001, p. 5.

YONDO BLACK (L.) et **TRAORE** (A. T.), « Les enjeux de la réforme de l'AUSCGIE », in « Droit des sociétés commerciales OHADA rénové : un atout pour les investissements en Afrique », *Dr. & patrimoine,* 2014, n° 239, p. 48-54.

D. Travaux collectifs et dictionnaires

Encyclopédie du droit OHADA, préf. J. David et B.-A. Mercadal, sous la dir. P.-G. Pougoué, Lamy, 2011.

L'OHADA et les perspectives de l'arbitrage en Afrique, Travaux du centre René-Jean DUPUY pour le droit et le développement, sous la dir. Ph. Fouchard, Bruylant, 2000.

Recueil d'études sur l'OHADA et l'UEMOA, préf. J. Mestre, PUAM, 2010.

E. Arrêts et notes de jurisprudence

- **CA Ouagadougou, 17 décembre 1982**, *Revue voltaïque de droit* 1983/4, p. 172, note F. M. Sawadogo.

- **CA Littoral-Douala, arrêt n° 38 du 10 février 1999**, inédit, cité par M.-A. NGWE et S. P. KAKOU, « Le dirigeant social dans l'acte uniforme révisé », *Penant*, avril-juin 2014, n° 887, p. 161-195.
- **Trib. Rég. Thiès, réf. 30 décembre 1999**, Kazem Moussa Shahara c/ Jacky Adan, inédit, cité par M. DIOUF, « Réflexions sur l'administrateur provisoire de société en droit sénégalais », *Bull. d'information de la Cour Suprême*, n° 1-2, décembre 2010, p. 133, *Ohadata* D-12-67.
- **TGI Ouagadougou, 10 janvier 2000**, *RBD* n° 42, 2e semestre 2002, *Ohadata* J-05-248.
- CA Abidjan, 25 février 2000, *Ohadata* J-02-132.
- **Avis n° 02/2000/EP de la CCJA du 26 avril 2000**, *Penant* 2001, n° 837 ; *Recueil de jurisprudence de la CCJA*, n° spécial, janvier 2003, p. 73.
- **CA Abidjan, arrêt n° 967, 26 juillet 2002**, BIAO-CI c/ Nouvelle Scierie d'Agnibilékro SDA et Nouhad Wahad Rachid, *Ohadata* J-03-26.
- **CA Abidjan, 19 novembre 2002**, arrêt n° 1157, Société Ivoire COMMODITIES c/ société NAMACO, *Ohadata* J-03-300.
- **CCJA, 19 juin 2003**, n° 010/2003, *Ohadata* J-04-108.
- **CA Abidjan, 2 juillet 2003**, n° 1435, *Ohadata* J-04-177, obs. J. Issa-Sayegh.
- **CA Littoral, ord. n° 197/CC/PCA/DLA, 22 septembre 2003**, Me D. Moutomé, P. Monthé et a. c/ Beneficial Life Insurance SA, *Ohadata* J-06-97.
- **TRHC Dakar, 27 octobre 2004**, n° 2301, *Ohadata* J-05-103, note W. J. Ngoue.
- **CCJA, 7 juillet 2005**, arrêt n° 43/2005, *Penant*, 2007, n° 860, p. 305, note F. M. Sawadogo.
- **CCJA, 19 juillet 2007**, n° 028/2007, *Ohadata* J-09-104, note B. Diallo.
- CA du Centre (Cameroun), 6 février 2008, arrêt n° 52/civ, *Ohadata* J-10-249.
- **CA Ouagadougou, 3 avril 2009**, arrêt n° 016/09, *Ohadata* J-10-206.

Index Alphabétique

(Les chiffres renvoient aux numéros de paragraphe)

V

TABLE DES MATIÈRES

Questions juridiques aux éditions L'Harmattan

Dernières parutions

QU'EST-CE QUE LE DROIT ?
Théorie syncrétique et échelle de juridicité
Barraud Boris
La définition du droit ici est d'abord lexicographique et scientifique. La théorie syncrétique réunit toutes les définitions du droit en vigueur, loin d'être concurrentes elles s'associent. Ne s'opposant plus, elles se complètent. La seconde partie interroge les dimensions du droit en mesurant le niveau de force juridique par l'application des critères de juridicité. Cette nouvelle forme de rationalité de la pensée juridique permet au juriste de s'ouvrir à tout type de normes sociales tout en sauvegardant l'autonomie conceptuelle du droit.
(Coll. Le Droit aujourd'hui, 25.50 euros, 242 p.)
ISBN : 978-2-343-13423-9, ISBN EBOOK : 978-2-14-005340-5

LA RECHERCHE DE L'ÉQUILIBRE CONTRACTUEL DANS LE CAUTIONNEMENT
Regards croisés entre le droit français et le droit OHADA
Dibangue Guy - Préface de Pascal Rubellin
Le cautionnement est actuellement la sûreté qu'exigent de préférence les banques des emprunteurs. Si le législateur français semble surprotéger la caution par rapport au créancier, c'est l'inverse qui a été retenu par le législateur OHADA. Dans les deux cas, c'est le déséquilibre entre la protection raisonnable de la caution et la préservation des intérêts des créanciers. Suivant les récentes évolutions législatives en France et en droit OHADA, cette thèse vise l'équilibre contractuel du cautionnement dans une démarche de modernisation et de rationalisation de cette sûreté.
(Coll. Droit aujourd'hui, 42.00 euros, 456 p.)
ISBN : 978-2-343-13159-7, ISBN EBOOK : 978-2-14-005369-6

LE DROIT ANIMAL
Morales Frénoy Cathy
Plus qu'un droit protecteur, le droit animal réglemente les différentes utilisations de l'animal par l'Homme. Il est un corpus juridique transversal, issu du droit international, européen et national, qui régit les rapports entre l'homme et l'animal sans toujours offrir une protection juridique souvent souhaitée. Ce guide juridique offre à tout lecteur une étude complète de cette nouvelle discipline.
(Coll. Bibliothèques de droit, 45.00 euros, 470 p.)
ISBN : 978-2-343-12873-3, ISBN EBOOK : 978-2-14-005223-1

QUESTIONS D'ACTUALITÉ EN ÉTHIQUE ANIMALE
Pelé Marie, Sueur Cédric
L'éthique animale qui désigne l'étude de notre responsabilité morale à l'égard des animaux, n'est pas une prise de position mais un questionnement en perpétuelle évolution avec notre culture et notre temps. Cet ouvrage présente plusieurs éléments de réponses aux récentes questions posées par la société sur notre rapport aux animaux. Experts et étudiants abordent onze questions d'actualité en éthique animale. Leurs échanges sont retranscrits.
(Coll. Le Droit aujourd'hui, 24.00 euros, 236 p.)
ISBN : 978-2-343-13489-5, ISBN EBOOK : 978-2-14-005382-5

JE PARLE AUX ANIMAUX
Peter Friedman
Samantha Khury écoute les animaux et leur parle. Grâce à ce dialogue, elle parvient à comprendre leur comportement et à trouver les mots qui les guérissent. Non seulement Samantha Khury comprend le langage de nos fidèles compagnons, mais, en plus, ceux-ci lui confient leurs malheurs. Des propriétaires d'animaux domestiques, des gardiens de zoo et des entraîneurs de chevaux qui l'ont consultée en sont convaincus. Nous la voyons au travail, à l'écoute d'un chat dépressif, d'un perroquet déplumé en manque d'amour ou d'une jument qui a besoin de liberté... « Dans cette Théma Arte sur les rapports entre les hommes et les animaux, *Je parle aux animaux* est le plus intéressant. Sans doute parce qu'il pose la question de la communication avec nos compagnons à quatre pattes. Peter Friedman livre des séquences étonnantes. » (*TéléObs*). « Ce documentaire étonnant parvient à nous convaincre que la frontière entre les espèces est bien mince. Quand on dit que l'homme n'est qu'un animal ! » (*Le Figaro*)
(20 euros)
ISBN : 978-2-336-31591-1

TRAITÉ DE DROIT CONSTITUTIONNEL CONGOLAIS
Esambo Kangashe Jean-Louis
Préface de El hadj Mbodji - Postface de Dodzi Kokoroko
Dans sa conception, son évolution et sa pratique, le droit constitutionnel a toujours eu du mal à s'affranchir de crises politiques. Droit de crises ou de gestion de crise, le droit constitutionnel est avant tout au service des normes, dont le respect par tous contribue au fonctionnement régulier des institutions. Placés dans le contexte congolais, les trois versants du droit constitutionnel, à savoir le droit normatif, celui institutionnel et la branche consacrée aux libertés n'ont pas toujours été en cohérence avec le constitutionnalisme.
(Coll. Études africaines, 39.00 euros, 410 p.)
ISBN : 978-2-343-12352-3, ISBN EBOOK : 978-2-14-005341-2

SUR LE CHEMIN DES SAISIES
L'huissier de justice d'hier à demain
Berthé Ibrahim
Qu'est-ce qu'un huissier de justice ? D'où vient-il ? À quoi sert-il ? Cet ouvrage tente de répondre à ces interrogations et, à travers l'histoire, de peindre les différentes facettes de ce personnage spécifique du rouage de l'appareil judiciaire dans le temps et dans l'espace, des rives de la Seine en France jusqu'au bord du fleuve Djoliba au Mali.
(25.00 euros, 270 p.)
ISBN : 978-2-343-13501-4, ISBN EBOOK : 978-2-14-005261-3

LES TECHNIQUES D'ENQUÊTE CRIMINELLE
Typologie des crimes et constatations médico-légales
Moutassi Jean-Pierre
L'adoption de la loi de Juillet 2005 portant sur la procédure pénale démontre la volonté du gouvernement camerounais à promouvoir un état de droit. Voici un outil fondamental pour les praticiens du droit criminel : un outil de formation pour les jeunes fonctionnaires, ainsi que pour leurs aînés qui n'auraient pas eu l'occasion de vivre l'expérience des enquêtes judiciaires.
(Harmattan Cameroun, 45.00 euros, 498 p.)
ISBN : 978-2-343-13126-9, ISBN EBOOK : 978-2-14-005224-8

LES CLÉS DES ENJEUX FINANCIERS DU DIVORCE
Rond Patrice - Préface de Laurent Hincker
L'amour s'est consumé, l'argent part en fumée ! À une époque où toujours plus de couples se séparent, la finance du divorce inquiète. Comprendre ses arcanes financières, c'est pouvoir anticiper en cas de conflit au sein du couple. Comment rétablir un budget ou encore évaluer une prestation compensatoire ? À l'aide d'exemples chiffrés, l'auteur indique comment recenser et évaluer les revenus et patrimoines, et présente des méthodologies pratiques pour établir les droits

respectifs des époux. L'ouvrage rend compréhensibles les procédures financières qui ont lieu dans le divorce.
(17.00 euros, 156 p.)
ISBN : 978-2-343-11633-4, ISBN EBOOK : 978-2-14-004942-2

LUTTER EFFICACEMENT CONTRE LA FRAUDE
Enjeux stratégiques et opérationnels
Sous la direction de Catherine Véret Jost et Nicolas Dufour
Lutter efficacement contre la fraude pour recycler 50 à 100 milliards d'euros par an dans la croissance économique en France, voici l'enjeu de cet ouvrage qui explicite les leviers d'actions pour y parvenir, avec des retours d'expériences de professionnels et d'académiques. Il s'adresse à tous ceux qui ont la volonté de relever ce défi.
(Coll. Perspectives organisationnelles, 38.50 euros, 392 p.)
ISBN : 978-2-343-13167-2, ISBN EBOOK : 978-2-14-005143-2

L'ENFANT EN PRISON
Sous la direction de Catherine Ménabé et Mathieu Martinelle
Depuis 1946, les femmes détenues ont la possibilité de garder à leurs côtés, en prison, leur enfant jusqu'à ses 18 mois, voire 2 ans. Si la situation est peu étudiée, et souvent méconnue, elle mérite de profondes réflexions. Quelles sont les conditions de vie de ces jeunes enfants au sein du milieu pénitentiaire ? Comment est assuré leur développement psychomoteur et affectif malgré les contraintes carcérales ? Comment l'univers carcéral s'adapte à la présence d'enfants, non écroués mais, de fait, privés de liberté ?
(Coll. Bibliothèques de droit, 27.00 euros, 274 p.)
ISBN : 978-2-343-13051-4, ISBN EBOOK : 978-2-14-005015-2

LES TRENTE ANS DE LA LOI LITTORAL
Sous la direction de Jean-Luc Pissaloux et Anne Rainaud
La loi Littoral a maintenant plus de trente ans. Loi d'avant-garde, elle vise à concilier la protection du littoral avec le développement économique. Souvent contestée comme trop protectrice, empêchant l'urbanisation, elle est aussi considérée comme un « laisser-construire » dans les zones saturées. Ses concepts sont difficiles à interpréter et appliquer. Les défis climatiques auxquels est confronté le littoral ont impliqué la participation de géographes. La protection des cordons littoraux s'avère aujourd'hui une nécessité.
(Coll. Grale, 39.00 euros, 418 p.)
ISBN : 978-2-343-13140-5, ISBN EBOOK : 978-2-14-004988-0

CICÉRON, PÈRE DE LA CODIFICATION DU DROIT CIVIL
Gilardeau Eric
Confronté à la crise subie par la République, Cicéron cherchait une réponse au chaos des lois et aux contradictions du droit civil. Il en élabora une véritable codification. Du «De oratore» au «De officiis», il critiqua la science du droit et la soumit à la loi naturelle, avant d'instituer une méthode de codification protectrice des droits civils, dont se rapprocheront les codes civils français et autrichien. Il faut attendre les réformes du Code civil allemand de 2001 et du Code civil français de 2016 pour rejoindre Cicéron sur le rôle de la bonne foi et de l'imprévision en matière contractuelle.
(Coll. Logiques Juridiques, 26.00 euros, 248 p.)
ISBN : 978-2-343-13327-0, ISBN EBOOK : 978-2-14-004994-1

DROIT DES SOCIÉTÉS COMMERCIALES OHADA
Akam Akam André, Voudwe Bakreo
Ce livre vise à exposer, expliquer, systématiser et critiquer les règles qui régissent la constitution, le fonctionnement et la disparition des sociétés commerciales. Il montre que le droit des sociétés commerciales OHADA vise la promotion, la protection et la société judiciaire des investissements, autant qu'il tend à protéger les intérêts particuliers. En outre, il met en exergue la richesse, la

variété et la modernité du droit des sociétés de l'OHADA, ainsi que l'abondance et la qualité des travaux de recherche des auteurs africains et d'ailleurs qui s'intéressent au droit OHADA.
(Coll. Dynamiques du droit OHADA, 55.00 euros, 752 p.)
ISBN : 978-2-343-12819-1, ISBN EBOOK : 978-2-14-005077-0

LA PROTECTION CONTRE LES ATTEINTES AUX DROITS SUR LES SIGNES DISTINCTIFS DANS L'ESPACE OAPI
Badou Charles
Les signes distinctifs confèrent à leur propriétaire un droit exclusif d'exploitation. Celui-ci bénéficie de règles dérogatoires au droit commun, qui ont pour vocation première d'assurer aux signes distinctifs une protection contre les atteintes dont ils peuvent être l'objet. Mais l'efficacité de la protection est toute relative. La protection contre les atteintes aux signes distinctifs exige donc de nouvelles solutions qui, prenant en compte la particularité du droit de la propriété industrielle, protègeront efficacement les signes distinctifs contre les violations des droits exclusifs de leur propriétaire.
(Coll. Études africaines, 42.00 euros, 468 p.)
ISBN : 978-2-343-11816-1, ISBN EBOOK : 978-2-14-005019-0

DROIT DU TRAVAIL SÉNÉGALAIS
Tagum Fombeno Henri-Joël - Préface de Isaac Yankhoba Ndiaye
L'auteur questionne le droit du travail sénégalais, analyse les textes récents et leurs apports au droit du travail, met en lumière les imperfections de la législation et les difficultés d'interprétation qu'elles suscitent dans la pratique. La compréhension de la matière est rendue aisée avec les illustrations et exemples pratiques, souvent utilisés par l'auteur et issus de son expérience professionnelle.
(Harmattan Sénégal, 48.00 euros, 506 p.)
ISBN : 978-2-343-13272-3, ISBN EBOOK : 978-2-14-004933-0

LA FUSION DES SOCIÉTÉS COMMERCIALES EN DROIT INTERNE ET INTERNATIONAL
Contribution à la notion de «contrat-organisation»
Kalaani Adrian
La fusion est l'opération par laquelle une ou plusieurs sociétés transfèrent, par la suite de leur dissolution sans liquidation, leur patrimoine à une société établie ou nouvelle. Ce transfert est possible par la distribution de parts sociales aux associés de la société dissoute. Cette définition française et européenne souligne les effets principaux de la fusion en restant silencieuse sur sa nature juridique. Donc la fusion est un contrat-organisation qui entraîne une mise en commun du patrimoine et des membres de chacune des sociétés fusionnantes au sein d'une seule société préexistante ou nouvelle.
(Coll. Logiques Juridiques, 55.00 euros, 638 p.)
ISBN : 978-2-343-10971-8, ISBN EBOOK : 978-2-14-004827-2

LE PRAGMATISME JURIDIQUE
Barraud Boris
Le pragmatisme invite à se concentrer sur le mode de production des connaissances et sur les actions plutôt que sur les pensées. Le pragmatisme juridique, attaché à l'effectivité des normes, permettrait d'accepter et expliquer les modes de régulation originaux du XXIe siècle. L'enjeu est de permettre au droit scientifique d'accompagner l'évolution du droit pratique. Sont surtout concernées la gouvernance du cyberespace, la protection de l'environnement et la responsabilité sociale des entreprises. Affinant le visage du pragmatisme juridique, voici un outil ouvrant des pistes pour l'avenir de la recherche en droit.
(Coll. Bibliothèques de droit, 33.00 euros, 334 p.)
ISBN : 978-2-343-13206-8, ISBN EBOOK : 978-2-14-004920-0

Structures éditoriales du groupe L'Harmattan

L'Harmattan Italie
Via degli Artisti, 15
10124 Torino
harmattan.italia@gmail.com

L'Harmattan Hongrie
Kossuth l. u. 14-16.
1053 Budapest
harmattan@harmattan.hu

L'Harmattan Sénégal
10 VDN en face Mermoz
BP 45034 Dakar-Fann
senharmattan@gmail.com

L'Harmattan Cameroun
TSINGA/FECAFOOT
BP 11486 Yaoundé
inkoukam@gmail.com

L'Harmattan Burkina Faso
Achille Somé – tengnule@hotmail.fr

L'Harmattan Guinée
Almamya, rue KA 028 OKB Agency
BP 3470 Conakry
harmattanguinee@yahoo.fr

L'Harmattan RDC
185, avenue Nyangwe
Commune de Lingwala – Kinshasa
matangilamusadila@yahoo.fr

L'Harmattan Congo
67, boulevard Denis-Sassou-N'Guesso
BP 2874 Brazzaville
harmattan.congo@yahoo.fr

L'Harmattan Mali
Sirakoro-Meguetana V31
Bamako
syllaka@yahoo.fr

L'Harmattan Togo
Djidjole – Lomé
Maison Amela
face EPP BATOME
ddamela@aol.com

L'Harmattan Côte d'Ivoire
Résidence Karl – Cité des Arts
Abidjan-Cocody
03 BP 1588 Abidjan
espace_harmattan.ci@hotmail.fr

L'Harmattan Algérie
22, rue Moulay-Mohamed
31000 Oran
info2@harmattan-algerie.com

L'Harmattan Maroc
5, rue Ferrane-Kouicha, Talaâ-Elkbira
Chrableyine, Fès-Médine
30000 Fès
harmattan.maroc@gmail.com

Nos librairies en France

Librairie internationale
16, rue des Écoles – 75005 Paris
librairie.internationale@harmattan.fr
01 40 46 79 11
www.librairieharmattan.com

Librairie l'Espace Harmattan
21 bis, rue des Écoles – 75005 Paris
librairie.espace@harmattan.fr
01 43 29 49 42

Lib. sciences humaines & histoire
21, rue des Écoles – 75005 Paris
librairie.sh@harmattan.fr
01 46 34 13 71
www.librairieharmattansh.com

Lib. Méditerranée & Moyen-Orient
7, rue des Carmes – 75005 Paris
librairie.mediterranee@harmattan.fr
01 43 29 71 15

Librairie Le Lucernaire
53, rue Notre-Dame-des-Champs – 75006 Paris
librairie@lucernaire.fr
01 42 22 67 13